1891

Das Buch

Als sich Wilhelm I. – von Bismarck dazu gedrängt – 1871 zum Kaiser krönen ließ, war ›sein‹ Berlin noch »die einzige europäische Großstadt, in welcher wir tagtäglich an den Ufern stinkender Rinnsteine wandeln« – Kanalisation gab es nicht. Als 1890 Bismarck ging, waren 144 Kilometer an Kanälen gebaut und 584 Kilometer an Rohrleitungen verlegt.

Ähnlich ging es überall. In unglaublicher Geschwindigkeit wurden Tausende Kilometer Eisenbahnlinien, Strom- und Telegrafenleitungen verlegt, Fabriken gebaut, die Bevölkerung vervielfachte sich. Das Gefälle zwischen Reich und Arm wuchs enorm, alte Arbeits- und Familienstrukturen sowie Wertesysteme zerbrachen.

In Bruno Preisendörfers Zeitreise spazieren wir durch die Wilhelmstraße und lernen Haus für Haus ihre Bewohner kennen, besuchen Cafés, Ateliers und Tanzpaläste genauso wie Fabriken, Amtsstuben und Hinterhöfe. Wir zuckeln mit der Bahn in 16 Stunden von Berlin nach Köln, erleben, wie die ersten sechs Mädchen zum Abitur zugelassen werden und wie mit Franziska Tiburtius die erste Ärztin eine Praxis aufmacht. Wir tafeln mit Fontane, gehen mit Ferdinand Lasalle zum Duell, mit Marx zur Arbeiterversammlung, mit Bismarck in den Krieg und mit dem Kaiser zur Krönung.

Der Autor

Bruno Preisendörfer ist freischaffender Publizist und Schriftsteller mit eigener Internetzeitschrift (www.fackelkopf.de). Er hat zahlreiche Bücher veröffentlicht, die zu SPIEGEL-Bestsellern wurden, darunter: »Als Deutschland noch nicht Deutschland war. Reise in die Goethezeit«, »Als die Musik in Deutschland spielte. Reise in die Bachzeit« und »Als unser Deutsch erfunden wurde. Reise in die Lutherzeit«. Letzteres wurde zudem mit dem NDR-Sachbuchpreis ausgezeichnet.

Bruno Preisendörfer

Als Deutschland erstmals einig wurde

Reise in die Bismarckzeit

Kiepenheuer
& Witsch

Der Verlag Kiepenheuer & Witsch hat sich zu einer nachhaltigen
Buchproduktion verpflichtet. Gemeinsam mit unseren Partnern und
Lieferanten setzen wir uns für eine klimaneutrale Buchproduktion
ein, die den Erwerb von Klimazertifikaten zur Kompensation des
CO_2-Ausstoßes einschließt. Weitere Informationen finden Sie unter
www.klimaneutralerverlag.de

1. Auflage 2023

Verlag Galiani Berlin
© 2021, 2023, Verlag Kiepenheuer & Witsch, Köln
Alle Rechte vorbehalten
Covergestaltung: Manja Hellpap und Lisa Neuhalfen, Berlin
Coverabbildungen: © Alamy/Sunny Celeste
Lektorat: Wolfgang Hörner
Gesetzt aus der Adobe Caslon
Satz: Buch-Werkstatt GmbH, Bad Aibling
Druck und Bindung: CPI books GmbH, Leck
ISBN 978-3-462-00451-9

Für Più

»Wir leben in der Zeit der materiellen Interessen.«
Otto von Bismarck

Inhalt

Einleitung
Im Spiegelsaal der Geschichte

Ein Blitz zuckt durchs Halbdunkel. Sein Licht fällt auf das Gesicht eines schnauzbärtigen Mannes, der reglos im Bett liegt. Zwei Gestalten stehen für einen bizarren ›historischen Moment‹ vom Licht wie aus dem Morgengrauen geschnitten im Raum. Die eine schaut durch eine Kamera auf einem Stativ, die andere hält eine Magnesiumlampe in die Höhe. In eine Ecke gedrückt beobachtet der Totenwächter die Photographen. Er hat den beiden gegen Geld in den frühen Morgenstunden des 31. Juli 1898 ermöglicht, durch ein Fenster in das Sterbezimmer des Mannes zu steigen, der die preußische, deutsche und europäische Politik jahrzehntelang maßgeblich mitbestimmt, zeitweise dominiert hat. Sein Kopf wurde auf dem Kissen von den Photographen für das makabre Porträt zurechtgerückt. Ein übersehenes Nachtgeschirr, das nach dem Entwickeln des Bildes zum Vorschein kommt, wird retuschiert. Die Photographen machen es so ähnlich wie ihr Objekt: Bismarck war in seinen Memoiren notorisch unzuverlässig, die Kleinigkeiten und Kleinlichkeiten, gewissermaßen die Nachtgeschirre des Geschehens, hat er bei dessen Verwandlung in Geschichte retuschiert. Das Photo wiederum wurde über Annoncen in Berliner Zeitungen zum Verkauf angeboten. In einem darauf folgenden Prozess verurteilte das Gericht die Photographen und den bestechlichen Totenwächter zu Gefängnisstrafen.

*

Otto Eduard Leopold von Bismarck kam am 1. April 1815 im altmärkischen Schönhausen zur Welt, gut anderthalb Monate vor der endgültigen Niederlage Napoleon Bonapartes am 18. Juni in der Schlacht bei Waterloo. Der Sieg der britischen und preußischen Armeen hatte die Festsetzung Napoleons als britischen Gefangenen auf St. Helena und den Zusammenbruch des Kaiserreichs zur Folge. Anstelle von Napoleon II., dem einzigen Sohn Bonapartes, ergriff ein Bourbone als König Ludwig XVIII. in Frankreich die Macht, dem als letzter Bourbone Karl X. folgte. Die Pariser Julirevolution von 1830 brachte Louis Philippe an die Macht – den ›Bürgerkönig‹, der seine Krone dem Parlament verdankte –, bis die Revolution von 1848 die Monarchie durch eine Republik ersetzte, der wiederum Charles-Louis Napoleon, ein Neffe Bonapartes, im Dezember 1851 mit einem Staatsstreich ein Ende machte. Ein Jahr später ließ er sich als Napoleon III. zum Kaiser der Franzosen ausrufen, mit Seitenblick in den Spiegel der Geschichte symbolbewusst am 2. Dezember, jenem Tag, an dem sich Napoleon Bonaparte 1804 selbst zum Kaiser gekrönt hatte.

Knapp neunzehn Jahre später, Anfang September 1870, geriet Napoleon III. nach der verlorenen Schlacht bei Sedan in preußische Gefangenschaft. In Paris wurde wieder eine Republik ausgerufen, nach 1789 und 1848 nunmehr die dritte, und der gestürzte Potentat wurde im Kasseler Schloss Wilhelmshöhe untergebracht, wiederum mit Seitenblick in den Spiegel der Geschichte. Denn während der Besetzung deutscher Länder durch französische Truppen von 1806 bis 1813 hieß die Wilhelmshöhe – benannt nach einem hessischen Landgrafen – zeitweise Napoleonshöhe und war Residenz des als ›König von Westphalen‹ installierten Jérome Bonaparte, Napoleons jüngstem Bruder.

Während sich der gestürzte und auf der Wilhelmshöhe festgesetzte Kaiser der Franzosen an einen Aufenthalt als kleiner Junge bei seinem Onkel auf der Napoleonshöhe zu erinnern suchte, wurde am 18. Januar im Schloss von Versailles der preußische König Wilhelm I. zum Kaiser ausgerufen, von Bismarck wieder mit Blick in den Spiegel der Geschichte arrangiert, denn am 18. Januar 1701 hatte sich der Kurfürst von Brandenburg in Königsberg als Friedrich I. zum König in Preußen gekrönt, und Wilhelm I. hatte mit seiner Selbstkrönung am 18. Oktober 1861 in Königsberg das von Volk und Verfassung unabhängige Gottesgnadentum seiner Herrscherwürde bekräftigt. Im Jahr darauf, am 8. Oktober 1862, ernannte er Bismarck zum preußischen Ministerpräsidenten, ohne vorhersehen zu können, dass ihm dieser Mann keine zehn Jahre später die Kaiserkrone aufdrängen würde.

Einen »Witz der Geschichte« nannte es Bismarck, dass die nach Versailles gereiste Delegation des Norddeutschen Reichstages von Eduard Simson angeführt wurde, der 1849 als Präsident der Frankfurter Nationalversammlung einer Deputation vorgestanden hatte, die Wilhelms Vorgänger Friedrich Wilhelm IV. die Kaiserwürde antrug – die der gar nicht wollte: Preußische Herrscher pflegten ihre Kronen nicht von dahergelaufenen Parlamentariern zu empfangen, sondern von Gott und aus eigener Hand unter Zustimmung der deutschen Fürsten.

1870 war der ranghöchste dieser Fürsten König Ludwig II. von Bayern. Er bat den aus Preußenstolz widerstrebenden Wilhelm im Namen der übrigen Fürsten in einem Brief um die Annahme des Kaisertitels. Der eigentliche Verfasser des Briefes war Bismarck als Verfechter der kleindeutschen Lösung der deutschen Einheitsfrage unter Preußens Führung beim gleichzeitigen Ausschluss Österreichs. Die Rolle als Botenjunge des preußischen Ministerpräsidenten ließ sich der bau- und wagnersüchtige Bayernkönig im Wortsinn vergolden: mit 300 000 Goldmark jährlich.

Was Bismarck bei seinem historischen Triumphmoment als ›Reichsgründer‹ im Spiegelsaal von Versailles am 18. Januar 1871 nicht vorhersehen konnte, war die Versammlung, die am 18. Januar 1919 die Beratungen über den Vertrag zur Beendigung des Ersten Weltkriegs aufnahm, der ein halbes Jahr später von der deutschen Delegation unter Protest unterschrieben und in der Weimarer Republik zum Racheanker des Revanchismus wurde.

Das zweite Deutsche Reich, nach lange verzögerter Einheit aus symbolischen Gründen überstürzt am 18. Januar 1871, noch vor der Beendigung des Krieges mit Frankreich, gegründet, währte recht kurz – knapp 48 Jahre, bis zur Novemberrevolution 1918. Das dritte, das ›Tausendjährige Reich‹, brach nach zwölf Jahren zusammen, die Hälfte davon Kriegsjahre – Jahre eines verlorenen Krieges, trotz der von Albert Speer zum Großen Stern umgesetzten Siegessäule*, ein-

---

* Dazu auch der Abschnitt »Goldelse und Germania« im Kapitel »Gründerzeit – Gründerkrach«.

geweiht 1873 zum dritten Jahrestag des Sieges von Sedan, und trotz des in unmittelbarer Nähe aufgestellten Bismarck-Denkmals, das ursprünglich vor dem Reichstag stand, noch nach des Kanzlers Tod die Abgeordneten einschüchternd.

Während sein Standbild die Parlamentarier in Schach hielt, fuhr er selbst von Walküren eskortiert in den germanischen Götterhimmel auf wie ein Krieger der nordischen Sagenwelt, so jedenfalls stellt es ein zeitgenössisches Gemälde von Alexander Zick dar. Die Walküren hatten sich unter der musikalischen Leitung von Richard Wagner zu einer deutschen Männerphantasie ausgewachsen. Als 1876 im gerade fertiggestellten Bayreuther Festspielhaus der »Walkürenritt« in Wagners Oper ertönte, saßen Kaiser Wilhelm und Bismarcks Kaiserbote König Ludwig von Bayern im Publikum. Der ›Drive‹ dieser Musik, wie man heute sagen könnte, wurde später ein Mittel der Ästhetisierung des Krieges, vor allem des Angriffskrieges aus der Luft, sei es in propagandistischer (wie bei der *Deutschen Wochenschau* von 1941 über die Luftlandung auf Kreta) oder in kritischer Absicht (wie in Coppolas Kinofilm *Apocalypse Now* von 1979 beim Hubschrauberangriff auf ein vietnamesisches Dorf).

Die deutsche Mannsbesessenheit von den germanischen Heroinen ging so weit, dass die nationalsozialistischen Maßnahmen zur Niederschlagung eines Aufstands gegen das Regime als »Operation Walküre« zusammengefasst wurden. Die Widerstandskämpfer vom 20. Juli 1944 wiederum übernahmen die Bezeichnung für die eigenen Umsturzpläne mit dem Ziel einer vorläufigen Machtübernahme durch das Militär.

Keine zehn Monate nach dem gescheiterten Umsturz kapitulierte die Wehrmacht, und die drei Siegermächte – Frankreich, dessen Hauptstadt von Juni 1940 bis August 1944 von der Wehrmacht besetzt war, gehörte nicht dazu – teilten auf einer Konferenz in Potsdam, der Symbolstadt für preußischen Militarismus, das zerstörte Land und die ehemalige Hauptstadt Berlin in vier Zonen beziehungsweise Sektoren auf, aus denen 1949 die beiden deutschen Staaten hervorgingen.

In Ostberlin wurde das im Krieg teilweise ausgebrannte Stadtschloss der Hohenzollern abgebrochen, später an seiner Stelle der Palast der Republik errichtet, der nach dem Zusammenbruch der

DDR seinerseits abgebrochen wurde. Inzwischen steht an dieser Stelle ein Museumsbau mit fingierter, höflicher gesagt: rekonstruierter Barockfassade, der faktisch an den Wilhelminismus erinnert, aber vorsichtig nach den Brüdern Humboldt benannt ist. In Westberlin wurde die 1895 am Vorabend des 25. Jahrestages des Sieges bei Sedan eingeweihte Kaiser-Wilhelm-Gedächtniskirche als ausgebaute Ruine zur ›Gedächtniskirche‹ des Bombenkrieges.

Der Nimbus ›Bismarck‹ hat wie alle vorhergehenden Kriege auch diesen überlebt. In der zertrümmerten Gedächtniskirche schaut der ›Eiserne Kanzler‹ grimmig und schnauzbärtig aus der Hinterwand eines Reliefs und blickt uns über einen militärischen Kartentisch hinweg an, als wäre nichts geschehen: keine Weltkriege, keine europäischen Revolutionen, keine deutsche Teilung, keine Wiedervereinigung.

Den letzten großen Auftritt hatte Bismarck 1990 anlässlich des hundertsten Jahrestages seiner Entlassung als Kanzler. Hingegen wurde 2021 der 150. Jahrestag der Reichsgründung in Versailles mit größtmöglicher Zurückhaltung begangen. Die Würdigung von 1990 fand statt in dem 1877 bis 1881 nach Entwürfen von Martin Gropius errichteten Kunstgewerbemuseum, im Zweiten Weltkrieg stark beschädigt, von 1978 bis 1981 wieder aufgebaut und dann nach Martin Gropius benannt. Die dort installierte Ausstellung dauerte vom 26. August bis zum 25. November. Dazwischen wurde am 3. Oktober die ›Wiedervereinigung‹ gefeiert, staatsrechtlich der Beitritt der DDR zum Geltungsbereich des Grundgesetzes der Bundesrepublik Deutschland.

Mitunter erlaubt sich die Geschichte den Scherz, schneller zu sein als ihre Historiker. Als die Ausstellung über Bismarck, Gründerzeit und Kaiserreich Mitte der 1980er in die Planung ging, konnte niemand vorhersehen, dass es während ihrer Dauer zur deutschen Vereinigung kommen würde. Inzwischen ist die historische Beantwortung der ›deutschen Frage‹ selbst historisch geworden. Der Abstand zu den nationalen Ereignissen hat sich vergrößert und der europäische Horizont erweitert.

1889, hundert Jahre vor der ›Friedlichen Revolution‹ und dem Fall der Mauer, sagte Bismarck einem Abgesandten des amerikanischen Erfinders Thomas Edison zuliebe ein paar Sätze für eine Phonographenwalze, darunter ausgerechnet der Anfang der *Marseillaise:* »Allons enfants de la Patrie, le jour de gloire est arrivé.«

*

Mit diesem Buch über die Bismarckzeit ist die vierteilige Reise in die deutsche Geschichte vom 16. bis zum 19. Jahrhundert abgeschlossen. Wie die drei Vorgänger ist auch dieser Band strukturoffen angelegt. Die einzelnen Kapitel und deren Abschnitte bleiben verständlich, auch wenn sie nicht in der angebotenen Reihenfolge gelesen werden. Es sei aber darauf hingewiesen, dass der innere Aufbau besser sichtbar wird und die vielen Geschichten innerhalb der Geschichte leichter nachzuvollziehen sind, wenn man der Darstellung kontinuierlich folgt.

Zentriert um die im Verlauf der deutschen Geschichte symbolisch maßlos erhöhten, zugleich auch be- und überlasteten Gestalten Luther, Bach, Goethe und Bismarck, wollen diese Zeitreisen mehr sein als touristische Ausflüge in die Vergangenheit, ohne sich deshalb zu überfliegerischen ›Gesamtdarstellungen‹ der Epochen zu erheben. Sie bleiben auf dem Boden der Tatsachen, vor allem denen des alltäglichen Lebens der Menschen. Wie viel sich daraus lernen lässt, sei dahingestellt. ›Historia‹ ist eine unberechenbare Lehrerin.

Am Anfang die Revolution

Extrablatt! Extrablatt! »Telegraphische Depesche. Paris, den 24. Februar 1 Uhr Nachmittags. Der Minister des Innern an den Präfekten des Niederrheins. Louis Philippe I. hat die Krone niedergelegt.« Die 1848 in den Berliner Straßen ausgerufene Sonderseite der *Vossischen Zeitung* kommentiert die Ereignisse mit Sorge: »Dem gegenwärtigen Zustand Frankreichs und Europas gegenüber erscheint diese Wendung der Dinge durch ihre Plötzlichkeit, Gewaltsamkeit und in dem jede Erwartung übersteigenden Maaß außerordentlicher, vielleicht auch folgenschwerer, als selbst die Julius-Revolution.« Die ›Julius-Revolution‹ 1830 hatte dem ›Bürgerkönig‹ die Krone aufgesetzt, die ihm jetzt die rebellierenden Pariser Arbeiter wieder herunterrissen.

Die Furcht des Berliner Bürgertums, der Berliner Behörden und des Berliner Hofes vor dem, was kommen sollte, wurde vergrößert durch die Erinnerung an das, was bereits geschehen war. Immerhin lag die Französische Revolution erst gut zwei Generationen zurück, und während der vergangenen Jahre hatte es ebenfalls Aufstände gegeben, die erahnen ließen, welche Gefahr der bürgerlichen Ordnung, dem bürgerlichen Besitz und der Monarchie drohte, wenn die Besitzlosen auf die Barrikaden gingen – oder auch nur die Kartoffelstände stürmten.

Im April 1847 hatten hungernde Berliner Arbeiterfrauen, die den halben Tageslohn ihrer Männer für eine Familienration Kartoffeln hergeben mussten, auf dem Molkenmarkt und dem Gendarmenmarkt die Stände der Händler umgestürzt und die herumkullernden Knollen in ihre Schürzen gerafft. Die dabeistehenden Marktpolizisten waren schlau genug gewesen, nicht einzugreifen, und retteten dadurch ihre Haut. Als es in den Folgetagen zu Plünderungen von Fleischer- und Bäckerläden durch arbeits-, wohnungs- und brotlose

Stadtarme kam, jene Unterschicht der Unterschicht, die Marx und Engels als ›Lumpenproletariat‹ bezeichneten, wurde das Militär aus den Berliner Kasernen geholt und dem Rabatz ein Ende gemacht. Der Mob schmiss zwar dem Oberbefehlshaber, Prinz Wilhelm von Preußen, dem späteren königlichen und ab 1871 kaiserlichen Chef Bismarcks, die Fensterscheiben ein, aber auf die Straßen und Marktplätze kehrte die Ruhe und mit ihr die Geschäftigkeit des Alltages zurück.

Die plebejische Berliner Kartoffelrevolte, und sie war nur eine von über hundert lokalen Unruhen in den deutschen Gebieten seit 1840, signalisierte etwas sehr viel Gefährlicheres als das Hambacher Fest von 1832 mit seiner bildungsbürgerlichen Begeisterung in Schwarz-Rot-Gold oder als der verratene und missratene Studentensturm auf die Frankfurter Hauptwache ein knappes Jahr später. Der Plebejerrabatz in Berlin führte den Herren des Hofes und den Honoratioren der Stadt vor Augen, dass man Bajonette gegen die Hungernden braucht, wenn man keine Kartoffeln hat, um sie satt zu machen. Das war von den Behörden versäumt worden – erst kümmerte man sich nicht rechtzeitig um eine Notversorgung, dann war man zur Aufrechterhaltung der Ordnung nicht fähig. Und ebendies wurde später von Bismarck auf sozialpolitischer Ebene berücksichtigt – Minimalversorgung der ›arbeitenden Klasse‹ und Sozialistengesetz, obrigkeitsstaatlich gewährte Wohltätigkeit und obrigkeitsstaatlich erzwungenes Wohlverhalten.* »Revolution machen in Preußen nur die Könige«, sagte Bismarck gern, und solange er die Macht hatte, tat er alles, diesem Versprechen (nach oben) und dieser Drohung (nach unten) politisch und polizeilich Nachdruck zu verleihen. Gleichzeitig scheute er sich nicht, das liberale Bürgertum in Preußen mit der Erinnerung an aufrührerische Volksmassen zu erschrecken und die liberalen Parteien im Reichstag mit dem allgemeinen Wahlrecht** in Schach zu halten. Mit den deutschen Poten-

* Dazu die Abschnitte über die ›Arbeiterfrage‹ und über die ›soziale Frage‹ im Kapitel »Große Fragen«.
** Für den deutschen Reichstag galt das allgemeine, wenn auch nicht immer geheime Wahlrecht (der Männer ab 25), für das Preußische Abgeordnetenhaus ein nach Steueraufkommen gegliedertes Dreiklassenwahlrecht, das den Besitzenden die Mehrheit sicherte.

taten verfuhr er ähnlich: »Was wollen die kleinen Fürsten?« – »sie wollen vor allem auf ihren Thronen bleiben, fürchten sich wohl vor uns, aber noch mehr vor der Revolution.«

Nach dem Thronverzicht des ›Bürgerkönigs‹ eskalierte in Paris das Geschehen. Die telegraphisch übermittelten Berichte und die Verbreitung dieser Berichte durch die Extrablätter der Zeitungen ließen bei den einen die Sorge wachsen, bei den anderen den Mut: Schon wenige Tage nach Beginn der Pariser Erhebung kam es in den rheinländischen Gebieten zu Aufständen, im März folgten Bauernrevolten im Schwarzwald, im Odenwald, in Franken, Hessen, Thüringen und Sachsen, vereinzelt sogar in Mecklenburg. In den Industriebetrieben des Rheinlandes und in Sachsen kam es zur Demolierung von Maschinen, an Rhein und Donau griffen Fährleute Dampfschiffe an und die Fuhrleute von Nassau die Taunus-Eisenbahn.

Das alles waren Scharmützel, aber in Paris und Wien, in Dresden und Berlin ähnelten die Kämpfe eher dem Krieg, allerdings ohne dessen völkerrechtliche Einhegung. In einer Schrift für preußische Unteroffiziere verlangte Friedrich Gustav Graf von Waldersee, Kommandeur der preußischen Einheiten, die den Aufstand in Dresden niederschlugen: »Jeder in einem eroberten Hause oder auf einer Barrikade mit den Waffen in der Hand betroffene Empörer [...] ist auf der Stelle niederzumachen. Es dürfen hier nämlich nicht die Rücksichten eintreten, welche in einem ehrlichen Kampfe [...] gegen geregelte Truppen einer mit uns im offenen Kriege begriffenen Macht von der Menschlichkeit, dem Großmuth und dem Völkerrechte geboten werden.«

Das Niederwerfen der Revolution in Paris im Juni kostete schätzungsweise 1500 Soldaten und etwa 5000 Aufständische das Leben. In Wien – der Hof war nach Innsbruck geflohen – kamen im Oktober 1848 etwa 1000 Menschen bei Einsätzen vor allem tschechischer und kroatischer Truppen um. Im sächsischen Dresden – der Hof war auf die Festung Königstein geflohen – beschossen preußische Truppen im Mai 1849 die Barrikaden mit Artillerie, es gab 250 Tote. Zur Entmachtung der aufständischen Armee in Baden marschierte Prinz Wilhelm, dem man während der Kartoffelrevolte die Scheiben eingeschmissen hatte, mit 54 000 Soldaten ins Großherzogtum.

Auf die Niederlage der revolutionären Truppen und die Kapitulation der Festung Rastatt folgte eine Serie von Exekutionen. Die aufständischen Soldaten erlitten ebenjenes Schicksal, das sie in einer ihrer Petitionen beklagt hatten: »Mit Wehmuth und tiefer Entrüstung blicken wir auf die entsetzlichen Vorgänge in Paris, Wien und Berlin, wo königliche Unmenschlichkeit den Soldaten zum Würger seiner Brüder und Väter herabwürdigte.«

Zu diesem Zeitpunkt war die Deutsche Nationalversammlung in Frankfurt, wie die Preußische Nationalversammlung in Berlin im Mai 1848 gewählt, bereits aufgelöst. Das im März 1849 noch verabschiedete Grundgesetz blieb wirkungslos, und wirkungslos bis zur Novemberrevolution 1918 blieben die darin erklärten »Grundrechte des deutschen Volkes«, darunter § 137: »Der Adel als Stand ist aufgehoben. Alle Standesvorrechte sind abgeschafft. Die Deutschen sind vor dem Gesetze gleich. Alle Titel, insoweit sie nicht mit einem Amte verbunden sind, sind aufgehoben und dürfen nie wieder eingeführt werden.« Es wurden keine Titel aufgehoben, sondern weitere eingeführt, und Bismarck setzte fortan aus Protest gegen den Frankfurter Verfassungsversuch das v. vor seinen Namen, das er bis dahin aus Nonchalance weggelassen hatte.

Die Preußische Nationalversammlung war schon am 15. November des Vorjahres vom Militär aufgelöst worden. Im Juni noch hatten Arbeiter und Tagelöhner das Berliner Zeughaus gestürmt, diesmal nicht, um an Kartoffeln, sondern um an Waffen zu kommen. Aber am 10. November besetzte General Wrangel mit 13 000 Soldaten die Stadt, rief zwei Tage später den Belagerungszustand aus und machte den Unruhen, die im März begonnen hatten, ein Ende.

Für den König, für den Adel, für das Besitzbürgertum und auch für Bismarck hatten die Märzereignisse eine besondere Bedeutung als Symbol und zugleich als Lehrstück des Straßenkampfs um die Macht. Man kann einzelne Rabatzmacher erschießen oder ein Dutzend oder ein paar Hundert, aber nicht ein ganzes Volk; man kann Rädelsführer aus der Menge fischen und füsilieren, aber nicht das ganze Volk; man kann über Leichen gehen, aber wehe, wenn das Volk zur Duldung nicht länger bereit ist und wenn die Gefahr besteht, dass die einfachen Soldaten ihre Gewehre nicht mehr auf die Menge, sondern auf ihre Offiziere richten. Alfred Heinrich Graf von

Waldersee, hoher preußischer Militär mit Präventivkriegsinstinkt nach innen und außen, schrieb noch 1877 an Generalfeldmarschall Edwin von Manteuffel, der 1848 königlicher Adjutant gewesen war, »wir brauchen bald eine Armee, klein und gut bezahlt, die ohne Bedenken, sobald es verlangt wird, die Kanaille zusammenschießt.« Und Wilhelm II. verlangte im November 1891 von frisch vereidigten Rekruten: »Ihr habt Mir Treue geschworen [...], ihr habt euch Mir mit Leib und Seele ergeben [...]. Bei den jetzigen socialistischen Umtrieben kann es vorkommen, daß Ich euch befehle, eure eigenen Verwandten, Brüder, ja Eltern niederzuschießen – was ja Gott verhüten möge –, aber auch dann müßt ihr Meine Befehle ohne Murren befolgen«. Solche Sätze können noch heute den Wunsch provozieren, die revolutionären Soldaten hätten im November 1918 den Kaiser vor die Gewehrläufe bekommen.

Bei den Berliner Barrikadenkämpfen im März 1848 und während der Auseinandersetzungen in den folgenden Wochen kamen etwa 300 Aufständische und 50 Soldaten ums Leben. Wie oft in historischen Schlüsselmomenten, etwa beim Sturm auf die Bastille 1789, führte auch diesmal ein Zufall in die Eskalation, die – nun anders als 1789 – durch Umsicht, Glück und Härte auf Seiten der Machthaber wieder eingedämmt werden konnte. Nachdem in eine vor dem König auf dem Schlossplatz demonstrierende Menge hineingeschossen worden war, befahl Friedrich Wilhelm IV. gegen den Widerstand seiner Generäle den (einstweiligen) Rückzug des Militärs aus der Stadt, zog vor den aufgebahrten Leichnamen den Hut und ritt mit schwarz-rot-goldener Armbinde durch die Straßen. Er spürte: Man muss das Volk beruhigen, man darf jetzt nicht den Kopf verlieren, sonst verliert man ihn unter der Guillotine. Sie drohte noch in Ferdinand Freiligraths Fluchgedicht *Die Todten an die Lebenden*: »Die Kugel mitten in der Brust, die Stirne breit gespalten, / So habt ihr uns auf blut'gem Brett hoch in die Luft gehalten! / Hoch in die Luft mit wildem Schrei, daß unsre Schmerzgeberde / Dem, der zu tödten uns befahl, ein Fluch auf ewig werde! / Daß er sie sehe Tag und Nacht, im Wachen und im Traume – / Im Oeffnen seines Bibelbuchs wie im Champagnerschaume! / [...] Mög' er das Haupt nun auf ein Bett, wie andre Leute pflegen, / Mög' er es auf ein Blutgerüst zum letzten Athmen legen!«

Ebendies wusste Friedrich Wilhelm zu vermeiden. Auf die wenigen, aber wirksamen Augenblicke der Ehrenbezeugung für die ›Märzgefallenen‹ folgte eine Gegenrevolution von jahrzehntelanger Dauer. Zum wendigen Kopf dieser Gegenrevolution wurde der kalte Machtpolitiker Bismarck. Doch selbst er hatte ein Herz im Leib und in diesem Herzen Liebe und Hass. Nach einem Besuch der Gräber der Barrikadentoten in Berlin Friedrichshain im Herbst 1849 wandte er sich in einem Brief an Johanna von Puttkamer, mit der er seit gut einem halben Jahr verheiratet war: »Gute Nacht, mein geliebtes Herz, mögen Dich Gottes Engel schützen, und bete für mich, daß ich Ihm treu bleibe, ich werde hier so weltlich und so zornig, wenn Du nicht bei mir bist. Gestern war ich im Friedrichshain, und nicht einmal den Toten konnte ich vergeben, mein Herz war voll Bitterkeit über den Götzendienst mit den Gräbern dieser Verbrecher«. Diesen ›Götzendienst‹ erwähnt auch ein anonymer Zeitschriftenartikel und berichtet von dem Platz, »dessen heilige Erde unsere theuren Brüder bedeckt, die im heiligen Kampfe für die Freiheit am 18–19 März ihr Blut dahin gaben. Nicht wenig überrascht war ich, als ich diese Stätte betrat, und Hunderte von Besuchern aus allen Ständen die Reihen der seither mit den schönsten Blumen und Grabdenkmälern geschmückten Gräber durchwandeln sah.«

Verbrecher für die einen, Helden für die anderen – der Kampf um die Toten wurde von den Lebenden jahrzehntelang fortgesetzt. 1856 sperrten die Behörden den Friedhof, mussten ihn jedoch wegen der Proteste aus der Bevölkerung 1861 wieder freigeben. Noch 1898, ein halbes Jahrhundert nach den Ereignissen, wurde behördlicherseits die Errichtung eines Denkmals für die ›Märzgefallenen‹ verhindert. Der sozialdemokratische *Vorwärts* erklärte daraufhin: »Man lasse doch den gefallenen Proletariern des Friedrichshains ihren epheuübersponnenen, verwilderten, proletarischen Friedhof. Daran erkennen wir ja um so deutlicher, daß es unsere Todten sind, die hier ruhen.« Tatsächlich handelte es sich bei den über zweihundert dokumentierten Toten mit wenigen Ausnahmen (wie dem jungen Verwaltungsreferendar und Landwehroffizier Gustav von Lenski) um Männer und Frauen (wie die junge Handarbeiterin Wilhelmine Lange) aus den niederen Schichten, darunter, vielleicht wegen des Barrikadenbaus, auffallend viele Tischler und Zimmerleute. Der jüngste dieser ›Verbrecher‹, die den Junker-Hass über den Tod hinaus entfachten, war der elfjährige Carl Ludwig Kühn, Sohn eines Tagelöhners.

Während Bismarck 1848 im gärenden Berlin an den Gründungstreffen für die *Neue Preußische Zeitung* teilnahm, als *Kreuzzeitung* bald ein publizistisches Flaggschiff reaktionärer Standespolitik*, reanimierte der gerade aus Belgien ausgewiesene Karl Marx** in Köln zusammen mit Friedrich Engels, Ferdinand Freiligrath und anderen die *Neue Rheinische Zeitung* als »Organ der Demokratie«. Das Tagesblatt war die Nachfolgerin der fünf Jahre zuvor verbotenen *Rheinischen Zeitung* und stellte im Mai 1849 mit einer rot gedruckten Ausgabe das Erscheinen wieder ein. Marx ging über Paris nach London ins Exil. Im Dezember 1848 hatte er über »die preußische Bourgeoisie nach der Märzrevolution« geschrieben, sie sei »ohne Glauben an sich selbst, ohne Glauben an das Volk, knurrend gegen oben, zitternd gegen unten, egoistisch nach beiden Seiten und sich ihres Egoismus bewußt, revolutionär gegen die Konservativen, konservativ gegen die Revolutionäre«. Vier Jahrzehnte nach den Ereignissen bekräftigte Friedrich Engels diese Einschätzung: »Die Revolution von 1848 war […] auf Befriedigung ebensosehr der nationalen wie der freiheitlichen Forderungen gerichtet. Aber hinter der im ersten Anlauf siegreichen Bourgeoisie erhob sich […] schon die drohende Gestalt des Proletariats, das den Sieg in Wirklichkeit erkämpft hatte, und trieb die Bourgeoisie in die Arme der eben besiegten Gegner – der monarchischen, bürokratischen, halbfeudalen und militärischen Reaktion, der die Revolution 1849 erlag.«

Als das *Manifest der Kommunistischen Partei* herauskam, schien dieser Ausgang noch offen zu sein, und Marx konnte Deutschland als Land des großen Umsturzes identifizieren: »Auf Deutschland richten die Kommunisten ihre Hauptaufmerksamkeit, weil Deutschland am Vorabend einer bürgerlichen Revolution steht und weil es diese Umwälzung unter fortgeschritteneren Bedingungen der europäischen Zivilisation überhaupt, und mit einem viel weiter

---

* Zu dieser und anderen Zeitungen der entsprechende Abschnitt in »Errungenschaften«.
** Zu ihm auch der Abschnitt in »Große Männer«.

entwickelten Proletariat vollbringt als England im siebenzehnten [mit der ›Glorreichen Revolution‹] und Frankreich im achtzehnten Jahrhundert, die deutsche bürgerliche Revolution also nur das unmittelbare Vorspiel einer proletarischen Revolution sein kann.«

Die proletarische Revolution, oder der Ansatz dazu, fand dann jedoch nicht in Deutschland, sondern wiederum in Frankreich statt: die Pariser Kommune von März bis Mai 1871. Und diesmal machte Bismarck mit der neuen Regierung des besiegten Landes gemeinsame Sache, um den Aufstand niederzuschlagen. Dagegen sagte August Bebel öffentlich eine Erhebung in ganz anderen, europäischen Dimensionen vorher. In *Aus meinem Leben* fasste er später seine Rede in der ersten »Session des Deutschen Reichstages« zusammen: Werde »von deutscher Seite die Kommune bekämpft, so wolle ich meinerseits erklären, daß das europäische Proletariat hoffnungsvoll auf Paris sehe. Der Kampf in Paris sei nur ein kleines Vorpostengefecht, und ehe wenige Jahrzehnte ins Land gegangen seien, werde der Schlachtruf des Pariser Proletariats, ›Krieg den Palästen, Friede den Hütten, Tod der Not und dem Müßiggang‹, der Schlachtruf des europäischen Proletariats sein.« Die Parlamentarier waren allesamt entsetzt, von der erzreaktionären Junkerfraktion über die gemäßigten Liberalen bis zu den Fortschrittlichen. Sie alle hatten gute politische und noch bessere persönliche Gründe, den Aufstand der Besitzlosen zu fürchten. Eine organisierte Revolution mit disziplinierten Arbeiterverbänden als Rückgrat und Führern wie Bebel an der Spitze würde nicht nur Kartoffelstände umstürzen, sondern den ganzen Staat.

Dies galt es um jeden Preis zu verhindern: Lieber unter der politischen Halbfreiheit des Bismarck-Regimes weiter Geschäfte machen als sich dem Willen der ›arbeitenden Classen‹ unterwerfen. Bismarck wusste das und wusste es zu nutzen – nach allen Seiten hin: »Ich mußte mit Betrübniß und Befremden hören, daß die Wahlreden [...], die Preßerzeugnisse, die auf die Wahlen hinwirkten, gerade an die Leidenschaft der unteren Classen, der Masse, appellirten, um sie zu erregen gegen die Regierung«. Diese Reichstagsrede im Januar 1872 richtete sich nicht etwa gegen die Sozialdemokraten, sondern gegen die konservativ-antipreußische katholische Zentrumspartei, die vor allem in Süddeutschland von vielen aus den

›unteren Classen‹ gewählt wurde. Der ›Kulturkampf‹ gegen die Katholischen und die Kirche (1871–1878) wurde mit Unterstützung der bürgerlich-liberalen Abgeordneten geführt, ebenso wie das zeitlich anschließende »Gesetz gegen die gemeingefährlichen Bestrebungen der Sozialdemokratie« (1878–1890) mit Zustimmung der meisten dieser Parlamentarier verabschiedet und verlängert wurde. Das Zentrum konnte sich schließlich mit Bismarck arrangieren, auch deshalb, weil er es für das ›Sozialistengesetz‹ brauchte*.

---

* Zum Sozialistengesetz auch eine Passage in »Masse und Klasse« im Kapitel »Großbürger, Bildungsbürger, Kleinbürger«.

Besuch in der neuen Hauptstadt

Die Berliner Mauer fiel 1867. In diesem Jahr begann der bis zur Reichsgründung beendete Abriss der alten Zoll- und Akzisemauer, die zwischen den Toren um die wachsende Stadt verlief: Brandenburger Tor, Oranienburger, Hamburger, Rosenthaler, Schönhauser, Prenzlauer, Landsberger, Frankfurter, Stralauer, Schlesisches, Köpenicker, Cottbuser, Hallesches, Anhaltisches und Potsdamer Tor. Fehlen noch das Neue Tor, das Königs-Tor und das Wasser-Tor. »Das Potsdamer Thor bildet den Uebergang von der Aristokratie zur reichen Bourgeoisie«, schrieb Robert Springer in *Berlin wird Weltstadt:* »An der Ecke der Wilhelmstraße endet das Quartier der Paläste mit den monotonen Fronten und hohen Rampen; es beginnt die Leipziger Straße, eine der lebhaftesten und glänzendsten der Residenz. Durch den angrenzenden Thiergarten und die Potsdamer Eisenbahn wird dieses Thor die Hauptpforte für das Vergnügen und den Reiseverkehr.«

Wir kommen im Frühsommer 1876 am Potsdamer Bahnhof an, ein Kopfbahnhof wie auch die anderen rund um die Stadt. Entstanden schon 1838, erhielt er ein Jahr nach der Reichsgründung ein neues Gebäude. Es stellt den Reisenden ihren Fahrkarten entsprechend drei Wartesäle zur Verfügung, der unterste mit rohen Holzbänken, der für die erste Klasse mit Plüschsofas ausgestattet. Bei den Fahrkarten gibt es noch eine vierte Klasse. Sie berechtigen nur zum Aufenthalt in Waggons, die neben einigen Sitzplätzen entlang der Seitenwände hauptsächlich Stehplätze bieten. Immerhin haben auch diese Waggons inzwischen Dächer.

Bei unserer Ankunft hat die wirtschaftliche Krise nach dem Gründerkrach von 1873 ihren Höhepunkt erreicht. Nach der Party herrscht Katerstimmung. Zum Glück liegt wenigstens die letzte Typhus-Epidemie inzwischen vier Jahre zurück. An ihr starben in Preußen mehr

Menschen, als im Krieg gegen Frankreich auf deutscher Seite gefallen sind. Die letzte Pocken-Epidemie mit 5212 Toten allein in Berlin ist fünf und die letzte Cholera-Epidemie mit 6174 Toten zehn Jahre her. Dennoch überstehen von den Neugeborenen nur ein Drittel der Mädchen und nur ein Viertel der Jungen das erste Lebensjahr. Auch die Tuberkulose grassiert, vor allem in den ärmeren Schichten. Robert Kochs Entdeckung des Erregers steht noch bevor.

Obwohl wir wissen, was die Zeitgenossen noch nicht wissen konnten, versuchen wir wie die anderen Reisenden, die mit uns am Bahnhof ankommen, einstweilen über all das hinwegzusehen, trotz der miserablen hygienischen Zustände in der Stadt. Das Wasser kommt noch immer aus den Brunnen. Es gibt nur ein einziges Wasserwerk, das zweite wird erst im Folgejahr in Tegel in Betrieb gehen. Die Abwässer laufen in Gruben oder in die Rinnsteine, auch die der lächerlichen 16 000 Wasserklosetts in den besseren Wohnungen. Der Bau der Kanalisation ist zwar schon seit 1873 beschlossen, kommt aber nur langsam voran*. Es ist noch immer so wie vor zehn Jahren von dem vielgereisten Hans Wachenhusen beschrieben: Berlin sei »die einzige europäische Großstadt, in welcher wir tagtäglich an den Ufern stinkender Rinnsteine wandeln.«

Dafür ist die Stadtrohrpost gerade in Betrieb gegangen, deren Röhrennetz im Lauf der Jahre auf vierhundert Kilometer anwächst. Der Müll wird von Straßenkehrern und Spritzenmännern beseitigt, die Tag und Nacht in 83 sogenannten ›Kehrbezirken‹ unterwegs sind.

Wir sehen zu, dass wir den Bahnhof schnell verlassen. Kurz vor der Ankunft haben wir im brandneuen *Kiessling's Berliner Baedeker* mit einschärfenden Fettdrucken gelesen: »Die **erste Sorge** nach Verlassen des Coupé's sei die Beschaffung einer **Droschke**, da die Fuhrwerke, namentlich bei der Ankunft stark besetzter Eisenbahnzüge, leicht vergriffen sind. Ein am Ausgange des Bahnhof-Perrons stationirter Schutzmann giebt **Blechmarken** aus, die mit der Nummer bereitstehender Droschken **erster** (theurer) oder **zweiter** (billiger) **Klasse** versehen sind.« An den Wagenkästen sind die Nummern in schwarzer Farbe in weiße Felder gemalt.

In Berlin rattern rund 4300 Droschken über das Pflaster, trotz-

---

* Dazu der Abschnitt im Kapitel »Errungenschaften«.

dem ergattern wir nur eine zweiter Klasse, oder ›zweiter Güte‹, wie man hier auch sagt. Von den erstklassigen gibt es keine dreihundert. Vielleicht hätten wir auf der vorletzten Station vom Angebot der telegraphischen Bestellung eines Fahrzeugs Gebrauch machen sollen. Das würde jedoch eine Mark in der neuen Reichswährung gekostet haben, immerhin ein Drittel von dem, was wir für die Übernachtung in einem der billigeren Zimmer des vornehmen Hotel Royal bezahlen, oder etwa dem Tagesverdienst eines Handlangers entsprechend.

Aus Sparsamkeit, die Gepäckträger dürften es wohl Geiz nennen, haben wir auch den kleinen Handkoffer (darin zwischen frischer Wäsche *Kiessling's Baedeker,* Springers *Berlin wird Weltstadt* und das *Berliner Adreß-Buch für das Jahr 1876*) gegen die Dienstleute am Bahnsteig verteidigt. Die Kolporteure, die sich auf den Bahnsteigen oder draußen zwischen den Droschken herumdrücken und die neuesten Fortsetzungsromane im Heftchenformat anpreisen, konzentrieren sich ohnehin auf die Abreisenden. Die Bahnhöfe sind nicht ihr einziges Beutegebiet. An den Samstagabenden, wenn die Arbeiter, Dienstboten und Nähmädchen ihren Wochenlohn erhalten haben, steigen sie die Hintertreppen empor und klingeln an den Wohnungstüren, um die Groschenromane anzubieten. Wenn ihnen nicht geöffnet wird, schieben sie farbige Zettel mit Ankündigungen der neuesten Werke unter den Türschlitzen durch. An den Bahnsteigen und auf dem Bahnhofsvorplatz verhökern sie ähnliche Ware, dünn in bunten Umschlägen, rasch und leicht zu lesen, ›Eisenbahnliteratur‹, wie man sagt.

Die Droschke ist klapprig, das Pferd müde und der Kutscher achtlos. Während der Fahrt schrammen in den Kurven oder beim Ausweichen immer wieder die Hinterräder an den Prellsteinen entlang. Was ist aber auch nicht alles unterwegs: langsame Droschken, schnelle Karossen, vornehme Equipagen, Pferdeomnibusse, Postwagen, Heuwagen, Wagen mit Baumaterial, Kastenwagen mit Müll, riesige Bierwagen mit quergelegten Fässern auf langen Balken, Wagen mit als Scheuermittel verkauftem weißem Sand von den Weddinger Rehbergen*, Sprengwagen mit Wasser gegen den ewigen Berliner Staub,

---

* Der Volkspark Rehberge entstand erst in den 1920ern. Rehe hat es in den Sandhügeln nie gegeben. Der Name geht auf das slawische ›reber‹ (Hügel) zurück.

schwerfällige Rollwagen auf dem Weg zu den Verladestationen der Spreehäfen und Bahnhöfe, Möbelwagen mit dem Hausrat umziehender Kleinbürger, dazwischen von Frauen geschobene Gemüse- und von Hunden gezogene Milchkarren (Bolle ist mit seinen Lieferwagen erst ab 1881 im Geschäft). Nur Fahrräder sind noch keine zu sehen. Mit dem gerade entwickelten Ariel-Hochrad von 1874 wagt sich niemand in den Stadtverkehr, und die sogenannten ›Sicherheitsniederräder‹ kommen erst ab Mitte der 1880er auf.

Wehe, wenn man zur Hauptverkehrszeit eine Hauptverkehrsstraße überqueren muss. In der *Volks-Zeitung* steht die Klage zu lesen: »Die Gefahr, überfahren zu werden, ist an den Knotenpunkten unserer Straßen bei dem überaus lebhaften Wagenverkehr keine geringe mehr. So sehen wir häufig Frauen, welche Kinder an der Hand führen, unter Zittern und Zagen sich durch die schnell fahrenden Droschken und Rollwagen winden, welche über den Potsdamer Platz kommen. Fünf Straßen münden auf diesen verhältnismäßig sehr kleinen Platz aus, und das Wagengerassel ist hier ein vollkommen betäubendes.«

Wehe, wenn wegen der zahlreichen Pferdeäpfel, mit deren Abräumen man nicht hinterherkommt, wieder eines der Zugtiere gestürzt ist. Was ist schneller als ein Gedanke, fragt der Berliner Witz und antwortet: Ein Droschkengaul, du denkst, er fällt – da liegt er schon. Ab 1880 werden als ›Asphaltburschen‹ bezeichnete junge, wendige Männer angeheuert, die im Verkehr herumwuseln, um den Pferdemist einzusammeln.

Wehe, wenn von zwei Kutschern einer sturer als der andere ist und keiner weichen will oder wenn einer der überladenen Möbelwagen mit gebrochener Achse liegen bleibt und die Straße verstopft. Die Kinder stehen weinend herum, die Mutter sammelt herumkullernde Blechtöpfe auf, der Vater schreit auf den Kutscher ein. Dann können auch die Schutzleute mit ihren Pickelhauben nichts weiter tun, als würdevoll und wohlbeleibt dem Chaos standzuhalten.

Trotz allem kommen wir ans Ziel: Hotel Royal, Unter den Linden/Ecke Wilhelmstraße. Dort haben wir, ermutigt vom Verlagsvorschuss für diese Zeitreise, ein Zimmer gebucht. Zehn Jahre vor unserer Ankunft, im Mai 1866, war in diesem Hotel Ferdinand Cohen-Blind abgestiegen, um Unter den Linden dem Reichskanzler aufzulauern. Er feuerte mehrere Pistolenschüsse ab, die Bismarck aber nur leicht verletzten. Der Attentäter schnitt sich in der Haft die Halsschlagader auf und verblutete.

Die deutsche Geschichte hätte vermutlich einen anderen Verlauf genommen, wäre der Anschlag nicht gescheitert. Wir betreten das Hotel mit etwas plümerantem historischem Gefühl. Im Unterschied zu Cohen-Blind und Bismarck wissen wir, was nach dieser Geschichte aus der deutschen Geschichte geworden ist.

An der den Linden zugewandten Fassade des dreistöckigen Baus steht KÖNIGS HOF. Er ist nicht ganz so prunkvoll (und teuer) wie das Grandhotel Kaiserhof am Wilhelmplatz, das allerdings im Oktober des Vorjahres kurz nach seiner Einweihung gebrannt hat und erst 1878 wiedereröffnet wird*. Es ist auch nicht so mondän wie das erst 1880 am Bahnhof Friedrichstraße eröffnende Central-Hotel, in dessen mit einem Glasdach überwölbtem Innenhof ab 1886 das Varieté Wintergarten mit sensationellen Revuen sensationelle Erfolge feiert. Und es ist nicht so hypermodern ausgestattet, wie es das 1885 eröffnende Hotel Continental mit seinen elektrisch beleuchteten Zimmern sein wird. Arthur Schnitzler, der 1888 hier nächtigt, erinnert sich daran noch viele Jahre später: »In Berlin angelangt, stieg ich in dem […] Hotel Continental ab, wo ich zum erstenmal ein Zimmer mit elektrischer Beleuchtung bewohnte, die nicht nur für mich, sondern für die gesamte mitteleuropäische Menschheit im Jahre 88 noch etwas ziemlich Neues bedeutete.«

Das Hotel Royal ist ebenfalls weder drittklassig noch provinziell, dafür mustert uns der Portier zu erstrangig, als wir aus der zweitklassigen Droschke steigen, nur das kleine Köfferchen in der Hand. Er macht keine Anstalten, es uns abzunehmen.

Vom Royal ließ sich Wilhelm angeblich eine Wanne ins Schloss bringen, wenn er baden wollte. Aber das gehört zu den Gerüchten, die in großen Städten umlaufen, in denen viele Leute auf kleinem Raum zusammenhocken. Der schriftstellernde Arzt Isidor Kastan, der in den 1870ern in der Reichshauptstadt praktizierte, hat es in

---

* Das Gebäude wurde im Zweiten Weltkrieg bei einem Bombenangriff zerstört. Auf dem Gelände befindet sich heute die Nordkoreanische Botschaft.

seinen Erinnerungen *Berlin, wie es war* sogar im Jahr 1919 noch einmal aufgewärmt.

Unser Zimmer im Royal hat keine Wanne. Ohnehin wäre es besser, wenn man darin einen dieser »Bade-Apparate« aufgestellt hätte, die dann in der Gewerbeausstellung von 1879 beworben werden, mit »bis zu 5 Brausen für Kopf, Brust, Bauch, Unterleib und Rücken; letztere verstellbar.« Und besonders wichtig: »Keine Wasserleitung erforderlich.«

In Berlin, nach der Volkszählung vom Dezember 1875 gerade dabei, die erste Millionenstadt der deutschen Geschichte zu werden, ist scheinbar alles neu: Kiesslings Reiseführer, der Bade-Apparat, die Villen-, Verwaltungs-, Rathaus- und Kirchenbauten in den Neo-Stilen (Neo-Romanik, Neo-Gotik, Neo-Renaissance, Neo-Barock, Neo-Klassizismus), das Reich, die Reichsmark, der Kaiser, der Kaiserhof, die Kaiserpassage und die an Kaisers Geburtstag 1876 eingeweihte Nationalgalerie. Die Reichsmark hat erst zu Beginn des Vorjahres den Taler abgelöst. Der *Berliner Börsen-Courier* schrieb am 1. Januar 1875: »Die ›Mark‹ ist ein Parvenü von eines Parlamentsbeschlusses Gnaden, ein Neuling, von dem man vor Jahren noch keine Ahnung hatte. Doch – die Welt liebt das Neue«.

Nur die Zeit selbst ist noch die alte. Bis zum Inkrafttreten des »Gesetzes betreffend die Einführung einer einheitlichen Zeitbestimmung« am 1. April 1893, mit dem die ›mitteleuropäische Zeit‹ gültig werden wird, gab es im Reichsgebiet zwanzig verschiedene Ortszeiten. Die Uhr am Potsdamer Bahnhof zeigte bei unserer Ankunft die »Berliner Zeit«.

Ganz neu wiederum ist die erst kürzlich eröffnete Rollschuhbahn in der Hasenheide*, außerhalb der Stadt im Landkreis Teltow gelegen und mit Schießständen der Armee ausgestattet. Auch zum rituellen Totschießen**, das trotz des staatlichen Duellverbots weiter – wie soll man sagen: gepflegt wird, gehen ehrsüchtige Herren gern in die Hasenheide. Die Rollschuhbahn ist nicht frei zugänglich. Dort drehen höhere Kreise ihre Runden, sogar Angehörige der

---

* Die heute zum Bezirk Neukölln gehörende Hasenheide wurde 1904 zum Bestandteil von Rixdorf, der Volkspark entstand erst nach dem Ersten Weltkrieg.
** Dazu der Abschnitt über das Duell im Kapitel »Die alte Gesellschaft«.

Hohenzollernfamilie sollen dem ›Rollsport-Club‹ beigetreten sein. Derweil projektiert am noch nicht fertiggestellten Anhalter Bahnhof eine englische Aktiengesellschaft den ›Central-Skating-Rink‹. Für den Hauptsaal sind Kronleuchter vorgesehen, drumherum wird es Billardsäle, Rauchsalons, ein Restaurant und eine Konditorei geben, wo man wie in allen Berliner Konditoreien kostenlos Zeitung lesen kann – wenn man genug Geld hat, Kaffee und Kuchen zu bezahlen. Der ›Skating-Rink‹ wird sich übrigens nicht halten. Nach einem Umbau wird daraus 1888 das Konzerthaus der Berliner Philharmoniker*.

Die 1873 zwischen Friedrichstraße und Unter den Linden eingeweihte Kaiserpassage besteht länger**. Sie hat, wie so vieles in Berlin, etwas vom Triumphalismus des Emporkömmlings. Nachdem man erst den österreichischen und dann den französischen Feind besiegt hatte und selbst Hauptstadt geworden war, musste eine dieser Passagen her, die in Wien und Paris im Gaslicht ›absoluter Modernität‹ erstrahlten***. Sie wurde »im reinsten Renaissance-Styl 1871–73 vom Actien-Bau-Verein ›Passage‹ erbaut«, wie Kiessling erklärt: »50 elegante Geschäftsmagazine«, ein Panoptikum, »ein grossartiges Wiener Café nehmen die Parterre-Localitäten ein, während in den oberen Geschossen ein grosser, schöner Concertsaal, sowie elegante Wein- und Bier-Restaurants eingerichtet sind.«

Die Passage ist eine Attraktion, die Leute strömen hindurch, von der Friedrichstraße zu den Linden, von den Linden zur Friedrichstraße. Etwa in der Mitte, wo der 130 Meter lange Durchgang einen Knick zur Seite macht, legen sie die Köpfe in den Nacken und schauen beeindruckt zur Kuppel empor. Die Passanten schauen und strömen und strömen und schauen, aber sie kaufen nicht, jedenfalls

---

* Dazu und allgemein zum Musikbetrieb der Bismarckzeit der Abschnitt »Ein gutes Tier ist das Klavier« im Kapitel »Das neue deutsche Leben«.

** Wie der Eingang Ecke Friedrichstraße/Behrenstraße 1896 ausgesehen hat, kann man heute noch sehen: youtube.com/watch?v=FCr-FsmmO88

*** »Il faut être absolument moderne« (»Man muss unbedingt modern sein«), schrieb Arthur Rimbaud 1873 in *Eine Zeit in der Hölle*. »Modern sei der Poet, / Modern vom Scheitel bis zur Sohle!«, verkündete 1886 der naturalistische Dichter Arno Holz in »Lieder eines Modernen«, erschienen als *Das Buch der Zeit*.

nicht genug. Einige der fünfzig ›eleganten Geschäftsmagazine‹ stehen schon wieder leer. Allein von den 68 Millionären, die Berlin derzeit aufzuweisen hat, können die Inhaber der Läden nicht leben. Dabei ist die Passage letztlich ein »bloßes Gäßchen«, wie Theodor Fontane im August 1875 aus Mailand schreibt, wo sich ihr architektonisches Vorbild befindet. »O Berlin, wie weit ab bist Du von einer *wirklichen* Hauptstadt des Deutschen Reiches! Du bist durch politische Verhältnisse über Nacht dazu geworden, *aber nicht durch Dich selbst.*«

Vieles ist in Berlin im Werden. Die Ringbahn zur Verbindung der Kopfbahnhöfe steht kurz vor der Vollendung, der repräsentative Anhalter Bahnhof ist noch im Bau. Desgleichen das Kunstgewerbemuseum*, während über den Neubau des Reichstags im Parlament immer noch gestritten wird. Das erste städtische Krankenhaus indessen wurde 1874 eingeweiht. Auch Parks entstehen seit 1876, der Plänterwald zum Beispiel und der Treptower Park. Der Volkspark Humboldthain im Arbeiterbezirk Wedding wurde schon 1872 eingeweiht, wie die beiden anderen Parks entworfen von Gustav Meyer, dem Direktor des 1870 installierten Gartenamts. Die Volksparks werden zu den ›grünen Lungen‹ in der ›Steinwüste‹, zu der sich die Stadt nach Meinung besorgter Beobachter auswächst, seit 1874 im Wedding die erste ›Mietskaserne‹ im modernen Sinn errichtet wurde**.

Bei all dem Neuen in Berlin hat doch manches Alte Bestand, jedenfalls vorläufig. Auf dem Prenzlauer Berg stehen immer noch Bockwindmühlen, und die Schönhauser Allee ist wirklich eine. Die Bebauung mit Mietshäusern erfolgt ab Ende der 1870er. Immerhin gibt es schon das recht wuchtige »Ausschanklokal der Brauerei Julius Boetzow«, wie das Etablissement auf einer Photopostkarte von 1865 bezeichnet wird.

Wilmersdorf dagegen liegt jotwede im Grünen, aber doch nah genug an der Stadt, damit dort leicht erreichbare Wochenendhäuser und später Vorortvillen errichtet werden können. Am See – er wird 1899 zugeschüttet – befindet sich eine Badeanstalt. Das Dorf

---

* Der heutige Martin-Gropius-Bau. Dazu ein Absatz in der Einleitung.
** Dazu der Abschnitt über die Wohnungsfrage im Kapitel »Große Fragen«.

hat keine zweitausend Einwohner. Viele der Alteingesessenen sind vermögend, weil sie ihr Bauernland an Bodenspekulanten und Investoren verkauft haben – für so viel Geld, dass die Berliner sie mit neidischem Spott als ›Millionenbauern‹ titulieren.

Zum Neuen und Alten kommt gegen Ende der 1870er etwas sehr Altes: schätzungsweise 150 Millionen Jahre alt, eine Zahl, bei der es gleichgültig ist, ob von der Jetzt- oder der Gründerzeit aus gerechnet wird. Es handelt sich um einen schrägen Vogel aus Stein, vom bayerischen Finder, weniger geschäftstüchtig als die Berliner Millionenbauern, gegen eine Kuh getauscht und dann weitergehandelt, bis das Exponat, heute unter dem ehrwürdigen Titel Archaeopteryx im Berliner Naturkundemuseum zu besichtigen, für 20 000 Mark von Werner Siemens erworben und schließlich – gegen Erstattung des Kaufpreises! – der Universität überlassen wird.

Nachdem wir uns im Hotel ein wenig frisch gemacht haben, überlegen wir, ob wir Fontane einen Besuch abstatten sollen. Die Adresse lautet Potsdamer Straße 134c. Er lebt hier seit Oktober 1872. Der Umzug war nötig geworden, weil die Mieten in dem Haus, in dem die Fontanes vorher wohnten, nach dessen Verkauf an einen Bankier vom neuen Besitzer um das Doppelte bis Dreifache erhöht wurden.

Leider ist der Zeitpunkt für einen Besuch ungünstig. Fontane hat seine gerade erst angetretene Stelle als Erster Sekretär der Akademie der Künste schon wieder gekündigt, weil er es nicht aushält, von seinem nicht einmal halb so alten Vorgesetzten, dem vom Kaiser protegierten Historienmaler Anton von Werner, herumkommandiert zu werden. Immerhin ist Fontane eine literarische Größe, noch nicht berühmt durch seine Romane, deren Erscheinen erst bevorsteht, aber stadtbekannt als Theaterkritiker der Vossischen Zeitung, als Verfasser der Wanderungen durch die Mark Brandenburg und wegen seiner Kriegsbücher. Für Frau Fontane rechtfertigt das nicht, einen Job hinzuschmeißen. Mag der Herr Gemahl eine ›Instanz‹ im Berliner Feuilletonbetrieb sein, auch Instanzen brauchen Einkommen, und das wird am ehesten von einer sicheren Stelle garantiert, nicht von Romanen, die erst einmal geschrieben werden müssen und von denen kein Mensch weiß, ob sie sich verkaufen lassen. Der Haussegen hängt also schief, und es ist klüger, auf einen Besuch zu verzichten. Stattdessen könnten wir ja zu Anton von Werner in die Potsdamer Straße 81a gehen. Dort prunkt seine eigenhändig im Renaissance-Stil ausgemalte Stadtvilla. Auch Adolph Menzel* hat bis vor Kurzem in der Potsdamer gewohnt, sich nun aber sein Atelier zwischen den Villen am südlichen Rand des Tiergartens eingerichtet. Zu von Werner wollen wir nicht, zu Menzel dürfen wir nicht: zu riskant. Ihn »in seinem Atelier aufzusuchen«, meint Max Liebermann später, wird »für eine Tollkühnheit, etwa wie das Eindringen in den Löwenkäfig, angesehen«.

Wir lassen die menschlichen Berühmtheiten in Ruhe und wenden uns einer äffischen zu. In dem bis vor Kurzem von Alfred Brehm geleiteten sogenannten »Aquarium« Unter den Linden logiert neuerdings einer unserer Vettern, wie die einen glauben und die anderen fürchten. Er ist gerade erst in der Hauptstadt angekommen. Die *Vossische Zeitung* schreibt: »Noch nie und nirgends ist ein Mitglied des Thierreiches mit größerer Sehnsucht erwartet worden als dieser Gorilla«. Es herrscht riesiger Andrang. Der frisch entlassene Brehm hatte Mitte der 1860er im ersten Band seines *Thierlebens* beobachtet, »daß wir blos diejenigen Affen wirklich gern haben [...], welche die wenigste Aehnlichkeit mit den Menschen zeigen, während uns alle diejenigen Arten, bei denen die Aehnlichkeit schärfer hervortritt, geradezu abscheulich erscheinen.« **

Vielleicht sollten wir lieber nicht in den lebenden Spiegel schauen, der uns da im Aquarium präsentiert wird. Die Warteschlange ist ohnehin zu lang. Statt uns anzustellen, spazieren wir zu Kroll am Königsplatz. Es gefällt es uns dort hoffentlich besser als vor zwei Jahren dem russischen Schriftsteller Dostojewski, der weder die Preußen noch die Sachsen noch überhaupt die Deutschen mochte, obwohl er in Baden-Baden und Wiesbaden spielte, in Dresden Gemälde bewunderte und in Bad Ems zur Kur ging. »Aber, mein Gott, was für eine öde, was für eine entsetzliche Stadt ist dieses Berlin! [...] Die Deutschen waren am Sonntag alle auf der Straße, in ihrem Sonntagsstaat. Ein grobes, ungehobeltes Volk. In der Konditorei« – wir

---

* Zu ihm der Abschnitt in »Große Männer«.
** Mehr über Brehm und noch etwas über den Gorilla findet sich im Zoo- und Zirkusabschnitt von »Das neue deutsche Leben«.

werden nach einem Gang durch die Wilhelmstraße ebenfalls eine aufsuchen – »riet mir ein junger Mann, zu Kroll im Tiergarten zu gehen«. Das tat er am nächsten Tag auch: »Dieser Garten ist der allerschrecklichste Ekel, aber es war eine Unmenge Publikum da, und die Deutschen gehen da mit Wonne spazieren. Für meine 10 Groschen Eintrittsgeld hatte ich das Recht, das Theater zu betreten, mußte aber auf der Galerie stehen. Das Theater ist ein riesiger dunkler Saal, wo bis zu 1000 Zuschauer Platz haben, die Bühne ist etwa 10 Schritt lang, das Orchester 12 Mann stark (und gar nicht übel), und da geben sie nun […] ›Robert der Teufel‹. Ich hörte nur die Hälfte des 1. Aktes an und entfloh dann vor den entsetzlichen deutschen Sängern«.

Robert der Teufel von Giacomo Meyerbeer muss wirklich nicht sein. Aber *Die Fledermaus* von Johann Strauss? Es steht die zweihundertste Aufführung bevor, dirigiert vom Meister selbst. Gerade einmal zehn Jahre ist es her, dass der preußische Militärkapellmeister Johann Gottfried Piefke nach dem Sieg über Österreich den »Königgrätzer Marsch« komponierte. Und der Gründerkrach, der die Börse in Wien kollabieren ließ und die Uraufführung der *Fledermaus* verzögerte, liegt nur drei Jahre zurück. Trotzdem tut man lustig und fidel in Wien und Berlin. Die Herrschaften trinken Champagner, nicht nur auf der Bühne, und die niederen Chargen wie Wärter Frosch in dem Gefängnis, in dem ein Teil der Operette spielt, besaufen sich mit Schnaps. Oder man süffelt »Wolkenschieber«. Dieser »Special-Liqueur« von Apotheker Schultze in der Köpenicker Straße entstand wie die Operette von Strauss im Jahr 1874. Die Reklame dafür reimt sich auch unvertont: »So hab' nach sinnenschweren Stunden / Ich jetzo einen Trank erfunden, / Der schiebt die Wolken von der Stirn, / Stärkt Rücken, Magen und Gehirn, / Der schützt vor Regen auf der Reisen, / Verdaut die allerschwersten Speisen, / […] / Der macht, daß Alles lacht und liebt / Und daß der Geist zur Wolke schiebt«.

In Wolkenschieberstimmung nach einer Zwischenerholung im Hotelzimmer machen wir uns auf zu einem Gang durch die Wilhelmstraße. Sie hat ihren Namen nicht etwa von Wilhelm I., sondern von Friedrich Wilhelm I., dem Soldatenkönig. Von ihm erzählt man, er sei mit dem Stock fuchtelnd durch die Straßen Potsdams gelaufen und habe gerufen: »Lieben, lieben sollt ihr mich!« Zum Glück ist es historisch unmöglich, dass wir ihm über den Weg laufen in der nach ihm benannten Straße. Wir verlassen das Hotel Royal durch das Portal in der Wilhelmstraße Nummer 69 und begeben uns zur Nummer 64. Von dort schreiten wir die Bauten preußischer Macht und deutschen Geldes ab:

- Haus und Grundstück Nummer 64 wurden 1868 vom Bankier Gerson Bleichröder*, dessen Aufstieg mit demjenigen Bismarcks verbunden ist, für 37 000 Taler ge- und fünf Jahre später für 680 000 Mark (etwa 225 000 Taler) wieder verkauft. 1876, im Jahr unseres Besuchs, gehört es einem Rittergutsbesitzer aus Posen. 1879 wird Bleichröder das Anwesen zurückkaufen (für wie viel wissen wir nicht). Fünfzehn Jahre später übernimmt der preußische Fiskus die Immobilie für 1 900 000 Mark von Bleichröders Erben.
- Nummer 65 ist das 1867/68 für das Preußische Justizministerium umgebaute Haus.
- Nummer 66 ist das Wohnhaus des Bankiers Friedrich Wilhelm Krause, errichtet 1867/68 nach Plänen von Friedrich Hitzig, der in den Gründerjahren reihenweise Villen entworfen und auch die 1876 noch im Bau befindliche neue Reichsbank geplant hat. Krauses Wohnhaus war den französischen ›Adelhotels‹ nachempfunden und wurde analog dazu als ›Bürgerhotel‹ bezeichnet. Krause wurde 1873 geadelt. Das ›Bürgerhotel‹ war in einzelne Wohnungen unterteilt, die sich über ganze Stockwerke zogen.
- Das Palais in der Nachbarschaft wurde 1874 fertiggestellt. Es gehörte dem oberschlesischen Kohlebergbau- und Eisenbahnunternehmer Rudolf Pringsheim zu Rodenberg. Das Gebäude machte als ›buntes Haus‹ Furore wegen der an der Fassade eingesetzten verschiedenen und verschiedenfarbigen Materialien. Das Berliner Adressbuch von 1876 erläutert: »Pringsheim'sches Haus, Wilhelmstraße 67, im Styl Venetianischer Paläste […], bestehend aus einem hohen Erdgeschoß und großem dominirenden Hauptgeschoß, ersteres aus Sandstein, letzteres in farbiger Terracotta. Die

---

* Über ihn der Abschnitt im Kapitel »Großbürger, Bildungsbürger, Kleinbürger«.

Facade ist mit hohem Fries gekrönt, auf welchem in lebensgroßen Figuren das menschliche Leben in echt venetianischem Glas-Mosaik [...] nach Compositionen von A. von Werner dargestellt ist. Karyatiden in über Doppel-Lebensgröße, aus 500 Centner schwere Sandsteinblöcken gebildet, stützen den Balkon.« Auch die Innenräume, die wir freilich nicht zu sehen bekommen, sind mit großformatigen Wandbildern von Anton von Werner ausgestattet.

– Wem Haus und Grundstück Nummer 68 gehören, wissen wir nicht.
– Die Nummer 69 ist das Hotel, in dem wir untergekommen sind.
– Den Eingang des Palais auf dem Grundstück Nummer 70 bilden korinthische Säulen, als handele es sich um einen Tempel der Antike. Seit 1867 im Besitz des ›Eisenbahnkönigs‹ Bethel Henry Strousberg*, ging das Anwesen nach dem Zusammenbruch von dessen Firmen-Imperium in die Konkursmasse über und wurde gerade für 900 000 Mark an Fürst Hugo zu Hohenlohe versteigert. Während Strousberg einer jüdischen Aufsteigerfamilie entstammt, verkörpert der Fürst zu Hohenlohe die Verbindung aus altem Adel und neuem Geld, von aristokratischen Privilegien mit unternehmerischer Tatkraft.
– Nummer 70a wurde im April 1872 von einem Kaufmann erworben und im April 1875 an einen Rittergutsbesitzer verkauft, der es im November 1875 an einen Bankier weiterverkaufte, der es im April 1876 wiederum an einen Rittergutsbesitzer verkauft, der es im März 1877 erneut an einen Bankier verkaufen wird, der es dann immerhin achtzehn Jahre behält.
– Nummer 71 wurde 1867 von Leopold Ullstein erworben und 1871 unter Wahrung eines lebenslangen Wohnrechts weiterverkauft. 1876 erfolgt die Gründung seines Verlags**.
– Nummer 72 befindet sich im Besitz der Hohenzollernfamilie.
– Nummer 73 ist im Besitz der Krone, aber seit 1873 residiert hier Graf Alexander von Schleinitz, seit vielen Jahren »Minister des

* Zu ihm der Beginn des Abschnitts »Großmacht und Krise« im Kapitel »Gründerzeit – Gründerkrach«.
** Dazu der Zeitungsabschnitt im Kapitel »Errungenschaften«.

königlichen Hauses« und zuständig für die Verwaltung der Kron-
güter. Das Palais ist ein gesellschaftliches Zentrum der Adels-
welt rund um die »Schleinitzsche Kamarilla«, wie Bismarck den
langjährigen Feind und dessen kulturell ambitionierte, 35 Jahre
jüngere Frau Mimi nennt. Man stelle sich vor, Bismarck würde
mit Pickelhaube unter dem Arm durch den Salon der wagneria-
nischen Gräfin* poltern, um zu verhindern, dass sie den Kaiser
im August 1876 zur Eröffnung der Bayreuther Festspiele mit der
Uraufführung der *Götterdämmerung* lockt. Die Uraufführung von
Tristan und Isolde hat im März im Königlichen Opernhaus stattgefunden. Freiherrin Spitzemberg, Mimis Salonkonkurrentin
und Bismarck-Verehrerin, notierte darüber in ihrem Tagebuch:
»Die halbe Welt war heute in der Oper gewesen, um Wagners
›Tristan und Isolde‹ zu hören; die meisten kamen schachmatt,
wenn auch gebührend hingerissen daraus zurück.« Bismarck indessen besucht den Schleinitz'schen Salon nur ausnahmsweise,
und der Kaiser wird Mimi (weniger Wagner) zuliebe nach Bayreuth fahren.
- Die Nummer 74 wurde nach der Reichsgründung im Stil eines
  florentinischen Palastes umgebaut, um als neues Bundeskanzleramt zu fungieren. Das hat Bismarck jedoch nicht gefallen, er
  bleibt einstweilen in Nummer 76. In den umgebauten Palast zieht
  das Reichsamt des Innern.
- Nummer 75 befindet sich im Besitz einer Druckerfamilie, in deren Werkstatt auch Reichssachen vervielfältigt werden. Das Reich
  wird das Anwesen, einschließlich der Druckerei, 1877 erwerben.
- In Nummer 76 residiert Bismarck seit Herbst 1862, zunächst als
  preußischer Ministerpräsident und ab 1871 als Reichskanzler. Erst
  1878 wird er hinüber nach Nummer 77 ziehen. Die Depeschen-
  tür an der Hinterseite des Gebäudes, an die unentwegt Pferde-
  kuriere mit wichtigen Botschaften klopfen, können wir von der
  Straßenseite aus nicht sehen. Ebenso wenig können wir einen
  Blick ins Innere werfen. Vergeblich halten wir nach dem Gärtner Ausschau, der manchmal Leute gegen Trinkgeld über die
  Dienstbotentreppe in die Gemächer führt, wenn der Hausherr

* Dazu der Salon-Abschnitt im Kapitel »Die alte Gesellschaft«.

nicht anwesend ist. Jedenfalls erzählt das der französisch-schweizerische Reisereporter Victor Tissot. Er will sogar im Schlafzimmer gewesen sein: »Ein mit blauer Seide bespannter Wandschirm umgibt das riesige Ehebett. Ein kleiner Tisch dient als Waschtisch. Darauf entdecke ich ein halbes Dutzend Kämme und Bürsten, also viel mehr, als der Kanzler Haare auf dem Kopf besitzt«.

– Nummer 77, das ehemalige Palais Radziwill, wird gerade zur Reichskanzlei umgebaut, in die Bismarck in zwei Jahren übersiedeln wird. Bismarcks Haltung zur polnisch-preußischen Fürstenfamilie Radziwill, insbesondere zu dem bei Hofe einflussreichen Boguslaw, ist distanziert bis feindselig. Bismarcks ›Kulturkampf‹ gegen die katholischen, die polnischen und die päpstlichen ›Elemente‹ dauert immer noch an. Übrigens heißt es in Fontanes *Effi Briest* über den Mann der Titelheldin, Baron von Innstetten, »am 1. April begab er sich in das Kanzlerpalais, um sich einzuschreiben«. Obwohl der Roman erst ein halbes Jahrzehnt nach Bismarcks Rücktritt 1890 erschien, konnte Fontane immer noch voraussetzen, dass seine Leserschaft die Bemerkung ohne Erläuterung verstehen würde: Der 1. April war Kanzlergeburtstag, in der Nummer 77 lag ein Gratulationsbuch aus[*].

– Nummer 78 ist die Schornsteinfegerakademie. So wird der 1875 fertiggestellte Bau wegen seiner vielen Kamine vom Berliner Volksmund genannt. Die Kamine passen auf kuriose Weise zum Besitzer, Hans Heinrich Fürst von Pleß. Er ist einer jener Schlotbarone aus schlesischem Adel, die unter der Erde Kohlebergwerke und auf der Erde Landwirtschaft im großen Maßstab betreiben. Über sein Palais heißt es im *Berliner Adreß-Buch:* »Französische Renaissance mit Seitenflügel in weißem schlesischen Sandstein mit rother Verblendung. [...] Hohes schmiedeeisernes Thor und Vorgitter längs der Straßenfront, von Pariser Arbeit.« Das ›Fran-

---

[*] Es hat später auch sehr lange gedauert, bis vergessen wurde, wer am 20. April Geburtstag hatte. Damit sollen die beiden Geburtstage nicht verglichen werden, wohl aber die Nachhaltigkeit, man kann auch sagen: die Penetranz, mit der sich Macht, selbst noch bei Nebensächlichkeiten, im Gedächtnis einnistet.

zösische‹ an dem Bau ist ungewöhnlich, so kurz nach dem Krieg, und erregt, zusätzlich zum Spott wegen der Schornsteine, entsprechend Anstoß.

– Nebenan entsteht mit der Adresse Voßstraße 1 ein weiteres Palais im Stil der Neo-Renaissance. Es gehört Albert Borsig, dem Sohn des Firmengründers, der mit dem Bau von Lokomotiven reich geworden ist. Der von ihm in Auftrag gegebene Gemäldezyklus »Lebensgeschichte einer Lokomotive«* ist gerade fertig geworden, aber den Einzug in das neue Palais wird er nicht mehr erleben. Auch erspart ihm sein Tod im Jahr 1878 die Auseinandersetzung mit Fürst von Pleß. Dem Schlotbaron von altem Adel stinkt die Nachbarschaft der neureichen Borsigs dermaßen, dass er die Pferdeställe auf seinem Grundstück in unmittelbarer Nähe des Borsig'schen Festsaals anlegen lässt.

Eigentum zieht Macht nach sich, und Macht erzeugt Eigentum. Aber nicht immer steht beides in ausgewogenem Verhältnis, vor allem dann nicht, wenn sich die Zeiten schneller ändern als die Leute.

Nach so viel baulichem Brustgetrommel suchen wir zur Entspannung die Konditorei Spargnapani auf. Tissot beschreibt sie in seiner höhnischen Art folgendermaßen: »Die Konditoreien ersetzen in Berlin die Cafés. Man trinkt dort Schokolade, Punsch und Limonade. Die Liebhaber von Süßigkeiten verzehren dort hauptsächlich Kuchen mit viel Sahne.« Und die »am häufigsten besuchte Konditorei ist die von Spargnapani Unter den Linden. Sie ist gleichzeitig ein Lesekabinett. Von 11 Uhr bis mittags trifft man hier ernste Staatsräte an, die sich an einem Stück Erdbeertorte delektieren« und dabei eine der vielen ausliegenden Zeitungen lesen. »Alle diese Menschen werden nur von zwei Dingen in Anspruch genommen, nämlich sich den Bauch mit Süßem vollzustopfen und den Kopf mit Ideen. Bei Spargnapani kann man die Weltereignisse Stunde um Stunde verfolgen. Nicht nur, daß der Briefträger jeden Augenblick eine neue Zeitung aus dem Osten oder dem Süden, aus St. Petersburg oder New York bringt, auch die Telegramme werden, so wie sie bei der

---

* Dazu der entsprechende Abschnitt im Kapitel »Errungenschaften«.

Agentur Wolff* eintreffen, von ihr auf lose Blätter kopiert und an einer besonderen Stelle in der Konditorei angeschlagen. Man kann von diesen Konditoreien weder die Eleganz noch die Bequemlichkeit der Pariser Cafés erwarten. Den Deutschen kümmert nicht das Äußere und die Form, das Wichtigste ist ihm das leibliche Wohl. Dieses praktische Volk ist nicht gewillt, die vergoldeten Spiegel oder die mit Samt bezogenen Stühle zu bezahlen [...]. Deshalb gibt es nichts Primitiveres als diese Konditoreien. Man sitzt an kleinen Marmortischen auf strohbespannten Stühlen, die Wände sind kahl, und der Fußboden ist mit Sägespänen bestreut.«

Wie hätte sich der verwöhnte Franzose erst in einer deutschen Kneipe gefühlt? Das Saufen und Raufen darin machte noch 1890 dem Zivilisationskritiker Julius Langbehn Sorgen. In seinem zwielichtigen Bestseller *Rembrandt als Erzieher* überlegte er, was wäre, wenn »es statt der 50000 Schenklokale, die es im jetzigen Preußen gibt, dort 50000 öffentliche Badeanstalten gäbe«: Es »würde um die physische, geistige und sogar sittliche Gesundheit [...] besser stehen als jetzt. Denn körperliche und sittliche Reinheit« bedingten sich gegenseitig. Außerdem würde es »wahrscheinlich weniger Sozialdemokraten in Deutschland geben, wenn es dort mehr Bäder gäbe.« Auf diesen Ausweg war der gerade zurückgetretene Bismarck gar nicht gekommen. Weniger verplantscht hatte zehn Jahre zuvor Helmuth von Moltke, der alt gewordene Stratege des dänischen, des deutschen und des französischen Krieges, über friedensselige Verweichlichung geschrieben: »Der ewige Friede ist ein Traum, und nicht einmal ein schöner, und der Krieg ein Glied in Gottes Weltordnung. In ihm entfalten sich die edelsten Tugenden des Menschen, Mut und Entsagung, Pflichttreue und Opferwilligkeit mit Einsetzung des Lebens. Ohne den Krieg würde die Welt im Materialismus versumpfen.«

---

* Dazu der Telegraphie-Abschnitt im Kapitel »Errungenschaften«.

Kapellmeister Piefke
und die Einigungskriege

❧

Der dänische Krieg – Der deutsche Krieg –
Der Krieg gegen Frankreich

Graf Moltkes Generalstabsheroismus und seine Sorge, der Friede ließe die Leute ›im Materialismus versumpfen‹, hinderten ihn so wenig wie Bismarck oder Generalfeldmarschall Albrecht von Roon daran, recht alt zu werden und den Tod fürs Vaterland im Bett zu sterben. Seinem borussischen Befehlshabernimbus tat das keinen Abbruch. Bis heute personifiziert er auf Denkmalsockeln und Gemälden neben Bismarck und Roon die preußische Überlegenheit in den deutschen Einigungskriegen. Ein Deutschland, drei Männer, drei Kriege, drei Schlachten: der Sturm auf die Düppeler Schanzen im dänischen, der Sieg über Österreich bei Königgrätz im deutschen, der Sieg bei Sedan im französischen Krieg.

Bei der für Moltke militärisch unnötigen, aber für Bismarck innenpolitisch wichtigen Erstürmung der Düppeler Schanzen am 18. April 1864 kamen 260 preußische und 800 dänische Soldaten ums Leben (der Krieg insgesamt kostete 1700 Tote und 4000 Verwundete); in der Schlacht bei Königgrätz am 3. Juli 1866 kamen knapp 2000 preußische und an die 6000 österreichische und sächsische Soldaten ums Leben (der Krieg insgesamt kostete 15 000 Tote und 30 000 Verwundete); in der Schlacht bei Sedan am 1. und 2. September 1870 kamen auf jeder Seite 3000 Soldaten ums Leben (der Krieg insgesamt kostete rund 200 000 Tote und noch einmal so viele Verwundete).

Für sich und vor allem persönlich genommen sind diese Zahlen fürchterlich. »Ich habe auf dem Schlachtfeld«, bekannte Bismarck nach Königgrätz, »die Blüte unserer Jugend dahinraffen sehen durch Wunden und Krankheit, ich sehe jetzt aus dem Fenster gar manchen Krüppel auf der Wilhelmstraße gehen, der heraufsieht und bei sich denkt, wäre nicht der Mann da oben, und hätte er nicht den bösen Krieg gemacht, ich säße jetzt gesund bei ›Muttern‹«.

Allgemein und vor allem historisch genommen sind diese Zahlen eher niedrig. Zwei Jahrzehnte nach Königgrätz warnte Friedrich Engels: »Und endlich ist kein andrer Krieg für Preußen-Deutschland mehr möglich als ein Weltkrieg, und zwar ein Weltkrieg von einer bisher nie geahnten Ausdehnung und Heftigkeit. Acht bis zehn Millionen Soldaten werden sich untereinander abwürgen [...]. Die Verwüstungen des Dreißigjährigen Kriegs zusammengedrängt in drei bis vier Jahre und über den ganzen Kontinent verbreitet«. Die Vorhersage war recht genau. In den vier Jahren des Ersten Weltkrieges kamen 9,7 Millionen Soldaten um, außerdem rund zehn Millionen Zivilisten, die Opfer der epidemischen Spanischen Grippe eingerechnet.

Wie lässt sich militärische Gewalt bei solchen Zahlen rechtfertigen? Lässt sie sich überhaupt verantworten? Bismarck warnte in seinen Memoiren, »wehe dem Staatsmann, der sich [...] nicht nach einem Grunde zum Krieg umsieht, der auch *nach* dem Kriege noch stichhaltig ist.« Ihm ist das dreimal hintereinander gelungen, vor allem deshalb, weil er seine Kriege gewonnen hat und die Gründe für gewonnene Kriege immer als ›stichhaltig‹ gelten. Die in Bismarcks Memoiren ebenfalls geäußerte »Überzeugung, daß auch siegreiche Kriege nur dann, wenn sie aufgezwungen sind, verantwortet werden können«, ist dahingehend zu korrigieren, dass es statt ›aufgezwungen sind‹ heißen müsste ›aufgezwungen erscheinen‹.

Bismarcks annähernd drei Jahrzehnte an der Macht wurden bestimmt von militärischen Konflikten, nach außen wie im Innern – und nach außen wegen des Inneren. Ohne die Feldzüge hätte er sich im Inneren nicht halten können, und ohne seine Durchsetzungsfähigkeit im Inneren wiederum wären die Kriege nach außen nicht erfolgreich zu führen gewesen. Feldzüge und Schlachten müssen vorbereitet werden, lange vor den Kampfhandlungen und auch lange vor der Mobilmachung. Der Soldat braucht Stiefel, sonst kann er nicht marschieren; er braucht Gewehre, sonst kann er nicht schießen; er braucht Verpflegung, sonst muss er plündern oder verhungern. Die Stiefel müssen geschustert und gelagert, die Gewehre montiert und in Schuss gehalten, die Rationen eingeteilt und transportfähig gemacht werden. Der Soldat selbst muss rekrutiert, ausgebildet, im Kriegsfall mobilisiert und mit Tornister, Topf und Löffel versehen werden. Mit einer undichten Feldflasche verliert man keinen Krieg, aber wenn eine ganze Armee keine Feldflaschen hat, kann das zur Katastrophe führen. Friedrich Engels referiert in einem seiner Artikel über den deutsch-französischen Krieg einen Korrespondenten mit der Beobachtung, dass die Verproviantierung der französischen Truppen verspätet erfolgte und dass sie »nicht genügend Feldflaschen, Kochgeschirr und andere Lagerutensilien hatten, das Fleisch verdorben und das Brot muffig war.« Der verzögerte französische Abmarsch kam den deutschen Armeen zugute, und die verminderte französische Truppenmoral ebenfalls.

Die inneren Auseinandersetzungen darum, wie die Vorbereitung auf äußere Konflikte zu geschehen hatte, standen nicht zufällig am Beginn von Bismarcks beispiellosem politischem Lebenslauf. Krieg kostet Geld. Die Vorbereitung auf den Krieg kostet Geld. Wie und von wem wird dieses Geld aufgebracht, wie und von wem über dessen Verwendung entschieden? Vom Monarch, vom Regierungschef, vom Kriegsminister, vom Generalstab, vom Parlament? Wer die Gewehre hat, dem gehört die Macht, auch im Innern. Aber die Gewehre behält nur, wer sie und die Soldaten bezahlen kann. Deshalb hängen die Hoheit über das Budget und die Macht im Staat untrennbar zusammen. Soll der Monarch herrschen oder das Parlament? Wer ist der Souverän: der König von Gottes Gnaden oder das Volk, repräsentiert von einer (auf welche Weise auch immer) gewählten Versammlung?

Dieser Systemkampf zwischen der Monarchie und der parlamentarischen, was keineswegs bedeutete: demokratischen, Vertretung hatte während der Restaurationsjahre nach 1848 angedauert und sich 1862 zur Systemkrise verschärft, als die Heeresreform von Kriegsminister Roon an der Unwilligkeit der Parlamentarier zu scheitern drohte, die dafür nötigen Ausgaben zu bewilligen. In dieser Situation schob König Wilhelm seine Vorbehalte gegen Bismarck beiseite und ernannte ihn zum preußischen Ministerpräsidenten. Der polternde Junker, der mit seinen Reden die Abgeordneten aller Fraktionen vor den Kopf stieß, wurde zum Mann der Stunde – und erwies sich als Staatsmann über Jahrzehnte.

Der Streit um die Heeresreform wuchs sich in den 1860er Jahren deshalb zum Vefassungskonflikt aus, weil die Mittel für die Reform ohne die Bewilligung durch das Parlament aufgebracht wurden. Es ging um die Verlängerung der Wehrdienstzeit von zwei auf drei Jahre; um die Eingliederung der Landwehrverbände, die seit der Revolution von 1848 als ›Volksbewaffnung‹ verdächtig waren, in die reguläre Armee; und um das möglichst lückenlose Einziehen der dienstpflichtigen Jahrgänge. Lange Zeit konnten aufgrund der Heeresgröße nicht alle tauglichen jungen Männer ›gezogen‹ werden, also wurde gelost. Diejenigen, die Pech, aber Geld hatten, durften sich unter denen, die Glück, aber kein Geld hatten, Ersatzmänner kaufen. Der Versuch, diese Praxis abzuschaffen, stieß überall auf Widerstand: bei denen, die kauften, wie bei denen, die sich kaufen ließen. Eine wohlhabende Familie zog es vor, den Sohn auf seine Laufbahn im Geschäft vorzubereiten, statt ihn beim Appell im Regen stehen zu lassen. Die Familie eines Tagelöhners oder eines Knechtes wiederum nahm gern das Ersatzgeld an und hatte dann einen Esser weniger am Tisch. Dieser Vorteil für die Armen machte es den Besitzenden moralisch leichter, ihr Privileg in Anspruch zu nehmen.

Es gehört seit jeher zu den Eigenarten des Bürgertums, das eigene Interesse für das der Gesamtheit auszugeben. Unverhüllter ›Machiavellismus‹ mochte aus den Blut-und-Eisen-Reden des Landjunkers Bismarcks dröhnen, die bürgerlich-liberalen Kreise trugen ihre Ansichten im Parlament, in den Zeitungen und in den Salons gern mittels moralischer Kategorien vor. Das hat der Reaktionär Bismarck genauso durchschaut wie der Revolutionär Bebel.

Die ›Wehrgerechtigkeit‹ ließ sich durch eine Vergrößerung des Heeres und durch eine Verkürzung der Dienstzeit verbessern. Das Erste war von Roons Heeresreform gewollt und wurde erreicht, das Zweite war unerwünscht und wurde verhindert. Erst 1893 kehrte man zur zweijährigen Dienstzeit zurück. Zwei Jahre Militärdienst, noch dazu durch Urlaube unterbrochen, schienen nicht zu genügen, den Alltagsbürger mit seinen Privatsorgen in einen gehorsamstrainierten Befehlsempfänger umzuwandeln. Gehorchen muss geübt werden, Befehlenkönnen auch. Subordination ist ein Wechselverhältnis. Die auf fremdem Kampffeld notwendige Disziplin hat der Drill dem Soldatenkörper zu Hause auf dem Exerzierplatz einzufleischen. Dafür sind viel Zeit, Ausdauer und Wiederholungszwang nötig. Appellplatzstumpfsinn und Kasernenhofödnis sind elementar für die Erziehung zur Willenlosigkeit.

Zu den Erziehungsmitteln im Militär des Kaiserreichs gehörten die Schikane im Detail und der tägliche oder sogar nächtliche Befehlsterror, wie der sozialdemokratische Landarbeiter Franz Rehbein von seinem dreijährigen Militärdienst von 1887 bis 1890 berichtet: »Ein besonderes Spezialmittel zur Rekrutenbändigung bestand darin, die Mannschaften die Nähte der Kleidungsstücke auftrennen oder die Knöpfe abschneiden und dann die so Bedachten im Hemd mit geflickten Lumpen in der Hand des Nachts um Zwölf vor dem Bett des Berittführers antreten zu lassen. Oder der Vorgesetzte bekam den Einfall, seine ›Stifte‹ des Nachts aus den Betten zu jagen und diese, nur mit Hemd und Helm bekleidet, auf der Stube allerhand Exerzitien ausführen zu lassen.«

Ausgeklügelte Brutalität und offene Demütigung trafen besonders die gemeinen Soldaten. Die aristokratische Führungsschicht hingegen sollte ungebrochen in die Offizierslaufbahn treten, auch die Gebildeten waren möglichst zu schonen. Im Kriegsdienstgesetz von 1867 heißt es in § 11: »Junge Leute von Bildung, welche sich während ihrer Dienstzeit selbst bekleiden, ausrüsten und verpflegen, und welche die gewonnenen Kenntnisse in dem vorschriftsmäßigen Umfange dargelegt haben, werden schon nach einer einjährigen Dienstzeit im stehenden Heere – vom Tage des Diensteintritts an gerechnet – zur Reserve beurlaubt. Sie können nach Maßgabe ihrer Fähigkeiten und Leistungen zu Offizierstellen der Reserve und Landwehr vorgeschlagen werden.«

Gleichwohl hatten auch die ›jungen Leute von Bildung‹ ihren Tribut zu zahlen. Max Weber, der spätere ›Gründungsvater‹ der deutschen Soziologie, beschrieb eine Felddienstübung während seines Einjährigendienstes 1883/84: »Sie verläuft etwa folgendergestalt: Morgens bei noch fast vollkommener Dunkelheit tritt man in Helm, Tornister, Kochgeschirr, Brotbeutel und Mantel an und marschiert ab. Anfangs geht alles ganz gut, den Helm, der in der ersten Woche sich unangenehm bemerkbar macht, ist man schon gewohnt, ebenso die zentnerschweren Kommißstiefel [...] Ebenso ist der, noch leere, Tornister anfangs kaum zu merken. Auf die Dauer aber macht sich zunächst der als Wurst um Brust und Tornister geschlungene

Mantel unangenehm fühlbar, der [...] das Atmen sehr erschwert, außerdem das Tragen des Gewehrs auf der linken Schulter sehr schwierig macht. Dann fangen die beiden, schwer mit Platzpatronen gefüllten Patronentaschen, die bei jedem Schritt stark gegen die Leistengegend drücken, an, sich bemerklich zu machen. Schließlich empfindet man doch auch den Druck der unteren Tornisterkante gegen die Kreuzgegend als eine auf die Dauer bei stundenlangem Gehen sehr unangenehme Belästigung.«

Zu diesen körperlichen Beschwernissen kamen die Forderungen, denen die Gebildeten und Besitzenden unter den bürgerlichen jungen Männern von Seiten der ungebildeten und besitzlosen Mannschaften ausgesetzt waren. Die im Zivlleben als ›Kanaille‹ verachteten ›Kameraden‹ erwarteten Einladungen zu Schnaps und Tabak, »weil es das unveräußerliche, selbstverständliche Recht der Mannschaft ist«, wie Weber höhnte, »sich auf Kosten des Einjährigen, ohne erst lange zu fragen, voll zu essen und zu trinken«.

Auch die Feldwebel, im bürgerlichen Leben den jungen Herrchen subordiniert, hielten sich für ihre Mindermächtigkeit ›draußen‹ schadlos, indem sie ›drinnen‹ die ihnen vorübergehend Preisgegebenen mit sinnlosen Befehlen traktierten. Gerade bei denjenigen, die sonst nichts zu sagen haben, kann es geschehen, dass sie ihre kleine Macht genießerisch auskosten. Generäle schicken ganze Regimenter in den Tod, quälen aber selten höchstpersönlich. Stubenälteste, Feldwebel, Unteroffiziere dagegen legen Hand an und machen sich die Finger schmutzig, wenn ihnen darum zu tun ist, den Willen eines Widerspenstigen zu brechen.

Im Militärsystem lässt sich der Rang eines Mannes auf seinen Schultern ablesen. Den kann er dann stolz in die bürgerliche Gesellschaft hinübertragen und dort spazieren führen. Der einjährige Reserveoffizier in Uniform, wenn er jung, stattlich und vermögend war, wurde gern in die Salons geladen und in die Nähe des Klaviers bugsiert, wenn das heiratsfähige Töchterlein die Tasten schlug. Und der ältere Herr, der selbst schon Töchter hatte, zeigte mit Eifer, dass auch er einmal jung und Reserveleutnant war. Bismarck übrigens suchte sich dem einjährigen Militärdienst durch die ziemlich primitive Simulation einer ›Muskelschwäche‹ des rechten Arms zu entziehen, allerdings vergeblich.

Der bürgerliche Nachahmungstrieb führte in der preußischen Adelsgesellschaft nicht nur dazu, dass reich gewordene Leute Rittergüter in Ostelbien kauften, sondern militarisierte gewissermaßen das zivile Rangsystem. Am Anfang und am Ende stand immer das Geld, aber dazwischen legte man höchsten Wert auf aristokratische Form. Das Reserveoffizierswesen war eine Art symbolisches Scharnier zwischen der bürgerlichen Erwerbs- und der adeligen Machtgesellschaft, deren Rückgrat in Preußen seit dem Soldatenkönig die Armee gewesen ist. Es dauerte Jahrzehnte, bis das Bürgertum selbst in den unteren und mittleren Rängen auch nur annähernd so viele Offiziersstellen besetzte wie der Adel. Im Übrigen brachte die allmähliche Zunahme bürgerlicher Offiziere nicht etwa eine Verbürgerlichung der Armee mit sich, sondern führte zum Fortschleppen eigentlich überlebter militärischer Vorrechte in der zivilen Gesellschaft. Drei erfolgreiche Kriege verstärkten diesen Effekt. Bei jedem dieser Kriege war Johann Gottfried Piefke dabei. Und zu jedem hat er einen Marsch komponiert.

Der dänische Krieg

Als nach fünf Wochen Belagerung am 18. April 1864 preußische Truppen die Düppeler Schanzen vor dem Alsensund stürmten, führte Regimentsmusiker Piefke ein Musikkorps an. Er soll es mit dem Degen dirigiert haben, bis ihm eine feindliche Kanonenkugel die Waffe aus der Hand riss. Einer weiteren Legende zufolge hat sich ein Pionier namens Klinke an der ersten der zehn Schanzen selbst in die Luft gesprengt, um den Einfall der preußischen Sturmtruppen zu ermöglichen. In Wahrheit erlitt der 24-jährige Soldat nach dem Entzünden der Lunte beim Explodieren des Pulvers* schwere Verbrennungen im Gesicht, wurde außerdem beim Zurücktaumeln aus dem Graben durch die Brust geschossen und starb beim Transport ins Lazarett. Einen entsprechenden Bericht

---

* Das Dynamit wurde erst 1866 von Alfred Nobel erfunden.

zitiert Theodor Fontane in *Der Schleswig-Holsteinsche Krieg im Jahre 1864.* »Nach dieser Schilderung«, bemerkt der Kriegsliterat enttäuscht, »wäre Klinke gefallen wie jeder andere; ein braver Soldat, aber nicht mehr.« Vor allem nicht genug für eine Heldenlegende. Außerdem sei »mit der historischen Aufhellung – die ohnehin höchst mißlich ist und oft noch mehr vorbeischießt als die Dichtung – […] dem Bedürfnis des Volkes nicht immer am meisten gedient.«

Im Zweifel gegen ›missliche historische Aufhellung‹ und für Legendenbildung und Heldenkitsch. So heroisiert Fontane denn auch fürs breite Publikum das Kriegsgeschehen in seinem Gedicht *Der Tag von Düppel:* »Sie fallen tot, sie fallen wund, / Ein Häuflein steht am Alsen-Sund. / Palisaden starren die Stürmenden an, / Sie stutzen; wer ist der rechte Mann? / Da springt von achten einer vor: / ›Ich heiße Klinke, ich öffne das Tor!‹ / Und er reißt von der Schulter den Pulversack, / Schwamm drauf, als wär's eine Pfeif Tabak. / Ein Blitz, ein Krach – der Weg ist frei / Gott seiner Seele gnädig sei! / Solchen Klinken für und für / Öffnet Gott selber die Himmelstür.« Offenbar kommt im Christentum ebenfalls auf direktem Weg in den Himmel, wer sich selbst in die Luft sprengt. Hauptsache Opfertod. Allerdings sterben auf diese selbstmörderische Weise um Jenseitslohn immer nur die untersten Chargen. Generäle und Guerillaführer, Warlords und Widerstandsköpfe sprengen sich nicht in die Luft, ganz gleich, auf welcher Seite sie stehen, für welche Ziele sie kämpfen oder zu welchem Gott sie beten.

Verglichen mit den läppischen Kalauern über das von Klinke geöffnete Schanzentor und die für ihn geöffnete Klinke an der Himmelstür ist Bismarcks Bemerkung über den ›Krüppel‹, der in der Wilhelmstraße zu dem Mann hochschaut, der den ›bösen Krieg‹ gemacht hat, geradezu ehrenwert und frei von ›Hurrapatriotismus‹. In Fontanes Gedicht dagegen marschiert Piefke mit Musikkorps durch Schlamm zum Sieg. »›Vorwärts!‹ donnert der Dirigent, / Kapellmeister Piefke vom Leibregiment. / Und ›vorwärts‹ spielt die Musika, / Und ›vorwärts‹ klingt der Preußen Hurra«. An anderer Stelle ist Fontane nüchterner: »Der Krieg ist längst zu einer ›*Wissenschaft* des Tötens‹ geworden und die Erfolge, beispielsweise der verbesserten Schußwaffe, müssen dementsprechend mit nüchtern-wissenschaftlicher Genauigkeit festgestellt werden, wie wenig diese Art von Wissenschaftlichkeit unserer Empfindung entsprechen mag.«

Ein Schanzensturm erfolgt nicht mit klingendem Spiel in Formation wie beim Aufmarsch im Kasernenhof, sondern in wildem, panischem Durcheinander. Die Kugeln pfeifen um die Ohren, man geht in Deckung, wirft sich bäuchlings in den Dreck, kriecht ein Stück vorwärts, springt auf, rennt ein paar Meter, springt über einen Kameraden mit Bauchschuss, der nach seiner Mutter wimmert, rennt weiter, rennt in schreiender Todesangst den Bajonetten des Feindes entgegen.

Wenn man Glück hatte vor den Düppeler Schanzen, erwies sich der Feind als Pappkamerad, aufgestellt, um über die tatsächliche Stärke, die in Wahrheit Schwäche war, hinwegzutäuschen. Die Schanzen wurden genommen, die Dänen in den folgenden Feldzügen besiegt, Alsen erobert, der König Christian aus dem Hause Glücksburg zum Verzicht seiner Herzogtümer Schleswig und Holstein gezwungen, die er, der nationalistischen Zeitstimmung folgend, verfassungsrechtlich dem dänischen Staat hatte eingliedern wollen. Dieser Versuch war nach etlichen diplomatischen Verwicklungen zum Auslöser der militärischen Intervention durch Preußen und Österreich geworden.

Diesmal griffen, anders als 1848, da schon einmal preußische Truppen die Dänen vom Festland zu vertreiben drohten, die Großmächte Russland und England nicht mit Ultimaten ein. Dänemark musste den Frieden von Wien unterzeichnen. In Artikel 3 hieß es: »Seine Majestät der König von Dänemark verzichtet auf alle Seine Rechte auf die Herzogthümer Schleswig, Holstein und Lauenburg zu Gunsten Ihrer Majestäten des Kaisers von Österreich und des Königs von Preußen, und verpflichtet Sich, die Verfügungen, welche Ihre genannten Majestäten hinsichtlich dieser Herzogthümer treffen werden, anzuerkennen.« Artikel 1 lautete: »Es soll in Zukunft und für beständig Friede und Freundschaft zwischen ihren Majestäten dem Kaiser von Österreich und dem Könige von Preußen einerseits und dem Könige von Dänemark andererseits, sowie zwischen deren Erben und Nachfolgern und deren gegenseitigen Staaten und Unterthanen herrschen.«

Zwischen dem Kaiser von Österreich und dem König von Preußen einerseits und dem König von Dänemark andererseits blieb der Friede bewahrt, aber bereits anderthalb Jahre nach dem Wiener Vertrag führte die Rivalität zwischen Österreich und Preußen um die Dominanz in Deutschland zum Krieg. Nachdem Bismarck sich persönlich bei Napoleon III. der französischen Neutralität versichert hatte, setzte Preußen im Juni 1866 seine Truppen in Bewegung.

Der deutsche Krieg

Donnerstag, 14. Juni 1866: »In der Stadt große Aufregung, immer neue Truppendurchzüge; das erste Garde-Regiment passirt Berlin und begiebt sich auf den Kriegsschauplatz.« Bereits am 9. Juni waren preußische Truppen auf holsteinisches Gebiet vorgedrungen. Sonnabend, 16. Juni: »Die Preußen marschieren in Sachsen, Hannover und Hessen-Cassel ein.« Den beiden Tagebuchnotizen Fontanes folgt wenige Wochen später der Eintrag: »Am 30. treffen die Siegesnachrichten von Münchengrätz und Gitschin [im österreichischen Böhmen], von Nachod-Skalitz [ebenfalls in Böhmen] und von der Capitulation der Hannoveraner ein. Ungeheure Aufregung in der Stadt, Flaggen und Jubel. Am Abend Umzüge mit Musik; der König spricht vom Balkon seines Palais, Bismarck vom Fenster seines Hotels aus; dabei ziemlich starkes Gewitter. Dieser Jubel erneuert sich am 4. Juli, als die Nachricht vom Siege bei Königgrätz eintrifft. Anfang August trete ich [...] in Unterhandlungen wegen Herausgabe eines 1866 Kriegsbuches, als Seitenstück zum schl: holsteinschen Kriegsbuche.«

In diesem ›1866 Kriegsbuch‹ schreibt er dann über die Schlacht bei Königgrätz im heutigen Tschechien: »160 Geschütze, viele tausend Gewehre, 20 000 Gefangene waren in unsre Hände gefallen; schwerer als alles das wog das Bewußtsein, daß mit diesem Siege die Kriegsentscheidung überhaupt gegeben war. Der Dualismus [zwischen Preußen und Österreich] hatte sein Ende erreicht; [...] ein neues Deutschland war geboren.«

Als Fontane zum Schauplatz der Schlacht reiste, waren die Leichen weggeräumt und die ›Kriegskrüppel‹, um es mit Bismarck zu sagen, nach Hause geschafft. Kronprinz Friedrich Wilhelm, der Neunzig-Tage-Kaiser von 1888, notierte, wie es vor dem Aufräumen aussah: »Das Schlachtfeld zu bereiten war grauenvoll, und es lassen sich die entsetzlichen Verstümmelungen, die sich dem Blick darstellen, gar nicht beschreiben. Der Krieg ist doch etwas Furchtbares, und derjenige Nichtmilitär, der mit einem Federstrich am grünen Tisch denselben herbeiführt, ahnt nicht, was er heraufbeschwört.« Das zielte gegen Bismarck. Der erklärte später: »Ohne mich hätte es drei große Kriege nicht gegeben, wären achtzigtausend Menschen nicht umgekommen, und Eltern, Brüder, Schwestern, Witwen trauerten nicht. Das habe ich indes mit Gott abgemacht.« Nach Kriegen scheinen sich die Leute bei Gott die – Klinke in die Hand zu geben.

Auch der irische Kriegsreporter William Howard Russell war Zeuge des Gemetzels, das trotz der ersten Genfer Konvention von 1864 über »die Linderung des Loses der im Felddienst verwundeten Militärpersonen« vor den Lazaretten nicht haltmachte: »Eine große weiße Fahne [...] markierte ein Feldlazarett. Ein zweites Lazarett befand sich bei Clum, ein drittes weiter links. Dies waren die humanitären Symbole der Genfer Konferenz. Wie zum Spott über die Mildtätigkeit der Menschen, deren Bestreben, die selbstverantworteten Schrecken des Krieges zu lindern, durchaus etwas Heuchlerisches hat, wurden die Orte, an denen diese Flaggen wehten, im Laufe des Gefechts besonders gern beschossen. Bald nach Beginn der Schlacht lagen dort nur noch Tote, und solange in der Hitze der Schlacht noch etwas zu sehen war, flatterten die Fahnen, als wollten sie die kriegführenden Philanthropen verhöhnen.«

Nur sieben Jahre vor Königgrätz hatte der materialistische Philosoph Ludwig Feuerbach prophezeit: Es »wird Deutschland nie unter einen Hut kommen, kommt es nicht unter einen Kopf – aber wohl nie unter einen Kopf kommen, als bis einer das Herz hat, mit dem Schwert in der Hand zu behaupten: Ich bin das Haupt Deutschlands!« Das scheint für Bismarck zu passen, doch der verstand sich als ›Haupt Preußens‹ und allerdings Preußen als Leitstaat Deutschlands. Feuerbach fährt fort: »Aber wo ist dieser Bund von

Herz und Kopf? Preußen hat wohl den Kopf, aber nicht das Herz; Österreich wohl das Herz, aber nicht den Kopf.« Am Ende kam es dann doch bloß auf das ›Schwert‹ an, genauer gesagt auf neue Zündnadelgewehre in den Händen gut gedrillter Soldaten. Den Marsch dazu komponierte Piefke*, aber, anders als die Legende weismachen will, nicht schon während der Schlacht. Ebenfalls unrichtig ist, dass der hünenhafte Militärmusiker mit seinem nicht minder hünenhaften Bruder unter klingendem Spiel die Wiener Ringstraße entlangstolziert und daraus das Schimpfwort entstanden sei, ›die Piefkes kommen‹. Bismarck untersagte Siegesparaden in der Stadt, aus realpolitischer Klugheit die Demütigung eines Feindes vermeidend, der im letzten Krieg noch ein Verbündeter gewesen war und den man im nächsten schon wieder als Verbündeten nötig haben könnte. Deshalb stellte man sich auch der Konsolidierung des Habsburger Reiches nicht entgegen, das nach dem Ausgleich mit dem nach Selbstständigkeit strebenden Ungarn 1867 in die k.-u.-k.-Doppelmonarchie verwandelt wurde. Die Würde eines österreichischen Erbkaisers wurde mit der eines »Apostolischen Königs von Ungarn« in der Person Franz Joseph I. verbunden.**

Der preußische Feldzug gegen Österreich dauerte sieben Wochen und führte, im Gegensatz zur Schonung des Kaisers in Wien, zur Annexion von Kurhessen, Nassau, der Reichsstadt Frankfurt und des Königreichs Hannover. Die Welfen wurden entmachtet, ihr Privatvermögen beschlagnahmt und in einen Fonds überführt zur Bekämpfung der weiteragierenden Anhänger des Fürstenhauses, die Bismarck als ›Reptilien‹ bezeichnete. Seine Gegner wandten das Schimpfwort dann auf diejenigen an, die sich ihre Dienste für Bismarck bezahlen ließen. Der ›Reptilienfonds‹ wurde berüchtigt als schmutzige Kasse für schmutzige Geschäfte außerhalb ministerieller oder gar parlamentarischer Kontrolle. König Ludwig von Bayern

---

* Sein »Königgrätzer Marsch« wird vom Musikkorps der Bundeswehr heute noch gespielt. Zum Beispiel bei feierlichen Gelöbnissen oder bei Empfängen ausländischer Staatsgäste mit ›militärischen Ehren‹, allerdings nicht, wenn der Besuch aus Österreich kommt.
** Das bizarre und später viel verhöhnte Staatsgebilde brach im Ersten Weltkrieg zusammen, der auch das Ende des Osmanischen und des Zarenreichs mit sich brachte.

wurde damit ebenso gekauft wie eine ganze Kohorte von Journalisten und Zeitungsmachern, die sogenannte ›Reptilienpresse‹, für
preußen-, regierungs- und bismarckfreundliche Berichterstattung
im In- und Ausland. Dies war die menschlich niederträchtige Seite
der ›Realpolitik‹, bei der die Zwecke die Mittel heiligten und die
Ziele die Scham erstickten.

Die von Preußen und Österreich nach dem Sieg über die Dänen gemeinsam verwalteten Herzogtümer Schleswig und Holstein
wurden nun ebenfalls preußisch. Der wichtigste Effekt dieses Ge-
bietszuwachses von 72 000 Quadratkilometern mit fast fünf Millionen Einwohnern auf nun insgesamt 347 500 Quadratkilometer mit
23,5 Millionen Einwohnern war die Verbindung der östlichen und
westlichen Provinzen zu einem geschlossenen Staatsterritorium.
Die Hälfte dieser Provinzen, und zwar die wirtschaftlich stärkere
und bevölkerungsreichere, lag nun westlich der Elbe. Ausgerechnet
ein ostelbischer Junker hat maßgeblich dazu beigetragen, dass sich
das wirtschaftliche Gewicht nach Westen verschob. Im politischen
Bereich, die Parlamente eingeschlossen, suchte Bismarck das mit der
Verteidigung der alten Privilegien des östlichen Landadels gegen die
neureichen Industriebarone zu kompensieren.

Neben der Arrondierung des preußischen Staatsgebietes erfolgte
in Abstimmung mit Napoleon die Gründung des Norddeutschen
Bundes. Er bestand neben Preußen aus 22 nördlich des Mains gele-
genen Kleinstaaten und führte zu jener Österreich ausschließenden
kleindeutschen Vereinheitlichung unter preußischer Dominanz
und mit Bismarck als Kanzler, die im Zuge des Siegs über Frankreich fünf Jahre später in die Reichsgründung mündete. Diese Vereinheitlichung betraf nicht nur das Münz- und Maßsystem, sondern die gesamte Wirtschaft und das Rechtswesen. Außerdem ging
es darum, den Aufbau der Infrastruktur durch Zentralisierung zu
beschleunigen, besonders wichtig für die Vernetzung der Telegra-
phen- und der Eisenbahnlinien* sowie der verschiedenen Post-
systeme. In der Hansestadt Lübeck beispielsweise betrieben Preußen, Hannover, Dänemark und Schweden jeweils eine eigene Post,
hinzu kam noch die von Thurn und Taxis. Letztere ging in ihrer

---

* Zu beidem die entsprechenden Abschnitte im Kapitel »Errungenschaften«.

Gesamtheit, also nicht nur in Lübeck, Mitte 1867 gegen Entschädigung an Preußen über.

Am wichtigsten war die Zentralisierung bei der Eisenbahn. Artikel 41 der Verfassung des Norddeutschen Bundes ermöglichte ausdrücklich den Gleisbau auch ohne die Zustimmung der Bundesstaaten. Das war von eminenter militärischer Bedeutung. Graf Moltke hatte frühzeitig erkannt, dass der Transport von Menschen und Material per Bahn an die Front unschätzbare Massen- und Geschwindigkeitsvorteile mit sich brachte. Das sollte sich im Krieg gegen Frankreich bestätigen. Bei Königgrätz allerdings fehlte noch die logistische Erfahrung, um die Anforderungen meistern und die Vorteile optimal nutzen zu können. Moltkes Strategie, ›getrennt marschieren, vereint schlagen‹, erwies sich zwar insgesamt als erfolgreich, aber viele Kontingente kamen erst auf dem Kriegsschauplatz an, nachdem die Schlacht schon geschlagen war. Es fehlte einfach an Pferden. Wer mit der Bahn fährt, braucht keine Pferde, könnte man meinen. Wenn aber die Strecke vom letzten erreichbaren Bahnhof bis zur Front kilometerlang ist, wird eben doch eine ausreichende Zahl an Pferden benötigt. Es mangelte denn auch nicht daran beim »ersten größeren deutschen Militärtransport [...] als welchen wir die Beförderung von 9990 Mann, 309 Pferden, 10 Feldgeschützen und 30 Trainwagen des IV. preußischen Armeecorps auf der Oberschlesischen Bahn nach Krakau im Jahre 1846 anzusehen berechtigt sind«, wie Hanns von Spielberg rückblickend in einem Artikel in der Zeitschrift *Die Gegenwart* im Januar 1878 schrieb. Beim Feldzug 1866 seien »weniger bedeutende Leistungen der preußischen Bahnen« erbracht worden. Spielberg schließt seinen Artikel mit der Hoffnung, »daß bald, recht bald eine innige Verschmelzung aller Bahnen unter einheitlicher Verwaltung [...] es gestatten möge, das deutsche Bahnnetz noch mehr wie bisher den militärischen Interessen [...] nutzbar zu machen.«

Während Bismarck in Berlin die Vereinheitlichung Deutschlands unter preußischer Führung vorantrieb, bereitete sich Paris auf die Weltausstellung vor und der Ingenieur Gustave Eiffel auf die Eröffnung der Maschinenhallen (sein Turmprojekt begann erst zwanzig Jahre später). Zur Modefarbe der Sommersaison avancierte ein gelblicher Braunton, dem sein Erfinder, der deutsche Chemiker und spätere Agfa-Mitbegründer Carl Alexander Martius, die Bezeichnung ›Bismarckbraun‹ angeheftet hatte. Nun ging sie als ›couleur Bismarck‹ in den Ateliers der Pariser Schneider von Mund zu Mund. Aus den Kehlen begeisterter Ausstellungsbesucher hingegen ertönte eine »Hymne an Napoleon und sein tapferes Volk«, die der alte Rossini in Paris anlässlich der großen Industrie-Schau komponiert hatte. In der letzten Strophe des kuriosen Stücks reimen sich ›providence‹ auf ›espérance‹ und ›industrie‹ auf ›sainte patrie‹. Vier Jahre später wurden ›Vorsehung‹ und ›Hoffnung‹ gleichermaßen enttäuscht, und die französische ›Industrie‹ verhinderte nicht die Niederlage des ›heiligen Vaterlandes‹ auf dem Schlachtfeld von Sedan. Das ›Vive l'Empereur‹, mit dem die Hymne endet, verstummte mit der Gefangennahme Napoleons. Die ›providence‹ gab Bismarck recht, der sich auf den Empfängen der Weltausstellung in weißer – nicht gelbbrauner – Uniform gezeigt hatte und später in seinen Memoiren schrieb: »Dass ein französischer Krieg auf den österreichischen folgen werde, lag in der historischen Konsequenz«.

Der Krieg gegen Frankreich

Die schöne Nana ist tot. Das Gesicht von Blattern verunstaltet, liegt der Leichnam auf dem Bett. Im Zimmer halten sich Freundinnen und Konkurrentinnen der berühmten Pariser Kurtisane auf. Draußen auf dem sommerlichen Boulevard ziehen Menschenmassen auf und ab und grölen: »Nach Berlin! Nach Berlin! Nach Berlin!« Eine der Lebedamen klagt: »Was für ein Fehler, dieser Krieg! Welch eine blutige Dummheit!« Dann fügt sie hinzu, »dieser Bismarck wird uns eine gehörige Tracht Prügel verabreichen«. Die anderen fallen patriotisch über sie her: Mit Kolbenstößen in den Rücken werde man Bismarck nach Hause jagen. Als sich die Frauen an die Tote erinnern, vor deren Bett sie ihren politischen Streit ausfechten, sinken sie in beklemmendes Schweigen. Schließlich geht eine nach der anderen hinaus. »Das Zimmer war leer. Ein mächtiges verzweifeltes Wehen stieß vom Boulevard herauf und blähte den Vorhang.

›Nach Berlin! Nach Berlin! Nach Berlin!‹« Mit diesen Ausrufen endet Émile Zolas Roman *Nana*. Als das Buch 1880 erschien, wusste die Leserschaft aus eigener Erfahrung, wie die Geschichte weitergegangen war, nicht im Roman, sondern in der historischen Wirklichkeit seit der französischen Kriegserklärung im Juli 1870. Nicht die Franzosen waren nach Berlin gekommen, sondern die Preußen nach Paris.

Zola beschrieb in seinem Roman die innere Fäulnis des Zweiten Kaiserreichs, in dem Staat, Wirtschaft und Gesellschaft nur noch Gelände zum Beutemachen waren, bis hin zu den Pariser Kurtisanen, die auf ihre Weise möglichst viel aus den korrupten Akteuren des korrupten Regimes herauszuholen suchten. Und die literarische Figur der Mätresse Nana mit ihrer rotblonden Üppigkeit, kapitalen Verschwendungssucht und sensationellen Verantwortungslosigkeit, die am Ende von Krankheit zerfressen auf dem Totenbett liegt, konnte ohne Weiteres gelesen werden als historische Figuration von Blüte und Verfall der Herrschaft Napoleons III.

Die Diagnose der inneren Ordnungslosigkeit bei äußerster Bereicherungssucht wurde von Marx und Engels geteilt. Beide sympathisierten im Londoner Exil mit dem preußischen Feldzug, solange er sich als Angriff zur Verteidigung interpretieren ließ und noch nicht zum Eroberungskrieg geworden war mit den damit einhergehenden Verbrechen. Als solches beschrieb Engels die Beschießung von Straßburg im August 1870: »Die Deutschen sagen, sie müßten die Stadt aus politischen Gründen bald haben. Sie beabsichtigen, sie bei Friedensschluß zu behalten. Wenn dem so ist, so war die Beschießung, deren Härte beispiellos ist, nicht nur ein Verbrechen, sondern auch eine Dummheit. Tatsächlich, ein ausgezeichneter Weg, sich die Sympathien einer Stadt zu erwerben, die der Annexion verfallen ist, daß man sie durch platzende Granaten in Brand schießt und zahlreiche Einwohner tötet!«

Belagert wurden außerdem die Festung Metz und schließlich die Stadt Paris. Dort waren knapp zweieinhalb Millionen Menschen eingeschlossen. Dass Kriegs- und Innenminister Léon Gambetta in einem Heißluftballon aus der Stadt entkommen konnte, bot Stoff für Heldengeschichten, wie die Überlebenden sie lieben, wenn die Toten begraben sind. Militärisch nutzte Gambettas Abenteuer nichts, trotz seines Versuchs, in der Provinz den ›Volkskrieg‹ der Franktireurs zu organisieren und zugleich Entsatzheere aufzustellen. Nach über vier Monaten Belagerung, bei der es auf französischer Seite rund 10 000 Tote und Verwundete gab, auf deutscher Seite rund 16 000, kam es am 28. Januar 1871, zehn Tage nach der Kaiserproklamation in Versailles, zu einer Waffenstillstandsvereinbarung und in der Folge zur Kapitulation der französischen Hauptstadt.

Am 1. März rückten deutsche, vor allem bayerische Korps für wenige Tage in einzelne Pariser Quartiers ein, auf eine dauerhafte Besetzung wurde gegen die ursprüngliche Absicht Moltkes und auch des Kaisers verzichtet, um die Friedensverhandlungen nicht zu gefährden und vor allem, um zu verhindern, dass die Großmächte Russland und England einem zu sehr gedemütigten Frankreich doch noch zu Hilfe kamen. Am 3. März waren Reichstagswahlen in Deutschland, am 6. März wurde das deutsche Hauptquartier in Versailles geräumt, am 18. März begann der Aufstand der Pariser Commune. Zu diesem Zeitpunkt hatten sich die deutschen Truppen bereits aus Paris und Versailles zurückgezogen. Auch eine Besetzung des Landes war nicht beabsichtigt. Sie wäre organisatorisch kaum und administrativ dauerhaft gar nicht möglich gewesen. Der von Moltke verlangten Überführung sämtlicher gefangen genommener Truppen nach Deutschland widersetzte sich Bismarck. Das geschah nicht aus humanitären Erwägungen, schließlich hatte Bismarck vorgeschlagen, die deutschen Soldaten sollten in Frankreich »einen heilsamen Schrecken verbreiten« und seien »daran zu gewöhnen, daß weniger Gefangene gemacht und mehr die Vernichtung des Feindes auf dem Schlachtfeld ins Auge gefaßt würde.« Im eigenen Land internierte fremde Truppen müssen nicht nur bewacht, sondern auch versorgt werden und können sich in größerer Zahl zum gefährlichen Unruheherd entwickeln. Deshalb wollte sie Bismarck nicht im Land haben. Gleichwohl wurden etwa 375 000 französische Soldaten vorübergehend im Reichsgebiet untergebracht.

Über den Streitpunkt, ob Paris ›nur‹ ausgehungert – darauf lief die Belagerung schließlich hinaus – oder auch beschossen werden solle, wie er im Gegensatz zu Moltke verlangte, hat sich Bismarck in seinen Memoiren geäußert: Es sei die Meinung vertreten worden, »daß die Übergabe von Paris nicht durch Geschütze, sondern nur durch Hunger herbeigeführt werden dürfe. Ob der letztere Weg der menschlichere war, darüber kann man streiten, auch darüber, ob die Greuel der Kommune zum Ausbruch gekommen sein würden, wenn nicht die Hungerzeit das Freiwerden der anarchischen Wildheit vorbereitet hätte.«

Der revolutionäre Aufstand veränderte Feindlage und Kampflinie. Es ging nicht mehr um Franzosen gegen Deutsche beziehungsweise Preußen, sondern um Unten gegen Oben, Arm gegen Reich. Der Kriegsreporter William Howard Russell notierte während der Belagerung von Paris: »27. September. Hatte heute ein langes Gespräch mit einem Franzosen, der mir erklärte, daß der Zorn der Bevölkerung auf die oberen Klassen so abgrundtief sei, daß dieselben tatsächlich Angst vor einem Abzug der Preußen hätten. Die von ihnen so gefürchtete rote Republik der Gauner, Banditen, Schurken, Träumer, Dichter und des Pöbels dürfte in Paris gewiß ausgerufen werden.«

So ist es dann auch gekommen. Die ›Republik der Gauner und Banditen, der Dichter und des Pöbels‹ widersetzte sich nach dem Vorfrieden nun der Entwaffnung durch französische Regierungstruppen und setzte am 26. März eine Revolutionsregierung ein. Am 10. Mai wurde in Frankfurt am Main der endgültige Friedensvertrag zwischen den Kriegsparteien unterzeichnet, in Frankfurt an der Oder komponierte der dort stationierte Militärkapellmeister Piefke, der im Vorjahr an der Belagerung von Metz beteiligt war, den Parademarsch »Preußens Gloria«, und in Paris wurde vom 21. bis 28. Mai die Pariser Commune niedergeschlagen, mit Unterstützung, wenn auch nicht direkter militärischer Beteiligung, von preußischer Seite. Im Bürgerkrieg war, anders als im Krieg zwischen den Staaten, ein Friedensschluss nicht möglich. Nun beschossen französische Truppen die französische Hauptstadt mit Kanonen, und französische Soldaten kämpften gegen französische Soldaten. Schätzungsweise 25 000 Menschen kamen ums Leben.

Frankreichs Katastrophe hatte in Spanien begonnen, war durch die Telegraphendrähte beschleunigt und durch die Eisenbahn vollendet worden. Ohne den von Moltke vorausschauend forcierten Ausbau der Schienenwege nach Westen wäre der Geschwindigkeitsvorteil beim Transport der Truppen an die französische Grenze nicht zu erreichen gewesen. So ließen sich die Unordnung und Langsamkeit bei der Mobilisierung der feindlichen Armeen optimal ausnutzen. Ohne ein von Bismarck durch Kürzung verschärftes Telegramm König Wilhelms wäre die Kriegserklärung Frankreichs nicht schon am 19. Juli erfolgt. So hätte Napoleon mehr Zeit für die Ausrüstung und Bereitstellung seiner Regimenter gehabt. Ohne die spanische Revolution von 1868 und die Vertreibung der Bourbonenkönigin nach Frankreich wäre es nicht dazu gekommen, dass einem Hohenzollernprinzen der Thron in Madrid angeboten wurde. So hätte Bismarck keine Gelegenheit bekommen, durch die Befürwortung der Thronkandidatur den diplomatischen Widerstand Frankreichs herauszufordern bis hin zur Kriegserklärung.

Bismarck wusste, Napoleon konnte einen Hohenzollern auf dem spanischen Thron nicht dulden, zumal dessen innenpolitische Machtstellung so fragil geworden war, dass er eine außenpolitische Demütigung unbedingt vermeiden musste. Der französische Botschafter bedrängte König Wihelm, der sich zur Kur in Bad Ems aufhielt, als Oberhaupt des Hauses Hohenzollern dafür zu sorgen, dass der Prinz das spanische Angebot ablehnte. Des Weiteren verlangte der Botschafter von Wilhelm eine Entschuldigung bei der französischen Regierung sowie eine Erklärung, die eine Thronbesteigung eines Hohenzollern in Madrid auch künftig ausschloss. Wilhelm wies das Ansinnen mit deutlichen, aber keineswegs provozierenden Worten zurück und setzte Bismarck darüber mit der »Emser Depesche« in Kenntnis. Bismarck erhielt das Telegramm während eines Essens mit Moltke und Roon. In seinen Worten: »Nach wiederholter Prüfung [...] verweilte ich bei der einen Auftrag involvierenden Ermächtigung Seiner Majestät, den Inhalt *ganz oder teilweise* zu veröffentlichen. Ich stellte an Moltke einige Fragen in bezug auf das Maß seines Vertrauens auf den Stand unsrer Rüstungen [...] Er antwortete, daß er, wenn Krieg werden sollte, von einem Aufschub des Aufbruchs keinen Vorteil für uns erwarte; [...] er halte den schnellen Ausbruch im ganzen für uns vorteilhafter als eine Verschleppung.« Daraufhin kürzte Bismarck das Telegramm im Beisein von Moltke

und Roon und verlieh ihm dadurch eine »Form, welche die Kund-
gebung als eine abschließende erscheinen ließ«. Der berühmt gewordene letzte Satz lautete: »Seine Majestät der König hat es darauf
abgelehnt, den französischen Botschafter nochmals zu empfangen,
und demselben durch den Adjutanten vom Dienst sagen lassen, daß
Seine Majestät dem Botschafter nichts weiter mitzuteilen habe.«
Bismarck las den Text seinen Gästen vor und erläuterte: »Wenn ich
diesen Text […] sofort nicht nur an die Zeitungen, sondern auch
telegraphisch an alle unsere Gesandtschaften mitteile, so wird er vor
Mitternacht in Paris bekannt sein und dort nicht nur wegen des Inhalts, sondern auch wegen der Art der Verbreitung den Eindruck
des roten Tuchs auf den gallischen Stier machen. Schlagen müssen
wir, wenn wir nicht die Rolle des Geschlagenen ohne Kampf auf
uns nehmen wollen. Der Erfolg hängt aber doch wesentlich von den
Eindrücken bei uns und andern ab, welche der Ursprung des Krieges hervorruft; es ist wichtig, dass wir die Angegriffenen seien«. Nun
wurden die Generäle fröhlich und »hatten plötzlich Lust zu essen
und zu trinken«.

Der Feldzug verlief durchweg erfolgreich, ohne strategische
Rückschläge. Die anfängliche Besetzung Saarbrückens durch die
Franzosen wurde bald wieder aufgegeben und war militärisch nahezu bedeutungslos, nicht mehr als ein Zeitungstriumph zum An-
heizen der patriotischen Straßeneuphorie. Auf preußisch-deutscher
Seite wurde ›Sedan‹ zum Siegessymbol stilisiert, obwohl mit dieser Schlacht im September 1870 der Krieg noch lange nicht gewonnen war. Doch immerhin hatte Napoleon in einer seiner lächerlich
pompösen Gesten ›Bruder‹ Wilhelm seinen Degen überschickt und
sich gefangen gegeben. Sedan wurde zum Inbegriff preußischer Mi-
litärüberlegenheit. Überall in den deutschen Ländern errichtete
man Sedan-Denkmäler und pflanzte Sedan-Eichen. Da Eichen älter werden als Reiche, stehen manche von ihnen noch heute, etwa
in Heilbronn am Neckar oder in Halle an der Saale. Der Sedantag wiederum wurde zum nationalen Ersatzfeiertag des kaisertreuen
Bürgertums, des Adels und des Militärs, mit Paraden, Feuerwerken
und Bratwürsten. Nur das arbeitende Volk fremdelte, und sozialdemokratische Ortsvereine setzten dem 2. September den 18. März als
Gedenktag an den Aufstand der Commune entgegen. Nach der No-

vemberrevolution 1918 wurde der Sedantag von der Weimarer Regierung abgeschafft.

Der deutsch-französische Krieg endete mit der Annexion des Elsass sowie großer Teile Lothringens und mit der Verpflichtung des Besiegten, fünf Milliarden Francs (vier Milliarden Mark) Kriegsentschädigung zu zahlen. Die junge Republik brachte diese Summe in der erstaunlichen Frist von drei Jahren auf. Das gelang durch Anleihen der Pariser Bank Rothschild und Brüder unter der Leitung von Alphonse Rothschild in Zusammenarbeit mit Gerson Bleichröder*, ihrem Finanzpartner in Berlin, der zugleich Bismarcks Privatbankier war. Der Geldstrom aus Frankreich heizte den seit Ende der 1860er währenden Boom weiter an. Der Boom trieb auf zur Blase, die schon 1873 platzte.

---

* Zu ihm der entsprechende Abschnitt im Kapitel »Großbürger, Bildungsbürger, Kleinbürger«.

Gründerzeit – Gründerkrach

⚮

Ein Jugendstreich auf alte Tage –
Lagebericht 1871 – Goldelse und Germania –
Großmacht und Krise –
Auswanderung nach Amerika – Ausgriff nach Afrika –
Das Museum als Beutekammer

Wie hätte ein Deutsches Reich auszusehen? Die Antwort steht in einer Denkschrift, verfasst im Auftrag Bismarcks von Rudolph von Delbrück, seit 1867 Präsident des Kanzleramtes des nach dem Sieg über Österreich gegründeten Norddeutschen Bundes*: »Es würde sich also handeln um ein Deutsches Reich, bestehend aus dem Norddeutschen Bund und den Süddeutschen Staaten, bestimmt zum Schutze Deutschlands und zur Pflege der Interessen des deutschen Volkes, ausgestattet mit der Gesetzgebung und Aufsicht über Landheer und Seemacht, über Zölle, Verbrauchssteuern und Schifffahrtsabgaben, über das Maß-, Gewichts- und Münzwesen, über das Eisenbahnwesen, über Handels- und Wechselrecht und Gewährung der Rechtshilfe und über den Schutz des deutschen Handels im Ausland.«

Das waren klare politische und wirtschaftliche Vorstellungen, nur die ›Interessen des deutschen Volkes‹ blieben ein Phrasenvakuum, das alle ›Interessierten‹ mit den verschiedensten Bedürfnissen ausfüllen konnten. Was hätte ein Saisonarbeiter auf einem ostelbischen Gut mit einem rheinländischen Weinbauer gemeinsam gehabt, wenn schon zwischen dem Saisonarbeiter und seinem Aufseher auf dem gleichen Acker Interessenkonflikte herrschten? Was ein Bergarbeiter im Ruhrgebiet mit einem Tagelöhner in Berlin, was dieser Bergarbeiter mit dem Grubenbesitzer und was der Tagelöhner mit seinem Fabrikmeister? Was ein Bremer Handelsherr mit einem Münchener Bierbrauer? Was ein Berliner Dienstmädchen, das im Zwischenboden über der Küche schlief, mit der Professorengattin, der es den Kaffee servierte? Was diese Professorengattin mit der Prostituierten in der Friedrichstraße und diese wiederum mit dem

---

* Dazu eine Passage im Abschnitt über den deutsch-österreichischen Krieg im Kapitel über die Einigungskriege.

Freier, den sie empfing und der, wer weiß, ausgerechnet der Gemahl der Professorengattin war? Die Reihe der Differenzen ließe sich fortsetzen durch alle Schichten der Gesellschaft, und doch wüsste man am Ende immer noch nicht, worin das ›Interesse des deutschen Volkes‹ nun eigentlich bestehe.

Woraus das Reich bestand, wusste man: aus vier Königtümern (Preußen, Bayern, Württemberg, Sachsen), sechs Großherzogtümern (Baden, Hessen, Oldenburg, Mecklenburg-Schwerin, Mecklenburg-Strelitz, Sachsen-Weimar-Eisenach), fünf Herzogtümern (Braunschweig, Sachsen-Meiningen, Sachsen-Coburg und Gotha, Sachsen-Altenburg, Anhalt), sieben Fürstentümern (Waldeck, Lippe, Schaumburg-Lippe, Schwarzburg-Rudolstadt, Schwarzburg-Sondershausen, Reuß älterer Linie, Reuß jüngerer Linie) und drei freien Städten (Hamburg, Lübeck, Bremen; die alte Reichsstadt Frankfurt war seit der Annexion durch Preußen nach dem deutsch-österreichischen Krieg 1866 keine freie Stadt mehr). Neu hinzu kam das im deutsch-französischen Krieg annektierte Elsass-Lothringen.

Die Territorialgebilde bewahrten noch lange ihre Eigentümlichkeiten, ebenso wie die einzelnen Städte. Der dänische Deutschlandkenner Georg Brandes hat gut zehn Jahre nach der Reichsgründung eine Reihe von ihnen mit Etiketten versehen: »Die Einheit des Reiches ist noch so jung, daß sie noch nirgends die Besonderheiten verwischen konnte. Dresden ist eine Stadt, die um ein reizendes Schloß und ein unschätzbares Museum herum vor sich hindämmert. Leipzig ein ganz moderner und lebendiger Handelsort mit internationaler Universität, München ein großes Kunstdorf, wo die bajuwarische Schnecke in einer zerbrechlichen griechischen Kalkhülle lebt, Braunschweig ein kleiner Schatz aus Überresten der Zeit Heinrichs des Löwen, Nürnberg ein ehrwürdiges, verfallenes Stück Renaissance«. Frankfurt am Main beeindrucke durch das Goethe-Haus und den Reichtum seiner Bewohner, Heidelberg durch seine schöne Lage und seine schöne Ruine, Lübeck durch alte Häuser, Weimar durch große Erinnerungen, Schwerin durch sein Schloss, Mannheim durch seine quadratförmige, Karlsruhe durch seine sternförmige Anlage. »Jeder Ort hat seine Besonderheit«: »Darmstadt ist spießbürgerlich, Mainz lebenslustig [...]. Hamburg ist mit seinem abstrakten europäischen Gepräge und seiner ungeheuren Betriebsamkeit die rein moderne Stadt, eine Weltstadt mit großem Luxus und ohne viel Charakter. Bremen ist im Vergleich dazu Provinz; aber keine deutsche Provinzstadt macht solch einen Eindruck von Wohlbefinden und Strebsamkeit zugleich.«

Das Reich hatte bei der Gründung 41 Millionen Einwohner, der größte Einzelstaat Preußen mit rund 25 Millionen fünfmal so viele wie Bayern, fast zehnmal so viele wie Sachsen und sage und schreibe achthundertmal so viele wie Schaumburg-Lippe. Es gab lediglich acht Städte mit mehr als 100 000 und nur drei mit über 200 000 Einwohnern: Berlin (826 000), Hamburg (239 000) und Breslau (208 000). In den beiden Jahrzehnten nach der Reichsgründung bis zum Abschied Bismarcks 1890 wuchs die Bevölkerung auf über 49 Millionen. Dramatisch war die wanderungsbedingte Zunahme der städtischen Bevölkerung: Diejenige Berlins verdoppelte sich fast auf über anderthalb Millionen, Hamburg wuchs auf 324 000, Breslau auf 335 000 Einwohner. Auch in vielen anderen Städten nahm zwischen 1870 und 1890 die Bevölkerung mit einer Geschwindigkeit zu, der tatsächlich nur die Explosionsmetapher angemessen ist. Die Einwohnerzahl von Oberhausen im Ruhrgebiet beispielsweise wuchs um 150 Prozent, die von Leipzig um nahezu 200 Prozent. Bezogen auf die gesamte zweite Hälfte des 19. Jahrhunderts war die Entwicklung noch dramatischer: Die Bevölkerung Bochums verfünfzehnfachte sich (von 4067 im Jahr 1849 auf 65 554 im Jahr 1900), die von Dortmund verzwanzigfachte sich beinahe (von 7620 auf 142 418), die von Ludwigshafen vervierzigfachte sich (Bezugsjahr ist in diesem Fall 1840 mit 1511 Einwohnern auf 61 914 im Jahr 1900), was unmittelbar mit der Ansiedlung der Badischen Anilin- und Soda-Fabrik (später und bis heute BASF) im Jahr 1865 zusammenhing.

Diese Zahlen, die für die Städte und ihre Bewohner mit heftigen Wachstumsschmerzen* verbunden waren, rührten nur unwesentlich von geringerer Sterblichkeit und höherer Geburtenrate her, sondern von der Migration der Arbeitsuchenden von Ost nach West. Zehntausende strömten Jahr für Jahr aus Brandenburg, Ostpreußen und Schlesien nach Berlin oder weiter ins Rheinland. Berlin hatte nach der im Dezember 1871 vorgenommenen Volkszählung 826 341 Einwohner.

---

* Dazu der Abschnitt »Die Wohnungsfrage« im Kapitel »Große Fragen«.

Davon stammten nur noch 43,8 Prozent aus Berlin, aber 50,7 Prozent aus Preußen (ohne Berlin), 4,3 Prozent aus dem deutschen Reich (ohne Preußen) und 1,2 Prozent von außerhalb des Reiches.

Auch innerhalb der Stadt, deren Einwohnerzahl Mitte der 1870er die Millionengrenze überschritt, strebten die Menschen aus den ärmlichen Ostvierteln heraus. Wer es ›geschafft‹ hatte, lebte in den westlichen Stadtteilen. Entsprechend trug die in den Villen der Neureichen spielende und in der zweiten Hälfte der 1880er erschienene Roman-Trilogie von Fritz Mauthner den Obertitel *Berlin W.* Die Richtung der sozialen Mobilität war dermaßen ausgeprägt, dass Paul Lindau dem Eröffnungsroman seiner Berlin-Trilogie, ebenfalls aus der zweiten Hälfte der 1880er, den Titel *Der Zug nach dem Westen* geben und eine der Figuren sagen lassen konnte: »Das eigenthümliche Berlin, das unser Geschlecht zu einer Millionenstadt hat entstehen lassen, hat sich fast ausschließlich durch den Zuzug vom Osten her gebildet.« Und »die große Flutung bewahrt ihre Richtung auch innerhalb der Stadt selbst. Auch da ist derselbe Zug nach dem Westen der charakteristische«.

Die Reichsgründung löste die Migration nicht aus, wie sie auch die Industrialisierung durch Eisenbahn- und Kohlebergbau nicht ausgelöst hatte. Aber sie forcierte die ohnehin seit der Jahrhundertmitte bestehende Dynamik in einer bis dahin von den Menschen nicht erlebten Weise. Die riesige Reparationszahlung von fünf Milliarden Francs (gut vier Milliarden Goldmark oder nahezu anderthalb Milliarden preußische Taler), die Frankreich mit Hilfe von Bismarcks Bankier Bleichröder binnen zweier Jahre ans Reich abführte, sorgte zusätzlich für Liquidität und stachelte den Investitionswettbewerb weiter an. Die Spekulationseuphorie griff um sich und mit ihr die Panik, beim Gründerboom zu kurz zu kommen. Es dauerte keine drei Jahre, bis die Blase platzte. Der Abschwung währte bis zum Ende des Jahrzehnts. Banken kollabierten, Fabriken gingen bankrott, in den Eisenhütten erloschen die Feuer (der Roheisenverbrauch sank um die Hälfte), und selbst die Firma des Kriegsgewinnlers Krupp* musste 1874 von einem Bankenkonsortium unter Feder-

---

* Über ihn ein Abschnitt im Kapitel »Großbürger, Bildungsbürger, Kleinbürger«.

führung der Preußischen Seehandlung mit einer Anleihe von zehn Millionen Talern gerettet werden.

So übertrieben im Boom der Rausch gewesen war, so übertrieben war nun der Kater. Ein neues Wort machte die Runde, wie Felix Philippi in seinen Jugenderinnerungen rückblickend schrieb, »plötzlich, über Nacht wurde der deutsche Sprachschatz um ein [...] Wort bereichert, [...] welches namenloses Unglück über zahllose solide Familien brachte und das ganze wirtschaftliche Leben plötzlich brachlegte, und dieses Wort hieß ›Krach‹! ›Krach‹ hallte es durch die Paläste der Herzöge, durch die Couloirs [Flure] des Parlaments, durch die Hallen der Börse, durch die Villen der Reichen, durch die Hofwohnungen, durch die Obst- und Milchkeller.«

Die Berliner Kaufmannschaft verlautbarte als »Facit des Jahres 1874«: »Der ungewöhnliche wirtschaftliche Aufschwung nach dem glücklich beendeten Kriege mit Frankreich hatte zu dem Glauben geführt, dass die Prosperität nicht nur eine dauernde, sondern eine weitersteigende sein würde. Vergrösserung und Neubegründung einer Menge industrieller Etablissements, und als Schlussresultat Ueberproduktion waren die Folge. [...] Der Drang, ohne oder mit möglichst wenig Arbeit reich zu werden, war in aussergeschäftlichen Kreisen ein ebenso fieberhafter wie in geschäftlichen.« In London höhnte Friedrich Engels: »Jetzt, wo die französischen Milliarden Deutschland überfluteten, eröffnete sich für die Bourgeoisie eine neue Periode fieberhafter Erwerbstätigkeit, in der sie sich zum erstenmal als große Industrienation bewies durch einen nationaldeutschen Krach.« Karl Marx hatte schon im Januar 1873 im Nachwort zur zweiten Auflage des *Kapital* geschrieben: »Die widerspruchsvolle Bewegung der kapitalistischen Gesellschaft macht sich dem praktischen Bourgeois am schlagendsten fühlbar in den Wechselfällen des periodischen Zyklus, den die moderne Industrie durchläuft, und deren Gipfelpunkt – die allgemeine Krise. Sie ist wieder im Anmarsch [...] und wird durch die Allseitigkeit ihres Schauplatzes, wie die Intensität ihrer Wirkung, selbst den Glückspilzen des neuen heiligen, preußisch-deutschen Reichs Dialektik einpauken.«

In politischer Hinsicht blieb das Reich stabil, ›saturiert‹, wie Bismarck seit 1871 unablässig wiederholte, um die Duldsamkeit der alten Rivalen gegenüber dem neuen Reich nicht zu überfordern. Man strebe nicht über eine Rolle als mitteleuropäische Großmacht hinaus und wolle weder England noch Frankreich in fernen Weltgegenden in die Quere kommen. Bismarcks diesbezügliche Versicherungen wurden in den 1880ern bis zu seinem Rücktritt 1890 immer leiser und die innenpolitischen Forderungen nach kolonialer Expansion sehr laut. Fünf Jahre nach dem Rücktritt des ›Gründungsvaters‹ des deutschen Reiches verlangte Max Weber, ›Gründungsvater‹ der Deutschen Soziologie: »Wir müssen begreifen, daß die Einigung Deutschlands ein Jugendstreich war, den die Nation auf ihre alten Tage beging und seiner Kostspieligkeit halber besser unterlassen hätte, wenn sie der Abschluss und nicht der Ausgangspunkt einer deutschen Weltmachtpolitik sein sollte.«

Zwischen der späten Nationalstaatsbildung in den 1870ern und dem einholenden Imperialismus seit Mitte der 1880er konsolidierte sich das Reich nach den Überhitzungen des Gründerbooms und trotz der darauf folgenden Krise als Großmacht. Deren Hauptstadt Berlin, ihrerseits Boomtown und Krisenzentrum, konnte sich neben Paris, Wien und London behaupten.

Ein Jugendstreich auf alte Tage

Würde eine neckische Klio uns am Mittwoch, den 18. Januar 1871, kurz vor zwölf Uhr mittags in den Spiegelsaal von Versailles versetzen, könnten wir an einer Säule am Ende des Saals den irischen Kriegsreporter William Howard Russell lehnen sehen, der eine Reihe bayerischer Offiziere überragt. Statt uns zwischen den Gruppen mit Orden behängter Generäle, darunter Graf Moltke, zu ihm durchzudrängen, halten wir nach einem 23 Jahre alten Mann mit dünnem Oberlippenbärtchen Ausschau. Er heißt Paul von Hindenburg. Geschichte wird vorwärts gelebt und nachträglich erzählt. Der junge Gardeoffizier in hinterer Reihe ahnt nicht, dass ihn Jahrzehnte später ein Altersruhm umgeben wird, der dem des hochgestiefelten Mannes weit vorne im Halbkreis der Staatsminister nicht unähnlich ist. Bismarck trägt über weißer Hose einen preußischblauen Uniformrock, keinen weißen, wie später auf einem Gemälde des Anton von Werner dargestellt*. Werner war Augenzeuge des Geschehens, doch seine malerische Aufgabe bestand nicht in dokumentarischer Wiedergabe, sondern in symbolischer Überhöhung. Hindenburg ist auf dem Bild nicht zu sehen. Seine ›historische Stunde‹ wird erst nach dem Zusammenbruch des Reiches kommen, dessen Gründung er jetzt beiwohnt. Dem Zweiten Kaiserreich wird nach einem furchtbaren Krieg und einer halbherzigen Revolution eine Republik folgen, deren Ende für uns mit dem Namen Hindenburg verbunden ist und mit dem jenes heillosen Mannes, den er 1933 als Reichspräsident zum Reichskanzler ernennt.

Vom Wissen über das Kommende bedrückt, an dem wir nichts zu ändern vermögen, stehen wir neben dem ganz im Augenblick gefangenen jungen Offizier und warten auf den 73 Jahre alten Monarchen, der den Saal als preußischer König betreten und als Kaiser von Deutschland verlassen will. Aber das ist verfassungsrechtlich inopportun. Bismarck hat Wilhelm bis zuletzt gedrängt, statt des Titels »Kaiser von Deutschland« den eines »Deutschen Kaisers« zu akzeptieren. Dagegen sträubt sich Wilhelm, dem das Preußentum ohnehin über ›das Deutsche‹ geht, mit dynastischem Starrsinn. Vielleicht erinnert er sich daran, wie lange es gedauert hat, bis Preußens Herrscher nach der Selbstkrönung Friedrichs I. im Jahr 1701 nicht nur als »Könige in«, sondern als »Könige von Preußen« vom Kaiser des Heiligen Römischen Reiches deutscher Nation anerkannt wurden.

Punkt zwölf betritt Wilhelm mit der Pickelhaube in der Armbeuge den Saal. Wie die meisten Anwesenden, von dem Häuflein Abgeordneter in Zivil abgesehen, trägt er Uniform. Auf seiner Brust glänzt silbern der Schwarze-Adler-Orden. Von Weitem kann man dessen Inschrift nicht lesen. Aber die Anwesenden wissen, wie sie lautet: »Suum cuique« – »Jedem das Seine«. Für niemanden ist vor-

---

* Von dem berühmten Gemälde gab es vier verschiedene Fassungen, von denen nur die dritte, im Auftrag des Kaisers zu Bismarcks siebzigstem Geburtstag 1885 angefertigte Variante erhalten ist. Auf dieser ist auch Kriegsminister Roon zu sehen, der bei der Kaiserproklamation krankheitshalber gar nicht anwesend war.

stellbar, auch für den jungen Paul von Hindenburg nicht, dass diese Inschrift Jahrzehnte später in den Toren der Konzentrationslager des ›Dritten Reichs‹ prangen wird.

In dem riesigen, über siebzig Meter langen und zehneinhalb Meter breiten Saal sind in der Mitte der Längsseite eine Art Feldaltar und an der nördlichen Stirnseite ein Podest aufgebaut. Der Monarch geht auf den Altar zu, begleitet von 32 deutschen Fürsten – Ludwig von Bayern ist nicht darunter – und verbeugt sich. Der Kronprinz ruft »Helm ab zum Gebet!«. Es folgt ein kurzer Militärgottesdienst mit einer viel zu langen Predigt voller Preußenpathos, während derer Wilhelm zu Boden starrt und dem abseits stehenden Bismarck das Blut ins bleiche Gesicht steigt. Nach der Predigt begibt sich Wilhelm, von seinem Sohn, dem Kronprinzen, und seinem Schwiegersohn, dem Großherzog Friedrich von Baden, geleitet, zu dem Podest und trägt eine von Bismarck aufgesetzte Ansprache an die Fürsten vor: »In Gemeinschaft mit der Gesamtheit der deutschen Fürsten und freien Städte haben Sie sich der von des Königs von Bayern Majestät an Mich gerichteten Aufforderung angeschlossen, mit Wiederherstellung des Deutschen Reiches die Deutsche Kaiserwürde für Mich und Meine Nachfolger an der Krone Preußens zu übernehmen.« Die kurze Erklärung mündet in die Ankündigung: »Dem deutschen Volke gebe Ich Meinen Entschluß durch eine heute von Mir erlassene Proklamation kund, zu deren Verlesung Ich Meinen Kanzler auffordere.«

Bismarck, die Pickelhaube im linken Arm, einen Zettel in der rechten Hand, verbeugt sich vor Wilhelm und verliest ohne eine »Spur von Wärme oder feierlicher Stimmung«, wie der Kronprinz später beklagt, die Proklamation. Sie endet mit der Versicherung, »allzeit Mehrer des Deutschen Reiches zu sein, nicht an kriegerischen Eroberungen, sondern an den Gütern und Gaben des Friedens auf dem Gebiete nationaler Wohlfahrt, Freiheit und Gesittung.« Als Bismarck fertig ist, reißt Friedrich von Baden den Arm in die Höhe und ruft: »Seine Kaiserliche und Königliche Majestät, Kaiser Wilhelm, lebe hoch!« Jubel steigt auf, Degen werden über den Köpfen geschwungen, das Musikkorps spielt die alte Preußenhymne »Heil dir im Siegerkranz«, nur dass es jetzt nicht mehr »Heil, König, dir«, sondern »Heil, Kaiser, dir« heißt.

Über Wilhelms Groll die Kaisertitelfrage betreffend schrieb Bismarck später in seinen Erinnerungen: »Der Großherzog wich dadurch aus, daß er ein Hoch weder auf den Deutschen Kaiser, noch auf den Kaiser von Deutschland, sondern auf den Kaiser Wilhelm ausbrachte. Se. Majestät hatte mir diesen Verlauf so übelgenommen, daß er beim Herabtreten von dem erhöhten Stande der Fürsten mich, der ich allein auf dem freien Platze davor stand, ignorierte, an mir vorüberging, um den hinter mir stehenden Generälen die Hand zu bieten«.

Die ganze Inszenierung dauerte etwa eine Stunde. Zwei Tage später wird der Spiegelsaal wieder zu dem, was er unmittelbar davor gewesen ist, ein Lazarett für deutsche Soldaten, »ein Jammertal«, wie Kriegsreporter Russell berichtet: »Schmale Bettgestelle, mit jeweils einem schwerverwundeten Insassen, stehen nebeneinander an der Wand, und die unparteiischen, fühllosen Spiegel, die den Saal schmücken, zeigen bleiche Gesichter oder reglose Gestalten und Schwestern und Krankenpflegerinnen, die geisterhaft die Straße des Schmerzes und des Leidens entlanghuschen.«

Lagebericht 1871

Wenige Wochen nach dem Spektakel im Spiegelsaal wurde der konstituierende Reichstag gewählt, der dann die Reichsgründung staatsrechtlich bestätigte. Die Fahnenfarben waren nicht das Schwarz-Rot-Gold der Revolution von 1848, sondern Schwarz-Weiß-Rot, kombiniert aus dem Schwarz-Weiß der preußischen Flagge und dem Rot-Weiß der alten Hansewimpel. Eine offizielle Nationalhymne gab es nicht. Das Parlament tagte in Berlin, seit 1867 die Hauptstadt des Norddeutschen Bundes als Vorläufer des Reichs. Die Sitzungen fanden im Hof statt – im provisorisch mit Glas überdachten Hof eines umgewidmeten Gebäudes der alten Königlichen Porzellanmanufaktur. Das sollte eine vorübergehende Lösung sein. Aber noch 1880 machte sich ein Anarchist über »diese Bedientenbude« lustig, die er am liebsten in die Luft gesprengt hätte: Die

»ganze Baracke ist ja nur aus Fachwerk mit leichtem Glasdach. Das Parkett, auf welchem die gesetzgebenden Lumpenkerle ›tagen‹, steht auf hölzernem Stützwerk, die Festigkeit des ›hohen Hauses‹ ist also nicht weit her«.

Das Provisorium dauerte insgesamt fast zweieinhalb Jahrzehnte an. Erst 1895 sollten die Parlamentarier das neue Reichstagsgebäude beziehen, entworfen von Paul Wallot. Es gehört zu den Kapriolen der Geschichte, dass dieses nach dem Sieg über Frankreich möglich und nötig gewordene Parlamentsgebäude des geeinten Deutschen Reiches ausgerechnet dem Nachfahren einer alten südfranzösischen Hugenottenfamilie anvertraut wurde.

Die Abgeordneten des Reichstages wurden in allgemeiner und direkter Wahl bestimmt, anders als im Dreiklassenwahlrecht, das in Preußen und den meisten anderen Staaten galt, in Preußen bis 1918. Die Unterteilung der Urwähler erfolgte nach drei Einkommenssteuerklassen. Jeder dieser Klassen stand ein Drittel der Abgeordneten zu. Die wenigen Angehörigen der ersten und am höchsten besteuerten Klasse bestimmten mit einem Drittel der Abgeordneten genauso viele wie die Menge der ›mittelklassigen‹ Wähler beziehungsweise wie die Masse der dritten, niedrig besteuerten Klasse. Wer keine Steuern zahlte, hatte überhaupt kein Wahlrecht, wer eine Frau war, auch nicht. Noch Ende der 1880er durften beispielsweise in Essen nur siebzehn Prozent der Einwohner wählen. Von diesen siebzehn Prozent gehörten wiederum siebenundneunzig Prozent zur dritten Klasse. In der ersten war ein einziger Wähler: Friedrich Alfred Krupp, der mithin allein ein Drittel der Stadtverordneten bestimmte.

Im Vergleich dazu war das Reichstagswahlrecht zwar ein (halbwegs) allgemeines, aber längst kein demokratisches. Die Frauen blieben auch hier ausgeschlossen*. Stimmrecht hatten nur Männer über 25. Es wurde direkt, also nicht wie beim Dreiklassenwahlrecht über Wahlmänner gewählt, und die Wahl sollte geheim erfolgen. Das war jedoch, besonders auf dem Land, häufig nicht gewährleistet. Gleichwohl war das plebiszitäre Element so stark, dass Bismarck es gegen die Honoratiorenpolitik mobilisieren konnte, wenn ihm

---

* Zum Kampf um das Frauenwahlrecht der Abschnitt über die »Frauenfrage« im Kapitel »Große Fragen«.

das im Sinne des ›Teile und herrsche‹ opportun erschien. Allerdings zeigte sich, dass die Steuerung der Massenmeinung nicht immer gelang, weshalb das Machtmittel der Auflösung eines nicht genehmen Reichstags durch den Monarchen in kritischen Phasen zur Routine wurde.

Trotz der liberalen Opposition im Reichstag, darunter als einer der Wortführer Rudolf Virchow, und obwohl August Bebel dort für die Sozialdemokraten seine Stimme erheben konnte, liegt im Rückblick die Bedeutung dieser Abgeordnetenversammlung nicht darin, dass sie eine Vorstufe zur parlamentarischen Demokratie gewesen wäre. Dazu ist es wegen der innerbürgerlichen Interessenkonflikte und der gleichzeitigen gemeinsamen Furcht vor den ›besitzlosen Klassen‹ nicht gekommen. Die Bedeutung der Versammlung liegt auch nicht in den Tribünenreden Bismarcks oder in den rhetorischen Duellen zwischen ihm und seinen Gegnern. Die historische Relevanz des Reichstages in den ersten Jahren nach 1871 lag in der Vereinheitlichungsarbeit, die dort geleistet wurde, und zwar in Fortsetzung derjenigen des Norddeutschen Bundes. Das gilt für die großen Projekte genauso wie für die Kleinkämpfe im Gestrüpp der Partikularinteressen, von denen der süddeutschen Staaten bis zu jenen der ostelbischen Junker.

Ein wichtiges Vorhaben war die Ersetzung der sieben verschiedenen Münzordnungen durch eine einheitliche Reichswährung. Bereits im Gründungsjahr wurden dafür die ersten Gesetze verabschiedet, fünf Jahre später folgte die Einführung der Reichsmark. Zu diesem Zeitpunkt waren die neuen Großbanken schon im Geschäft: die Deutsche Bank und die Commerzbank seit 1870, die Dresdner Bank seit 1872*.

Im Reichstag spielte sich auch der öffentliche Teil der für die Stabilisierung eines gemeinsamen staatlichen und wirtschaftlichen Raums wichtigen Auseinandersetzungen ab. Die Heerespolitik, die Zollpolitik oder die Steuerpolitik wurden ausführlich debattiert,

---

* Die Dresdner Bank überlebte die Finanzkrise 2007 nicht und ging 2009 in die Commerzbank ein – oder in der Commerzbank unter, wie manche sagen. Zum Finanzwesen der Bismarckzeit der Bleichröder-Abschnitt im Kapitel »Großbürger, Bildungsbürger, Kleinbürger«.

mitunter begleitet von lancierten Berichten in den Tageszeitungen*, von denen es 1871 im Reich rund anderthalbtausend gab.

Zwischen 1871 und 1873 kam es zu einer überdrehten Gründer-euphorie, die sich vor allem in der unerprobten und undurchsich-tigen Rechtsform der Aktiengesellschaft austobte. Es wurde spe-kuliert, gegründet und bankrottiert. Der liberale Publizist Eduard Schmidt-Weißenfels schrieb gegen Ende des Jahrhunderts in seiner *Geschichte des modernen Reichtums* rückblickend, »die Fiebrigkeit da-rin steigerte sich nach dem glücklichen Krieg von 1870 und durch die Vorstellung, daß die Zahlung der französischen Milliarden alle Welt reich machen müsse. Die Spekulation ergriff immer weitere Kreise. Im Jahre 1871 wurde in allem Möglichen für über anderthalb Milliarden gegründet. So ging es in wilder Weise weiter.«

Allein in der Montanindustrie wurden in den ersten drei Jahren des neuen Reiches 174 Gesellschaften auf Aktien etabliert. In Preu-ßen entstanden so viele Eisenhütten und Maschinenfabriken wie bis dahin im 19. Jahrhundert überhaupt. Dem entsprach das Gewimmel an den Börsen mit schlecht geregelten Handelspraktiken und dubi-osen Kontrakten. 1871 waren an der Berliner Börse 37 Makler tätig, zwei Jahre später waren es dreimal so viele.

Aus den zahlreichen Unternehmensgründungen der Jahre um 1871 gingen etliche Firmen hervor, deren Namen später und für lange Zeit gewissermaßen den Kanon der deutschen Wirt-schaft ausmachten: 1863 die Farbenfabrik Friedrich Bayer & Co in Wuppertal-Elberfeld (ab 1891 in Leverkusen); im gleichen Jahr die Teerfarbenfabrik Meister, Lucius & Co (die spätere Hoechst-AG) in Hoechst bei Frankfurt am Main; 1865 die Badische Anilin- und Soda-Fabrik (BASF) in Ludwigshafen; 1867 die Gesellschaft für Anilinfabrikation, seit 1873 Aktiengesellschaft für Anilinfabrikation bei Berlin (ab 1897 mit dem Markenzeichen Agfa); 1870 das Walz-werk Thyssen & Co bei Mülheim an der Ruhr; 1871 unter der Ägide der selbst erst im Vorjahr etablierten Quistorp'schen Vereinsbank die Chemische Fabrik auf Actien (vormals E. Schering), hervor-gegangen aus der Grünen Apotheke von Ernst Schering in Berlin, die im deutsch-französischen Krieg an der Versorgung der preußi-

* Dazu der entsprechende Abschnitt im Kapitel »Errungenschaften«.

schen Truppen mit Arzneimitteln beteiligt war; 1883 die Deutsche Edison-Gesellschaft für angewandte Elektricität in Berlin (ab 1887 AEG); im gleichen Jahr Benz & Cie. in Mannheim.

Die großen Bergbau-, Stahl- und Eisenbahnfirmen* fehlen in dieser exemplarischen, längst nicht vollständigen Liste, weil deren Gründungen weiter zurückliegen. Das gilt auch für die Siemens-Unternehmen. Die Große Berliner Pferde-Eisenbahn AG indessen wurde im gleichen Jahr wie das Reich gegründet**. Seit 1879 betrieb sie die Linie vom Potsdamer Platz nach Schöneberg, damals – und noch bis 1920 – eine eigenständige Kommune. Die Fahrzeuge der Eisenbahn AG verschwanden erst um die Jahrhundertwende, verdrängt von der elektrischen Straßenbahn.

Eine rasch legendär gewordene Gründung in der neuen Hauptstadt war das seit der Reichsgründung vorbereitete und ab dem 1. Januar 1872 erscheinende *Berliner Tageblatt*, von Rudolf Mosse zunächst als reines Anzeigenblatt lanciert***.

Am 1. Februar 1872 wurde in Rixdorf die Vereinsbrauerei Berliner Gastwirte gegründet mit dem Ziel, Bier wie in Bayern zu brauen. Rixdorf war damals wirklich ein Dorf, das größte in Preußen, außerhalb des damaligen Berliner Stadtgebiets im Kreis Teltow gelegen. Aber das Vereinsbrauereibier, aus dem später die Marke Berliner Kindl hervorging, war für die Hauptstadtkehlen bestimmt. Auch die Berliner Hotel AG ist eine Gründung von 1872. Sie wird das später legendäre Grandhotel Kaiserhof bauen lassen.

Sehr viel weiter weg von Berlin, doch mittels der schneller werdenden Eisenbahn immer näher heranrückend, wurde das Seebad Heringsdorf auf Usedom etabliert. Die Züge fuhren vom Stettiner Bahnhof in Berlin direkt nach Stettin. Seit 1872 finanzierte eine Aktiengesellschaft die Entwicklung des Badeorts. Für die Mächtigen

---

* Zu Krupp der Abschnitt im Kapitel »Großbürger, Bildungsbürger, Kleinbürger«, zu den Eisenbahnen der Abschnitt in »Errungenschaften«, zu Siemens der Abschnitt über Telegraphie im gleichen Kapitel und ein Abschnitt in »Große Männer«.
** Über Pferd und Bahn und Pferdebahn der Abschnitt »Etwas vom Pferd erzählt« im Kapitel »Errungenschaften«.
*** Zu den Zeitungen und Zeitschriften ein Abschnitt im Kapitel »Errungenschaften«.

und Geschäftigen wurde eine exklusive Möglichkeit geschaffen, an der Ostsee Urlaub von der Macht und von den Geschäften zu machen. Seit Anfang der 1880er ließen reiche Berliner ihre Prunkvillen mit Meerblick bauen.

Eine weitere Gründung der Zeit war die Berliner Poudre- und Schminkfabrik. Sie begann ihre Produktion 1873. Der Berliner Opernsänger Ludwig Leichner wollte der Selbstvergiftung der Schauspieler, Sängerinnen und Tänzerinnen mit bleihaltigem Puder ein Ende machen und brachte Schminkprodukte ohne Blei auf den Markt. Die spanische Sopranistin Adelina Patti*, eine der großen Diven der Zeit, zeigte sich begeistert: »Festsitzender Ball-, Salon- und Tagespuder macht die Haut zart und weiss. Ganz besonders ist der Leichner'sche Fettpuder wunderbar.«

Leichners Poudre- und Schminkfabrik war kein Großunternehmen, aber das traf für die meisten Firmen zu. Anfang der 1870er arbeiteten nahezu zwei Drittel aller gewerblich Beschäftigten in Betrieben mit nicht mehr als fünf Mitarbeitern. Der Industrialisierungsschub in den Jahrzehnten vor der Reichsgründung und der Gründerboom in den Jahren unmittelbar danach hatten keineswegs die ›Proletarisierung‹ der gesamten Unterschichtsbevölkerung zur Folge. Mitte der 1870er war gut die Hälfte der unselbstständig Erwerbstätigen in Lohnarbeit, davon wiederum der größte Teil nicht etwa in den Unternehmen rund um die neue Hauptstadt oder in den Industrieregionen an der Ruhr, am Rhein oder an der Saar, sondern noch immer auf dem Land. Das änderte sich bis zum Ende des Jahrhunderts, aber in den 1870ern hatte selbst die Sozialdemokratie ihre meisten Anhänger unter den Handwerkern, vor allem unter Schustern, Tischlern, Zigarrenarbeitern und Drechslern, zu denen auch August Bebel gehörte**.

---

* Die Stimme der Patti ist zu hören auf einer Walzenaufnahme von 1905: de.wikipedia.org/wiki/Adelina_Patti
** Zum Aufstieg der Sozialdemokratie der Abschnitt über die Arbeiterfrage im Kapitel »Große Fragen«.

Goldelse und Germania

Im Jahr der Reichsgründung bezog Friederieke Henriette Christiane Eugenie John die Villa Marlittsheim im thüringischen Arnstadt. Die Autorin hatte ihre eigene Gründerzeit erlebt und dementsprechend auch ihre eigene Villa gebaut, nachdem 1866 unter dem Pseudonym E. Marlitt in der *Gartenlaube* ihr Fortsetzungsroman *Goldelse* veröffentlicht worden war. Die Heldin Elisabeth, achtzehn Jahre alt, ausgestattet mit goldblondem Haar, einem »unzerstörbaren Frohsinn und sehr viel Willenskraft«, erteilt in Berlin »Clavierunterricht in einem Institut«, bevor sie mit ihren Eltern auf ein halb zerfallenes Schloss in Thüringen zieht und sich in einen Aristokraten verliebt, der sie nach melodramatischen Verwicklungen zu seiner Frau macht.

Die Moral der erzählten Geschichte ist von allgemein menschlicher Art, selbst der aristokratische Standesdünkel wird nicht als soziale Folge, sondern als persönliche Schwäche präsentiert, von der die sympathischen Figuren, darunter Elschens Mann, unberührt sind. Die politischen Verhältnisse kommen gar nicht vor, mit Ausnahme einer Bemerkung darüber, dass Elschens Vater sich als bürgerlicher Offizier während der Revolution von 1848 geweigert hat, auf seine ›Brüder‹ zu schießen, und deshalb seine Stelle verlor.

Am Ende der letzten Fortsetzung stehen wir gerührt mit einer mutterglücklichen Goldelse und ihrem vaterstolzen Gemahl vor einer Kinderwiege, ganz wie es sich für das Happy End in einer Zeitschrift gehört, die im Untertitel »Illustrirtes Familienblatt« hieß*. Vermutlich rührt es von der Beliebtheit des Marlitt-Romans her, dass die Viktoria auf der Berliner Siegessäule vom Volksmund Goldelse genannt wurde.

Die Säule wurde am Sedantag 1873 auf dem Königsplatz** einge-

---

* Zur *Gartenlaube* eine Passage im Zeitungsabschnitt des Kapitels »Errungenschaften«.

** Diesen Namen trug der Platz vor dem Brandenburger Tor. Er wurde von einem Adelspalast begrenzt, der für das Reichstagsgebäude, errichtet zwischen 1884 und 1894, abgerissen wurde. Heute heißt das Areal Platz der Republik. Die Siegessäule wurde 1938/39 zum Großen Stern umgesetzt, desgleichen die Denkmäler Bismarcks, Roons und Moltkes.

weiht. Die Planung begann jedoch schon nach dem Sieg über Dänemark 1864, als der Krieg gegen Österreich zwar schon vorauszuahnen, aber in seinem Ausgang noch nicht vorhersehbar war. Die Bauarbeiten begannen 1869, nach dem Sieg über Österreich, als der Krieg gegen Frankreich zwar schon vorauszuahnen, aber in seinem Ausgang noch nicht vorhersehbar war. Der ›Lauf der Geschichte‹ war schneller als das Erbauen des Denkmals zu ihrer Würdigung.

Nach dem dritten Sieg wurde die Säule errichtet und ihr Sockel mit Bronzereliefs verziert, die Szenen der Erstürmung der Düppeler Schanzen im dänischen, der Schlacht bei Königgrätz im österreichischen und der Schlacht bei Sedan im französischen Krieg zeigen. Des Weiteren nehmen die drei unteren Säulentrommeln die Dreizahl der Siege auf[*], die zusätzlich durch drei mal zwanzig Kanonen hervorgehoben wird, die rund um die Außenwände der Trommeln hängen. Die Kanonen sind vergoldet und der Kriegschronologie folgend angeordnet, zuunterst die Beutekanonen aus dem dänischen, oben die aus dem französischen Krieg.

Am Sockel wiederum ist neben den drei Schlachtenreliefs ein viertes Relief der Parade der siegreichen Truppen gewidmet, die im Juni 1871 mit 40 000 Mann durch die Stadt marschiert waren, an ihrer Spitze der greise Feldmarschall Friedrich von Wrangel, gefolgt von Roon, Moltke, Bismarck, allerhand Generälen und schließlich seiner Majestät, dem Kaiser. Die Paradestrecke selbst hatte man seinerzeit mit Trophäen und Triumphbögen geschmückt und in den Lustgarten eine riesige Mutter Germania gesetzt, neben sich die jüngsten ›Kinder‹ Elsass und Lothringen. Die Berliner Bevölkerung war aus dem Häuschen – und zu Zehntausenden auf den Straßen. Aber man musste nicht preußisch sein, um deutsch zu empfinden. Zum Beispiel gab sich die 28-jährige Baronin von Spitzemberg, Gemahlin des württembergischen Gesandten, ganz enthusiasmiert beim Anblick der Kriegerpracht: »Die deutschen Garden sahen so süperb aus, so männlich, sonnenverbrannt, bärtig, das allzu stramme preußische Wesen etwas gelockert durch den Feldzug, boten sie wirklich den

---

[*] Die Erhöhung um eine vierte Trommel erfolgte erst bei der Umsetzung zum Großen Stern. Das Aufsetzen der vierten Trommel war voreilig, diesmal ging der Krieg verloren.

schönsten Anblick für ein patriotisches Herz.« Mehr als ein Jahrzehnt später zeigt der dänische Publizist Georg Brandes die gleiche,
wenn auch etwas erschrockene Bewunderung: Man müsse »an jeder zweiten Straßenecke warten, um ein Bataillon oder eine Schwa-
dron mit brausendem Orchester passieren zu lassen. Das klingt so
voll und taktfest, so siegreich und siegverheißend, daß einem beim
Zuhören ganz wehmütig wird, und die Truppen sehen so mannhaft,
schmuck und gepflegt aus, daß sie eine Lust fürs Auge sind.«
    Als die Goldelse begann, ihren Lorbeerkranz in die Höhe zu re-
cken, hielt Hermann der Cherusker sein Schwert noch gar nicht in
der Hand. Dabei hatte mit ihm und um ihn herum alles sehr viel
früher angefangen. Mit ihm, als er im Jahr 9 in einem deutschen
Wald – ob es der Teutoburger war, ist bei den Archäologen inzwischen umstritten – drei römische Legionen besiegte. Um ihn herum, als sich im 18. Jahrhundert die Literaten an die Legendenbildung machten; als im frühen 19. Jahrhundert sein germanischer
Kampfgeist gegen die französischen Besatzungstruppen des ersten
Napoleon mobilisiert wurde; und schließlich, als es 1838 zur Grund-
steinlegung des Hermanndenkmals bei Detmold kam. Als im August 1875 der Kupferhermann endlich von Kaiser Wilhelm eingeweiht wurde, stand die Goldelse schon fast zwei Jahre auf ihrer Säule.
Der Cherusker war nach Westen gegen Frankreich gewandt, und
sein sieben Meter in die Höhe ragendes Schwert hatte die Firma
Krupp* gespendet, deren Kanonen für den Sieg über die französische Armee und bei der Beschießung von Paris so wichtig gewesen
waren. An der Stelle, wo während der Einweihungsfeier der Kaiser
saß, ist noch heute eine Gedenktafel zu sehen, und weil zum Kaiser
nun einmal sein Kanzler gehört, befindet sich seit 1895 auch ein Bis-
marck-Stein in der Nähe.
    Auf dem 1883 eingeweihten Niederwalddenkmal bei Rüdesheim
am Rhein sind die beiden ebenfalls zu sehen. Auf einem monumentalen Relief sitzt Wilhelm zu Pferd, inmitten lebensgroßer ste-
hender Figuren, darunter Bismarck, dem übrigens von Wilhelm zu
Weihnachten 1883 ein Niederwalddenkmal in klein übersandt wurde.

---

* Dazu der Abschnitt »Krupp und die Kanonen« im Kapitel »Großbürger,
Bildungsbürger, Kleinbürger«.

Der Beschenkte vermerkt das später in seinen Erinnerungen und zitiert sogar das Grußkärtchen. Fünf Jahre zuvor hatte er von Wilhelm zur Silberhochzeit eine Vase geschenkt bekommen, »die eine dankbare Borussia darstellt«, wie »Ihr treu ergebener dankbarer König Wilhelm« schrieb und Bismarck stolz zitiert.

Das Niederwalddenkmal ›verewigt‹ den Kaiser in Heldenpose, die Hand zum Herzen und den Blick zum Himmel erhoben. Auf der Texttafel unmittelbar darunter heißt es in Großbuchstaben: »ER BLICKT HINAUF IN HIMMELS AU'N, / DA HELDENVAETER NIEDERSCHAU'N, / UND SCHWOERT MIT STOLZER KAMPFESLUST: / DU RHEIN BLEIBST DEUTSCH WIE MEINE BRUST!« Auf der Unterseite der Relieftafeln läuft über die ganze Breite, wiederum in Großbuchstaben, der Reim: »LIEB' VATERLAND, MAGST RUHIG SEIN: FEST STEHT UND TREU DIE WACHT, DIE WACHT AM RHEIN!« Die Wacht wird von Germania gehalten, einer zwölf Meter hohen Frauenfigur, die eine Hand hoch erhoben mit der Kaiserkrone, die andere am Schaft des mit der Spitze auf den Boden gestützten Schwertes. Das Motiv der Germania, die den Rhein fürs deutsche Vaterland vor dem frechen Franzosen schützt, dominierte schon das Mosaik am Rundbau unter der Siegessäule.

Im Jahr 1848 hatte Germania noch die Abgeordneten in der Paulskirche vor den Kräften der Reaktion beschützt, die schwarz-rot-goldene Fahne in der einen, das Schwert in der anderen Hand. Das riesige, hochformatige Bild fand einige Jahre nach der Auflösung der Nationalversammlung und der Niederschlagung der Revolution eine Art ›letzte Ruhestätte‹ im neu gegründeten Germanischen Nationalmuseum in Nürnberg. Eine Kopie befindet sich heute im Bonner Haus der Geschichte.

Bei der Einweihung des Niederwalddenkmals war, wie bei der des Hermanndenkmals, der Kaiser zugegen. Er ehrte die Feier mit einer Rede, die allerdings insofern unglücklich endete, als die letzten Sätze in einem vorzeitig ausgelösten Salutschießen untergingen. Dafür hatte der Monarch in anderer Hinsicht Glück. Ein anarchistisches Sprengstoffattentat scheiterte, weil die Zündschnur vom Regen nass geworden war und es den Attentätern, die übrigens von einem Polizeispitzel 40 Mark Reisekostenzuschuss für die Fahrt zum

Tatort erhalten hatten, nicht gelingen wollte, sie mit einer Zigarre in Brand zu setzen.

Nach der Einweihung kursierten Postkarten mit einer Zeichnung der Germania vom Niederwald, daneben der Text des Kaisermarsches, den Richard Wagner im März 1871 komponiert und im Mai in Anwesenheit Wilhelms in der Königlichen Hofoper Berlin dirigiert hatte: »Heil! Heil dem Kaiser! König Wilhelm! / Aller Deutschen Hort und Freiheitswehr! / Höchste der Kronen, / Wie ziert Dein Haupt sie hehr!« Wagners Musik ist professionell pompös, der Text recht unbeholfen. Das hat Ferdinand Freiligrath, wie Wagner ein alt und reaktionär gewordener 1848er, besser gekonnt. Kurz nach Ausbruch des deutsch-französischen Kriegs reimte er patriotisch: »Hurra, du stolzes schönes Weib, / Hurra, Germania! / Wie kühn mit vorgebeugtem Leib / Am Rheine stehst du da! / Im vollen Brand der Juliglut, / Wie ziehst du frisch dein Schwert! / Wie trittst du zornig frohgemut / Zum Schutz vor deinen Herd! / Hurra, hurra, hurra! / Hurra, Germania!«

Großmacht und Krise

Mit Hurrapatriotismus allein ließ sich kein Staat machen. Julius Rodenberg etwa meinte im Vorwort zu einer seiner Feuilletonsammlungen, »unsere politische Macht und Größe, so sehr sie uns mit einem gerechtfertigten Stolz erfüllt, wäre dennoch zu theuer erkauft, wenn durch sie nicht zugleich alles erhöht worden sein sollte, was wir in einem nationalen Sinn unser eigen nennen. Aber in dem Frühling deutscher Herrlichkeit, welcher nunmehr angebrochen, reckt und dehnt sich unser ganzes Sein«.

Rodenbergs Vorwort zu seiner Sammlung *In deutschen Landen* ist datiert mit »31. August 1873«. Kurz darauf hatte es mit dem kurzen ›Frühling deutscher Herrlichkeit‹ ein Ende, und ohne Sommer begann abrupt ein langer Herbst. Schon im Mai war es an der Börse in Wien zum Kollaps gekommen, im September gab es einen Crash an der Wall Street, im Oktober stürzten die Kurse in Berlin. Maßlos war ihr Anstieg gewesen, bodenlos nun ihr Fallen. Otto Glagau veranschaulichte das 1875 in der *Gartenlaube* am Beispiel der Centralbank für Bauten: »Sie erwarb und verkaufte Häuser und Baustellen, bauete und übernahm Bau-Ausführungen, lieh Baugelder, handelte mit Baumaterialien [...]. Aber daran nicht genug, sie legte sich auch auf's Gründen; sie gründete in Berlin und außerhalb, sie gründete Eisenwerke und Eisengießereien [...]. Nach zehnmonatlichem Bestehen vertheilte die Centralbank bereits eine Dividende von dreiundvierzig Procent [...] und in Folge dessen ging der Cours im April 1873, kurz vor dem Krach, bis auf vierhundertzwanzig hinauf. Von dieser wahnsinnigen Höhe stürzte er in den nächsten sechs Monaten bis unter fünfzig.«

Die allgemeine Wirtschaftskrise, ausgelöst durch eine Verbindung aus spekulativer Überhitzung und hemmungsloser Überproduktion, mündete in den Verfall der Aktienkurse und in den Verfall der Rohstoff- und Industriegüterpreise. Der Preis für eine Tonne Roheisen etwa fiel im ersten Krisenjahr um mehr als 75 Prozent. Bei den Aktien verloren nicht nur die Anteilscheine der Centralbank dramatisch an Wert. Die Papiere der Quistorp'schen Vereinsbank beispielsweise standen unmittelbar vor der Krise sechzehnmal höher als beim Zusammenbruch der Bank. Von 139 Kreditbanken in Preußen mussten 73 liquidieren.

Die Arbeitslöhne brachen gleichfalls ein, in den Bergwerken und Eisenhütten des Ruhrgebietes und des Saarlandes nahezu um die Hälfte. Dieser Verdienst reichte kaum zum Leben, wie selbst Unternehmer anmerkten. Trotzdem mussten die Arbeiter weitere Absenkungen hinnehmen, wollten sie nicht auch noch den erniedrigten Lohn verlieren. Alfred Krupp kannte diese Notlage und wusste sie zu nutzen. Bei ihm wurden die Arbeitseinkommen zwischen 1873 und 1878 halbiert, verbunden mit der Drohung, jeder »Ausdruck von Unzufriedenheit« über die »Ermäßigung der Löhne« habe die Entlassung zur Folge.

Die Gründerkrise von 1873 zog sich bis zum Ende des Jahrzehnts hin. Auf eine kurze Erholungsphase bis zum Spätsommer 1882 folgten ein erneuter Abschwung bis 1886, ein Zwischenhoch bis 1890 und schließlich eine dritte, etwas abgeschwächte Depression bis Mitte der 1890er. Die anschließende neue Hochkonjunktur war verbunden mit dem Aufstieg der Elektrotechnik und der Großchemie.

Ein besonders dramatischer Fall, schon von den Zeitgenossen als exemplarisch für Gründerboom, Gründerschwindel und Gründerkrach betrachtet, war der Bankrott des ›Eisenbahnkönigs‹ Strousberg aus der Nummer 70 in der Berliner Wilhelmstraße. Aus dem Rückblick der frühen 1890er gab Schmidt-Weißenfels in seiner *Geschichte des modernen Reichtums* diese Realparabel von Aufstieg und Niedergang wieder: Strousberg »verschaffte sich zunächst die Konzession für eine Eisenbahnlinie, kaufte die Baugründe dafür, um sie vorteilhaft der Aktiengesellschaft wieder zu verkaufen, und machte auch mittels zweckmäßiger Ersparnisse im Ankauf der Materialien, sowie in der Vergebung des Baus an einzelne Unternehmer seine enormen Gewinnste. Er war etwas Neues in Berlin, ein erstes Exemplar der modernen Großspekulation. Durch den Bau der Berlin-Görlitzer Bahn kam er in die Höhe. Rastlos thätig in neuen Spekulationen war er ein dreißigfacher Thalermillionär, ›der doch nie etwas hatte‹, wie er zu scherzen pflegte. Sein Reichtum, sein ganzes Geschäft mit hunderten von Beamten« – die damals gängige Bezeichnung für Büroangestellte – »schwebten in der Luft. […] Er legte Fabriken an, kaufte große Herrschaften in Schlesien und Böhmen, gründete eine bedeutende Zeitung, die ›Post‹, in Berlin, und erbaute sich da im diplomatischen Viertel der Wilhelmstraße neben den Ministerien ein Palais, das wegen seiner luxuriösen Einrichtung für eine Sehenswürdigkeit galt. Hoher Adel aß da von schwerem Silbergeschirr; Künstler und Schriftsteller kamen dahin zu Besuch. […] Da kam der Bau der rumänischen Eisenbahn in seine Hände. Was aber damit als der Gipfelpunkt seines Glücks erschien, erwies sich bald als die Ursache seines Niedergangs, als die rumänische Regierung Anstände gegen das verwendete Baumaterial erhob und die Zinszahlungen für die ausgegebenen Eisenbahnaktien sperrte. Der Kredit Strousbergs wurde dadurch schwer erschüttert und alle seine Anstrengungen, sich obenauf zu erhalten, scheiterten. Er trat in den Hintergrund, verlor sein Vermögen und mußte 1876 Bankrott machen.«

Strousberg selbst veröffentlichte eine ausführliche Rechtfertigungsschrift mit dem Titel *Dr. Strousberg und sein Wirken von ihm selbst geschildert.* Darin ›philosophiert‹ er, die menschliche Tätigkeit bringe nun einmal Krisen mit sich, und würde man »die Thätigkeit des Einzelnen beschränken [...] würde dies die Degeneration der Menschheit zur Folge haben, denn ohne den Kampf ums Dasein würde jede Auszeichnung, jede Entwicklung der Kraft eine Unmöglichkeit sein.« Er, der immer nur das Beste gewollt und viel Gutes getan habe, macht nicht Spekulantentum und Gründergier für die Krise des gesamten Systems und den Zusammenbruch seines eigenen verantwortlich, sondern Presse und Parlament. Die »Helden der Tribüne und der Feder« seien schuld an der Katastrophe. Man hätte das Spekulationsfieber und die wirtschaftliche Überhitzung sanft auskühlen lassen und nachher die Schäden heilen sollen, statt »den Funken ins Pulverfass« zu werfen, damit alles auseinanderfliege.

Die Beschwerde traf nur teilweise zu und war zudem unaufrichtig. Die ›Helden der Feder‹ haben seinen Aufstieg mit ermöglicht und daran mitverdient. Nicht nur die Redakteure seiner eigenen Zeitung, der von Schmidt-Weißenfels erwähnten, 1866 gegründeten *Post*, richteten ihre Berichterstattung nach den Geschäftsinteressen des Magnaten aus. Der *Aktionär* behauptete im Oktober 1869, vielleicht aus Neid, doch nicht aus Unkenntnis, Strousberg habe sich »die meisten Organe [...] dienstbar und gefügig« gemacht.

Er war nicht der Einzige, der Journalisten mit Apanagen versorgte, um sich im Gegenzug auf eine ›faire‹, will sagen: für ihn vorteilhafte Berichterstattung verlassen zu können. Die Presse hat »den Bauernfängern der Börse als Zuschlepperin gedient« – hieß es in der Presse, in diesem Fall im sozialdemokratischen *Volksstaat* unter Wilhelm Liebknecht.

Die Verbindungen zwischen Aktiengesellschaften, Banken und Zeitungen waren zahlreich und funktionierten auf allen Ebenen, vom Beiseitenehmen eines Redakteurs durch dessen selbst von einem finanzstarken Interessenten beiseitegenommenen Chef bis zur wirtschaftlichen Verflechtung, wenn einflussreiche Zeitungen gleich im Ganzen gekauft oder als Aktiengesellschaften umgegründet wurden, mit Unternehmern und Bankiers im Aufsichtsrat*.

---

* Dazu auch der Zeitungsabschnitt des Kapitels »Errungenschaften«.

Die andere Beschwerde Strousbergs, die über die ›Helden der Tribüne‹, bezieht sich auf eine Reichstagsrede, mit welcher der nationalliberale Abgeordnete Eduard Lasker 1873 den ›Gründerschwindel‹ angeprangert und zu dessen Auffliegen beigetragen hatte. Allerdings schützte die ›hohe Politik‹, ohne die das Eisenbahn-Imperium hätte gar nicht entstehen können, Strousberg auch nach dem Kollaps noch. So sorgte Bismarck dafür, dass sich sein Bankier Bleichröder um die möglichst diskrete Abwicklung eines Eisenbahnprojektes kümmerte, an dem Vertreter der Hocharistokratie beteiligt waren. Der adelige Handelsminister allerdings, verantwortlich für die staatliche Nichtaufsicht, stürzte darüber.

»Jeder wollte plötzlich reich werden«, klagt der in sehr kurzer Zeit sehr reich gewordene Strousberg in seinen Memoiren. »Meine Dienstboten selbst, die sich mit den Jahren einige Hundert Taler erspart hatten, waren trotz meiner Warnung nicht zu halten«.

Dienstboten und andere ›kleine Leute‹ waren die Kundschaft von Adele Spitzeder in München. Dem ›Eisenbahnkönig‹ in Berlin schien das Geld waggonweise entgegenzufahren, der ehemaligen Schauspielerin trugen die Menschen das Ersparte persönlich in die Stube. Strousberg war der Mittelpunkt einer Berliner Finanztragödie, Spitzeder könnte man als Mittelpunkt einer Münchener Finanzposse bezeichnen, hätte diese Posse nicht so viele ›Kleinanleger‹ ihre ›Notgroschen‹ und manche das Leben gekostet. Wie bei Strousberg und nahezu allen großen Pleiten in der Wirtschaftsgeschichte kam es auch nach der von Spitzeder zu Selbstmorden aus Verzweiflung.

Das System Spitzeder war einfach: Es gab keines. Sie zahlte exorbitante Zinsen, anfangs zwanzig, dreißig Prozent, weshalb ihr immer mehr ›Kunden‹ das Geld geradezu aufdrängten. Von den Neueinnahmen finanzierte sie die Zinsen sowie die Rückzahlungen. Das ging so lange oder so kurz gut, etwa drei Jahre, bis zu viele Leute auf einmal ihre Einlagen zurückforderten und die ›Dachauer Bank‹, wie Spitzeders Geschäft im Volksmund und auf Zeitungsseiten hieß, innerhalb weniger Stunden kollabierte.

Strousberg bezahlte seine Gläubiger unter den Lieferanten mit Aktien der Firmen, an die sie lieferten. Spitzeder bezahlte ihre Gläubiger mit dem Geld, das ihr die Sparer brachten. Deren ›Dummheit‹, bei Zinsen von bis zu dreißig Prozent nicht misstrauisch zu werden, relativiert sich insofern, als in den Zeitungen zu lesen und in den Wirtshäusern zu hören war, was ›richtige‹ Bankhäuser an Dividenden ausschütteten, zum Beispiel der Berliner Bankverein 16 Prozent, die Disconto-Gesellschaft 20 Prozent, die Berliner Maklerbank 25,2 Prozent. Und wenn man als ›kleiner Fisch‹ an die Großbanken nicht herankam, warum sollte man nicht zu Adele gehen?

Wie Strousberg schrieb auch die Spitzeder eine Autobiographie, und wie Strousberg machte sie die Presse für den Kollaps mitverantwortlich. Dabei hatte sie doch so manchem ›Zeilenschinder‹ in Geldnöten aus der Patsche geholfen, will sagen: ihn bestochen. Es wäre doch, meinte sie, für alle besser gewesen, sie einfach weitermachen zu lassen: »Millionen waren durch meine Hände gegangen, Berge von Gold waren zu meiner Verfügung gestanden, die Wogen der Volksgunst hatten mich getragen«. Hoffnungslos überschuldet, aber trotzdem nicht pleite – so stellt sie es dar: »Dem Gesetze nach war ich also nicht bankerott, denn wenn ich auch niemals eigenes Vermögen besessen, so standen mir doch Millionen durch meinen ungeheuren Kredit zur Verfügung.«

Die wirtschaftliche Krise nach der politischen Euphorie der nationalen Einigung schlug vielen Deutschen aufs Gemüt, zumal in den Bildungsschichten. Kaum hatte Bismarck verkündet, das Reich sei ›saturiert‹ und strebe nicht nach machtpolitischer Erweiterung im europäischen Staatensystem, lief die Angst um, nach dem langen, langen Aufstieg zur Einigung beginne bereits schon wieder der Niedergang. Geriet die Großmacht nach der wirtschaftlichen auch in eine mentale Krise? Drohte sich die mentale Krise mit dem Andauern der wirtschaftlichen zu einer Kulturkrise auszuwachsen? Stand womöglich, schlimmste aller Befürchtungen, die soziale Revolution oder die sozialdemokratische Machtübernahme bevor? Wie ließ sich das verhindern, was konnte man dagegen tun?

Vor allem und zuerst mussten die heimischen Märkte gesichert und fremde Märkte erobert werden. Freihändler wandelten sich zu Schutzzöllnern, denn wenn sich die ökonomischen Interessen verlagern, ändern sich auch die liberalen Überzeugungen. Die Angst vor der neuen Unberechenbarkeit des Marktes begann die Furcht vor der altbekannten Übergriffigkeit des Staates zu verdrängen. Wurden die Schutzzoll-Forderungen der Agrarier, darunter die ostelbischen Junker, zu denen auch Bismarck gehörte, von den Magnaten der Industrie lange bekämpft, verlangte nun der 1876 gegründete Centralverband deutscher Industrieller seinerseits Einfuhrzölle auf Roheisen und Eisenprodukte. Bismarck band die Befürwortung von Schutzzöllen auf Industriegüter an die Einführung von Schutzzöllen auf Agrarprodukte, vor allem Getreide. Es war umso leichter, nun gemeinsame Sache zu machen, als der Kopf des Centralverbandes, Wilhelm von Kardorff, zugleich Rittergutsbesitzer und Montanunternehmer, mithin an der Errichtung von Zollschranken doppelt interessiert war. Damit einher ging die Einführung von Steuern auf Zucker und Branntwein, von denen ein Teil in die Staatskasse und ein Teil als Erzeugerprämien an die Gutsbesitzer floss. Im Juni 1887 schrieb Kardorff in einem Brief: »Zucker- und Branntweinsteuer glücklich unter Dach und Fach gebracht, wie ich sie für richtig halte. Bismarck sehr vergnügt«.

Für den Kanzler war die neue Zoll- und Steuerpolitik machtpolitisch attraktiv. Sie versprach fiskalische Einnahmen, in deren Verwendung durch die Regierung das Parlament nicht hineinzureden hatte. Im Dauerkonflikt mit den Abgeordneten war es Bismarck seit seinem Amtsantritt als preußischer Ministerpräsident 1862 stets darum zu tun, den gewählten Repräsentanten ihr einziges effektives Machtmittel, das Budget-Recht, in der Wirkung zu beschränken. Das gelang 1879 mit der Verabschiedung der Schutzzölle.

Die Befürworter dieser Zölle waren zumeist auch Befürworter des Erwerbs von Kolonien. Der Export in ferne Weltgegenden würde die heimische Wirtschaft von der Überproduktion und die Auswanderung in neue Gebiete die heimische Gesellschaft von der Übervölkerung entlasten. Das waren gängige Argumente in Parlamentsreden und Zeitungsartikeln. Nur wenige wiesen auf die ideologische Funktion von ›Überproduktion‹ und ›Übervölkerung‹ beim Verschleiern der eigentlichen Probleme hin, etwa Wilhelm Liebknecht 1885 in einer Reichstagsrede: »Ist Deutschland etwa übervölkert? Gerade die dichtest bevölkerten Gegenden in Deutschland liefern für die Auswanderung das geringste Kontingent, die dünnest bevölkerten liefern das stärkste […]. Die ›Übervölkerung‹ liegt eben darin, daß wir mangelhafte soziale und wirtschaftliche Einrichtungen haben.«

Noch auf andere Weise wurden die Produktion, die Preise und die Auswanderung in Zusammenhang gebracht. So drückten die Getreideimporte aus Russland und aus den USA die Preise für das Getreide der ostelbischen Rittergüter, was sich auf den Umfang dieser Produktion und auf die Löhne auswirkte. Viele Landarbeiter aus den östlichen Provinzen wanderten nach Westen in die Industriereviere aus, in Städte wie Berlin oder gleich nach Amerika. Die ›Leutenot‹, wie es die Gutsherren ausdrückten, griff um sich. Dann kamen die ›Sachsengänger‹, Polnisch sprechende Landarbeiter aus zu Preußen gehörenden Gebieten des ehemaligen Polen. Wie immer bei Migrationsbewegungen suchten die Leute ihre Familien nachzuziehen, was Bismarck die ›Polonisierung‹ preußischer Gebiete befürchten ließ. Sarkastisch übertrieben könnte man sagen: Er hatte Angst, die deutsche Bevölkerung würde zu den Indianern Ostelbiens werden. Wie die Emigranten aus dem Osten Deutschlands in den Westen Amerikas dazu beitrugen, die indianischen Ureinwohner zu verdrängen, so würden die polnischen Emigranten die preußischen Ureinwohner verdrängen.

Auswanderung nach Amerika

Am 4. Mai 1886, abends um zehn, wurde auf dem Haymarket in Chicago eine Bombe in einen Polizeitrupp geworfen, der eine Demonstration streikender Arbeiter auflösen wollte. Es gab Tote und Verletzte, auch auf Seiten der Demonstranten, weil Polizisten nach der Explosion in die Menge schossen, wie sie es schon am 1. Mai bei der Massendemonstration für den Achtstundentag getan hatten. Das Attentat, dessen genaue Umstände nie geklärt und dessen Urheber nie gefasst wurden, führte zu einer Reihe von Verhaftungen unter sozialistischen und anarchistischen Agitatoren, unter denen etliche deutsche Einwanderer waren. Einer von ihnen, der gelernte Schuhmacher Georg Engel, erklärte nach seiner Verurteilung vor Gericht: »Als ich im Jahre 1872 Deutschland verließ, weil es mir daselbst nicht möglich war, ein menschenwürdiges Dasein mit meiner

Hände Arbeit zu erringen, da die Einführung der Maschinen das Kleinhandwerk ruiniert hatte und die Aussicht auf die Zukunft einem Kleinhandwerker sehr trübe erscheinen mußte – beschloß ich, mit meiner Familie nach Amerika auszuwandern, das mir von so vielen als das Land der Freiheit gepriesen worden war. Bei meiner Landung in Philadelphia […] jauchzte mein Herz vor Freude, in der Hoffnung und dem Glauben, in Zukunft in einem freien Lande, unter freien Männern leben zu können.«

Engel wurde ohne Beweis seiner Mittäterschaft zum Tod verurteilt und am 11. November 1887 gehängt, mit ihm der in Bremen gebürtige Schriftsetzer Adolph Fischer, der Tiroler August Spies, Redakteur der in Chicago auf Deutsch erscheinenden *Arbeiter-Zeitung*, sowie der amerikanische Sozialist und Gewerkschaftsführer Albert R. Parsons. Ihnen zu Ehren und den Toten bei der Demonstration am 1. Mai 1886 zum Gedenken erklärte 1889 der Internationale Arbeiterkongress in Paris anlässlich des hundertjährigen Jubiläums der Französischen Revolution den 1. Mai zum Tag der Arbeit.

Als im Jahr 1848 in Berlin Barrikaden errichtet worden waren, hatte der spätere Reichskanzler gedroht, mit bewaffneten monarchistischen Bauern in die Stadt zu marschieren. Nach den Ereignissen auf dem Haymarket in Chicago drohte der spätere amerikanische Präsident Theodore Roosevelt, mit bewaffneten Cowboys in die Stadt zu reiten. Dazu ist es nicht gekommen, so wenig wie zu Bismarcks Marsch auf Berlin. Die Chicagoer Polizei, mit vielen Iren in den Reihen ohnehin schlecht auf die deutsche Einwandererkonkurrenz zu sprechen, trieb die angeblich von ›deutschen Anarchisten‹ aufgehetzten Demonstranten mit der gleichen Erbarmungslosigkeit auseinander, mit der danach Richter und Geschworene die ›Rädelsführer‹ in einem Unrechtsverfahren aburteilten und hinrichten ließen.

Das Misstrauen zwischen den verschiedenen Gruppen von Einwanderern – von Anfang der 1860er bis Ende der 1880er waren die aus Deutschland mit 28,5 Prozent aller Einwanderer noch vor den Iren die größte Gruppe – sowie die Konkurrenz zwischen den Migranten insgesamt und den einheimischen Arbeitern führte bei Wilhelm Liebknecht, der während seines Studiums selbst die Auswanderung nach Amerika erwogen hatte und die Staaten im Jahr der Haymarket-Revolte bereiste, zu der Vermutung, »daß die Berichte in deutschen Zeitungen über die angeblich schlechten Arbeits- und Lohnverhältnisse in Amerika häufig sehr übertrieben sind [...]. Den hier schlecht bezahlten Arbeitern geht es in der Regel immer noch besser als unseren gut bezahlten. Jene schwarzgefärbten Berichte stammen meist aus den Kreisen der amerikanischen Arbeitergewerkschaften [...] und sind in der Absicht geschrieben, die Einwanderung ausländischer Arbeiter zu verhindern [...]. Natürlich fällt es mir nicht ein, irgend jemanden zur Einwanderung raten zu wollen. Wer nicht fort muß, der bleibe hübsch drüben [in Deutschland]. Ich will in diesem heiklen Punkt nicht mißverstanden sein.« Liebknecht schrieb das am 6. Oktober 1886, drei Wochen vor der Einweihung der Freiheitsstatue im Hafen von New York, wo übrigens Herman Melville, der Meister des *Moby Dick,* bis zum Ende des Vorjahres als Zollinspektor gearbeitet hatte.

Über die nur ›angeblich‹ schlechten Arbeitsverhältnisse gab Georg Engel in seiner Rede vor Gericht eine andere Auskunft als Liebknecht: Im »reichsten Land der Welt gibt es zahlreiche Proletarier, für die kein Tisch gedeckt ist, die, als Ausgestoßene der Gesellschaft, freudlos durchs Leben irren.«

Nachdem Liebknecht gesehen hatte, wie Arbeitskräfte in der Mittagspause aus einer Fabrik strömten, kam er dem Urteil des inhaftierten Schusters näher: »Als diese Armee von Frauen und Mädchen und Kindern an mir vorüberzog und ich auf dem Antlitz der Frauen und Mädchen den Stempel der Sorge und erschlaffender Arbeit erblickte und auf dem Antlitz der Kinder schon den traurigen Ernst des Kampfes um das Dasein – da steckte ich meine Bewunderung Amerikas um einige Pflöcke zurück«.

Er hätte sich auch bei Adolph Hepner erkundigen können, seinem ehemaligen Mitarbeiter in der Redaktion der sozialdemokratischen Zeitung *Der Volksstaat.* Hepner hatte im Leipziger Hochverratsprozeß von 1872, angestrengt gewissermaßen auf persönlichen Wunsch Bismarcks, mit Liebknecht und Bebel vor Gericht gestanden. Im Unterschied zu diesen beiden, die jeweils zu zwei Jahren Festungshaft verurteilt wurden, hatte man ihn freigesprochen. Er wanderte 1882 unter dem Druck von Bismarcks Sozialistengesetz nach Amerika aus. Nicht lange davor hatte Georg Brandes, der dänische Berlinkorrespondent, von der Auffassung Bebels berichtet, »daß die

Auswanderung so vieler Ausgewiesener, die alle zu den überzeugtesten und energischsten Männern der Partei gehört hatten, und so vieler lebens- und tatkräftiger Arbeiterfamilien nach Amerika einen großen Aderlaß für die Partei bedeute.«

Das Sozialistengesetz von 1878 trieb viele Sozialdemokraten aus dem Land, der große Auswandererstrom nach 1880 ist aber vor allem auf die Wirtschaftskrise zurückzuführen. In den 1870ern verließen rund 626 000 Menschen Deutschland, 555 000 davon Richtung USA, in den 1880ern sogar 1,34 Millionen, davon 1,23 Millionen Richtung USA.

Das war der Kamm einer Welle, die seit Anfang des Jahrhunderts über den Atlantik rollte. Im Jahrzehnt nach der gescheiterten Revolution von 1848 wanderten mehr als eine Million Menschen aus, davon 950 000 nach Amerika, so viele wie in keiner anderen Dekade, die 1880er ausgenommen. In der auf heimtückische Weise idyllischen *Chronik der Sperlingsgasse* von 1857 lässt Wilhelm Raabe, der als Mittzwanziger erzählte wie ein Alter, seinen Protagonisten über den Augenblick sinnieren, »wo auf jenem einsamen Schiff der Willkommensschuß donnert, ›Amerika!‹ die zu dem Schiffsrand stürzende Auswandererschar ruft und eine Mutter ihr kleines, lächelndes Kind in die Morgensonne und dem neuen Vaterland entgegenhält!«

In der nicht bloß irgendwie ›rauen‹, sondern entsetzlich brutalen Wirklichkeit dürfte ein kleines Kind nach der Überfahrt eher geweint als gelächelt haben – wenn es denn die Fahrt überlebt hatte. Es hing viel von dem ab, was man mitbrachte, wie die Reise über den Atlantik vonstattenging. Neben Gesundheit, Kraft, viel Selbstvertrauen und noch mehr Hoffnung kam es auch darauf an, ob man genug Geld im Beutel oder Schmuck am Körper trug, um sich in Extremsituationen Vorteile erkaufen zu können, oder ob die Familie vierzehn Tage in einem licht- und fensterlosen Deck unter der Wasserlinie in einem Verschlag zusammengepfercht war, eingehüllt in klamme Decken, ohne ausreichend Trinkwasser, ernährt abwechselnd mit Kartoffeln an Hering und Hering mit Kartoffeln, gequält von der Seekrankheit und dem Gestank der eigenen Ausscheidungen.

Viele hätten die Überfahrt nicht gewagt, wenn ihnen klar gewesen wäre, was sie dabei aushalten mussten. Und noch mehr machten sich Illusionen darüber, was sie erwartete, wenn sie die Schiffsreise hinter sich hatten. Für politisch Verfolgte, persönlich Gescheiterte, von Armut Bedrückte, von Schicksalsschlägen Gezeichnete und für vielerlei Arten von Menschen, die sich nach einer besseren Zukunft sehnten, verband sich mit dem Aufbruch nach Amerika das Versprechen auf Wohlstand und Freiheit. Selbst in Marlitts *Goldelse* gibt es Figuren, die nirgends mehr hinkönnen, nur noch nach Amerika. Das Mädchen Bertha, viel interessanter als die allzu strahlende Titelheldin, beschließt nach einer schrecklich gescheiterten Liebe, »nach Amerika auszuwandern. Aber sie ging nicht allein. Ein Jägerbursch ihres Onkels, ein braver, junger Mann, bat eines Tages um seine Entlassung, weil er die Bertha immer im Stillen geliebt habe und es nun nicht über's Herz bringen könne, sie so mutterseelenallein in die weite Welt ziehen zu lassen. Sie habe ihm versprochen, die Seine zu werden. In Bremen wolle er sich mit ihr trauen lassen und es dann drüben mit dem Farmerleben versuchen.«

Bremen hatte sich zum wichtigsten Hafen der Auswandererschiffe entwickelt, auch deshalb, weil es schon früh Eisenbahnverbindungen nach Köln und Leipzig gab. Wenn man übers Meer an fremde Küsten wollte, musste man erst einmal die Häfen an der heimischen Küste erreichen. Wie lange das dauerte und wie viel das kostete, hing von der Anzahl der Familienmitglieder und der Schwere der Gepäckstücke ab. Je nachdem, von wo man fortwollte, rumpelte man tage- oder wochenlang auf Fuhrwerken über schlechte Straßen, nahm die Eisenbahn oder bestieg ein Flussschiff, wie in Raabes *Sperlingsgasse* geschildert: »Brausend und schnaufend [...] kam der ›Hermann‹ die Weser herunter«, benannt nach dem Cherusker, der die Römer vertrieben hatte. »Der Kapitän stand auf dem Räderkasten und griff grüßend an den Hut, als das Schiff vorbeischoß. Hunderte von Auswandrern trug der Dampfer an mir vorüber, hinunter den Strom, der einst so viele Römerleichen der Nordsee zugewälzt hatte. Ein Männerchor sang: ›Was ist des Deutschen Vaterland‹, und die alten Eichen schienen traurig die Wipfel zu schütteln; sie wußten keine Antwort darauf zu geben, und das Schiff flog weiter. Die Weser trägt keine fremde Leichen mehr zur Nordsee hinab, wohl aber murrend und grollend ihre eigenen unglücklichen Söhne und Töchter!«

1857, im gleichen Jahr, in dem die *Sperlingsgasse* erschien, gründete der Bremer Kaufmann Hermann Henrich Meier den Norddeutschen Lloyd. Er richtete die Linie zwischen Bremen und New
York ein, zunächst mit Segelschiffen. Sein Hauptgeschäft war das
mit den Auswanderern. Dreißig Jahre später verfügte der Reeder,
dessen stärkste Konkurrenz die zehn Jahre vor dem Lloyd gegründete Hamburg-Amerikanische Packetfahrt-Actien-Gesellschaft
(Hapag) war, über die größte Flotte des Deutschen Reichs. In dieser
Zeitspanne hatte sich nicht nur die Zahl der Auswanderer dramatisch erhöht, es war auch die Zeit der Überfahrt dramatisch gesunken, von beinahe zwei Monaten mit einem Segler auf knapp zwei
Wochen mit einem Dampfer.

Wenn es den Menschen in der Heimat schlecht geht, aus welchen Gründen auch immer, sehnen sie sich fort, obwohl sie ahnen,
dass sie sich dann, wenn sie fort sind, wieder nach der Heimat sehnen werden. Wenn sie es dann in die Fremde und in der Fremde
geschafft haben, holen sie die alte Heimat gerne in die neue nach.
Niemand trieb es dabei so weit wie der aus Heidelberg stammende
Alois Peteler, der mit kippbaren Schmalspurwaggons in Amerika
ein Vermögen gemacht hatte. Schmidt-Weißenfels in seiner *Geschichte des modernen Reichtums* von 1893: »In Petelers ausgedehntem
Park [...] auf Staten Island, etwa hundert Schritte von der Villa des
Millionärs entfernt und von deren Fenstern bequem zu überschauen,
erhebt sich eine vollkommene Stadt, bei deren Anblick man sich
in das Traumland Liliput versetzt glaubt. Es ist eine Nachbildung
von Heidelberg. Die ganze Stadt, jedes einzelne Haus, die Türme,
die Brücke, die Alleen sind in photographischer Genauigkeit aufgebaut. Sie bestehen nicht etwa aus Pappendeckel oder Holz, sondern aus Steinen, Mörtel und Eisen.« Sogar ein Neckar floss unter
der Brücke.

Antonín Dvořák machte es etwa zur gleichen Zeit umgekehrt.
Nach seinem Aufenthalt in New York von 1892 bis 1895 und dem
großen, auch kommerziellen Erfolg seiner dort komponierten 9.
Sinfonie *Aus der neuen Welt* erwarb er in der Prager Neustadt ein altes Adelspalais und nannte es Villa Amerika*.

* Heute befindet sich dort ein dem Komponisten gewidmetes Museum.

Die Deutschen von Chicago hatten unterdessen Biergärten eröffnet. Einen davon nannten sie ausgerechnet Bismarck-Garden.
Aber schließlich waren nicht alle Auswanderer Sozialisten. Andere
Deutschamerikaner hatten sensationelle Erfolge mit Brauereien. So
der bei Mainz recht wohlhabend aufgewachsene Adolphus Busch,
übergesiedelt nach Amerika 1857, im Gründungsjahr des Lloyd. Er
heiratete die Tochter des 1842 aus Kreuznach nach St. Louis einge-
wanderten Geschäftsmannes Eberhard Anheuser und stieg in dessen Brauerei ein. In den 1880ern war Anheuser-Busch zur größten
Brauerei Amerikas geworden. Ein Jahr bevor Dvořák nach New
York kam, kaufte Busch die Markenrechte an Budweiser, einem hellen amerikanischen Lagerbier, nach Rezepten gebraut, die böhmische Auswanderer nach Amerika gebracht hatten.

Ob der böhmische Komponist während seines Aufenthaltes dieses Bier, benannt nach einer Stadt seiner böhmischen Heimat, genossen hat? Man geht nach Amerika, trinkt auf böhmische Art ge-
brautes Bier, komponiert auf böhmische Art eine ›amerikanische‹
Sinfonie, kehrt nach Hause zurück, kauft in der böhmischen Hauptstadt ein Palais und nennt es Villa Amerika. Der deutsch-amerika-
nische ›Bierkönig‹ Busch übrigens hat ab 1891 eine Sommerresidenz
im Taunus bauen lassen: Villa Lilly. Das Anwesen des Mannes, der
Budweiser weltweit berühmt machte, dient heute der Behandlung
von Suchtkranken.

Zu den schlimmen und zu den schrägen Geschichten der Auswanderung nach Amerika gehören auch diejenigen, in denen nicht
Menschen, sondern Dinge die Helden sind. 1876 fand in Philadelphia eine Weltausstellung statt, zu der als Preisrichter der Direktor der Königlichen Gewerbeakademie in Berlin, Franz Reuleaux,
eingeladen war. Er bezeichnete die deutschen Waren als billig und
schlecht. Das änderte sich allerdings in den Folgejahren. Als 1887
die englischen Behörden vorschrieben, Importe aus Deutschland
mit »Made in Germany« zu kennzeichnen, schreckte diese Her-
kunftsbezeichnung die Käufer nicht etwa ab, sondern wirkte als
Empfehlung.

Reuleaux war in Philadelphia aber noch deutlicher und vor allem politischer geworden. Er bekannte »ein beschämendes Gefühl,
wenn wir die Ausstellung durchwandern und in unserer Abteilung

die geradezu bataillonsweise aufmarschierenden Germanien, Borussen, Kaiser [...], Bismarcke, Moltken, Roone betrachten, die in Porzellan, in Biskuit, in Bronze, in Zink, in Eisen, in Ton, die gemalt, gestickt, gewirkt, gedruckt [...] an allen Ecken und Enden uns entgegenkommen. Und nun in der Kunstabteilung gar zweimal Sedan!« Eine riskante Bemerkung für einen Mann mit verdächtig französisch klingendem Namen. Nach den Schlachtgemälden weiter in die Maschinenhalle: »Sieben Achtel des Raumes, so scheint es, für Krupps Riesenkanonen [...] hergegeben, die da zwischen all dem friedlichen Werk, das die anderen Nationen gesandt haben, wie eine Drohung stehen!« Eine Drohung, die wenig später wahrgemacht wurde. Nicht gegen Frankreich, nicht auf dem europäischen Schauplatz, schon gar nicht gegen Amerika; aber in anderen Teilen der Welt, wo es Land zum Erwerb und Leute zum Ausbeuten gab.

Drei Jahre nach der Irritation Reuleauxs über die Riesenkanonen in Philadelphia fragte Friedrich Fabri, Leiter der Rheinischen Missionsgesellschaft und leidenschaftlicher Agitator: *Bedarf Deutschland der Kolonien?* Die Frage war rhetorisch, die Antwort nicht. Schließlich war Fabri maßgeblich beteiligt an der Missions-Handels-Aktiengesellschaft, die Waffen und Munition an sich befehdende afrikanische Stämme lieferte.

Auch andere Fürsprecher warben in der Öffentlichkeit und hinter den Kulissen, bei Wirtschaftsverbänden und in Ministerien für koloniale Ausgriffe. Der Historiker Treitschke hatte schon Mitte der 1870er gemeint, von Kolonien »wird abhängen, in welchem Maße jedes Volk an der Beherrschung der Welt durch die weiße Rasse theilnehmen wird«. Und Carl Peters*, dessen politischer Rassismus sich mit einem in Afrika ausgelebten persönlichen Sadismus verband, nannte es auf dem »Allgemeinen Kongreß zur Förderung überseeischer Interessen« im September 1886 in Berlin einen Irrtum, »die Kolonialpolitik bezwecke allein die moralische und materielle Hebung fremder Volksstämme«, eine Haltung, die Missionierer und Völkerkundler vor sich hertrugen oder auch der Forschungsreisende Herman Soyaux in seinem Bericht über *Die deutschen Besitzungen*

* Mehr zu ihm im nächsten Abschnitt.

an der westafrikanischen Küste von 1885: »Meine feste Ueberzeugung geht dahin, daß der Neger unter halbwegs vernünftiger europäischer Aufsicht besser daran sei als unter eigner Herrschaft.«

Das ist in imperialer Fürsorglichkeit freundlich formuliert. Man hätte auch sagen können (und es wurde gesagt), man wolle den ›Neger‹ gern aus seinem halben Affentum herauskultivieren, wenn das nur möglich wäre. ›Rassehygieniker‹ Alfred Ploetz, in der Jugend Sozialist, am Lebensende ein alter Nazi: Der Gorilla »ist nicht so intelligent wie der Neger. Ebenso steht es mit dem Unterschiede zwischen Neger und Weissen. Der Unterschied in Intelligenz und socialen Instincten ist auch hier ziemlich gross, wenn auch nicht so gross, wie zwischen Neger und Gorilla. Die mangelhafte Ausbildungsfähigkeit der Negerkinder, selbst wenn die Erziehung mit der der Weissen gleich ist, ist eine Thatsache«.

So gesehen ist es von immanenter Stimmigkeit, wenn Peters in der ihm eigenen aggressiven Überdeutlichkeit beharrte: »Die Kolonialpolitik will nichts Anderes, als die Kraftsteigerung und Lebensbereicherung der stärkeren, besseren Race, auf Kosten der schwächeren, geringeren, die Ausbeutung der nutzlos aufgespeicherten Reichthümer dieser im Dienst des Kulturfortschritts jener.«

Bei Peters trat unverhüllter Herrschaftswille vor missionarische, zivilisatorische und bevölkerungspolitische Rechtfertigungen kolonialer Expansion, auch vor deren binnenökonomische und innenpolitische Begründung wie etwa bei Ernst von Weber: Würden nicht »für die Überproduktion der deutschen Arbeit regelmäßige, weite Abzugskanäle geschaffen, so treiben wir mit Riesenschritten einer sozialistischen Revolution entgegen.« Eine konservative Wirtschaftszeitung bekräftigte, es müsse etwas geschehen, »um die ökonomische Lage der untersten Klassen zu heben, damit die gewaltige soziale Revolution, welche sich unverkennbar vorbereitet, keine gewaltsame werde«.

Wilhelm Liebknecht hat gegen das ›Überproduktionsargument‹ in der Reichstagsdebatte zur Kolonialfrage im März 1885 ähnlich wie gegen die Übervölkerungsthese Stellung genommen: »Da klagen unsere Fabrikanten, daß ihre Produkte keinen Absatz finden. Ja, meine Herren, warum haben sie keinen Absatz? Weil das Volk nicht kaufen kann […]. Und wird etwa durch die Kolonialpolitik etwas nach dieser Richtung erreicht? Nein, meine Herren. Sie exportieren einfach die soziale Frage. Sie zaubern vor den Augen des Volkes eine Art Fata Morgana auf dem Sande und auf den Sümpfen Afrikas.«

Ausgriff nach Afrika

Die Arbeiter zog es nach Amerika, die Abenteurer nach Afrika. Einer von ihnen, nicht der schlimmste, war Eduard Schnitzer aus Schlesien. In eine deutsch-jüdische Familie geboren, als Kind mit der Mutter zum Protestantismus, als Erwachsener allein zum Islam konvertiert, erwarb er sich mit seinen Reisen im Inneren Afrikas als Emin Pascha europäischen Ruhm, der fast dem von David Livingstone gleichkam. Das lag nicht zuletzt daran, dass er, wie Livingstone im ›Herzen des schwarzen Kontinents‹ verschollen, von dem Abenteuerreporter Henry Morton Stanley mit einer aufwändigen Expedition gesucht und, wie schon Livingstone rund siebzehn Jahre zuvor, im April 1888 tatsächlich gefunden wurde. Gut vier Jahre später kam er während seiner Erkundungen im Kongo ums Leben, vermutlich ermordet von arabischen Sklavenhändlern. Zu diesem Zeitpunkt war er bereits als der ›gute Kolonist‹, der nach Afrika kommt, um die Leute glücklich zu machen, literarisch in Karl Mays *Sklavenkarawane* verewigt, die 1889/90 als Fortsetzungsgeschichte in der »Illustrierten Knaben-Zeitung« *Der Gute Kamerad* erschien.

Mays Humanismus war von jener die moralischen Werte klar verteilenden und die Grenzen deutlich ziehenden Art, die – vielleicht – dem kindlichen Gemüt angemessen, aber den kolonialen wie generell den sozialen Tatsachen nicht gewachsen ist. Das Gute sieht immer schön aus, das Böse stets hässlich, und das Publikum zweifelt nie, geführt von der überall sichtbaren Hand des Erzählers, mit wem es zu sympathisieren hat: mit den ›unschuldigen Negern‹ und ihren christlichen Fürsprechern gegen die zu Allah betenden, feigen arabischen Sklavenjäger.

Emin Pascha hat sich nicht nur in Mays Fiktion, sondern auch faktisch gegen die Sklaverei eingesetzt. Doch haben das auch diejenigen europäischen Mächte getan, die, zu Industrienationen gewandelt, aus ökonomischen Gründen den Modus der Ausbeutung vom Handel mit Menschen zum Handel mit Waren verschoben. Fremde Herrschaftsgebiete wurden als Absatzgebiete für die eigenen Produkte phantasiert, die Küsten und Flussmündungen als Landelinien für das Vordringen ins Innere aufgefasst.

Ebendies war der Antrieb von Carl Peters, der selbst dem wenig skrupulösen Reichskanzler suspekt war, nicht wegen des Überseehandels, sondern wegen der von Peters befürworteten imperialen Landnahme. In ausdrücklicher Parallelisierung zu Bismarcks kontinentaler Großmachtpolitik forderte er eine koloniale Weltpolitik, denn »durch die Schlachten bei Königgrätz und Sedan ist Deutschland zur herrschenden Macht in Europa geworden; es fängt an hineinzugreifen in den Wettkampf bei der Zivilisierung Afrikas. […] Deutschland ist in die Reihe der Weltmächte getreten.«

Bismarck lehnte territorialen Besitz des Staates in Afrika bis Mitte der 1880er Jahre rabiat, dann eher resigniert ab, als die Stimmen für ›koloniale Erwerbungen‹ lauter und lauter wurden. »Die öffentliche Meinung«, konstatierte er, »legt gegenwärtig in Deutschland ein so starkes Gewicht auf die Colonial-Politik, daß die Stellung der Regierung im Innern von dem Gelingen derselben wesentlich abhängt.« Das lag an der ›Verwertungsverlegenheit‹ des Kapitals auf den heimischen Märkten, wie die Kolonialbefürworter es ausdrückten, an der Angst vor dem weiteren krisenbedingten Anwachsen der Sozialdemokratie, der man mit Kolonien ein Ventil zu schaffen glaubte, und an einer im Bildungsbürgertum publizistisch angeheizten Weltmachteuphorie. Bismarck selbst hoffte, innenpolitische Konfrontationen kolonialpolitisch überlagern sowie die Interessenkonflikte zwischen den europäischen Staaten in außereuropäische Gebiete verschieben zu können.

Nach seiner ursprünglichen Auffassung hatte die Fahne dem Handel zu folgen, um von Kaufleuten erschlossene Wege staatlich zu schützen, aber nicht vorauszugehen, um Handelswege überhaupt erst zu bahnen. »Wir wollen keine Treibhauskolonien, sondern nur den Schutz der aus sich selbst heranwachsenden Unternehmungen«. Im Reichstag erklärte er noch im Juni 1884, seine Absicht sei, »die Verantwortlichkeit für die materielle Entwicklung der Colonie ebenso wie ihr Entstehen der Thätigkeit und dem Unternehmungsgeiste unserer seefahrenden und handeltreibenden Mitbürger zu überlassen und weniger in der Form der Annectierung von überseeischen Provinzen an das Deutsche Reich vorzugehen«. Das ›weniger in der Form der Annectierung‹ lässt freilich erkennen, dass Bismarck die ›Form der Annectierung‹ nicht mehr von vornherein ausschließen konnte, wie es bei einer anderen Verlautbarung noch der Fall zu sein schien: »Mein Ziel ist der regierende Kaufmann und nicht der regierende Bürokrat in jenen Gegenden, nicht der regierende Militär und der preußische Beamte. Unsere geheimen Räte und versorgungsberechtigten Unteroffiziere sind ganz vortrefflich bei uns, aber dort in den kolonialen Gebieten erwarte ich von den Hanseaten, die draußen gewesen sind, mehr, und ich bemühe mich, diesen Unternehmen die Regierung zuzuschieben«. Das ist ihm nicht gelungen.

Der in Bismarcks Augen zwielichtige Peters war ein Abenteurer der Macht, nicht des Geldes, wie es Bismarck bevorzugte: in Afrika oder im Südpazifik, wo sein Bankier Bleichröder mittels der 1884 gegründeten Neuguinea-Kompagnie engagiert war. Die von Peters 1885 gegründete Deutsch-Ostafrikanische Gesellschaft präsentierte sich zwar als Konsortium von Investoren, allerdings von Investoren, wie sich rasch zeigte, die nichts investieren wollten. Die Kosten für die Verwaltung und den militärischen Schutz, für Kolonialbeamte und Kanonenboote sollte der Staat übernehmen. Die Gewinne, die übrigens nur spärlich flossen, sollten gleichwohl den Gesellschaftern zugutekommen, denn die trugen das Risiko, wie die Koloniallobbyisten bei ihren Vor- und Fürsprachen im Auswärtigen Amt unermüdlich behaupteten. Im Februar 1885 erhielt die Gesellschaft einen kaiserlichen Schutzbrief. Nach Aufständen an den Küsten, die wenig mit ›Befreiung‹, aber viel mit den verletzten Interessen arabischer Sklavenhändler zu tun hatten, wurde Militär nach ›Deutsch-Ostafrika‹ geschickt. Und nach der Niederschlagung der Aufstände unterstellte man 1891 ein Gebiet von nahezu einer Million Quadratkilometern, doppelt so groß wie das Deutsche Reich, einem staatlich entsandten und bezahlten Gouverneur und erhob Daressalam zur Hauptstadt*.

Peters wurde kurzzeitig Reichskommissar für die Gebiete um den Kilimandscharo und dann wegen seiner persönlichen Grausamkeit abberufen. Den Schnee auf dem Berggipfel übrigens erblickte als erster Weißer 1848 der deutsche Missionar Johannes Rebmann.

Ebenfalls in den 1880ern erfolgte die Etablierung von ›Deutsch-Südwestafrika‹. Wieder begann es, wie von Bismarck gewünscht, mit privatem Landkauf, in diesem Fall durch Agenten des Bremer Handelsherrn Adolf Lüderitz, wieder wurden die ersten Gebiete durch weitere Zukäufe und ›Schutzverträge‹ mit den lokalen Herrschern arrondiert, bis die Gesamtfläche 1890 rund 835 000 Quadratkilometer erreicht hatte, und wieder musste das ursprünglich private Engagement staatlich unterstützt werden. Es wurden Schiffe geschickt, Soldaten an Land gesetzt und Fahnen gehisst. Auch ein Gouverneur wurde ernannt. Lüderitz selbst ging bei einer Expedition im Oktober 1886 verschollen. Nahezu zwei Jahrzehnte später, 1904, begannen die großen Aufstände der Herero und Nama, deren Niederschlagung bis zum Völkermord getrieben wurde, die Errichtung von Konzentrationslagern eingeschlossen.

Die Geschichte von privater Landnahme (»Für ein paar Flinten besorgt man sich ein Papier mit einigen Negerkreuzen«, höhnte Bismarck), gefolgt von zunächst sporadischer und eher widerwillig gewährter militärischer Unterstützung, die sich Mitte der 1880er schließlich doch zu staatlichem Agieren mit Flaggen, Schutztruppen und Gouverneuren verstetigte, könnte auch für die Gebiete des heutigen Kamerun und des heutigen Togo erzählt werden. Und selbst in Berlin wurden Kolonien gegründet – Laubenkolonien. Zum Beispiel 1887 die Treptower Kolonie Little Popo, benannt nach einem Hafen** im Süden Togos an der alten Sklavenküste. Im Sommer 1896 waren in Treptow ›richtige Neger‹ zu sehen. Die Erste Deutsche Kolonialausstellung baute für die Besucher afrikanische

---

* Daressalam ist im heutigen Tansania die größte Stadt und Regierungssitz, aber nicht mehr Hauptstadt. Das ist seit 1974 Dodoma, 1907 von Deutschen gegründet.

** Das heutige Aného.

Dörfer nach, in denen importierte ›Eingeborene‹, bewacht von Polizisten in weißer Kolonialmontur, vorspielten, wie es sich in Ostafrika als ›Wilder‹ so lebte. Besonders beliebt beim Publikum waren erwartungsgemäß die ›Negertänze‹.

Auch ›Faktoreien‹ gab es in Berlin, benannt nach denjenigen, die Kaufleute in den geschäftlich zu erschließenden und gewalttätig zu erobernden Märkten etablierten. Jules Laforgue, während der anschwellenden Kolonialeuphorie Vorleser bei Kaiserin Augusta, erwähnt eine im Spielzeugformat: »Kleine Häuschen mit Negern in preußischer Uniform, von preußischen Feldwebeln kommandiert: das nennt sich ›Afrikanische Faktorei‹«. Eine andere war lebensgroß. Es handelte sich um ein Bierlokal »inmitten eines üppigen Urwaldes«, wie die *Volks-Zeitung* im April 1886 staunte, und mit »Blick auf die nahe See mit ihrer malerischen Küste. Büffet und Schanktisch sind aus einfachen Warenkisten zusammengezimmert, Speisekarten auf Antilopenfelle geschrieben, und Waffen der Eingeborenen schmücken nebst Jagdtrophäen den inneren Raum der Faktorei. Und in dieser Wildnis, diesem Stückchen ›Neu-Deutschland‹, gibt's prächtiges Bockbier vom Tempelhofer Berg«.

Während der Kongo-Konferenz indessen, die von November 1884 bis Februar 1885 im Reichskanzlerpalais in der Wilhelmstraße 77 stattfand, wurde bei den abendlichen Empfängen kein Bier getrunken, sondern Wein. Und Champagner, seit jeher das Diplomatengetränk schlechthin. An dieser Konferenz beteiligten sich neben Gastgeber Deutschland und dem an den Vorbereitungen beteiligten Frankreich als wichtigste Kolonialmächte England, Belgien, Portugal, Spanien und Italien sowie Vertreter Russlands, Österreichs, des Osmanischen Reichs und der USA, zu deren Delegation der berühmte Stanley gehörte. Der hatte in den Jahren zuvor im Auftrag des belgischen Königs Leopold II. die Gebiete um den gewaltigen, fast 4440 Kilometer langen Kongostrom* bereist, während gleich-

---

* Zur Veranschaulichung der Größenverhältnisse: ›Vater Rhein‹ ist gut 1200 Kilometer lang, sein längster Nebenfluss, die Maas, rund 900 Kilometer. Der Kongo ist also fünfmal länger als die ganze, durch Frankreich, Belgien und die Niederlande fließende Maas. Leopolds Kongostaat wiederum war 75-mal größer als Leopolds Belgien.

zeitig Pierre Savorgnan de Brazza im Auftrag Frankreichs im westlichen Kongobecken unterwegs war.

Auf der Berliner Konferenz wurden etliche bi- und multilaterale Handelsverträge unterzeichnet, die das Kongogebiet als Freihandelszone sichern sollten und außerdem Leopolds Erwerbungen dort als eine Art Privatstaat sanktionierten. Die oft kolportierte ›Aufteilung Afrikas‹ fand durch diese Verträge nicht statt, sondern wurde im Interesse von Handels- und Zollfreiheit gerade vermieden. Des Weiteren wurden die Regeln festgelegt, nach denen künftige ›Besitzergreifungen‹ erfolgen sollten. Die territorial definitive und Grenzen definierende ›Aufteilung‹ unter den europäischen Mächten, gültig bis zur Entkolonialisierung in der zweiten Hälfte des 20. Jahrhunderts, war ein Ergebnis der Versailler Verträge von 1919, mit denen Deutschlands Kolonien an die Siegermächte verteilt und zugleich deren staatliche Souveränitätsbereiche global festgelegt wurden.

Die Kongo-Konferenz in Berlin ließ vieles offen. Die Konkurrenz um Einflusssphären, indirekte Beherrschung und unmittelbaren Besitz war diplomatisch reglementiert, aber nicht beseitigt worden. So konnte Felix Dahn, Verfasser des Bestsellers *Ein Kampf um Rom* und eifriger Kolonisierungsbefürworter, anderthalb Jahre nach Abschluss der Konferenz frohgemut reimen: »Noch manches Eiland lockt und lauscht / Aus Palmen und Bananen: / Der Seewind braust, die Woge rauscht, / Auf! freudige Germanen!«

Und die Germanen machten sich auf: Mitte der 1870er hatte das Deutsche Reich, selbst gerade erst etabliert und schon in der Krise, weder in Asien noch in Afrika Kolonien. Gegen Ende des Jahrhunderts dominierte es auf dem ›schwarzen Kontinent‹ Gebiete von insgesamt zweieinhalb Millionen Quadratkilometern (Frankreich etwas über zehn, Großbritannien gut neun Millionen) mit elfeinhalb Millionen Menschen (Frankreich 31, Großbritannien 53 Millionen). Wegen der Bananen gründeten die Germanen 1898 auch E.d.K., eine in Berlin ansässige Einkaufsgenossenschaft der Kolonialwarenhändler, aus der später – nach der offiziellen Firmenhistorie 1907 – die Edeka hervorging.

Hauptbestandteile des Imports aus Afrika waren zunächst Elfenbein, vor allem aus König Leopolds Kongo und gebraucht für Billardkugeln und Klaviertasten, des Weiteren Palmöl und Palmkerne, Erdnüsse und

Kautschuk. Rohstoffe spielten noch keine Rolle. Will man Erze oder Edelmetalle oder Diamanten aus dem Land schaffen, muss man sie erst einmal aus der Erde holen. Die Voraussetzungen dafür – Exploration von Lagerstätten, Anlegen von Minen, Rekrutierung von Arbeitskräften, Aufbau von Verwaltungen – waren noch nicht geschaffen.

Der Export deutscher Kaufleute nach Afrika bestand überwiegend aus Gewehren, Schießpulver und Branntwein. Mit den Gewehren sicherten die ›Negerfürsten‹ ihre Herrschaft über die Untertanen und ihre Gebiete gegen die Nachbarn und gestatteten den weißen Kolonisatoren dafür den Zugang zu Küstenstreifen, Flussläufen und Hinterlandbereichen.

Neben Einfuhr und Ausfuhr der üblichen Waren wurden auch Kultobjekte gehandelt und geraubt. Richard Kandt, der um die Jahrhundertwende Deutsch-Ostafrika bereiste und 1907 die Kaiserliche Statthalterschaft im Gebiet des heutigen Ruanda antrat, schrieb an den Direktor der Afrika-Abteilung des Königlichen Museums für Völkerkunde in Berlin, Felix von Luschan: »Überhaupt ist es schwer, einen Gegenstand zu erhalten, ohne zum mindesten etwas Gewalt anzuwenden. Ich glaube, dass die Hälfte Ihres Museums gestohlen ist.«

Das Museum als Beutekammer

Nicht alles in französischen, englischen und deutschen Museen aufbewahrte und ausgestellte ›Afrikanische‹ war geraubt. Manches war auch gekauft. Und manches fertigten die ›Eingeborenen‹ speziell für die weiße Kundschaft an. Elfenbein war dabei ein beliebtes Material. Je größer der Zahn, desto kostbarer die Kunst. Einer dieser Elefantenzähne ist buchstäblich mit einer Spirale der Gewalt verziert. Ins Elfenbein geschnitzt windet sich ein Reliefband von unten nach oben, das angekettete Gefangene und prügelnde Wächter zeigt und dazwischen kopulierende Schweine. Das Stück[*]

---

[*] Der Zahn befindet sich mit ähnlichen Objekten in der ethnographischen Sammlung des Berliner Humboldt Forums.

wurde 1874 während einer Expedition an die Loangoküste des heutigen Gabun erworben und zusammen mit Kisten voller Masken, Gebrauchsgegenständen und getrockneten Pflanzen nach Berlin geschickt.

An dieser Expedition nahm auch Julius Falkenstein teil, der den Gorilla mitgebracht hatte, der 1876 im »Aquarium« Unter den Linden einen Besucheransturm auslöste*. Die Expedition war kaum gestartet, als 1874 schon ein Buch über sie erschien, verfasst nach einer dreimonatigen »Orientierungsreise«, wie es im Vorwort heißt, von Adolf Bastian. Wenige Monate zuvor hatte Bastian unter tätiger Mithilfe von Rudolf Virchow das Königliche Museum für Völkerkunde in Berlin gegründet, das zur Beutekammer afrikanischer Kult- und Kulturgegenstände werden sollte und im Dezember 1886 einen Neubau erhielt, der zwar repräsentativ, aber zum Präsentieren der gesammelten Objekte wenig geeignet war. Die Eröffnungsrede hielt Virchow.

Nicht nur aus Afrika wurden Objekte nach Berlin geschickt, sie kamen aus allen Weltgegenden, in denen etwas zu holen war. Otto Finsch beispielsweise, in den 1870ern in Bremen selbst Direktor eines Völkerkundemuseums, verschiffte für das Berliner Museum 1884/85 während einer neunmonatigen Neuguinea-Expedition Kisten mit rund zweitausend Objekten.

Schon vorher, am 18. Januar 1881, auf den Tag genau zehn Jahre nach der Reichsgründung, waren vierzig Kisten in der Hauptstadt angelangt, die besonders viel Aufmerksamkeit erregten. Sie kamen aus London und enthielten Objekte aus Troja, die drei Jahre im South-Kensington-Museum zu sehen gewesen waren. Dass diese Objekte nun nach Berlin überstellt wurden, hatte Virchow bei seinem Freund Heinrich Schliemann erreicht, an dessen Ausgrabungen er 1879 eine Zeitlang teilgenommen hatte. Der neue Generaldirektor der Königlichen Museen, Richard Schöne, erreichte wiederum bei Bismarck, der Schliemann im Sommer 1880 im Kurort Bad Kissingen persönlich kennengelernt hatte, die Annahme der trojanischen Beute – und dies, obwohl Bismarck wusste, dass Virchow die Finger im Spiel hatte, dem er mit dem ›Elefantengedächt-

---

* Dazu eine Passage in »Besuch in der neuen Hauptstadt«.

nis‹ des Machtmenschen die lange zurückliegende Zurückweisung einer Duellforderung nachtrug*.

Der Kaiser indessen freute sich und schrieb im Januar 1881 an Schliemann: »Aus einem Bericht des Reichskanzlers […] habe ich mit Genugtuung ersehen, daß Sie Ihre bis jetzt in London ausgestellt gewesene Sammlung trojanischer Altertümer dem deutschen Volk als Geschenk zu ewigem Besitz und ungetrennter Aufbewahrung in der Reichshauptstadt bestimmt haben.« Der Kaiser versprach des Weiteren, dass die Ausstellungssäle den Namen Schliemanns tragen sollten, wie dieser als Bedingung der Schenkung gefordert hatte. Die Objekte wurden ab 1882 im neu erbauten Kunstgewerbemuseum (heute Martin-Gropius-Bau) gezeigt, bevor sie ins Völkerkundemuseum übergingen.

Auch die Ehrenbürgerwürde der Stadt Berlin wünschte sich Schliemann und bat Virchow ohne Umschweife, sich doch bitte darum zu kümmern. Virchow kümmerte sich, und Schliemann erhielt die Würde. Seinem 1881 erschienenen Werk *Ilios, Stadt und Land der Trojaner* stellte der von der Fachwelt lange nicht ernst genommene und auch nach den Grabungserfolgen nur widerwillig anerkannte Abenteurer-Archäologe eine Widmung für seinen prominenten Förderer voran: »Meinem verehrten Freund und eifrigem Mitarbeiter in den Trümmern Trojas, Rudolf Virchow, widme ich dieses Werk in dankbarer Anerkennung der mir von ihm gewährten Hülfe und Aufmunterung in meinen Forschungen, und in froher Erinnerung der mit ihm in Ilion verlebten glücklichen Tage.«

Wem die in Ilion ausgegrabenen Schätze gehörten, darunter der schon 1873 gefundene und von Schliemann so bezeichnete ›Schatz des Priamos‹, war umstritten – und ist es immer noch. Schliemann hatte den Schatz, der nach heutiger Kenntnis nicht im Besitz des Priamos gewesen sein kann, entgegen einer Vereinbarung mit dem Osmanischen Reich, die eine Teilung der Funde vorsah, nicht gemeldet, sondern heimlich nach Athen geschafft. Ein in Athen gegen Schliemann angestrengter Prozess der Hohen Pforte endete damit, dass Schliemann eine Ausgleichszahlung zusicherte und auch leistete. Nachdem er die Funde vergeblich der Eremitage in Peters-

---

* Dazu der Abschnitt über das Duell im nächsten Kapitel.

burg zum Kauf angeboten hatte, stellte er sie in London aus, bevor er sie ›dem deutschen Volk‹ schenkte. Doch blieben sie nicht in dessen ›ewigem Besitz‹, wie der Kaiser in seinem Brief an Schliemann gemeint hatte, sondern gelangten unmittelbar nach dem Ende des Zweiten Weltkrieges als Kriegsbeute nach Russland, wo sie sich – im Moskauer Puschkin-Museum – heute noch befinden. Deutsche Rückgabeersuche wurden abgelehnt, desgleichen Forderungen der türkischen Regierung, Schliemanns Beute wieder nach Troja zu bringen. Wem also gehört der Schatz, der gar nicht Priamos gehörte?

Das Grabungsgeschick und Grabungsglück des Anfang der 1850er in Amerika im Goldhandel und danach während des Krimkrieges in Russland mit Salpeterlieferungen reich gewordenen Unternehmers Schliemann faszinierte die Zeitgenossen. Wenige Monate, nachdem die trojanischen Funde in Berlin angelangt waren, schrieb Georg Brandes: »Schliemanns Kunst, die richtigen Orte zu erraten, und seine Zähigkeit bei den Ausgrabungen sind bewundernswert, und das Glück war ihm hold. Aber man muß mit deutschen Gelehrten gesprochen haben, die Schliemann bei der Arbeit zusahen […], um sich eine Vorstellung von seiner archäologischen Naivität und künstlerischen Unwissenheit machen zu können. Er nahm Homer beim Wort, betrachtete ihn stets sozusagen wie eine gute, zuverlässige Firma und benannte seine Funde mit den besten homerischen Namen […]. Aber das schließt ja nicht aus, daß seine Funde nicht nur von pekuniärem, sondern auch historischem und künstlerischem Wert sind«.

Im März 1882 berichtete Brandes von einer weiteren archäologischen Sensation. Es ging um die »bemerkenswerten Marmorfunde aus Pergamon«, die gerade rechtzeitig nach Berlin gekommen seien, »um der neuen Reichshauptstadt die notwendige und gewünschte archäologische Attraktivität zu verleihen.« Das war nicht etwa kritisch gemeint. Vielmehr sei es »nur billig, daß die gefundenen Altertümer nach Berlin gehen, weil man nirgendwo sonst sie zu schätzen und zu bestimmen weiß; nirgendwo sonst ist das philologische und archäologische Verständnis des Altertums so groß […]. Aber daß antike Kunstwerke in großem Umfang aus Griechenland und Kleinasien in unseren Tagen nach Berlin gebracht werden, ist zudem wie ein Symbol der Veränderung, die durch die Errichtung des neuen Reiches im deutschen Geist vorgegangen ist: Vormals begnügten sich die Deutschen mit dem philologischen Studium des Altertums [...]. Heutzutage begeben sich die Deutschen an die Heimstätten der Kunst, veranstalten Ausgrabungen und nehmen die Erwerbungen mit in ihre Hauptstadt.«

Die Exploration, die Alexander Conze und Carl Humann auf dem Burgberg von Pergamon 1878 mit osmanischer Genehmigung anstellen konnten, förderte zusammen mit weiteren Grabungen in den 1880er Jahren die Bruchstücke marmorner Figurenfriese zutage. Die Platten und Brocken wurden mit Ochsenkarren an die Küste gebracht, dort eingeschifft und in Berlin zu einer gigantischen Götterschlacht in Marmor zusammengesetzt.

Conze war dabei bewusst, wie problematisch es war, den Altar aus seinem geographisch-historischen Zusammenhang zu lösen und in eine weit entfernte Stadt zu bringen. Andererseits war dieses Lösen aus dem heimischen Zusammenhang auch die Rettung vor heimischer Zerstörung. Wären die Ruinen nicht von fremden Archäologen geborgen worden, hätte die ansässige Bevölkerung sie weiter als Steinbruch zum Bau ihrer Häuser benutzt. Das Publikum wiederum machte sich um solche Kompliziertheiten keine Gedanken. Dessen Blick auf die herangeschaffte Kulturkostbarkeit war begleitet von Seitenblicken nach London, wo sich die am Anfang des Jahrhunderts aus dem Parthenon der Athener Akropolis gebrochenen Friese und Giebelfiguren befanden. Nun, am Ende des Jahrhunderts, konnte man endlich mithalten. Dieser Konkurrenzbezug wird in Fontanes 1898 veröffentlichtem *Stechlin* von einem der plaudernden Herren umstandslos ausgesprochen: »Das Beste vom Parthenon sieht man in London und das Beste von Pergamum in Berlin«.

Die alte Gesellschaft

∾

Die Junker – Auf dem Hofball –
Im Adelssalon – Duell und Mensur –
Was ist eine Pickelhaube?

Von den industriellen Ballungsräumen und den wenigen Großstädten abgesehen war die deutsche Gesellschaft in der zweiten Hälfte des 19. Jahrhunderts ländlich geprägt. 1852 lebten 67,3 Prozent der Bevölkerung in Gemeinden unter 2000 Einwohnern und weitere 13,1 Prozent in solchen zwischen 2000 und 5000, 1871 waren es immer noch 63,9 Prozent beziehungsweise 12,4 Prozent, 1880 schließlich 59,2 Prozent sowie 11,9 Prozent. Und obwohl die Zeit vibrierte vor Zukunft und Erwartung, herrschte doch noch so viel Altes. Dieses Alte war nicht bloß Dekor, das man beiseite schieben oder über das man hinwegsehen konnte. Es hatte die Macht, den Blick auf das Kommende zu verstellen und die Hoffnung auf Veränderung zu dämpfen oder ganz zu ersticken, und war außerdem fähig, die ebenfalls vorhandene Furcht vor der Zukunft in Energie für den Erhalt des Überkommenen zu verwandeln. Mitunter suchte und fand das Neue selbst das Alte, das es nicht zu überwinden vermochte.

Beispielsweise übernahmen Großindustrielle wie Krupp gutsherrliche Verhaltensweisen bei der Leitung ihrer Fabriken. Die im besten Fall paternalistische, im schlimmsten Fall militaristische Haltung wurde dermaßen zur Selbstverständlichkeit auf den betrieblichen ›Kommandohöhen‹, dass von einer ›Herr im Haus‹-Haltung gesprochen werden konnte, als wäre ein komplexer Betrieb mit Tausenden von Beschäftigten nur eine besonders große Werkstatt, in der allein der Meister das Sagen hat.

Reich gewordene Bürger ahmten (und äfften) im Lebensstil den alten Adel nach und freuten sich, wenn es gelang, Töchter an blaublütige Männer zu bringen, was Bankier Friedrich Wilhelm von Krause junior gleich vier Mal gelang.

Angehörige der mittleren Schichten, die keine großen Statussprünge machen konnten, gaben sich zackig und schlüpften mental in die Uniform, auch wenn sie keine tragen mussten – oder durften. Georg Brandes notierte 1878: »Preußens modernes Gesicht ist halb verborgen unter einer starren und altmodischen Pickelhaube.«

Das Militärische, seit jeher dominant im preußischen Staatswesen, wucherte weiter ins zivile Leben hinein als je zuvor, sichtbar an der Überpräsenz der Uniformen auf den Straßen und Plätzen der Hauptstadt, beim Hofball und im Adelssalon, in der Oper und im Theater; halb versteckt bei den eigentlich verbotenen und dennoch immer wieder stattfindenden Duellen, mit denen eine militärisch aufgefasste Mannesehre kultiviert wurde. Der Kaiser und sein Kanzler zeigten sich öffentlich stets in Uniform, und das Leben am Hof, aber auch das in der staatlichen Verwaltung, war gekennzeichnet von Rangbewusstsein, Titelsucht und Ordensbesessenheit.

Manche Errungenschaft der Zukunft wurde schon pervertiert, bevor sie sich entfalten konnte. Das gilt etwa für die plebiszitäre Dimension der Demokratie, die Bismarck in Anverwandlung der plebiszitär abgestützten Diktatur Napoleons III. für den Erhalt der preußischen Monarchie und den seiner persönlichen Macht zu nutzen wusste. Über die Wucht der Interessen, seien es die des ›kleinen Mannes‹ und seiner Frau oder die der Eliten, machte er sich keine Illusionen – er spiegelte sie nur vor, wenn ihm das zweckdienlich erschien.

Interessen altern nicht, schon gar nicht die materiellen, sie lassen sich nur vorübergehend zufrieden- oder gar zurückstellen, um dann aufs Neue in den Vordergrund zu treten. Die Verteidigung überholter Privilegien bildet da keine Ausnahme. Bismarck hat das klar erkannt und kühl benannt: »Ich bin ein Junker und will auch Vorteile davon haben«. Die Bemerkung stammt aus dem Jahr 1849. Am Ende seines Lebens hätte »der letzte und größte der Junker«, wie Max Weber ihn nannte, sie immer noch machen können.

Die Junker

Im Sommer des Revolutionsjahrs 1848 engagierte sich Bismarck bei der Gründung des »Vereins zur Wahrung der Interessen der Grundbesitzer und zur Förderung des Wohlstands aller Volksklassen«. Der von den Liberalen als ›Junkerparlament‹ geschmähte Verein machte der ersten Hälfte seines Namens alle Ehre, der zweiten Hälfte wurde hin und wieder eine Verlautbarung gewidmet. Es ging vor allem darum, die althergebrachte Steuerfreiheit der Rittergüter zu verteidigen, darunter das Gut Schönhausen, von Bismarck seit Februar 1846 persönlich bewirtschaftet. Ob er dort wohl von dem Kommilitonen besucht wurde, dem er während seines Göttinger Studienjahrs 1832/33 das Junkerleben ausgemalt hatte? Der Freund werde, wenn er in zehn Jahren auf das Gut komme, »einen fettgemästeten Landwehroffizier finden, einen Schnurrbart, der schwört und flucht, dass die Erde zittert, einen gerechten Abscheu vor Juden und Franzosen hegt und Hunde und Bedienstete auf das Brutalste prügelt, wenn er von seiner Frau tyrannisiert worden ist. Ich werde lederne Hosen tragen, mich zum Wollmarkt auslachen lassen, und wenn man mich Herr Baron nennt, werde ich mir gutmütig den Schnurrbart streichen und um zwei Taler wohlfeiler verkaufen; zu Königs Geburtstag werde ich mich besaufen und vivat schreien«.

Das war eine Karikatur, aber eine, hinter der die Wahrheit hervorschien. Bei Friedrich Engels liest sie sich so: »Sie sind selbst Landwirte, insofern sie ihre Güter großenteils durch Inspektoren bebauen lassen, und daneben sehr häufig Besitzer von Schnapsbrennereien und Rübenzuckerfabriken«, was auch für Bismarck zutraf. »Die jüngeren Söhne«, fährt Engels fort, »treten in die Armee oder den staatlichen Zivildienst, so daß sich an diesen grundbesitzenden Kleinadel ein noch kleinerer Offiziers- und Beamtenadel hängt, der obendrein noch durch die starke Adelsfabrikation [die Nobilitierungen durch den Kaiser] unter den bürgerlichen höheren Offizieren und Beamten Zuwachs erhält. An der unteren Grenze dieser ganzen adligen Sippschaft bildet sich naturgemäß ein zahlreicher Schmarotzeradel, ein adliges Lumpenproletariat, das vom Schuldenmachen, zweifelhaftem Spiel«, Engels meint wohl Falschspielerei, »Zudringlichkeit,

Bettel und politischer Spionage lebt. Die Gesamtheit dieser Gesellschaft bildet das preußische Junkertum und ist eine der Hauptstützen des altpreußischen Staates.« Das bestätigte Max Weber 1895 in seiner Freiburger Antrittsvorlesung: »Bis in die Gegenwart hinein hat im preußischen Staat die Dynastie politisch sich auf den Stand der preußischen Junker gestützt.«

Weiterhin Engels: »Aber der grundbesitzende Kern dieses Junkertums steht selbst auf gar schwachen Füßen. Die Pflicht, standesgemäß zu leben, wird täglich kostspieliger; die Unterstützung der jüngern Söhne bis durch das Lieutenants- und Assessorsstadium, die Unterbringung der Töchter im Ehestand, alles das kostet Geld; [...] die ganze Junkerschaft steht immerdar am Rand des Abgrunds [...] und so ist es kein Wunder, daß sie [...] nur durch Staatshülfe fortbesteht. Diese nur künstlich erhaltene Klasse ist dem Untergang geweiht; keine Staatshülfe kann sie auf Dauer am Leben erhalten. Aber mit ihr verschwindet auch der alte preußische Staat.« Auch diese Sicht teilte Weber. In der Diagnose der historischen Abgelebtheit des Junkertums stimmte der nationalbürgerliche Professor in Freiburg mit dem kommunistischen Exilanten in London überein: Die Junker »haben ihre Arbeit geleistet und liegen heute im ökonomischen Todeskampf, aus dem keine Wirtschaftspolitik des Staates sie zu ihrem alten sozialen Charakter zurückführen könnte.«

Trotz des ökonomischen Niedergangs blieben junkerliche Lebenssicht und Lebenshaltung nahezu unverändert. Georg Brandes merkte 1879 an: »Der pommersche Junker steht im wesentlichen nach wie vor dort, wo er 1848 stand – er wurde ein bißchen moderner, er ist reichstreu, statt rein preußisch, er akzeptiert die nationale Idee und die Bismarcksche Revolution von oben, allein in ökonomischen und konstitutionellen Fragen blieb er haargenau der alte.«

Das Berufen auf Besitz, der Recht schafft, ganz unabhängig von irgendeiner Art Rechtschaffenheit, legt Fontane in seinem Roman *Stine* von 1890 einem alten Grafen in den Mund: »Zur Zeit sind wir nur noch die Beati possidentes [die glücklichen Besitzenden]. ›Sei im Besitze, und du bist im Recht‹ ist vorläufig noch für *uns* geschrieben. Warum sich selbst um diesen Besitz bringen und auf eigene Kosten eine Zukunft heraufbeschwören, von der vielleicht keiner profitiert, und wir gewiß nicht.« Faszinierend an dieser Adelshaltung ist der von keiner Moral, schon gar keiner bürgerlichen, irritierte Herrenegoismus. Man besitzt und herrscht, weil man eben schon immer besessen und geherrscht hat, nicht etwa deshalb, weil man es wegen des Verdienens verdient, wie wirtschaftende Neureiche glaubten und die Nichtsverdiener und Besitzlosen glauben machen wollten.

Nur hatte eben nicht jeder Rittergutsbesitzer eine Grafenkrone im Wappen. Stattdessen verloren viele buchstäblich den Boden unter den Füßen: Im Jahr 1885 befanden sich nur noch 13 Prozent der ostelbischen Güter seit mehr als zwei Generationen im Besitz der gleichen Familie, 67 Prozent waren in bürgerlichem Neubesitz, der Rest gehörte Adeligen. Insgesamt handelte es sich um 15 635 Großbetriebe in der Hand von knapp 11 000 Besitzern. Innerhalb des Adels gab es riesige Besitzunterschiede. Manche Familien besaßen Hunderte von Hektar, manche Zehntausende. Der Vater des Schriftstellers Hanns Caspar von Zobeltitz nannte in Brandenburg 28 Hektar sein Eigen, die Arnims besaßen allein in Brandenburg 15 000 und insgesamt sogar 77 000 Hektar.

Der Anteil der gesamten Junkerschicht an der preußischen Bevölkerung wäre mit nicht einmal einem halben Prozent als ›verschwindend gering‹ zu bezeichnen, würde dem nicht der nachgerade groteske Machtanteil im Staatsapparat widersprechen, und zwar nicht nur wegen der neunzig Junker im Herrenhaus, die mit ihrem Vetorecht Gesetze blockieren konnten, sondern überall in den oberen Instanzen der Verwaltung, der Diplomatie und – besonders wichtig – des Militärwesens. »Unsere Macht findet dort ihre Begrenzung«, meinte schon im Jahr vor der Reichsgründung ein General, »wo unser Junkermaterial zur Besetzung der Offiziersstellen aufhört«. Wenn die militärische Macht, die sich im Innern auch als polizeiliche einsetzen ließ, von bürgerlichen Offizieren erst infiltriert und dann übernommen werde, so die Sorge des Generals, könnten Monarchie und Adelsstaat nicht mehr sicher sein, dass bei Revolten oder gar Revolutionen die Gewehre gegen die ›Kanaille‹ gerichtet und auch abgefeuert würden.

Auf dem Land verlor die Junkermacht trotz verschiedener Reformversuche nur wenig an Handlungsspielraum. Der ›Stallärger‹ mochte zunehmen, weil der Gutsherr seit 1848 nicht mehr oberster

Polizist und oberster Richter auf seinem Grund und Boden war. Aber wie hätte ein Landpfarrer, ein Dorfschullehrer oder gar ein Tagelöhner es wagen können, sich dem lokalen Herrn zu widersetzen? Friedrich Engels: »Die gutsherrliche Polizeigewalt der Herren Junker war ein Anachronismus geworden. Sie wurde dem Namen nach – als Feudalprivilegium – aufgehoben und der Sache nach wiederhergestellt, indem man selbständige Gutsbezirke schuf, innerhalb deren der Gutsbesitzer entweder selbst Gutsvorsteher mit den Befugnissen eines ländlichen Gemeindevorstehers ist oder doch diesen Gutsvorsteher ernennt, und indem man zudem die gesamte Polizeigewalt und polizeiliche Gerichtsbarkeit eines Amtsbezirks einem Amtsvorsteher übertrug, der auf dem Lande natürlich fast ausnahmslos ein großer Grundbesitzer war und dadurch auch die Landgemeinden unter seine Fuchtel bekam.« Sogar die Aufhebung der nicht mehr zu haltenden Steuerfreiheit für Rittergüter wurde nahezu wirkungslos gemacht, indem die Steuerschätzung vom Landrat vorzunehmen war, der entweder selbst zu den Junkern gehörte oder mit ihnen auf vertrautem Fuße stand.

Das Ende der Junkerherrschaft, lässt Fontane im *Stechlin* einen Konservativen bramarbasieren, nachdem bei einer Wahl »die Sozialdemokraten einen beinahe glänzenden Sieg davongetragen hatten«, stehe bevor »mit einem Wahlrecht, wo Herr von Stechlin gewählt werden soll und wo sein Kutscher Martin, der ihn zur Wahl gefahren, tatsächlich gewählt wird oder wenigstens gewählt werden kann.«

Allerdings verhinderten das preußische Dreiklassenwahlrecht und die lokalen Autoritäten normalerweise, dass der ›Kutscher‹, der hier symbolisch für alle dienstbaren Habenichtse steht, wirklich eine Chance hatte. Und selbst bei den Reichstagswahlen, die nicht im Dreiklassenmodus durchgeführt wurden, sorgten auf dem Land, in der Stadt war das sehr viel schwieriger, die Herrschaften dafür, dass die Leute ›richtig‹ wählten, wie ein Zeitgenosse aus Mecklenburg erzählt: »Der Inspektor oder Besitzer lässt die wahlberechtigten Tagelöhner in die Leutestube kommen. Hier hält der betreffende Herr eine kurze Rede und lässt dann Butterbrote und Branntwein vertheilen. Hierauf bekommt jeder seinen Zettel (natürlich steht der Name des Wahlkandidaten der Herrschaft drauf) und nun geht's in des Inspektors Stube, wo [... die] Statthalter als Beisitzer schon vor der Urne sitzen. Jeder steckt nun den eben erhaltenen Zettel in die Urne. Bei einigen, dem Inspektor nicht ganz sicher scheinenden Leuten wird wohl auch der Zettel geöffnet.«

In den Jahren und Jahrzehnten nach der gescheiterten Revolution von 1848 hatten die Gutsflächen auf Kosten kleiner Bauernbesitzungen zugenommen. Das Flächenwachstum verlangte nach dem Einsatz von Maschinen, und der Einsatz von Maschinen drängte nach weiterer Flächenvergrößerung. Die kleinen Höfe wurden unrentabel, und die kleinen Bauern verkauften, sanken zu Landarbeitern ab oder gingen in die Städte. Dennoch war im Jahr der Reichsgründung knapp die Hälfte aller Beschäftigten in der Landwirtschaft tätig, zehn Jahre später waren es immer noch etwas über 43 Prozent. Das besitz- und weitgehend rechtlose Landproletariat im Reich dürfte um die sechs Millionen Menschen umfasst haben.

Die Agrarwirtschaft insgesamt wurde industrialisiert. Traditionen zerbrachen, familiäre Erbketten zerrissen – nicht nur bei den Kleinbauern, auch beim Landadel. Die reaktionäre *Kreuzzeitung* erklärte 1873: »Die Krankheit [...], an welcher unser ganzer Staats-Organismus an Mark und Bein krank ist, [...] ist die künstliche, unnatürliche, durch und durch ungesunde Verschiebung aller wirthschaftlichen Verhältnisse, welche zu Gunsten der Industrie und des Capitals und der beide bergenden Großstädte und zum Nachtheil des Grundbesitzes [...] stattgefunden hat.«

In dem jammervollen Zeitungsartikel ist nichts von der mit Tatkraft belebten Roman-Idylle zu spüren, mit der Gustav Freytag in *Soll und Haben* aus dem Vordringen des Industriellen aufs Land eine Pastorale macht: »Die Pflugschar greift tief in den gereinigten Boden, anspruchsvolle Culturpflanzen breiten ihre Blätter in üppiger Pracht, auf den Stengeln bräunen sich große Dolden und körnerreiche Schoten, und unten in der Erde rundet sich mächtig die fleischige Wurzel. Dann kommt die Zeit, wo sich kunstvolle Industrie auf den Ackerschollen ansiedelt. Dann ziehen die abenteuerlichen Gestalten der Maschinen nach dem Wirthschaftshof, der ungeheure Kupferkessel fährt mit Blumen bekränzt heran, große Räder mit hundert Zähnen drehen sich gehorsam im Kreise, lange Röhren verschlingen sich in den neu gebauten Räumen, und die mechanischen

Gelenke bewegen sich rastlos bei Tag und Nacht. Eine edle Industrie!«

Wie es den Arbeitern dieser ›edlen Industrie‹ erging, schildert der ehemalige Tagelöhner und Lokalredakteur des sozialdemokratischen *Vorwärts* Franz Rehbein in seinen Lebenserinnerungen: »Gleich nach den Haupterntewochen nahm ich Arbeit bei der Dreschmaschine an. Zwar drückt man sich, als verheirateter Tagelöhner, sonst herzlich gern von dieser Arbeit; doch da nach der Ernte der Tagelohn sofort wieder rapide fällt, zog ich es vor, lieber die Unannehmlichkeiten der Drescharbeit auf mich zu nehmen, als ins Ungewisse nach halbwegs lohnender Feldarbeit zu suchen. [...] Die Dreschmaschinenbesitzer [...] nehmen sich auch selbständig die nötigen Mannschaften an und ziehen nun mit ihrem bemannten Geschütz von Hof zu Hof [...]. Zur Bedienung einer Dampfdreschmaschine [...] sind etwa 25–30 Mann erforderlich [...]. Was die Dreschmaschinenarbeit selber betrifft, so ist sie eine der anstrengendsten und aufreibendsten, die man sich denken kann. [...] Spätestens um 4 Uhr morgens wird angefangen, nicht selten aber auch schon um 3 Uhr, und dann geht es den ganzen lieben langen Tag rastlos fort, mindestens bis 8 Uhr abends; sehr häufig aber wird es 9 und 10 Uhr, öfters sogar 11 und 12 Uhr nachts. Pausen gibt es nur, solange die Essenszeit dauert, einschließlich der Schmierpausen insgesamt höchstens eine Stunde des Tags.«

Die Arbeitszeiten sind maßlos und die Arbeitsbedingungen fürchterlich: »Vergegenwärtigt man sich das ununterbrochene Heulen und Brummen der Dreschtrommel, sowie den fast undurchdringlichen Staub, den sie entwickelt, dann kann man sich denken, was diese Art Maschinendrescherei für den Mann bedeutet. Der Staub haftet, besonders wenn das Korn viel Regen bekommen hat, fast zentimeterdick auf den Leuten; oft können sie kaum aus den Augen sehen; die Augen sind denn auch häufig verschwollen und entzündet. Ebenso ist die Nase vom Einatmen der Staubmassen förmlich verstopft, und beim Ausspeien kommen ganze Klumpen schwärzlichen Schleims zum Halse heraus.«

Dieses Arbeitsleben hatte weder etwas mit Freytags Schollenkitsch noch mit Bismarcks Junkersarkasmus zu tun. Als Rehbein achtundzwanzig war, riss ihm die Dreschmaschine einen Arm ab.

Zu diesem Zeitpunkt, 1895, lebte Bismarck auf seinem Herrensitz Friedrichsruh bei Hamburg. Dass er, wie zu Studententagen angekündigt, an Königs Geburtstag »Vivat!« geschrien hat, ist bei seinem zerrütteten Verhältnis zu Wilhelm II. nicht zu vermuten.

Auf dem Hofball

Bismarck kommt in seinen in Friedrichsruh diktierten Erinnerungen auf den Monarchen zu sprechen, der ihn 1890 unter demütigenden Umständen zum Rücktritt gezwungen hatte: »Der Kaiser hat in seiner natürlichen Veranlagung von den Eigenschaften seiner Vorfahren eine gewisse Mannigfaltigkeit zur Mitgift erhalten. Von unserem ersten König hat er die Prachtliebe, die Neigung zu einem durch das Kostüm gehobnen Hofzeremoniell«. Eine Abfertigung in moderaten Worten. Denn Friedrich I., der sich zu Beginn des Jahrhunderts die Krone aufgesetzt hatte, war von seinem Enkel Friedrich II., dem Großen, als ›Theaterkönig‹ verspottet worden. Das dürfte jedem historisch gebildeten Preußen auch gegen Ende des Jahrhunderts noch geläufig gewesen sein. Bismarck rückte mit seiner Bemerkung den selbstherrlichen und auf dem ›persönlichen Regiment‹ bestehenden Wilhelm II. bewusst nicht in die Nähe des auf ›Selbstregierung‹ so viel Wert legenden Friedrich II., sondern in die des repräsentationsbedürftigen, unter einer verkrüppelten Schulter leidenden Friedrich I., mit dem Wilhelm zudem wegen seines verkürzten Arms eine sichtbare körperliche Beeinträchtigung gemeinsam hatte.

Die Überbetonung des Formellen und Rituellen bei Wilhelm II. mochte durch seelische Kompensationsbedürfnisse motiviert sein, aber die höfischen Verhaltensnormen und die sich daran ansetzenden Benimm-Gewohnheiten gründeten letztlich nicht im persönlichen Charakter des Herrschers, sondern in den Traditionen des preußischen Königtums. Der König allein macht noch keinen Hof. Es gehören die Chargen dazu sowie die engeren Familienmitglieder, die weitere Verwandtschaft, der Hochadel, das Junkertum, das nobilitätssüchtige Bürgertum und überhaupt alle, die es an den Hof zieht, sei es auch nur, um ein huldvolles Lächeln der Königin oder ein Kopfnicken des Königs zu erhalten. Wer mit dem König vor aller Augen gar ein Gespräch führt, darf sich der Hochachtung, wenigstens der äußerlichen, aller Anwesenden sicher sein. Umgekehrt legt sich ein Ring der Distanz um jemanden, mit dem der König ostentativ nicht spricht oder dem er betont unauffällig aus dem Weg geht. So ist es Bismarck passiert, als Friedrich Wilhelm IV. es nach der Revolution von 1848 vermied, sich mit dem als ›Hardliner‹ geltenden Junker im Gespräch sehen zu lassen.

Alle, die überhaupt Zugang zum Hof erhalten, dürfen sich schmeicheln, auf ihrem Lebensweg ein hübsches Stück fort- und nach oben gekommen zu sein. Genau so empfindet es die erst 25-jährige Effi, weil sie als ›Frau Geheimrätin‹ von »der Kaiserin, bei Gelegenheit einer neuen Stiftung [...] in die Zahl der Ehrendamen eingereiht« wird und an der Seite ihres Mannes, des Geheimrats von Innstetten, »auf dem Hofball gnädige, huldvolle Worte« des alten Kaisers entgegennimmt. In dieser kleinen Szene seines großen Romans *Effi Briest* gönnt Fontane seiner Heldin den Glanz des Hofes, bevor er sie der Katastrophe entgegenführt, rücksichtslos wie das Leben ein Happy End verweigernd*.

Fontanes Roman spielt in den 1880ern. Wie ein Hofball jener Zeit losging, beschrieb Brandes im Februar 1881: »Man trifft sich pünktlich um neun Uhr abends. Die Wagen jagen Richtung Schloß und halten vor dem Portal, das der Geladene auf der vom Furier überbrachten Karte, ausgestellt vom Hofmarschall [...] angewiesen bekam. Innerhalb weniger Minuten sind die langen, weiträumigen Säle gefüllt. Mit blitzenden Diamanten am entblößten Halse eilen junge Damen durchs Schloß, um jenen Saal zu erreichen, in dem sie die Ankunft der kaiserlichen Hoheiten erwarten sollen, und hinterlassen den Eindruck frischer Toiletten und einen feinen, schwachen Duft; zu allen Türen, die sich öffnen, treten sporenklirrende Offiziere herein.«

Weiteres ist bei Jules Laforgue nachzulesen, dem französischen Vorleser der Kaiserin in der ersten Hälfte der 1880er. Er referiert in

---

* Dazu der Abschnitt über das Duell in diesem Kapitel.

seinen Aufzeichnungen, was auf einem »Blatt des um die Einladung gefalteten Programms steht«, nämlich »daß die Hoheiten um neun Uhr eintreffen, über die Freitreppe im Kavalierssaal eintreten und sich im Schwarzen Adlersaal versammeln werden, daß das diplomatische Corps sich im Weißen Saal versammeln wird, daß die Generäle, hohen Beamten etc. um Viertel vor neun eintreffen und sich im Kapitelsaal versammeln werden, daß schließlich die übrigen Gäste um einhalb acht eintreffen und sich in der Bildergalerie versammeln werden. […] Von neun Uhr an steht in der Bildergalerie ein fünfzig Meter langes doppeltes Spalier, prangend von Beamten- und Militäruniformen, zwischen welchen der Frack selten und eine von Orden unbefleckte Brust absolut unauffindbar ist.«

Das lange Stehen wurde vor allem von den Damen als anstrengend empfunden. Hildegard von Spitzemberg beklagte es schon 1867, obgleich damals noch keine fünfundzwanzig Jahre alt: »Wir Diplomaten mussten ewig lange im Rittersaale stehend warten, bis die Majestäten kamen und Cercle machten. […]. Das Ganze ist, zum ersten Male gesehen, ein bunter, ganz hübscher Anblick, aber sonst eine große Komödie beziehungsweise Langeweile. Dabei muß man ewig lange stehen, mit der schweren Schleppe auf dem Arme auch kein Spaß.«

Alle Bewegungsabläufe waren genau geregelt, bis hin zur Position, die man einzunehmen hatte, wie im *Ceremonial-Buch für den Königlich-Preußischen Hof* dokumentiert: Was »die Bälle mit nachfolgendem Souper anlangt, so wird als Beispiel für alle anderen Bälle dieser Art hier auf denjenigen Ball Bezug genommen, welcher am 28. Januar 1875 im Königlichen Schlosse stattfand. Bei diesem Balle versammelten sich: a) Ihre Kaiserlichen und Königlichen Hoheiten der Kronprinz und die Kronprinzessin, sowie Ihre Königlichen Hoheiten die Prinzen und die Prinzessinnen des Königlichen Hauses – im Kurfürstengemach; b) die Damen des Gefolges Ihrer Majestät der Königin, Ihrer Kaiserlichen und Königlichen Hoheit der Kronprinzessin, sowie Ihrer Königlichen Hoheit der Prinzessinnen des Königlichen Hauses – in der boisirten Galerie; c) die Obersten Hof-, Ober-Hof-, Vice-Ober-Hof- und Hofchargen, die General- und die Flügel-Adjutanten und die Cavaliere der Prinzlichen Herrschaften – im Königszimmer; d) die Fürsten und deren

Gemahlinnen, die Excellenzen-Herren und -Damen, sowie alle anderen Corps und die Herren, welche am Tanze Theil nahmen – im Weissen Saale; e) die General-Majors und die Räthe erster Klasse – in dem Ausbau der Bildergalerie vor dem Königinnengemach und f) die andere Gesellschaft – in der Bildergalerie.

Derjenige Theil der Gesellschaft, welcher den Aufgang über die Wendeltreppe genommen hatte, wurde von einem Ceremonienmeister und einem Kammerherrn empfangen resp. weitergeleitet. Den Empfang im Weissen Saale bewirkten ein Vice-Ober-Ceremonienmeister, zwei Ceremonienmeister und ein aide des cérémonies, während ein am Eingange des Weissen Saales zum Königinnengemach aufgestellter Kammerherr dafür Sorge trug, dass letzteres Behufs der daselbst stattfindenden Präsentation der inländischen vorzustellenden Herren und Damen ganz frei blieb. Demgemäss wurden die für den Weissen Saal bestimmten Personen dorthin dirigirt, während die andere Gesellschaft, welche zum Theil über die Treppe in der Ecke des grossen Schlosshofes (der Wache gegenüber) heraufgekommen war, in der Bildergalerie zurückgehalten wurde.

Im Weissen Saale wurde die Gesellschaft, wie immer, in folgender Weise aufgestellt: 1. vom Throne links – die Damen des diplomatischen Corps, an der Spitze die Gemahlinnen der Botschafter; 2. auf der Kapellenseite des Weissen Saales – die Herren des diplomatischen Corps, an der Spitze die Botschafter; 3. dem Throne gegenüber – die Excellenzen-Damen und alle anderen Damen; die Damen, welche am Tanze Theil nahmen, auf der Estrade; 4. auf der Lustgartenseite, vor den Arcaden, nach den Fenstern zu – die Minister und die Wirklichen Geheimen Räthe; 5. auf derselben Seite, nach dem Königinnenzimmer hin anschliessend – die General-Feldmarschälle, die Fürsten, die Generale der Infanterie und der Cavallerie und die General-Lieutenants; 6. rechts vom Throne – die Fürstinnen, und vor denselben die Gemahlinnen des Kanzlers des Deutschen Reiches, der General-Feldmarschälle und der Obersten Hofchargen; 7. in der Ecke zwischen 3. und 4. – die Herren, welche am Tanze Theil nahmen.«

Dieses Hofreglement wurde 1871 festgelegt und 1878 mit leichten Modifikationen per königlicher Verordnung bekräftigt. In diesem Jahr malte Menzel »Das Ballsouper«. Es zeigt die Situation unmittelbar nach Eröffnung des Buffets. Unter im eigenen Licht schwe-

Oben: Eine aufgebrachte Menge stürzt Kartoffelstände um. Derartige Revolten in Wien und Berlin, auf einer Lithographie des Wieners Vinzens Katzler als Burleske dargestellt, erwiesen sich als Vorläufer der Revolution von 1848.

Unten: Das Blatt des Neuruppiner Bilderbogens zeigt den Einsatz des Militärs gegen Berliner Barrikadenkämpfer im März 1848. Den ›Märzgefallenen‹ wurde in Berlin-Friedrichshain ein Denkmal errichtet, das noch heute zu besichtigen ist.

Die repräsentative Darstellung der Gründungsszene des Deutschen Reichs im Spiegelsaal von Versailles durch den Historienmaler Anton von Werner hing nicht vom tatsächlichen geschichtlichen Geschehen ab, sondern vom Empfänger des Bildes. Diese Fassung erhielt Bismarck zu seinem 70. Geburtstag von der Kaiserfamilie.

Wie es vor und nach der prunkvollen Kaiserproklamation 1871 wirklich im Spiegel-saal zuging, ist auf diesem Photo zu sehen: In Reihen standen die Betten verwunde-ter deutscher Soldaten unter den Bögen.

Oben: Heute wirkt die erste elektrische Straßenbahn der Welt, vorgeführt auf der Berliner Gewerbeausstellung 1879 von der Firma Siemens, eher wie ein Bähnchen auf einem Rummelplatz.

Unten: Damals war der elektrische Antrieb eine Sensation. Schließlich waren noch um 1900 Pferdeomnibusse mit Waggons wie diesem im Einsatz.

Oben: Die Berliner Innenstadt war schmutzig, trotz des »Komitees für die allgemeine Besprengung der Straßen«. Dieser Handsprengwagen stammt von 1891 und konnte 280 Liter versprühen.

Unten: Das Abwasser wurde lange in Gruben geleitet, das Zuwasser aus Brunnen geholt. Deshalb verspricht dieses Inserat für Bade-Apparate: »Keine Wasserleitung erforderlich«.

Oben: ›Paygap‹ 1890: Die Arbeiterinnen in der Glühlampenfabrik der AEG verdienten bis zur Hälfte weniger als ihre männlichen Kollegen.

Unten: Die Arbeitsbedingungen brachten bei jeder Tätigkeit die ›Vernutzung‹ der Körper der Arbeitenden mit sich, nicht nur bei diesen Schiefertafelschneidern.

Bergleute in einer Grube im Ruhrgebiet um 1880. Die Männer sind nicht einmal mit Schutzhelmen ausgestattet. Immerhin müssen keine Kinder mehr in die Stollen kriechen, und die beladenen Loren werden von Pferden herausgezogen.

Oben: So sah es auf dem Kurfürstendamm im Jahr 1886 aus ...

Unten: ... und so hinter dem Nollendorfplatz. Dabei war die Stadt Berlin zu dieser Zeit schon weit über ihre alten Grenzen hinausgewachsen.

benden Kronleuchtern stehen neben einer Gruppe im Sitzen spei-
sender Damen die Herren beieinander. Aber wie isst man, wenn
man den Teller, ein Glas, eine Gabel und eine Mütze zu halten und
nur zwei Hände hat? Ein Offizier in weißer Hose macht es vor. Er
packt den Teller mit der Linken und drückt mit dem Daumen den
Glasfuß auf den Tellerrand. Die Gabel hat er in der rechten Hand,
die Mütze zwischen den Knien.

Im Adelssalon

Mimi war sehr schön (manche sagten: ganz hübsch), hochgebil-
det (manche sagten: recht belesen) und ziemlich temperamentvoll
(manche sagten: arg affektiert). Sie hielt als Gemahlin des königlich
preußischen Hausministers Alexander von Schleinitz erfolgreich
Salon in der Berliner Wilhelmstraße*, hatte viele Bewunderer und
sogar einige Bewunderinnen. Zu denen gehörte Anna Helmholtz,
die Ehefrau des Physikers, selbst eine viel besuchte Salondame. Als
im März 1873 Hildegard von Spitzemberg, die dritte ›grande dame‹
im Salonleben der Kaiserzeit, beim Ehepaar Helmholtz zu Gast war,
traf sie ihrem Tagebuch zufolge dort »Frau von Schleinitz, die, mit
Helmholtzens ziemlich befreundet, doch in diese Gesellschaft son-
derbar genug hereinpaßte; etwas weniger geziert und schreiig schien
sie mir jedoch zu sein.«

Die ›Helmholtzens‹, beim Besuch der Spitzemberg war Hermann
noch nicht nobilitiert, scharten einen Kreis von Wissenschaftlern,
Künstlern und Literaten um sich und hatten Vertreter des Adels zu
Gast. Anna, die Tochter eines für seine Verdienste nobilitierten Juristen, kultivierte auf großbürgerliche Weise die bildungsbürgerliche
Idee einer ›Geistesaristokratie‹. Weniger ›kultiviert‹, sondern sozio-
logisch ausgedrückt: Sie brachte die akademische Funktionselite mit
einflussreichen Künstlern, Musikern und Literaten in Kontakt.

---

* Dazu im Kapitel »Besuch in der neuen Hauptstadt« die Passage zur Nummer 73.

Diese Form der Öffentlichkeit hinter geschlossenen Türen hatte, anders als die Salons der ersten Jahrhunderthälfte, nicht mehr die Aufgabe, eine (halbwegs) freie Verständigung über Standesunterschiede hinweg zu ermöglichen. Der öffentliche Meinungsaustausch hatte sich von der gepflegten Konversation unter Schirmherrschaft einer persönlich wertgeschätzten Dame zum publizistischen Gewerbe unter den Bedingungen des anonymen Marktes ausgeweitet – vielleicht zum Nachteil des ›Niveaus‹ und sicher zum Vorteil der Gedankenverbreitung mittels Meinungskonkurrenz.

Die Empfänge beim Ehepaar Helmholtz wurden unter vielen anderen von dem liberalen Historiker Theodor Mommsen und dessen konservativem Kollegenfeind Heinrich von Treitschke besucht; Virchow war zu Gast, Werner Siemens oder die alternde Fanny Lewald, in den Jahren nach 1848 selbst eine bekannte Berliner Salonière. Auch der unvermeidliche Menzel* ließ sich häufiger sehen – und zeigte die Gastgeberin. Er zeigte sie ihrerseits als Gast im Salon von Mimi Schleinitz auf einer seiner Zeichnungen: Mimi hingegossen auf einer Chaiselongue, in ihrem Rücken Hermann Helmholtz, der gerade einen Stuhl an der Lehne packt, und ein wenig im Hintergrund Anna Helmholtz, viel bescheidener gegeben, als sie in ihrem eigenen Salon gewesen sein dürfte. Auch Kronprinz Friedrich ist zu sehen, der Neunzig-Tage-Kaiser des Jahres 1888, Mimis Mann Alexander und Anton von Werner, der Reichshistorienmaler und spätere Schreckensherrscher der Berliner Kunstakademie.

Der Schleinitz-Salon hatte himbeerfarbene Damasttapeten an den Wänden, wertvolle Teetässchen auf dem Tisch und prachtvolle Blumensträuße in den Vasen. Und er war durch und durch wagnerianisch. In Mimis Beisein wäre es absolut nicht comme il faut gewesen, eine bewunderungsfreie Bemerkung über Wagner zu wagen, vergleichbar jener, die Freiherrin Spitzemberg zwar nicht über die Lippen ging, doch aus der Feder floss: »Freitag abend sollten wir zu Frau von Schleinitz, wo Richard Wagner den Text zu seinen ›Nibelungen‹ vorlesen soll. Carl [ihr Ehemann] hatte aber wenig Lust dazu, und obendrein fürchteten wir, die Sache möchte mit

---

* Über Menzel, Virchow und Siemens die Abschnitte im Kapitel »Große Männer«.

einer Geldsammlung für Bayreuth enden«. Genau so dürfte es gekommen sein bei diesem Empfang im Januar 1873. Mimi setzte alle Hebel und sämtliche Geldbörsen in Bewegung, um ihrem Heroen die Festspiele zu finanzieren.

Freifrau von Spitzemberg fehlt auf Menzels Zeichnung. Sehr oft wird sie nicht bei der ›schreiigen‹ Mimi gewesen sein, so wenig wie Bismarck, der sich dort nur ungern sehen ließ. Den Salon der Hildegard von Spitzemberg hat er ebenfalls gemieden. Dabei zweifelte in der ›besseren‹ Gesellschaft Berlins niemand daran, jedenfalls nicht bis zu Bismarcks Abschied im Jahr 1890, dass sie zu dessen »engerem Kreis und zu seinen eifrigsten Bewunderinnen« gehörte, wie Georg Brandes bemerkt.

Mimi strengte sich mächtig an, wenigstens einen nachbarschaftlichen Modus Vivendi zwischen Bismarck und ihrem Mann herzustellen. Das ist ihr nicht gelungen. Als 1881 Bismarcks Sohn Herbert versuchte, die väterliche Zustimmung zur Heirat seiner Geliebten Elisabeth Gräfin von Hatzfeldt zu erwirken, kam es sogar zu einer Selbstmorddrohung des Vaters. Elisabeth war eine Stiefschwester Mimis. Außerdem war sie katholisch, was nicht zum ›Kulturkampf‹ des Kanzlers gegen Rom passte; war zehn Jahre älter als Herbert, was nicht zu den Vorstellungen des Vaters von einer Schwiegertochter passte; und war geschieden, was nicht zu den Vorstellungen der Eltern von einer ›anständigen‹ Ehe passte. Außerdem, für den Reichskanzler noch peinlicher, war sie eine Nichte der Sophie von Hatzfeldt, jener jugendstürmischen Adelsausreißerin, die nach 1848 einige Jahre mit ihrem Rechtsvertreter in einem Scheidungsprozess zusammenlebte*. Dieser Mann, kein studierter Jurist, hieß Ferdinand Lassalle und starb Ende August 1864 in einem Duell.

---

* Zu diesem Prozess die Passage im Abschnitt »Ehe und Familie« im nächsten Kapitel.

Duell und Mensur

Lassalle duellierte sich auf Pistolen wegen der 21-jährigen Helene von Dönniges, die zu heiraten ihm nicht gelingen wollte, weil ihr Vater Wilhelm von Dönniges hart und herzlos opponierte und die junge Frau nach einer von Lassalle verweigerten Entführung ebenfalls abrückte. Sie war mit dem etwa gleichaltrigen Janco von Racowitza verlobt gewesen, als sie in Berlin Lassalle kennenlernte, hatte diese Verlobung gelöst, war ins schweizerische Elternhaus zurückgeholt worden, hatte sich heimlich mit Lassalle verlobt, dann jedoch die Verlobung mit Racowitza erneuert.

Lassalle, in seinem von ihm arg strapazierten ›Titanenwillen‹ aufs Tiefste und Höchste gekränkt, wollte durch schriftliche Beleidigungen Helenes und ihres Vaters, die er auch Racowitza zukommen ließ, Duellforderungen durch Helenes Vater und durch Racowitza erzwingen. Wilhelm von Dönniges entzog sich, indem er die Stadt verließ, das Pistolenduell mit Racowitza fand statt. Den Ablauf beschrieb später einer der Sekundanten Lassalles: »Ich wurde durch das Loos dazu bestimmt, für den ersten Schuß (also war mehrmaliger Kugelwechsel ausgemacht) zu laden und das Commando zu geben. [...] Für jeden Schuß waren 20 Secunden gegeben, welche von dem ladenden Secundanten dadurch zu markiren waren, daß er bei dem Anfang 1, bei 10 Secunden 2, bei 30 Secunden 3 commandirte. Ich beobachtete die Vorsicht, vorher noch: ›Achtung!‹ zu rufen. Ich gab das Commando 1. Kaum 5 Secunden nachher fiel der erste Schuß und zwar von Seiten des Herrn von Racowitza. Unmittelbar nachher, es verging nicht eine Secunde, antwortete Lassalle. Er schoß vorbei, er hatte den Tod schon im Leibe. Es war ein Wunder, daß er überhaupt noch hatte schießen können.« Racowitza hatte den Gegner in den Unterleib getroffen und dessen ›edlen Teile‹ zerfetzt. Lassalle starb drei Tage später. Sophie von Hatzfeldt saß an seinem Bett.

Die tragische, phasenweise auch possenhafte Geschichte trug Züge jener melodramatischen Fortsetzungsromane, die von Kolporteuren über die Hintertreppen verkauft wurden*: eine Zigarre

---

* Zu diesem Genre siehe den Anfang von »Besuch in der neuen Hauptstadt«.

rauchende Gräfin (Sophie von Hatzfeldt), eine kindlich-kaprizi-öse Femme fatale (Helene von Dönniges) zwischen zwei Männern (dem etwa gleichaltrigen Racowitza und dem fast doppelt so alten Lassalle), ein tyrannischer Vater (Wilhelm von Dönniges) plus jede Menge Intrigen, Liebeskniefälle und Racheschwüre. Die Begeben-heiten dieser Geschichte, die sich eben nicht fiktiv, sondern faktisch abspielte, veranschaulichen auf brutale Weise, wie Konventionen, die das Leben regeln, dieses Leben zerbrechen können, sogar, wenn sie selbst eigentlich überlebt sind.

Sechs Jahre vor dem Duell, das für Lassalle so schmach- wie qual-voll endete, hatte er eine Herausforderung auf Säbel zurückgewie-sen, und selbst Helene bezeugte in ihrem fünfzehn Jahre nach den Ereignissen erscheinenden Erinnerungsbuch *Meine Beziehungen zu Ferdinand Lassalle* dessen grundsätzliche Ablehnung des Zwei-kampfs: »Es war gegen Abend, [...] als Janco, so ernst und bleich, wie ich ihn nie gesehen, zu mir eintrat, zu mir niederkniete und leise sagte [...]: ›Lassalle hat soeben Deinen Vater gefordert!‹ Ich stand wie betäubt! Lassalle – der Feind des Duells – er, auf den ich noch immer baute [...] er hatte meinen Vater gefordert?!« Schon 1858, als Lassalles Vernunft noch über die Konvention siegte, rührte sich im ›Herzen‹ dennoch die ›Ehre‹. In einem Brief an Marx bekannte er: »Es ergreift einen ein zu komisches Gefühl, wenn man in der Lage ist zu fürchten, daß einem der oder jener etwa Feigheit vorwerfe«.

Eine kritische Haltung zum und sogar eine revolutionäre Einstel-lung gegen das Gesellschaftssystem ließ trotzdem von eben diesem System codierte Männlichkeitsgefühle aufsteigen, vor allem, wenn es um Frauen ging. Im Juli 1852 trieb ein Zerwürfnis zwischen dem revolutionären Dichter Georg Herwegh und dem radikalen Denker Alexander Herzen wegen dessen Gattin auf ein Duell zu, obwohl Herwegh zur gleichen Zeit einen Freund wissen ließ, dass er »das Abartige der menschlichen Natur und meiner eigenen verwünsche, die Opfer einer Posse ist, die man gemeinhin Ehre nennt.«

Wenn Kritiker, Rebellen und Revolutionäre gegen die eigene Einsicht die traditionelle Ehrenposse spielten, wie hätte man von den Stützen der Gesellschaft ein Widerstehen erwarten können? Zumal das strafrechtliche Verbot des Duells von der ehrengericht-lichen Praxis des Militärs konterkariert wurde. In der Einleitung zur 1874 erlassenen *Verordnung über die Ehrengerichte der Offiziere im preußischen Heer* erklärte Wilhelm I.: Einen »Offizier, welcher imstande ist, die Ehre eines Kameraden in frevelhafter Weise zu verletzen, werde ich ebensowenig in meinem Heere dulden, wie einen Offizier, welcher seine Ehre nicht zu wahren weiß«.

Das Reichsstrafgesetz galt auch für Offiziere, weil sie rechtlich Bürger wie alle anderen waren. Aber innerhalb des Militärs bestand der Konsens, dass im Ehrenfall die eigene Tradition über dem allgemeinen Gesetz stand. Wenn ein Duell regelkonform ausgefochten wurde, hatten die Teilnehmer nicht mit einer unehrenhaften Gefängnisstrafe, sondern mit einer als ehrenvoll betrachteten Festungshaft unter recht angenehmen Bedingungen zu rechnen. Noch dazu wurde die Haft durch königliche Begnadigungsakte demonstrativ abgekürzt.

Das geschah auch nach einem Aufsehen erregenden Duell im November 1886 in der Berliner Hasenheide. Ein Adjutant des Kriegsministeriums erschoss dabei einen Amtsrichter wegen dessen Affäre mit der Adjutantenfrau. Der Duellsieger wurde gerichtlich zur Mindeststrafe von zwei Jahren verurteilt, von Wilhelm I. nach achtzehn Tagen Festungshaft in der Magdeburger Zitadelle begnadigt und zum Major befördert.

In dieser Zitadelle hatte mehr als vier Jahrzehnte zuvor der Artillerieleutnant Werner Siemens, zu dieser Zeit noch ohne ›von‹, eine vom Kriegsgericht verhängte fünfjährige Festungshaft wegen der Sekundierung bei einem Duell angetreten. In der Zelle durfte er ein Versuchslabor einrichten. Lange konnte er dort nicht experimentieren, die Begnadigung erfolgte schon nach drei Wochen. Die Vergoldung eines silbernen Teelöffels übrigens, die seinen *Lebenserinnerungen* zufolge in diesem Zellenlabor gelungen sein soll, hatte schon anderthalb Jahre früher stattgefunden.

Die Berliner Ehebruchsaffäre mit tödlichem Duell in der Hasenheide war die Realitätsvorgabe, aus der Fontane seinen Roman *Effi Briest* entwickelte. Die Figuren im Roman sind wie die Leute im Leben gebunden durch die bloße Geltung des Geltenden unabhängig von irgendeiner Art ›Sinn‹, oder, wie eine Figur des Romans es ausdrückt, »unser Ehrenkultus ist ein Götzendienst, aber wir müssen uns ihm unterwerfen, solange der Götze gilt«.

Nüchterner formuliert: »Es liegt in unseren socialen Verhältnissen, dass Jedermann, und mag er auch theoretisch der überzeugteste Gegner des Duells sein, wenn er seine Stellung in der Gesellschaft behaupten will, in gewissen Fällen in die Nothwendigkeit versetzt wird, an dasselbe appelliren zu müssen.« So beginnt der österreichisch-ungarische Offizier Franz von Bolgár seine erstmals 1880 erschienene Schrift *Die Regeln des Duells*. Dann definiert er artig: »Das Duell ist ein durch Vereinbarungen geregelter Kampf mit tödtlichen Waffen zwischen zwei Personen, in Gegenwart beiderseitiger Zeugen und zufolge einer durch eine Beleidigung begründeten Herausforderung. Der Zweck des Duells ist, für eine Beleidigung durch die Kraft der Waffen Genugthuung zu schaffen.« Dem Beleidigten kommt immer die Wahl der Waffen zu, auch dann, wenn er die Forderung ausgesprochen hat. Verschafft sich der Beleidigte keine Genugtuung im Zweikampf, bleibt die Beleidigung hängen; gewinnt er den Zweikampf, ist die Beleidigung getilgt; verliert er den Zweikampf (und womöglich das Leben), ist die Beleidigung ebenfalls getilgt. Ist der Beleidiger bereit, sich zu entschuldigen, kann das erst nach dem Duell geschehen, will er sich nicht dem Verdacht aussetzen, aus Feigheit zu einer Entschuldigung bereit zu sein. Die Genugtuung des Beleidigten hängt nicht vom Ausgang des Kampfes ab, sondern davon, dass er stattfindet. Geht der Beleidigte indessen zivilrechtlich gegen den Beleidiger vor, verliert er »das Recht zur Forderung einer ritterlichen Genugthuung«, wie Bolgár betont, dessen Schrift die Regeln nicht etwa festlegt, sondern nur dokumentiert. Lediglich in Anmerkungen erlaubt er sich Kommentare und Empfehlungen: »Die geeignetste Zeit für Duelle sind die frühen Nachmittagsstunden; keineswegs aber sind die frühen Morgenstunden zu empfehlen.«

Bolgárs Schrift erlebte mehrere Auflagen über die Jahrhundertwende hinaus. In der zweiten Hälfte des 19. Jahrhunderts hatte der wachsende Sozialeinfluss des Bürgertums weder in Österreich noch in Preußen zur Eindämmung des Duells geführt, eher zu dessen Ausbreitung – wie generell das Militärische ins bürgerliche Leben eindrang und nicht das bürgerliche Leben ins Militärische. Der akademische Aufsteiger mit Mensur-Vergangenheit war stolz auf seine Schmisse im Gesicht, stolz auf sein Reserveoffizierspatent, stolz auf seine Satisfaktionsfähigkeit und stolz auf die Bereitschaft, sich ›zu stellen‹, wenn die ›Ehre‹ das erforderte.

Unter Junkersöhnen wie unter Junkervätern war das Duell eine Angelegenheit, die man innerhalb des eigenen Milieus ausfocht und aus der sich die Obrigkeit herauszuhalten hatte. Die Karzerstrafe, die Bismarck als Göttinger Student im Februar 1833 wegen seiner Anwesenheit bei einem Pistolenduell abzusitzen hatte, wurde weder von ihm noch von seinen Kommilitonen als ehrenrührig betrachtet. Im gleichen Jahr saß der Freiherr Georg von Vincke wegen eines Duells in Festungshaft, das heißt: eigentlich saß er gar nicht, sondern durfte zur Arbeit ans Mindener Stadtgericht gehen.

Rund zwei Jahrzehnte später, am 25. März 1852, standen Bismarck, inzwischen preußischer Gesandter beim Frankfurter Bundestag, und Vincken, inzwischen preußischer Abgeordneter, einander mit Pistolen in den Händen gegenüber: »Am 25. früh um 8 Uhr«, so Bismarcks Bericht, »fuhren wir nach Tegel, auf einen hübschen Platz im Walde am Seeufer; es war sehr schönes Wetter, und die Vögel sangen munter im Sonnenschein, daß mir alle traurigen Gedanken vergingen, sobald wir in den Wald kamen«. Ursprünglich sollte in einer Entfernung von 15 Schritten jeder fünfmal schießen, aber einer der Sekundanten schlug vor, das Duell auf jeweils einen Schuss zu ermäßigen, »so nahmen wir unsre Posten ein, schossen auf Kommando [...] und fehlten beide. Gott verzeihe mir die schwere Sünde, daß ich seine Gnade nicht gleich erkannte, aber ich kann nicht leugnen, als ich durch den Dampf sah und mein Gegner aufrecht stehen blieb, hinderte mich eine Empfindung des Mißbehagens, in den allgemeinen Jubel [...] einzustimmen; die Ermäßigung der Forderung war mir verdrießlich, und ich hätte das Gefecht gern fortgesetzt. Da ich aber nicht der Beleidigte war, so konnte ich nichts sagen; es war aus und alles schüttelte sich die Hände«.

Weitere dreizehn Jahre später, im Juni 1865, forderte Bismarck Rudolf Virchow zu einem Pistolenduell heraus, nachdem Virchow in einer Rede vor dem Preußischen Abgeordnetenhaus Bismarcks Wahrhaftigkeit bezweifelt hatte. Am 8. Juni ließ er diesen Brief an Virchow überbringen: »Euer Hochwohlgeboren haben in der Sitzung vom 2. d.M. eine persönliche Beleidigung gegen mich ausgesprochen, indem Sie meine Wahrheitsliebe in Zweifel zogen. Ich habe Sie am folgenden Tage [...] ersuchen lassen, mir hierfür Genugthuung zu gewähren [...]. Nach Ihrer damaligen Rückäußerung durfte ich hoffen, daß Sie die Angelegenheit im Wege einer Ehrenerklärung erledigen würden; die [...] Verhandlungen darüber haben dieses Resultat nicht ergeben. Ich bin daher in der Nothwendigkeit, die [...] verlangte Genugthuung wiederholt von Ihnen zu fordern und erbitte Ihre Erklärung, ob Sie bereit sind, meinem [...] Verlangen zu entsprechen. [...] Ihrer gefälligen Antwort entgegensehend bin ich Euer Hochwohlgeboren ergebener Diener«.

So höflich kann man Einladungen zum Totschießen formulieren. Virchow reagierte mit der Erklärung, dass er das Duellieren grundsätzlich ablehne, dass es sich außerdem nicht um eine Auseinandersetzung zwischen Privatpersonen, sondern um eine politische Angelegenheit handle und dass er zu einer entsprechenden Erklärung im Abgeordnetenhaus bereit sei. Dessen Präsident erklärte, Virchow dürfe als Abgeordneter nicht an gesetzlich verbotenen Duellen teilnehmen. Außerdem gab es eine Petition gegen das Duell mit 700 Unterschriften namhafter Persönlichkeiten.

Virchows Duellverweigerung führte zu öffentlichen Kontroversen. Die Gegner des Zweikampfs bewunderten den Mut, der dazugehörte, sich als Mitglied der Honoratiorengesellschaft der Tradition zu widersetzen, während die Anhänger des Duells dem Professor erwartungsgemäß persönliche Feigheit vorwarfen. Kriegsminister von Roon meinte gar, Virchows Duellverweigerung reiche, »um ihn als politischen Straßenjungen zu qualifizieren«.

Der ›Straßenjunge‹ war kein zufälliges Schimpfwort, sondern entsprach einem aus dem Repertoire standardisierter Beleidigungen: ›Lausejunge‹. Auch der ›Lümmel‹ gehörte zu diesem Repertoire. Unter Studenten galt der ›dumme Junge‹ als eine irgendwie höfliche Art der Beleidigung zwecks Anbahnung eines Duells. Eine weitere Formalbeleidigung war die Ohrfeige, seltener ausgeführt als ausgesprochen: Jemand ›möge sich als geohrfeigt betrachten‹.

Zu den nicht codierten, sondern tatsächlich grob verletzenden Ausdrücken zählte der ›Hundsfott‹, gleich danach kam der ›Prolet‹, für Studenten eine unerträgliche Beschimpfung schon deshalb, weil ein Arbeiter nicht satisfaktionsfähig war und einen Akademiker oder Offizier nicht herausfordern, weil nicht einmal beleidigen konnte, so wenig wie ein Hund, der einen auf der Straße anbellt, oder wie ein Jude, mit dem man in einen Wortwechsel gerät. Dass Juden als nicht satisfaktionsfähig zu gelten hatten, wurde im Waidhofener Beschluss der deutsch-österreichischen Studentenverbindungen 1896 ausdrücklich bekräftigt: »Jeder Sohn einer jüdischen Mutter, jeder Mensch, in dessen Adern jüdisches Blut rollt, ist von Geburt aus ehrlos, jeder feineren Regung bar. [...] Der Verkehr mit einem Juden ist daher entehrend; man muß jede Gemeinschaft mit Juden vermeiden. Einen Juden kann man nicht beleidigen, ein Jude kann daher keine Genugtuung für erlittene Beleidigungen erlangen.« So zitiert der Wiener Jude Arthur Schnitzler den Beschluss in seinen Erinnerungen.*

Auch untereinander hatten Juden und Proleten kein Anrecht auf ›ritterliche‹ Ehrenverteidigung. Sie mochten mit Fäusten aufeinander losgehen, aber Satisfaktion durchs Duell stand ihnen nicht zu. Als 1871 zwei Kellner, nach einem (glimpflich verlaufenen) Duell zu jeweils drei Monaten Gefängnis verurteilt, ein Gnadengesuch stellten, empfahl der Justizminister dem König, das Gesuch abzulehnen. Kellner müssten gemäß ihrem Stand ihre Ehre nicht mit der Waffe verteidigen, dürften sich mithin nicht außerhalb der Gesetze stellen und deshalb auch nicht auf Begnadigung rechnen wie Adelige oder Offiziere.

Entsprechendes galt für Kaufleute oder, weil gesetztere Herren ihre Händel ohnehin nicht auf diese Weise austrugen, für die jungen Leute im Kontor. In Gustav Freytags Roman *Soll und Haben* verlangt der jugendliche Held nach einer Beleidigung (›einfältiger Junge‹) vom Beleidiger eine Entschuldigung. Bei deren Ausbleiben besteht er auf einer Forderung und begründet die Berechtigung dazu mit dem Hinweis: »Ich bin Primaner gewesen, und habe mein Abiturientenexamen gemacht, und wäre jetzt Student, wenn ich nicht vorgezogen hätte, Kaufmann zu werden! – Verwünscht sei das Geschäft, wenn es mich so erniedrigt, daß ich meinen Feind nicht mehr fordern darf.«

Ganz ähnlich empfand der hitzköpfige junge Friedrich Engels im Jahr 1841. Er unterzog sich damals auf Anordnung des Vaters einer

---

* Zum Antisemitismus siehe den letzten Abschnitt im Kapitel »Große Fragen«.

kaufmännischen Ausbildung in Bremen, obwohl er lieber studiert hätte. Zum Ausgleich nahm er vier mal die Woche Fechtunterricht: »Zwei Duelle hab ich hier in den letzten vier Wochen gehabt, der Erste hat revoziert, nämlich den dummen Jungen, den er mir, nachdem ich ihn geohrfeigt, aufbrummte, und hat die Ohrfeige noch ungesühnt sitzen; mit dem Zweiten hab ich mich gestern geschlagen und ihm einen famosen Anschiß über die Stirn beigebracht, so recht von oben herunter«.

Über die Verteilung der Ehre nach Stand spottete Rudolf von Jhering 1872 in seinem Vortrag *Kampf ums Recht:* »Ja in Bezug auf die Ehre ist man nun so weit gegangen, daß man nur gewisse Klassen der Gesellschaft für berechtigt erkannte, ihre Ehre zu vertheidigen. Offiziere, Männer vom Adel und Standespersonen. Kaufleute dagegen haben keine Ehre, die haben sie nicht nöthig, ihre Ehre ist ihr Kredit«.

Der studentische Duelleifer sah sich selbst motiviert durch eine Ablehnung des reinen Nützlichkeitsdenkens im bürgerlichen Berufs- und Erwerbsleben, er war tapfere Bewährungsbereitschaft, Schneidigkeit, Ehrpusseligkeit und infantile Renitenz auf Zeit in einem. Brandes notierte über den Durchschnittsakademiker: »Sie toben sich frühzeitig aus – im Einzelfall durch Ausschweifungen, im Normalfall durch unschuldige Trinkgelage und Duelle –, und dann widmen sie sich ihrem Spezialfach.«

Dabei hatten die Burschenschaftler im Unterschied zu den Corpsstudenten Duell und Mensur ursprünglich abgelehnt. Doch setzte sich das Duell als Mannesritual letztlich überall durch, auch in den nichtschlagenden Verbindungen. Der Burschenschaftler Treitschke zum Beispiel forderte als Student in den 1850ern Corpsstudenten heraus, von denen er sich ›persönlich beleidigt‹ fühlte. Und wie das Duell wurde die Mensur noch in den 1880ern und 1890ern von konservativen ›Alten Herren‹ nicht nur im Stillen gutgeheißen, sondern ausdrücklich gelobt. Der Däne Brandes wunderte sich in seinen Berlinberichten über »diese Schrammen, denen man auf Schritt und Tritt begegnet«. Sie »stammen nicht von eigentlichen Duellen, sondern einer ungefährlicheren Mensur. Unter Mensur versteht man die ständige Hauübung, der die Mitglieder der Korps und Verbindungen unterzogen werden. Um die Korpsbrüder pausenlos in Atem zu halten und sicherzugehen, daß sie, allzeit bereit, einer gezogenen Klinge mutig entgegenzutreten imstande sind, werden sie von ihren Alten Herren bald zu dieser, bald jener Mensur beordert. Da werden dann gewisse Vorsichtsmaßnahmen getroffen, die Augen mit Brillen geschützt, die Pulsadern gesichert, die Schläger nur wenige Zoll geschärft. Auf einer Mensur kann man sich tiefe Schmisse beibringen und die Gesichter so weit wie möglich zerfetzen; aber ernsthaften Schaden will man sich nicht zufügen, hauptsächlich weil die beiden kämpfenden Partner nicht die geringste Forderung aneinander haben, sondern nach Order kämpfen.« Oft wurden die Kampfpaare ausgelost, um alles Persönliche auszuschalten. Paukärzte sorgten dafür, dass die Wunden zeitnah medizinisch versorgt wurden.

Die Traditionalisten beharrten auf der inzwischen wie das Duell gesetzwidrigen Mensur, weil das Verletzungsritual die Studenten dazu erziehe, persönliche Verantwortung zu übernehmen, sich zu ›stellen‹. Gestritten wurde darüber, ob die Mensur die Rauflust befördere oder beschränke, ob sie die Bereitschaft zum ›ernsten‹ Duell erhöhe oder senke. Jedenfalls zeigten die Schmisse den Mitmenschen ein Leben lang: Vorsicht, mit dem ist nicht gut Kirschen essen. Ein Zeitzeuge aus den 1880ern: »Hat man erst einige Male ruhig dem Gegner ins Auge geschaut, während die Schläger sich kreuzten, und nicht gezuckt, wenn ein Hieb nach dem anderen saß und das warme Blut den Körper hinunterrann, dann wird man auch in schwierigen Lebenslagen leichter die Fassung bewahren und nicht nur körperliche, sondern auch Seelenschmerzen leichter ertragen.«

Was ist eine Pickelhaube?

Erkundigt man sich bei Friedrich Kluge, dessen *Etymologisches Wörterbuch der deutschen Sprache* erstmals 1883 erschienen ist, wird man an eine unter dem eigentlichen Helm getragene blecherne Schutzhaube aus dem 13. Jahrhundert erinnert, mittelhochdeutsch die ›Beckenhübe‹. Die hatte aber, worauf auch Kluge hinweist, mit dem seit Anfang der 1840er im preußischen und seit 1867 im Bundesheer getragenen »Helm mit Spitze«, so die offizielle Bezeichnung, nichts zu tun. Die Spitze vom Helm war dem Volksmund der ›Pickel‹ und der Helm darunter eben die ›Haube‹*, die übrigens auch aus Leder sein konnte. Aus Metall machte sie aber mehr her, sie glänzte so prächtig, man könnte auch sagen: Sie blendete, vor allem mental, nicht bloß optisch. Das ging sogar einem abgebrühten Kriegsreporter wie Russell so: »Es war ein prächtiger Anblick – ein Wald von blinkenden Bajonetten über Pickelhauben. Nichts sieht en masse so martialisch und so schön aus wie diese Helme.«

Seit jeher marschieren ›Krieger‹ nicht nur gegen den Feind, sondern paradieren auch auf Straßen und Plätzen zu Hause. Da war es praktisch, an Prunktagen den Pickel einfach abschrauben und stattdessen ein Büschel aus Rosshaar (bei den Mannschaften) oder Büffelhaar (bei Offizieren) aufstecken zu können. Es gab sogar Paradehelme, auf denen metallene Adler die Flügel ausbreiteten.

Bei der Artillerie wiederum nahm eine Kugel dem Pickel die Spitze. Ob damit verhindert werden sollte, dass sich die Kanoniere an ihren Kanonen verhedderten? Oder sollte die Kugel auf dem Pickel an die Kugeln aus den Kanonen erinnern?

Obwohl sich die Pickelhaube in allen deutschen und manchen europäischen Heeren verbreitete, wurde sie zum Symbol des preußischen Militärs und zugleich zu dem des ›preußischen Militarismus‹. 1874 verhöhnte ein sozialdemokratischer Redner die Nationalliberalen, sie »schonen nichts in ihrem Eifer. Den Kindern im Mutterleibe möchten sie schon die Pickelhaube aufsetzen.«

Der ›Sozi‹ dürfte dabei auch an die Pickelhauben der Schutzleute gedacht haben. Der preußische Wachtmeister war der amtliche Quälgeist der Arbeiterbewegung. Im Unterschied zu den Spitzeln drückte er sich nicht unerkannt zwischen den Genossen herum, sondern stand mit Helm auf dem Kopf an der Saaltür, strich sich den Schnurrbart und wartete auf einen Vorfall, um die Versammlung zu schließen. Das war nicht schnurrig und auch nicht pittoresk, sondern konnte, besonders seit der Einführung von Bismarcks Sozialistengesetz 1878, die Zerstörung der sozialen Existenz bedeuten,

---

* Manche Militariasammler lehnen die höhnische Herleitung ab und bevorzugen den etymologischen Rückgriff auf die ›Beckenhübe‹.

etwa wenn ein Parteimitglied ausgewiesen wurde und mit Frau und Kindern in kurzer Frist die Stadt verlassen musste.

Heute jagt keine Pickelhaube mehr Angst ein. Sie ist ein lächerlicher Gegenstand, dem etwas Faschingsmäßiges anhaftet. Das gilt besonders für Devotionalien, Bierkrüge in Form eines Bismarck-Kopfes zum Beispiel, mit einer kleinen Pickelhaube als Klappdeckel.

Aber komisch ist immer nur das, was nicht mehr ernst genommen wird, was man nicht mehr zu fürchten braucht. Wo die Macht fehlt und die Gewalt, sie auszuüben, verlieren deren ›Insignien‹ ihre Aura.

Das neue deutsche Leben

❧

Die Villa – Kurze Blicke in bürgerliche Salons –
»Ein gutes Tier ist das Klavier« – Vom Alltag zu Hause –
Ehe und Familie – Frühlings Erwachen, Max und
Moritz, Struwwelpeter – Weihnachten – Zoo und Zirkus –
Landpartie und Landflucht

Was in den Großbürgervillen der Salon, war in der Kleinbürger-
wohnung die ›gute Stube‹. Im Zuhause des Mittelstandes, der Professoren, Ärzte, Offiziere und Beamten, gab es irgendetwas dazwischen. Und überall stand ein Klavier bereit, um der höheren oder
nicht ganz so hohen Tochter Gelegenheit zu geben, Fingerfertigkeit
unter Beweis zu stellen. Die für – manche sagten: gegen – die Besucher klimpernde Tochter war ein Klischee, aber ein tatsachenge-
sichertes. In der Ehe und im Alltag zeigte sich dann, ob sie es verstand, die Dinge wirklich in die Hand zu nehmen, einen Haushalt
zu leiten, die Kinder zu versorgen.

In dem halben Jahrhundert zwischen dem Erscheinen von Heinrich Hoffmanns *Struwwelpeter* 1844 und dem Druck von Frank Wedekinds *Frühlings Erwachen* 1891 veränderte sich die Erziehung. Ob
zum Besseren, hing ebenso von der sozialen Schicht ab wie die gesamte Lebensmodalität, falls in proletarischen ›Milljöhs‹ von so etwas Feinem wie ›Modalität‹ überhaupt gesprochen werden kann.
Aber auch dort wurden die Kinder groß – wenn sie nicht vorher
starben. Auch dort wurde pubertiert – wenngleich in der Fabrik.
Auch dort wurde Weihnachten gefeiert – obwohl der Baum fehlte.
In den ›besseren‹ Familien, sogar in den besseren der Arbeiterschaft,
wurden Landpartien veranstaltet oder Picknicks im Park. Oder man
ging mit den Kindern in den Zoo, um ihnen große Tiere aus der
Nähe zu zeigen, die sie im übertragenen Sinn meist nur aus der
Ferne zu sehen bekamen.

Große Tiere, im übertragenen wie im zoologischen Sinn, waren
ab 1876 in Bayreuth zu bewundern, die einen vor, die anderen auf der
Bühne. Über die auf der Bühne schrieb der Kritiker Paul Lindau in
der *Gartenlaube,* im »Ring der Nibelungen« habe es »einen ziemlich
completten zoologischen Garten« gegeben, »nämlich: eine Riesen-

schlange, eine Kröte, zwei Widder, einen Lindwurm, der singt, einen Waldvogel, der spricht, zwei Raben und einen Bären.«

Lindau leitete seinen Festspielbericht mit halb ernst, halb heiter gemeinten Reflexionen darüber ein, wie die Meinung, die man sich in Bayreuth über Wagners Opern bildete, von derjenigen abhing, die man schon mitbrachte. Ganz ähnlich wie im wirklichen Leben, in dem die Meinungen, die man übereinander hegte, weniger von den Kenntnissen über die anderen abhingen als von den Interessen, die man selber hatte. In den Worten der Majorin von Ziegenhals in Fontanes *Frau Jenny Treibel:* »Jeder Lebensstellung entsprechen auch bestimmte politische Grundsätze. Rittergutsbesitzer sind agrarisch, Professoren sind nationale Mittelpartei, und Industrielle sind fortschrittlich.« Proletarier kommen bei der ausrangierten Hofdame praktisch nicht vor, aber mit ihrer Salonsentenz erweist sie sich theoretisch als Marxistin, wenn auch, ohne es zu merken: »Es ist nicht das Bewußtsein der Menschen, das ihr Sein, sondern umgekehrt ihr gesellschaftliches Sein, das ihr Bewußtsein bestimmt.« So steht es im Vorwort der von Marx 1859 veröffentlichten Schrift *Zur Kritik der Politischen Ökonomie.*

Die Villa

Kommerzienrat Treibels Villa, erbaut, als »nach dem siebziger Kriege die Milliarden ins Land« gekommen waren, lag auf seinem Fabrikgelände, aber so weit weg von den Schloten, dass man nur bei Nordwind vom Qualm belästigt wurde. Es kamen einem bloß die Dienstleute zu nah, weil Treibel versäumt hatte, »für einen Nebeneingang Sorge zu tragen«, wie die Kommerzienrätin beklagt: »Jetzt marschiert jeder Küchenjunge durch den Vorgarten, gerade auf unser Haus zu, wie wenn er miteingeladen wäre. Das sieht lächerlich aus [...]. Außerdem ist es unklug, dem Neid der Menschen und dem sozialdemokratischen Gefühl so ganz nutzlos neue Nahrung zu geben.«

Die Angst vor dem ›Sozialneid‹ ist naturgemäß in den Villen zu Hause, genauer gesagt in den Herzen von deren Bewohnern, während der Neid selbst ebenso natürlich die Seelen der kleinen Leute und Habenichtse zerfrisst, besonders wenn sie ›Sozis‹ sind. Die wechselseitige bürgerliche Statusbeobachtung dagegen gilt in den ›besseren Kreisen‹ nur als Ausdruck dafür, dass man ›auf sich hält‹, dass man weiß, ›was man sich schuldig‹ ist. Und dieses dem ›Sein‹ folgende, ihm geradezu gehorchende ›Bewußtsein‹ ist keineswegs auf Romanfiguren beschränkt.

Wird Neid im sozialen Binnenmilieu doch einmal zugegeben, dann allenfalls in der Form von Komplimenten, wie sie etwa die Majorin von Ziegenhals gewürzt mit einer Prise Sarkasmus dem Kommerzienrat Treibel macht: »Sie haben eine charmante Frau, gefühlvoll und hochpoetisch, und haben eine Villa wie diese, darin wir eben ein Ragout fin einnehmen, das seinesgleichen sucht, und haben draußen im Garten einen Springbrunnen und einen Kakadu, um den ich Sie beneiden könnte, denn meiner, ein grüner, verliert gerade die Federn und sieht aus wie die schlechte Zeit.«

In der Treibel'schen Romanvilla ohne Nebeneingang geht es behaglich zu, in den großen Villen der Wirklichkeit eher herrschaftlich repräsentativ. Auch dort gab es freilich exotische Vögel. In der kolossalen Villa Hügel in Essen, erbaut von 1870 bis 1873 nach den Vorstellungen von Alfred Krupp, sitzt einer in einem Metallring, zu sehen auf einem Wandteppich. Das palastartige Gebäude wurde immer wieder umgestaltet und wirkt heute im Inneren eher schlossmäßig, während Zeitgenossen den ursprünglichen Bau als ›einfach‹ ausgestattet erlebten. Die Heizungsanlage allerdings war hochmodern – und so überkomplex, dass sie in den ersten Jahren nicht zum verlasslichen Funktionieren zu bringen war. Auch die Bewirtschaftung scheint ›einfach‹ gewesen zu sein. Alfred Krupp brauchte bloß 66 Bedienstete, unmittelbar vor Beginn des Ersten Weltkriegs benötigten seine Erben fast zehnmal so viele.

Haus Hügel ist In- und Klischeebild der Industriellenvilla, aber ästhetische Maßstäbe hat es in seiner Maßlosigkeit nicht gesetzt. Das Gebäude war insofern eine Kopfgeburt des Besitzers, als die Architekten vom Hausherrn wie Verwalter seiner Vorstellungen behandelt wurden, nicht wie Gestalter eigener Ideen. Für kleinere Großbürger oder die städtische Honoratiorenschaft wäre das Krupp'sche Überformat ohnehin unerreichbar und oft auch unerwünscht gewesen. Lieber bezog man, wie die Eltern Max Webers, »eine hübsche kleine Villa mit einem einen Morgen großen Garten draußen in Charlottenburg«, damals noch zum Kreis Teltow gehörend. In Charlottenburg hatte auch Werner Siemens seit Anfang der 1860er ein Haus.

Etwa zur gleichen Zeit, als die Webers ihre ›hübsche kleine Villa‹ bezogen, photographierte Marie Panckow andere ›hübsche Villen‹, kleine und nicht so kleine, in »Facaden- und Detail-Aufnahmen«, wie sie 1872 annoncierte. Die Photos zeigen vor allem Neubauten und dokumentieren auf diese Weise den Villenboom jener Jahre.

Zu den Villenzügen in Berlin gehörten die Tiergarten-, die Potsdamer-, die Königgrätzer und die Bellevuestraße, in der Lassalle von 1859 bis 1863 wohnte. Im Frühjahr 1861 besuchte Marx ihn dort für einige Tage und schrieb darüber an Engels: »Er hat sich überhaupt zu sehr vervornehmt«. Über die wachsende Vornehmheit im Tiergarten wiederum meinte Fanny Lewald: »Rund um den Thiergarten erhoben sich neue Häuser, und zwar mit einem Aufwande und mit einem Geschmack, von welchen früher bei Privat-Bauten nicht entfernt die Rede war. Der Luxus war überhaupt auffällig gestiegen.«

Es soll jedoch ›bessere Leute‹ gegeben haben, die etwas Stadtromantik der Tiergartenidylle vorzogen. Jedenfalls lässt Fontane im *Stechlin* eine Gräfin zu einer Baronin sagen: »Wenn ich in unsrer Nische sitze«, in der Beletage eines Wohnhauses am Kronprinzenufer, »die lange Reihe der herankommenden Stadtbahnwaggons vor mir, nicht zu nah und nicht zu weit, und sehe dabei, wie das Abendrot den Lokomotivenrauch durchglüht […], was will Ihre grüne Tiergartenwand dagegen?« Nur die Teppichklopferei störe, »jeden Mittwoch und Sonnabend« und »immer gerade zu der Stunde, wo der alte Graf seine Nachmittagsruhe halten wollte.«

In der Villenkolonie am Wannsee hatte man das nicht zu gewärtigen, nicht, wenn das Anwesen so groß war wie das des Zementfabrikanten und Baustoffunternehmers Robert Guthmann. Er ließ Mitte der 1880er nach halbwegs eigenen Entwürfen eine renaissancierende zweigeschossige Villa errichten*. Aber keine Bürgerresidenz kann

---

* Das Gebäude ist erhalten und beherbergt heute das Literarische Colloquium.

so jotwede sein, dass einem nicht doch irgendwelche Leute auf die Nerven gehen. Die Guthmanns mussten den Bespaßungslärm der Ausflugslokale aushalten, die sich seit der Einrichtung der Wannseebahn 1874 etabliert hatten. Guthmann war »Obmann der Geselligkeitskommission« eines exklusiven Segelclubs; die Massengeselligkeit der Ausflügler suchte er dagegen mit seinem Engagement als Gemeindeverordneter einzudämmen.

Villenkolonien entstanden auch in Dahlem und im Grunewald, letztere unter nachdrücklicher Förderung Bismarcks. Die Pläne, einschließlich der Umwandlung eines Reitwegs in eine Prachtstraße, den künftigen Kurfürstendamm, gingen auf die Mitte der 1870er Jahre zurück, wurden aber erst in den 1880ern umgesetzt. »Bei dem Interesse, welches Seine Majestät der Kaiser wie der Fürst Reichskanzler an der Kurfürstendammstraße nehmen«, mahnte 1883 ein Reporter, »möchten wir ganz besonders die maßgebenden Bauaufsichtsbehörden veranlassen, keinem Bau von Mietskasernen die Bauerlaubnis zu erteilen.« Das ist dann tatsächlich nicht geschehen, obgleich die projektierte Villenbebauung zunächst nur zögerlich vorankam. Die Anlage einer Dampfstraßenbahn verringerte die Zeitdistanz zur Stadt, und aus dem sanddurchblasenen Föhrenwald wurde ein begehrter Villenvorort. »Das Seltsamste aber sind die lustigen Häuser«, meinte ein Zeitgenosse Anfang der 1890er, »die überall durch die kahlen, rotgrauen Föhrenstämme lugen. Während in Berlin die Neubauten ein Festkleid übermütigen Ornaments in Sandstein tragen, sind sie ganz ohne plastische Verzierungen. Aber dafür tritt die Farbe vollauf genügend ein. Weisse Wände mit braunem Holz, rote Dächer, oft auch diese aus roten und grünglasierten Ziegeln.«

Bis gegen Ende des Jahrhunderts war in Berlin die größte zusammenhängende Villenlandschaft Europas entstanden, sogar Friedhöfe könnte man dazuzählen, wollte man die Mausoleen des Großbürgertums berücksichtigen. Eines davon wurde von Friedrich Hitzig für den Bankier Friedrich Wilhelm von Krause erbaut, derselbe, für den Hitzig die Villa in der Wilhelmstraße entworfen hatte.

Neben den Begräbnisvillen gab es welche für Geburten – für uneheliche Geburten gutbürgerlicher Frauen. Eine Berliner Zeitungsannonce warb in den 1870ern: »Damen, welche einige Zeit zurückgezogen unter strengster Discretion leben wollen, finden freundliche Aufnahme und liebevollste Pflege bei einer gebildeten Familie zu Dresden, in einer Villa mit schönem Garten und großem Park.«

Kurze Blicke in bürgerliche Salons

In der zweiten Hälfte des 19. Jahrhunderts war die ›klassische‹ Zeit des Salons, die genauer gesagt als eine romantische zu gelten hat, bereits vorüber. »In jedem großen Salon«, bemerkte Georg Brandes, »schließen die Anwesenden hier eine Art flüchtiger Freundschaft; man darf sich selber vorstellen, führt mit Herren und Damen Gespräche, und das gegenseitige Entgegenkommen ist außerordentlich groß.« Einen rangfreien Kommunikationsraum, wie er ehemals angestrebt oder wenigstens simuliert worden war, durfte Brandes jedoch nicht erwarten, wenn er die Stufen zur Beletage eines Gastgebers emporstieg: »In Deutschland schleppt man Stand und Stellung immer auf die Einladung mit.«

Stand und Stellung spiegelten sich in der Sitzordnung, Rang und Ruhm verliehen den Worten Gewicht, die Hierarchie bestimmte, in welcher Reihenfolge die Herren nach dem Essen das Rauchzimmer betraten, um sich die Zigarren anzuzünden. Die Damen nahmen unterdessen im Zimmer der Gastgeberin rauch-, aber nicht rangfrei den Mokka ein. Danach kehrten alle in den Salon zurück, um das gemeinsame Gespräch fortzusetzen.

Über einen Breslauer Kreis in den 1860ern berichtet ein heute unbekannter Zeitgenosse in seinen Kindheitserinnerungen: »Abgesehen von den größeren Gesellschaften [...] hatten wir jeden Freitagabend einen Jourfix, an dem oft zwanzig und mehr Personen teilnahmen. Die Tafelfreuden konnten sie nicht locken, es gab nur kalten Aufschnitt und einen ausgezeichneten italienischen Salat, für den unsere Küche berühmt war und dazu Tee und Bier, aber die Gesellschaft pflegte immer eine anregende zu sein«.

Der kalte Aufschnitt war keine Breslauer Spezialität. In der Hauptstadt Berlin griff in den Bürgersalons eine repräsentative

Kärglichkeit um sich, bei der die ›geistigen Werte‹ doch sehr an die Stelle der Bedürfnisse des Bauches rückten. In der Familienzeitschrift *Daheim* wurde das 1878 in einem Beiblatt unter dem Titel »Der Berliner Theetisch und seine ethische Bedeutung für die moderne Kultur« wenig zartfühlend verspottet: Ein »anständiger Theegast hat zwischen 6 und 7 Uhr abends zu Mittag gespeist und erfreut sich im Moment seines Eintreffens einer gänzlichen Appetitlosigkeit. [...] Zur Umgebung des Theetisches gehört in erster Linie ein Geheimrath, dessen Frau, die Räthin, der eigentliche Hausherr ist. Kein Geheimrath besitzt ferner unter drei gleichgekleideten Töchtern, welche außer dem Theeangießen das Erröthen und das Tellerherumreichen besorgen. An Appetitlosigkeit übertreffen sie den wohlgezogensten Gast. Die Geheimräthin aber ist das Auge des Theetisches. Sie versteht es, mit einem einzigen Blick, Zuckerdose, Kuchenteller, Heringssalat, kalten Aufschnitt und die sämmtlichen Eingeladenen mit allem was sie vor und an sich haben, zu mustern.« Anwesend sind außer einem »Hofrath und dem Rittmeister nebst Gattinnen« ein »zweiter Geheimrath aus demselben Ministerium, ein jüngerer Gardelieutnant, der die Violine spielt und Witze macht, ein sehr subtiler Referendarius, den die Geheimräthin einen Mann von den besten Sitten nennt«, sowie ein Professor in gelber Weste, »eine Specialität der großen Gattung, der elegante Salonprofessor.«

Ein Schwundraum des mittelbürgerlichen Salons war die kleinbürgerliche gute Stube, nach der selbst unter der bessergestellten Facharbeiterschaft gestrebt wurde. Es gehörte dazu ein Sofa in der Ecke, ein Teppich auf dem Boden und ein Bild an der Wand, mochte es nun den Kaiser Wilhelm oder August Bebel zeigen.

Zwischen dem repräsentativ-unbehaglichen Salon und der bloß zur Schonnutzung zugelassenen und deshalb ebenfalls unbehaglichen guten Stube gab es zahlreiche Zwischenformen. Eines dieser Zwitterzimmer beschreibt Adele Spitzeder* in ihren Memoiren. Es befand sich in den Privaträumen des Hauses, das sie in München von ihren Geldgeschäften und für ihre Geldgeschäfte gekauft hatte: »Mein Salon war mit rother Sammttapete ausstaffirt, die Möbel

---

* Zu ihr die Passagen im Abschnitt »Großmacht und Krise« im Kapitel »Gründerzeit – Gründerkrach«.

hatten gelbe Damastüberzüge. Ein Marmorthisch mit hohem Spiegel in Goldrahmen, darüber ein schöner Kronleuchter [...], ein Harmonium, ein Sophatisch mit schönem Teppich davor, zwei Fauteuils und sechs Stühle«. Dieses Ambiente wirkte auf Besucher beruhigend unoriginell und täuschte gut betucht über die halbseidenen Geschäfte hinweg, die das möglich machten. Nur das Harmonium irritiert ein wenig. Ein Klavier hätte dem Klischee besser entsprochen. Wohlwollend gewürdigt wurde es von Otto Leixner, als er Ende der 1880er *Soziale Briefe aus Berlin* publizierte und sich darin anerkennend über auf vornehme Weise vermögende Gastgeber äußerte: »Die Geselligkeit des Hauses beschränkt sich fast nur auf befreundete oder doch gut bekannte Familien, die miteinander im Vergnügungskartell stehen. Im Winter vom November bis März ist alle zwei Wochen ein fester Abend eingerichtet. Das Gebotene ist vorzüglich zubereitet, aber mehr als zwei Gänge kommen nicht auf den Tisch. Man erscheint zwischen sieben und acht und trennt sich gegen Mitternacht, erfrischt durch zwanglose Unterhaltung, die von Scherz zum Ernst und umgekehrt sich bewegt, durch Gesang und Klavierspiel bereichert, aber nicht totgeschlagen wird.«

»Ein gutes Tier ist das Klavier«

Es war Leixner zu Recht ausdrücklicher Erwähnung wert, dass in dem von ihm belobigten Salon mit dem Klavierspiel nicht totgeschlagen wurde. Schließlich kam es den Gästen öfter so vor, als würde der aufgeklappte Flügel die Zähne fletschen. Man selbst biss die eigenen zusammen, wenn die Hausherrin oder deren Tochter den Hocker zurechtrückte, das Notenheft aufschlug und zu spielen begann. Die Musikpädagogin Johanna Kinkel meinte: »Musikfreunde und Musikfeinde werden gleich empfindlich durch den Anblick eines geöffneten Klaviers mit zwei Lichtern darauf berührt, wenn sie einen Salon zur Erholung betreten.«

Wenn dann die ersten Töne des »Gebets einer Jungfrau« aus dem Kasten perlten, wusste man sich auf der Standardhöhe musikalischer Gefälligkeit. Das 1856 von der polnischen Pianistin Tekla Bądarzewska-Bąranowska publizierte Stück wurde besonders bei heiratsfähigen Töchtern so beliebt, dass man es hämisch einen Gassenhauer der Salonmusik der zweiten Jahrhunderthälfte nennen könnte. Die 22-jährige Komponistin war zum Zeitpunkt des Notendrucks bereits vier Jahre verheiratet und hatte schon Kinder auf die Welt gebracht. Das Wissen darum verlieh dem Stück, gespielt von heiratsbereiten Töchtern, zusätzlich eine gewisse sentimentale Pikanterie.

Wer seine Tochter an einen Ehemann etwas weiter oben bringen wollte, tat gut daran, deren Fingerfertigkeit zu schulen. Etwa zur Entstehungszeit des Jungfrauengebets schrieb Johanna Kinkel an Jacob Burckhardt:»Ich meine, daß wir so vorherrschend im musikalischen Zeitalter leben, daß singende und klavierspielende Mädchen sich vor ihren nicht musizierenden Schwestern eines ungerechten Vorzugs erfreuen. Sie werden schon in frühester Jugend in größere Kreise gezogen, mehr beachtet, und verheiraten sich eher als andere, deren Eigenschaften unbemerkt bleiben. Mädchen von kaltem Gemüt erscheinen oft seelenvoller als andere, weil sie wohleinstudierte Empfindungen mit einer melodischen Stimme ausdrücken, zu denen sie selbst gar nicht befähigt sind.«

Um das zu erreichen, bedurfte es allerdings nicht unerheblicher Investitionen: in Instrumente, in Räume zum Aufstellen, in Lehrpersonal zum Spielenlernen. »Die grosse Steigerung der Wohnungspreise lastet [...] wie ein Alb auf den Haushaltungen«, schrieb 1874 der Berliner Statistiker Hermann Schwabe, »erschwert ihnen in harter Weise den Kampf um die Existenz und wirkt auf die tiefgreifendsten Lebensgewohnheiten erkennbar ein. Der beschränkte Raum verdrängt die Flügel und Pianofortes durch compendiöse Pianinos«. Ein Krieg machte die Sache nicht leichter, wenn man nicht gerade zu den Gewinnern zählte:»Das beträchtliche Abnehmen des Buch-, Kunst- und Musikalienhandels und der Fabrikation musikalischer Instrumente«, vermutete Schwabe,»dürfte wohl mit dem Krieg zusammenhängen, denn es ist sonst bekannt, dass Berlin auf dem Gebiete der Pianinos und Flügel längst Paris und Wien an Klangfülle und Solidität eingeholt, wenn nicht übertroffen hat.« Was wiederum den Unterricht anging, der konnte übers

Jahr gerechnet mehr kosten als ein Dienstmädchen. Eine offenbar kalkulationsgewohnte Prokuristengattin bezifferte 1887 die Kosten für das Erüben einer Beethovensonate auf drei Mark, immerhin anderthalb Tageslöhne eines Handlangers. Bis »in die Kreise des Kleinhandels und Gewerks hinein«, hatte schon Jahrzehnte zuvor ein Musikhistoriker getadelt, »wird der endlos drängenden Arbeitsnoth, knappem Erwerb Geld abgelistet und abgerungen, um wenigstens für die Töchter Klavier, Noten, Lehrer, Musikbildung zu erbeuten«.

Die Töchter selbst wiederum mussten nicht nur Gefühl simulieren, sondern tatsächlich Zeit investieren, Zeit, die ihnen dann anderweitig fehlte, besonders wenn nicht in Aussicht stand, so weit nach oben zu heiraten, dass sie ihren künftigen Haushalt vollständig dem Personal überlassen konnten. »Wie viele, die ihre Musikmappe spazieren tragen«, tadelte eine Wiener Schrift zur Dienstbotenfrage, »thäten besser daran, sich mit dem Kochbuche zu befassen, um, wenn sie selbst einmal einem Haushalte vorstehen, nicht zum Gespötte ihrer Dienstleute zu werden.«

Der Übungsbedarf am Klavier war groß. Es gab ein wahres Gewimmel an Etüden (nicht nur diejenigen Chopins) und eine ganze Batterie von Schulen und Vorschulen der Geläufigkeit (nicht nur diejenigen Carl Czernys). Weil so viel geübt wurde, um spielen zu können, und so viel gespielt wurde, weil man geübt hatte, griff die von Musikkritikern wie Eduard Hanslick beklagte ›Clavierseuche‹ immer weiter um sich. Jedes bessere Bürgerhaus verwandele sich zur »Heimstatt abscheulichster Spektakel«, höhnte der sonst so gelassene Georg Brandes, »verursacht mit Hilfe des empörendsten Marterinstruments, das die neuere Zeit hervorgebracht« habe. »Selbst der Keller eines solchen Hauses ist ein Abgrund von Pianospiel; aus den Parterrewohnungen erschallen die dröhnendsten Forti; […] in der Beletage spielen die Herren und singen die Damen tagtäglich die gleichen Stücke, darüber spielen die Mütter für ihre Kinder, und alle diese Laute, vermengt zum wildesten Chaos, dringen durch die prächtigen Öfen nach oben und unten, so daß man in der dritten Etage die Musik vom Erdgeschoß hören kann, als würde sie in dem Zimmer gespielt, in dem man sich aufhält«. Kein Wunder, dass in Fontanes *Mathilde Möhring* die Thilde beim Untervermieten damit wirbt, »der Wirt, ein sehr liebenswürdiger Herr, nähme keinen ins Haus, der Klavier spiele.«

In keinem Land der Welt wurde so viel Klavier gespielt wie in Deutschland, und in keiner Stadt Deutschlands wurden so viele Klaviere gebaut wie in Berlin. Die 1853 gegründete Firma Carl Bechsteins war nur eine der Werkstätten, wenn sie auch bald zur berühmtesten wurde. Immerhin machte nur wenige Jahre nach der Gründung Hans von Bülow mit der Aufführung einer Liszt-Sonate auf einem Bechstein-Flügel Furore. Und König Ludwig II. von Bayern schenkte seinem Abgott Richard Wagner ein Bechstein-Klavier.

Im gleichen Jahr wie Bechstein in Berlin etablierte die aus dem Harz stammende Auswandererfamilie Steinweg in New York die Firma Steinway & Sons sowie Julius Blüthner in Leipzig eine Pianoforte-Fabrik. Alle drei Unternehmen stellten sehr gute Tiere her, obwohl die Chefs es gewiss nicht so ausgedrückt hätten wie Wilhelm Busch: »Ein gutes Tier / Ist das Klavier, / Still, friedlich und bescheiden, / Und muß dabei / Doch vielerlei / Erdulden und erleiden. // Der Virtuos / Stürzt darauf los / Mit hochgesträubter Mähne. / Er öffnet ihm / Voll Ungestüm / Den Leib, gleich der Hyäne.«

Bei dem Virtuosen, der sich mit gesträubter Mähne aufs Klavier stürzt, hätte Busch an Franz Liszt denken können. »Wer kennt nicht diese Haltung«, meinte Brandes über den alten Meister, »dieses Haupt der fallenden weißen Mähne, die manch musizierender Stümper zu kopieren bestrebt war?« Brandes schrieb das im Juni 1881 anlässlich eines Berlin-Besuches, bei dem Liszt während eines musikalischen Festes Ovationen entgegennahm, aber nicht mehr spielte: »Alles erhob sich, als Liszt sich auf dem Podium neben seiner Gastgeberin, der Gräfin von Schleinitz, zeigte, begleitet von seiner Enkeltochter Fräulein von Bülow und einem ganz kleinen Gefolge.«

Bei dem Fräulein von Bülow dürfte es sich um Daniela gehandelt haben, das älteste von drei Kindern, die aus der Ehe zwischen Liszts Tochter Cosima und Ehemann Hans von Bülow hervorgegangen schienen. Das jüngste war Isolde, die aber nicht Bülow zum leiblichen Vater hatte, sondern Richard Wagner, mit dem Cosima seit 1863 ausreichend vertraulichen Umgang hatte, obwohl die Trennung zwischen ihr und von Bülow erst 1867, Scheidung und Heirat mit Richard Wagner erst 1870 erfolgten.

Sechs Jahre nach dieser Heirat fanden in Bayreuth die ersten Festspiele statt, zu denen Mimi Schleinitz den Kaiser zu locken wusste. Wagner war, anders als ein üblich berühmter Komponist oder ein gewohnheitsmäßig gefeierter Virtuose, ein Priester der Kunst: Musiker, Dichter, Bühnenarchitekt und Festspielleiter in einem. Mochte manchem die Musik zu schwellend, der Stabreim zu stolpernd, das Bühnenbild zu prächtig und die Festspielleitung zu furios erscheinen, sein Publikum verwandelte sich in eine Pilgerschar, sein Bayreuther Theater in ein Heiligtum. Nach dessen Eröffnung berichtete Paul Lindau in der *Gartenlaube,* das »weitaus stärkste Contingent des Publicums« habe aus Leuten bestanden, »die mit der ausgesprochenen Absicht nach Bayreuth gekommen waren, Beifall zu klatschen«. Es war gewissermaßen ein mäzenatisches Publikum, weil »das Bayreuther Bühnenfestspielhaus durch die Bemühungen der Freunde der Richard Wagner'schen Kunst errichtet worden ist« und »diese Freunde für die Summe, die sie gezahlt, Billets erhalten haben«. Wagnerkult ist Bürgerkult, trotz des königlichen Schirmherrn aus Bayern, zugleich gefühlsselig und statusbewusst, angeberisch noch im Schwärmen, während der Aufführungen mit dem Kopf weihevoll in Wolken, aber davor und danach mit den Beinen fest auf dem Boden.

Aber trifft das nicht auf jede Kunst zu, die Bürgern in die Hände und ins Auge fällt? Oder ins Ohr geht? Manche Zeitgenossen scheinen das so empfunden zu haben, zum Beispiel der Kulturjournalist Otto Leixner: »Sicherlich giebt es unter den Hunderttausenden, die in Berlin während des Winters die vielen Musikaufführungen besuchen, sehr viel begeisterte Freunde und viele echte Kenner der Kunst. Für die Mehrzahl aber ist die Musik nur ein narkotisches Mittel. Man braucht weder die Gedanken noch die nachschaffende Phantasie in Bewegung zu setzen, man kann sich mühelos von den Tonfluten treiben lassen. Ich glaube, daß heute die Musik für die meisten nur darum Lieblingskunst ist, weil sie, oberflächlich genossen, an den Geist die geringsten Anforderungen stellt«.

Das war höflich ausgedrückt und bezog sich auf den passiven Genuss. Brandes wurde deutlicher und bezog sich aufs aktive Laienspiel: »Die allermeisten Menschen leben leider in einem gewohnheitsmäßigen Gespinst erlogener Empfindungen. So spielen sie sechs Stunden am Tag Klavier und glauben, sie fänden darin Unterhaltung und verkehrten derweil mit einer Muse, und so verehren andere mit hysterischer Leidenschaftlichkeit den Kaiser, Bismarck, die kleinen und großen Prinzen und glauben, sie fühlten gewaltige Begeisterung. Es ist Klimperei, mechanische Nachahmung, falscher Anschlag, schlechte Musik im einen wie im anderen Fall.«

Das professionelle Musikleben Berlins wurde in den beiden Jahrzehnten nach der Reichsgründung von Bilse und Bülow geprägt. Benjamin Bilse dirigierte sein Orchester seit 1871 in einem eigenen Konzertsaal. Das Familienpublikum freute sich an der Musik, mitunter hauptsächlich nebenbei, die Töchter schauten nach Heiratskandidaten aus, die Söhne musterten die potentiellen Bräute, die Mütter waren wachsam, die Väter tranken Bier. Auf Menzels Gemälde »Bilsekonzert« ist im Vordergrund ein Glas zu sehen.

Das ging über ein Jahrzehnt lang gut, bis sich 1882 Dutzende Musiker dem Bilse'schen Takt- und Kommandostock entzogen. Sie hatten das Dauerkonzertieren satt, vielleicht auch die Biergläser des Publikums, wollten keine Polkas und Walzer mehr spielen und sich ihre Dirigenten selber wählen. Nach ersten Konzerten in einem Charlottenburger Gartenlokal, wo sie doch wieder Polkas und Walzer spielen mussten, immerhin unter einem selbstgewählten Dirigenten, und erneut Biergläser auf den Tischen standen, fand sich ein Konzertagent und in einer ehemaligen Rollschuhbahn ein bespielbarer Saal, aus dem nach einem Umbau die Philharmonie hervorging. 1884 war Johannes Brahms Gastdirigent, von 1887 bis 1892 gab Hans von Bülow als Chefdirigent den Takt an – und sorgte für Takt im Publikum: Die Biergläser verschwanden, die Plauderer verstummten, die Damen wagten kaum noch, mit den Fächern zu wedeln.

Bülows musikalische Tyrannei wurde schnell legendär, und legendär wurde sein Abschied. Er dirigierte eine Beethoven-Sinfonie und wischte sich danach buchstäblich den Staub von den Lackschuhen. »Wir Musikanten mit Herz und Hirn, mit Hand und Mund«, erklärte er, »wir weihen und widmen heute die heroische Symphonie von Beethoven dem größten Geisteshelden, der seit Beethoven das Licht der Welt erblickt hat.« Wen konnte er bloß damit meinen? »Wir widmen sie dem Bruder Beethovens, dem Beethoven der deutschen Politik, dem Fürsten Bismarck!« Erst kürzlich hatte der jung-forsche Wilhelm II., der den Kanzler 1890 zum Rücktritt gezwungen hatte, gegen kritische Künstler gepoltert. »Seine Majestät«, fuhr Bülow fort, »haben in diesen Tagen geruht, zu sagen, daß es für Nörgler das Beste wäre, den deutschen Staub von ihren Pantoffeln zu schütteln, um sich den elenden und jammervollen Zuständen des Vaterlandes auf das schnellste zu entziehen. Ich tue es hiermit und verabschiede mich von ihnen!« Er zog ein Seidentuch aus dem Ärmel, wischte über die Lackschuhe und stieg vom Podium. Der gut einstudierte Abgang war eine Geste des Protestes, aber eines Protestes mit dem Gesicht zur Vergangenheit: »Fürst Bismarck – hoch!«

Vom Alltag zu Hause

Wie es zu Hause zuging, war in hohem Maß von der Hausfrau abhängig. Und von den Mitteln, die sie zur Verfügung hatte: Geldmittel, Sachmittel, Personal. Letzteres freilich nur dann, wenn man Personal hatte und nicht selbst welches war. Entsprechend unterschieden sich die Ratschläge fürs Haushalten, auch die in gedruckter Form. Zwischen dem, was die Fabrikantengattin und bürgerliche Frauenrechtlerin Hedwig Heyl in einem nahezu tausend Seiten umfassenden *ABC der Küche* ihren bürgerlichen Leserinnen empfahl, und dem, was eine »Commission des Verbandes Arbeiterwohl« mit dem Handbüchlein *Das häusliche Glück* der Arbeiterfrau beizubringen suchte, liegen Welten. So wie zwischen der Beletage vorn im ersten und der Dachwohnung im obersten Stock eines Hinterhauses Welten lagen – oder Höfe.

Die Heyl kommt auf den »Hauptgrund, daß unsere hauswirtschaftliche Thätigkeit oft so wenig Reiz für die gebildete Frau hat«, zu sprechen. Der »liegt eben darin, daß dieselbe als eine rein äußerliche Fertigkeit aufgefaßt wird, welche in kürzester Zeit erlernt werden kann. Daß dem nicht so ist, davon überzeugt die Unzulänglichkeit der Führung mancher Haushaltung, wie das im ganzen recht mangelhaft ausgebildete Dienstpersonal täglich.« Und sie betont: »Das Getriebe des Hauswesens wird sich um so regelmäßiger abspielen, je mehr die Hausfrau sich selbst an Pünktlichkeit und Ordnung gewöhnt hat und vorsorgend alle Möglichkeiten abwägt. Die Arbeit der Dienstleute kann um so besser eingeteilt und geregelt werden, je weniger dieselbe unerwartete Unterbrechungen, z.B. durch Wegschicken derselben, zu erleiden hat.«

Der Verfasser des »Verbandes Arbeiterwohl« indessen räumt ein, »daß es viel schwieriger ist, eine Haushaltung mit geringen Mitteln und ohne Hülfe einer Magd ganz allein zu besorgen«. Noch dazu, wenn der »Verdienst des Mannes nur klein ist.« Außerdem gingen viele Arbeitermädchen schon frühzeitig in die Fabrik und könnten wegen der Beschränktheit der elterlichen Haushalte (einschließlich der Beschränktheit der Arbeitermütter) kaum das ›Wirtschaften‹ erlernen. Dieses sozialisatorische Defizit sucht *Das häusliche Glück* auszugleichen. Nebenbei predigt der von der Kommission beauftragte Verfasser, ein Kaplan, Gottergebenheit und frohgemutes Ausfüllen des Platzes, an den man nun einmal gestellt sei. Das entspricht ganz der Lehre eines in den 1870ern kursierenden *Arbeiterkatechismus:* »Wie hat sich der christliche Arme zu betragen? Er muß die ihm auferlegten Entbehrungen geduldig und mit Ergebung in Gottes Willen ertragen, ohne deshalb die geeigneten zeitlichen Mittel zu vernachlässigen, welche seine Lage verbessern können.«

Dass Arbeitermädchen keine Haushaltsführung lernten und lernen konnten, hat nicht nur Kommissionen und Kapläne, sondern auch Alltagsreporter beschäftigt. Otto Leixner konstatierte in seiner Zeitungsserie *Soziale Briefe aus Berlin* Ende der 1880er: »Schon das Leben in der Kindheit hat es wenig von dem gelehrt, was die künftige Hausfrau bedarf. Die Mutter ist in vielen Fällen auch Fabrikmädchen gewesen und hat die Wirtschaft mit Ach und Krach geführt. Nicht selten geht sie selbst auch auf Arbeit und bekümmert sich um die Wirtschaft nur in den Freistunden.«

Leixner stellte in seinen Berichten aufgrund eigener Recherchen exemplarisch die Lebensverhältnisse »eines vornehmen Hauses«, die einer Beamtenfamilie und die »ordentlicher Arbeiter« zusammen:

– Das vornehme Haus: Das Paar hat zwei Töchter (19, 21) und einen außer Haus lebenden (studierenden) Sohn. Die »Einnahmen aus preußischen Staatspapieren« belaufen sich auf jährlich 23 165 Mark. Die »Wohnung (Gesellschaftszimmer, Eßzimmer, Zimmer des Herrn, der Frau, der zwei Töchter, zwei Schlafzimmer, Fremdenstube und Nebenraum) mit Abgaben« kostet im Jahr 2460 Mark. Hinzu kommen für »Heizung. Zentralheizung in der Wohnung und Koks für die Küche« 390 Mark, für »Beleuchtung: Gas, Petroleum, Kerzen« 275 Mark. Köchin und Stubenmädchen erhalten zusammen 486 Mark einschließlich 50 Mark Weihnachtsgeld für die Köchin und 40 Mark für das Stubenmädchen. Die Kosten für die Gesellschaftsabende*, zu denen zwischen fünfzehn und zwanzig Gäste geladen sind, betragen pro Abend 60 Mark. Die »Musik- und Malstunden nebst Noten und Farben« für die Töchter kosten 560 Mark. Ausgaben für »Wäsche, Glätten des Parkettbodens, Lohndiener, Trinkgelder, Neujahrsgelder für Briefträger« etc. sowie Teppichreinigung: 453,50 Mark. Die Steuern belaufen sich auf 1146 Mark, die Ausgaben für »Cigarren« auf 325 Mark.

– Die Beamtenfamilie: Das Paar hat zwei Söhne (12, 13) und eine Tochter (19). Die Wohnung liegt im dritten Stock eines Vorstadthauses mit »Pferdebahnverbindung«. Sie »besteht aus zwei Schlafzimmern, einer Eß- und zugleich Wohnstube, einer ›guten Stube‹ und einem kleinen Zimmer für den Hausherrn, in welchem Raum auch dessen Frau sich in Abwesenheit des Mannes aufhält«. Die Jahreseinnahmen belaufen sich auf 5450 Mark. Es sei hinzugefügt, dass dies am oberen Ende des von 3000 bis 6000 Mark reichenden Haushaltseinkommens des »gebildeten Mittelstands« liegt, also von Lehrer-, Beamten- und Offiziersfamilien. Dort hält man sich keine Dienstmädchen, keine Kindermädchen und keine Köchin, sondern ein »Mädchen für alles«, das in dem von Leixner beschriebenen Fall »stets in der Provinz gemietet« wird und 120 Mark erhält. Die »Dienstbotenkrankenversicherung« kostet 6 Mark. Die »Wohnung (mit Mietsteuer)«

---

* Wie am Ende des Abschnitts »Kurze Blicke in bürgerliche Salons« beschrieben.

kostet 1225 Mark, zusätzlich 140 Mark für Heizung und 45 Mark für Beleuchtung. Für Essen werden 170 Mark im Monat aufgewandt. »Steuern nebst Witwenkasse«: 254 Mark.

– »Ein ordentlicher Arbeiter«: Das Paar hat zwei Kinder. Das jährliche Haushaltseinkommen beträgt 1700 Mark. »Die Wohnung besteht aus einem ziemlich geräumigen Zimmer, an das sich die Küche schließt.« Zum Zimmer: »Die eine Langmauer nehmen zwei Betten und ein einfaches Schlafsofa ein, das den Kindern zur Ruhestätte dient; die andere wird von einem ›Vertikow‹, einem Kleiderschrank und einem Waschtisch eingenommen. Ein Tisch und Stühle vervollständigen die Einrichtung.« Zimmer und Küche kosten 259 Mark Jahresmiete, zuzüglich 45 Mark fürs Heizen. »Diese kleinen Wohnungen sind, weil am meisten gesucht, trotz des Mangels an Ausstattung, die teuersten. In dem Vorderhause befindet sich im 1. Stock eine Wohnung von 9 Wohnräumen, Küche und Badestube; sie kostet 1400 Mark«. Für Haushalt und Essen sind jährlich 924 Mark angesetzt, für das Essen umgerechnet pro Tag 2,58 Mark.

Das entsprach nach den Kategorien in *Das häusliche Glück* schon ›besseren Verhältnissen‹. Ein sonntägliches Mittagessen im Winter für vier Personen (Rindfleisch, Nudeln, Bohnen, Kartoffeln und Fett) wird mit 1,78 Mark berechnet, das Mittagessen am Dienstag, das billigste der Woche, mit Bohnen, Sauerkraut und Räucherspeck, mit 69 Pfennigen. In »sehr dürftigen Verhältnissen« gibt es an Wintersonntagen Sauerkraut, Kartoffeln und frischen Speck (44 Pfennige) und dienstags Gerstensuppe, Kartoffeln und Wurstbrühe für 35 Pfennige. In diesen wirklich »sehr dürftigen Verhältnissen« gibt es mittags Kartoffeln, Kartoffeln, Kartoffeln, Kartoffeln, Kartoffeln, Kartoffeln, Kartoffeln – siebenmal die Woche.

Kein Wunder, dass ein Dienstmädchen Anfang der 1870er von einem gutbürgerlichen Hamburger Speiseplan schwärmte: »Sonntags Ochsenfleischsuppe mit Sellerieknollen und etwas Suppenkraut mit dickem, gedämpftem Reis oder Klöße und Kartoffeln mit einem Stück saftigen, fetten Ochsenfleisch, ein Teil Gemüse, Senfsoße oder Meerrettichsoße oder Petersiliensoße. Montag: das nachgebliebene Fleisch in brauner oder saurer Soße, Suppe, Sellerie,

Kartoffeln, Gemüse. Dienstag: Fische, wie sie da sind, gebraten oder gekocht, Meerrettich, Butter oder Senf, Milchsuppe. Mittwoch: Frikadellen mit Gemüse und Weinsuppe mit Graupen oder Sago mit kleinem Zwieback. Donnerstag: Erbsensuppe mit Schweinskopf und Salat mit Kartoffeln. Freitag: Fleischreste, Rotkohl, Milchsuppe oder Fruchtsuppe, Schinken, Spargel, Kartoffeln. Sonnabend: Pfannkuchen mit Frucht gefüllt oder Reis gefüllt, saure Suppe oder Buttermilchsuppe mit Klößen und [...] fein geschnittenen, ausgebratenen Speck. Und so weiter – das nennt man Bürgerkost.«

Ja, das nennt man deutsche Bürgerkost, hätte der Basler Antichrist höhnisch zustimmen können, »was hat sie nicht alles auf dem Gewissen! Die Suppe *vor* der Mahlzeit [...]; die ausgekochten Fleische, die fett und mehlig gemachten Gemüse; die Entartung der Mehlspeise zum Briefbeschwerer! Rechnet man gar noch die geradezu viehischen Nachguß-Bedürfnisse der alten, durchaus nicht bloß *alten* Deutschen dazu, so versteht man auch die Herkunft des *deutschen Geistes* – aus betrübten Eingeweiden«. Natürlich waren wieder die ›Weiber‹ an allem schuld. Sie können eben nicht denken, nicht einmal in der Küche. Konzipiert als »Rede an höhere Töchter«, schwadronierte Nietzsche: »Die Dummheit in der Küche; das Weib als Köchin; die schauerliche Gedankenlosigkeit, mit der die Ernährung der Familie und des Hausherrn besorgt wird! Das Weib versteht nicht, was die Speise *bedeutet*: und will Köchin sein! Wenn das Weib ein denkendes Geschöpf wäre, so hätte es ja, als Köchin seit Jahrtausenden, die größten physiologischen Tatsachen finden, insgleichen die Heilkunst in seinen Besitz bringen müssen!«

Der Philosoph Eduard von Hartmann, in Bildungskreisen viel gelesen und eben deshalb von Nietzsche als Modephilosoph verspottet, hat sich ebenfalls Gedanken über die Frau als ›Gefährtin‹ des Mannes gemacht. Seinen Geschlechtsgenossen aus dem mittleren Stand, also denjenigen, die zwischen 3000 und 6000 Mark jährlich verdienten und nicht wie er selbst ererbtes Vermögen hatten, gab er folgenden Ratschlag: »Ein Mann, dessen voraussichtliche Einnahme mit 30, 40, 50 und 60 Jahren die Höhe von 30, 40, 50 und 60 hundert Mark nicht übersteigt (wie dies durchschnittlich bei unsern meisten höheren Berufsarten thatsächlich nicht der Fall ist), kann schlechterdings nur mit einer Frau zufrieden und behaglich leben, welche fähig und willens ist, ihre eigene Köchin, Kinderwärterin und Schneiderin zu sein und sich nur für die grobe Hausarbeit eine Hülfe zu halten. Eine solche wird er aber nur in einem Hause suchen dürfen, das selber mit höchstens einem Dienstboten oder womöglich ohne solchen mit einer blossen Aufwärterin auskommt, und auch sonst in Kost, Kleidung, Wohnung, Reisen u.s.w. sich der grössten Bescheidenheit befleissigt, keinesfalls aber in einem solchen, wo die erwachsenen Töchter gewohnt sind, sich bedienen zu lassen, statt selbst den Eltern und dem Ganzen der Familie zu dienen. Findet er aber keine solche Familie in seinem Stande, oder doch keine, deren Töchter sein Herz zu gewinnen vermögen, so soll er darum sich nicht von seiner Pflicht entbunden erachten, sondern den einfachen Ausweg einschlagen, so weit von seinem Stande herabzusteigen, als die Gemüthserziehung und Charakterbildung der Töchter noch ausreichend scheint, um seinen Kindern die nothwendige mütterliche Erziehung zu sichern.«

Viele teilten diese Heiratsphilosophie. Manche schalteten Heiratsanzeigen: »Witwer, vermögend, im besten Mannesalter, protestantisch, von freundlichem, heiteren Wesen, Besitzer eines sehr gut gehenden Geschäftshauses, in welchem die Frau nicht mitarbeiten braucht, Vater zweier netter, gut erzogener Kinder [...], sucht ältere Dame oder Witwe als zweite Lebensgefährtin. Sie soll sanften Wesens und gesunden Leibes sein, häuslich und bereit, den Kindern die Mutter zu ersetzen. Eine Mitgift von 15 000 Mark wäre erwünscht. Strengste Diskretion: Photographie nicht erforderlich.«

Ehe und Familie

Die bürgerliche Ehe war durchaus nicht die Liebesgemeinschaft, als die sie in Abgrenzung zur aristokratischen Standesehe simuliert wurde. Den Männern stand der Sinn nach ein wenig Angeberei mit der hübschen Gemahlin, ansonsten nach heimischer Behaglichkeit und delegierter Kinderaufzucht. Die Frauen setzten ihren Ehrgeiz daran, gemessen an der Herkunftsfamilie weiter hinaufzukommen.

Beides passte gar nicht so schlecht zusammen. Deshalb verliebten sich Männer ganz ehrlich öfter einmal nach unten, während sich die Liebe der Frauen trotz aller weiblichen Leidenschaft recht selten herabließ. Wenn eine junge Frau einen älteren oder gar alten Mann aufrichtig liebte, dann kaum je einen ärmeren. Wenn eine nicht mehr junge Frau einen ärmeren oder gar armen Mann aufrichtig liebte, dann kaum je einen älteren.

Dass der Heiratswille nach oben sich bei Frauen stärker geltend machte als beim Mann, lag an ihrer schwächeren gesellschaftlichen Position, die außerdem stets von der des Mannes her definiert war. Die Höflichkeitstitulatur ›Frau Kommerzienrätin‹ beispielsweise, die Fontanes Jenny Treibel so guttut, leitet sich vom tatsächlichen Rang ihres Mannes ab. Wollte die Frau ihren eigenen Weg durch die Welt gehen, war das meist nur in der Halbwelt möglich. Auch dafür legt, wie so oft in der bürgerlichen Wirklichkeit, der bürgerliche Roman Zeugnis ab. In Hans Wachenhusens *Helene* von 1876 sagt der Erzähler über die Frau, der er verfallen ist: »Dieses Weib ist eine jener fessellosen Abenteurerinnen des Highlife, die in unweiblicher Selbständigkeit trotzig ihre großen Bahnen wandelnd, und, unempfänglich für die geräuschlosen Freuden des Familienlebens, nur Genüge für ihre Eitelkeit in dem Phosphorglanz finden, den ihre Schönheit inmitten einer kosmopolitischen, ihnen fremden Gesellschaft ausstrahlt«.

In Fontanes *Mathilde Möhring* schnappt sich die Titelheldin als tapferes Kleinbürgerfräulein den studentischen Untermieter, der bei ihr und ihrer Mutter in Kost und Logis ist. Der junge Herr erweist sich in allem etwas unentschlossen. Dafür hat sie Ehrgeiz für zwei und treibt ihn in Amt und Würden, um selbst an Würde und Amt teilzuhaben. Da Thildes Vater gestorben und die Mutter ihr vollkommen ergeben ist, muss in diesem Fall kein familiärer Widerstand, allenfalls mütterliche Zaghaftigkeit überwunden werden. Am Ende der Geschichte hängt die Photographie des verstorbenen Gemahls schwarz-weiß über der Chaiselongue, und Witwe Thilde beginnt mit einem glänzenden Examen ein neues Leben als Lehrerin.*

---

* Über den Lehrerinnenberuf eine Passage im Abschnitt »Die Frauenfrage« des Kapitels »Große Fragen«.

Weibliche Lebensklugheit erforderte, sich für eine Ehe mit Aussicht zu entscheiden. Das galt vom Adelsfräulein bis hinunter zum Fabrikmädchen. Die ehemalige Näherin und sozialdemokratische Vorkämpferin Adelheid Popp verlangte in ihrer Broschüre *Die Arbeiterin im Kampf um's Dasein,* die Liebeswahl müsse von durch Not erzwungenen materiellen Berechnungen befreit werden: »Das Mädchen soll nicht denken müssen: Wenn ich einen Drechsler heirate, so muß ich hungern, ich suche mir lieber einen Schriftsetzer!« Dem Mann geht es nicht viel anders: »Soll ich das Dienstmädchen heiraten, das mir zwar gefällt, aber im Ehestand nur das Kochen verstehen wird und das Verdienen nicht? Oder suche ich mir eine Kleidermacherin, die zu Hause neben der Häuslichkeit auch mit Nähen etwas verdienen wird? Das sind vielfach die Erwägungen, die heute bei ›Liebe‹ und ›Ehe‹ entscheidend sind, welche zeigen, daß nicht die freie Wahl, sondern die Existenzrücksichten maßgebend sind.«

Nicht aus unmittelbar materiellen Existenz-, sondern aus sozialen Gesellschaftsrücksichten wird in *Effi Briest* der blutjungen Effi von der Mutter – nicht etwa vom Vater – geraten, den Antrag eines deutlich älteren (zum Glück nicht wirklich alten) Mannes anzunehmen, »so stehst du mit zwanzig Jahren da, wo andere mit vierzig stehen. Du wirst deine Mama weit überholen.« Effi macht keine Einwände. Diejenigen, die sie hätte haben können, hält sie selbst für mädchenhaft und legt sie ab. Einer Freundin, die sich erkundigt, ob der Verlobte auch der ›Richtige‹ sei, antwortet sie mit gewollt abgeklärter Vernünftigkeit: »Jeder ist der Richtige. Natürlich muß er von Adel sein und eine Stellung haben und gut aussehen.« Die Freundin würde sich genauso verhalten, ist aber ein wenig neidisch und tut entsetzt: »Gott Effi, wie du nur sprichst. Sonst sprachst du doch ganz anders.« – »Ja, sonst.« – »Und bist du auch schon ganz glücklich?« – »Wenn man zwei Stunden verlobt ist, ist man immer glücklich. Wenigstens denk' ich es mir so.«

Es könnte der Einwand erhoben werden, dass es ein Mann war, der diesen Dialog fingiert hat. Doch lebte Fontane mit seinem Werk keine Männerphantasien aus, sondern schuf einen literarischen Echoraum bürgerlicher Lebens-, Liebes- und Eheverhältnisse. Die in *Effi Briest* erzählte Sozialtragödie besteht darin, dass die mütterliche Vorhersage nicht in Erfüllung geht, weil Effi während ihrer wenig befriedigenden Ehe ihren Gefühlsbedarf zeitweise bei einem anderen Mann deckt, den sie nicht einmal richtig liebt, weder innig noch leidenschaftlich, sondern nur aus Trostbedürfnis. Das unterscheidet sie von ihren Romankolleginnen Emma Bovary und Anna Karenina*. Trotz Effis körperlicher Verfehlung ist ihr Trostbedürfnis ein psychisches, kein physisches, und so hätte ihr auch das Hilfsmittel nicht geholfen, auf das August Bebel in seiner Streitschrift *Die Frau und der Sozialismus* von 1879 anspielte. Er erwähnte »die versteckte Anpreisung gewisser künstlicher Fabrikate, deren Empfehlung man in den grössten Zeitungen« begegne. »Und zwar sind diese Anpreisungen vorzugsweise auf den besser situirten Theil der Gesellschaft berechnet, da die Preise der Fabrikate so hoch sind, dass sie ein gering Bemittelter nicht erschwingen kann.«

Die Verheiratung erwies sich, unabhängig vom persönlichen Temperament oder von der emotionalen Verstrickung der Beteiligten sowie unabhängig vom Glücken oder Missglücken der Ehe, als soziales Zentralereignis des Lebens. Das galt für Bürger und Junker gleichermaßen. Der noch sehr junge Bismarck meinte 1837 altklug, »der Schritt in die Ehe ist zu entscheidend für das ganze Leben, um ihn zu tun, ohne über alle seine Folgen sicher zu sein. Fasst man dabei einen Strickbeutel statt des Geldsackes, so ist man nichtsdestoweniger damit abgefunden [...], da man leider nur eine Frau nehmen darf.« Er versicherte, »daß ich mich der Romantik mit Consequenz hingebe«, sei ausgeschlossen. Das widerstrebe ohnehin seinem Naturell, und es »müßten sehr gewichtige Gründe hinzukommen, wenn ich eine andere als die legitime Tochter eines Edelmannes heiraten sollte.«

Beim Heiraten werden nicht bloß zwei Leute miteinander verbunden, sondern zwei Familien. Eben davon und von der familiären Übermacht im Liebesgeschehen handelt Fontanes *Stine*. Darin verliebt sich ein junger, wenngleich etwas schwächlicher Graf hef-

---

* Tolstois Roman beginnt mit einem der berühmtesten Anfangssätze der Weltliteratur, der zugleich einer der berühmtesten Sätze über das Familienleben ist: »Alle glücklichen Familien sind einander ähnlich, jede unglückliche Familie ist unglücklich auf ihre Weise.« Über den Sachgehalt dieses geschickten Satzes soll in dieser Fußnote nicht gestritten werden.

tig in ein Nähmädchen. Das kann und darf nicht gut gehen, schon gar nicht, wenn man ›Familie‹ hat. »Das Schlimmste war«, erklärt der Graf seiner Stine, die nie und nimmer die Seine werden wird, »daß ich im Hause selbst, bei meinen eignen Eltern, ein Fremder war. Und warum? Ich habe später darauf geachtet und es in mehr als einer Familie gesehn, wie hart Eltern gegen ihre Kinder sind, wenn diese ganz bestimmten Wünschen und Erwartungen nicht entsprechen wollen.« Diese Geschichte endet mit dem Selbstmord des Gräfleins, seiner Beerdigung, an der Stine ungeladen teilnimmt und von einem Fieber erfasst zurückkommt. Ob sie auch davonkommt, bleibt ungewiss.

Wäre der junge Graf in seiner Sphäre geblieben, was Stine ausdrücklich wünschte, hätte sich sein mattes Schlafpulverende vielleicht vermeiden lassen. Jedenfalls war es kein Naturgesetz, dass Ehen in der ›Obersphäre‹ verunglücken mussten. In *Jenny Treibel* lässt Fontane die Kommerzienrätin eine entsprechende Bemerkung machen: »Ich höre so gern von glücklichen Ehen, namentlich in der Obersphäre der Gesellschaft, und ich möchte dabei bemerken dürfen, es scheint mir eine törichte Annahme, daß auf den Höhen der Menschheit das Eheglück ausgeschlossen sein solle.«

Süffisant legt Fontane diese geschraubte Sentenz seiner nicht übermäßig klugen Titelfigur in den Mund. Obwohl Frau Jenny nicht klug ist, lässt sie sich noch lange nicht für dumm verkaufen. Bei ihr äußert sich in naiver Lebensschlauheit, was gebildetere Leute lebensklug zu präsentieren wissen, Leute wie Fontane zum Beispiel. Anlässlich der Verlobung seines Sohnes Theodor zeigt er sich befriedigt darüber, dass der eine frühere Neigung überwunden habe: »Verbleib innerhalb der eigenen Sphäre, dieselbe Nationalität, dieselbe Religion, dieselbe Lebensstellung. Nur aus dieser Gleichheit ergibt sich auch die Gleichheit der Anschauungen, die Übereinstimmung in den entscheidenden Dingen, ohne die kein rechtes Glück und keine rechte Freude möglich ist.«

Für rechte Freude sorgt die Frau, das war bei Fontanes nicht anders. Im Mai 1852 schrieb die schwangere Emilie Fontane dem nach London gereisten Gemahl: »Du glaubst nicht wie unbehaglich mir Deine geschilderte Lebensweise vorkommt. Ach, mit welcher Herzensfreude will ich wieder für Dich sorgen, kochen u. plätten u.

baden, selbst wenn das zweite Würmchen da ist. Unser Georg [...] lacht u. schäckert immer u. bekommt ordentlich rothe Backen«. Das ›zweite Würmchen‹ übrigens starb wenige Tage nach der Geburt.

Sohn Georg hat knapp 34 Jahre später eine Braut und Vater Fontane etwas zu loben: »Es ist ein sehr liebes Mädchen, gütig, gebildet, hübsch, wirthschaftlich und wohlhabend, unter welchen 5 guten Eigenschaften [das ›lieb‹ zählte Fontane offenbar nicht mit] die Wirthschaftlichkeit beinah obenan steht«. Georg übrigens starb ein gutes Jahr nach seiner Hochzeit an einer Blinddarmentzündung.

Nach dem ›Würmchen‹ verloren die Fontanes zwei weitere Säuglinge, ehe Theodor auf die Welt kam und auf der Welt blieb. Das Verhältnis zwischen gestorbenen und am Leben bleibenden Kindern lag in der Familie Fontane deutlich über der ohnehin hohen durchschnittlichen Säuglingssterblichkeit. Statistisch kam nahezu jedes vierte Neugeborene nicht übers erste Jahr.

Der Kampf ums Dasein beginnt im Mutterleib und setzt sich in der Wiege fort. Wer nicht leben kann, soll sterben. Das waren die »Anschauungen gewisser darwinistischer Kreise«, deren Konsequenzen im Widerspruch zu »unseren Culturidealen« stehen, wie der Rassehygieniker Alfred Ploetz gewisse Selektionstheorien sarkastisch referiert: Stelle sich »heraus, dass das Neugeborene ein schwächliches oder missgestaltetes Kind ist, so wird ihm von dem Aerzte-Collegium, das über den Bürgerbrief der Gesellschaft entscheidet, ein sanfter Tod bereitet, sagen wir durch eine kleine Dose Morphium. Die Eltern, erzogen in strenger Achtung vor dem Wohl der Rasse, überlassen sich nicht lange rebellischen Gefühlen, sondern versuchen frisch und fröhlich ein zweites Mal, wenn ihnen dies nach ihrem Zeugnis über Fortpflanzungsbefähigung erlaubt ist.«

Beim Aufziehen halfen in bürgerlichen Familien die Kindermädchen, beim Ernähren die Ammen. In Berlin waren die aus dem Spreewald beliebt. Es gab sogar Vermittlungsagenturen. Fontane allerdings äußerte sich im Februar 1857 abstoßend verächtlich über diese »miserablen Fleischklumpen«. Das hatte sicherlich mit der Anspannung während der Organisation des Nachzugs von Emilie mit den beiden Kleinkindern nach London zu tun. In den späteren literarischen Werken finden sich keine derartigen Ausfälle. Dort dominieren Gelassenheit und Mitgefühl. Freilich ist ein Nähmädchen im Text etwas anderes als ein Dienstmädchen im Haus*. Des Weiteren hing das Wohlwollen nach unten vom eigenen Behagen ab. Je enger die eigenen Verhältnisse, desto strenger der Umgang mit den Verhältnissen der anderen.

Wie anstrengend der häusliche Tagesablauf selbst unter guten Bedingungen sein konnte, schilderte 1875 die damals 31-jährige Helene Weber: »Um 6 Uhr wird also aufgestanden, etwas nach 7 Uhr gefrühstückt, nachdem (der kleine) Max geübt hat.« Das Klavierüben zwischen sechs und sieben in der Früh war möglich, weil die Webers eine Villa bewohnten. »Nachdem er dann mit dem Frühstück versehen zur Schule befördert ist, und auch die Butterbrote für die andern und meinen großen Max gestrichen, die Lampen gemacht, die Lebensmittel [an Köchin und Dienstmädchen] herausgegeben sind, ist's ziemlich 9 Uhr geworden. Dann stecke ich die Kleine, die sich bei mir [an der Brust] um 6 Uhr noch eine Mahlzeit geholt hat, in ihr Bad. Dann ist gewöhnlich der Vater Max bei seinem Frühstück, wenn ich herunterkomme. Ich trinke dann noch eine Tasse Tee mit, gucke geschwind in die Zeitung, weil ich sonst doch gar nicht zum Lesen komme und suche noch ein kleines Schwätzchen mit Max zu halten [...]. Dann geht's wieder in die Küche oder es ist sonst im Hause zu tun. Um 12 Uhr wird die Kleine gefüttert, und auch die Jungs bekommen eine Abschlagszahlung auf unser spätes Mittagessen um 3 oder 4 Uhr. Um besagte Stunde essen wir. Vater Max aber kommt meist viel später, wo ich dann nach Kräften noch etwas für ihn zurecht braue. Um 7 Uhr Abendessen der Kinder. Bis Max (jun.) auch im Bett und unser Abendessen beendet, ist es neun Uhr geworden, und dann bin ich zu gar nichts Rechtem mehr zu gebrauchen, besonders wenn mein Mann nicht zu Hause ist. Und so vergeht der Tag und ich frage mich dann: Was hast du zustande gebracht außer für's liebe Essen und Trinken gesorgt und die Kleine gewartet?«

Aus männlicher Perspektive wurde (und wird) die tagtäglich zu erbringende familiäre Wiederholungsarbeit mit der Anerkenntnis

---

* Zur Thematisierung des Dienstpersonals in Fontanes Texten und zur »Dienstmädchenfrage« überhaupt der entsprechende Abschnitt im Kapitel »Große Fragen«.

gewürdigt, die Frau halte dem Mann den Rücken frei und schaffe ihm den notwendigen Schonraum. »Ich habe dich geheirathet«, schrieb Bismarck an seine Johanna, »um Dich in Gott und nach dem Bedürfniß meines Herzens zu lieben und um in der fremden Welt eine Stelle für mein Herz zu haben, die all ihre dürren Winde nicht erkälten und an der ich die Wärme des heimathlichen Kaminfeuers finde, an das ich mich dränge, wenn es draußen stürmt und friert«. Am vierzigsten Hochzeitstag telegraphierte er: »Ich danke Gott und danke Dir für 40 Jahre unwandelbarer Liebe und Treue. Es waren 14610 Tage, daneben 2088 Sonntage und zehn 29te Februare.« An anderer Stelle – und nicht Johanna gegenüber – bemerkte er allerdings, dass er seine Frau zu einer geliebten und geschätzten erst einmal habe formen müssen: »Man glaubt gar nicht, wie schwer es mir wurde, aus einem Fräulein von Puttkamer eine Frau von Bismarck zu machen; ganz ist es mir erst nach dem Tode der Eltern gelungen.«

Scheiterte eine Ehe, kam es entweder zu einem Familiendrama oder zu einem finanziellen Arrangement oder zu einer gerichtlichen Farce. Von einer solchen erzählt Bismarck in seinen Erinnerungen. Als Referendar am Königlichen Stadtgericht in Berlin kam er in die »Verlegenheit«, daß er, »wenige Monate über 20 Jahre alt, mit einem aufgeregten Ehepaar den Sühneversuch vornehmen« sollte, dem er sich in seiner »Seelenstimmung nicht adäquat fühlte. [...] Der Fall lag so, daß der Mann geschieden sein wollte, die Frau nicht, der Mann sie des Ehebruchs beschuldigte, die Frau mit tränenreichen Deklamationen ihre Unschuld beteuerte und trotz aller Mißhandlung von seiten des Mannes bei ihm bleiben wollte.« Bismarcks Vorgesetzter, der sich nach der ›inadäquaten Seelenstimmung‹ des jungen Referendars widerwillig des Falles angenommen hatte, intervenierte: »›Aber Frau, sei sie doch nicht so dumm; was hat sie denn davon? Wenn sie nach Hause kommt, schlägt ihr der Mann die Jacke voll, bis sie es nicht mehr aushalten kann. Sage sie doch einfach ›Ja‹, dann ist sie mit dem Säufer kurzerhand auseinander.‹ Darauf die Frau weinend und schreiend: ›Ich bin eine ehrliche Frau, kann die Schande nicht auf mich nehmen, will nicht geschieden sein.‹«

Es gab auch den umgekehrten Fall, dass eine Frau unbedingt geschieden werden wollte. Sophie Gräfin von Hatzfeldt musste seit 1846 vor einem halben Dutzend Gerichten jahrelang um die Scheidung von ihrem Vetter kämpfen, mit dem sie 1822 als 17-jährige gegen ihren Willen aus familienpolitischen Gründen verheiratet worden war. Im Allgemeinen war der Familiendruck umso größer, je größer das Vermögen war, um das es dabei ging. Eine widerstrebende junge Frau, der wie Sophie von der Familie der Entzug materieller Unterstützung angedroht wurde, hatte nur die Wahl, sich zu beugen oder eine Art sozialen Selbstmord zu begehen. Sogar die Flucht in eine selbstgewählte Ehe blieb versperrt, weil bis zum Bürgerlichen Gesetzbuch von 1900 die Töchter unter fünfundzwanzig für eine Heirat die Einwilligung des Vaters brauchten. Sophie war schon über vierzig, als sie ihren Scheidungskampf begann. Ihr Rechtsberater, wenngleich kein akademisch ausgebildeter Jurist, war der zwanzig Jahre jüngere Ferdinand Lassalle, an dessen Sterbebett sie dann 1864 saß[*].

Die rechtliche Regelung der Ehe wurde seit der Revolution von 1848 in großen Zeitschritten reformiert. Artikel 5 der Paulskirchenverfassung lautete: »Die bürgerliche Gültigkeit der Ehe ist nur von der Vollziehung des Civilactes abhängig; die kirchliche Trauung kann nur danach stattfinden. Die Religionsverschiedenheit ist kein bürgerliches Ehehinderniß.« Zwei Jahrzehnte später folgte im Norddeutschen Bund die Aufhebung der Heiratsbeschränkungen. Die behördliche Zustimmung zur Heirat sollte nicht länger von Niederlassungsrechten und Einkommensnachweisen abhängen. Ende 1869 wurde in Baden erstmals die obligatorische Zivilehe eingeführt, also die Alleingültigkeit der Eheschließung vor einem Beamten ohne kirchliche Trauung. Preußen folgte im März 1874, das Reich 1875. In der Hauptstadt ließ sich während der Folgejahre nur noch ein Viertel der Ehepaare kirchlich trauen, die Taufen gingen um mehr als die Hälfte zurück.

Bismarck hatte sich unmittelbar nach 1848 gegen die Zivilehe gewandt und dagegen protestiert, »daß der kirchliche Segen, der bisher die Gültigkeit der Ehe allein vollständig bewirkte, als unnützes

---

[*] Dazu die Passage im Abschnitt über »Duell und Mensur« im Kapitel »Die alte Gesellschaft«.

Zubehör beiseite geschoben werden soll« und »daß der Pfarrer dem Schreiber, der Altar dem Polizeibüro Platz machen soll.«

Im ›Kulturkampf‹ während der 1870er änderte Bismarck seine Haltung. Die mit Unterstützung der Liberalen geführte Auseinandersetzung mit dem Papst in Rom sowie seine Gegnerschaft zur katholischen Zentrumspartei im Reichstag machte die Zivilehe zur juristischen und administrativen Waffe. Vorhergegangen waren die 1864 im päpstlichen Auftrag als *Syllabus errorum* zusammengestellten »hauptsächlichen Irrtümer unserer Zeit«. Zu den insgesamt achtzig als irrig referierten Positionen gehören zehn »über die christliche Ehe«, darunter dieser ›Irrtum‹: »Durch einen rein weltlichen Vertrag kann unter Christen eine wahre Ehe zustandekommen«.

Der Syllabus gab sich hochfahrend antimodernistisch, wissenschafts- und weltlichkeitsfeindlich. Durch den nicht mehr wirklichkeitskompatiblen Text klang unüberhörbar die Angst eines moralischen Monopolisten, der um seine Alleinstellungsmerkmale fürchtet. Die Rigidität der Verlautbarung war eine aus der Defensive, hatte aber doch Schwung und Kraft genug, sowohl den politischen Freiheitswillen der Liberalen als auch den staatlichen Machtwillen Bismarcks herauszufordern. Das auf dem Vatikanischen Konzil 1870 von der Kardinalsmehrheit angenommene Dogma der ›Unfehlbarkeit des Papstes‹ verstärkte in den protestantischen Gebieten Deutschlands und vor allem in Preußen die Bereitschaft, sich gegen die römische ›Einmischung‹ in weltliche und staatliche Belange zu wehren. Bismarck wusste dies vielfältig zu nutzen, vor allem in der Frage der Zivilehe, bei der Herauslösung der Schule aus katholisch-kirchlicher Abhängigkeit und beim Vorgehen gegen die polnische (katholische) Minderheit in Preußen.

Die Zivilehe war von den Sachwaltern Gottes nicht mehr aus der Welt zu schaffen. Aber dem ›Polizeibüro‹, wie Bismarck sich Ende der 1840er ausgedrückt hatte, der standesamtlichen Verwaltungsatmosphäre, fehlte die Feierlichkeit, auf die vor allem die Frauen am ›wichtigsten Tag‹ ihres Lebens nicht verzichten wollten, wie Fritz Mauthner 1879 in einem Aufsatz »Zur Aesthetik der Civilehe« spottete: »Die nüchterne Meinung der Juristen und anderer Männer, daß nämlich die Ehe durch eine gesetzlich geordnete Willensäußerung vor dem Beamten rechtskräftig geschlossen werde, weisen die Frauen allesammt als eine irrige zurück. Die unentbehrlichen Erfordernisse zu einer Trauung sind nach ihrer Vorstellung: eine hellerleuchtete Kirche, ein Paar ziemlich mitgenommene Teppiche, einige mehr oder weniger mitgenommene Brautjungfern, ein Schleier, ein Myrthenkranz und eine schöne Traurede, über deren unvermeidliche kleine Mißgriffe man sich nachher zu Hause lustig machen kann.« Es »fehlt dem Standesbeamten die Poesie, [...] sein Frack schlottert nicht weihevoll genug, sein Halstuch athmet nicht jenen Hauch des Ueberirdischen, der von den glattgeplätteten Bäffchen auszugehen vermag«. So nahmen denn nach der Delle umittelbar nach Einführung der Zivilehe schon in den 1880ern die kirchlichen Trauungen wieder zu.

Die Männer indessen wurden von anderen Problemen geplagt, und zwar weniger vor als nach der Hochzeit: Finanzprobleme, Karriereprobleme, Potenzprobleme. Diesbezüglich riet Virchow seinem überbeschäftigten Freund Schliemann: »Aphrodisiaka sind sehr bedenkliche Mittel, die nicht leicht ohne Schaden angewendet werden. Vielleicht hat Bier (bayrisches), in mäßiger Menge genossen, eine gute Wirkung. Versuchen Sie es!« Im Übrigen meinte er, »Mäßigkeit ist eine große Tugend, auch in der Liebe. Sagen Sie das Ihrer Königin«, fügte aber hinzu, dass Frau und Kinder den Gatten und Vater brauchen: »Der berühmte Mann allein genügt ihnen nicht«.

Andere Männer wussten nicht wohin mit ihrer Kraft. Umso weniger, je mehr sie dem Heiraten auswichen. Alfred Ploetz in seiner Sorgeschrift über *Die Tüchtigkeit unserer Rasse:* »Ein Theil der ärmeren Männer scheut die Kosten der Ehe, als Zuflucht bleiben ja die Prostituirten, und ein Theil der ärmeren Mädchen bleibt wegen zu geringer Mitgift unverheirathet oder fällt durch Noth und Verführung der Prostitution zum Opfer.«

Die Triebauslebung in der Ehe (wenn auch nicht immer mit der Ehefrau oder dem Ehemann), neben der Ehe und jenseits der Ehe war ein facettenreiches und genrefütterndes Thema. Vom Zwicken des Dienstmädchens über den bürgerlichen Ehebruchsport bis zum Animationssex. Das *Kommunistische Manifest* von 1848 prangerte alles zugleich an: »Unsere Bourgeois, nicht zufrieden damit, daß ihnen die Weiber und Töchter ihrer Proletarier zur Verfügung stehen, von der offiziellen Prostitution gar nicht zu sprechen, finden ein Hauptvergnügen darin, ihre Ehefrauen wechselseitig zu verführen.«

»Ein Missgriff« am Dienstmädchen wird 1876 von Wilhelm Busch in *Herr und Frau Knopp* gezeichnet und bereimt: »Er denkt: ›Wo mag die Pfeife sein?‹ / Und zwickt die Liese ins Bein hinein. / Obgleich dies nur ganz unten geschehen, / Frau Doris hat es nicht gern gesehen. // Sie ruft: ›Das bitt ich mir aber aus! / Abscheuliches Mädchen, verlasse das Haus!‹« Für die Leser von Busch war das lustig, für die Liese im Leben eine persönliche Schmach und sozial eine Katastrophe. Frau Doris wiederum hatte ihren Gattinenstatus zu verteidigen und verstand umso weniger ›Spaß‹, als sie vor ihrer Verehelichung mit Herrn Knopp selbst dessen Dienstmädchen gewesen war.

Über die Animation durchs Animalische wiederum notierte 1889 der 25-jährige Frank Wedekind nach dem Besuch eines zwielichtigen Berliner Lokals angewidert, dort habe jede der Kellnerinnen »eine Reihe von sechs Tischen, der Tisch zu sechs Plätzen, macht sechsunddreißig Gäste oder zweiundsiebzig Hände, von denen sie sich ihre vier Gliedmaßen und speziell die von der Natur zum Geschlechtsgenuß, zum Gebären und Ernähren bestimmten Teile ihres Körpers von früh bis spät bereitwillig befühlen und drücken lassen muss. Falls ein Gast nicht von selber damit beginnt, haben sie die Pflicht, ihn auf die ihm zustehenden Freiheiten aufmerksam zu machen, indem sie sich an seine Seite setzen, ein Gespräch einleiten und dasselbe so lange unterhalten, bis der Betreffende warm geworden.«

Frühlings Erwachen, Max und Moritz,
Struwwelpeter

Die Physis kennt keine Epochen, nur die lebensgeschichtlichen Phasen des Reifens und Alterns. Was bei jedem Individuum aufs Neue zunächst vorkulturell (um das viel missbrauchte Adjektiv ›natürlich‹ zu vermeiden) beginnt, muss ins soziale Leben erst hineinkultiviert werden. Den Vorgang, mit dem das bewerkstelligt wird, nennt man

›Erziehung‹ oder ›Sozialisation‹. Die Mittel, die dabei zum Einsatz kommen, sind Sprache und Strafe. Beide sind in höchstem Maße von den Zeitumständen und deren Symbolen durchdrungen, mithin epochendefiniert. Aus seiner Haut kann niemand heraus, aus seinem Hirn auch nicht. Das trifft für die Erwachsenen zu, die gemeinhin als ›fertig‹ gelten, selbst wenn ihnen gewisse psychologische Entwicklungs- und Freiheitsmöglichkeiten eingeräumt werden, und für die Jugend, die am ›vielversprechendsten‹ wirkt, wenn sie sich anschickt, die in sie gesetzten Hoffnungen der Erwachsenen zu erfüllen.

Wo das Physische besonders eklatant ist, sind die Erziehungsrisiken besonders hoch. Wie sag ich's meinem Kinde? Wird die Jugend von den Erwachsenen bezüglich ›gewisser Dinge‹ allein und zu lange in Unkenntnis gelassen, kann Aufklärungsdefizit genau das zur Folge haben, was die Eltern mit diesem Defizit, genannt ›Unschuld‹, eigentlich verhindern wollten. Ebendies geschieht in Frank Wedekinds »Kindertragödie« *Frühlings Erwachen* von 1891. Eine der Hauptfiguren ist die 14-jährige Wendla. Sie sagt herzerfrischende Sachen wie: »In meinen Jahren friert man noch nicht – am wenigsten an die Beine.« Zugleich bringt sie die Mutter mit der Bitte um Auskunft in Verlegenheit: »Um meinen Verstand ist es ein traurig Ding. – Hab' ich nun eine Schwester, die ist seit zwei und einem halben Jahre verheiratet, und ich selber bin zum dritten Male Tante geworden, und habe gar keinen Begriff, wie das alles zugeht ... Nicht böse werden, Mütterchen; nicht böse werden! Wen in der Welt soll ich denn fragen als dich! Bitte, liebe Mutter, sag es mir! Sag's mir, geliebtes Mütterchen! Ich schäme mich vor mir selber. Ich bitte dich, Mutter, sprich! Schilt mich nicht, daß ich so etwas frage. Gib mir Antwort – wie geht es zu? – wie kommt das alles? – Du kannst doch im Ernst nicht verlangen, daß ich bei meinen vierzehn Jahren noch an den Storch glaube.«

Die Mutter zögert lange, dann gibt sie Antwort, aber eine völlig falsche: »Um ein Kind zu bekommen – muß man den Mann – mit dem man verheiratet ist ... *lieben* – *lieben* sag' ich dir – wie man nur einen Mann lieben kann! Man muß ihn so sehr *von ganzem Herzen* lieben, wie – wie sich's nicht sagen läßt! Man muß ihn *lieben*, Wendla, wie du in deinen Jahren noch gar nicht lieben kannst … Jetzt weißt du's.« Wendla ist sehr erschrocken: »Und das ist alles?«

Die Jungs sind nicht weniger verwirrt. Einer von ihnen, Moritz, bekennt seinem Freund Melchior, der schon ›etwas weiter‹ ist, von seinem Erektionsentsetzen: »Ich hielt mich für unheilbar. Ich glaubte, ich litte an einem inneren Schaden. – Schließlich wurde ich nur dadurch wieder ruhiger, daß ich meine Lebenserinnerungen aufzuzeichnen begann.« Das klingt nur für Erwachsene komisch. Moritz wird sich in den Kopf schießen, Wendla, von Melchior geschwängert, an einem von der Mutter organisierten Abortivum sterben.

Das ganze traurige Theater endet in einer Friedhofsszene vergleichbar derjenigen in Shakespeares *Hamlet*, nur machen nicht Totengräber über fremde Schädel Witze, sondern Moritz mit dem eigenen Kopf unterm Arm will seinen Freund Melchior bewegen, ihm ins Totenreich zu folgen. Wedekinds *Frühlings Erwachen* hat nichts von freudig aufgrünender Sinnlichkeit. Leibesnot, Gefühlsverstimmung und bürgerliche Zwangsmoral machen die Pubertät zu einer erdrückenden Erfahrung. Wer sie überlebt, wird künftig frieren, nicht bloß ›an die Beine‹.

»Dieses war der erste Streich, / Doch der zweite folgt sogleich.« Unser ›zweiter Streich‹ ist in umgekehrter Chronologie die ein gutes Vierteljahrhundert vor *Frühlings Erwachen* erschienene Bildergeschichte *Max und Moritz* von Wilhelm Busch. Der Humorist war kein heiteres Gemüt. Unglücklich in der Kindheit, glücklos bei den Frauen, allein im Leben, einsam im Herzen, trostlos trinkend und rauchend bis zur Nikotinvergiftung, zeichnete er Tumultgeschichten und unterschrieb sie mit Moralversen. Manche von ihnen sind sprichwörtlich geworden: »Vater werden ist nicht schwer, / Vater sein dagegen sehr.« Das stammt aus *Julchen*, dem dritten Teil der *Knopp-Trilogie*.

Die Streich-Reime in *Max und Moritz* zählen die sieben Episoden, in denen die bösen Buben der Witwe Bolte, dem Schneider Böck, dem Lehrer Lämpel, dem Onkel Fritze, dem Meister Bäcker und dem Bauer Mecke das Leben schwer machen, bevor sie von Meister Müller zu Korn gemahlen und von dessen Gänsen aufgefressen werden: »Als man dies im Dorf erfuhr, / War von Trauer keine Spur.«

Zu Beginn des vierten Streichs steht das Erziehungsprogramm, mit dem der Mensch überhaupt erst zu einem gemacht wird: »Also lautet ein Beschluß: / Daß der Mensch was lernen muß. – / – Nicht allein das A-B-C / Bringt den Menschen in die Höh'; / Nicht allein im Schreiben, Lesen / Übt sich ein vernünftig Wesen; / Nicht allein in Rechnungssachen / Soll der Mensch sich Mühe machen; / Sondern auch der Weisheit Lehren / Muß man mit Vergnügen hören.«

Vergnügen und ›müssen‹ schließen einander aus, könnte man meinen, aber wer so trotzig denkt, ist schon auf dem Weg, dem schlimmen, der uns von Busch vorgezeichnet wird. Sein Abstrafungshumor hat – wie die Pädagogik der Zeit – sadistische Züge. Andererseits wäre nicht glaubwürdig, wer mit erziehungskritischer Attitüde behaupten wollte, Max und Moritz für sympathische Kerle zu halten. Sie sind nur für Schandtaten in der Welt. Aber wie sind sie überhaupt auf die Welt gekommen? Wir erfahren es nicht. Sie scheinen weder Mutter noch Vater noch sonstwie Familie zu haben, außer Onkel Fritze, dem sie im fünften Streich Maikäfer ins Bett setzen. Auf radikale Weise un-erzogen, nämlich gar nicht, sind sie von Beginn an für ein schlimmes Ende bestimmt. Schon im »Vorwort« dieser »Bubengeschichte in sieben Streichen« reimt der Zeichner: »Aber wehe, wehe, wehe! / Wenn ich auf das Ende sehe!!«

Auch eine andere der großen Abschreckungsfiguren aus den Kinderbüchern der Zeit ist ins Exemplarische gebannt: »Sieh einmal, hier steht er, / Pfui! der STRUWWELPETER!« Er ist auf einen Denkmal- oder eher einen Schandmalsockel gestellt und hat nicht einmal eine Geschichte wie die anderen Figuren: der böse Friederich, das Paulinchen, der Daumenlutscher, der Suppen-Kaspar, der Zappel-Philipp, Hans Guck-in-die Luft und der fliegende Robert. Sie alle sind ›unartig‹, um das Mindeste zu sagen, und werden dafür schwer bestraft. Der böse Friederich, der arge Wüterich, kommt noch vergleichsweise gut weg, ihn beißt nur ein Hund ins Bein; Zappel-Philipp fällt bloß vom Stuhl und Hans Guck-in-die-Luft ins Wasser, dass die Fische lachen. Paulinchen aber verbrennt, dass die Katzen weinen. Der Suppen-Kaspar magert ab und stirbt. Dem Lutscher werden die Daumen abgeschnitten. Den fliegenden Robert weht der Sturmwind in den Himmel.

Da der Erfinder dieser Figuren, Heinrich Hoffmann, ein Psychiater war, wenn auch ein vorfreudianischer, liegen symbolische Interpretationen und Überinterpretationen nahe, vor allem beim Daumenlutscher. Aber selbst Freud beharrte darauf, dass zum Beispiel eine Zigarre einfach eine Zigarre sein könne – nichts weiter. Besonders wenn er selbst sie rauchte.

Die von keinem anderen Kinderbuch erreichte Überlebenskraft des *Struwwelpeter* in den deutschen Kinderstuben (und in denen der halben Welt) hat mit seiner Märchenhaftigkeit zu tun. Außerdem ist die Moral der dort erzählten Geschichten, mit Kinderaugen gesehen und mit Kinderohren gehört, vielleicht weniger eindeutig, als Erwachsenenfinger gern zeigen möchten. Mich zum Beispiel, wenn der autobiographische Seitenschritt gestattet ist, haben die weinenden Katzen stets mehr gerührt als Paulinchens Aschehäuflein mit den roten Schühchen davor.

1876 erschien die hundertste Auflage des *Struwwelpeter.* Fünf Jahre zuvor hatte Hoffmann in der *Gartenlaube* über dessen Entstehen erzählt: »Gegen Weihnachten des Jahres 1844, als mein ältester Sohn drei Jahre alt war, ging ich in die Stadt, um demselben zum Festgeschenke ein Bilderbuch zu kaufen, wie es der Fassungskraft des kleinen menschlichen Wesens in solchem Alter entsprechend schien.« Er fand nichts Passendes und kehrte mit einem leeren Heft nach Hause zurück. Geübt durch die kurzen Geschichten, die er in seiner Praxis kleinen Patienten zu erzählen pflegte, um ihnen die Angst vor dem fremden Arztmann zu nehmen, zeichnete er mit einfacher Tintenfeder die Seiten voll. Im »Vorspruch« heißt es bis heute: »Wenn die Kinder artig sind, / kommt zu ihnen das Christkind«.

Weihnachten

Sind die Kinder unartig, schickt das Christkind den Knecht Ruprecht. »»Hast denn die Rute auch bei dir'«, fragt das Christkind. »Ich sprach: ›Die Rute, die ist hier! / Doch für die Kinder nur, die schlechten, / Die trifft sie auf den Teil, den rechten!‹« Die Stelle stammt aus einem Gedicht von Theodor Storm und dürfte heute von den wenigsten mit dem norddeutschen Dichter in Verbindung gebracht werden, obwohl die meisten das Gedicht vermutlich aus ihrer Kindheit kennen: »Von drauß' vom Walde komm' ich her, / Ich muß euch sagen, es weihnachtet sehr. / Allüberall auf den Tannenspitzen / Sah ich goldene Lichtlein sitzen.«

Die ›Tanne‹ war (und ist) in der Regel eine Fichte. Auch bei Leberecht Hühnchen steht eine solche in der guten Stube. Leberecht ist eine Kunstfigur, in welcher der schriftstellernde Brücken- und Bahnhofskonstrukteur Heinrich Seidel das kleinbürgerliche Bildungsmilieu verkörperte, ironisch und doch sympathisierend*. Hühnchen hängt »vergoldete Erlenzäpfchen« an die Fichte, die offiziell eine Tanne ist, und weil er Wert darauf legt, als gebildeter Mensch anerkannt zu werden, lässt er uns wissen: »Der Dichter Theodor Storm [...] schmückt ebenfalls mit solchen seinen Tannenbaum.«

Storms Knecht-Ruprecht-Gedicht ist in dessen Novelle *Unter dem Tannenbaum* von 1862 eingefügt. Was »ist ein Weihnachtsabend ohne jenen Baum mit seinem Duft voll Wunder und Geheimnis«, heißt es dort. Die Novelle entstand im thüringischen Heiligenstadt, damals zu Preußen gehörend, wohin Storm als Kreisrichter versetzt worden war und wo er als nordfriesischer Meermensch zwischen den Mittelbergen nicht heimisch wurde. Nach dem deutsch-dänischen Krieg kehrte er als Landvogt nach Husum zurück.

Für Storm und für fast alle Deutschen symbolisiert der Weihnachtsbaum Friede, Geborgenheit und Heimat, obwohl der Baum selbst ohne Wurzel in der guten Stube steht. Aber manchmal steht er auf des Berges Gipfel und verwandelt sich in Erinnerung an die ›Befreiungskriege‹ gegen Napoleon in ein visionäres Drohgebilde. So im Gedicht »Der Christbaum«, vier Jahre vor der Reichsgründung in der Zeitschrift *Der Beobachter an der Spree* erschienen: »Auf Bergeshöh' ein Christbaum stand / In heimischem Gefilde; / Gar riesig groß in stolzer Pracht, / Sein Glanz erhellte rings die Nacht, / In allen deutschen Gauen / War herrlich er zu schauen. / [...] / Und

---

* Mehr über ihn im Abschnitt »Leberecht Hühnchen und das kleine Glück« im Kapitel »Großbürger, Bildungsbürger, Kleinbürger«.

statt des Tannenbaumes sah / Man blanke Speere blitzen, / Kanonen waren Aeste schlank, / Die Freiheit zu beschützen. / Granaten, Bomben hingen dran / Und Fahnen, die man einst gewann / Im heil'gen Freiheitskriege, / Im bluterkämpften Siege.« Während der Kriege in den 1860ern kam es vor, dass auch an den Weihnachstbäumen in den guten Stuben statt der Nüsse gebastelte Bömbchen und Granaten hingen.

Von derartigen Entgleisungen abgesehen, war (und ist) die deutsche Gemütsinnigkeit assoziativ so fest mit geschmückten Tannen und Fichten verwachsen, dass mangelndes Gefühlsinteresse daran als Zeichen von Bindungsverlust gelten kann. In Gustav Freytags *Soll und Haben* bekennt einer, »der Zauber der deutschen Weihnachtsbäume hat mich nie berührt«. Der das erklärt, ist ein Weltabenteurer, eloquent, zynisch, charismatisch; und so ungebunden wie ungeborgen.

Die symbolische und sentimentale Ausweitung des Weihnachtsfestes samt seinem Zubehör, von des Baumes Scheitel bis zur Sohle, vom Glasengelchen auf der Spitze bis zum gusseisernen Standfuß, erfolgte in der zweiten Jahrhunderthälfte. Das Festtagsrepertoire und dessen Requisiten vermehrten sich: Früchte und Nüsse, Kerzen, Strohsterne und Lebkuchenfiguren am Baum; hübsch drapierte Geschenke darunter; eine Krippe mit Ochs, Esel und drei Königen daneben. Die Krippen* waren zunächst in den österreichischen und süddeutschen katholischen Ländern verbreitet, während der Tannenbaum als evangelische Errungenschaft zu gelten hat.

Der Ablauf des Weihachtsabends mochte je nach Region, je nach Familiengewohnheit und abhängig von den materiellen Möglichkeiten verschieden sein, aber stets war er ritualisiert und vollzog sich – jedenfalls solange ›die Kinder klein‹ waren – alle Jahre wieder auf gleiche Weise. Die elterliche Geheimnistuerei steigerte die kindliche Spannung, und die erwartungsvoll ›leuchtenden Kinderaugen‹ entspannten die Eltern. Nachdem das Christkind geklingelt hatte, die Tür zur guten Stube geöffnet und die Familie vor dem

---

* Papst Franziskus sah sich zu Beginn der Adventszeit 2019 veranlasst, im »apostolischen Schreiben« Admirabile signum an »die Bedeutung und den Wert der Weihnachtskrippe« zu erinnern.

Baum versammelt war, wurde die Weihnachtsgeschichte nach Lukas verlesen, bevor man fröhliche, selige Weihnachtslieder anstimmte. Dann kam es endlich zum Auspacken der Geschenke.

Das Beschaffen dieser Geschenke in der Adventszeit konnte zu einer nervenaufreibenden Angelegenheit werden. Heinrich Seidel beschrieb das 1887 in der *Leberecht Hühnchen*-Episode »Das Weihnachtsfest«. Dem friedvollen Abend gingen schon damals Tage voller Hektik voraus, der christlichen Besinnlichkeit die Einkäufe und Besorgungen, »die Transportwagen der großen Geschäfte kariolten überall und hielten bald hier, bald da; die sogenannten Kremser, die die Post zur Weihnachtszeit zu mieten pflegt, rumpelten schwerfällig von Haus zu Haus, mit Schätzen reich beladen«.

Es musste an alle gedacht, niemand durfte vergessen werden, nicht einmal Kutscher und Dienstmädchen. In gutbürgerlichen Familien gehörte es sich, das Personal, besonders wenn es schon länger dem Haushalt angehörte, an der Bescherung entweder teilnehmen zu lassen (die unverheirateten Dienst- und Kindermädchen) oder separat zu beschenken (den Kutscher und seine Familie).

Überhaupt ist Weihnachten die Zeit jener den engeren Familienkreis überschreitenden Fürsorglichkeit, die sich nach dem Fest wieder verflüchtigt, bis sie im nächsten Advent neu belebt wird. Anstelle einer sozialen Solidarität, die man wegen beschränkter Eigenmittel und wegen unüberwindbarer Interessendifferenzen nicht auf Schicht- und Klassenfremde ausdehnen kann und will, greift das Karitative für eine Weile im Herzen und im Leben derjenigen Platz, die sich das leisten wollen und können. Die Schenkenden sind gerührt und die Beschenkten dankbar. Wie das an Weihnachten 1870 im Berliner Barackenlager der Verletzten des deutsch-französischen Krieges zuging, beschrieb die tief preußisch empfindende Autorin Ludovica Hesekiel*. Von den »Lippen der wunden Helden« erklingt das »Stille Nacht, heilige Nacht«. Aber »mitten in die heilige Nacht hinein gellt der Pfiff der Locomotive, das Brausen des Eisenbahnzuges, zum Weihnachtsfest bringen sie uns der Pflegekinder noch mehr.

---

* Zum deutsch-französischen Krieg der Abschnitt im Kapitel über die Einigungskriege. Zum Barackenlazarett eine Passage im Virchow-Abschnitt des Kapitels »Große Männer«.

Da liegen sie in den Wagen stöhnend und jammernd, aus Frankreich kommen sie, aus dem fremden Lande, wo man kein deutsches Weihnachtsfest kennt [...]. Sie breiten die Arme aus, sie lachen und schluchzen, mit dem Weihnachtsbaum empfängt Deutschland die aus Frankreich heimkehrenden Helden.« Sogar »den Franzosen [verletzten Kriegsgefangenen] wurde ein Baum geschmückt und ihnen wenigstens einige Kleinigkeiten beschert, ganz im Dunkeln konnten wir sie nicht lassen, zumal sie meist sehr leidend waren«.

Auch Julius Rodenberg erzählt im Abschnitt »Weihnachten im Kriege« aus der Sammlung *In deutschen Landen* davon, den Mangel an Weihnachtsbäumen beklagend: »Aber ach! – wer mag diesmal Weihnacht feiern in deutschen Landen? Haben wir in Berlin doch kaum Tannenbäume gehabt! Wohl stehen unsere Forsten voll davon wie in den andern Jahren; aber unsere Eisenbahnen waren mit Kranken, mit Verwundeten, mit Gefangenen, mit kriegerischen Transporten aller Art befrachtet, und da blieb kein Platz für das friedliche Wintergrün, mit welchem sonst auch der Aermste unter uns seine bescheidene Heimstätte weihnachtlich geschmückt.«

Hesekiel und Rodenberg meinten es gut, wie fast alle es am Christfest vorübergehend gut miteinander meinen. Aber dass ›auch der Aermste seine Heimstätte‹ schmückte, ist falsch. Dieser Ärmste hatte oft gar keine ›Heimstätte‹, oder sie befand sich in einem Zustand, der diese Bezeichnung nicht verdiente. Die sozialdemokratische Arbeiterredakteurin Adelheid Popp in ihren Jugenderinnerungen: »Was anderen Kindern Entzücken bereitet und glückseligen Jubel auslöst, Puppen, Spielzeug, Märchen, Näschereien und Weihnachtsbaum, ich kannte das alles nicht, ich kannte nur die große Stube, in der gearbeitet, geschlafen, gegessen und gezankt wurde.« Aber einmal, sie war kaum fünf, hätte das Weberkind beinahe doch einen Baum bekommen: »Meine Mutter wollte mir, ihrem jüngsten Kinde [die Jüngste von fünfzehn!], auch einmal zeigen, was das Christkind ist. [...] Der Weihnachtsbaum war geschmückt mit bunten Papierketten [...]. Mit dem Anzünden der Lichter wurde auf den Vater gewartet, der zum Fabrikanten gegangen war, um Ware abzuliefern. Er sollte Geld bringen. Es wurde 6 Uhr, dann 7 und endlich 8 Uhr, der Vater kam nicht. Wir waren alle hungrig und verlangten zu essen. Wir mußten die guten Mohnnudeln, Äpfel und

Nüsse allein ohne den Vater essen, worauf ich zu Bett gehen mußte, ohne daß die Lichter auf dem Weihnachtsbaum gebrannt hätten. Die Mutter war zu mißgestimmt und zu sorgenvoll, um den Baum anzuzünden.« Als der Vater, der sich bei seinem zweistündigen Fußweg im Gasthaus aufgewärmt hatte, angetrunken nach Hause kam, eskalierte die Situation, in deren Folge »der Vater mit einer Hacke den Weihnachtsbaum zerschlug.«

Später, sie ging schon zur Schule, »wurde von einem reichen Mann, der eine große Fabrik besaß, in der viele Hunderte Männer und Frauen arbeiteten, für die armen Schulkinder eine Weihnachtsbescherung veranstaltet.« Es wurden Naschereien und Kleidungsstücke verteilt. »Die große, mächtige Tanne gab mehr Licht, als ich je gesehen hatte, und der Festschmaus, der uns gegeben wurde, brachte uns alle in glückselige Stimmung. Wie dankbar war ich dem guten, reichen Mann, der ein so mildtätiges Herz für die Armen hatte.« Die Sozialdemokratin ergänzt die Kindheitserinnerung mit dem Hinweis, sie habe damals noch nicht gewusst, dass »die Quelle für seine ›Großmut‹« in zwölfstündigen Arbeitstagen schlecht bezahlter Leute lag.

Auch von einem Unternehmersohn gibt es einen entsprechenden Bericht: »Wenn es am Heiligen Abend dunkel geworden, kamen die Kinder der Arbeiter und sangen schöne Weihnachtslieder. Dann erschien der Knecht Ruprecht mit einem riesengroßen Sack auf dem Rücken voll Äpfel und Nüsse, Honigkuchen und allerlei schönen Sachen, die er dann den artigen Kindern schenkte. Darauf mußten die Kinder unseren Eltern noch Sprüche aufsagen«. Nachdem man das hinter sich gebracht hatte und die fremden Kinder wieder weg waren, »wurden die Türen zum Eßzimmer aufgemacht, in dem der Christbaum brannte und allerlei Geschenke ausgebreitet waren.« Es hätte gut sein können, dass sich unter diesen Geschenken Brehms *Illustrirtes Thierleben* befand, Mitte der 1860er erstmals erschienen und für Generationen eine beliebte Elterngabe.

Zoo und Zirkus

Im Mai 1863 eröffnete der als Aktiengesellschaft firmierende Hamburger Zoo mit Alfred Brehm als Direktor. Im ersten Jahr sollen über 270000 Besucher gekommen sein. »Unser Thiergarten ist geworden, was er werden sollte«, meinte Brehm, »ein Lieblingsaufenthalt der Bewohnerschaft Hamburgs ohne Unterschied.« Vor dem Affenhaus sind alle gleich, könnte man spotten.

Brehm legte 1866 wegen Misshelligkeiten die Leitung des Hamburger Zoos nieder, zog im Folgejahr nach Berlin und trieb dort die Gründung einer ›Commandit-Gesellschaft auf Actien‹ zur Finanzierung eines Unter den Linden/Ecke Schadowstraße einzurichtenden Aquariums voran. Tatsächlich genügte Brehms Nimbus, um bei Anlegern die Zeichnung von tausend Aktien zu je 200 Reichstalern zu erreichen. Das Aquarium wuchs sich zu einem Vivarium aus, behielt aber den ursprünglichen Namen. Es war neben Süß- und Salzwasserbecken mit Reptilienkäfigen und Volieren ausgestattet. Die Besucher kamen in Massen, wie schon in den Hamburger Zoo. Im Eröffnungsjahr 1869 wurden 200000 Eintrittskarten verkauft. Das hatte, ebenfalls wie der Hamburger Erfolg, mit dem Ambiente zu tun, mit der suggerierten ›Natürlichkeit‹, in der die Tiere den Zuschauern dargeboten wurden. Die große Resonanz, die diese von Brehm eingeführte Innovation beim Publikum fand, konnte nicht verhindern, dass es, auch in diesem Fall noch einmal wie in Hamburg, zu Querelen zwischen dem Direktor und den Geldgebern kam.

Der Ruhm der ausgestellten Wildnis in einem Gebäude Unter den Linden blieb nicht auf Berlin beschränkt. Im Juli 1876 – zu diesem Zeitpunkt hatte der Aufsichtsrat der Aktiengesellschaft Brehm bereits entlassen – schrieb Dostojewski in einem Brief: Ich »ging dann ins Berliner Aquarium, wo der Eintritt eine Mark kostet und von dem ich schon in Petersburg viel gehört hatte, blieb dort an die zwei Stunden und besah mir allerlei Wunder: riesige Krokodile, Schlangen, Schildkröten, lebende Seeungeheuer, Fische und schließlich einen echten lebendigen Orang Utan, den ich zum erstenmal im Leben sah.«

Bei dem Orang-Utan handelte es sich um das erste ausgewachsene Exemplar, das jemals in Europa gezeigt wurde. Otto Hermes, Brehms Nachfolger als Direktor, hatte ihn mit einem weiteren Exemplar bei dem Tierhändler Carl Hagenbeck in Hamburg für 9000 Mark gekauft, was dem Preis ebenso vieler Eintrittskarten entsprach. Die eigentliche Sensation des Jahres hatte Dostojewski aber offenbar knapp verpasst: die Ausstellung eines Gorillas. Für dieses – nicht von Hagenbeck besorgte – Tier mussten sogar 20000 Mark bezahlt werden. Dafür erreichte das Aquarium 1876 mit 330000 Besuchern einen neuen Rekord. Die Menschen hatten einen Riesenspaß mit den Affen, der Direktor war stolz darauf, neben den Orang-Utans und den schon früher angeschafften Schimpansen einen Gorilla präsentieren zu können, und die Aktionäre freuten sich über die Dividende.

Einige Jahre vor Dostojewski, noch zu Zeiten von Brehms Direktorat, hatte Victor Tissot das Aquarium besucht: »Man tritt ein, steigt etwa zehn Stufen empor und sieht sich plötzlich in die Wüsten Afrikas, die Pampas Amerikas, zu Füßen felsiger Gebirge, in die Urwälder Australiens, in die höchsten Lüfte und die tiefsten Meere versetzt.«

Tissot in seiner Begeisterung übertreibt, erkennt jedoch das Neuartige der Präsentation. Brehm kam es wie in seinem reichbebilderten sechsbändigen *Thierleben* eben auf das Leben der Tiere an, nicht auf anatomische Beschreibungen oder taxonomische Einordnungen, in denen sich die akademische Zoologie erschöpfte. Er schaffte es, das Publikum von der ›Wissenschaftlichkeit‹ seiner Darstellung (im Buch) und seiner Präsentation (im Hamburger Zoo und im Berliner Aquarium) zu überzeugen. Gleichzeitig teilte er das Bedürfnis des nichtwissenschaftlichen Publikums nach dem menschlichen Maß, was stets darauf hinausläuft, sich letztlich selbst zu diesem Maß zu machen. »Der Bär«, zum Beispiel, »ist ein in geistiger Hinsicht entschieden tief stehendes Thier. [...] Jede Handlung des Bären beweist einen schwachen, niedrig stehenden und bildungsunfähigen Geist.«

Wie kann man nur von einem Bären Bildung verlangen? Während für uns Tiere artgemäß leben sollen und dürfen und menschliche Moralkriterien nicht angemessen sind, lebten für Brehm die Tiere nicht einfach, sondern sie benahmen sich – und die Affen benahmen sich schlecht. Denen war Brehm wegen ihrer ›sittlichen‹ Verkommenheit nur wenig gewogen. Besonders ›Geilheit‹ und ›Schamlosigkeit‹ stießen ihn ab, umso mehr, als er von diesen uns nahestehenden Primaten eine gewisse ›Geistigkeit‹ erwarten zu dürfen glaubte. Aber: »Man braucht nur das Affengesicht zu studiren, um zu wissen, weß Geistes Kind man vor sich hat.«

Die Menschenmoral angesichts des Affen war jedoch keine Brehm'sche Skurrilität. Auch sein Nachfolger Hermes drückte sich entsprechend aus. Über seinen »grossen Orang« sagte er in einem Vortrag: »Die rothe, zottige Behaarung, die eng aneinander gerückten, kleinen, tückischen Augen in dem glatten Gesichte, die Abscheu erregenden Manieren, das furchtbare Gebiss liessen ihn als ein teuflisches Ungeheuer erscheinen«. Dabei steckte »in ihm eine im Ganzen gutmütige Natur«. Der Schimpanse dagegen ist munter, geschickt und intelligent. Seine Lieblingsschimpansin, lobte er, »kannte ihre Umgebung genau und gehorchte auf's Wort. Als ein die Reinlichkeit über alles liebendes Fräulein putzte und polierte sie die Glasscheiben ihres Käfigs.« Was kann man von einem artigen Mädchen mehr verlangen – gleich welcher Art es ist? »Von allen der Vornehmste aber ist der Gorilla. Es ist, als habe er ein Adelspatent mit auf die Welt gebracht.«

Die heute bizarr wirkende humanoide Metaphorik selbst bei Leuten, die immerhin auf dem Höchststand der damaligen zoologischen Kenntnisse waren, lässt sich als Versuch verstehen, den Fremdheitsabstand zwischen den Primatenarten, zu denen wir selbst gehören, zu überwinden. Heute weiß schon ein Kleinkind, das selbst noch halb aussieht wie ein Äffchen, wie Virchow meinte, was ein Gorilla ist oder ein Schimpanse. Es hat Affen im Zoo gesehen oder im Fernsehen oder besitzt gar selbst einen in Gestalt eines Plüschtiers. Die Besucher des Aquariums Unter den Linden indessen hatten zuvor noch nie eines dieser Wesen erblickt, oder allenfalls in den Bänden von Brehms *Thierleben*. Dessen auch nicht immer naturnahen Illustrationen geben übrigens mehr die Vorstellung der Menschen wieder als das Aussehen der Affen.

Wie es mit den Affen war, so war es auch mit den anderen Tieren aus fernen Weltgegenden, seien es nun die Krokodile und ›Seeungeheuer‹, die Dostojewski in seinem Brief erwähnte, oder Papageien, Zebras und Giraffen. Die in vielen großen Städten entstehenden zoologischen und botanischen Gärten verbanden Schaulust mit Wissbegier, waren Amüsierbetrieb und Lehranstalt in einem. Tissot etwa schreibt über den Zoologischen Garten in Frankfurt am Main, dass man dort »junge Bären aufzieht, Löwen und Tiger hält und man eine Horde von Affen sehen kann. Zweimal täglich spielt eine Musikkapelle auf, denn dem Deutschen«, fügt der Franzose hinzu, »ist es unmöglich, eine Stunde des Müßigganges ohne Musik zu verbringen. [...] Hier kann man also die Affen betrachten, die schönen Papageien kraulen, die sich ringsherum auf ihren vergoldeten Stangen hin- und herschwingen, den Enten und Schwänen zuschauen und vieles andere mehr, dabei mit Genuß ein hervorragendes Bier trinken, ein Kotelett verspeisen und sich vorstellen, man säße gemütlich auf der Brücke der Arche Noah.«

Der Zoologische Garten in Frankfurt war 1858 als zweitältester seiner Art gegründet worden, vierzehn Jahre nach dem Zoologischen Garten in Berlin. Einer seiner bedeutendsten Direktoren war der Tierarzt Max Schmidt, der den Zoo seit 1864 leitete und 1885 als Nachfolger des verstorbenen Heinrich Bodinus nach Berlin ging. Bodinus selbst hatte 1859 die Leitung des gerade entstehenden Kölner Zoos übernommen, des drittältesten in Deutschland, und war seit 1869 Direktor des Berliner Zoos, der sich während der 1870er in direkter Konkurrenz mit dem Aquarium befand. Den Kölner Tiergarten hätte man in seinen ersten Jahrzehnten auch als Architekturzoo bezeichnen können, mit maurischen Giraffen-, indischen Elefanten- und Schweizer Blockhäusern sowie einem Vogelhaus im Stil russisch-orthodoxer Kirchen.

1878 etablierte der Leipziger Gastwirt Ernst Pinkert auf dem zu seinem Restaurationsbetrieb gehörenden Gut einen Privatzoo. In Frankfurt waren zuerst die Tiere dagewesen, dann folgten Musik und Bier. In Leipzig war es umgekehrt. Vor der Eröffnung des Zoos hatte Pinkert zusammen mit Hagenbeck Raubtiere in Käfigen ausgestellt, um Kundschaft in seine Gastwirtschaft zu locken. Zu den Attraktionen des stetig wachsenden Geländes gehörten in den frühen 1890ern die Orang-Utans Max und Moritz. Wie lange sie durchgehalten haben und wie sie gestorben sind, ist nicht überliefert.

Sie wurden jedenfalls nicht in einer Mühle gemahlen und von Gänsen aufgepickt.

Hagenbeck zeigte auf Pinkerts Gelände auch eine Lappländergruppe, die er 1875 zunächst in seinem im Vorjahr gegründeten Hamburger Tierpark vorgeführt und dann nach Berlin gebracht hatte. Es war die erste einer langen Reihe von ›Völkerschauen‹, mit denen Hagenbeck, aber nicht nur er, das Leben, vor allem das Familienleben, fremder Völker den einheimischen Zuschauern darbieten wollte. Wenn die ›Wilden‹ dabei nackt gezeigt wurden, umso besser fürs Geschäft. Die ganz großen Erfolge erzielten die Völkerschauen jedoch erst nach der Jahrhundertwende, Gleiches gilt für die Zirkusbetriebe der Familie. Ihr Aufstieg hatte damit begonnen, dass Carls Vater, ein Fischhändler aus St. Pauli, Seehunde gegen Geld vorzeigte. Carl selbst betrieb eine ›Handelsmenagerie‹ und organisierte den Import gefangener Wildtiere. Zur Kundschaft gehörten Zirkusdirektoren, aber auch die Direktoren der neu gegründeten beziehungsweise im weiteren Ausbau befindlichen zoologischen Gärten. Die Lebenserwartung der Tiere in Gefangenschaft war kurz, der Zuchterfolg gering. Die Zuschauer erwarteten Nachschub, die Aktionäre Umsatz. Ganz ähnlich wie bei sonstigen Kolonialwaren. Bündig zusammengefasst: Hätte es die Abenteurer und Ausbeuter in den Kolonien nicht gegeben, wäre kein Affe nach Europa gekommen.

Wie der moderne Zoo war auch der moderne Zirkus eine Erscheinung der zweiten Jahrhunderthälfte. Das Unternehmen Busch wurde Mitte der 1880er Jahre in Dänemark gegründet, die erste Vorstellung in Berlin fand 1889 statt. Im gleichen Jahr begann Ernst Renz den umgebauten »Markthallen-Zirkus« zu bespielen. Das Gebäude war 1867 als Markthalle errichtet worden. Aus Gusseisen und Glas technisch auf dem neuesten Stand, aber ohne Bahnanschluss, erwies es sich infrastrukurell bereits während der Entstehung als veraltet. Seit 1873 wurde es für Zirkusvorstellungen genutzt. Renz übernahm den Bau 1879 und erweiterte den Zuschauerraum 1889 auf 5600 Plätze. Er unternahm außerdem zahlreiche Gastspielreisen und verfügte in Wien, Hamburg und Breslau über weitere feste Häuser.

Renz galt beim Publikum als der Zirkusdirektor schlechthin, eine Art Märchengestalt inmitten seiner Dressurreiter, Trapezkünstler und Clowns. Dass in Wahrheit die Zirkuswelt, nicht nur die unter dem Direktorat von Renz, alles andere als märchenhaft war, verriet die *Gartenlaube* in einem Probenbericht, dem ein gewisses spielverderberisches Vergnügen an der Entzauberung anzumerken ist: Einige der Zirkusleute »sehen aus wie Oekonomen, andere wie Kommis, der lange, aus dem zurückgeschlagenen Stehkragen herausschimmernde Hals, das bartlose englische Gesicht zeigt den Klown. Die Herren, gewöhnlich im Jaquet oder langen Ueberzieher, das runde Hütchen auf dem Kopf, die Cigarre im Munde, einen Stock in der Hand; die Damen im Hauskleid unter dem langen braunen Regenmantel, das Haar provisorisch aufgesteckt, den schlichten Stoffhut auf dem Köpfchen: so steht oder sitzt das Künstlervölkchen in den Sperrsitzen, leise plaudernd und beobachtend während der Proben in der Tageshelle umher, mit kollegialem Interesse dem schwarzgelockten Italiener folgend, der, eine Cigarette zwischen den Lippen, gerade seine große Abendnummer durchübt. Man kann hier wohl beobachten, wie das hohe Schulpferd, welches Abends so leicht und gefällig nach der Musik zu tänzeln weiß, als sei es mit dem musikalischsten Ohre auf die Welt gekommen, diese Begabung durch Schenkeldruck und kurze Peitschen und ohne Orchester, der Reiter pfeift nur leise vor sich hin, beigebracht bekommt«.

Landpartie und Landflucht

Je weiter weg die Natur, desto schöner ist sie. Seit jeher hat der Städter ein sentimentales Verhältnis zu dem, was draußen vor den Toren liegt. Was für ihn Ausflugs- und Erholungsgegend, ist dem Landbewohner Arbeits-, Nutz-, Erwerbs- und Lebensraum. Die urbane Landliebe und der städtische Natürlichkeitskitsch wurden in der zeitgenössischen Publizistik viel verspottet, obwohl die Spötter wussten, und das auch zugaben, wie laut, schmutzig, stinkend und ungesund die überfüllten Städte waren und wie groß deshalb die Freude, ihnen vorübergehend entrinnen zu können. Julius Rodenberg: »Der Berliner ist, wie jeder Großstädter, ein enthusiastischer Bewunderer der Natur, um so enthusiastischer, weil hier so gar wenig zu bewundern ist. Aber er ist dankbar für jede Gabe dieser harten Mutter, für jedes Blättchen und jedes Blümchen, das sie ihm spendet, und er liebt sie sehr.«

Auf welche Weise man der Natur nahekam, hing davon ab, wie man in der Stadt sein Geld verdiente. Reiche Familien bauten für Landaufenthalte und Badeurlaube repräsentative Villen, die auch in feinen Stadtvierteln hätten stehen können. Die mittleren Schichten leisteten sich Sommerwohnungen, die Kleinbürger und Arbeiter organisierten Kremserfahrten oder vergnügten sich in den Ausflugslokalen im Umland. »Wenn die Mailüfterl wehn«, spöttelt Robert Springer in *Berlin wird Weltstadt,* »lagert sich eine graue, trübe Wolke über Berlin, dann prallt der Reflex heißer Sonnenstrahlen von den blendenden Häusermauern, o – dann sehnt sich der Berliner hinaus nach grünen Bäumen und Mückenstichen, nach etwas frischer Luft und Düngergeruch [...]. Die Reichen begeben sich auf die Badereisen«, die Beamten suchen die Brunnengärten auf, »der Arbeiterstand ergötzt sich in einem Biergarten an baierschem [!] Bier und Trompetenmusik, der wohlhabendere Mittelstand bezieht die Sommerwohnungen.«

Über das Sommerwohnen berichtet Paul Lindau: »Rings um Berlin, oft unmittelbar vor den Toren der Stadt« – von der Hasenheide bis Charlottenburg, von Rixdorf bis Moabit – »überall, wo ein paar Bäume standen, wo man in einem anspruchslosesten Gärtchen in der Laube Kaffee trinken konnte [...] wurden ›Sommerwohnungen‹ vermietet. [...] und dahin zogen, wenn's heiß wurde, die braven Familien mit Sack und Pack, um sich in den niedrigen kleinen Stuben, die sie mit den unentbehrlichsten Möbeln aus der Stadtwohnung notdürftig eingerichtet hatten, für die Hundstage einzuquartieren. Da war's freilich geradeso heiß wie in der Stadt, vielleicht sogar noch ein bißchen staubiger. Aber der genügsame Städter redete sich ein, daß er nun auf dem Lande sei und Landluft atme; er begoß seinen Goldregen, seine Sonnenblumen, seine Stiefmütterchen und die paar Rosen und war zufrieden.«

Was den Staub angeht, der war Springer zufolge allgegenwärtig: »Eine Berliner Sommerwohnung muß vor allen Dingen dem Staube zugänglich sein, denn Staub ist des Berliners Element.« Sobald ein trockener Wind weht, »der den Staub aufwirbelt, dann ziehen sie schaarenweise seelenvergnügt hinaus wie unerschrockene Karavanenreisende, und, wie die Kameele, beladen mit Tüchern, Strickbeuteln, Eßkörben, Kindern und anderm Vergnügungszubehör.« Über die Ausflügler selbst schreibt er: Wenn »ihr eine Berliner Landpartie verstehen wollet«, so »müsset ihr euch einen Subalternbeamten denken, der das ganze Jahr nichts Grünes sieht, außer dem Kopfsalat […], dem grünen Tuch auf seinem Schreibpulte und dem grünlich leberkranken Teint seines Präsidenten; einen Handwerker, der die Sonne nur täglich eine Stunde an seinen Zimmerwänden schimmern sieht«. Für diese Menschen verbindet sich mit Landpartie »der Gedanke an eine vergnügliche Fahrt auf stoßendem Wagen, an gefüllte Körbe und Pfänderspiel, an eine reichliche Mahlzeit […], an Schinkenstullen und Gesang, an Frohsinn, Liebe und Heiterkeit.« Eine ›Liebe und Heiterkeit‹, die allerdings von allerhand Misshelligkeiten begleitet ist, von Vorbereitungsmühen, Kindergetümmel, Familienstreit und Erschöpfungszuständen nach überstandener Erholung.

Bei Leixner geht es etwas glimpflicher ab auf den Biergartenbesuchen und »Ausflügen in die Umgebung. Die letztern beginnen im Berliner Frühling, das heißt genau mit dem Kalender. Mag das Wetter auch noch unfreundlich sein, das stört die guten Leute wenig. Sind die Sonntagszüge der Bahnen eingerichtet, so werden sie, wenn es nicht grade Ziegelsteine regnet, auch benutzt. Dann strömen schon am frühen Morgen Tausende nach den Bahnhöfen oder Abfahrtsstellen der kleinen Spreedampfer. Besonderer Beliebtheit erfreut sich neben dem Treptower Forst und dem weitausgedehnten Grunewald der Landstrich von Berlin nach Potsdam.« Wenn man sich das Bewirtenlassen unterwegs leisten kann, umso besser. Aber: »Unbedingt nötig hat der Berliner Ausflügler die Gastgärten nicht. Eben so gern setzt er sich auf den Rand einer Wiese oder auf eine Stelle im Walde. Das junge Volk spielt die alten Gesellschaftsspiele, die Alten machen Witze oder sprechen über die Zeitläufte; man singt Gassenhauer oder empfindsame Lieder und ißt dazu Stullen, deren fettige Umschlagpapiere am andern Tage melden, daß hier Residenzler gehaust haben.«

Das klingt nicht gerade nach dem schlechten Gewissen, das Nietzsche herausklügelt, wenn er darauf hinweist, dies allerdings zu Recht, wie die Muse vom bürgerlichen Erwerbsleben zur Erholungsfunktion degradiert wird: »Die *Arbeit* bekommt immer alles gute Gewissen auf ihre Seite: der Hang zur Freude nennt sich bereits Bedürfnis der Erholung und fängt an, sich vor sich selber zu schämen. Man ist es seiner Gesundheit schuldig – so redet man, wenn man auf einer Landpartie ertappt wird.«

Die Landarbeiter hatten andere Sorgen. 1882 gab es in Deutschland über vier Millionen, davon 2,7 Millionen in Preußen. Die landlosen Leute waren mit ihrer ganzen Existenz den Gutsherren ausgeliefert, trotz der neuen sogenannten ›Vertragsfreiheit‹ in nahezu feudaler Abhängigkeit und nicht einmal von der alten paternalistischen Fürsorglichkeit beschützt. Die alten Bindungen wurden gelöst, wo sie die Not der Knechtsfamilien hätten lindern, aber die Herren etwas hätten kosten können. Gleichzeitig wurden die alten Herrenprivilegien in neue Vertragsformen überführt und als ›Arbeitgeberrechte‹ gefestigt.

Für Bismarck war trotzdem, das heißt: gerade deshalb, alles in bester Ordnung. Gegen Ende seiner Kanzlerschaft sprach er sich beispielsweise gegen eine »Reform der Landgemeindeordnung« aus. In seinen Memoiren referierte er dann die Äußerungen, die er diesbezüglich gegen den Veränderungswillen des zuständigen Ministers vorbrachte: »Niemand fühle ein Bedürfnis der Änderung mit Ausnahme etwa der Dörfer, welche Stadtcharakter angenommen hätten, meistens Vororte großer Städte; die große Masse der ländlichen Bevölkerung lebe in der jetzigen bäuerlichen Dorfverfassung in Ruhe und Frieden«. Die Leute auf dem Land waren dermaßen zufrieden, dass in den letzten fünf Jahren von Bismarcks Kanzlerschaft 840 000 Menschen ihre Dörfer verließen, drei Viertel davon in Ostpreußen.

Errungenschaften

Etwas vom Pferd erzählt – »*Lebensgeschichte
einer Lokomotive*« *– Telegraph und Telephon –
Die Zeitung – Die Photographie – Kanalisation –
Elektrifizierung – Industrienahrung:
*»*Liebig's Fleisch-Extract*«*, Maggis Würze und
Knorrs Erbswurst, Margarine, Saccharin*

In der Rede über die »Freiheit der Wissenschaft« von 1877 erinnerte Rudolf Virchow an das, was »der materielle Fortschritt, dieser ungeheure Fortschritt«, alles möglich mache, »was die Dampfmaschine, die Telegraphie, die Photographie u.s. w. gebracht haben«, und an die übrigen neuen Dinge, »von denen vorher Niemand eine Ahnung hatte, die sich Niemand träumen liess, die ganz neu in die Welt treten und die den Zustand der Gesellschaft und der Staaten umwandeln.« Ähnlich äußerte sich die im Auftrag des preußischen Ministeriums für öffentliche Arbeiten herausgegebene Festschrift *Berlin und seine Eisenbahnen* von 1896: »Auf der Dampfkraft beruhen die neuen Fortbewegungsmittel, Eisenbahnen und Dampfschiffe, die Ersetzung der Handarbeit durch Maschinen, die gesamte wirthschaftliche und industrielle Entwicklung unseres Jahrhunderts«. Hinzu kommen »die gewaltigen Fortschritte der Naturwissenschaft, die ihre Errungenschaften in den Dienst der gewerblichen Technik stellt und diese zu den höchsten Aufgaben befähigt. Voran die Elektrizität, die dem Kulturleben der Völker den Telegraphen, das Telephon und die Dynamomaschine schenkt«.*

Die rasante Entwicklung von Wissenschaft und Technik war Jahrzehnte vor Virchows Rede und vor der Schrift des preußischen Ministeriums auch im *Kommunistischen Manifest* als etwas historisch vollkommen Neues anerkannt worden: »Unterjochung der Naturkräfte, Maschinerie, Anwendung der Chemie auf Industrie und Ackerbau, Dampfschifffahrt, Eisenbahnen, elektrische Telegraphen [...] – welch früheres Jahrhundert ahnte, daß solche Produktionskräfte im Schoße der gesellschaftlichen Arbeit schlummerten.«

---

* Ich schließe mich der zeitgenössischen Schreibweise an: Telegraphie, Telephonie, Photographie.

Zu den folgenreichsten ›Neuerungen‹ gehörten die riesigen Infrastrukturaufbauten der Eisenbahn- und Telegraphennetze, die Kanalisation in den großen Städten und die Elektrifizierung. Jedoch auch Kleines oder vermeintlich Kleines war Teil des großen technischen Fortschritts vor allem in der zweiten Jahrhunderthälfte. Ob Fleischextrakt, Suppenwürze, Erbswurst, ›Kunstbutter‹ (vulgo: Margarine) und synthetischer Zucker dabei als ›Errungenschaften‹ zu betrachten sind, sei dahingestellt. Die Einschätzungen der Zeitgenossen und diejenigen späterer Generationen können erheblich differieren.

Die Köpfe und die Körper müssen sich an das Neue gewöhnen. Das dauert mitunter so lange, bis dieses Neue selbst schon wieder alt geworden ist. Die Lokomotive zum Beispiel wurde einerseits als ›Dampfroß‹ dem Vertrauten wenigstens metaphorisch angenähert, andererseits als teuflisches Ungeheuer wahrgenommen. In Gustav Freytags Roman *Soll und Haben* von 1855 heißt es: »Das Dampfroß schnaubte und raste über die weite Thallandschaft, wie ein Pferd aus Beelzebubs Marstall.« Gut drei Jahrzehnte später in Hauptmanns *Bahnwärter Thiel* hatten sich die Pferde (und die Pferdestärken) vervielfacht, aber das Ungeheuer war geblieben: »Durch die Gleise ging ein Vibrieren und Summen, ein rhythmisches Geklirr, ein dumpfes Getöse, das, lauter und lauter werdend, zuletzt den Hufschlägen eines heranbrausenden Reitergeschwaders nicht unähnlich war. [...] Ein rasendes Tosen und Toben erfüllte den Raum, die Geleise bogen sich, die Erde zitterte – ein starker Luftdruck – eine Wolke von Staub, Dampf und Qualm, und das schwarze, schnaubende Ungetüm war vorüber.« Mit unseren heutigen Fahr- und Erfahrungsgewohnheiten würden wir die Geschwindigkeit der damaligen Züge ebenfalls als Überforderung empfinden – als Überforderung unserer Geduld. Die ungeheure Geschwindigkeit von neunzig Kilometern in der Stunde, die 1872 auf der Strecke Berlin–Hannover erreicht wurde, wäre für den Fahrgast eines heutigen ICE eine Zumutung. Damals schädigte sie das Rückenmark. Max Nordau ließ in seiner Klage- und Anklageschrift *Entartung* wissen: »Manche Erkrankungen des Nervensystems werden schon in ihrer Benennung als unmittelbare Folge bestimmter Kultur-Einwirkungen bezeichnet. Der Name ›Eisenbahn-Rückenmark‹ und ›Eisenbahn-Gehirn‹, ›railway-spine‹

und ›railway-brain‹, den die englischen und amerikanischen Patho-
logen gewissen Zuständen dieser Organe gegeben, zeigt, daß sie als
ihre Ursache die Erschütterungen erkennen, die der Reisende im
Eisenbahnzuge beständig erleidet.«

Auch das Fahrradfahren war eine riskante Sache. Wer einmal gesehen hat, wie ein sportlicher Herr vom Hochrad stürzte und wegen der Fallhöhe schlimme Verletzungen erlitt, wird kaum auf die
Idee gekommen sein, dass die ›Sicherheitsniederräder‹, wie die gän-
gigeren und fahrbareren Nachfolger in den 1880ern vorsichtshalber hießen, einmal zum urbanen Verkehrsmittel schlechthin werden könnten. Es bedurfte dafür allerdings einer Reihe von kleinen
Verbesserungen mit großen Folgen, darunter des Einsatzes stabiler
Drahtspeichen statt solcher aus Holz und der Erfindung des auf-
blasbaren Gummireifens, ohne den das Radfahren schon aus ortho-
pädischen Gründen keine Zukunft gehabt hätte.

Über die neuen Fortbewegungsmaschinen ganz allgemein spöt-
telte die *Gartenlaube* im gleichen Jahr, in dem die fortschrittsfrohe
offiziöse Eisenbahnfestschrift erschien: »In unserm verkehrslus-
tigen Zeitalter häufen sich mit fast erschreckender Geschwindigkeit die Erfindungen für die Personenbeförderung. Wagen, Bahnen, Schiffe, Fahrräder und Fahrstühle erhalten neue Formen oder
neue Verwendungszwecke. Viele dieser Erfindungen haben sich die
Anerkennung noch nicht erstritten.« Oder sie galten als gefährlich, zumindest behördlicher Aufsicht zu unterstellen. Eine Berliner
Polizeiverordnung legte 1893 fest: »Wer in Unkenntnis der Verord-
nungen eine für Fahrräder nicht erlaubte Straße befährt oder kreuzt,
muß mit Geldstrafen bis zu 30 Mark [immerhin gut das Zehnfache
des durchschnittlichen Tageslohns eines Arbeiters], im Unvermö-
gensfalle mit entsprechender Haftstrafe rechnen.«

Für – beziehungsweise gegen – Autos waren derartige Strafandro-
hungen noch nicht nötig. Die Fahrzeuge waren in der Embryonal-
phase ihrer Entwicklung so etwas wie Kutschen mit Motoren.

Etwas vom Pferd erzählt

»Ich glaube an das Pferd. Das Auto ist eine vorübergehende Erscheinung.« Das soll Kaiser Wilhelm II. gesagt haben. Aber wie vieles, was vom Pferd erzählt wird, stimmt auch das nicht. Dabei würde es gut zu anderen bizarren Äußerungen des wichtigtuerischen Potentaten passen. Allerdings wirkt der Satz erst im historischen Rückblick bizarr. Als die Geschichte noch Gegenwart war, gab es nicht viele Gründe, dem skurrilen Gefährt, das Carl Benz im Sommer 1886 in Mannheim auf die Straße setzte, eine große Zukunft – oder überhaupt eine – vorherzusagen. Es sah aus wie eine spillerige Kutsche ohne Pferd, hatte ein kleines Rad vorne, zwei große Räder hinten, und dazwischen hing ein Gasmotor, der es an Leistungsstärke mit einem Pferd nicht hätte aufnehmen können.

Die zweite Hälfte des 19. Jahrhunderts war Pferdezeit: auf den Äckern, auf den Landstraßen, in der Stadt. Sogar unter Tage wurden sie eingesetzt, um die Loren mit Kohle aus den Bergwerken zu ziehen, seit dafür keine Kinder mehr eingesetzt werden durften.

Die Stadtpferde standen nicht nur in Privatställen, sondern in denen der Droschkenkutscher und in den großen Stallungen der Postfuhrämter und der Pferdebahnen. In Berlin gab es seit 1846 Pferdeomnibusse, die erste Pferdebahn wurde 1865 eingerichtet und führte vom Brandenburger Tor nach Charlottenburg. Die Pferde trotteten zwischen den ins Straßenpflaster gesenkten Schienen, durften die Waggons jedoch vorerst nicht durchs Tor ziehen und auch nicht die Linden entlang. 1868 wurde die Allgemeine Berliner Omnibus-Aktiengesellschaft mit 257 Wagen und 1089 Pferden gegründet, Anfang der 1870er folgte die Große Berliner Pferde-Eisenbahn-Actien-Gesellschaft mit zwölf Kilometern Eisenschienenstrecke, die bis 1893 auf etwas über 270 Kilometer erweitert wurde. Mitte der 1870er erprobte die Gesellschaft auch dampfgetriebene Straßenbahnnen, allerdings mit wenig Erfolg.

Das Wachstum der Städte und mit ihm des städtischen Verkehrs drängte die Pferde nicht aus den urbanen Räumen hinaus, sondern zog sie vielmehr hinein, und zwar lange Zeit parallel zum Einsatz der Dampflokomotiven im Fernverkehr. Auch in kleinstädtischen

Regionen nahm die Zahl der Pferde mit der Zahl der Bahnhöfe eher zu als ab. Wie hätten die Menschen und die Güter ohne Pferd und Wagen zum Bahnhof gelangen können?

Der Pferdemarkt war Boombarometer und Gefahrenanzeiger. Der Ausbau der Transportkapazitäten signalisierte wirtschaftlichen Aufschwung, der staatliche Ankauf von Pferden Kriegsrisiko. Während einer außenpolitischen Krise im Jahr 1875, als die Zeitungskommentatoren über einen unmittelbar bevorstehenden neuen Krieg mit Frankreich spekulierten, wollten die Blätter Pferdeankäufe großen Stils in Frankreich beobachtet haben. Während einer weiteren Krise 1887 wurde vom Reich der Export von Pferden nach Frankreich verboten. Die Dimension, um die es sich dabei handelte, wird deutlich, wenn man sich erinnert, dass mit den Eisenbahnzügen, die im Juli 1870 die deutschen Truppen an die französische Grenze brachten, auch 170 000 Pferde transportiert wurden.

Die ›zivilen‹ Pferde in Berlin zählten nach vielen Tausenden. Virchow sprach 1867 in einem Vortrag »von den 25 000 Pferden in der Stadt«. Diese Anzahl dürfte in den folgenden drei Jahrzehnten im Zuge der Etablierung und Ausweitung der Pferdeomnibusse und Pferdebahnen eher gewachsen als gesunken sein, und mit ihr die Menge an Futter, die in die Stadt hinein- und an Mist, die aus ihr herauszuschaffen war.

Erst im neuen Jahrhundert verloren die Pferde im übertragenen und im wörtlichen Sinn an Zugkraft. 1928 schließlich machte sich der Droschkenkutscher Gustav Hartmann mit Pferd, Wagen und einem Zeitungsreporter auf den Weg von Berlin nach Paris, um ein Zeichen gegen den Niedergang seines Gewerbes zu setzen – und um als ›Eiserner Gustav‹* in die Berliner Folklore einzugehen. 1885 hatte er als junger Mann in Berlin-Wannsee ein Fuhrunternehmen gegründet, das insofern von dem neuen Verkehrsmittel Eisenbahn lebte, als sich der Standplatz seiner Droschken am Bahnhof Wannsee befand. Dass er als Neuling vom Neuen profitiert hatte, hinderte ihn nicht daran, als er und sein Gewerbe alt geworden

---

* Heute bewacht er als Statue eine Kreuzung an der Potsdamer Brücke in Berlin. Eigentlich weniger eine Ehre als eine Strafe, wenn man bedenkt, was da Tag und Nacht ununterbrochen an ihm vorbeifährt – oder im Stau steht.

waren, gegen das neue Neue zu protestieren, das nun die Pferdestärken nicht mehr an der Deichsel, sondern unter der Haube hatte.

Der Ausbau des städtischen Pferdebahnnetzes ging den einen nicht schnell genug, den anderen war er überhaupt nicht recht. Ein Zeitgenosse berichtete 1880: »Die Ladeninhaber in der Leipziger Straße wollten […] die Pferdebahn gar nicht haben. Sie kalkulierten folgendermaßen: Jetzt geht das Publikum durch die Leipziger Straße, sieht sich die Schaufenster an, geht in die Läden und kauft. Geht aber erst die Straßenbahn durch, dann fährt das Publikum mit Windesgeschwindigkeit durch die Straße und denkt nicht ans Kaufen.« Die »Hausbesitzer jener Gegend« wiederum machten die Pferde-Eisenbahn-Actien-Gesellschaft »für die Entwertung ihrer Häuser« verantwortlich, »da durch das Geräusch, welches die Straßenbahn verursachte, die Mieter zum Ausziehen veranlaßt werden würden.«

Die Fahrgäste des privatwirtschaftlich organisierten Nahverkehrs hatten es auch nicht immer leicht, vor allem in dessen Anfangsphase. Im September 1873 klagte die *Volks-Zeitung* über eine Art Beförderungsdarwinismus an der Pferdebahn: »In den Nachmittagsstunden gilt […] nur noch das Recht des Stärkeren, und in den späten Abendstunden ist die Erlangung eines Platzes geradezu mit Lebensgefahr verknüpft. […] Greise, Weiber, Kinder klammern sich an den hinteren Perron, versuchen aufzuspringen, werden zurückgeschleudert und fallen in den Schmutz.« In manchen Wagen, zugelassen für 52 Personen, drängten sich über 90 Fahrgäste.

Die Überlastung lag natürlich nicht an den Pferden, sondern den Wagen. Zur Eröffnung der mit Dampfloks betriebenen Berliner Stadtbahn im Februar 1882 schrieb die *Illustrirte Zeitung:* »Ein Zug besteht gewöhnlich aus Lokomotive (ohne Tender) und vier Wagen. Wer in diesen keinen Platz findet, muss auf den nächsten, in fünf bis zehn Minuten eintreffenden Zug warten […]. Die wirkliche Erstürmung eines Coupés, wie sie bei großem Andrang in Szene gesetzt wird, macht die Benutzung für Frauen, Kinder und schwächliche Personen geradezu gefährlich, um so mehr, als der Zug kaum eine Minute hält und sich ohne ein lautes Abfahrtssignal wieder in Bewegung setzt.«

»Lebensgeschichte einer Lokomotive«

Im Vordergrund ziehen zwei Pferde eine Postkutsche dem Betrachter entgegen, im Hintergrund zieht eine Dampflok von Borsig einen
Zug über eine Rheinbrücke: Der Kontrast illustriert den Moderni-
sierungssprung in der zweiten Hälfte des 19. Jahrhunderts. Das Mo-
numentalgemälde, 3,5 Meter hoch und 2,72 Meter breit, gehörten zu
einem Zyklus mit dem Titel »Lebensgeschichte einer Lokomotive«.
Die sechs Bilder, ein siebtes in kleinerem Format kam später dazu,
malte Paul Meyerheim Mitte der 1870er im Auftrag von Albert Borsig, dem legendären Lokomotivenfabrikanten. Der allererste Eisen-
bahnzug der deutschen Kunstgeschichte übrigens fuhr in elegantem
Bogen durch ein Landschaftsgemälde von Adolph Menzel mit dem
Titel »Die Berlin-Potsdamer Bahn«. Es entstand 1847, drei Jahre
nachdem Borsig eine von ihm gebaute Lokomotive auf der Berliner
Gewerbeausstellung gezeigt hatte. Es war seine sechsundzwanzigste.
Im gleichen Jahr wie Menzel den Zug malte Karl Eduard Biermann
»Borsig's Maschinenbau-Anstalt zu Berlin«. Darauf ist vor den Fab-
rikgebäuden mit ihren schwarz rauchenden Schloten ebenfalls eine
Lokomotive zu sehen. Aber sie wird von Pferden über das Werks-
gelände gezogen. 1854, im Todesjahr des Gründers August Borsig,
verließ die fünfhundertste Lok die Fabrik, 1858 unter seinem Sohn
und Nachfolger Albert die tausendste.

Was Borsig in Berlin und Preußen war, das war Joseph Anton von
Maffei in München und Bayern, auch wenn er bezüglich der Anzahl
der in seiner Fabrik hergestellten Loks mit Borsig nicht konkurrieren konnte (seine ›Fünfhundertste‹ verließ erst 1864 die Werk-
halle). Immerhin sorgten die beiden Pioniere mit anderen, weniger
berühmten Dampfmaschinenbauern dafür, dass im Unterschied zu
den frühen 1840ern, als sämtliche Lokomotiven aus England im-
portiert werden mussten, Mitte der 1850er der Bedarf der deutschen
Eisenbahngesellschaften durch die einheimische Industrie gedeckt
wurde.

Dieser Bedarf war riesig und wuchs bis zum Ende des Jahrhunderts
in einer Weise, die niemand hatte vorhersehen können, als am 7. Dezember 1835 eine Dampflokomotive mit 25 PS von Nürnberg nach

Fürth fuhr. Die »Adler« genannte Lok zog neun Personenwagen über eine sechs Kilometer lange Strecke und wurde von den Zeitungen mit »Apollos Sonnenwagen« verglichen. Hätten wir unter den Schaulustigen gestanden, die auf den mit 45 Kilometern pro Stunde ›heranrasenden‹ Zug warteten, und den Umstehenden erzählt, dass einst eine »Apollo« genannte Kapsel mit Menschen darin auf dem Mond landen würde, hätte man uns für verrückt erklärt. Aber für genauso verrückt hätten wir gegolten, würden wir den Zeitgenossen vorhergesagt haben, dass innerhalb eines halben Jahrhunderts aus den sechs Streckenkilometern in Franken über vierzigtausend in Deutschland werden würden. Verdenken könnten wir das den Zeitgenossen an der Trasse von Nürnberg nach Fürth nicht. Schließlich führte auf dem Damm ein befestigter Weg für Pferde entlang, die noch bis 1863 Güterkarren über die »Adler«-Schienen zogen, während der ›Sonnenwagen‹ nur Personen beförderte – und hin und wieder ein Fass Bier.

Knapp anderthalb Jahre nach dieser Strecke eröffnete ein Teilstück der sächsischen Linie Leipzig–Dresden. Und im Wiener Augarten gab es ein »Eisenbahnkonzert« mit dem »Eisenbahn-Lust-Walzer« von Johann Strauss, während eine Lokomotive die Strecke von hundert Metern zurücklegte – von Pferden gezogen. Noch einmal anderthalb Jahre später, Ende Oktober 1838, eröffnete die Linie zwischen Berlin und Potsdam. In schnellem Takt folgten weitere Strecken in Preußen: 1841 Berlin–Anhalt; 1842/43 Berlin–Stettin in Teilabschnitten. Nach Vollendung der Strecke, gebaut von Stettiner Geschäftsleuten, die auch den Hafen erweiterten, um Hamburg im Osthandel Konkurrenz zu machen, dauerte die Fahrt viereinhalb Stunden. Das kam dem Getreideexport der pommerschen Rittergüter zugute, auch wenn die Gutsbesitzer, unter ihnen Bismarck, noch etliche Stunden mit der Kutsche fahren mussten, um vom Stettiner Bahnhof auf ihre Besitzungen zu kommen. Im Jahr 1846 eröffneten Linien zwischen Berlin und Hamburg, Berlin und Breslau, Berlin und Magdeburg. Ende der 1840er wurde die Verbindung zwischen den Westprovinzen Preußens und dem Königreich ausgebaut, seit 1851 fuhr der erste Schnellzug zwischen Berlin und Köln. Er brauchte sechzehn Stunden. 1857 war die sogenannte ›Ostbahn‹ komplett, eine durchgehende Verbindung zwischen Berlin und Königsberg. Die Lokomotiven lieferte Borsig.

Die Ostbahn war die erste allein staatlich finanzierte Bahn in Preußen. Sie war wichtig für den Transport landwirtschaftlicher Produkte nach Westen und für den von Industriegütern nach Osten. Außerdem hatte sie militärische Bedeutung für den Schutz der Ostgrenzen wegen der von ihr ermöglichten rascheren Verlegung von Truppen. Dennoch war die ›Staatsbahn‹ seit 1847 bei den Ständen und in den Landtagen umstritten. Die Gegner befürchteten, wie später bei der Auseinandersetzung um den Wehretat, einen nicht mehr korrigierbaren Einflussverlust, wenn der Staat Anleihen auflegte und ihm später Einnahmen zuflossen, über die man budgetrechtlich keine Kontrolle hatte.

Nach 1848 wurden diese Widerstände von der preußischen Regierung überwunden, zumal der Bahnbau mit Arbeitsbeschaffungsmaßnahmen verbunden war, die einem erneuten Aufschaukeln revolutionärer Stimmungen bei jungen arbeitslosen Männern entgegenzuwirken versprachen. Die Angst vor einer Wiederkehr der Revolution war auch bei den liberalen Kritikern größer als die Angst vor einer unkontrollierbaren Staatsmacht. Die »Königliche Commission für die Ostbahn« veröffentlichte am 21. Juni 1848 eine »Bekanntmachung« in »höherem«, also königlichem »Auftrage«, »daß um erwerblose Handarbeiter zu beschäftigen, die Erdarbeiten an der großen Ostbahn [...] unverzüglich in Angriff genommen werden sollen.« Berliner waren dabei zu bevorzugen. Sie hatten sich mit einem polizeilich »ausgestellten Zeugniß ihrer Ortsangehörigkeit« in einem Büro zu melden, wo sie mit Arbeitsbüchern ausgestattet wurden, in denen die Arbeitsbedingungen verzeichnet waren. Die unterschriebenen Arbeitsbücher wiederum waren bei einem Bahnbaumeister »gegen den Empfang einer Karte abzugeben. Mit der letztgedachten Karte meldet sich der Arbeiter an dem auf der Karte bemerkten Tage bei dem Polizei-Commissar auf dem Stettiner Bahnhof. Dort wird jedem Arbeiter ein Platz in einem bedeckten [wichtig hervorzuheben bei der langen Reise] Bahnwagen zur freien Fahrt über Stettin und Stargard bis zum Kreuzpunkt angewiesen, von dem aus die Arbeiter zu den einzelnen Baustellen geführt werden.« Der Arbeitstag dauerte von fünf Uhr morgens bis sieben Uhr abends bei zwei Freistunden, die Arbeiten waren im Akkord auszuführen, die Spaten von den Bewerbern mitzubringen.

Der Streckenausbau, bei der staatlichen Ostbahn wie bei den vielen neu gegründeten Privatbahnen, wäre allein mit Berliner Arbeitslosen nicht möglich gewesen. In den folgenden Jahren und Jahrzehnten zogen Abertausende von Wanderarbeitern von Strecke zu Strecke, viele von ihnen Landarbeiter, die zur Erntezeit in die Heimatdörfer zurückkehrten.

Die Ostbahn blieb nicht die einzige preußische Staatsbahn. Wann immer sich eine Gelegenheit ergab, etwa wenn Privatbahnen in wirtschaftliche Schwierigkeiten gerieten, kaufte der Staat Strecken an. Infolge der Annexion von Hannover und Teilen von Hessen nach dem Krieg von 1866 fielen weitere Bahnen an Preußen. Mit der Verbindung der östlichen mit den westlichen Staatsgebieten Preußens, darunter die vier Industriereviere an der Ruhr, im Bergisch-Märkischen, am Rhein und an der Saar, ging die Verknüpfung der östlichen und der westlichen Bahnlinien zu einem Gesamtnetz einher. Der von Lasker angeprangerte Gründerschwindel beim Eisenbahnbau* führte zum Renommeeverlust privater Eisenbahngesellschaften, rechtfertigte die Zurückhaltung staatlicher Konzessionen für den Bau von Privatbahnen und trug so ebenfalls zur Ausweitung des staatlichen Bahnwesens bei.

Gleichwohl zerfiel noch 1875 das 16 700 Kilometer umfassende Streckennetz in Preußen in 63 Einzelgebiete mit einem halben Hundert Privatbahnen und deren Vorständen, die jeweils eigene regionale und persönliche Interessen verfolgten. In Berlin gab es beispielsweise eine Berlin-Hamburger-, eine Berlin-Potsdamer- und eine Berlin-Anhaltische-Eisenbahn-Gesellschaft, um nur die drei wichtigsten zu nennen. Erst 1887 kam wenigstens die Verstaatlichung der in Berlin mündenden Strecken zum Abschluss. Deren Besitzer war nun der preußische Staat, nicht etwa das Deutsche Reich. Das von Bismarck aus politischen und militärischen Gründen angestrebte Reichseisenbahnmonopol mit einem zusammenhängenden, behördlich beaufsichtigten Netz von der russischen bis zur französischen Grenze ließ sich von ihm nicht bewerkstelligen.

---

* Dazu der Abschnitt »Großmacht und Krise« im Kapitel »Gründerzeit – Gründerkrach«.

In Berlin war bis 1887 die Geschäfts- und Verantwortungslage nicht nur uneinheitlich und unübersichtlich, sondern auch für den übrigen Stadtverkehr unzumutbar. Das rührte von den Kopfbahnhöfen her (Potsdamer, Stettiner, Hamburger, Lehrter, Dresdner, Görlitzer, Schlesischer Bahnhof), die unverbunden um die Stadt herum in alle Himmels- und Streckenrichtungen verteilt waren. Noch im Jahr der Reichsgründung wurden in der neuen Hauptstadt Güterzüge mit Dutzenden von Waggons in Schrittgeschwindigkeit quer über den Potsdamer Platz gezogen. Ein Beamter ging dem Zug voran und läutete zur Warnung mit einer Glocke. Die Beschränkung auf die Nachtzeiten, um tagsüber den Verkehr nicht zum Erliegen zu bringen, rief »infolge des dröhnenden Geräusches der schweren Güterzüge«, wie es in der offiziösen Schrift *Berlin und seine Eisenbahnen* von 1896 hieß, erzürnte Anwohner auf den Plan.

Der Wunsch nach einer Verbindungsbahn zwischen den verschiedenen Kopfbahnhöfen reichte bis in die 1840er Jahre zurück. Es gab sogar die Idee, sie mit Pferden zu betreiben und die einzelnen Güterladungen als Ganzes in Kästen auf besonderen Wagengestellen zu transportieren. Die Kästen sollten am Ankunftsbahnhof mit Kränen auf die Gestelle der Verbindungsbahn umgesetzt und am Zielbahnhof wieder auf die Eisenbahn zurückgehievt werden. Allerdings erhob die Steuerbehörde Einwände wegen der noch bestehenden Akzisemauer, die für die Bahn hätte durchbrochen werden müssen. 1851 kam es dennoch zu einer ersten Verbindungsbahn. Aber halbwegs gelöst wurde das Problem erst durch die Vollendung der Ringbahn im Jahr 1877. Für den Personenverkehr wurde 1882 das Stadtbahnviadukt quer durch Berlin von West nach Ost fertiggestellt. Zwei Jahre später wurden 14 Millionen Fahrgäste gezählt, 1890 waren es 63 Millionen.

Die »Lebensgeschichte einer Lokomotive« beginnt im Hüttenwerk. Ebendies zeigt eines der Gemälde in Borsigs Villa. Aber bevor das Erz geschmolzen und zu Maschinenteilen oder Schienensträngen verarbeitet werden konnte, musste man es aus dem Berg holen. Zum Verhütten wiederum brauchte man Kohle, ebenso wie zur Erzeugung des Dampfs für den Antrieb einer Lokomotive. Je mehr Erz und Kohle in Loks und Schienen umgewandelt wurden, desto mehr Erz und Kohle konnten die Loks auf Schienen in die Hüttenwerke fahren. 1866 betrug die Roheisenproduktion eine Million

Tonnen (Stahl weit über 700 000 t), 1870 waren es anderthalb Millionen Tonnen (Stahl über 1 Million t), 1873 schon 2,2 Millionen Tonnen (Stahl knapp 1,6 Millionen t). Der Kohleabbau stieg im Jahrzehnt von 1850 bis 1860 um fast 140 Prozent, von 1860 bis 1870 noch einmal um 114 Prozent auf insgesamt 26 Millionen Tonnen. Allein an der Ruhr verzwanzigfachte sich der Kohleabbau von 1,7 Millionen Tonnen im Jahr 1850 auf 35,5 Millionen Tonnen 1890.

Zu den Naturstoffen der Industrialisierung gehörte, was oft übersehen wird, auch das Holz. Es lagen in Schwellen verwandelte Wälder unter den Schienen auf den Trassen. Die Schienen selbst mussten gestoßen werden, was wiederum Stöße beim Darüberfahren hervorrief. Es dauerte sehr lange und erforderte viel technisches Können, bis der gleitende Fahreindruck auf scheinbar durchgehenden Gleisen erreicht wurde. Außerdem mussten die Verbindungen regelmäßig von Streckengängern überprüft werden, wie Gerhart Hauptmann im *Bahnwärter Thiel* von 1887 erzählt: »In der Linken einen Stock, in der Rechten einen langen eisernen Schraubschlüssel, schritt er [...] auf dem Rücken einer Bahnschiene in das schmutziggraue Zwielicht hinein. Hin und wieder zog er mit dem Schraubschlüssel einen Bolzen fest oder schlug an eine der runden Eisenstangen, welche die Geleise untereinander verbanden.«

Beim Fahren ratterte und beim Bremsen quietschte es. Anfangs waren Bremserwagen in den Zug gereiht, die Bremser selbst saßen auf offenen Bühnen, später in Bremserhäuschen, und betätigten Drehbremsen, wenn der Lokführer entsprechende Pfeifsignale gab.

Über Jahrzehnte hing jeder Waggon für sich hinter der Lok beziehungsweise an einem anderen Waggon und war nur von außen zu betreten. Erst Anfang der 1890er wurden in Preußen die ersten D-Züge eingeführt: D für Durchgang, da man von einem Waggon in den anderen gelangen konnte, nicht durch manschettenartige Zwischenstücke wie heute, sondern über seitengesicherte, jedoch dachlose Plattformen zwischen den Wagen. Die D-Züge verfügten außerdem über Küchenabteile und Toiletten. Bis dahin gab es ›Aborte‹, wie es in den Eisenbahnschriften der Zeit heißt, nur neben den Wartesälen der Bahnhöfe. Unterwegs hatte man sich zu gedulden, wie man sich heute während einer U-Bahn-Fahrt zu gedulden hat, allerdings mit dem Unterschied, dass der Abstand zwischen zwei Stationen nach Minuten und der zwischen zwei Bahnhöfen nach Halbstunden oder länger zu messen ist. Während der Bahnhofshalte musste man – und mehr noch Frau – sich sputen, wie Dostojewski im Sommer 1876 bei einem Halt »kurz vor Gießen« beobachtete: »Der Zug hatte zehn Minuten Aufenthalt, er hatte lange vorher nicht mehr gehalten, und so war es nur natürlich, daß alle in ein gewisses Örtchen pour Hommes eilten, und sieh da, als der Betrieb auf der Höhe war, *stürzte* in das Örtchen pour Hommes, das gut zwei Dutzend Besucher füllten, eine schön gekleidete Dame herein [...]. Sie *mußte* wohl sehr, denn sie war fast bis zur Mitte des Raumes geeilt, bevor sie ihren Irrtum bemerkte, das heißt, daß sie zu den ›Männern‹ geraten war, statt in den danebenliegenden Raum ›Für Frauen‹.«

Waren unangenehme Situationen wie diese überstanden, konnten die Reisenden froh sein, wenn sie nicht dritter oder gar vierter, sondern zweiter oder noch besser erster Klasse unterwegs waren, in einem Coupé mit Vorhängen an den Fenstern und mit Sitzbänken, überzogen von braunem genopptem Leder. So zu erkennen auf einer Farbzeichnung Menzels, die zeigt, wie eine warm eingemummelte Dame durch ein Zugfenster schaut. Ihr gegenüber könnte Menzels »Gähnender Herr im Eisenbahncoupé« von 1859 sitzen*. Bahnfahren macht müde. Nirgends sieht man so viele offene Münder wie im Zug.

Immerhin ließen sich für Frischluftzufuhr noch die Abteilfenster öffnen. Das konnte allerdings dem Streckenpersonal gefährlich werden. Hauptmanns Bahnwärter wird während seines Berufslebens zweimal verletzt, »das eine Mal infolge eines vom Tender einer Maschine während des Vorbeifahrens herabgefallenen Stückes Kohle« und »das andere Mal einer Weinflasche wegen, die aus dem vorüberrasenden Schnellzuge mitten auf seine Brust geflogen war«.

Im März desselben Jahres, in dem Menzel den gähnenden Herrn und die eingemummelte Dame auf getrennten Bildern ins gleiche Coupé setzte, versah Fontane seine Frau Emilie mit brieflichen Rat-

---

* Die zusammengehörenden Bilder wurden durch die Auslagerung während des Zweiten Weltkrieges getrennt. Dabei ging das ›Damenbild‹ verloren, der Herr blieb dem Berliner Kupferstichkabinett erhalten. Jahrzehnte später wurde die Dame gefunden und 2019 erstmals wieder zusammen mit ihrem Gegenüber gezeigt.

schlägen für eine Bahnfahrt von Berlin über Leipzig nach München: In Leipzig solle sie sich ein Hotelzimmer nehmen, um die Zeit bis zum Anschlusszug zu überbrücken, »die Leute dort sind an solche Gäste auf 3 oder 4 Stunden gewöhnt. In *Hof* hast Du Zeit einen Teller Suppe zu essen; in *Bamberg*, wo man fast eine Stunde bleibt, ißt man zu Mittag und trinkt bairisch Bier; in *Nürnberg* bleibt man im Coupée oder schlendert nur 5 Minuten auf und ab; in *Augsburg* hast Du Zeit Thee oder ein Glas Grog zu trinken.« Und weil es, obgleich Frühling, im Zug immer noch – zieht: »Vor allem verschaff Dir einen Fußsack und derlei Dinge; denn man friert doch.« Offenbar wurden damals im März keine Wärmflaschen mehr verteilt wie während der Winterfahrten erster Klasse. Die Wagenheizung von der Lok aus setzte sich erst gegen die Jahrhundertwende durch.

Telegraph und Telephon

Wäre Bismarck nicht auf Draht gewesen und hätte es keine Eisenbahn gegeben, wäre er im September 1862 nicht preußischer Ministerpräsident geworden. In seinen Erinnerungen heißt es: »In Paris erhielt ich folgendes Telegramm [....]: Periculum in mora. Dépêchez-vous.« (»Gefahr im Verzug. Beeilen Sie sich.«) Das Telegramm hatte der preußische Kriegsminister Albrecht von Roon aufgegeben. Bismarcks Bahnfahrt nach Berlin dauerte 25 Stunden. Am 22. September traf er mit König Wilhelm in dessen Sommerschloss Babelsberg zusammen, was endlich zu seiner von langer Hand eingefädelten Ernennung führte. Acht Jahre später löste wieder ein Telegramm dramatische Veränderungen aus: die von Bismarck provokativ redigierte Emser Depesche, die zur erwünschten Kriegserklärung Frankreichs an Preußen führte*. Ein weiteres Vierteljahrhundert später war das alles Geschichte, und Bismarck konnte als Ruheständler die Telegramme zählen, die er 1895 zu seinem achtzigsten Geburtstag erhielt: 9875 sollen es gewesen sein.

---

* Dazu der Abschnitt »Der Krieg gegen Frankreich« im Kriegskapitel.

Die erste bedeutende Telegraphenlinie in Deutschland war 1848 zwischen Berlin und Frankfurt am Main eingerichtet worden, und das erste bedeutende Telegramm meldete ausgerechnet die Wahl Friedrich Wilhelms IV. zum Deutschen Kaiser durch die Paulskirchenversammlung, eine Wahl, die der preußische König verächtlich zurückwies.

Schon vor der Einrichtung dieser Drahtverbindung gab es optische Telegraphenlinien mit schwenkbaren Signalarmen an hohen Masten, deren erste 1833 Berlin mit Köln und Köln mit Koblenz verband. Von diesem heute eher unbeholfen wirkenden Übermittlungssystem bis zum Aufbau transatlantischer Funkverbindungen durch Guglielmo Marconi zu Beginn des 20. Jahrhunderts dauerte es gerade einmal ein Menschenalter. In dieser historisch kurzen Zeit wurde der globale Raum vernetzt, durch oberirdische Leitungen zwischen Masten, durch unterirdische Leitungen in Röhren und schließlich durch Überseekabel zwischen den Kontinenten.

In ihrer Frühzeit war die Telegraphie untrennbar mit der Eisenbahn verbunden. Die Bahngesellschaften waren, neben dem Militär, die ersten großen Auftraggeber. 1851 wurde auf der Strecke Berlin–Stettin ein elektromagnetischer Streckentelegraph in Betrieb genommen, der 35 Bahnwärterposten überflüssig machte. Was hätte Gerhart Hauptmanns Thiel dazu gesagt? Eine zweite Leitung verband die Stationen untereinander. Die einfahrenden Züge wurden ›vorgemeldet‹, die losfahrenden ›abgeläutet‹.

Auch die nicht speziell für den Bahnbetrieb errichteten Telegraphenlinien liefen entlang der Bahnstrecken, meistens über Masten, mitunter im Fahrdamm oder im Gleisbett. Im *Bahnwärter Thiel* erscheint die technische Infrastruktur als naturnahe Idylle: »Aus den Telegraphendrähten, die die Strecke begleiteten, tönten summende Akkorde. Auf den Drähten, die sich wie das Gewebe einer Riesenspinne von Stange zu Stange fortrankten, klebten in dichten Reihen Scharen zwitschernder Vögel.«

Bis heute ist es eigenartig faszinierend, Vögel in langen Reihen auf Leitungen sitzen zu sehen*, wie viel mehr muss das Menschen

---

* Fragt sich übrigens, warum wir sagen, dass Vögel auf ihren Beinen ›sitzen‹.

berührt haben, für die ein solcher Anblick neu war. Fontane erwähnt das im *Stechlin*, »die Spatzen quirilierten auf den Telegraphendrähten«, und in *Effi Briest* bekommt die unglückliche Heldin eine Weihnachtskarte: »Schneelandschaft mit Telegraphenstangen, auf deren Draht geduckt ein Vögelchen saß.«

Der zweite wichtige Treiber der neuen Kommunikationstechnik war das Militär. Was waren Brieftauben oder reitende Boten gegen Telegramme? Allerdings brauchten Telegramme im Unterschied zu reitenden Boten oder Brieftauben eine aufwändige bauliche Infrastruktur, jedenfalls bis zur Einführung der drahtlosen Telegraphie. Im August 1846 begann im Auftrag des preußischen Generalstabs die Erprobung einer oberirdischen Versuchslinie zwischen Berlin und Potsdam. Die eigentlich bevorzugte unterirdische Verlegung scheiterte an den Kosten für eine mäuse- und maulwurfresistente Isolierung eines unterirdischen Kabels. Die Apparate dieser Versuchsstrecke stammten noch nicht von Werner Siemens, der in den Folgejahren zusammen mit seinem Compagnon Johann Georg Halske zur dominierenden Persönlichkeit erst des deutschen, dann des europäischen Telegraphengeschäfts werden sollte. Siemens war der Erfinder, Ideengeber und Organisator, Halske der feinmechanische Werkmeister. Ihr Zeigertelegraph funktionierte durch Stromunterbrechung: Der Sender drückt eine Buchstabentaste, unterbricht damit den Strom, und der Empfängerzeiger bleibt auf dem gleichen Buchstaben stehen.

Die beiden gründeten ihr Unternehmen im Herbst 1847. Allerdings wurde Siemens in der Gewerbeanmeldung vorsichtshalber nicht genannt. Er stand als Offizier der Telegraphenkommission des Generalstabs in Dienst, mithin bei der Institution, welche die Aufträge zu vergeben hatte, auf die das Unternehmen angewiesen war. Im Revolutionsjahr 1848 wurden zwei Linien beschlossen: Berlin–Frankfurt am Main und Berlin–Köln. Der Auftrag ging an die Firma Siemens & Halske, die erst ab 1851 auch so hieß. Dass diese Firma beauftragt wurde, lag keineswegs am Zeigertelegraphen, der anderen Apparaten, etwa dem viel schnelleren Schreibtelegraphen von Samuel Morse, eher unterlegen war. Der Vorteil, den Siemens zu bieten hatte, bestand in etwas anderem. Er kam über seinen in London lebenden Bruder Wilhelm an das schwer zu beschaffende

Guttapercha heran, ein gummiartiges Material, gewonnen aus dem Saft des Guttapercha-Baums auf Sumatra. In seinen *Lebenserinnerungen* berichtet er: »Zufällig hatte mir damals mein Bruder Wilhelm aus London eine Probe von einem neu auf dem englischen Markte erschienenen Material, der Guttapercha, als Curiosität zugeschickt. Die ausgezeichneten Eigenschaften dieser Masse, im erwärmten Zustande plastisch zu werden und, wieder erkaltet, ein guter Isolator der Elektricität zu sein, erregten meine Aufmerksamkeit. Ich überzog einige Drahtproben mit der erwärmten Masse und fand, daß sie sehr gut isolirt waren. Die Commission [des Generalstabs] ordnete auf meinen Vorschlag größere Versuche mit solchen, durch Guttapercha isolirten Drähten an, die im Sommer 1846 begannen und 1847 fortgesetzt wurden. [...] Ich construirte daher eine Schraubenpresse, durch welche die erwärmte Guttapercha unter Anwendung hohen Druckes ohne Naht um den Kupferdraht gepreßt wurde. Die mit Hülfe einer solchen, von Halske ausgeführten Modellpresse überzogenen Leitungsdrähte erwiesen sich als gut isolirt und behielten ihre Isolation dauernd bei.«

Die unterirdische Kabelverlegung war von Nagern bedroht, die oberirdische von Revolutionären. Aufständische kappten die Drähte, um dem Militär das Anfordern von Truppen zu erschweren. Die Einschätzung, welche Saboteure für die Kabel gefährlicher waren, beeinflusste die Entscheidung über eine unter- oder oberirdische Verlegung. Die Guttapercha-Isolierung schien das Nagerproblem zu lösen. Also wurden die Drähte der Berlin–Frankfurt-Linie wenigstens bis nach Eisenach im Gleisbett der Eisenbahnstrecke verlegt, von dort an über Masten, weil die Bahn selbst noch im Bau war. Im Februar 1849 ging die insgesamt 674 Kilometer lange Linie, damals die längste Europas, in Betrieb. Die Depeschen brauchten eine knappe Stunde. Schon wenige Monate später eröffnete die 715 Kilometer lange Linie von Berlin nach Aachen.

Zur gleichen Zeit gründete Bernhard Wolff sein Telegraphenbüro, um Wirtschafts- und Börsennachrichten zwischen Berlin und dem Rheinland zu versenden. Julius Reuter kam mit einem ähnlichen Vorhaben etwas zu spät, versuchte aber, mit einem Nachrichtendienst ins Geschäft zu kommen, der Aktieninformationen nach Brüssel sandte zur Weiterleitung nach Paris – mit Brieftauben. Als auch zwischen Aachen und Brüssel eine Telegraphenlinie errichtet wurde, wanderte Reuter nach London aus, dem wichtigsten Finanzplatz der damaligen Welt, und gründete dort die später legendär gewordene Nachrichtenagentur.

Mittelfristig stellte sich heraus, dass Nagetiere den Kabeln doch gefährlicher wurden als Menschen, war die Revolution erst einmal niedergeschlagen, und so kehrte man für Jahrzehnte zur kostengünstigeren oberirdischen Verlegung zurück. 1888 wurde im Deutschen Reich die hunderttausendste Telegraphenstange aufgestellt. Der Wirtschaftshistoriker Schmidt-Weißenfels fasste 1893 zusammen: »Gegenwärtig zählt Europa allein 37 649 Staatstelegraphenanstalten, welche dem allgemeinen Verkehr geöffnet sind.« Weltweit seien es »85 000 Telegraphenanstalten, welche täglich der Beförderung von rund 826 000 Telegrammen sich zu widmen haben.« Die »Länge der Telegraphenlinien der Erde« beziffert er auf gut 1,5 Millionen Kilometer.

In dem halben Jahrhundert zwischen der Inbetriebnahme der ersten Versuchsstrecken bis zum nahezu vollständigen Ausbau des globalen Netzes war die Telegraphie stets auch eine Macht- und eine Militärfrage. Beispielsweise hatte Moltke im Krieg gegen Österreich die preußischen Truppen telegraphisch von Berlin aus befehligt und war erst wenige Tage vor der Schlacht von Königgrätz auf dem Kriegsschauplatz angekommen. Und im Norddeutschen Bund, gegründet infolge des Sieges über Österreich, unterstand die Generaldirektion des Telegraphenwesens dem Bundeskanzleramt, dem wiederum der preußische Ministerpräsident Otto von Bismarck vorstand. 1870 ernannte Bismarck Heinrich von Stephan zum Generalpostdirektor des Norddeutschen Bundes, nach der Reichsgründung übernahm Stephan die Verantwortlichkeit für das gesamte Reichsgebiet und zog 1875 das Telegraphenwesen unter die Aufsicht der Post. Mit Jahresbeginn 1876 wurden die Post- und die Telegraphenabteilung im Reichskanzleramt der Leitung Stephans unterstellt und 1880 in der Reichspost zusammengefasst. Fünf Jahre später gelang es Stephan, den Internationalen Telegraphenkongress nach Berlin zu holen. Dort wurden nach den Kongressen in Paris (1865), Wien (1868), Rom (1872), Petersburg (1875) und London (1879) weitere internationale Vereinbarungen getroffen, um den

Weltverkehr von nationalen Beschränkungen und bürokratischen Eigenwilligkeiten zu befreien.

Derartige Vereinbarungen waren umso wichtiger, als die Seekabel immer länger und immer funktionstüchtiger wurden. Die erste dieser Verbindungen wurde 1850/51 zwischen Dover und Calais eingerichtet. Dem von Aachen nach London übergesiedelten Reuter half das Kabel bei der Übermittlung von Börsenkursen nach Paris. Niemand war schneller als er, und niemand hat schneller Geld mit Nachrichten über Geld verdient, obwohl die Verbindung gelegentlich unterbrochen war. Beispielsweise im Januar 1857. Am 5. Januar notierte Fontane, der sich als eine Art preußischer Presseagent im Regierungsauftrag in London aufhielt, verärgert in sein Tagebuch, er könne keine Informationen nach Berlin übermitteln, weil »der unterseeische Telegraph beschädigt« sei.

Die Gründe für den Funktionsausfall der Unterwasserlinien waren vielfältig. Die Kabel konnten trotz Isolierung erodieren, oder sie bildeten Schleifen auf dem Meeresboden, manche rissen schon bei der Verlegung, und wenn die Enden nicht mehr aufgefunden werden konnten, musste das Verlegungsschiff umkehren und von vorne anfangen. Trotz des hohen technischen und finanziellen Aufwandes und trotz der Stimmen derjenigen, die auf Dauer betriebsfähige Transatlantikkabel schlichtweg für unmöglich erklärten, wurde an den Projekten festgehalten.

Für die Großmächte mit Kolonialbesitz, allen voran England, waren die überseeischen oder wie Fontane genauer schrieb: unterseeischen Verbindungen von allerhöchster Bedeutung, nicht nur von der Insel zum Kontinent, sondern vor allem zwischen den Kontinenten. In den späten 1850ern und im Laufe der 1860er wurden im Mittelmeerraum Linien errichtet, teilweise in Küstennähe auf dem Meeresboden, teilweise über Land, wie bei der Ottoman-Linie (1865), die von London über Paris, Wien, Konstantinopel und Bagdad bis nach Karatschi führte. Hier waren Depeschen mitunter sechs Tage unterwegs. Bei einer 1870 in Betrieb genommenen Linie von London über Berlin, Warschau, Odessa und Tiflis nach Teheran brauchten Depeschen sogar bis zu zwei Wochen, wenn sie überhaupt ankamen. Später gelang die Übermittlung innerhalb einer Minute.

Das erste Transatlantikkabel wurde 1866 verlegt, nachdem ein Versuch im Vorjahr gescheitert war. Anfang der 1870er waren insgesamt gut 60 000 Kilometer Seekabel (nicht nur Überseekabel) Teil des telegraphischen Weltnetzes, Anfang der 1890er 265 463 Kilometer*.

Die telegraphische Fernübermittlung führte in einer Art Rückstoßeffekt zu lokalen Herausforderungen. Wie verhindert man, dass eine Depesche nur wenige Minuten von einem Kontinent zum anderen braucht, dann aber Stunden vom Telegraphenamt zum eigentlichen Empfänger? Eine der Antworten darauf war die 1865 im Auftrag der preußischen Regierung von Siemens & Halske gebaute ›Röhrenpostanlage‹ zwischen Hauptelegraphenamt und Börse, die in den folgenden Jahren ausgebaut wurde. Rohrpost war schnell, aber teuer, und wurde wie das Telegramm im normalen Verkehr nicht verwendet. Noch in *Jenny Treibel* von 1891 lässt Fontane eine seiner Figuren die süffisante Bemerkung machen, »das mit Rohrpost, das hat vielleicht Anspruch«.

Eine besonders folgenreiche und im Unterschied zur Telegraphie bis heute nach- und weiterwirkende Neuerung in der Kommunikationstechnik war das Telephon. 1861 führte Johann Philipp Reis einer Versammlung des Physikalischen Vereins in Frankfurt am Main ein Gerät vor, das allerdings nie zur Marktreife gelangte. Der Vortrag hieß *Über die Fortpflanzung von Tönen auf beliebige Entfernungen*. In Analogie zum Telegraphen bezeichnete Reis seinen Apparat als Telephon. Den anderthalb Jahrzehnte später erfolgenden Durchbruch der neuen Technik erlebte der an Tuberkulose erkrankte Reis nicht mehr. 1876 erhielt Alexander Graham Bell in den USA das erste Patent für einen Übertragungsapparat, der allerdings nicht funktionsfähig war – im Unterschied zu demjenigen von Elisha Gray, der mit seinem Patentantrag zwei Stunden zu spät kam. Die Auseinandersetzungen in der Folge zogen sich lange hin, und die große Zahl der Patentprozesse ernährte eine große Zahl von Patentanwälten. Das Mikrophon für den schließlich doch funktionsfähig gemachten Bell-Apparat entwickelte der deutsche Auswanderer Emil Berliner,

* Die Gesamtlänge der heutigen rund 400 Datenkabel auf dem Meeresboden wird auf 1,2 Millionen Kilometer geschätzt.

der 1887 selbst zu einer Erfinderlegende wurde mit der Anmeldung des Patents zu einem Gegenstand, dem manche noch heute nachtrauern: die Schallplatte.

Das erste preußische Telephonat fand bereits 1877 statt, und Generaldirektor Stephan führte die Bezeichnung ›Fernsprecher‹ ein. Er ist auch dafür verantwortlich, dass wir bis heute ›Briefumschlag‹ sagen – falls wir überhaupt noch Briefe verschicken. Jedenfalls vertrieb der nun für den internen Postbetrieb verpflichtende ›Briefumschlag‹ das bis dahin gängige ›Cuvert‹. Über Stephans Telephonat mit dem ›Fernsprecher‹ berichtete im November 1877 die *National-Zeitung:* »Das erste Telephon ist in Berlin wirklich in Dienst gestellt, und zwar von dem Arbeitszimmer des Generalpostmeisters in der Leipziger Straße zu dem Arbeitszimmer des Direktors des Generaltelegraphenamtes in der Französischen Straße. Die mündliche Verständigung auf der zwei Kilometer langen Leitung ist vollkommen [...] als ob beide Herren sich in ein und demselben Zimmer befänden.«

Wenige Tage später mokierte sich Werner Siemens: »Der Telephon-Schwindel ist jetzt in Deutschland in voller Blüthe [...]. Heute sind ca. 100 Briefe, welche Lieferung von Telephonen verlangen, eingegangen«. Zu diesem Zeitpunkt stellte Siemens & Halske täglich etwa 700 Bell-Telephone her, und Siemens ärgerte sich, dass er »leider den Preis zu niedrig normiert« habe, tröstete sich aber dann: »Wir verdienen dabei zwar noch 50% [...]. Einen solchen Sturm hatte ich aber doch nicht vorausgesehen«.

1881 werden das erste Fernsprechamt in Berlin installiert und ein erstes »Verzeichnis der bei der Fernsprecheinrichtung Betheiligten« veröffentlicht. Die Zahl der ›Sprechstellen‹ kommt über ein paar Dutzend nicht hinaus, im Folgejahr sind es dann schon an die sechshundert und gegen Ende des Jahrzehnts rund 15 000, in Deutschland insgesamt 37 000. Ein zeitgenössischer Bericht meldet stolz: »Berlin hat jetzt wohl das größte Telephonnetz der Welt. Es hatte am Schlusse des Jahres 15 000 Anschlüsse und direkte Telephonverbindung mit vielen entfernten Städten Deutschlands, wie Hamburg, Hannover, Dresden etc. Der in Berlin immer fühlbarer werdenden Schwierigkeit der Anbringung und Erhaltung der gewaltigen Mengen von Leitungsdrähten begegnete die

Telegraphenverwaltung erfolgreich durch die Anlage eines Systems unterirdischer Leitungen.« Das wird die Hausbesitzer beruhigt haben. Sie empörten sich gegen die »unentgeltliche Hergabe der Dächer zu Telephonzwecken« und die »Nichtachtung des privaten Eigentums, ein entschieden sozialistischer Zug, der mehr und mehr die Anschauungen der ganzen modernen Gesellschaft durchdringt«, wie der ehemalige Leiter des Hotels Kaiserhof, Sebastian Hensel, in seinem Anfang der 1890er entstandenen *Lebensbild aus Deutschlands Lehrjahren* schrieb. »Die Verstaatlichung der Eisenbahnen, die grossen Gas- und Wasserwerke der Städte, die städtischen Markthallen, die Rieselfelder, das sind alles Konsequenzen dieser Strömung, ebenso wie die verstaatlichte Telegraphie und Telephonie.«

Die Zeitung

Zeitungen brauchen Nachrichten, die Nachrichten müssen gesammelt (manchmal auch generiert) und schnell weitergeleitet werden, je schneller, desto besser. Während des Berliner Kongresses im Sommer 1878 beispielsweise waren insgesamt 180 Telegraphenleitungen in Betrieb. Zeitungen konnten die Drähte mieten. Die Londoner *Times* hatte eine Verbindung von 22 Uhr bis 3 Uhr gebucht.

Schon in den Anfangsjahren der Telegraphie erkannten die Zeitungsmacher deren geschäftlichen Wert. Besonders wichtig waren Meldungen von Kriegsschauplätzen und Börsen. Hier bedeutete Zeit im Wortsinn Geld, und Informationsmonopole brachten, selbst wenn sie nur kurz bestanden, Konkurrenzvorteile mit sich.

Julius Stettenheim karikierte den Nachrichtenwettlauf des Zeitungsgewerbes ausgiebig humoristisch in den Wippchen-Berichten, die ab 1877 in seinen *Berliner Wespen* erschienen. Eine Hauptstadt-Redaktion schickt Wippchen als »ownsten Correspondenten« nach Bernau bei Berlin, damit er dort ›direkt‹ von den Schauplätzen des Weltgeschehens berichten kann, ohne sich wirklich dahin begeben zu müssen. Stettenheim spielte damit auf die Praxis der *Times* an, Artikel aus der *Kreuzzeitung* zu übersetzen und als Berichte ihres ›own Berlin-

Correspondent‹ auszugeben. Eine eigene Telegraphenleitung leistete man sich nur während des Berliner Kongresses. Der ›ownste Correspondent‹ Wippchen wiederum ist sich darüber klar: Ein »Kriegsberichterstatter, das steht fest, darf nicht fortwährend in der Stadt, in welcher seine Berichte gedruckt erscheinen, gesehen werden.«

In den ersten Berichten ging es um den russisch-osmanischen Krieg, der zum Berliner Kongress geführt hatte. Informierte Zeitungsleser verfügten mithin über genug aktuelles Hintergrundwissen, um Stettenheims anspielungsreiche Humoreske verstehen und genießen zu können.

Wippchen fährt nach Bernau – und lässt nichts mehr von sich hören. Die Redaktion verdächtigt ihn, »für unsere Kosten auf dem Lande zu wohnen«, und droht, sich »nach einem andern Correspondenten« umzusehen: »Erst gestern hat sich uns einer ihrer werthen Herren Collegen empfohlen, welcher bereit ist, die Zeile Schlacht für fünf Pfennige zu liefern.« Wippchen, dem immer etwas einfällt, und zwar zu allem zu viel, rechtfertigt sich unter anderem damit, dass er »mehrere Gemetzel zu Papier« gebracht habe. Er sei mit ihnen aber nicht zufrieden gewesen, weil er »sie nach einem Bericht über die Erstürmung der Düppeler Schanzen verfertigt hatte«. Die lag schon über ein Dutzend Jahre zurück, als Stettenheim sein fingiertes Wippchen sich mit Bernauer Fake News abquälen ließ*.

Mit erfundenen Nachrichten lässt sich kurzfristig der Umsatz steigern, doch schon mittelfristig nicht das Renommee. Als Bernhard Wolff 1849 in Berlin mit seinem »Telegraphischen Correspondenz-Bureau« die erste bedeutende Nachrichtenagentur in Deutschland gründete, ging es ums Geschäft, aber um ein seriöses. Einer seiner Mitarbeiter war der ehemalige 48er Lothar Bucher, ab 1864 im preußischen Außenministerium und ab 1871 als Geheimer Legationsrat ein enger, nachgerade intimer politischer Mitarbeiter Bismarcks über annähernd drei Jahrzehnte bis hin zur Mitarbeit an dessen Memoiren.

Ein Jahr nachdem Bucher zu Bismarck gewechselt hatte, verkaufte Wolff seine Agentur an die Continental-Telegraphen-Compagnie,

---

* Dazu der Abschnitt über den dänischen Krieg im Kapitel über die Einigungskriege.

eine von Gerson Bleichröder mitgegründete Aktiengesellschaft, »die den Zweck hat, gewerbsmäßig Telegramme politischen, commerziellen und finanziellen Inhalts zu vertreiben.« Wolff trat als Generaldirektor in die Gesellschaft ein. Die Kundschaft wusste über den Charakter der Firma als Instrument der preußischen Regierung Bescheid. Ebendiese Aura verlieh den von dort lancierten Nachrichten ihren geschäftlichen und politischen Wert. Wie weitgehend der Vertrag war, der 1869 zwischen dem Staatsministerium und der Telegraphen-Compagnie geschlossen wurde, blieb indessen wie dieser Vertrag selbst geheim.

Auch lancierte Nachrichten dürfen nicht immer falsch, nicht einmal immer bloß halbwahr sein, sollen sie ihre Glaubwürdigkeit behalten, auf die es doch gerade dann ankommt, wenn nicht die ganze Wahrheit gemeldet wird. Entsprechendes galt für die *Norddeutsche Allgemeine Zeitung,* gegründet 1861 und der Tendenz nach ein Organ der konservativen Parteien. Ihre publizistische Bedeutung rührte aber von den halbamtlichen Mitteilungen her, die ihr aus den Ministerien und Reichsämtern zugingen. Der zweimal täglich erscheinenden Zeitung, in den 1870ern und 1880ern mit dem Spitznamen ›Kanzlerblatt‹ ausgezeichnet (oder geschmäht) und im Besitz einer Aktiengesellschaft, deren Hauptanteilseigner die Norddeutsche Bank in Hamburg war, flossen neben staatlichen Informationen auch staatliche Gelder zu. Offizielles Verkündungsblatt der Regierung indessen war seit 1819 der unter verschiedenen Titeln geführte *Staats-Anzeiger,* ab 1871 *Deutscher Reichs-Anzeiger und Königlich Preußischer Staats-Anzeiger.*

Eine besondere Aura umgab die *Neue Preußische Zeitung,* das Hausblatt der konservativen agrarischen Besitz- und Einflusselite. Gegründet 1848, erschien sie unter dem Slogan »Mit Gott für König und Vaterland« und schmückte ihren Namenszug mit einer Darstellung des Eisernen Kreuzes. Die *Kreuzzeitung* erreichte auch in ihren besten Tagen nie mehr als 10 000 Abonnenten, blieb also deutlich hinter den bürgerlich-liberalen Blättern zurück. Dennoch hatte sie auf Entscheidungsträger größten Einfluss, gerade weil sie sich nicht als ›Massenblatt‹ verstand, sondern als Nachrichtenwaffe für die Elite – und gegen ›die Juden‹, die angeblich den christlichen Staat auszuhöhlen drohten. Bismarck gehörte in seinen Anfangsjahren zu den Unterstützern des Blattes, bis er sich nach der Reichs-gründung lieber der *Norddeutschen Allgemeinen* bediente, zumal die *Kreuzzeitung* 1873 in einer Artikelreihe seinen Bankier Bleichröder angriff.

Fontane hat lange für die *Kreuzzeitung* gearbeitet, in der zweiten Hälfte der 1850er als richtiger Korrespondent in London und von 1860 bis 1870 als – auch so bezeichneter – ›unechter Korrespondent des englischen Artikels‹. Während das erfundene Wippchen in Bernau über den russisch-osmanischen Krieg zu berichten hatte, war der wirkliche Fontane in Berlin zuständig für die Nachrichten aus England. Immerhin wurde in seinem Fall nicht so getan, als hielte er sich noch in London auf. Anonym allerdings machte auch Fontane in preußischem Auftrag »Korrespondenzenschmadderei«, wie er selbst es nannte, und schrieb für die *Kreuzzeitung* und eine Reihe weiterer Blätter ›Auslandsberichte‹ von zu Hause aus.

Im Sommer 1870 wechselte er schließlich als Theaterkritiker zur *Vossischen Zeitung*, eine Berliner Institution, von den einen liebevoll, von den anderen eher verächtlich als ›Tante Voss‹ bezeichnet. Der französisch-schweizerische Journalist Victor Tissot charakterisierte sie zu Fontanes Zeit folgendermaßen: »Der Ton der ›Tante Voss‹ ist spöttisch. Sonntags gibt sie eine gutgemachte literarische Beilage heraus. Was die Lektüre dieser Zeitung jedoch besonders interessant macht, sind die Anzeigen, die täglich ca. 10–16 Seiten füllen. [...] Hier einige Beispiele [...]: ›Dame empfiehlt sich der Großmütigkeit eines gütigen und reichen Herrn. Ohne Freunde, verlassen, ohne Arbeit ist es ihr bis jetzt nicht gelungen, sich ihren Lebensunterhalt zu verdienen.‹ ›Außerordentlich interessanter junger Mann, augenblicklich in Verlegenheit, sucht Hilfe bei reicher und vornehmer Dame.‹ [...] In der ›Tante Voss‹ sind noch weitere Anzeigen zu finden. Allerdings wage ich es nicht, sie zu übersetzen, so sehr verletzen sie den Anstand. [...] Aus einer einzigen ihrer Ausgaben erfahren Sie mehr über die moralische Verkommenheit, in die dieses so ›tugendhafte‹ Preußen nach dem Regen der 5 Milliarden Franken Kriegsentschädigung für den verlorenen Krieg von 1870/71 verfallen ist, als bei einem einjährigen Aufenthalt in Berlin.«

Fontane hielt annähernd zwei Jahrzehnte bei der *Vossischen* aus. Aber 1889, im Jahr seiner Kündigung, schrieb er in einem Brief: »Da setzt man sich hin und hat in 3 Stunden eine ellenlange Kritik zu schreiben [...]. Das [Boten-]Mädchen [...] steht schon hinter einem, mit einem Markstück in der Hand, um sich sofort auf eine Droschke 1. Klasse stürzen zu können, alles ist in Hast, Angst, Aufregung und noch immer sitzt der unglückliche alte Mann an seinem Schreibtisch und fegt über die Seite hin und ist immer noch nicht fertig.«

Die *Vossische* brauchte und bekam keine Staatsgelder, obgleich nicht auszuschließen ist, dass es unter den für sie arbeitenden Journalisten eben doch Geldempfänger gab. Wie und wohin die Gelder aus dem ›Reptilienfonds‹ flossen, war und blieb im Einzelnen der Öffentlichkeit verborgen. Der ›Reptilienfonds‹ speiste sich aus den Zinsen des ›Welfenfonds‹, bestehend aus dem im Zuge der preußischen Annexion Hannovers nach dem deutsch-österreichischen Krieg beschlagnahmten Privatvermögen König Georgs*. Bismarck hatte erklärt, mit dem Geld würde die Bekämpfung der ›Reptilien‹ finanziert, die weiter für den König agitierten. Die Opposition wiederum wandte die abfällige Bezeichnung auf Journalisten an, die sich von Bismarcks Leuten für regierungsfreundliche Berichte bezahlen ließen. Zu den großen Blättern, denen Mittel aus dem ›Reptilienfonds‹ zuflossen, gehörte etwa die viel gelesene *Kölnische Zeitung*. Sie erhielt Informationen – und Geld, um sie zu verbreiten.

Fontane war als preußischer Pressekorrespondent in London ebenfalls nicht bloß dafür bezahlt worden, Informationen zu sammeln, sondern auch dafür, sie unter die Leute zu bringen. Er hatte in englischen Zeitungen wohlwollende Artikel über die preußische Politik zu lancieren. Seine Stellung war amtlich, und sein Gehalt entstammte nicht dem damals noch gar nicht etablierten ›Reptilienfonds‹. Obwohl die Insider, auch die englischen, über diese Pressepolitik Bescheid wussten und sie ihrerseits in umgekehrter Richtung praktizierten, kam es doch darauf an, bei der sogenannten ›breiten Öffentlichkeit‹ den Anschein zu erwecken, es handele sich bei den entsprechenden Artikeln um die Beiträge eines unabhängigen Journalisten.

---

* Über diesen Krieg der entsprechende Abschnitt im Kapitel über die Einigungskriege.

Das wachsende Gewicht der öffentlichen Meinung, die Zunahme eines lese-, wenn auch nicht immer urteilsfähigen Publikums und die rasche Ausdehnung des Zeitungmarktes gehörten untrennbar zusammen. Und ebenso untrennbar davon waren ›Meinungsmache‹, politische Propaganda und gewerbliche Reklame (nicht nur für Waren). Hinzu kam die Verachtung dieser Art von Menschen- und Massenbeeinflussung gerade bei denjenigen, die das für ihre Zwecke zu benutzen wussten. Wie abfällig äußerte sich beispielsweise Bismarck über die »Mache der Presse« (nicht etwa ›Macht‹ der Presse): »Mein Respekt vor der sogenannten öffentlichen Meinung, das heißt, vor dem Lärm der Redner und der Zeitungen, war niemals groß gewesen«.

Auch Redaktionen, die nicht von der Regierung bezahlt wurden, waren keineswegs unabhängig, sondern hatten – um das Mindeste zu sagen – Rücksicht zu nehmen auf die Interessen ihrer Finanziers und diejenigen der politischen Parteien, denen sie nahestanden. Die Meinungsfreiheit basierte auch dann, wenn amtliche Zensur nicht stattfand, keineswegs auf der Unabhängigkeit der einzelnen Organe, sondern auf der Vielfalt von Abhängigkeiten. Selbst unter demokratischen Bedingungen ist es abwegig (und anmaßend dazu), von einer ›vierten Gewalt‹ zu sprechen. Im Unterschied zu Legislative, Judikative und Exekutive sind Zeitungen (und Medien generell) nicht durch demokratische Verfahren im Staat legitimiert, sondern durch geschäftliche Erfolge am Markt – durch ›Quote‹, wie man heute sagen würde.

Das schnelle Wachsen des Meinungsmarktes mit und seit der Revolution von 1848 brachte den Typus des halbintellektuellen Lohnschreibers hervor, des schmierigen, nach Nachrichten, Essen und Sex hungrigen urbanen Abenteurers, wie er in der zweiten Hälfte des 19. Jahrhunderts von den Autoren der großen englischen und französischen Romane so verdächtig Bescheid wissend geschildert wurde. Und nicht nur bei Balzac handelte es sich um Geschichten verlorener Illusionen. »Alljährlich drängen sich ganze Scharen von jungen, künstlerisch begabten Menschen nach der Hauptstadt«, schrieb Wilhelm Bölsche 1890, gerade dabei, als selbst noch junger Mensch aus dieser Hauptstadt ins ländliche Friedrichshagen zu entrinnen. »Zu Hause haben sie lyrische

Gedichte geschmiedet, von Sinnen und Minnen geschwärmt. In Berlin packt sie das große Rad der Lohnarbeit für den Tag. Sie müssen Feuilletons schreiben, um zu leben, sie müssen die Luft der Zeitungsdruckerei atmen«.

Bölsche wandte sich in diesem Artikel unter anderem gegen die Art und Weise, wie Fritz Mauthner in seiner Roman-Trilogie *Berlin W.* das Hauptstadtleben schilderte. Im zweiten Buch, *Die Fanfare* von 1888, geht es um den Zeitungsalltag beim *Berliner Tageblatt*, den Mauthner aus eigener Erfahrung kannte. Die Zeitung war 1872 von Rudolf Mosse, dem ehemaligen Anzeigenleiter der *Gartenlaube*, als reines Annoncenblatt gegründet worden, entwickelte sich aber rasch zu einer Konkurrenz der *Vossischen*. Mosse erzählte überall herum, sein Chefredakteur verdiene so viel wie der preußische Minister-präsident. Er wollte damit sagen, man habe es beim *Tageblatt* nicht nötig, sich kaufen zu lassen. 1876 kam es zu einer Redaktionsrevolte, weil zwar der Chefredakteur sehr viel, jeder andere Redakteur aber viel zu wenig verdiente. Es kam zur Gründung des *Neuen Berliner Tageblatts,* das sich jedoch nicht lange halten konnte. 1877 wurde es von Leopold Ullstein gekauft und mit der von ihm gerade erst eröff-neten *Berliner Zeitung* zusammengelegt.

Die dritte bedeutende, wenn auch weniger legendäre Gestalt auf dem Marktkampfplatz der neuen Reichshauptstadt war der Kolpor-tagebuchhändler August Scherl. Sein ab 1883 erscheinender *Berliner Lokal-Anzeiger* war in der deutschen Presselandschaft insofern etwas Neues, als er das Generalanzeigerprinzip einführte und durchsetzte. Ihm kam es nicht auf das Verfolgen einer politischen Linie und auf Leitartikel an, sondern auf Anzeigen, Alltagsgeschichten, Klatsch aus der Stadt und Reportagen aus der Ferne. Mit dieser redaktionel-len Mischung sowie einem Zuträgersystem aus vielen Mündern und einem Austrägersystem aus noch mehr Beinen brachte Scherl bald zweihunderttausend Exemplare unter die Leute, mithin zwanzig-mal so viel wie die *Kreuzzeitung* in ihren besten Jahren.

Mauthner publizierte 1888 neben seinem Presse-Roman *Die Fan-fare* auch die Presse-Satire *Schmock oder die litterarische Karriere der Gegenwart.* Mauthner, selbst jüdischer Herkunft, lädt seiner Gestalt die ganze Klischeelast des ewig krittelnden jüdischen Journalisten auf, der selbst nichts wirklich kann, aber immer alles besser weiß.

Den ersten Schmock ließ aber schon Gustav Freytag 1852 in seinem Stück *Die Journalisten* über eine Breslauer Bühne zerren. Was die jiddische Bezeichnung ›Schmock‹ im Einzelnen bedeutet, bleibt unklar. Das Wort ist wie ein Gefäß, in das sich die Schmähungen füllen lassen, die man über dem Geschmähten auskippen will. Bei Freytag wird die Figur so eingeführt: »Er ist ein ordinärer Mensch, aber er ist brauchbar!« Eben das, was Bismarck von allen ›Reptilien‹ hielt, ob sie nun für oder gegen ihn schrieben. Dabei gehört offene Interessenvertretung zu den Errungenschaften einer jeden Gesellschaft, die sich von der Privilegienhierarchie der alten Zeit befreien will. Und Meinungsstärke, so sehr und sooft sie mit Kenntnisschwäche einhergehen mag, ist eines der Instrumente im Konflikt der Interessen.

Das Gleiche gilt für Hohn und Spott, Humor und Satire. Der spätere Wippchen-Erfinder Stettenheim brachte ab 1862 zunächst die *Hamburger* und ab 1868 die *Berliner Wespen* heraus. In diesem »Illustrirten humoristischen Sonntagsblatt«, das zeitweise dem *Berliner Börsen-Courier* beilag, tritt in einer Glosse der ersten Januarausgabe von 1871, also während der Reichsgründungsphase, »der preußische Kriegsminister an das Bett eines verwundeten Soldaten und erbleichte, als er denselben die ›Volks-Zeitung‹ lesen sah«.

Dieses Blatt war seit Jahrzehnten das publizistische Schreckgespenst der Monarchie. 1849 unter dem Titel *Urwähler-Zeitung* als »Organ für Jedermann aus dem Volke« gegründet, immer wieder verboten und seit 1853 als *Volks-Zeitung* herausgegeben, entfernte sich das Blatt zwar von seinen radikaldemokratischen Anfängen, blieb aber auf der Seite der Fortschrittspartei um Rudolf Virchow. Von ihr spaltete sich 1867 die Nationalliberale Partei ab, die fortan Bismarcks preußische Einigungspolitik unterstützte. Zu deren Organ wurde die *National-Zeitung*, von Bernhard Wolff schon vor dessen »Telegraphischem Correspondenz-Bureau« zusammen mit anderen Liberalen gegründet. 1850 übernahm Wolff die Zeitung allein und behielt sie, im Unterschied zum Telegraphenbüro, bis zu seinem Tod 1879.

Die *Volks-Zeitung* gelangte Ende der 1880er für kurze Zeit unter die Leitung von Franz Mehring, der 1891 in die Sozialdemokratische Partei eintrat und fortan für die *Neue Zeit* schrieb, die seit 1883 erscheinende »Revue des geistigen und öffentlichen Lebens«. Das wegen des Sozialistengesetzes von 1878 als »Revue« getarnte marxistische Theorieorgan erschien monatlich, nach der Aufhebung des Gesetzes 1890 im Wochenrhythmus.

Wie das unmittelbare Vorgängerblatt der *Volks-Zeitung* bezog auch die *Neue Rheinische Zeitung,* unter der Chefredaktion von Karl Marx 1848/49 im damals preußischen Köln erscheinend, ihren Elan aus der dann rasch niedergedrückten Aufbruchstimmung. Die letzte, in Rot gedruckte Nummer erschien am 19. Mai 1849 mit einem gereimten »Abschiedswort« Ferdinand Freiligraths: »Nun Ade – doch nicht für immer Ade!/Denn sie tödten den Geist nicht, ihr Brüder!/Bald richt' ich mich rasselnd in die Höh',/Bald kehr' ich reisiger wieder!«

Es dauerte anderthalb Jahrzehnte bis zu neuen publizistischen Anläufen, die dann aber nicht mehr zu stoppen waren: 1864 erschien *Der Sozialdemokrat* der Lassalleaner, 1868 Wilhelm Liebknechts Leipziger *Demokratisches Wochenblatt,* 1869 umfirmiert in *Der Volksstaat* als Organ der gerade in Eisenach gegründeten Sozialdemokratischen Arbeiterpartei*. 1875, nach dem Gothaer Vereinigungsparteitag der Lasalleaner und ›Eisenacher‹, kam der *Neue Social-Demokrat* heraus, im Folgejahr mit dem *Volksstaat* zum *Vorwärts* vereint. 1878 schließlich, im Jahr des Sozialistengesetzes, hatte die Sozialdemokratische Partei 38 000 Mitglieder, ihre Parteizeitungen aber gingen an mehr als viermal so viele Abonnenten. Zu diesen Blättern gehörten *Der Proletarier* in Augsburg, die *Bremer Freie Zeitung,* die *Berliner, Chemnitzer, Cölner, Darmstädter, Halberstädter, Hallesche, Magdeburger, Solinger* und *Westfälische Freie Presse* sowie der *Braunschweiger, Coburger, Frankfurter, Hanauer, Lübecker, Trierische* und *Würzburger Volksfreund.*

Etliche dieser Blätter konnten sich durch die zwölf Jahre des Sozialistengesetzes mogeln, durch Titeländerung oder durch Tarnung als Vereinszeitung. 1884 etwa trat das *Berliner Volksblatt* als »Organ für die Interessen der Arbeiter« auf. Bismarck konnte die Arbeiter-

---

* Zur Sozialdemokratie der Abschnitt »Die Arbeiterfrage« im Kapitel »Große Fragen«, zu den bildungspolitischen Auffassungen Liebknechts der Abschnitt »Ist Wissen Macht?« im nächsten Kapitel.

partei verbieten lassen, aber nicht die Arbeiter selbst, so wenig wie deren Interessen, obwohl das Reichspressegesetz vom April 1874 die »Anreizung zum Klassenkampf« unter Strafe stellte. Dass dieses Gesetz zugleich die behördliche Vorzensur abschaffte und damit der Meinungsfreiheit mehr Raum gab, änderte daran nichts. 1890, am Ende der Bismarck-Ära, als der Reichstag das Sozialistengesetz nicht mehr verlängerte, wurde aus dem *Berliner Volksblatt* heraus der *Vorwärts* als »Zentralorgan der Sozialdemokratischen Partei Deutschlands« neu gegründet. Erster Chefredakteur war Wilhelm Liebknecht.

Während die 1880er von der Befehdung der Sozialdemokratie geprägt waren, ging Bismarck in den 1870ern gegen den katholisch-klerikalen Einfluss im Reich vor. Eine Stimme hatte diese konservative Strömung seit den späten 1860ern in der *Kölnischen Volkszeitung,* lanciert in bewusster Konkurrenz zur liberalen *Kölnischen Zeitung.*

Im Dezember 1870 formierte sich eine Gruppe im Preußischen Abgeordnetenhaus unter Führung Ludwig Windthorsts zum Zentrum als katholische Partei. Ihre frisch aus der Taufe gehobene Tageszeitung hieß *Germania.* Das Zentrum wurde bei den ersten Reichstagswahlen 1871 nach den Nationalliberalen zur zweitstärksten Kraft, ein überdeutliches Signal vor allem aus den katholischen süddeutschen Ländern gegen die Dominanz des protestantischen Preußen. Bismarck brandmarkte das Zentrum als verlängerten Arm Roms, und viele Liberale, wenn auch nicht alle, unterstützten seine scharf antiklerikale Politik. 1873 sprach Virchow im Preußischen Abgeordnetenhaus von einem ›Kulturkampf‹, in dem es darum gehe, gesellschaftliche Freiheitswerte und staatliche Autorität gegen klerikale Anmaßung zu verteidigen*. Bismarck mäßigte ab 1878 seinen Kampf gegen das päpstliche Rom und Windthorsts Zentrum. Der Tod des kämpferischen und reichsfeindlichen Papst Pius IX. erleichterte den Politikwechsel, und die Stimmen des Zentrums, die Bismarck für die Verabschiedung des Sozialistengesetzes brauchte (und bekam), machten diesen Wechsel nötig. Der wie Menzel klein-

---

*   Zur Durchsetzung der ›Zivilehe‹ im ›Kulturkampf‹ der Abschnitt »Ehe und Familie« im Kapitel »Das neue deutsche Leben«.

wüchsige Windthorst blieb gleichwohl Bismarcks bester Feind: Gemahlin Johanna für die Liebe und Ludwig Windthorst für den Hass, soll er einmal gesagt haben.

Anders als die Tageszeitung *Germania* agierten schon seit 1838 *Historisch-politische Blätter für das katholische Deutschland* als eine Art klerikale Theoriezeitschrift. Während der Gründerkrise attackierten sie den »Materialismus in der Politik und die Corruption in der Presse«.

Derartige Angriffe waren weder grundlos im Prinzip noch ohne konkrete Auslöser, und sie erfolgten von rechts wie links. Der sozialdemokratische *Volksstaat* schrieb 1874: »Die deutsche Presse im Großen und Ganzen hat während der Gründerepoche den Bauernfängern der Börse als Zuschlepperin gedient [...] und sich für diese Liebesdienste bezahlen lassen, sehr gut bezahlen lassen.«

Aus der Perspektive der Krisenzeit nach dem ›Gründerschwindel‹ kann man sich fragen, warum mittendrin, Ende 1871, die *Neue Börsenzeitung* so eifrig versichert hatte: »Reclame, Bestechung, Willfährigkeit für selbstsüchtige Wünsche, feile Mithülfe zur Unterbringung werthloser Papiere sollen dieser Zeitung niemals zum Vorwurf gemacht werden können.«

Nicht nur der Weg zur Hölle, offenbar auch der zur Börse war mit guten Vorsätzen gepflastert. Schon die Kursermittlung selbst war eine problematische Angelegenheit – und eine persönliche, denn die Makler legten die veröffentlichten Kurse fest, keine Maschinen wie heute. Wieder einmal war zu berücksichtigen: Zeit ist Geld. Bei einer Kursfeststellung nach 14 Uhr wurde es für viele Zeitungen, vor allem die in der Provinz, zu knapp für eine Veröffentlichung. Die Leser der Zeitungen an den Börsenplätzen waren denjenigen in der Provinz fast immer um einen Tag voraus. Selbst wenn man eine Zeitung aus einer Börsenstadt abonniert hatte und die Kurse rechtzeitig deren Wirtschaftsredaktion erreichten und gedruckt wurden: Je weiter der Weg vom Börsen- und Zeitungsplatz zur Leserschaft, desto länger brauchte die Eisenbahn mit dem Transport.

Das ganze Spekulationssystem funktionierte nach Regeln, die erst als moralisch fragwürdig angeprangert wurden, wenn sie eben nicht mehr funktionierten: von unzweideutig offener Korruption und zwielichtiger Kumpanei hinter verschlossenen Türen über vermittelte Informationen und indirekte Abhängigkeiten bis zum Erzeugen eines Klimas des Wohlwollens oder des Misstrauens, je nach Interessenfall.

Die Beantwortung der Frage, wem eine Zeitung gehört, war relevant für das Einschätzen der Seriosität ihrer Berichterstattung, nicht nur in Börsen- und nicht nur sonst in Wirtschaftsfragen. Die allgemeine ideologische Nähe zu einer Partei machte sich im konkreten Berichtsfall weniger geltend als die persönliche Nähe zu den Unternehmern, die regelmäßig Anzeigen schalteten (Bleichröder beispielsweise entzog 1876 der *Vossischen* aus Verärgerung über deren Berichterstattung seine Inserate), zu den Geschäftsführern der Banken, die Kredite vergaben, und zu den Vorständen der Aktiengesellschaften, die direkt ›investiert‹ waren. Und dies alles nicht nur in finanzieller, sondern auch in informationeller Beziehung: Wie viel und welche Information bekommt eine Redaktion, wie viel Information und welche verbreitet sie?

Die Kontrolle über die Meinungs- und Informationsverbindung zwischen Bank, Börse und Zeitung war einem Magnaten wie Strousberg so wichtig, dass er 1866 sein eigenes Blatt etablierte: *Die Post.** Sie wurde 1874 von Mitgliedern der Deutschen Reichspartei übernommen und unterstützte Bismarck sowohl im Kulturkampf als auch beim Sozialistengesetz.

Konsequent oppositionell hielt sich die von dem deutsch-jüdischen Bankier Leopold Sonnemann 1856 zunächst als *Frankfurter Geschäftsbericht* gegründete *Frankfurter Zeitung*. Nach der preußischen Besetzung Frankfurts in der Folge des deutsch-deutschen Krieges wurde das Blatt verboten, Sonnemann wich für einige Monate nach Stuttgart aus, bevor er gegen Jahresende sein liberales, bürgerliches, antipreußisches Organ als *Frankfurter Zeitung und Handelsblatt* wieder am Main herausgeben konnte.

Neben der *Frankfurter* und der *Kölnischen Zeitung* war die seit 1807 in Augsburg und seit 1882 in München verlegte *Allgemeine Zeitung* das dritte überregionale, nicht in Berlin erscheinende Blatt.

---

* Zu Strousberg und überhaupt zur Beeinflussung der Presse durch Wirtschaftskreise der Abschnitt »Großmacht und Krise« im Kapitel »Gründerzeit – Gründerkrach«.

Fast alle großen Zeitungen erschienen jeden Werktag als Morgen- und Abendausgabe, die *Frankfurter Zeitung* sogar dreimal am Werk- und noch einmal am Sonntag.

Neben den tagesaktuellen Publikationen konkurrierten verschiedene Zeitschriften um die Aufmerksamkeit des Publikums, darunter *Westermann's illustrirte deutsche Monats-Hefte*, 1856 in Braunschweig gegründet von Georg Westermann, *Die Gegenwart*, 1872 von Paul Lindau in Berlin, *Die deutsche Rundschau*, 1874 von Julius Rodenberg in Berlin, sowie *Nord und Süd*, 1877 ebenfalls von Paul Lindau in Breslau gegründet.

Die deutsche Rundschau war die renommierteste dieser Zeitschriften. Hier erschienen beispielsweise im April 1888 Theodor Storms *Schimmelreiter* und im Herbst und Frühjahr 1894/95 Fontanes *Effi Briest*, der einzige seiner Romane und wohl überhaupt der einzige deutsche Roman des 19. Jahrhunderts, der den Meisterwerken des europäischen Realismus an die Seite zu stellen ist*.

Der Monumentalbau in der Publizistik der zweiten Jahrhunderthälfte war *Die Gartenlaube*. Das erste Heft erschien Ende Dezember 1852, zehn Jahre später wurden pro Ausgabe hunderttausend, weitere fünf Jahre später zweihunderttausend Exemplare verkauft. In 1875, dem Jahr des Auflagenrekords, wurden jede Woche über 380000 Hefte abgesetzt, deren jedes wegen der hohen Präsenz in den Leihbibliotheken von schätzungsweise zehn Leuten durchgeblättert wurde – macht knapp vier Millionen Leserinnen und Leser.

»Ein Blatt soll's werden für's Haus und für die Familie«, versprach der Verleger Ernst Keil im Vorwort zum ersten Heft, »ein Buch für Groß und Klein, für Jeden, dem ein warmes Herz an den Rippen pocht, der noch Lust hat am Guten und Edlen! Fern von aller raisonnirenden Politik und allem Meinungsstreit in Religions- und andern Sachen, wollen wir Euch in wahrhaft guten Erzählungen einführen in die Geschichte des Menschenherzens und der Völker, in die Kämpfe menschlicher Leidenschaften und vergangener Zeiten. Dann wollen wir hinaus wandern an der Hand eines kundigen Führers in die Werkstätten des menschlichen Wissens, in die freie Na-

---

* Dazu auch eine Passage des Abschnitts »Duell und Mensur« im Kapitel »Die alte Gesellschaft«.

tur, zu den Sternen des Himmels, zu den Blumen des Gartens, in die Wälder und in die Eingeweide der Erde, und dann sollt Ihr hören von den schönen Geheimnissen der Natur, von dem künstlichen Bau des Menschen und seiner Organe, von Allem, was da lebt und schwebt und kreucht und schleicht, was Ihr täglich seht und doch nicht kennt. [...] Ueber das Ganze aber soll der Hauch der Poesie schweben wie der Duft auf der blühenden Blume, und es soll Euch anheimeln in unsrer Gartenlaube, in der Ihr gut-deutsche Gemüthlichkeit findet, die zu Herzen spricht.«

Die erste Erzählung, angeblich »nach einer wahren Begebenheit«, heißt »Ein Mutterherz« und beginnt mit einer Idylle: »In einem jener stillen grünen Thäler des schönen Sachsenlandes, wo lieblich die blauen Wellen der Mulde die Blumenufer küssen und der Himmel, so weit der Blick reicht, auf grüne Waldberge herabsinkt, umschatteten majestätische Linden ein freundliches Landhaus.« Es ist diese Tonlage, die auf die Zeitgenossen so anziehend wirkte wie auf uns abstoßend. Doch ging es nicht immer nur idyllisch und ›gut-deutsch gemüthlich‹ zu. Es wurde auch vom »Friedens- und Kriegsleben« erzählt, vom »Friedens- und Kriegsleben der Ameisen«: »Bei den Bienen gehorcht alles einer Königin und alle unterwerfen sich ihr unbedingt, bei den Ameisen dagegen ist kein König, keine Königin, sie sind Republikaner, Demokraten, sogar Socialisten und Communisten, und doch geht alles seinen geregelten Gang, jeder unterwirft sich in freiem Gehorsam dem von der absoluten Natur gegebenen Gesetze. Die Weibchen, deren mehrere oder viele in einem Baue wohnen, sind nur die Mütter, nicht die Herrscherinnen. Ein Regiment von vielen Weibern in einem Hause, worin Ordnung sein soll, kommt in der Natur nicht vor.«

Textpassagen wie diese sind zugleich Passagen in die Denk-, Gefühls- und Meinungswelt der Abonnenten des Familienblatts. Zu dessen Autoren gehörten Alfred Brehm und Theodor Fontane, Ludwig Ganghofer und Friedrich Gerstäcker, Paul Heyse und die Marlitt*. Fortsetzungsromane veröffentlichten außerdem Fanny Lewald, Wilhelm Raabe, Fontane und Friedrich Spielhagen.

---

* Zu Marlitts in der *Gartenlaube* abgedrucktem Fortsetzungsroman *Goldelse* der entsprechende Abschnitt im Kapitel »Gründerzeit – Gründerkrach«.

Dem sich weitenden publizistischen Markt entsprach nicht immer die Horizonterweiterung der Leserschaft. Und so wie in der Frühzeit des Buchmarktes Bücher gegen die Bücherseuche geschrieben und gedruckt wurden, so wurden nun Broschüren gegen Broschüren, Zeitschriftenaufsätze gegen Zeitschriftenaufsätze und Zeitungsartikel gegen Zeitungsartikel geschrieben und gedruckt. Privatgelehrte mit Vermögen wiegten die Häupter über das Unvermögen des Publikums, und philosophische Federkrieger keiften gegen die Meinungsmasse. Friedrich Nietzsche spottete in *Jenseits von Gut und Böse* über »die Einführung des parlamentarischen Blödsinns« und »die Verpflichtung für jedermann, zum Frühstück seine Zeitung zu lesen.« Er stimmte darin mit dem ebenfalls von ihm verhöhnten Eduard von Hartmann überein. In dessen *Moderne Probleme* von 1885 heißt es: »Die Gewöhnung an Journal- und Zeitungslektüre verdirbt den Geschmack und die Fähigkeit zum Lesen zusammenhängender Werke«. Und die »Gefahr, welche in dem erdrückenden Einfluss der Zeitungen und Journale liegt, muss auf doppeltem Wege bekämpft werden. Die Jugend muss begreifen, dass sie mit der Hingabe an den flüchtigen Reiz dieser Lektüre ihre Seele verkauft, d.h. auf die gründliche und allseitige Ausbildung ihres Geistes verzichtet; die Aelteren aber müssen selbst aufhören, der periodischen Literatur aus Bequemlichkeit einen Werth beizulegen, den sie nicht verdient«.

Die solitären Herren mögen in diesem Abschnitt das letzte Wort haben. In der Geschichte hatten sie es nicht, auch wenn sie sich für die Elitenvorhut einer künftigen Aristokratie des Geistes hielen.

Die Photographie

1879 erschien im 25sten Heft der *Gartenlaube* ein anonymer Artikel über die »Photographie von Pferden, welche sich im schnellsten Laufe befinden«: »Unter Anderem nahm Muybridge im Juli 1877 Photographien des dem Eisenbahnkönig *Stanford* gehörigen Rennpferdes Occident auf, während es bei einem Wettlaufe in Sacramento betheiligt war und, wie gewöhnlich, den Sieg errang. [...] In neuerer Zeit hat Muybridge sich damit beschäftigt, eine Reihe von Aufnahmen trabender und galoppierender Pferde zu machen, welche die einzelnen auf einander folgenden Phasen der Körperbewegungen des in eiligem Laufe befindlichen Pferdes in ebenso vielen Einzelbildern festhalten. Da kamen nun, namentlich unter den Bildern des galoppierenden Pferdes, die unglaublichsten Positionen vor, unter Anderem eine, bei welcher das Pferd mit gegen den Bauch geschlagenen Vorder- und Hinterbeinen frei in der Luft schwebt.« Eadweard Muybridge hatte im Auftrag Leland Stanfords (nebenbei gesagt der Gründer der gleichnamigen Universität) mit Hilfe von 24 in einer Reihe nebeneinander aufgestellten Kameras etwas gezeigt, was träge Menschenaugen nicht sehen können. Sie sind ja auch nur zu zweit.

Die ebenfalls mit zwei Linsen ausgestatteten stereoskopischen Apparate der Zeit wiederum waren nicht auf galoppierende Pferde gerichtet, sondern auf nackte Mädchen. Das erotische oder weniger höflich, aber ehrlicher gesagt: das pornographische Bild erregte seit Mitte des Jahrhunderts gutbürgerliche Herren, die das Geld hatten, die entsprechenden Alben zu kaufen, und die Lust, sie vor ihren Gattinnen zu verstecken. In den frühen 1880ern wiederum erfreuten stereoskopische Bilder mit ihren simulierten und auch ohne Erotik im technischen Wortsinn zwielichtigen Tiefeneffekten das Publikum beiderlei Geschlechts. Im Berliner Kaiserpanorama zum Beispiel ruckelten an den im Kreis angeordneten Gucklöchern heimische Militärparaden oder unerreichbare ›Sehenswürdigkeiten‹ in fernen Ländern vorüber. Der Film degradierte dieses höchstmoderne Schauvergnügen binnen Kurzem zum bloß noch nostalgischen Erlebnis.

Wäre Stanford nicht schon 1893 gestorben, hätte er im Winter 1895 nach Paris reisen, am 28. Dezember das von den Brüdern Lumière gemietete Grand Café aufsuchen, eine Eintrittskarte lösen, in den Keller hinabsteigen und mit drei Dutzend anderen zahlenden Gästen zuschauen können, wie auf senkrechter weißer Fläche ein Zug in einen Bahnhof fährt und zum Stehen kommt. Dem Eisenbahnmagnaten hätte das vermutlich gefallen. Dass die Leute vor der Lokomotive im Film Reißaus nahmen, ist eine Legende. Auch zeigte der Kinematograph nicht, dass der Zug direkt aufs Publikum zufuhr, wie oft kolportiert, sondern seitlich an ihm vorbei, eben so, wie er bei der Filmaufnahme an dem nicht zwischen den Gleisen, sondern am Bahnsteig aufgestellten Kinematographen vorbeigefahren war. Aufnahme- und Wiedergabeapparat waren bei den Lumières noch identisch.

Unter den Gästen im Grand Café befand sich Max Skladanowsky, der wenige Wochen zuvor im Berliner Varieté Wintergarten mit einem Doppelprojektor Kurzfilme vorgeführt hatte, darunter den eine Minute währenden Zweikampf zwischen einem Mann mit Boxhandschuhen und einem auf den Hinterbeinen stehenden Känguru, ebenfalls mit Boxhandschuhen. Angeregt von Lumière filmte Skladanowsky in einer Vorortstation von Berlin »Die Einfahrt eines Eisenbahnzuges«*. Die Verbindung des neuen, inzwischen etablierten Verkehrsmittels mit dem neuen, noch nicht etablierten Darstellungsmittel hat Darbieter und Zuschauer gleichermaßen fasziniert. Dem Kinematographen der Lumières konnte Skladanowsky mit seinem »Bioscop« genannten Apparat jedoch keine Konkurrenz machen. 1897 wurden die Vorführungen beendet.

Im gleichen Jahr präsentierte Oskar Messter die Filmgroteske »Der Kampf ums Dasein«. Die seinerzeit gängige sozialdarwinistische Floskel wird humoristisch auf die Auseinandersetzung zwischen zwei Männern mit dringenden Bedürfnissen angewandt, die darauf warten, dass eine besetzte Toilette endlich frei wird, und darüber in eine Prügelei geraten. Messter hielt die Szene auf einem 35-Millimeter-Film fest, wie er 1893 von Edison erfunden worden war, und spielte sie mit dem von ihm selbst konstruierten »Filmvorführungsapparat« ab. Die beim Kinematographen der Lumières noch nicht vorhandene Trennung zwischen Aufnahmekamera und Vorführgerät sowie der für den Transport im Projektor am Rand gelochte Filmstreifen waren wesentliche Elemente beim Aufstieg des Films von einer experimentellen Skurrilität zum Massenmedium.

Das war im Grand Café nicht absehbar. Vor der Zugeinfahrt

---

* Zu sehen auf: youtube.com/watch?v=74CoShgcl8s&list=PL8M3oA_ULup6Lax4IJbt5mEfYwwIYJLpM

hatten die Lumières einen anderen Minutenfilm gezeigt, dessen Titel auf Deutsch meist (und falsch) mit *Arbeiter verlassen die Lumière-Werke* wiedergegeben wird. Aus dem Fabriktor strömen viele Frauen – nur dazwischen und am Schluss ein paar Männer –, und zwar Frauen mit Hüten und schönen Kleidern. Schwer vorstellbar, dass die bekanntermaßen inszenierten Bilder tatsächlich ›dokumentieren‹, wie es an gewöhnlichen Werktagen am Fabriktor zuging. Viele der behüteten Damen wirken nicht wie Fabrikarbeiterinnen, sondern wie bürgerliche Frauen im Sonntagsstaat beim Verlassen der Kirche nach der Messe. Andere sehen mit ihren umfangreichen Röcken und den langen Schürzen eher wie Bäuerinnen aus*.

Wenige Monate nach der Aufführung des Werktor-Films in Paris wurde nach dessen Vorbild und auf Veranlassung des Schokoladenfabrikanten Ludwig Stollwerck in Köln der Film *Feierabend einer Kölner Fabrik* gezeigt. Wie darin die Leute aus dem Tor kommen, ist nicht mehr zu überprüfen, der Streifen gilt als verschollen. Stollwerck war ein wichtiger Geschäftspartner Edisons bei der Vermarktung von dessen Kinetograph wie auch von dessen Phonograph.

Der Film der Lumières ist trotz seiner zweifelhaften dokumentarischen Qualität ästhetisch faszinierend und schon deshalb aufschlussreich, weil die große Zahl der aus dem Tor kommenden Leute auf die große Zahl der im Lumière-Werk hergestellten Photoplatten verweist: 15 Millionen jährlich.

Zwischen der industriellen Fertigung von Photoplatten und den ersten Belichtungen lagen sieben Jahrzehnte. Im Herbst 1826 hatte der Franzose Nicéphore Niépce seine Camera obscura acht Stunden aus einem Fenster seines Gutshauses blicken lassen. Auf dieser ersten erhaltenen lichtbeständigen Photographie ist außer hellen und dunklen Flecken nahezu nichts zu erkennen.

Ein knappes Jahrzehnt später, im Sommer 1835, erzeugte der Brite Fox Talbot das Bild eines Fensters mit Gitterstreben. Eine kleine Holzkiste mit Loch und Linse fungierte als Kamera, belichtet wurde Papier, das mit Silbernitrat und einer Salzlösung behandelt war. Diese Aufnahme gilt als die erste im Negativ-Verfahren. Dessen

---

* Auch diesen Film kann man ansehen: labournet.tv/video/6022/arbeiter-verlassen-die-lumiere-werke

Weiterentwicklung bezeichnete Talbot als Kalotypie, die er 1841 patentieren ließ. Sie brachte ihm weder Anerkennung noch finanziellen Erfolg, trotz der kurzen Belichtungszeit von nur wenigen Sekunden. Louis Daguerre sprach unterdessen noch von dem »kurzen [!] Zeitraum von drei bis höchstens dreißig Minuten« für eine Belichtung. Auch eines von Daguerres ersten Bildern, 1838 entstanden, zeigte einen Fensterblick, in diesem Fall den Blick in eine Pariser Straße.

Daguerreotypien waren als Direkt-Positive nicht vervielfältigbare Einzelstücke und außerdem das Resultat einer anspruchsvollen Prozedur: In der Camera obscura wurde eine silberbedampfte Kupferplatte belichtet, das Bild dann unter Quecksilberdämpfen entwickelt und mit einer Natriumthiosulfat-Lösung fixiert. Um die so erzeugten Bilder gegen Oxidation zu schützen und haltbar zu machen, mussten sie noch luftdicht hinter verkitteten Glasplatten gesichert werden.

Wegen der langen Belichtungszeit war die Unbeweglichkeit des Objektes Voraussetzung für eine gelungene Abbildung, und wegen des aufwändigen Verfahrens und der schweren Apparatur – die ersten Geräte wogen fast einen Zentner – musste der Daguerreotypist ebenfalls mit eingeschränkter Beweglichkeit zurechtkommen. Daguerre selbst hat in seinem Leben nur an die dreißig Daguerreotypien angefertigt. Das Unschärfeproblem bei bewegten Motiven, seien es Maschinen, Tiere, Menschen oder Menschenmassen, wurde erst mit der Entwicklung des Schlitzverschlusses durch Ottomar Anschütz in den 1880er Jahren gelöst. Die neue Verschlusstechnik reduzierte die Belichtungszeit auf Sekundenbruchteile.

Leichtigkeit der Gerätschaft, Belichtung in einem Augenblick, Einfachheit der Entwicklung und Fixierung des Bildes, Reproduzierbarkeit des Resultats sowie die Kostengünstigkeit von allem zusammen – keine dieser Voraussetzungen der späteren Massenphotographie war bei der Daguerreotypie gegeben. Ihr Erfolg währte nur rund zwei Jahrzehnte, dann verschwand sie nahezu schlagartig. So sind beispielsweise im Berliner Adressbuch von 1850 fünfzehn Daguerreotypisten verzeichnet, sechs Jahre später ist kein einziger mehr zu finden.

In den Erfolgsjahren der Daguerreotypie konnte Talbots Kalotypie nicht mit ihr konkurrieren, und danach waren beide Verfahren gleichermaßen überholt. Dies ist einer der Gründe für die >historische Ungerechtigkeit<, die Talbot gewissermaßen in den Bildschatten Daguerres stellt. Ein anderer Grund liegt in der hinreißenden Schönheit der Daguerreotypien, die den Kalotypien an Schärfe und Darbietungsintensität weit überlegen waren.

In der zweiten Jahrhunderthälfte breitete sich die Negativ-Photographie weiter aus. 1856 gab es in Berlin 41 Photoateliers, 1878 waren es 186 und 1898 sogar 261. Wichtigste Voraussetzung dafür war das 1851 von Frederick Scott Archer erfundene nasse Kollodiumverfahren, das bis in die 1880er bestimmend blieb. Es vereinfachte das Photographieren (von damals aus gesehen), obwohl das Entwickeln der Bilder (von heute aus gesehen) recht umständlich blieb und direkt nach der Belichtung zu erfolgen hatte. Deshalb musste der mobile Photograph neben seiner Kamera stets ein Dunkelkammerzelt mit sich führen. Bei neuen Trockenverfahren war auch das nicht mehr nötig. Ein vorläufiger Höhepunkt dessen, was man die Vereinfachungsgeschichte der Photographie nennen könnte, wurde 1888 mit der ersten Rollfilmkamera von George Eastman erreicht. Dabei mussten die hundert Bilder, die in ihr verschlossen waren, für das Entwickeln zum Hersteller gebracht werden.

Fünf Jahre zuvor hatte die Leipziger *Illustrirte Zeitung* als erstes deutsches Presseorgan ein gerastertes Photo nach einem von Georg Meisenbach erfundenen Verfahren gedruckt. Bis dahin konnten Photos nur über den Umweg des Holzstiches und der Lithographie gedruckt werden. Das Photographenauge an der Kameralinse lieferte lediglich die Vorlage für die Hand des Holzstechers.

Obwohl die Photos selbst in nahezu beliebiger Anzahl von einem Negativ vervielfältigt werden konnten, ermöglichte erst Meisenbachs Autotypie die enge Verbindung von Journalismus und Photographie, die in den folgenden Jahrzehnten zum Übergewicht des Bildes über das Wort führte, jedenfalls was die Wirkung aufs Publikum betraf, und nicht selten auch zu einem Übergewicht des Gefühls über den Gedanken.

Viele Photographen waren ursprünglich von der Lithographie her gekommen und hatten sich des neuen Mediums für herkömmliche Zwecke bedient, bis dieses Medium die Zwecke selbst überformte und veränderte. Der Lithograph Franz Hanfstaengl eröffnete 1853 in München ein »Photographisches Art Atelier«. Seit Mitte der 1820er hatte er unter dem Sammeltitel *Corpus Imaginum* erfolgreich Porträtlithographien angefertigt und vertrieben, darunter solche von Persönlichkeiten des Hofes. 1860 gab er nach ähnlichem Muster, jedoch erstellt mit photographischer Technik, das *Album der Zeitgenossen* heraus. Die Photomappe war teuer, aber doch preiswert genug, um situierten Bürgern zu ermöglichen, sich die Berühmtheiten in die Intimität des eigenen Wohnzimmers zu holen. Bei den Bildern handelte es sich um Kniestücke mit Requisiten und Posen und Säulen und Vorhängen. Es wurde drapiert, verziert und arrangiert wie bei Gemälden. Auch die Sissi, ab 1854 Kaiserin von Österreich, ließ sich in Hanfstaengls Atelier photographieren; und im Jahr 1860 Wilhelm Busch. Der in München lebende Maler und Karikaturist lümmelt angestrengt lässig auf einem Stuhl und hält einen Bierhumpen in der Hand.

Seit 1855 war die von Hanfstaengl ertüftelte Retusche der Negative möglich. Von nun an konnten sich die Photographierten beschweren, wenn sie auf den Photos nicht so schön oder bedeutend erschienen, wie es der Photograph hätte möglich machen können. Der bis heute legendäre Pariser Photograph Nadar hat sich in seinen im Jahr 1900 publizierten Erinnerungen noch im Rückblick über den Schock amüsiert, den die Leute angesichts ihres Angesichts erlebten: »Der Mensch hat unbewußt eine so gute Meinung von seinen äußeren Vorzügen, daß die erste Empfindung beim Anblick des eigenen Bildes fast unweigerlich Enttäuschung und Ablehnung ist. Manche Leute sind schamhaft oder heuchlerisch genug, den Schock unter dem Anschein von Gleichgültigkeit zu verbergen; aber trau ihnen nicht!«

Während Hanfstaengl in seinem Münchener Atelier Stühle und Teppiche, Säulen und Samtvorhänge arrangierte, lief in Paris die Boheme und in deren Gefolge das Bürgertum in das Studio Nadars. Dort wurde auf Hintergrunddekorationen ganz und auf Accessoires zum großen Teil verzichtet. Nadars Objekte waren die Gesichter seiner Zeitgenossen, nicht deren soziale Stellungen. Viele Berühmtheiten sehen wir heute noch durch seine Augen und Linsen, darunter Charles Baudelaire, George Sand und Émile Zola, der später, in der Mitte der 1890er, seinerseits eifrig photographierte.

1870 fertigte Nadar auch von Léon Gambetta ein Porträt. Während der 1860er hatte er viel Geld und Mut in abenteuerliche Aufstiege mit einem Riesenballon investiert und außerdem eine Gondel in sein Atelier gehängt, um ein ›Selfie‹ von sich zu machen: der Luftschiffer mit Zylinder, gelassen an die Brüstung der Gondel gelehnt. Ob er beim Photographieren Gambettas geahnt hat, dass dieser Führer der ›Dritten Republik‹ im Oktober 1870 mit einem Ballon aus dem von deutschen Truppen belagerten Paris würde fliehen können? Immerhin photographierte er im September auf Montmartre den Start eines Ballons, dem es ebenfalls gelang, den Belagerungsring zu überfliegen.

Wenn Lichtbildner in Luftschiffen aufsteigen, überrascht es wenig, wenn sie mit Luftbildern wieder herunterkommen. In Berlin startete 1886 Hugo vom Hagen, Offizier des »Königlich-preußischen Ballon-Detachements«, vom Tempelhofer Feld, um mit unter der Gondel befestigten schwenkbaren Kameras Luftaufnahmen zu machen. Ein Photo vom Lehrter Bahnhof gilt als eines der ersten Luftbilder Deutschlands.

Im gleichen Jahr, in dem Hugo vom Hagen von hoch oben, bis zu tausend Meter ist er aufgestiegen, auf einen Berliner Bahnhof hinunterphotographierte, machten Polizeispitzel erstmals mit Geheimkameras ganz aus der Nähe Bilder von Parteigängern der verbotenen Sozialdemokratie. Das Objektiv auf dem runden Kameragehäuse ließ sich durch ein Knopfloch schieben. Im Inneren des runden Gehäuses befand sich eine ebenfalls runde Platte, auf die sechs Bilder belichtet werden konnten, kreisförmig angeordnet und jedes etwa vier Zentimenter im Durchmesser*.

Diese ›Sozi-Porträts‹, keines davon ist überliefert, werden bürgerlichen Ansprüchen eher nicht genügt haben. Das Repräsentationsbildnis bedurfte eines mit symbolischen Gegenständen ausstaffierten Raums, in dem sich der Auftraggeber vom Photographen in Positur stellen ließ. Das im Atelier entstandene Porträtphoto wurde wie ein Porträtgemälde mit einem Rahmen versehen und zu Hause an die Wand gehängt oder, von Passepartouts geschützt, in Alben

---

* Ein Photo der Photokamera auf der Seite des Uhinger Museums: foto-museum-uhingen.de/herzstücke-unserer-sammlung/minikameras-spionage/

gesteckt. Es muss ein merkwürdiges Erlebnis gewesen sein, kaum nachvollziehbar für uns von Selbstbildern umzingelte Gegenwartsmenschen, sich zum ersten Mal mit dem eigenen Abbild konfrontiert zu sehen – mit einem von uns losgelösten Abbild, das sich nicht wie im Spiegel nachahmend verhält, sondern den Dargestellten unabhängig von seiner Anwesenheit zeigt, sogar dann noch, wenn er gar nicht mehr anwesend ist. Die Abbilder überdauern die Abgebildeten, die Familienalben werden zum Versammlungsort der Familiengeschichte. Die Fürsten früherer Epochen schritten die Galerien ihrer Residenzen ab, den Blick auf die Gesichter der Vorfahren gerichtet. Die wohlhabenden Bürger in den letzten Jahrzehnten des 19. Jahrhunderts blätterten im Salon die Photoalben durch.

Allerdings wird man sich in der Regel nicht zu viel ›philosophische Gedanken‹ gemacht haben. Man ging beispielsweise zu Halwas in der Friedrichstraße, ließ sich in Positur stellen und ablichten. Vielleicht erzählte der Photograph dabei von seinen Abenteuern im dänischen Krieg von 1864. Damals war er mit anderen ›Ereignisphotographen‹ auf den Düppeler Schanzen herumgeklettert. Dabei konnten ›Ereignisse‹ noch gar nicht photographiert werden, die Belichtungszeiten waren viel zu lang für die Aufnahme bewegter Szenen. Kriegsbilder entstanden fast immer nach den Kämpfen: Leichen auf dem Schlachtfeld, Verwundete im Lazarett, Soldaten in Heldenposen auf Trümmern. Und von Anfang an wurde beim Photographieren manipuliert, um mit den angeblich die Wirklichkeit zeigenden Bildern wiederum deren Betrachter zu manipulieren. Das war bei den allerersten Einsätzen von photographierenden Reportern im Krimkrieg von 1854 so und hat sich bis heute nicht geändert. Was Halwas bei seinem ›Ereignisphotographieren‹ auf den Düppeler Schanzen arrangiert und was er auf den Photographien dann noch retuschiert hat, lässt sich nicht rekonstruieren. Bei den Atelierporträts wiederum gehörten Arrangieren und Retuschieren zum Alltagsgeschäft.

Halwas war Mitglied des 1863 gegründeten »Photographischen Vereins«, einer berufsständischen Interessenorganisation. Die im Vorjahr in Berlin gegründete »Photographische Gesellschaft« dagegen befasste sich hauptsächlich mit dem Herstellen und Vertreiben von Photos von Gemälden und antiken Skulpturen. 1898 verkaufte sie 17 Millionen solcher Bilder. Heinrich Zille trat 1877 als Lithograph in die Gesellschaft ein und begann in den 1890ern zu photographieren. Er machte und betrachtete seine Photos aber stets nur als Arbeitsvorlagen und Gedächtnisstützen für sein zeichnerisches Werk. Eine Berliner Berühmtheit wurde Zille mit seinem ›Milljöh‹ erst nach seiner Entlassung aus der Photographischen Gesellschaft 1907. Die Photokameras schauten sich überall um. Auf Schlachtfeldern, in Bürgerhäusern, in Hinterhöfen. Sie porträtierten Mensch und Tier, stillstehend oder im Galopp, spionierten durch Knopflöcher Sozialdemokraten aus und durch Teleskope den Himmel. 1891 entdeckte Archenhold in der Grunewalder Außenstelle der Berliner Sternwarte mit Hilfe einer Kamera den Perseusnebel.

Nadar war persönlich in den Himmel aufgestiegen und hatte von oben herab die Erde photographiert. Zuvor, Anfang bis Mitte der 1860er, war er in den Untergrund gegangen, um das Innere der Pariser Abwasserkanäle zu photographieren, mit unendlicher Geduld und langen Belichtungszeiten. In seinen Erinnerungen schreibt er: »Und es gab Aufnahmen, die bis zu achtzehn Minuten Belichtung erforderten! [...] Meine Ausbeute belief sich auf insgesamt hundert Aufnahmen, die größtenteils gelungen waren – einige so ausgezeichnet, als wären sie tatsächlich am Tageslicht aufgenommen. Sie kamen mich in jeder Beziehung teuer zu stehen, aber ich bereute mein Unternehmen nicht.«

Kanalisation

Als Kaiser Wilhelm im Dezember 1901 die Künstler aufforderte, das Erhebende zu zeigen, statt in die Rinnsteine hinabzusteigen, waren die schlimmsten Rinnsteine in seiner Hauptstadt gerade erst beseitigt worden. Manche von ihnen waren einen Meter breit, manche einen Meter tief, und manche einen Meter breit und einen Meter tief. Im Sommer stanken sie zum Himmel, im Winter waren sie gefroren; wenn es regnete, schoss das Wasser durch Fallrohre an den Häuserwänden in die Abflussrinnen und überflutete die Straßen.

All dem machte die Kanalisation nach erbitterten innerstädtischen Auseinandersetzungen und sich hinziehenden Bauphasen ein Ende. Über zwölf nicht miteinander verbundene Radialsysteme transportierten dampfgetriebene Pumpen die Abwässer auf Rieselfelder außerhalb der Stadt. Das erste von ihnen nahm 1878 den Betrieb auf, das letzte dreißig Jahre später. In den ersten beiden Jahrzehnten beliefen sich die Baukosten zusammen mit den Kosten für den Erwerb der Felder auf etwa ein Drittel der städtischen Steuereinnahmen. Bis 1890 waren unter der technischen Oberaufsicht von James Hobrecht 144 Kilometer an Kanälen gebaut und noch einmal 584 Kilometer an Rohrleitungen verlegt.

Hobrecht war bereits 1869 zum technischen Leiter des Projektes ernannt worden, aber erst 1873 rang sich die Stadtverordnetenversammlung dazu durch, das riesige Infrastrukturvorhaben tatsächlich in Angriff zu nehmen. Die Entscheidung war maßgeblich veranlasst durch einen »General-Bericht« über die Ergebnisse eines Gutachtergremiums, federführend veröffentlicht von Rudolf Virchow, selbst Mitglied des Stadtparlaments. Darin heißt es über die ewige Debatte Kanalisation versus Abfuhr, dies sei eine Scheindebatte, weil die Abfuhr allein die Stadt nicht sauber halten könne und zudem unter sanitären, gesundheitlichen und epidemiologischen Gesichtspunkten unbefriedigend sei. Andererseits werde es ohne Abfuhr auch nicht gehen: »Wenn daher das gleichzeitige Bestehen von Kanalisation und Abfuhr für alle Zeiten als eine unumgängliche Notwendigkeit zugestanden werden muss, so stellt sich die Frage dahin: welche Stoffe sollen durch Kanäle, welche durch Wagen aus der Stadt entfernt werden?« Kurz und drastisch gefragt: Wohin mit der Scheiße?

Bei der Entsorgung der Ausscheidungen verlangt der Bericht, »das System der Abtrittsgruben muss gänzlich verlassen werden«, und »es darf keine Einleitung der unreinen Wasser in die öffentlichen Stromläufe« erfolgen. Denn »selbst, wenn es möglich wäre, die Zumischung menschlicher Exkremente gänzlich zu verhindern, so kann daran nicht gedacht werden, das Küchen-, Wasch- und sonstige Wirtschaftswasser, das Fabrik- und Gewerbswasser, die Wässer der Straßen und Märkte, den grössten Theil des Harns aus einer Stadt [...], welche überdies so reich an Fabriken aller Art ist, in einen Fluss von so geringem Gefälle und so trägem Strom, wie die Spree, oder in die Schifffahrtskanäle, die noch überdies durch Schleusen gesperrt sind, einzuführen. Man vergegenwärtige sich beispielsweise nur die ungeheure Menge von Seife, welche täglich verbraucht wird und welche bekanntlich überaus schlimme Zersetzungsstoffe liefert.«

Jahre später erinnerte Virchow im Rückblick daran, dass nicht nur für das Ganze der Stadt geplant und gebaut werden musste, sondern auch für jedes einzelne Haus: Die »Städtereinigung erfordert nicht bloss eine umfassende Wasserzuleitung, eine durchgreifende Canalisation und weit ausgedehnte Rieselfelder, sondern auch eine entsprechende Regulirung und Nivellirung sämmtlicher Strassen und einen Umbau in jedem Haus«, etwa durch das Installieren von Wasserklosetts und die Stilllegung der Gruben.

Es wurden also die verschiedensten Interessen berührt und mannigfaltige Sorgen hervorgerufen: Kostenfurcht bei den Hausbesitzern, die in der Tat für die Finanzierung des Kanalsystems herangezogen wurden; Auftragsangst bei den Transportunternehmern, die weniger Kübel und Tonnen abzufahren hatten; Mangelerwartung bei den Landwirten, die auf den billigen Dung »von den 25 000 Pferden in der Stadt« nicht verzichten wollten.

Hinzu kam die für Großstädter damals (wie heute) beschwerliche Behinderung durch nie enden wollende Baustellen, verschärft durch behördlichen Kompetenzneid und Koordinierungsversagen. Aus dem *Zentralblatt der Bauverwaltung* vom 5. November 1881: »Um den argen Missständen zu begegnen, welche aus dem so häufigen, oft in kurzen Zwischenräumen an denselben Stellen stattfindenden Aufbrechen des Pflasters entstehen, ist erfreulicherweise ein Abkommen zwischen der städtischen Straßen-Bauverwaltung und den Verwaltungen der Kanalisation, Wasser- und Gasleitung sowie der Telegrafen- und Rohrpostleitungen zustande gekommen, wonach die einzelnen Verwaltungen alljährlich und außerdem in monatlichen Zeiträumen Anzeige von den geplanten Arbeiten auf den Straßen machen werden. [...] Gleichzeitig ist vereinbart worden, dass in Zukunft bei Neuanlagen die Röhren und Leitungen der einzelnen Verwaltungen nur einen bestimmten Streifen der Straße in Anspruch nehmen dürfen, und zwar sind bestimmt: 1. die ersten 2,0m des Fußwegs von der Baufluchtlinie ab gerechnet für die Kabel und Röhren der Telegrafen, 2. der dritte Meter für die Gasröhren, 3. der Raum von 3,0–4,7m für die dort etwa zu verlegenden Kanalisationsröhren, 4. der Raum von 4,7–5,3m für die Wasserröhren, 5. der dann anschließende Raum für die etwa unter dem Straßendamm erforderlichen gröberen Kanalisationsröhren.«

Alles in allem erwies sich Hobrechts Radialsystem als Erfolgsprojekt. Und möglicherweise lag es auch daran, dass der letzte große Cholera-Ausbruch in Deutschland nicht die Hauptstadt traf, sondern die Hafenstadt Hamburg. Auch dort stritt man viele Jahre um die Versorgung mit Trink- und die Entsorgung von Abwasser. Anfang der 1890er schöpfte man immer noch ungefiltert aus der Elbe. Mitte August 1892 starb ein Mensch an Cholera. Die Krankheit wurde nicht erkannt, es gab keine Maßnahmen gegen die Seuche. Eine Woche später waren 455 Menschen gestorben. Die Reichsregierung entsandte Robert Koch in die Stadt, der 1884 die Verbreitung der Seuche durch verunreinigtes Wasser nachgewiesen hatte. Er ordnete die Abriegelung des Hafens und die Schließung der Schulen an. Versammlungen wurden verboten. Es dauerte gut zwei Monate bis zur Eindämmung der Epidemie. Über 8600 Menschen starben.

Elektrifizierung

Am Anfang war das Elektrische vor allem eine Sensation, wie Jahrmarktspublikum sie liebt: »Von den mancherlei Sehenswürdigkeiten der Berliner Gewerbe-Ausstellung des Jahres 1879 wird keine vom großen Publicum mehr bewundert, als die sogenannte elektrische Eisenbahn von Siemens und Halske, die ohne sichtbare Zugkraft den ungefähr dreihundert Meter langen, in sich selbst zurückkehrenden, schmalspurigen Schienenweg mit gewöhnlich neunzehn Personen in zwei Minuten – der Schnelligkeit gewöhnlicher Pferdebahnwagen – zurücklegt. [...] Fahrer und Zuschauer lächeln sich halb verlegen an, weil man erstens keinen vernünftigen Zweck für die Fahrt angeben, zweitens von einem besonderen Vergnügen dabei nicht sprechen kann, und drittens durch das Mitfahren ebenso wenig klüger wird, wie durch das Zuschauen.«

Nach diesem Laientadel bekommen wir von Carus Sterne, dem Verfasser des Artikels in der *Gartenlaube,* freundlich erklärt, wie es funktioniert: »Die Dampfmaschine, welche unsere Locomotive treibt, steht in der allgemeinen Maschinenhalle, und die von ihr erzeugte mechanische Kraft wird durch eine sogenannte dynamoelektrische Maschine in Elektricität verwandelt, die man ohne erheblichen Verlust beliebig weit fortleiten kann. Sie tritt durch die Schienen und die Laufräder in die Locomotive und kehrt von da durch eine aufrechte Mittelschiene, in einem mithin auf jedem Punkte der Bahn durch die Locomotive selbst geschlossenen Kreislaufe zu ihrem Ausgangspunkte zurück. Dieser Strom wird nun in der Locomotive durch Erzeugung starker Elektro-Magnete, welche die Räder bewegen, in mechanische Kraft zurückverwandelt und treibt das Gefährt auf diese Weise.«

Zwei Jahre nach der Show mit der Schmalspurbahn konnte Siemens die Inbetriebnahme seiner ersten elektrischen Straßenbahnlinie melden: »Gestern ist unsere elektrische Bahn in Lichterfelde mit großem Glanze eröffnet. Vorher war schon der Eisenbahnminister mit seinen Räten, [Generalpostmeister] Stephan mit dito da. Die ersteren waren sehr überrascht und erstaunt, als sie einen gewöhnlichen Eisenbahnwaggon sahen anstatt der erwarteten Wägelchen und kleinen Lokomotivchen«. Über die Einrichtung einer weiteren Strecke schrieb er: »Es werden 3 gewöhnliche Pferdebahnwagen mit elektrischen Maschinen versehen und durch eine Stangenleitung neben dem bestehenden Geleise den Wagen der Strom zugeführt. [...] Geht das, wie ich sicher erwarte, gut, so steht ganz unmittelbar eine große Anwendung bevor, da allen Pferdebahnen ihre Pferde sehr zur Last sind!«

Trotzdem dauerte es noch bis 1898, bis die Elektrifizierung sämtlicher Berliner Pferdebahnen beschlossen wurde. Und ob »der elektrische Betrieb auch für die Eisenbahnen des Fernverkehrs mit Vorteil anwendbar ist, darüber gehen die Urteile der Fachleute noch sehr auseinander.« Die Frage, die für die Zeitschrift *Das neue Universum* im Jahr 1896 noch offen schien, wurde auf rasante (und rasende) Weise beantwortet. Heute erreichen die ICE-Züge der Deutschen Bahn Spitzengeschwindigkeiten von bis zu dreihundert Kilometern in der Stunde (haben aber trotzdem Verspätung), und die ›E-Mobilität‹ ist von der Schiene auf die Straße übergesprungen. Mithin scheint jederzeit zu gelten, was Siemens in einer seiner Abhandlungen bereits 1867 konstatierte: »Der Technik sind gegenwärtig die Mittel gegeben, elektrische Ströme von unbegrenzter Stärke auf billige und bequeme Weise überall da zu erzeugen, wo Arbeitskraft disponibel ist.«

Die lückenlose Stromversorgung und die Beleuchtung von Stadt und Land wurden nach dem Eisenbahnbau, der Telegraphie und der Kanalisation zur nächsten großen, viel Kapital benötigenden Infrastrukturaufgabe. 1880 errichtete Siemens in Berlin-Wannsee ein erstes E-Werk. Kurz darauf erwarb Emil Rathenau die deutschen Rechte für Edisons Glühlampe, gründete 1883 mit einem halben Dutzend Mitarbeitern die Deutsche Edison-Gesellschaft, aus der 1887 unter Kapitalbeteiligung von Siemens die Allgemeine Elektrizitätsgesellschaft (AEG) hervorging, die am Ende des Jahrhunderts 14 000 Leute beschäftigte.

Werner Siemens hatte gegen die Edison-Lampe zu lange auf Jablochkoff-Kerzen und Bogenlampen gesetzt und geriet dadurch technisch wie geschäftlich ins Hintertreffen. Die Konkurrenzkonflikte des Emporkömmlings von gestern mit dem von heute führten dazu, dass Siemens sich über die »Edisonsche Judengesellschaft« Rathenaus aufregte. Einhalt gebieten konnte er ihr nicht mehr, verstand sich jedoch zur Aufteilung des Kraftwerksgeschäfts zwischen AEG und Siemens & Halske. Von 1887 bis 1890 stieg der Siemens-Umsatz durch das Starkstromgeschäft um 150 Prozent, die Beschäftigtenzahl verdoppelte sich in diesem kurzen Zeitraum von gut zweitausend auf fast viertausend Leute.

Rathenau war ein Manager-Unternehmer neuen Typs, der riesengroß mit dem Kleinen dachte. Er strebte die industrielle Massenfertigung erschwinglicher Gebrauchsgegenstände an, die er selbst weder erfinden konnte noch wollte. Siemens hingegen wollte und konnte sich nicht lösen aus seiner Rolle als Erfinder und Techniker. Die Konkurrenz zwischen Siemens und Rathenau spiegelte sich in der zwischen Bogen und Birne. Im März 1879, dem Jahr der Gewerbeausstellung mit dem ›Lokomotivchen‹, beleuchtete Siemens vor 250 geladenen Gästen seine Villa in Charlottenburg: »Das elektrische Licht hat sich prächtig bewährt. Es waren 4 Kerzen in großen Milchglocken in den 4 Saalecken auf den Wasserheizungssäulen aufgestellt. Das Licht war durchaus nicht blendend und ganz angenehm. Die Damen sahen prächtig aus in ihren Toiletten und Brillanten«. Es gab allerdings auch Damen, die sich geblendet und geradezu ausgeleuchtet fühlten.

Bei den Kerzen handelte es sich um Jablochkoff-Kerzen, die man weder ein- noch ausschalten konnte. Solche Kerzen brannten gut anderthalb Stunden. Wurde der Strom unterbrochen, ließen sie sich nicht mehr anzünden. Anlässlich der Gewerbeausstellung 1879 wurde die Berliner Kaisergalerie mit Differentialbogenlampen beleuchtet, eine Neuentwicklung, welche die elektrische Kerze verdrängte, bevor sie selbst von der Glühbirne verdrängt wurde. Rathenau setzte sich mit Edisons Patentprodukt durch, wie exemplarisch aus dem Bericht eines Fachblattes hervorgeht: »Am 5. Januar 1882 wurde die elektrische Beleuchtungsanlage mit Edison-Lampen auf dem Bahnhof Straßburg i. E. in Betrieb genommen und hat bis jetzt einen durchschlagenden Erfolg erzielt. Die Stetigkeit und Färbung des Lichts übertrifft selbst die kühnsten Erwartungen. Besonderes Interesse erregt die Beleuchtung des Restaurationsraumes I. und II. Klasse, zu welcher bisher zwei Siemens'sche Differentiallampen von je 150 Kerzenstärke benutzt wurden, die jedoch wegen der Veränderlichkeit des Lichtes, der unangenehmen Zuckungen und der starken Schlagschatten mehrfach zu Klagen Anlass gaben.«

Im Februar des gleichen Jahres staunte Georg Brandes: »Betritt man zu später Stunde die ungeheure Halle des Bahnhofs Alexanderplatz, um mit dem letzten Zug heimzufahren, wirkt der Ort wie im Märchen feenhaft verzaubert. Taghell erleuchtet vom weißen, mit überirdischer Intensität und Milde strahlenden elektrischen Licht liegt das unermeßliche Gewölbe in stiller, einsamer Majestät da wie ein verwunschener Raum [...]. Das elektrische Licht paßt ideell zur monumentalen Architektur der Stadtbahn. Es weist in die Zukunft wie sie.«

Industrienahrung: »Liebig's Fleisch-Extract«, Maggis Würze und Knorrs Erbswurst, Margarine, Saccharin

Das schnelle Anwachsen ärmerer Bevölkerungsschichten und ihre Konzentration in den Städten brachte Verpflegungsprobleme mit sich, die immer auch Transportprobleme waren. In dieser Hinsicht ähnelte die Aufgabe, die städtischen Unterschichten zu versorgen, derjenigen der Versorgung von Armeen. Wie lassen sich billige und zugleich gesunde, haltbare und gut transportable Nahrungsmittel herstellen? Wie kann man Stadtbewohner mit Mahlzeiten versorgen, die in Wohnungen ohne eigene Küchen oder nur in einzelnen Zimmern leben? Der Berliner Statistiker Hermann Schwabe schrieb 1871: »Die verschiedenen Arten von Extracten als Fleischextract, Kaffeeextract, condensirte Milch, die Erbswurst und die Erbsmehlsuppe, die sog. condensirten Suppen, [...] aus denen sich in 5 Minuten Bohnensuppe, Reis-, Graupensuppe etc. herstellen lässt, greifen dieser Richtung der Haushaltungen, die Küche zu sparen, helfend unter die Arme«.

Die aufsteigende Wissenschaft der Chemie trug wesentlich zu dieser Entwicklung bei. Ein Pionier auf diesem Gebiet war Justus Liebig. Er gilt als einer der Begründer der Agrarchemie und der Mineraldüngung. Außerdem stellte er als einer der ersten Chlorkohlenstoff her, später unter dem Namen Chloroform als Narkosemittel eingesetzt, entwickelte eine »Suppe für Säuglinge« und päppelte mit einer Brühe aus Hühnerfleisch ein schwer an Typhus erkranktes Mädchen auf.

Seit Ende der 1840er wurden Fleischextrakte in der Münchener Hofapotheke verkauft, seit 1852 trug das Produkt Liebigs Namen. Für die Herstellung von einem Kilogramm Extrakt wurden 32 Kilo mageres Fleisch gebraucht. Bei diesem Verhältnis handelte es sich bei dem Produkt um eine Art Medikament, nicht um ein Nahrungsmittel. Das änderte sich mit dem Hamburger Geschäftsmann Georg Christian Giebert. *Merck's Warenlexikon* gab 1884 – Liebig sowie Giebert waren da bereits verstorben – folgende Auskünfte: »Zu den neuern Erscheinungen im Fache der Fleischwaren gehört das Fleischextrakt, sonst nur ein teurer Apothekerartikel (Extractum carnis) und außerdem notdürftig vertreten durch sog. Tafelbouillon, deren größter Bestandteil gewöhnlich Leim war, weil man der Fleischbrühe, um sie in feste Form zu bringen, eben Leim zusetzen mußte. Jetzt ist der Fleischextrakt zu verhältnißmäßig billigen Preisen zu haben. Die erste Fabrik zur Bereitung eines reinen Fleischextrakts entstand bekanntlich vor mehrern Jahren unter Liebig's Protektion zu Fray Bentos in Uruguay; der ungemeine Reichtum der südamerikanischen Ebenen an Rinderherden, die hauptsächlich nur der Häute wegen geschlachtet wurden, brachte den deutschen Ingenieur Giebert auf die Idee, auch die Mengen des dort gar nicht konsumierten Fleisches einer bessern Verwertung zuzuführen; Liebig rieth zur Bereitung von Extrakt, als Auszug der nahrhaftesten Teile des Fleisches, und zwar unter Fernhaltung allen Fettes und Leims, wodurch zugleich dessen Haltbarkeit für lange Zeit vollständig gesichert ist. Die Fabrikation und der Absatz der neuen Ware ist bekanntlich in guten Gang gekommen. Die Zubereitung ist einfach: reines, von Fett, Sehnen und Häuten befreites Muskelfleisch wird klein gehackt oder gewiegt und mit dem gleichen Volumen Wasser einer Hitze von 75–80° C., also einige Grade über den Gerinnungspunkt der Eiweißstoffe erhitzt. Die so gewonnene kräftige Fleischbrühe wird nun für sich im Wasserbade erst bis zu einem gewissen Grade abgedampft, dann erkalten gelassen und filtriert, wobei das starr gewordene Fett zurückbleibt, und dann noch weiter eingedunstet, sodaß die braune salbenartige Substanz erhalten wird, in welcher Form dieses Extrakt sich darstellt. Dasselbe ist demnach weiter nichts als konzentrierte Fleischbrühe, die in heißem Wasser gelöst und gesalzen als solche getrunken werden kann oder in kleinen Portionen zu Speisen jeder Art gesetzt, die Nährkraft und den Wohlgeschmack derselben in hohem Grade steigert. Nach Liebig's Angabe liefern 17 kg reines Muskelfleisch, wozu etwa 22½ kg Metzgerfleisch mit Fett, Gewebe und Knochen gehören würden, durchschnittlich 0,5 kg Extrakt, und zu 4–4½ kg desselben gehört schon ein Stück Rind. Das Produkt von Fray Bentos wird in verlöteten Blechbüchsen mit 20–22½ kg Inhalt zunächst an ein

Generaldepot in Antwerpen expediert und dort in kleine Porzellangefäße gefüllt und in den Handel gebracht.«

Neu war nicht nur die Ware, sondern auch ihre Vermarktung. Die den Extrakt bewerbenden bunten Sammelbildchen wurden so legendär, dass 1896 eine eigene Zeitschrift um sie herum erschien, die *Illustrirte Liebigbilder-Zeitung. Monatsschrift für Interessenten dieses Sammelsports.* In der zweiten Nummer wird die erste in Deutschland erschienene Bilderserie beschrieben. Auf die Rückseite jedes Bildchens ist »Liebig Company's Fleisch-Extract« gedruckt, der Titel der Serie lautet: »Liebig vor dem Richter Ochs«: »Die Geschichte stellt die Klage der Ochsenfamilie gegen Liebig dar, seine Berufung vor ein Tribunal, bei welchem der Ochse als Richter fungirt, ferner den Triumph des Fleisch-Extracts durch eine Auszeichnung Liebig's durch Preisrichter und einen Triumphwagen mit Fleisch-Extract.«

Im Jahr nach Bismarcks Tod wurde der ›Eiserne Kanzler‹ mit einer biographisch orientierten Serie geehrt: vom italienischen Ableger der Company und in italienischer Sprache. Die Bildchen zeigten Szenen aus Bismarcks Göttinger Studentenzeit bis zu seinem achtzigsten Geburtstag in Friedrichsruh.

Während die Liebig Company auf Bilder setzte, ließ sich in der Schweiz Julius Maggi mit Poesie einen Namen machen. 1885 brachte er kochfertige »Erbs-Teigwaaren-Suppenmehle« auf den Markt und begann bald darauf, mit einer Würze dem Brühwürfel der Liebig Company Konkurrenz zu machen. In der bis heute charakteristischen Flasche wurde die Würze seit 1899 verkauft.

Die Suppenmehle ließ Maggi vom jungen Frank Wedekind bedichten. Der hatte nach dem Bruch mit seinem Vater dessen finanzielle Unterstützung verloren und war froh, sich in Maggis »Reclame- und Pressbüro« seine Brötchen oder sein Süppchen verdienen zu können. Das ging etwa ein Jahr lang – nicht gut, aber leidlich. Dann gab Maggi dem jungen Dichter zu verstehen, er möge zusehen, dass seine Texte nicht nur geschrieben, sondern auch in den Zeitungen veröffentlicht werden. Schließlich hieß das Büro nicht bloß nach der Reklame, sondern auch nach der Presse. Jedenfalls erhöhte Maggi im Mai 1887 das Honorar pro Text, kündigte aber an, es nur im Falle einer Veröffentlichung auszuzahlen. Nicht lange danach gelang Wedekind die Aussöhnung mit seinem Vater, und dessen erneuerte Unterstützung ermöglichte ihm, die Laufbahn als Werbetexter zu beenden.

Was die Würze für Maggi war, wurde die Erbswurst für Knorr. Das um 1860 in Heilbronn gegründete *Knorr Engros-Geschäft in Reis, Gerste, Sago und Landesprodukten* füllte in den 1870ern Suppenpulver in Tüten, stellte seit Mitte der 1880er zu Tafeln gepresste Fertigsuppen her, des Weiteren *Knorr Haferschleim* und die *Patentsparsuppe Victoria*. 1889 übernahm das Unternehmen die Produktion der 1867 von Johann Heinrich Grüneberg entwickelten Erbswurst, deren sagenhafte Lebensdauer als Marktprodukt bis Ende 2018 währte.

Grüneberg hatte die Wurstidee ans preußische Militär verkauft, das 1870 den Aufbau einer Fabrik finanzierte. Das Produkt war haltbar, leicht zu transportieren und ebenso leicht in eine nahrhafte Suppe zu verwandeln. Diese Eigenschaften machten es zu einem brauchbaren Verpflegungsmittel für Soldaten auf dem Marsch und im Feldlager. Dass die Wurst eigentlich eher aussah wie eine in Papier gewickelte Patrone hat diesen und jenen amüsiert, spielte sachlich jedoch keine Rolle.

Aus den Bedürfnissen militärischer Versorgung ging auch die Margarine hervor, in diesem Fall aus der Versorgung von Marinesoldaten. Angeregt von Napoleon III. entwickelte der französische Chemiker Hyppolite Mège-Mouriès ein Streichfett. Nach dem Zusammenbruch des Zweiten Kaiserreichs verkaufte der Erfinder seine Idee. In Deutschland wurde die erste von einer ganzen Reihe von Margarinefabriken 1871 von einem Kölner Apotheker gegründet. *Das A B C der Küche* von Hedwig Heyl definierte 1897: »Die Kunstbutter (Margarinbutter oder Margarine) ist ein billigeres Fett und zu Kochzwecken gut zu brauchen. Sie wird aus Rindertalg erzeugt, welcher bei niederer Temperatur ausgelassen, teilweise erkaltet und von dem erstarrenden Stearin und Palmitin u.s. w. befreit wird. Indem man das zurückbleibende Olein mit einer verhältnismäßig nur kleinen Menge Milch in geeigneter Weise bearbeitet, gewinnt man ein der echten Butter ziemlich nahekommendes, leicht schmelzbares und wohlschmeckendes Fett.«

Der Butterersatz war so erfolgreich und das Verpantschen des ohnehin schon billigen Produkts offenbar so verlockend, dass die

Reichsregierung schon 1887 ein Gesetz verabschiedete, mit dem die Bezeichnung ›Margarine‹ verpflichtend und deren Verkauf geregelt wurde: ». §. 1. Die Geschäftsräume und sonstigen Verkaufsstellen einschließlich der Marktstände, in welchen Margarine gewerbsmäßig verkauft oder feilgehalten wird, müssen an in die Augen fallender Stelle die deutliche nicht verwischbare Inschrift: ›Verkauf von Margarine‹ tragen. Margarine im Sinne dieses Gesetzes sind diejenigen, der Milchbutter ähnlichen Zubereitungen, deren Fettgehalt nicht ausschließlich der Milch entstammt. §. 2. Die Vermischung von Butter mit Margarine oder anderen Speisefetten zum Zweck des Handels mit diesen Mischungen, sowie das gewerbsmäßige Verkaufen und Feilhalten derselben ist verboten. [...] §. 3. Die Gefäße und äußeren Umhüllungen, in welchen Margarine gewerbsmäßig verkauft oder feilgehalten wird, müssen an in die Augen fallenden Stellen eine deutliche nicht verwischbare Inschrift tragen, welche die Bezeichnung ›Margarine‹ enthält. Wird Margarine in ganzen Gebinden oder Kisten gewerbsmäßig verkauft oder feilgehalten, so hat die Inschrift außerdem den Namen oder die Firma des Fabrikanten zu enthalten. Im gewerbsmäßigen Einzelverkauf muß Margarine an den Käufer in einer Umhüllung abgegeben werden, welche eine die Bezeichnung ›Margarine‹ und den Namen oder die Firma des Verkäufers enthaltende Inschrift trägt. Wird Margarine in regelmäßig geformten Stücken gewerbsmäßig verkauft oder feilgehalten, so müssen dieselben von Würfelform sein, auch muß denselben die vorbezeichnete Inschrift eingedrückt sein, sofern sie nicht mit einer diese Inschrift tragenden Umhüllung versehen sind.«

Offenbar fürchtete man, findige Produzenten und Händler würden das Gesetz schon geschäftsschonend auszulegen wissen, und schickte ihm deshalb genaueste Ausführungsbestimmungen hinterher, die sogar Mustervorlagen enthielten: »1. Für die [...] Bezeichnung der Gefäße und äußeren Umhüllungen, in welchen Margarine gewerbsmäßig verkauft oder feilgehalten wird, ist das anliegende Muster mit der Maßgabe zum Vorbild zu nehmen, daß die Länge der die Inschrift umgebenden Einrahmung nicht mehr als das Fünffache der Höhe, sowie nicht weniger als 30 Centimeter und nicht mehr als 50 Centimeter betragen darf. 2. Der Name oder die Firma

des Fabrikanten [...] ist unmittelbar über, unter oder neben der vor-
bezeichneten Inschrift anzubringen. 3. Die Anbringung der Inschrift (Nr. 1 und 2) erfolgt durch Einbrennen oder durch Aufma-
len. In letzterem Falle ist die Inschrift auf weißem oder hellgelbem
Untergrunde mit schwarzer Farbe herzustellen. [...] 4. Die Inschrift
(Nr. 1 und 2) ist auf den Seitenwänden des Gefäßes an mindestens
2 sich gegenüberliegenden Stellen, falls das Gefäß einen Deckel hat,
auch auf der oberen Seite des letzteren, bei Fässern auch auf beiden
Böden anzubringen.«

Mit dem Erstarken der einheitlichen Reichsgesetzgebung wurde
es üblich, erst die preußische und später die deutsche Regelungs-
wut zu beklagen. Diese Klage gehört noch heute zum rhetorischen
Instrumentarium der Interessenvertreter von Unternehmen und
Wirtschaftsverbänden sowie von liberalen Politikern. Bevor man
in sie einstimmt, sollte man berücksichtigen, dass gesetzliche Regelungen und die für deren Umsetzung und Kontrolle nun einmal
notwendige bürokratische Organisation nahezu ausnahmslos Reaktionen auf Missstände sind. Oft genug sind die eigentlichen Ver-
ursacher der Regelungen diejenigen, die sie am lautesten beklagen.

Die Wirtschaftsgeschichte des Fleischextrakts begann in der
Apotheke und führte zur fabrikmäßigen Produktion; diejenige des
Saccharin, des ersten chemisch synthetisierten Süßstoffs, begann in
der Fabrik und führte in die Apotheke. Und während sich um die
Kunstbutter Milchbauern, Fabrikanten, Großhändler und Krämer
stritten, waren es beim Kunstzucker die Rübenbauern, Fabrikanten,
Großhändler und Krämer. In allen Fällen wurde schlechte Ware
durch Strecken mit Zusatzstoffen noch schlechter gemacht, aber es
wurde auch halbwegs gute Ware durch die üble Nachrede der Konkurrenz schlechtgemacht.

Wie beim Margarinegesetz von 1887 griff der Staat mit dem
Saccharingesetz 1898 ins Marktgeschehen ein. Es verbot den Einsatz
künstlicher Süßungsmittel bei der Herstellung von Konserven und
Säften. Die Betreiber der im gleichen Jahr in Magdeburg errichteten ersten Saccharinfabrik in Deutschland, Fahlberg, List & Co, waren der Meinung, eine Deklarationspflicht statt der Verwendungs-
einschränkung hätte genügt. Den Zuckerbaronen wiederum, und
schließlich war die Magdeburger Börde das größte Anbaugebiet für

Zuckerrüben in Deuschland*, ging das Gesetz nicht weit genug. Sie fürchteten, mit ihren Rüben dem auf die Süßkraft bezogen um zwei Drittel billigeren künstlichen Konkurrenzprodukt nicht gewachsen zu sein. In der Tat verdoppelte sich trotz der gesetzlichen Einschränkungen die Jahresproduktion von Fahlberg, List & Co in nur drei Jahren zwischen 1894 bis 1897 von 33 auf 66 Tonnen. 1902 erreichten die Zuckerrübenproduzenten ein zweites Gesetz, das nun auch den Handel mit Saccharin einschränkte. Es durfte fortan bloß noch in Apotheken verkauft werden.

---

* Im österreichischen Böhmen hatte sich die Anbaufläche für Zuckerrüben zwischen den frühen 1850ern und den frühen 1870ern verzwanzigfacht: auf 123 800 Hektar.

Großbürger, Bildungsbürger, Kleinbürger

✑

Bleichröder und das Geld – Krupp und die Kanonen –
Büchmann und die Bildung – Ist Wissen Macht? –
Leberecht Hühnchen und das kleine Glück –
Zylinder und Mützen – Masse und Klasse

Wie weit das geht, was Soziologen die ›soziale Mobilität‹ nennen, zeigt sich am unverhülltesten beim Heiratsverhalten. In modernen Gesellschaften sind die Grenzen zwischen den Schichten porös, aber sie sind immer noch da. In der deutschen Gesellschaft während der zweiten Hälfte des 19. Jahrhunderts wurden die Grenzen zwischen Adel und Bürgertum durchlässiger, doch die zwischen den verschiedenen Schichten innerhalb des Bürgertums blieben stabil, die zu den Unterschichten verfestigten sich. Dies umso mehr, je größer die Angst des Kleinbürgertums vor einem Abstieg nach unten wurde.

Gegen Ende des Jahrhunderts machte das Großbürgertum zusammen mit den Bildungsbürgern und der saturierten Mittelschicht rund fünf Prozent der Bevölkerung aus, das Kleinbürgertum etwa ein Viertel, die Unterschicht um die siebzig Prozent. Die Einkommensunterschiede* waren erheblich, auch innerhalb der obersten fünf Prozent. Für 1890, das Jahr von Bismarcks Ausscheiden aus dem Amt, berechnete sein Bankier Bleichröder dessen Gesamteinkünfte auf 332 000 Mark. Das war sehr viel, nicht nur in der absoluten Höhe, sondern auch relativ: In Preußen erzielten damals nur rund 1500 Leute Einnahmen von 100 000 Mark und darüber.

Zwischen dem Groß- und dem Kleinbürgertum gab es wenig Berührungen, schon gar keine familiären. Zwischen dem Groß- und dem Bildungsbürgertum schon eher, vor allem, wenn es sich bei den Bildungsbürgern nicht um halbseidene Aufsteiger handelte, sondern um etablierte Familien mit Ämtern und Würden und Honoratiorenaura. ›Besitz und Bildung‹ war die Verknüpfungsfloskel zwischen diesen Schichten, in denen gleichwohl darauf geachtet wurde,

---

* Dazu der Abschnitt »Vom Alltag zu Hause« im Kapitel »Das neue deutsche Leben«.

es mit dem Verknüpfen nicht zu übertreiben. Man bewarb sich um-
einander, aber »bewerben und bewerben ist ein Unterschied. Gesellschaftlich, das geht eine Weile; nur nicht fürs Leben.« Das meint ein
lebenskluger Herr in Fontanes *Jenny Treibel* zur Frage, ob eine Pro-
fessorentochter in eine reiche Kommerzienratsfamilie einheiraten
solle. »In eine Herzogsfamilie kann man allenfalls hineinkommen,
in eine Bourgeoisfamilie nicht. Und wenn *er*, der Bourgeois, es auch
wirklich übers Herz brächte – seine Bourgeoise gewiß nicht«. Sie
würde – wie Kommerzienrätin Treibel – alles tun, um das Herein-
heiraten einer Schichtfremden zu verhindern.

Der Titel – Kommerzienrat oder gar Geheimer Kommerzienrat – war die zugleich administrative und autoritative Anerkennung
der bürgerlichen Stellung. Doch ist alles eine Frage der Perspektive.
Und die hängt wiederum davon ab, wer von wo auf wen sieht. Jules
Laforgue in seinem Berlin-Buch: »Wenn man überhaupt gar keinen
Titel hat, aber doch zur Mittelschicht gehört, zählt man immer noch
zu den Herrschaften. ›Was wünschen Sie, meine Herrschaften?‹,
fragt sie der Kellner im Café.« Nur steht der zu weit unten, als dass
den Mittleren sein Hinaufblicken genügen könnte. Das bürgerliche
Erfolgsstreben in einer politisch noch immer vom Adel dominierten
Gesellschaft vergewisserte sich des Erreichten im Ermessen des Abstands nach unten, außerdem im Vergleich mit seinesgleichen und
vor allem im Ermessen des Abstands nach oben. Statusbewusstsein
und Selbstbewusstsein stimmten dabei nicht immer überein. Das
Selbstwertgefühl konnte sehr groß und von der Achtung der Kellner
unabhängig sein, aber doch auf die Anerkennung als Kommerzienrat angewiesen bleiben. Selbst dem überaus reichen und sehr einflussreichen Bankier Gerson Bleichröder ging es nicht anders.

Bleichröder und das Geld

Vor Bleichröders Ernennung zum Geheimen Kommerzienrat 1867
forderte der König einen Polizeibericht an. Der Bericht bestätigte
Bleichröders »hervorragende Stellung in der Finanzwelt Berlins«

und hielt fest: Ein »sehr bedeutendes Vermögen macht es ihm möglich, seinem Hange zum Wohlthun folgen zu können und betheiligt er sich mit regem Eifer bei jedem patriotischen Unternehmen«. Fünf Jahre später wird Bleichröder geadelt. Eine solche Ehre hatte noch kein preußischer Jude erfahren. Der Adel war in Preußen erblich, und auch wenn Bleichröder nicht als allererster nobilitierter Jude zu gelten hat, so war er doch der erste, der nicht zum Christentum übergetreten war und noch dazu erbberechtigte Nachkommen hatte. Ein weiterer Polizeibericht, diesmal von 1874, meldet: »Der Herr Gerson von Bleichröder, welcher seit seiner Erhebung in den Adelstand vor Stolz sich kaum zu lassen weiß und auch mit fast allen seinen früheren Bekannten und Geschäftsfreunden öffentlich nicht mehr verkehrt, sondert sich auch bei seinen Spaziergängen von diesen ab«.

Der Industrielle Alfred Krupp hatte 1865 die Nobilitierung abgelehnt, und Werner von Siemens wird seine Nobilitierung im Jahr 1888 peinlich sein*. Aber Krupp und Siemens waren keine Juden und nicht darauf angewiesen, sich und ihren Zeitgenossen die Zugehörigkeit zu den höchsten Kreisen der deutschen Gesellschaft immer neu zu beweisen. Ihr Geld und ihr Einfluss hing nicht von freiherrlichen drei Buchstaben ab. Bleichröder indessen war ein zweifacher Emporkömmling: als Bankier im Schatten der Rothschilds und als eine Art privater Hofjude im Dienst Bismarcks. Um dessen Privatvermögen kümmerte er sich seit 1859 erfolgreich. Dass seine drei Söhne als ›Judenbengel‹ als Reserveoffiziere zugelassen wurden, noch dazu in Garderegimentern, war ebenfalls ein Statusbeweis, der für ›Israeliten‹ normalerweise so außerhalb der sozialen Reichweite lag wie für Besitz- und Bildungsbürger innerhalb des gewöhnlich Erreichbaren**. Die Söhne ließen sich im Unterschied zu ihrem Vater übrigens taufen.

Je reicher und einflussreicher Bleichröder wurde, desto seltener wurde er offen beleidigt und desto häufiger hinter seinem Rücken geschmäht. Aber auch Frontalangriffe blieben nicht aus, wenn diese Angriffe zugleich verstanden werden wollten als gegen seinen

---

* Dazu der Abschnitt über Siemens im Kapitel »Große Männer«.
** Dazu die Einleitungspassage zum Kapitel über die Einigungskriege.

Schutzherrn und Auftraggeber Bismarck gerichtet. Ein Artikel der *Kreuzzeitung* etwa, Organ der altkonservativen Agrarelite, mit der Bismarck gebrochen hatte, bezeichnete 1875 die Wirtschaftspolitik der Regierung als ›Judenpolitik‹ von Bleichröders Gnaden und verdrehte denunzierend die wahren Machtverhältnisse, indem sie Bismarck als Werkzeug seines Bankiers darstellte. In Wahrheit war es andersherum, und weil Bleichröder sich diskret um die Abwicklung schwieriger und delikater Geschäfte kümmerte, wurde er mit der Nobilitierung belohnt. Der Zusammenbruch des Firmenkonglomerats des Eisenbahnmagnaten Strousberg* und die finanzielle Verstrickung des Hochadels in dessen Spekulationsgebäude bot Bleichröder die Gelegenheit, sich als Retter des Vermögens ganz hoher Herren zu profilieren. Zum Dank wurde er mit der Nobilitierung ein wenig zu ihnen hinaufgehoben.

Eine weitere delikate Aufgabe waren die Finanztransfers an den bayerischen König Ludwig in der Folge von dessen symbolischer Rolle beim Kaisermachen in Versailles**. Die dem König von Bismarck zugesagten Gelder stammten von Bleichröder, der sie wiederum aus dem ›Welfenfonds‹ zurückerstattet bekam.

Als eines seiner größten Geschäfte kann die Abwicklung der Reparationszahlungen Frankreichs nach dem Krieg von 1870/71 gelten. Bleichröder war schon als Berater Bismarcks bei den Versailler Verhandlungen mit der neuen republikanischen Regierung Frankreichs zugegen. Die Pariser Rothschilds legten dann im Auftrag der französischen Regierung eine Anleihe auf. Bleichröders Bank und die Disconto-Gesellschaft von Adolph Hansemann (er wurde, nebenbei gesagt, im gleichen Jahr nobilitiert wie Bleichröder) platzierten sie auf dem deutschen Kapitalmarkt und führten die Erlöse dem Reich zu.

Bleichröder war insofern ein Krisen- und Konfliktgewinnler, als Bismarck für die Finanzierung seiner Feldzüge auf Finanzdienstleistungen privater Banken zurückgreifen musste, die durch das

---

* Dazu der Abschnitt »Großmacht und Krise« im Kapitel »Gründerzeit – Gründerkrach«.

** Dazu der Abschnitt »Ein Jugendstreich auf alte Tage« im Kapitel »Gründerzeit – Gründerkrach«.

preußische Staatsbudget nicht gesichert waren. Der jahrelange Verfassungsstreit um das Recht der Abgeordneten, den Haushalt und damit die Militärausgaben zu bewilligen, war eine der Voraussetzungen für den Aufstieg der Bleichröder-Bank. Sie gehörte neben der schon 1851 von David Hansemann gegründeten Disconto-Gesellschaft und der im Frühjahr 1870 als Aktiengesellschaft formierten Deutschen Bank unter der formellen Führung der Preußischen Seehandlung zu dem Konsortium, das die Staatsanleihen zur Finanzierung des Krieges in Umlauf brachte. Auch die Frankfurter Rothschilds waren im Spiel.

Bleichröder verdiente vor allem am Staat und an den Eisenbahnnen, die ebenfalls der Staat zu übernehmen suchte, weniger an industriellen Spekulationen oder anderen privaten Unternehmungen auf Aktienbasis, die mitunter so schnell verschwanden wie sie gegründet worden waren. Im Gründerboom 1871 bis 1873 entstanden etwas über 900 Aktiengesellschaften, darunter 157 Bank-AGs, unter ihnen die Dresdner Bank. Der Gründungshype im Bankwesen wurde in einer Chemnitzer Zeitung anonym als »Neue Schöpfungsgeschichte« verspottet: »Am Anfang war die Kasse, aber die Kasse war wüst und leer, und der Geist des Gründers schwebte über derselben. Da sprach der Bankdirektor: Es geht mir ein Licht auf! Und siehe, es ging ihm ein Licht auf. Und er sprach: Es mögen sich alle Gelder versammeln an einem Ort und da ins Trockene gebracht werden. Und es geschah also. Und er nannte den Ort die Bank. Und er machte keinen Unterschied zwischen den Geldern, die sich versammelt hatten, und solchen, die nur auf dem Papier standen«*.

Bleichröder agierte wie die Rothschilds in Paris, für die und mit denen er gearbeitet hat, und wie die Rothschilds in Frankfurt, London, Wien und Neapel als Privatbankier, obgleich international weniger vernetzt und im Volumen seiner Geschäftstätigkeit deutlich kleiner. In der an Parvenüs aller Art und Herkunft überlaufenen neuen Hauptstadt ließ es sich der Emporkömmling nicht nehmen, mit Hilfe seines Geldes seine Geltung zu demonstrieren und die mächtigsten der Mächtigen zu sich in die Villa zu locken. Freifrau

---

* Letzteres kommt auch heute noch vor, wie 2020 der Bilanzskandal um die Wirecard AG gezeigt hat.

von Spitzemberg notierte im Februar 1870 in ihr Tagebuch: »Ball beim Bankier Bleichröder [...]. Sie gaben einen großen, äußerst brillanten Ball in ihrem neu und prachtvoll eingerichteten Hause in der Behrenstraße, zu dem sie fast ausschließlich nur Leute der ersten Gesellschaft gebeten hatten, mit Ausschluß ihrer Verwandten sogar, was eigentlich schrecklich jämmerlich ist. Schöner Raum zum Tanzen in dem oblongen gelb und weißen Tanzsaal, von dem verschiedene Türen in die Salons und einen als Wintergarten hergerichteten Gang führten, eine Unmasse reizender, großer Sträuße und anderer netter Überraschungen im Cotillon, sowie ein lukullisches Souper vereinigten sich, um das Fest zu einem wirklich genußreichen zu machen, so daß mit großem Animo bis 3 Uhr getanzt wurde.« Und doch vergaß keiner der Gäste, die sich bei ihm vergnügten, dass der Gastgeber ein Jude war: »Bleichröder gab viele Diners«, schrieb einer dieser Besucher, »gelegentlich auch musikalische Abende, an denen natürlich nur allererste – und allerteuerste – Kräfte sich hören ließen. Wenn er Diplomaten und die Hofgesellschaft einlud, waren in seinem Salon niemals Börsenleute oder Geschäftsfreunde zu finden.« Dann wird amüsiert das giftige Bonmot eines gräflichen Gastes wiedergegeben: »Wenn der Hausherr nicht wäre, so wäre die Tafel so exklusiv, wie man das heutzutage selten trifft!«

Der Aufstieg der Großbanken auf Aktienbasis führte schließlich zum Relevanzverlust der Privatbankiers. Bleichröders eigener Aufstieg war aufs Engste mit dem des preußischen Staates und – nicht davon trennbar – mit demjenigen Bismarcks verbunden. Im Jahr von dessen Entlassung aus dem Amt galt der Bankier, der mit und neben dem Kanzler groß und größer geworden war, als der reichste Mann in Berlin, in Preußen und im Reich. Nur Alfred Krupp in Essen wurde für ähnlich vermögend gehalten.

Krupp und die Kanonen

Am gleichen Tag, an dem die Berliner Extrablätter vom Sturz des ›Bürgerkönigs‹ Louis Philippe in Paris berichteten*, machte in Essen der 36-jährige Alfred Krupp seine eigene Revolution und wurde zum Alleininhaber einer Gussstahlfabrik mit 74 Mitarbeitern. Vier Jahrzehnte später, in seinem Todesjahr 1887, war die Gesamtbelegschaft des Unternehmens auf gut 20 000 Leute angewachsen, und Krupp galt neben Bleichröder als der vermögendste Mann im Reich.

Die allererste Gussstahlkanone war schon gegossen, als er das väterliche Erbe ganz in die eigenen Hände bekam. Doch blieb dieser dem preußischen Kriegsministerium überstellte Prototyp unbeachtet, weil die Artilleriefachleute am herkömmlichen Bronzeguss für Kanonen festhielten. Daran änderte zunächst auch die Medaille nichts, mit der auf der Londoner Weltausstellung 1851 ein Gussstahlgeschütz von Krupp ausgezeichnet wurde. Es war ausgerechnet eine Bronzemedaille.

Im dänischen Krieg und im Krieg gegen Österreich allerdings kamen Krupps Kanonen so zahlreich wie erfolgreich zum Einsatz. Ein Artikel in der *Gartenlaube* erklärte 1866, man solle neben dem Beitrag der neuen Zündnadelgewehre zum Sieg über Österreich den »Kanonenkönig Krupp in Essen nicht übersehen, obgleich die achttausend und einige Hundert Eisen- und Stahlmänner seiner größten Cyclopen-Schmiede für alle Welt und sogar für die Japanesen arbeiten. Die weltberühmte Anstalt liegt ungemein günstig, da sich um sie drei große Eisenbahnlinien des westlichen Deutschland kreuzen und zwar zwei Stunden Weges von Köln, in der Richtung nach Berlin. Hier in Essen erbte [1826] der vierzehnjährige Knabe, Alfred Krupp, eine kleine Werkstatt für die Fabrikation von Schneideinstrumenten. Durch Genie, Muth, Geschicklichkeit, Energie und Glück dehnte der Mann seine kleine Werkstatt allmählich so weit aus, daß er im Jahre 1865 mit Hülfe von hundertundsechzig Dampfmaschinen, neununddreißig Dampfhämmern und vierhundert Schmelz-, Glüh- und Cementöfen nicht weniger als eine

---

* Dazu der Anfang von »Am Anfang die Revolution«.

Million Centner Gußstahl zu einem Drittel in Kanonen und das Uebrige in mächtige Barren für Dampfmaschinen, Achsen, Räder, Dampfmaschinenkessel und sonstige stählerne Werkzeuge und Bekleidungen verarbeitete.«

Im Jahrzehnt vor der Gründerkrise verneunfachte sich der Umsatz nahezu, aber zwischen Herbst 1873 und Winter 1874 kollabierte der Markt. Der Tonnenpreis für Stahlschienen halbierte sich und sank danach weiter, bis er 1877 fast auf ein Drittel des Preises wie vor Beginn der Krise gefallen war. Zu diesem Zeitpunkt befand sich das Essener Unternehmen bereits in der ›Obhut‹ – Krupp empfand es eher als Diktatur – von Finanzinstituten unter Führung der Preußischen Seehandlung. Ohne deren Eingreifen schon 1874 wäre die verschuldete Firma nicht durch die Überproduktionskrise gekommen. Immerhin hatte Bleichröder das Ausgleichen der Krupp'schen Konten bei seiner Bank verlangt. Und wenn ein Gläubiger versucht, sein Geld zurückzuerhalten, ziehen gewöhnlich die übrigen nach, um nicht zu spät zu kommen.

Die Produktion von Kanonen spielte beim Aufstieg der Firma eine wichtige, wenn auch legendenhaft übertriebene Rolle. Beispielsweise hatte Alfred Krupp schon 1853, als seine Gussstahlkanone vom preußischen Militär noch ignoriert wurde, beim preußischen Staat ein Patent für den ohne Naht geschmiedeten und gewalzten Eisenbahnradreifen erreicht. Die Technik war von eklatanter Bedeutung für den Lokomotiven- und Waggonbau, aber ›Radreifenkönig‹ hat keinen Klang, ›Kanonenkönig‹ schon. Und Krupp selbst sorgte dafür, dass dieser Klang nicht verhallte. 1867 präsentierte er im Rahmen der Weltausstellung in der französischen Hauptstadt eine riesige Kanone. Vier Jahre später standen Krupps Kanonen nicht in Paris, sondern um Paris herum. Und im letzten Belagerungsmonat vor dem Waffenstillstand haben sie die Stadt auch beschossen, so wie sie die Festung Metz und die Stadt Straßburg beschossen haben. Weitere fünf Jahre später, 1876 auf der Weltausstellung in Philadelphia, protzten Krupp'sche Riesenkanonen, dass manchen Besuchern die Röte ins Gesicht stieg, einigen aus Scham, anderen aus Zorn*.

---

*   Dazu eine Passage des Abschnitts »Auswanderung nach Amerika« im Kapitel »Gründerzeit – Gründerkrise«.

Unmittelbar vor Beginn des deutsch-französischen Krieges bot Alfred Krupp dem preußischen Kriegsminister Roon an, »Gußstahlkanonen bis zum Werthe Einer Million Thaler als Beisteuer zu den Kriegskosten dem Vaterlande liefern zu wollen«. Ansonsten bekam jeder die Geschütze, der sie haben wollte und bezahlten konnte, nicht nur die »Japanesen«, von denen die *Gartenlaube* schrieb, sondern auch Russen und Türken, die er schon in den 1860ern mit Kanonen und Kugeln beliefert hatte und die er während des russisch-türkischen Kriegs 1877/78 ebenfalls belieferte. Als die Russen verlangten, er solle die Türken boykottieren, empörte er sich: »Keine Nation würde so unverschämte Forderung machen, daß man mit einer anderen Kundschaft brechen soll.«

Krupp wurde nicht nur ein König genannt, er fühlte sich auch so: Als guter Herrscher eines ›Verbandes‹, wie er es gern formulierte, jedoch mit dem Verlangen nach absoluter Loyalität, nach ›Treue‹: »Wir wollen nur treue Arbeiter haben, die dankbar im Herzen und in der That dafür sind, daß wir ihnen das Brod bieten, wir wollen sie mit aller Menschenliebe behandeln und für sie wie für ihre Familien sorgen [...]. Dagegen soll aber niemand wagen, gegen ein wohlwollendes Regiment sich zu erheben«.

›Vertrauen ist gut, Kontrolle ist besser‹, soll Lenin gesagt haben – schriftlich findet sich die Sentenz nicht bei ihm. Sie hätte gut zu Alfred Krupp gepasst – und bei ihm findet sich ein schriftliches Zeugnis: »Wir brauchen eine Geheime Polizei, eine Controle über die Arbeiter, von ihrer Vergangenheit, von ihrem Ursprung her bis zur Gegenwart; ihre Beziehungen, ihr Umgang, ihre Sittlichkeit, Reinlichkeit und Ordnung. Nichts muß uns unbekannt sein vom Mann, von der Frau, von den Kindern.«

Herrschaft durch Kontrolle ist der harte Kern – hart wie Krupp-Stahl eben – der patriarchalischen Fürsorglichkeit, die viele Zeitgenossen und viele Spätere an diesem Titan von einem Unternehmer, an diesem Eisenfresser von einem Chef, hervorgehoben haben. Schmidt-Weißenfels beispielsweise schwärmte noch 1898: »Wie ein Vater, in der den emporgewachsenen Industrieverhältnissen und der Auffassung eines patriarchalischen, bürgerlichen Meisters entsprechenden Weise« habe Alfred Krupp »für die Wohlfahrt seiner Arbeiter« gesorgt.

Wie diese Sorge aussah, hat Krupp 1872 in einem »Generalregulativ« niedergelegt. Darin versprach er, »Familien-Wohnungen zu bauen und ihnen [den Betriebsangehörigen] dieselben gegen möglichst billiges Entgelt vermiethen oder auch überlassen [zu wollen], desgleichen Consum-Anstalten für Nahrungsmittel und Kleidungsstücke, Menagen, Sparkassen und andere derartige Einrichtungen zu halten«, außerdem »Anstalten für die Erziehung und den Unterricht der Kinder zu errichten und den Erwachsenen die Gelegenheit zur Belehrung, Fortbildung und Unterhaltung zu bieten« sowie »durch Errichtung von Krankenkassen, Unterstützungs- und Pensionskassen, Krankenhäusern und Bewahranstalten« für »die dem Verbande Angehörigen« zu sorgen.

Es ist im Prinzip die gleiche ›sozialpolitische Agenda‹, wenn man es denn so nennen will, mit der Bismarck die Arbeiter aus der sozialdemokratischen Bewegung herauslocken wollte, während er sie zugleich mit dem Sozialistengesetz verfolgte*. Wenige Wochen vor der Verabschiedung des Gesetzes im Berliner Reichstag entwarf der Fabrikherr in Essen eine Ansprache vor seinen Beschäftigten: »Ich werde nicht eher ruhen, als bis kein einziger Sozialdemokrat sich mehr in unserem Verbande befindet«.

Er hat die Drohung dann nicht ausgesprochen (die Rede unterblieb), aber dennoch wahrgemacht. Schon 1872 warnte er anlässlich eines Bergarbeiterstreiks »vor den Verlockungen einer Verschwörung gegen Ruhe und Frieden. [...] Es ist im Kreis meiner Unternehmungen dem braven, ordentlichen Arbeiter die Gelegenheit geboten, nach einer mäßigen Arbeitsfrist im eigenen Haus seine Pension zu verzehren«. Die ›mäßige Arbeitsfrist‹ betrug zwölf Stunden am Tag an sechs Tagen in der Woche während fünfzig Jahren im Leben.

Alfred Krupps Sohn, Erbe und Nachfolger als Firmenchef, führte im Großen und Ganzen die vormundschaftliche Wohltätigkeitspolitik fort. Nur die Betriebsbibliothek, die Friedrich Alfred Krupp gegen Ende des Jahrhunderts einrichten ließ, hätte der Vater, dem es auf die betriebliche Aus- und Fortbildung seiner Arbeiter ankam,

---

* Dazu entsprechende Passagen in verschiedenen Abschnitten des Kapitels »Große Fragen«.

als überflüssigen allgemeinen ›Bildungsquatsch‹ abgelehnt, so wie er auch das gegen Ende seines Lebens beginnende Eindringen von Akademikern in die Führungsebenen seines Unternehmens beargwöhnte und ablehnte.

Büchmann und die Bildung

Ein Bildungsbürgertum hat es im 19. Jahrhundert nicht gegeben – nicht in einem gesellschaftlich prägenden Sinn. Auch nicht in einem zahlenmäßig relevanten Ausmaß. Es war mehr die Idee eines Ideals, die Projektion einer eigentlich schon überholten humanistischen Vorstellungswelt auf die Gegenwart, die Selbstbehauptung einer weniger elitären als exklusiven, auf Abgrenzung zu anderen Schichten bedachten Kleingruppe. Im Jahr der Reichsgründung gehörten ihr bei einer Bevölkerung von 41 Millionen ungefähr 300 000 Menschen an, Familienangehörige schon mitgezählt. Rund 1500 von ihnen waren Professoren oder Dozenten, 16 400 Studenten an Universitäten und Hochschulen, von denen immerhin zwischen zwanzig und dreißig Prozent aus dem Kleinbürgertum stammten, jedoch nicht einmal einer unter tausend aus einer Arbeiterfamilie. Dieser Anteil, obwohl nur ein Promille, wurde erst 1890 erreicht. 1871 besuchten rund 170 000 junge Leute Gymnasien oder Oberschulen, 1885 gab es bei einer Reichsbevölkerung von 47 Millionen knapp 240 000 Gymnasiasten und Oberschüler sowie rund 27 000 Studenten, deren Zahl bis zum Jahr von Bismarcks Rücktritt auf rund 32 000 anstieg.

Die humanistische Bildung, vor allem die altsprachliche, fungierte als Selektionsschutz gegen Eindringlinge von außen, und zwar gegen Eindringlinge in die Familien, gegen Eindringlinge in die Bildungsmilieus und gegen Eindringlinge in die Staatsämter, die man für sich beanspruchte. Nur wer Latein oder Griechisch sprach – oder so tun konnte –. durfte als gebildet gelten. Und nur wer als gebildet galt, hatte Zugriffsrechte auf eine Beamtenlaufbahn, zumal eine ›höhere‹. Also musste man Latein oder Griechisch können, um ein höherer preußischer Beamter zu werden. Die in der Schule gelernten ›toten Sprachen‹ waren im Leben und im Dienst funktionslos, brachten aber den höchst lebendigen Vorteil mit sich, all jene vom Dienst fernzuhalten, die über kein diesbezügliches Examen verfügten.

Unabhängig von dieser humanistischen Privilegienbewirtschaftung war die ›Geistesaristokratie‹, anders als der Geldadel und der Hofadel, bloß Anmaßung ohne Macht und Dünkel ohne Einfluss. Ihr Anspruch blieb unverwirklicht, will man nicht das Entstehen akademischer Funktionseliten mit der Übernahme ›geistiger Führerschaft‹ identifizieren. Das Verlangen nach ›geistiger Führerschaft‹ ist ohnehin bloß Resultat intellektueller Hyperventilierung, etwa bei Nietzsche oder beim ›Rembrandt-Deutschen‹ Langbehn. In dessen Pamphlet *Rembrandt als Erzieher*, der Titel spielt auf Nietzsches »Unzeitgemäße Betrachtung« *Schopenhauer als Erzieher* an, werden im Ton einer Klassenzimmerhänselei die ›Brillenschlangen‹ verspottet: »Goethe, der von den jetzigen Deutschen mehr theoretisch als praktisch verehrt wird, könnte Leute mit Brillen nicht leiden; Deutschland ist aber jetzt voll von wirklichen und geistigen Brillenträgern«.

Damit sind vor allem Professoren und Buchgelehrte gemeint. An denen kühlte auch der Buchgelehrte und Professor Friedrich Nietzsche seinen Übermut: »Der Gelehrte, der im Grunde nur noch Bücher ›wälzt‹ [...] verliert zuletzt ganz und gar das Vermögen, von sich aus zu denken.« Die akademische Selbstgefälligkeit konnte (und kann?) einen tatsächlich auf die Palme bringen, um es mit einem »geflügelten Wort« zu sagen, das nicht bei Büchmann verzeichnet ist. Fontane bekannte »eine tiefe Abneigung gegen Professorenweisheit, Professorendünkel und Professorenliberalismus«, erklärte, »der gebildete Durchschnitts-Mensch, der Examen-Heilige macht einen unsagbar tristen Eindruck«, und weigerte sich zu glauben, »daß der Normalabiturient oder der durch sieben Examina gegangene Patentpreuße die Blüte der Menschheit repräsentiere.«

Aus ganz anderer Perspektive griff August Bebel die Professorenüberheblichkeit an: »In meinen Augen und wohl in den Augen jedes Vernünftigen ist aber z. B. ein Professor, der Geschichte in reaktionärem Sinne lehrt [das zielt auf Heinrich von Treitschke], seine ganze geistige Kraft dazu anwendet, alte und veraltete Institutionen zu vertheidigen, jeden wahren Fortschritt zu hemmen, trotz seiner Gelehrsamkeit ein für die Gesellschaft unnützes und gefährliches und darum verächtliches Glied; wohingegen der simpelste Arbeiter, welcher die Strasse fegt, oder die Kloake räumt, und dadurch der Gesellschaft gesundheitsgefährlichen Staub, oder gefährliche Miasmen, die seuchenartige Krankheiten erzeugen können, beseitigt, ein höchst nützliches und achtungswerthes Glied der Gesellschaft ist.«

Was Bildung ist und was bloß Huberei, blieb und bleibt umstritten, hing und hängt von der Perspektive ab. Ist der Spezialist, der viel gescholtene ›Fachidiot‹, gebildet, wenn er Sentenzen antiker Klassiker zitieren kann? Darf umgekehrt der Philologe als gebildet gelten, wenn er viel über antike Literatur weiß und nahezu nichts über moderne Naturwissenschaft? Über den Unterschied zwischen Gebildetsein und Gebildettun notierte Georg Brandes: Da »Bildung mehr als einmal mit der Fähigkeit verwechselt wurde, über alles schwatzen zu können, was man laut bourgeoiser Erziehung zu kennen hat, ist sie nach und nach selber in einen gewissen Verruf geraten.«

Als Brandes diese Bemerkung machte, war das Erscheinen der zwölften Auflage des von Heinrich Brockhaus verlegten Lexikons noch nicht abgeschlossen. Der erste Band war 1875 erschienen, der fünfzehnte und letzte kam 1879 heraus. Es war die erste Ausgabe des monumentalen Wissenswerkes, bei dem das Wort ›Conversation‹ an den Anfang des Titels gezogen wurde: *Conversations-Lexikon. Allgemeine deutsche Real-Encyklopädie.* ›Conversation‹ hörte sich gebildeter an als ›Schwatzen‹, machte bei Salongesprächen aber oft keinen Unterschied – was niemandem zum Vorwurf zu machen ist. Wer konnte real schon alles wissen von A bis Z? Wie sollte man überhaupt den »höhern Kulturanforderungen des neunzehnten Jahrhunderts« gewachsen sein? So drückte es Wilhelm Raabe im *Hungerpastor* aus.

Raabes Roman erschien 1864, im gleichen Jahr wie Georg Büchmanns *Geflügelte Worte.* Der Berliner Oberlehrer wollte keine Sentenzensammlung geben, um den Leuten zu helfen, eine »künstliche Espritatmosphäre« zu verbreiten, sondern einen Schatz, einen »Citatenschatz«, bergen und darbieten. In der Einleitung zur ersten

Ausgabe des in den Folgejahren und -jahrzehnten stetig anschwellenden Werkes macht auch er sich Gedanken über Bildung: »Freilich ist die Bildung ein Weg mit unzähligen Stationen, die nach der einen Seite bergauf bis auf die Höhe der Zeit, und nach der anderen thalabwärts bis in die grauen Nebel des Alterthums reichen. Je weiter nun die Bildung eines Menschen von den Endpunkten dieses Weges abliegt, desto geringer ist die Summe der Citate, über die er zu verfügen hat; die Citate der Halb- und Viertelgebildeten werden solche sein, zu deren Bewältigung ein selbständiges Denken kaum erforderlich ist. ›Donner und Doria‹ fügt sich in den beschränkten Ideenumfang des Krämerlehrlings, und ›die schönen Tage in Aranjuez sind nun zu Ende‹, liegt selbst nicht außer dem Gesichtskreise der Nähmamsell.«

›Donner und Doria‹ ist uns auch heute noch geläufig, aber wer hat das gesagt? Schiller! Das heißt, Schiller hat das nicht gesagt, sondern in seinem Stück *Die Verschwörung des Fiesco zu Genua* den nicht eben feinsinnigen Gianettino Doria ausrufen lassen. Was die ›schönen Tage in Aranjuez‹ betrifft, so dürfte deren Herkunft inzwischen kaum noch Akademikern geläufig sein. Sie entstammen Schillers *Don Karlos.*

Dass übrigens Büchmann dem Krämerlehrling und der Nähmamsell Schillerkenntnisse zutraut, ist zwar im Ton herablassend, in der Sache aber nicht weit hergeholt. In der Arbeiterbewegung, vor allem in den von Handwerkern dominierten Arbeiterbildungsvereinen, wurde zeitweise ein wahrer Schillerkult getrieben. Wem gehört Schiller? Dem Bildungsbürger, dem Kleinbürger oder gar dem Proletarier? Vielleicht erinnerte sich der schatzbildende Philologe an die Feiern zum hundertsten Geburtstag des Dichters im November 1859. In Berlin wollten die gymnasial gebildeten Honoratioren die Handwerker und Arbeiter von Festumzügen und Denkmalenthüllungen fernhalten. Also näherten sich die Ferngehaltenen auf ihre Weise dem Freude- und Freiheitsdichter, organisierten einen eigenen Umzug und gerieten mit der Polizei aneinander. Vielleicht hatte die ebenfalls Schiller gelesen: »Gefährlich ist's, den Leu zu wecken, / Verderblich ist des Tigers Zahn, / Jedoch der schrecklichste der Schrecken, / Das ist der Mensch in seinem Wahn.« Auch diese Verse aus dem *Lied von der Glocke* finden sich bei Büchmann.

Nur wenige Jahre nach Erscheinen des ›Büchmann‹, im Februar 1868, schaltete Anton Philipp Reclam eine Annonce in der *Leipziger Zeitung,* um seine im Vorjahr gegründete »Universal-Bibliothek« zu bewerben. Schillers *Don Karlos* wird als Band 38 angezeigt. Der erste Band der Reihe war, wie konnte es anders sein, Goethes *Faust. Erster Theil.* Und der zweite Band der Reihe? Goethes *Faust. Zweiter Theil.* Dann folgte Werk auf Werk von dem, was bei Gebildeten Rang und Namen hatte. So ist es bis heute geblieben, auch wenn sich der Kanon im Lauf von Generationen ein wenig verändert und sehr erweitert hat.

Die billigen Broschüren machten kostbare Texte einem Publikum zugänglich, das breiter war als das bildungsbürgerliche mit seinen repräsentativen Goldrücken im Bücherregal. Ob sie sich beim sehr breiten Publikum gegen die Kolportage- und Hintertreppenromane durchsetzen konnten, ist dennoch zu bezweifeln. Dem kleinen Format haftete auch etwas Kleinbürgerliches an, und so dürfte die Mehrheit der Leserschaft aus denjenigen Milieus unterhalb des mittleren Bürgertums gewonnen worden sein, die von einem ›Aufstieg durch Bildung‹ träumten.

Welche Milieus, Gruppen und Berufsstände als die eigentlichen Bewahrer des Bildungsgutes angesehen wurden, blieb umstritten. Die Journalisten karikierten die Steifgelehrsamkeit der Professoren, die Professoren beklagten die kulturelle Überbeweglichkeit, um nicht zu sagen: den Opportunismus der Zeitungsleute, und beide zeigten sich unzufrieden mit den Marktverhältnissen: die einen, wenn sie ihre Geistesware nicht loswurden; die anderen, weil sie dem Warengeist misstrauten. »Die geistige Produktion in Kunst und Wissenschaft hat alle Mühe«, sorgte sich Jacob Burckhardt, »nicht zu einem bloßen Zweige großstädtischen Erwerbs hinabzusinken, nicht von Reklame und Aufsehen abhängig zu werden.«

Erwerb und Bildung hatten mehr miteinander zu tun als vielen, die über Bildung verfügten und Erwerb nicht nötig hatten, in ihre Kulturauffassung passte. Entsprechend ressentimentgeladen war die Kritik des Ressentiments bei denjenigen, die einen ›Vorrang‹ verteidigen zu müssen glaubten. Nietzsche war diesbezüglich nur die späteste, lauteste und – zugegeben – genialste Stimme. Schon kurz nach dem Ausbruch der Revolution von 1848, Nietzsche war noch keine vier Jahre alt, hatte David Friedrich Strauss, den Nietzsche später in seiner ersten »Unzeitgemäßen Betrachtung« arg zerzauste, die Behauptung aufgestellt, »das Gleichheitsprinzip ist auch dem geistigen Vorrang wie dem materiellen feind. Es haßt Bildung wie Besitz«.

Die stehende Wendung ›Besitz und Bildung‹ diente ab 1867 den überwiegend protestantischen Anhängern der Nationalliberalen Partei als Selbstetikettierung. Die Honoratiorenpartei ohne Massenbasis unterstützte Bismarck im Kulturkampf und beim Sozialistengesetz, wenn auch im zweiten Fall mit etwas schlechtem Gewissen. Doch siegte das politische Interesse über die kulturelle Moral. Wenn es darauf ankam, durfte die Bildung der Verteidigung von Besitzständen nicht im Wege stehen. »In Geldsachen hört die Gemütlichkeit auf«, hatte David Hansemann schon 1847 im Preußischen Landtag offen und ehrlich bekannt, wenige Jahre bevor er seine Bank gründete. Daran änderte sich auch in den folgenden Jahrzehnten nichts. Wie es 1879 diesbezüglich bei Bankier Bleichröder zuging, erzählte Georg Brandes weiter: »Letzthin berichteten die Zeitungen von einem 50 Personen umfassenden Essen bei dem bedeutenden Bankier von Bleichröder; es wurde auf Gold und Silber serviert; hinter jedem Stuhl stand ein Diener zur persönlichen Verfügung des jeweiligen Gastes. Wenn man nun die auf den Stühlen fragte, was den Unterschied zwischen ihnen und denen hinter den Stühlen ausmache, würden sie antworten: die Bildung. Und fragte man die hinter den Stühlen, was den Unterschied zwischen ihnen und denen auf den Stühlen ausmache, würden sie antworten: das Geld. Und diese hätten recht. Bildung wird mit Geld gekauft.«

Ist Wissen Macht?

In den frühen 1860ern wurden zahlreiche Arbeiterbildungsvereine gegründet, in denen – oft unter Anleitung liberaler Volksaufklärer – nach bürgerlicher Bildung gestrebt wurde; oder nach dem, was die unterbürgerlichen Bildungsneulinge dafür zu halten lernten. August Bebel erinnert sich in seinen Memoiren, »daß die Arbeiterschaft damals auf einem Standpunkt stand, von dem aus sie weder ein Klasseninteresse besaß noch wußte, daß es so etwas wie eine soziale Frage gebe. Daher strömten die Arbeiter in Scharen den Vereinen zu, die die liberalen Wortführer gründen halfen, die den Arbeitern als Ausbund der Volksfreundlichkeit erschienen.« Treuherzig reimte man sich das etwa anlässlich des Stiftungsfestes eines Münchener Arbeitervereins zusammen: »Ihr wißt es längst schon was wir wollen / Wonach wir ringen fest und treu! / Nur Bildung ist's, was wir erstreben; / Wir wissen: Bildung macht uns frei.«

Nur Bildung? Um diese Frage wurde bis zur Festigung der sozialdemokratischen Bewegung in den Arbeiterbildungsvereinen heftig und ausdauernd gestritten. Nur Bildung? Nur Bildung und Wahlrecht? Nur Bildung, Wahlrecht und Koalitionsfreiheit? Oder das alles, zusammen mit dem Recht auf politische Agitation und Selbstorganisation?

In einem Vortrag, den Wilhelm Liebknecht 1872 auf den Stiftungsfesten des Dresdener und des Leipziger Arbeiterbildungsvereins hielt und der unter dem Titel *Wissen ist Macht – Macht ist Wissen* gedruckt wurde, heißt es kategorisch: »Verzichten wir auf den Kampf, auf den politischen Kampf, so verzichten wir auf die Bildung, auf das Wissen. ›Durch Bildung zur Freiheit‹, das ist die falsche Losung, die Losung der falschen Freunde. Wir antworten: Durch Freiheit zur Bildung! Nur im freien Volksstaat kann das Volk Bildung erlangen. Nur wenn das Volk sich politische Macht erkämpft, öffnen sich ihm die Pforten des Wissens. Für die Feinde ist das Wissen Macht, für uns ist die Macht Wissen! Ohne Macht kein Wissen!«

Die Reihenfolge ist umso wichtiger, als in Schriften wie der *Arbeiterfrage* von Moritz von Prittwitz die Meinung liberaler Wohltätigkeitskreise kolportiert wurde, »eine allgemeine Verbesserung der Arbeiterzustände« hänge vor allem von »einer Erhöhung der körperlichen, geistigen, sittlichen und wirthschaftlichen Bildung der Arbeiter« ab. In dieser Relevanzverkehrung wurde die Bildung wichtiger als die Lage: ›geistige‹ und ›sittliche‹ Erziehung statt Kampf um die Arbeitszeit und Streiks für höhere Löhne. Sogar die wohlmeinende und gegenüber ihren bürgerlichen Geschlechtsgenossinnen mitunter scharf kritische Fanny Lewald schlägt in ihren *Osterbriefen für die Frauen* von 1863 vor, die Hausherrinnen möchten

doch ihren Dienstmädchen Balladen von Goethe und Schiller vorlesen*.

Gegenüber solchen Bildungssentimentalitäten beharrt Liebknecht auf der richtigen Gewichtung im Verhältnis zwischen Macht
und Wissen sowie auf der richtigen Gewichtung des Wissens selbst:
theoretisches, politisches, gedankliches Training statt Behagen in
bürgerlich kleinbürgerlicher ›Kultiviertheit‹. Zwei Jahre vor seinem
Vortrag hatte er sogar verlangt, dass die von ihm geleitete Parteizei-
tung *Der Volksstaat* den Abdruck von Fortsetzungsromanen redu-
ziere und stattdessen »möglichst viel belehrende Aufsätze« bringe.
Die Arbeiterleserschaft müsse »ihr Hirn anstrengen«: »Gibt man ihnen, was sie schon wissen, so fördert man ihre Bildung nicht.« Und
als er zwei Jahre nach seinem Vortrag eine »sozialistische Literatur« forderte, meinte er damit nicht etwa Romane und Erzählungen:
»Eine durchaus volkstümlich geschriebene und doch auf der Höhe
der Wissenschaft sich bewegende Welt- oder Kulturgeschichte wäre
die mächtigste Agitationsschrift der Sozialdemokratie.«

Wie wichtig die Auseinandersetzung darüber war, welches Wissen es zur Emanzipation der Unwissenden zu verbreiten galt, ver-
anschaulicht Johann Mosts nachgerade burleske Aufzählung der im
»Deutschen Arbeiter-Bildungsverein« der Schweiz im letzten Drittel der 1860er behandelten Themen: Zu ihnen gehörten »die Entstehung der Filzläuse, das Ziel der großdeutschen Partei, die wohlfeilste
Kurirung von Tripper-Behafteten, Deutschlands unmittelbare Zukunft, die Beseitigung von Hühneraugen, der Nutzen kommunis-
tischer Colonien, die Zubereitung von Kleiderreinigungs-Essenzen,
Lassalle's Leben, Streben und Ende, die Gründe der Brechruhr, die
Bedeutung der damaligen Pariser Weltausstellung, das Hornberger
Schießen« und schließlich der »Stand der naturwissenschaftlichen
Forschung«.

Nach der Gründung des »Allgemeinen Deutschen Arbeitervereins« (ADAV) im Mai 1863 in Leipzig mit Ferdinand Lassalle als
Präsident politisierte sich die Arbeiterbildungsbewegung, und die
bürgerlich-liberalen Bildungsvereine verloren allmählich den Kon-

---

* Zu diesen und ähnlichen Auffassungen siehe auch die Abschnitte »Die
  Dienstmädchenfrage« und »Die Frauenfrage« im Kapitel »Große Fragen«.

takt zu den Handwerkern und Arbeitern, auf deren gleichberechtigte Beteiligung sie ohnehin so wenig Wert gelegt hatten wie die Honoratioren auf die Teilnahme der Arbeiter an den Schillerfeierlichkeiten im Jahr 1859. Auch der Nationalverein von Hermann Schulze-Delitzsch, Führer der kleinbürgerlichen Genossenschaftsbewegung, lehnte die Aufnahme von Arbeitern ab, da es ihnen an Bildung und politischer wie wirtschaftlicher Reife mangele.

Umgekehrt kapselten sich die Arbeitervereine gegen bürgerliche, auch linksbürgerliche, Einflüsse ab. Man traute einander umso weniger, je mehr die Arbeiter sich auf die eigenen Kräfte besannen. Im Bundeslied des ADAV ließ Georg Herwegh die Muskeln spielen: »Mann der Arbeit, aufgewacht! / Und erkenne Deine Macht! / Alle Räder stehen still, / wenn Dein starker Arm es will«.

August Bebel, bei der Gründung des ADAV erst 23 Jahre alt, trat Lassalles Verein nicht bei, sondern blieb im entpolitisierten Leipziger Gewerblichen Bildungsverein, der 1865 mit einem weiteren Leipziger Verein zum Arbeiterbildungsverein fusionierte, dessen Vorsitz Bebel übernahm. Der Verein erhielt zunächst finanzielle Unterstützung durch die Stadt, die jedoch abgesenkt wurde, als »der Verein, der politischen Mauserung seines Vorsitzenden folgend, ebenfalls immer mehr nach links abschwenkte«, wie Bebel in seinen Erinnerungen schreibt. »Und als der Verein im Jahre 1869 sich unter meiner Führung für das Programm der zu Eisenach neugegründeten Sozialdemokratischen Arbeiterpartei Deutschlands erklärte [...], verlor er im nächsten Jahre den Rest der Subvention. Der Liberalismus unterstützt nur politisch brave und gehorsame Kinder«.

Lassalle galt als feuriger Redner und stellte das bei einem Auftritt vor den Arbeitern bei Borsig und in dessen Folge bei einem Strafprozess unter Beweis, der im Gründungsjahr des ADAV gegen ihn angestrengt wurde. Die Rede wurde als Broschüre veröffentlicht: *Die Wissenschaft und die Arbeiter. Eine Vertheidigungsrede vor dem Berliner Criminalgericht gegen die Anklage, die besitzlosen Klassen zum Haß und zur Verachtung gegen die Besitzenden öffentlich angereizt zu haben.* Er versuchte darin, plausibel zu machen, dass sich die Bildungs- und Wissensbedürfnisse der Arbeiterschaft nicht gegen das Bürgertum richteten und dass die Befriedigung dieser Bedürfnisse im Interesse einer gemeinsamen Überwindung des alten Ständestaats liege.

Die Richter ließen sich nicht überzeugen. Das Bürgertum ließ sich nicht überzeugen. Und die politisch radikaleren Teile der Arbeiterbewegung ließen sich auch nicht überzeugen. Bei den Vertretern des alten Systems war und blieb das ohnehin ausgeschlossen, trotz Lassalles Illusionen über seine klandestinen Gespräche mit Bismarck. Auf diese Gespräche von Wilhelm Liebknecht angesprochen, soll Lassalle in seiner notorischen Selbstüberschätzung geantwortet haben: »Pah, ich esse mit Herrn von Bismarck Kirschen, aber er bekommt die Steine.« So kolportiert es Bebel in seinen Erinnerungen. Bismarck wiederum hat über diese Begegnungen herablassend bemerkt, es habe nichts gegeben, was ihm der ›geistreiche‹ Lassalle politisch hätte bieten können.

Bismarck war zeitlebens der Überzeugung, nur von den Gebildeten und Besitzenden, die Verständnis und außerdem etwas zu verlieren haben, seien Einsicht, Vorsicht und Maß zu erwarten. Eine von den Besitzlosen ausgelöste Krise ließe sich leichter überwinden als die schleichende Unzufriedenheit der Gebildeten. In Bismarcks eigenen Worten: »Eine Verstimmung der abhängigen Massen kann eine akute Krankheit hervorrufen, für die wir Heilmittel haben«, Sozialistengesetze und Altersversorgung zum Beispiel, »eine Verstimmung der gebildeten Minorität ruft eine chronische Krankheit hervor, deren Diagnose schwer und deren Heilung langwierig ist.«

Weniger kaltschnäuzig, aber desto besorgter schrieb Fontane im Jahr des Sozialistengesetzes an seine Frau: »Wie war es früher? Eine revolutionäre Natur, ein mit Potenzen ausgerüsteter Thunichtgut verführte entweder große, harmlose Volksmassen, oder er stellte sich an die Spitze bereits vorhandener Unzufriedener. Im erstren Falle fing man den Anführer, hing ihn und alles war vorbei, im letztren Falle geschah zunächst dasselbe, aber kleine berechtigte Forderungen (Bier- oder Brottaxe heruntergesetzt, und ähnliche Lappalien) mußten erfüllt werden. Das alles war Kinderspiel; man befand sich einer stupiden Masse gegenüber. Das ist jetzt anders. Millionen von Arbeitern sind grade so gescheidt, so gebildet, so ehrenhaft wie Adel und Bürgerstand, vielfach sind sie ihnen überlegen. [...] Alle diese Leute sind uns vollkommen ebenbürtig [...]. Sie vertreten nicht blos Unordnung und Aufstand, sie vertreten auch *Ideen*, die zum Theil ihre Berechtigung haben und die man nicht todtschlagen oder durch Einkerkerung aus der Welt schaffen kann. Man muß sie *geistig* bekämpfen, und das ist, wie die Dinge liegen, sehr, sehr schwer.«

Der Historiker Treitschke hatte solche Skrupel nicht: »Die Millionen müssen ackern und schmieden und hobeln, damit einige Tausend forschen, malen und regieren können.« Er wandte sich damit gegen die professoralen Reformer des »Vereins für Socialpolitik«, die von links und rechts und nicht zu Unrecht als ›Kathedersozialisten‹ geschmäht wurden, als Leute, die vom Pult herab dozieren, ohne die tatsächliche Lage der Arbeiter zu begreifen (Kritik von links) beziehungsweise ohne das Revolutionsrisiko zu bedenken (Kritik von rechts). Einer dieser wohlmeinenden Professoren war Gustav Schmoller, der in Vorträgen dazu aufforderte, »einen immer größeren Teil unseres Volkes zur Teilnahme an allen höheren Gütern der Kultur, an Bildung und Wohlstand zu berufen«.

Aber wer ruft, und wer folgt? Es ist dieser herablassende Gestus, auf den Marx und Engels in einem Zirkularbrief an Bebel und Liebknecht reagierten: »Die Befreiung der Arbeiterklasse muß das Werk der Arbeiterklasse selbst sein. Wir können also nicht zusammengehn mit Leuten, die es offen aussprechen, daß die Arbeiter zu ungebildet sind, sich selbst zu befreien, und erst von oben herab befreit werden müssen, durch philanthropische Groß- und Kleinbürger.«

Virchow war kein Marxist (Marx auch nicht*), aber in seiner Würzburger Schrift *Die Noth im Spessart* von 1852 betonte er, dass allenfalls gegen »die momentane krasse Noth« intervenierende Wohltätigkeit hilfreich sei, nicht jedoch gegen »dauernde und schleichende« Not. Gegen sie »kann nur das Volk selbst ankämpfen durch seine eigene Thätigkeit und Rührigkeit, durch selbstständiges und selbstthätiges Wirken, und dies kann nachhaltig nur erregt und unterhalten werden durch Bildung, Unterricht und Erziehung.« Noch ein Vierteljahrhundert später wandte er sich in seinem Berliner Vortrag über die *Freiheit der Wissenschaft* gegen den Einwand, Halbbildung stifte nur Unruhe: »Merkwürdigerweise hat eine unserer sogenannten liberalen Zeitungen die Frage aufgeworfen, ob nicht der

---

* Dazu der Marx-Abschnitt im Kapitel »Große Männer«.

grosse Schaden unserer Zeit und der Socialismus insbesondere auf der Ausbreitung des Halbwissens beruhe.« Verfügten etwa bürgerliche Leute über vollgültiges Alleswissen? Ist es nicht vielmehr so, »dass alles menschliche Wissen Stückwerk ist.«

Aber Schlosser und Maschinenbauer sollen nicht einfach drauflosellesen, meinte jedenfalls noch Ende der 1880er Jahre Otto Leixner in seinen gegen sozialdemokratische Bildungsumtriebe gerichteten Zeitungsartikeln: »Die Leute gehen von dem Grundsatz aus, das Lesen genüge zum Verständnis, und besitzen keine Ahnung, daß ohne den Besitz von Vorbegriffen eine wirkliche Erkenntnis nicht gewonnen werden könne. Es giebt Schlossergesellen, Maschinenbauer und andere, die nicht nur etwa geschichtliche und volkswirtschaftliche, sondern selbst schwere philosophische Werke zu lesen versuchen«, was ihm keineswegs Achtung abnötigt. Derlei Anstrengungen seien so überheblich wie vergeblich. »Meiner Überzeugung nach wäre es ein nicht unwichtiger Teil friedlicher Sozialreform, die Bildung und Fortentwicklung der Arbeiter in die Hand zu nehmen. Aber nicht auf Grundlage irgend einer abgezogenen Anschauung«, wie sie vor allem in sozialdemokratischen Schriften verbreitet würde, »sondern mit genauer Rücksicht auf die Psychologie der arbeitenden Klassen«. Und über die wissen Leixner zufolge die arbeitenden Klassen selbst am wenigsten Bescheid.

Er teilt aber nicht nur nach unten aus, sondern auch nach oben, zum Beispiel gegen die ›höhere Tochter‹: »Sie weiß alles, d.h. sie besitzt einen großen Vorrat von auswendig gelernten Urteilen und Redewendungen, die, im Gespräch richtig verteilt, den Eindruck riesiger Gelehrsamkeit – auf Ungelehrte zu machen imstande sind. Die Sicherheit, mit der solche Mädchen über sämtliche Künste und Wissenschaften sprechen, wirkt sehr oft abstoßend, weil jeder wahrhaft Gebildete diesen Bildungsschwindel durchschaut.« Unbildung ist schlecht, Halbbildung schädlich, Verbildung ungesund: »Man frage nur unsere Berliner Frauenärzte, und man wird sich überzeugen, welche Folgen die modische Überfütterung der weiblichen Gehirne nach sich zieht. Eine Menge von 14 bis 16jährigen Mädchen leiden an Blutleere und an den mannigfachen Folgen derselben. Diese Mädchen tragen nun, falls sie heiraten, die Keime der Hysterie in die Ehe«.

Da ist dem Verfasser der als »soziale Briefe« etikettierten Artikelserie der Bildungsstand seiner Dienstmädchen lieber: »Wenn ein
Mädchen der untersten Schichten ruhig den Bildungsgang vollen-
den kann, ohne zu früh zu Hause oder in Fabriken zur Arbeit ange-
halten zu werden, so kann es sich für seine Bedürfnisse ein vollkommen hinreichendes Maß von Bildung erwerben. Hier ist das Richtige
getroffen: von Überanstrengung ist nicht die Rede, aber nichts wird
vernachlässigt. Was den Mädchen [in den Volksschulen] gelehrt wird,
wird gründlich vermittelt. Sie schreiben hübsch und richtig, lesen gut,
rechnen sicher, werden in der Religion genügend unterrichtet und
lernen Lieder und Gedichte mit Verständnis des Inhalts. Der Verfasser dieser Briefe hat im Laufe von etwa fünfzehn Jahren zehn bis
zwölf solche Mädchen, Töchter von Berliner Handwerkern, Arbeitern und kleinen Angestellten, in seinem Hause gehabt, wo sie teils
zur Aushilfe verwendet wurden, teils als Kindermädchen dienten. Er
war oft erstaunt sowohl über das Maß des erworbenen Wissens als
auch über die Sicherheit in der Anwendung desselben.«
Über die so belobigten Volksschulen hatte es anderthalb Jahrzehnte zuvor in den Zeitungsreportagen Tissots geheißen: »Nach
Beendigung des Kindergartens tritt das Kind in die Volksschule
ein, aber nur, wenn es ein Kind eines gut verdienenden Arbeiters
ist. Falls es sich um ein Kind armer Eltern handelt, kommt es in die
Armenschule. Die Kinder der Bürger kommen auf die Bürgerschule.
Die Kinder der sehr wohlhabenden Bürger und die des Adels werden auf das Gymnasium geschickt.«
Liebknecht verlangte in seinem Vortrag über Wissen und Macht
definitiv: »Volksbildung – das sind Volksschulen, in denen allen
Kindern gleichmäßig der bestmögliche Unterricht gespendet wird;
Volksbildung, das ist Unentgeltlichkeit des Unterrichts«. Als Liebknecht 1872 seinen Vortrag hielt, war immer noch Friedrich Stiehl,
wie seit nahezu drei Jahrzehnten, Referent für das Volksschulwesen
in Preußen. Je nach Gesichtspunkt und Interessenlage war er genau der richtige beziehungsweise falsche Mann an dieser Stelle: Der
»Gedanke einer allgemeinen menschlichen Bildung«, verlautbarte
er, habe sich »durch die Erfahrung als wirkungslos oder schädlich
erwiesen«. Ihm war alles verdächtig, was nicht christlich, das heißt:
evangelisch, und nicht königsfromm war.

Erst 1888, in dem Jahr, in dem Leixner seine Artikelserie begann, führte Preußen eine schulgeldfreie Volksschule ein. Zu diesem Zeitpunkt lagen fast neunzig Prozent der preußischen Volksschulen auf dem Land, von denen wiederum fast die Hälfte einklassig und schon deshalb alles andere als erstklassig war: Sämtliche Dorfkinder, manchmal fünfzig, manchmal zweihundert, gingen in eine Klasse und wurden von einem Lehrer unterrichtet. Aber bei dem, was Wilhelm II. 1889 zur Aufgabe der Volksschule erklärte, kam es auf die Klassenstärke nicht an: »In erster Linie wird die Schule durch Pflege der Gottesfurcht und der Liebe zum Vaterland die Grundlage für eine gesunde Auffassung auch der staatlichen und gesellschaftlichen Verhältnisse zu legen haben.«

Leberecht Hühnchen und das kleine Glück

Für das kleine Glück ist es mitunter am größten, überhaupt keine ›Auffassung der staatlichen und gesellschaftlichen Verhältnisse‹ zu haben und den Dingen ihren Lauf zu lassen, am besten an sich vorbei.

Dafür bedarf es der Fähigkeit, den Verhältnissen, die man nicht ändern kann, immer die besten – oder wenigstens halbwegs erträglichen – Seiten abzugewinnen. Leberecht Hühnchen verfügt über diese Begabung zur Frustrationstoleranz in hohem Maße. Wenn zum Beispiel gegenüber seinem Häuschen eine verwahrloste Brache sich ausbreitet, freut er sich, dass ihm kein Gegenüber in die Stube schauen kann. Wird die Brache bebaut, freut er sich, dem Gegenüber in die Stube schauen zu können.

Leberecht mit seinem sprechenden Vornamen ist eine Kunstfigur des Ingenieurs und Schriftstellers Heinrich Seidel, seinerzeit bekannt als Konstrukteur der Berliner Yorckbrücken und des damals sensationellen Dachs des Anhalter Bahnhofs*. Seidel beabsichtigte

---

* Zu ihm auch eine kurze Passage zu Beginn des Weihnachtsabschnittes im Kapitel »Das neue deutsche Leben«.

keine Karikatur des Kleinbürgerstandes, trotz der liebevoll parodistischen Züge in etlichen Episoden und trotz der gemütlichen Resignation in manchen Sentenzen: »Je älter man wird [...], je mehr Blätter flattern welk herab vom Baume unserer Illusionen.« Dass ausgerechnet ein moderner Techniker dem Publikum Kleinbürgeridyllen im doch von den Zeiten längst überholten Biedermeierformat ausschmückte, ist bei näherem Hinsehen und Nachlesen gar nicht so überraschend. Wie kommt man durch die Umwälzungen, ohne selbst umgewälzt und erdrückt zu werden? Wie wird man glücklich und bewahrt sein Glück gegen Umstände, an denen sich ohnehin nichts ändern lässt, jedenfalls nicht hier und heute? Wie genießt man das, was einem gegeben ist, und wie lebt man zufrieden, wenn man nicht zu denjenigen gehört, die nichts zu verlieren haben, weil sie wirklich gar nichts besitzen?

Man kann diese Fragen ›kleinbürgerlich‹ nennen, aber auch ›allgemeinmenschlich‹. Und wie sie beantwortet werden, hängt wiederum von der Lebenslage ab. Seidel lässt über diejenige seines völlig unheroischen Helden diesen selbst Auskunft geben: »Meine Eltern waren zwar sehr arm, aber liebevoll und gut gegen mich, kann man wohl in der Kindheit ein besseres Glück finden? Sie liessen mir eine gute Bildung zu Theil werden, ich konnte das Gymnasium besuchen, doch weiter reichten ihre Mittel nicht. Als ich mich später dann dem Maschinenbau zuwendete, da war es mein höchster Wunsch, auf einer technischen Hochschule mich weiter für meinen Beruf auszubilden, und auch dies ward mir nach Jahren fleissiger Arbeit endlich zu Theil.« Dann gewann er »ein liebes getreues Weib«, das »schenkte mir zwei blühende gesunde Kinder«, die »mein Glück, mein Stolz und meine Hoffnung sind. Auch in den geringern Dingen hat mich das Glück begünstigt [...]. Schon ein Traum meiner Jugend war es, einmal ein eigenes Häuschen zu besitzen und in der eigenen Gartenlaube mein Abendpfeifchen zu rauchen.«

Hühnchens Verhältnisse sind klein, aber nicht kümmerlich. »Kümmerliche Verhältnisse sind schrecklich, kleine Verhältnisse sind ein Segen«, meinte Fontane. »Kleine Verhältnisse nenn' ich Professor, Pastor, Landrichter«. Es ist dies ein Votum für mittelbürgerliche Saturiertheit gegen bourgeoisen Triumphalismus, den Fontane verabscheut hat. Unter den neugroßbürgerlichen Aufsteigern wiederum, von Fontane in der aus dem Kleinbürgertum stammenden ›Frau Kommerzienrat‹ Jenny Treibel personifiziert, hielt sich eine sentimentale Verklärung der Herkunft, aus der man sich mit so viel Mühe herausgearbeitet, aus der Frau sich mit so viel Anstrengung herausgeheiratet hatte – »kleine Verhältnisse, das ist *das*, was allein glücklich macht.« Wenn das stimmt, warum wollen dann so dermaßen viele aus diesen Verhältnissen heraus, dass diejenigen, die es im direkten und übertragenen Sinn in die Villa geschafft haben, es für nötig halten, die anderen, deren Aufstiegsehrgeiz noch unbefriedigt ist, an das kleine Glück zu erinnern?

Die selbstbewussten Teile des Kleinbürgertums hielten sich für die eigentlich tragende Säule der Gesellschaft, für den Mittelstand, ohne dessen ausgleichendes Leben und Schaffen im Überschaubaren der Staat oben von aristokratischem Prunk und großbürgerlicher Verschwendung verdorben und unten vom proletarischen Elend zersetzt würde. Um 1870 machte diese Schicht schätzungsweise 15 Prozent der Bevölkerung aus. »In Deutschland bildet das [...] Kleinbürgertum die eigentliche gesellschaftliche Grundlage der bestehenden Zustände«, hieß es im *Kommunistischen Manifest*. »Seine Erhaltung ist die Erhaltung der bestehenden deutschen Zustände. Von der industriellen und politischen Herrschaft der Bourgeoisie«, zu der es dann in Deutschland entgegen der 1848 noch gehegten Hoffnung von Marx und Engels nicht gekommen ist, »fürchtet es den sichern Untergang, einerseits infolge der Konzentration des Kapitals, andererseits durch das Aufkommen eines revolutionären Proletariats.«

Doch hat sich das Kleinbürgertum als überaus zählebig erwiesen, als so zählebig, dass es seinen Platz selbst innerhalb der sozialistischen Systeme des 20. Jahrhunderts zu finden wusste. Es scheint, als habe der Kleinbürger stets den richtigen Hut auf, egal, woher der Wind weht.

Zylinder und Mützen

»An ihren Hüten sollt ihr sie erkennen« – das steht über einer Karikatur der verschiedenen politischen Richtungen im Jahr 1848: Die Aristokraten tragen Dreispitz, »Constitutionelle« haben steife Zylinder auf, Demokraten weiche Zylinder und Schlapphüte mit eingedelltem Kopfteil, Republikaner verbeulte Zylinder und zerdrückte Schlapphüte mit Kokarden, und Anarchisten tragen lumpenartige Gebilde, die kaum noch als Hüte zu erkennen sind. Und wo sind die Mützen? Es gibt keine. Mützen spielten 1848 keine Rolle, so wie die städtische Arbeiterschaft noch keine Rolle spielte. Sie ist – bis weit ins 20. Jahrhundert hinein – die Mützenklasse. Der Bürger trägt Zylinder, der Militär die Pickelhaube, häufig unterm Arm oder am Pickel gepackt in die Seite gestemmt wie auf Kaiser-Wilhelm-Photos zu sehen.

Auch der Zylinder wird häufig in der Hand gehalten, gern zusammen mit einem Stock, wie ebenfalls auf Photos der Zeit zu sehen. Das »dumme, steife, in die Stirn schneidende Stück Ofenrohr«, wie Friedrich Theodor Vischer 1879 in *Mode und Cynismus* den Zylinder beleidigt, ist in der Hand tatsächlich bequemer als auf dem Kopf. Noch bequemer ist es, wenn das ›Ofenrohr‹ wie auf einem Bismarckphoto mit dem Deckel nach unten und der Krempe nach oben auf einem Stuhl steht, auf dessen Lehne sich der Porträtierte stützt. Das wirkt weniger bizarr als mit dem Ding auf dem Kopf. »Angetan mit einem etwas zu engen Gehrock«, notierte ein erschrockener Mitarbeiter Bismarcks nach einem von dessen äußerst seltenen Auftritten in Zivil, »vorsündlichen [?] Vatermördern und einem Zylinder von ungeheuerlichen Dimensionen, bot er einen so grotesken Anblick, daß die Fürstin [seine Frau Johanna] geradezu entsetzt war und ihn beschwor, wenigstens doch einen weichen Filzhut aufzusetzen«, der ihm deutlich besser stand, wie etliche Bilder beweisen. Stühle scheinen übrigens über Jahrzehnte zu den Requisiten der Ateliers gehört zu haben. Von Marx gibt es eine Photographie aus dem Jahr 1861: Hand an der Lehne, Hut auf dem Stuhl, allerdings kein schwarzer Zylinder, sondern ein weißes, ziemlich flaches, unansehnliches Gebilde. Es geht aber auch ohne Stuhl: Auf einer

Zeichnung, die der 20-jährige Engels 1840 von sich selbst anfertigte, trägt er den Zylinder in der Hand. Nahezu ein halbes Jahrhundert später, während Bismarcks politischer Spätphase, ist der Zylinder in bürgerlichen wie besseren Kreisen immer noch allgegenwärtig. Jules Laforgue, der Vorleser von Kaiserin Augusta, stöhnt in den späten 1880ern, »o die Zylinder, alle die Zylinder, die man in Deutschland zu sehen bekommt!« Auch in Theodor Lipps Zeitschriftenaufsatz *Über die Symbolik unserer Kleidung* aus der gleichen Phase ist »der steife Cylinderhut, in dem selbstbewußte Haltung und conventionelle Beengtheit sich so wundersam vereinigen«, unvermeidlich.

In halb selbstbewusster, halb bedrängter Haltung steht auf Robert Köhlers Gemälde »Der Streik« von 1886 der Fabrikbesitzer vor seinen aufgebrachten Arbeitern. Er trägt einen Zylinder, sie haben verbeulte Hüte, Kappen und Mützen auf. Aber sie haben sie auf dem Kopf, nicht mehr demütig in der Hand. Die Situation droht jeden Moment zu eskalieren. Schon bückt sich einer, um nach einem Stein zu greifen.

Wie sich ganz allgemein Hut und Kopf zueinander verhalten, darüber glaubte Ludwig Büchner schon in seinem 1855 erstmals erschienenen und weit verbreiteten Werk *Kraft und Stoff* Bescheid zu wissen. Es sei schließlich eine »tägliche Erfahrung der Hutmacher, daß die gebildeten Klassen durchschnittlich ungleich größerer Hüte bedürfen als die ungebildeten.« Deshalb tragen Arbeiter Mützen – und Frauen Hütchen. Beiden fehlt es an Hirn. Der französische Arzt Gustave Le Bon 1879: »Bei den intelligenten Rassen [...] gibt es eine große Anzahl Frauen, deren Gehirn der Größe nach dem eines Gorillas näher steht als den höchstentwickelten männlichen Gehirnen.« Auch der Masse mangele es an Intelligenz, meinte Le Bon und schlussfolgerte, es »sind die Massen weibisch«.

Masse und Klasse

Die ›weibischen Massen‹ sind leicht erregbar und brauchen, wie die Frauen stets, einen Führer. Als im Juni 1848 aufgebrachte Berliner das Zeughaus stürmten, ließ der konservative »Constitutionelle Club« Flugblätter verteilen, die erklärten, »das war das verwerfliche Thun einer irregeleiteten Masse, die von Einzelnen zu ihren Zwecken mißbraucht wurde.« Die Revolution, die über eine Serie von Revolten nie wirklich hinauskam, wurde als vorübergehender Irrtum eigentlich gutwilliger Untertanen hingestellt, die von einem ebenso gutwilligen Landesherrn väterlich regiert würden.

Erst der Aufstieg der Arbeiterbewegung und ihrer Organisationen, erst die allmähliche Formierung der proletarischen Masse zur Klasse ließ die bisherigen Herrschaftsmethoden als nicht mehr ausreichend erscheinen. Darauf beruhte Bismarcks zwischen Verfolgung und Teilversorgung oszillierende ›Socialpolitik‹, und davon legt die beunruhigte und zugleich einsichtsvolle Bemerkung Fontanes im Jahr des Sozialistengesetzes Zeugnis ab, die Arbeiter würden nicht nur für Unordnung sorgen, sondern auch Ideen vertreten, sogar berechtigte*.

Für den jungen Marx verbinden sich philosophische Ideen mit proletarischer Praxis für »die Emancipation der Deutschen zu Menschen«: »Der Kopf dieser Emancipation ist die Philosophie, ihr Herz das Proletariat.« Und ›natürlich‹ ist das Herz weiblich und der Kopf männlich.

Was aber macht aus der Masse der Arbeiter eine Klasse, die sich selbst als solche versteht? Engels sprach von Aufkommen einer »Arbeiter*klasse* [Hervorhebung Engels], ein zwar noch halb im Traum befangnes, aber doch allmählich erwachendes, seiner innersten Natur nach revolutionäres Proletariat.« Das *Kommunistische Manifest* beschrieb die einzelnen Entwicklungsphasen: Zunächst »kämpfen die einzelnen Arbeiter, dann die Arbeiter einer Fabrik, dann die Arbeiter eines Arbeitszweiges an einem Ort gegen den einzelnen Bourgeois, der sie direkt ausbeutet. [...] Auf dieser Stufe bilden die

---

* Die Fontane-Stelle im Abschnitt »Ist Wissen Macht?« in diesem Kapitel.

Arbeiter eine über das ganze Land zerstreute und durch die Konkurrenz [untereinander] zersplitterte Masse. [...] Aber mit der Entwicklung der Industrie vermehrt sich nicht nur das Proletariat; es wird in größeren Massen zusammengedrängt, seine Kraft wächst, und es fühlt sie mehr. Die Interessen, die Lebenslagen innerhalb des Proletariats gleichen sich immer mehr an«.

Das Ernähren, das Kleiden, das Wohnen – der ganze Alltag, die gesamten Lebensverhältnisse von der Geburt bis zum Tod erzwangen geradezu die Formierung der arbeitenden Masse zu einer historischen Klasse, unabhängig vom Wollen und Wünschen, vom Meinen und Glauben der einzelnen Menschen. Vom ›Klassenstandpunkt‹ betrachtet waren das hoffnungslos heruntergekommene ›Lumpenproletariat‹ und die selbstbewusste ›Arbeiteraristokratie‹ näher beieinander als die am besten bezahlten Arbeiter und die am schlechtesten bezahlten Kleinbürger. Vom ›historischen Standpunkt‹ betrachtet schien ausgemacht, dass die Selbstorganisation der Arbeiter in Schützen-, Turn-, Gesangs- und Bildungsvereinen in Genossenschaften, Gewerkschaften und schließlich politische Parteien übergehen würde, auch dies wiederum nicht wegen der Agitation Einzelner, sondern aus innerer Notwendigkeit im Zuge der Entwicklung der kapitalistischen Produktionsweise.

Aber im Unterschied zu England mit seiner am weitesten fortgeschrittenen industriellen Produktion traf in Deutschland das zahlenmäßig wachsende und zugleich politisch erstarkende Proletariat auf ein Bürgertum, das von den alten aristokratischen Eliten von der Macht ferngehalten wurde. »Die große Industrie, und mit ihr Bourgeoisie und Proletariat«, schrieb Engels, »bildeten sich in Deutschland aus zu einer Zeit, wo fast gleichzeitig mit der Bourgeoisie das Proletariat die politische Bühne selbständig betreten konnte, wo also der Kampf beider Klassen schon beginnt, ehe die Bourgeoisie sich die ausschließliche oder vorwiegende politische Macht erobert hat.«

Ebendiese Kampflage forcierte in Deutschland die Ausbildung einer sozialistischen Partei. Der 1863 von Lassalle mitgegründete Allgemeine Deutsche Arbeiterverein und die 1869 von Bebel und Liebknecht mitgegründete Sozialdemokratische Arbeiterpartei schlossen sich 1875 in Gotha zur Sozialistischen Arbeiterpartei Deutschlands zusammen. Das Vereinigungsprogramm dekretierte, dass gegenüber der Arbeiterklasse »alle anderen Klassen nur eine reaktionäre Masse sind«. Bebel hielt diese Formulierung für falsch und beharrte darauf, dabei Marx und Engels folgend, dass es sich bei den Gegnern ebenfalls um Klassen handele. Dementsprechend schlug er vor, es sollte besser heißen, dass gegenüber der Arbeiterklasse »alle anderen Klassen reaktionär sind«, konnte sich jedoch nicht durchsetzen. Der Vorgang löste in Verbindung mit anderen Formulierungen des Gothaer Programms Empörung bei den »beiden Alten in London« aus, wie Bebel in seinen Memoiren schrieb. Zugleich bekräftigte er noch im Rückblick, dass es in Gotha nicht um Theorie, sondern um Taktik gegangen sei, dass außerdem das Erreichen der organisatorischen Einheit über den Differenzen in Detailfragen habe stehen müssen.

Hatte die ›arbeitende Masse‹ der ›besitzenden Klasse‹ schon immer Angst eingejagt, so verdichtete sich angesichts der neuen sozialistischen Partei diese diffuse Angst zur konkreten Furcht. Ende April 1878 berichtete die den Nationalliberalen nahestehende *Magdeburger Zeitung* über die Beerdigung eines sozialdemokratischen Redakteurs in Berlin, der in Untersuchungshaft an nicht behandelter ›Schwindsucht‹ gestorben war: »Diese unabsehbaren Menschenmassen, welche sich wie ein mächtiger Strom durch die überdicht bevölkerten Arbeiterquartiere [...] ergossen, gemahnten den Beobachter an die Macht eines Elementarereignisses. Nichts Erschütterndes, nichts Feierliches bezeichnete diesen Leichenzug, nein, etwas Fürchterliches, etwas Erschreckliches sprach sich in dieser Leichenparade aus, zu welcher die Heerführer der Sozialdemokratie ihre Mannschaften entboten hatten [...], ohne jedwede Übertreibung gesagt, das sind ganze Armeekorps«. Im Oktober 1878 stimmten die erschrockenen Nationalliberalen im Reichstag Bismarcks »Gesetz gegen die gemeingefährlichen Bestrebungen der Sozialdemokratie« zu.

Im Erfurter Programm von 1891, das Sozialistengesetz war im Vorjahr nicht mehr verlängert worden und Bismarck zurückgetreten, wird mit kampferprobtem Selbstbewusstsein ebenfalls die Heeresmetapher aufgeboten: »Immer größer wird die Zahl der Proletarier, immer massenhafter die Armee der überschüssigen Arbeiter, immer schroffer der Gegensatz zwischen Ausbeutern und Ausgebeuteten, immer erbitterter der Klassenkampf zwischen Bourgeoisie und Proletariat, der die moderne Gesellschaft in zwei feindliche Heerlager trennt«. Das Sozialistengesetz hatte über ein Jahrzehnt lang alle Äußerungen von proletarischem Klassenbewusstsein zu unterdrücken gesucht, die Haltung selbst aber dadurch bei den Einzelnen verstärkt und in der Breite verfestigt*. Am 1. Oktober 1890, dem Tag der Aufhebung des Sozialistengesetzes, notierte Bebel: »Zu keiner Zeit ist der Klassencharakter von Staat und Gesellschaft den Massen so zum Bewußtsein gebracht worden, als unter der fast zwölfjährigen Dauer des Ausnahmegesetzes«. Die ehemalige Näherin und sozialdemokratische Frauenrechtlerin Ottilie Baader erinnerte sich später daran, wie in Berlin das Ende des Sozialistengesetzes gefeiert wurde: »In der Nacht zum 1. Oktober wimmelte der Friedrichshain in Berlin von Menschen. [...] Viele der Ausgewiesenen waren bereits zurückgekehrt und befanden sich unter uns. Wie alle unsere Veranstaltungen wurde auch diese von einem Polizeileutnant und einem Schutzmann überwacht. Als dann um 12 Uhr der Fall des Ausnahmegesetzes verkündet wurde, da erhob sich der Leutnant und verließ mit dem Schutzmann den Saal. Die bis dahin versteckt gehaltenen roten Banner wurden entrollt und eine ungeheure Begeisterung hatte die Massen ergriffen. [...] In jener Nacht hat manch einer den Treuschwur zur Sozialdemokratie erneuert, mancher, der bis dahin noch beiseite stand, ist gewonnen worden.« Bei den Reichstagswahlen 1893 entfielen von 7,674 Millionen Stimmen 1,787 Millionen (23,3 Prozent) auf die SPD. 1878, im Jahr der Verabschiedung des Sozialistengesetzes, waren es noch 437 000 Stimmen (7,5 Prozent) gewesen.

---

* Zu den Auswirkungen des Gesetzes auf die sozialdemokratische Reichstagsfraktion der Abschnitt über die Arbeiterfrage im nächsten Kapitel.

Große Fragen

∞

*Die Arbeiterfrage – Die soziale Frage –
Die Wohnungsfrage – Die Dienstmädchenfrage –
Die Frauenfrage – »Die Juden sind unser Unglück«
oder Die ›Judenfrage‹*

Im Verlauf des 19. Jahrhunderts sahen sich die Menschen mit so vielen neuen Problemen konfrontiert und zur Beantwortung von dermaßen drängenden Fragen herausgefordert, dass ab der zweiten Hälfte des Jahrhunderts ›die Frage‹ selbst zu einem Modewort wurde: Es gab eine Arbeiterfrage, eine soziale Frage, eine Frauenfrage eine Wohnungsfrage, eine Judenfrage. Die Hauptfragen wurden weiter untergliedert. So erörterte man etwa die Dienstmädchenfrage, je nach Meinungsfärbung eher als Bestandteil der Frauen-, als Bestandteil der Arbeiter- oder als Bestandteil der sozialen Frage. Zur sozialen Frage gehörte die Ernährungsfrage, manchmal auch sarkastisch ›Magenfrage‹ genannt. Im Rahmen der Arbeiterfrage ging es ferner um die Lehrlingsfrage und um die Gesellenfrage. Sogar eine Waldarbeiterfrage wurde aufgeworfen, was seinen Grund darin hatte, dass viele Arbeitskräfte von den Gütern zum Eisenbahnbau liefen, obwohl man sie in den Wäldern dieser Güter eben wegen des Eisenbahnbaus nötig gehabt hätte. Schließlich brauchen Schienen Schwellen. Auch um die Zollfrage wurde gestritten: Freihandel oder Schutzzoll oder – je nach aktueller Interessenlage – erst das eine, dann das andere. Bei der Bevölkerungsfrage mühte man sich mit Wanderungs- und Auswanderungsbewegungen ab, bei der Apothekerfrage mit Zulassungsregelungen, bei der Leutefrage, einer allgemeineren Variante der Dienstmädchenfrage, darum, ob man sich einen Kutscher halten sollte und wenn ja, einen unverheirateten (der hockte dann zu viel im Wirtshaus) oder einen verheirateten (dann hatte man noch dessen Familie am Hals).

Die Sache mit dem Kutscher war ein Luxus-, die Regelung der Apothekenzulassung ein Spezialproblem. Die Beantwortung der Frauenfrage hing davon ab, wie sie gestellt wurde – und von wem. Der politische Einsatz einer Honoratiorengattin für das Frauenwahlrecht und der wirtschaftliche Kampf einer Näherin um höhere Akkordlöhne unterschieden sich durch die jeweiligen Lebensverhältnisse und die daraus resultierenden Wahrnehmungshindernisse und Solidaritätsschwellen. Auch das Dienstmädchen und ihre ›Madam‹ kamen einander durch die Frauenfrage nicht näher. Zu weit lagen beider Interessen auseinander.

Die Arbeiterfrage wiederum war von elementarer Bedeutung. Von ihrer Beantwortung hing der Fortbestand der Gesellschaft ab. Wurde sie ignoriert, riskierte man Streiks, Aufstände oder gar die Revolution. Kam man ihren Forderungen zu weit entgegen, machte man diese Revolution gewissermaßen selbst. Bismarcks Ausweg aus diesem Dilemma war eine vorsichtige Sozialpolitik, nicht etwa der ›Sozialstaat‹, als deren Erfinder der Reichsgründungskanzler bis heute absichtsvoll missverstanden wird.

Wenn der Sozialstaat überhaupt eine ›Erfindung‹ war, dann die von Napoleon III., der mit armutsbekämpfenden Maßnahmen seine politische Herrschaft eine Zeitlang zu festigen wusste. Wer den ›Mann von der Straße‹ auf seine Seite zu ziehen versteht, kann den Männern in den Kammern und Parlamenten die Stirn bieten. Diesen plebiszitären Zug in den Methoden der Machtausübung hatten Napoleon und sein Überwinder Bismarck gemeinsam.

Mit systematischer Reform darf diese Art des Organisierens von Gefolgschaft nicht verwechselt werden, ebenso wenig wie mit struktureller Erneuerung. Sie war nicht gewollt, und sie wäre auch nicht möglich gewesen: nicht gegen die politisch herrschende Adelskaste, nicht gegen das wirtschaftlich dominante Großbürgertum und auch nicht gegen die liberalen Parteien und deren Anhänger aus den Mittelschichten, die, von oben bedrückt und von unten bedroht, in ständiger Sorge um die Bewahrung ihres Lebensstandards befangen blieben.

Politisch oft fortschrittlich redend und sozial fast immer konservativ fühlend, war das liberale Bürgertum weniger aufrichtig – und mitunter auch weniger aufrecht – als bekennende Konservative. Einer von deren Wortführern, der Staatsphilosoph jüdischer Herkunft Friedrich Julius Stahl, hat das nach 1848 unverblümt ausgesprochen: Soll »die Gleichheit positiv durchgeführt werden, soll die Klasse der Besitzlosen die selben Rechte [...] erhalten, dann gibt sie [die

Schicht der liberalen Besitzbürger] den Gedanken auf und macht politisch-rechtliche Unterschiede zugunsten der Vermöglichen. Sie will Zensus für die Repräsentation, Kautionen für die Presse, läßt nur den Fashionablen in den Salon, gewährt dem Armen nicht die Ehre und die Höflichkeit wie dem Reichen. Diese Halbdurchführung der Prinzipien der Revolution ist es, was die Parteistellung der Liberalen charakterisiert.«

Was heute in den politischen Tages- und Meinungskämpfen von gewissen Parteiliberalen als Vorwurf des ›Sozialneids‹ geäußert wird, das war zu Bismarcks Zeiten der Vorwurf des ›sozialdemokratischen Gefühls‹. Fontane lässt seine interessensstarke und lebensschlaue ›Frau Kommerzienrat‹ Treibel die Bemerkung machen, es sei »unklug, dem Neid der Menschen und dem sozialdemokratischen Gefühl so ganz nutzlos neue Nahrung zu geben.« Leute, die zu viel besaßen, um dieses Gefühl nötig zu haben, aber dennoch mit sozialdemokratischen Ideen symphathisierten, sei es aus Naivität, Mitgefühl oder Einsicht, liefen Gefahr, dass ihnen von ihresgleichen vorgehalten wurde, zu ›verbebeln‹.

Die Haltung des Bürgertums zu den gesellschaftlichen Problemen der Zeit war immer eine des Linderns, nie eine des Lösens. In Berlin gründeten Honoratioren etwa einen »Verein gegen Verarmung und Bettelei«. Schon der Name lässt erkennen, dass ein Motiv seiner Gründung darin lag, der Belästigung oder gar Bedrohung der Besitzenden durch Besitzlose entgegenzusteuern. Man fürchtete, und wohl nicht immer zu Unrecht, das Betteln könnte in Diebstahl übergehen oder gar in offenen Raub. Wie sollte man da sozialistischen Rednern im Reichstag zustimmen können, die umgekehrt das Eigentum als Diebstahl anprangerten beziehungsweise, um es in Marx'schen Kategorien auszudrücken, als ausbeuterische Aneignung des von den Arbeitern geschaffenen Mehrwerts?

Ein eher akademischer Zusammenschluss war der »Central-Verein für das Wohl der arbeitenden Klassen«. Ihm gehörten allerhand Räte und Professoren an, außerdem ›Kathedersozialisten‹ wie Gustav Schmoller oder Beförderer der Genossenschaftsbewegung wie Hermann Schulze-Delitzsch. Das Publikationsorgan des Vereins war der *Arbeiterfreund,* eine Selbstbezeichnung, die unbeabsichtigt eine schulterklopfende Herablassung aus Honoratiorenhöhe erkennen lässt. Mit Kompetenz und Fleiß setzte man sich dafür ein, der ›arbeitenden Klasse‹ Fleiß und Kompetenz beizubringen. Dadurch sollte ihrem ›Wohlstand‹ aufgeholfen werden, ohne den ›Besitzstand‹ der Helfenden zu schmälern oder gar zu gefährden. Aber eine Lösung der großen Fragen der Zeit war im Rahmen der gegebenen wirtschaftlichen und politischen Verhältnisse nicht möglich. Das galt nicht nur für die Arbeiterfrage, sondern für die soziale Frage insgesamt, einschließlich des Armutsproblems, für die Wohnungsfrage und selbst noch für die Frauenfrage, wie Bebel in seinem berühmten Buch in typographischer Hervorhebung konstatierte: »Eine volle und ganze Lösung der Frauenfrage – worunter ich verstehe, dass die Frau dem Manne gegenüber nicht nur von Gesetzes wegen gleich steht, sondern auch *ökonomisch frei und unabhängig von ihm und in geistiger Ausbildung ihm möglichst ebenbürtig sei – ist unter den gegenwärtigen gesellschaftlichen und politischen Einrichtungen ebenso unmöglich wie die Lösung der Arbeiterfrage.*«

Die Arbeiterfrage

Um die Arbeiterfrage zu verstehen, muss man die Arbeiterlage beschreiben. Friedrich Engels hat das 1845 mit seiner frühen Schrift *Die Lage der arbeitenden Klasse in England* nach »eigner Anschauung und authentischen Quellen« getan, wie der Untertitel des Werks versichert. In Deutschland glichen sich in den nachfolgenden Jahrzehnten die Verhältnisse denen in England an, wie insgesamt die industrielle Entwicklung derjenigen in England folgte. 1867 präsidierte August Bebel einem sächsischen Arbeitertag. Die dort erhobenen Forderungen spiegeln die Lage wider: »Wir verlangten zehnstündigen Normalarbeitstag, Abschaffung der Sonntagsarbeit, Abschaffung des Koalitionsverbots, Abschaffung der Kinderarbeit in Fabriken und Werkstätten, Vertretung der Arbeiter in den Gewerbekammern und Gewerbegerichten, Selbstverwaltung der Arbeiterkassen, Vereinbarung der Fabrik- und Werkstättenordnungen zwischen Arbeiter und Arbeitgeber.«

In der Zeitschrift *Arbeiterfreund* findet sich der Abdruck einer im gleichen Jahr getroffenen Vereinbarung zur »Beschränkung der Arbeitszeit in den Fabriken«. Die Vereinbarung wurde nicht etwa zwischen Arbeitern und Unternehmern geschlossen, sondern zwischen Firmen des »Handelskammer-Bezirks Gladbach«. Motiv war die Entschärfung des Wettbewerbs, man könnte auch sagen: die Herstellung von Chancengleichheit bei der Ausbeutung. »§ 1. Die tägliche Arbeitszeit in den Fabriken soll zwölf Stunden nicht übersteigen. Als Arbeitszeit gelten die Stunden, während welcher die Dampfmaschine oder andere Motoren in Betrieb sind. § 2. Diejenigen männlichen Arbeiter, welche [mindestens] 21 Jahre alt und in ihrer Arbeit vom Betrieb des Motors unabhängig sind, dürfen ausnahmsweise eine Stunde länger, also höchstens dreizehn Stunden täglich arbeiten.«

Diese Beschränkung war weit weg von der Forderung nach einem zehnstündigen Normalarbeitstag und nahezu utopisch entfernt vom Achtstundentag, der erst nach der Novemberrevolution von 1918 erstritten wurde. Und doch war sie ein Fortschritt, gemessen an den Arbeitszeiten in den 1850er Jahren mit vierzehn bis sechzehn Stunden täglich und bis zu beinahe einhundert Stunden in der Woche. Im Jahr der Reichsgründung waren zwölf Stunden am Tag und zweiundsiebzig in der Woche üblich, im Jahr von Bismarcks Rücktritt elf Stunden täglich an sechs Tagen die Woche. Der Sonntag war tatsächlich frei! Bismarck lehnte das bis zuletzt ab, »weil Industrien, welche 14 % Arbeit durch die Sonntagsruhe verlören, vielleicht nicht bestandsfähig bleiben […] würden. Ein kaiserlicher Erlaß […] würde die […] Besitzenden erschrecken, die Sozialisten ermutigen«. Wilhelm II., der in dieser Phase gegen die bürgerlichen Großindustriellen als aristokratischer Schutzherr der Arbeiterschaft aufzutreten wünschte, veröffentlichte zwei entsprechende Erlasse, was neben der Uneinigkeit über die Verlängerung der Sozialistengesetze zum definitiven und vom Kaiser auch definitiv beabsichtigten Bruch mit dem Kanzler führte.

So ausgedehnt die Arbeitszeiten, so eingeschränkt die Löhne und so miserabel die Arbeitsbedingungen. Um 1880 musste ein Fabrikarbeiter im Schnitt für einen Laib Roggenbrot über eine Stunde arbeiten, für einen Liter Milch eine knappe halbe Stunde, für ein Kilo Zucker drei Stunden, für ein Kilo Rindfleisch vier Stunden. Die ohnehin niedrigen Löhne wurden durch Abzüge schon bei geringstem Zuspätkommen und durch Schadenszahlungen weiter gemindert. Beispielsweise legte die »Arbeiter-Ordnung« einer Koksbrennerei 1868 fest: »Durch unvorsichtigen Bruch oder Verlust an den Gerätschaften herbeigeführter Schaden ist von dem betreffenden Arbeiter, und wenn derselbe nicht ermittelt werden kann, von allen Arbeitern solidarisch zu ersetzen. In diesem Falle wird der Schaden vom Verdienst am Lohntag in Abzug gebracht.«

Für Unfälle hafteten die Arbeiter ebenfalls selbst: »Bilden die Arbeiter keine Hilfskasse, so verlieren sie jeden Anspruch auf Entschädigung im Krankheits- oder Unglücksfall.« Ein 1871 verabschiedetes Unfallhaftpflichtgesetz war für die Betroffenen das Papier nicht wert, auf das es geschrieben stand, weil es den im Einzelnen kaum zu erbringenden Schuldnachweis des Unternehmers als Voraussetzung einer Entschädigung verlangte. Auch nach diesem Gesetz hatten Arbeitsunfälle die Vernichtung der sozialen Existenz zur Folge, wenn sie nicht gleich zum Tod führten. In *Die Frau und der Sozialismus* erinnerte Bebel: »Nach der officiellen Zusammenstellung der Unglücksfälle in Industrie und Landwirthschaft in Preußen in den Jahren 1869–1876 gab es im Jahre 1869 unter 4769 getödteten Personen 4245 männliche und 524 weibliche […]. Im Jahre 1876 war die Gesammtzahl der Getödteten auf 6141, und der nicht getödteten Verunglückten auf 7059 gestiegen.«

Erst 1884 wurde eine gesetzliche Unfallversicherung eingeführt, allein von Unternehmerseite finanziert und unabhängig davon, wie es zu dem Unfall gekommen war und wer ihn verschuldet hatte. Im Todesfall erhielt die Witwe eine Rente in Höhe von 20 Prozent des Verdienstes des Verunglückten. Berufskrankheiten, etwa die Staublungen der Bergleute, waren nicht versichert.

Ein Gesetz zur Einführung einer Unfallversicherung war eine Sache, eine Arbeitsschutzgesetzgebung, die Unfälle verhindern sollte, eine ganz andere. Bismarck wetterte noch in seinen Memoiren gegen »die Übereinstimmung der Reichstagsfraktionen im Wettkriechen vor dem wählenden Arbeiter auf dem Gebiet der angeblichen Schutzgesetzgebung. Ich hielt die letztere angebrachtermaßen für schädlich und für eine Quelle von künftigen Unzufriedenheiten«. Außerdem bestehe die Gefahr, dass versicherte Beschäftigte am Arbeitsplatz weniger gut aufpassen oder in leichtsinnigen Schlendrian verfallen oder sich aus Überdruss das Leben nehmen, wenn sie ihre Familien versichert und versorgt wüssten.

Bismarck wehrte sich gegen die Arbeiterschutzgesetzgebung ebenso, wie er sich gegen die Abschaffung der Sonntagsarbeit, die Beschränkung der täglichen Arbeitszeit, die Einschränkung der Frauen- und Kinderarbeit gewehrt hatte. Ihm ging es rückblickend schon zu weit, dass 1839 die Arbeitsnutzung von Kindern unter 9 Jahren verboten und der Arbeitstag von Kindern unter sechzehn Jahren auf zehn Stunden beschränkt wurde. Die Gewerbeordnung des Norddeutschen Bundes von 1869 legte das Mindestalter für den Fabrikeinsatz von Kindern auf zwölf Jahre fest, Kinder bis vierzehn sollten höchstens sechs Stunden arbeiten. Als 1878 im Zuge der Novellierung der Gewerbeordnung eine Reichstagskommission vorschlug, die Arbeit von Kindern unter zwölf Jahren generell zu verbieten, notierte Bismarck auf dem Aktenstück: »auch nicht Eicheln sammeln?«

Die Notiz ist widerwärtig, schließlich ging es um die Abschaffung der Kinderarbeit in den Fabriken. Eine Gewerbestatistik von 1875 zählt im Reich 21160 Fabrikkinder, wobei zu vermuten ist, dass viele eben nicht gezählt wurden, schon gar nicht die in der Heimproduktion beschäftigten. Außerdem – und damit hängt Bismarcks Notiz zusammen – ist nicht zu vergessen, dass Kinder auf dem Land seit jeher als Arbeitskräfte eingesetzt wurden, von den Gutsbesitzern und Pächtern wie von den eigenen Eltern.

Bismarck war, anders als die Legende vom ›Begründer des Wohlfahrtsstaates‹ erzählt, von sozialreformerischen Impulsen völlig frei. Sozialpolitik interessierte ihn nicht als Sozial-, sondern ausschließlich als Machtpolitik. Daraus hat er nie einen Hehl gemacht. Während der Vorphase der Verabschiedung der staatlichen Fürsorgegesetze erklärte er im November 1881 – das Sozialistengesetz war seit drei Jahren in Kraft – im Reichstag: »Die Heilung der socialen Schäden« werde »nicht ausschließlich im Wege der Repression socialdemokratischer Ausschreitungen, sondern gleichmäßig auf dem der positiven Förderung des Wohles der Arbeiter zu suchen sein.«

Bismarck versuchte, die sozialdemokratische Bewegung durch Kriminalisierung der Partei bei gleichzeitiger Erfüllung eines kleinen

Teils ihrer Forderungen zu ersticken. Zugleich glaubte er, die ›arbeitende Klasse‹ im Abwehrkampf der alten Eliten gegen die wachsenden Ansprüche des Besitzbürgertums instrumentalisieren zu können. Hier gab es Schnittmengen mit dem Denken Lassalles, der einen Pakt zwischen der Aristokratie und der Arbeiterschaft gegen das Bürgertum, vor allem gegen die Großindustriellen, für möglich hielt. Dies stand in Widerspruch zur marxistischen Geschichtsphilosophie, derzufolge die historische Entwicklungslogik den Sieg des Bürgertums über den Feudalismus erforderte, bevor die bürgerliche Gesellschaft ihrerseits von der sozialistischen überwunden werden könne.

Die kapitalistische Produktionsweise brach die traditionellen patriarchalen Abhängigkeiten auf, trotz der Versuche etwa von Krupp, sie in seiner Art der Betriebsführung fortleben zu lassen[*]. Die unmittelbare persönliche Abhängigkeit der Leibeigenen wurde abgelöst durch die formale Freiheit der Arbeiter, die darin bestand, wie Marx betonte, ihre Arbeitskraft auf dem Markt anzubieten. Sklaven wurden verkauft, die Arbeiter verkauften sich selbst. Dass diese Freiheit nicht etwa Unabhängigkeit oder gar Gleichberechtigung bedeutete, zeigte sich auf brutalste Weise überall in den Fabriken.

Die möglichst umfassende Nutzung der Arbeitskraft, die unausweichlich mit der Vernutzung der Arbeitenden selbst verbunden war, auf Dauer mit der Zerstörung ihrer Körper, ihres Geistes und ihrer Seele, wurde in der arbeitsteiligen Produktion der großen Fabriken immer weiter vorangetrieben. Je kleinteiliger die Arbeitsvorgänge, desto effizienter die Ausbeutung und desto größer der Profit. Marx hat im *Kapital* in dem gewaltigen Kapitel »Maschinerie und große Industrie« analysiert, »wie die Maschinerie das menschliche Exploitationsmaterial des Kapitals vermehrt durch Aneignung der Weiber- und Kinderarbeit, wie sie die ganze Lebenszeit des Arbeiters konfisziert durch maßlose Ausdehnung des Arbeitstags und wie ihr Fortschritt, der ein ungeheuer wachsendes Produkt in stets kürzrer Zeit zu liefern erlaubt, endlich als systematisches Mittel dient, in jedem Zeitmoment mehr Arbeit flüssig zu machen oder die Arbeitskraft stets intensiver auszubeuten.«

---

[*] Dazu der Abschnitt »Krupp und die Kanonen« im Kapitel »Großbürger, Bildungsbürger, Kleinbürger«.

Das beschönigten die ›harten Knochen‹ unter den Kapitalisten auch gar nicht. Dem »Oberschlesischen Berg- und Hüttenmännischen Verein« zufolge solle der Arbeiter »ähnlich wie ein Arbeitstier, wie eine Maschinenkraft geschätzt und belohnt werden, das heißt so mäßig wie möglich. Denn er nützt der Gesellschaft auch nichts weiter wie das Tier und die Maschine«.

Die bürgerlichen Wohltäter des *Arbeiterfreunds* indessen vertraten die Auffassung, nicht das Tag für Tag, Woche für Woche, Monat für Monat, Jahr um Jahr ertragene Alltagselend in den Fabriken sei schuld an der Abstumpfung der Arbeiter, sondern deren Mangel an geistigem Überblick: »Es ist eine unfruchtbare Sentimentalität, die auf dieser Arbeitstheilung ruhende heutige Kultur der Einseitigkeit und Eintönigkeit anzuklagen. [...] Nicht aus der Theilung der Arbeit entspringt die so häufige Gleichgültigkeit und Unlust zur Arbeit, sondern aus der Unfähigkeit des Proletariers, seinen Theil im großen Ganzen der Produktion zu begreifen.« Dem müsse durch Erziehung in der Schule entgegengewirkt werden. Die ›Arbeiterfreunde‹ begrüßten deshalb die Versuche, die Fabrikzeit von Kindern im Alter von zwölf bis vierzehn Jahren auf sechs Stunden täglich zu begrenzen unter der Voraussetzung, dass sie zusätzlich drei Stunden zur Schule gingen.

Zum Umkreis der Arbeiterfreunde gehörte der preußische Offizier Moritz von Prittwitz, der 1873 eine Denkschrift über *Die Arbeiterfrage und deren Lösung* veröffentlichte. Er brachte es fertig, zu behaupten, »daß das Wohlbefinden der Arbeiter und ihre bessere oder schlechtere Lage in ihrer eigenen Gewalt liegt, und daß sie nur elend sind, wo sie es selbst sein wollen, oder vielmehr, wo sie es zu sein gewohnt sind. Um dies nicht mißzuverstehen, muß man aber wohl beobachten, daß es sich hierbei nicht um *einzelne* Arbeiter, sondern um die *Gesammtheit* einer arbeitenden Classe, und zwar durch mehrere Generationen hindurch handelt.«

Der Hinweis auf die Generationenfolge ist insofern interessant, als das ›geborene Proletariat‹ eine neue soziale Erscheinung war. In der Frühphase der Industrialisierung wurden Tagelöhner, Werkstattgesellen, Heimarbeiter und Kleinbürger proletarisiert. Nun entstand zum ersten Mal eine Schicht von Menschen, deren Eltern und Großeltern wie sie selbst zur Arbeiterschaft gehörten. Und diese Schicht wuchs. Eine erste Berufszählung des neuen Statistischen Reichsamtes mit dem Stichtag 1. Dezember 1871 nennt für die Sparte »Industrie, Bergbau, Hütten- und Bauwesen« 5,71 Millionen Beschäftigte (Preußen 3,24 Millionen), bei den Dienstboten und Handarbeitern (ohne die erste Kategorie und ohne Landwirtschaft) 2,74 Millionen (Preußen 900 000). Für das Jahr 1880 wird dann allein die Zahl der Fabrikbeschäftigten in Deutschland auf fünf Millionen geschätzt.

Aber nicht nur die Anzahl der Menschen dieser neuen Klasse nahm zu, sondern auch deren Bewusstsein, ihre Organisationsbereitschaft, ihr Gewicht bei den Reichstagswahlen, ihr Kampfeswille. Am besten organisiert waren zunächst die Berufe mit alter Handwerks- und Gesellentradition: Schriftsetzer, Buchdrucker, Schuhmacher, Zimmerleute, Tischler, Drechsler, wie Bebel einer war, und Tabakarbeiter. Die Zigarrendreher waren besonders kampflustig, weil sie besonders gut informiert waren. Es gehörte zur Tradition, dass während der Arbeit vorgelesen wurde, und als neben den herkömmlichen Kolportageromanen auch Zeitungen, bisweilen sogar oppositionelle Schriften in die Manufaktursäle vordrangen, trug das zwar nicht zur bürgerlichen, aber doch zur Meinungsbildung bei. Bereits 1848 wurde die Assoziation der Cigarrenarbeiter Deutschlands gegründet. Ihre Geschichte und die der Nachfolgeorganisationen entspricht bis ins Einzelne der Geschichte der Gewerkschafts- und der Arbeiterbewegung insgesamt.

Die wichtigste Waffe in den Auseinandersetzungen mit den Unternehmern war der Streik. In den ersten Jahren der Reichsgründung gab es bis zum Abflauen des Gründerbooms 1873 rund 800 Streiks, im Jahr 1879 nur noch 15. Der *Arbeiterfreund* erwähnt in seiner Monatschronik für Mai und Juni 1873 außerdem einen Streik der »Fiaker- und Einspännerbesitzer in Wien« und notiert, in »Heidelberg machten die Hausfrauen Butterstrike«, was binnen Kurzem die Butterpreise gesenkt habe. Diese Aktionen der Wiener Fuhrunternehmer und Heidelberger Hausfrauen wären als Boykott richtiger beschrieben. Nicht so diejenigen der »6000 in Berlin streikenden Tischlergesellen«, die eine Lohnerhöhung um ein Drittel und das Absenken des Arbeitstages auf acht Stunden erreichten.

Deren Verhandlungsposition war deutlich besser als die der Maurer: »In Berlin giebt es etwa 1000 überflüssige Maurergesellen, welchem Umstande zu verdanken ist, daß bis jetzt kein neuer Strike daselbst ausgebrochen ist, ja sogar die Arbeitgeber aufgefordert werden, wieder die elfstündige Arbeitszeit einzuführen und den Minimallohn um ein Drittel herabzusetzen. Sie erklärten aber, die Standesehre erheische, daß sie das einmal Zugestandene aufrecht halten, zumal die Lebensmittelpreise gegenwärtig noch zu hoch stehen. Wohl aber wird jetzt schärfer auf die technische und moralische Qualität gesehen.«

Die Stoßkraft eines Streiks war maßgeblich von der Nachfrage nach den jeweiligen Arbeitskräften beeinflusst. Wenn Leute an Fabriktoren um Arbeit anstanden, waren Lohnstreiks nicht nur aussichtslos, es musste sogar damit gerechnet werden, dass die Löhne gesenkt und die Arbeitsanforderungen gesteigert wurden. Auch kam bei unterschiedlichen Gewerken dem Streik als Waffe unterschiedliche Effizienz zu. Das hing vom Organisationsgrad ab und davon, ob die jeweilige Organisation ihren Mitgliedern Streikgelder zahlen konnte. Die Streikkassen wiederum hingen von den Mitgliedsbeiträgen und diese von den Löhnen ab. Deshalb waren gut ausgebildete und gut verdienende Arbeiter streikbereiter als schlecht bezahlte und leicht ersetzbare Handlanger.

Die Lohnunterschiede innerhalb der einzelnen Branchen sowie zwischen den verschiedenen Branchen waren erheblich. 1873 verdiente ein Drucker – er stand an der Spitze der Einkommenspyramide der Arbeiter – im Durchschnitt jährlich 1200 Mark, ein Bergmann gut 1000 Mark, ein Maurer 866 und ein Textilarbeiter 427 Mark. Mit dem Gründerkrach gingen die Einkommen drastisch zurück, aber die Rangfolge blieb: 1875 verdiente der Drucker noch knapp genauso viel wie zwei Jahre zuvor, aber der Bergmann mit knapp 700 Mark über 300 Mark weniger, der Maurer 150 Mark weniger, der Texilarbeiter mit nunmehr 466 Mark immerhin 40 Mark mehr als 1873. Im Jahr 1888 kam eine Erhebung des Berliner Statistischen Amtes auf folgende Wochenlöhne für ausgewählte Handwerke: Klempner, Schlosser und Drechsler 21 Mark, Schuhmacher 14 Mark.

Innerhalb der Arbeiterschaft waren seit jeher besonders kampfstark die ebensfalls seit jeher gut organisierten Bergarbeiter. Bismarck bekam das gegen Ende seiner Kanzlerschaft zu spüren, als es seinen sozialgesetzgeberischen Befriedungsversuchen zum Trotz im Mai 1889 in allen wichtigen Montangebieten zu großen Ausständen kam: In Schlesien streikten 20 000 Arbeiter, in Sachsen 10 000, im Saargebiet 20 000, im Ruhrgebiet insgesamt sogar 90 000 Arbeiter. Die Bergleute organisierten sich vor allem in Vereinen und Gewerkschaften und zunächst kaum in sozialdemokratischen Ortsgruppen, deren Aufbau in den Jahren des Sozialistengesetzes ohnehin nicht möglich war. So wurden nicht nur die Bergwerksbesitzer, Bismarck und der Kaiser von der Wucht der Streiks überrascht, sondern auch die sozialdemokratischen Reichstagsabgeordneten.

Bei den ersten Reichstagswahlen 1871 errangen von den ›Sozis‹ bloß Bebel und Liebknecht Mandate. Sie erhielten wie die übrigen Abgeordneten keine Diäten. Die Regelung sollte dafür sorgen, dass sich nur Kandidaten aufstellen ließen, die sich das finanziell leisten konnten. Außerdem sollte verhindert werden, dass sich eine professionelle Kaste herausbildete, die nicht für die Politik, sondern von ihr lebte. Und über Abgeordnete aus der Arbeiterschaft meinte Bismarck: »Die Diäten sind die Besoldung des gebildeten Proletariats zum Zwecke des gewerbsmäßigen Betriebes der Demagogie«.

Diese ›Demagogie‹ trug maßgeblich zu Bismarcks Reformgesetzgebung bei. Er selbst sagte das im November 1884 den sich sträubenden liberalen Abgeordneten ins Gesicht: »Wenn es keine Sozialdemokratie gäbe, und wenn nicht eine Menge sich vor ihr fürchteten, würden die mäßigen Fortschritte, die wir überhaupt in der Sozialreform gemacht haben, auch noch nicht existieren«. Dass die Fortschritte tatsächlich mäßig waren und blieben, wird deutlich, wenn man bei der Kranken- und Rentenversicherung in die Einzelheiten geht.

Nach dem Krankenversicherungsgesetz von 1883 erbrachten die Versicherten zwei Drittel der Beiträge. 1885 waren lediglich 4,7 Millionen Leute pflichtversichert. Die Landarbeiter, das Gesinde, das städtische Dienst- und Hauspersonal sowie die Staatsbediensteten waren von der staatlichen Versicherung ausgenommen, deutlicher gesagt: ausgeschlossen.

Der Versicherungspflicht konnte auch mit dem Beitritt zu einer der Hilfskassen genügt werden, die sich ohne Arbeitgeberbeiträge finanzierten. Die Sozialdemokraten warben für diese selbstverwalteten Kassen und waren damit kurioserweise mit vielen kleinen Handwerksmeistern einig, die bevorzugt Hilfskassenmitglieder einstellten, um den Anteil zu sparen, den sie bei einer Versicherung ihrer Arbeiter in staatlichen Kassen hätten entrichten müssen.

Die neuen Ortskrankenkassen zahlten bei Krankheit nach drei Karenztagen bis zu dreizehn Wochen lang die Hälfte des durchschnittlichen Tageslohns des Versicherten, aber höchstens zwei Mark pro Arbeitstag, also zwölf Mark in der Woche. Das Existenzminimum einer vierköpfigen Familie lag allerdings bei 25 Mark die Woche. Immerhin wurden die Arzt- und Medikamentenkosten übernommen, was vielen erkrankten oder verunfallten Arbeitern erstmals ermöglichte, überhaupt einen Arzt aufzusuchen. Die Dreizehn-Wochen-Dauer wurde nach und nach erweitert, bis 1892 die Verdoppelung auf 26 Wochen erreicht war.

Das Gesetz zur Alters- und Invaliditätsversicherung wurde im Mai 1889 verabschiedet und trat 1891 in Kraft. Die Rente gab es mit 70 nach 30 ununterbrochenen Beitragsjahren mit jeweils 47 Arbeitswochen. 1892 betrug die durchschnittliche Rente 119,28 Mark – im Jahr! Das waren im Monat knapp 10 Mark, bei Weitem nicht genug, um die Lebenshaltungskosten zu decken. Dazu war die Rente auch gar nicht gedacht, sondern lediglich als Zuschuss zu den Unterhaltskosten. Beim Tod des Versicherten erlosch zudem die Zahlung. Frauen und Kinder waren nicht abgesichert. Die Altersgrenze von 70 erreichten im Jahr der Reichsgründung überhaupt nur 17,8 Prozent der Männer und 21,9 Prozent der Frauen, die durchschnittliche Lebenserwartung lag für Männer bei 35,6, für Frauen bei 38,5 Jahren. 20 Jahre später hatte sich zwar die durchschnittliche Lebenserwartung verbessert, jedoch kaum die Chance, als Arbeiter oder Arbeiterin die Rentengrenze zu erreichen. Um 1890 gab es beispielsweise in der Landesversicherungsanstalt Düsseldorf bei einer knappen Million Versicherten nur knapp 10 000 Rentner. Und im Juli 1898 zeigte eine Erhebung in Berlin, dass von den 1,8 Millionen Einwohnern lediglich 2641 Personen eine Altersrente bezogen.

Das Reich führte für jeden Rentenversicherten 50 Mark jährlich in die Kasse ab, der Rest der vom Einkommen abhängigen Prämie wurde hälftig von den Versicherten und den Arbeitgebern aufgebracht. Aber wer sollte den Reichsbeitrag bezahlen? Die Raucher. Bismarck setzte sich für ein staatliches Tabakmonopol ein. Schon 1880 hatte er vorgerechnet, es könne »100 Millionen bringen, und diese Summe würde hinreichen, in der großen Masse der Besitzlosen die konservative Gesinnung zu erzeugen, welche das Gefühl der Pensionsberechtigung mit sich bringt«. Die Liberalen lehnten den Reichszuschuss ab. Mit dem Vorwurf des ›Staatssozialismus‹ malten sie einmal mehr das Gespenst an die Wand, mit dessen höhnischer Beschwörung gut drei Jahrzehnte zuvor das *Kommunistische Manifest* eröffnet worden war: »Ein Gespenst geht um in Europa – das Gespenst des Kommunismus.« Bismarcks Antwort an die Liberalen: »Sie werden genöthigt sein, dem Staate ein paar Tropfen socialen Oels im Recepte beizusetzen, wie viel, weiß ich nicht, aber es wäre meines Erachtens eine große Vernachlässigung der Pflichten der Gesetzgebung, wenn sie die Reform auf dem Gebiete der Arbeiterfrage nicht erstreben würde«.

Die »paar Tropfen socialen Oels« verhinderten weder den Aufschwung der Sozialdemokratie noch deren Bekämpfung durch das »Gesetz gegen die gemeingefährlichen Bestrebungen der Sozialdemokratie« von 1878. Vier Jahre zuvor hatte Liebknecht, wie Bebel ein Gegner der kleindeutsch-preußischen Reichseinigung, erklärt: »Der Staat, in dem wir leben, das sogenannte Deutsche Reich – in Wirklichkeit nur ein erweitertes Preußen – ist Klassenstaat in des Wortes vollster Bedeutung [...]. Wir sind ›Reichsfeinde‹, weil wir Feinde des Klassenstaates sind.« Und Bismarck beharrte noch kurz vor der Abschaffung des Gesetzes 1890 darauf, »daß die Sozialdemokratie [...] eine Kriegsgefahr für Monarchie und Staat involviere und als innere Kriegs- und Macht-, nicht als Rechtsfrage von staatlicher Seite angesehn werden müsse.«

Dieser innere Krieg wurde mit Härte geführt. Im Oktober 1880 verhängten beispielsweise die Behörden über Hamburg und Umgebung den Belagerungszustand. Gut 100 Sozialdemokraten wurden ausgewiesen, darunter viele Familienväter. Ende Juni 1881 folgte in Leipzig und Umgebung der Belagerungszustand mit 600 Verhaftungen und 31 ausgewiesenen Personen, darunter Bebel und Liebknecht. Im Juni 1886 wurde Paul Singer trotz seines Reichstagsmandats aus Berlin verbannt.

Anders als im Fall des reichen (und unverheirateten) Mantelfabrikanten Singer bedrohten die Ausweisungen unmittelbar die sozialen Existenzen der gesamten Familien, denen mit den Ausgewiesenen die Väter und Ernährer verloren gingen. Dass dieser Druck die Frauen bewegen sollte, ihre Männer von den Sozialdemokraten fernzuhalten, gehörte zu den menschlich schäbigen Zügen, die diesem politischen Kampfgesetz überall anhafteten. Bebel, der immerhin auch Haftstrafen durchstehen musste, hat später über seine Ausweisung geschrieben: »Ich befand mich damals in der denkbar schlimmsten Stimmung. Daß man uns wie Vagabunden oder Verbrecher ausgewiesen und ohne eine gerichtliche Prozedur von Weib und Kind gerissen hatte, empfand ich als eine tödliche Beleidigung, für die ich Vergeltung geübt, hätte ich die Macht gehabt. Kein Prozeß, keine Verurteilung hat je bei mir ähnliche Gefühle des Hasses, der Er- und Verbitterung hervorgerufen als jene sich von Jahr zu Jahr erneuernden Ausweisungen, bis endlich der Fall des unhaltbar gewordenen Gesetzes dem grausamen Spiel mit menschlichen Existenzen ein Ende machte.«

Während im protestantischen Preußen und Sachsen die Sozialdemokraten die Arbeiterbewegung inspirierten und trotz des Gesetzes auch immer mehr dominierten, waren das in den katholischen Ländern im Süden Deutschlands die Zentrumspartei und die katholischen Arbeitervereine. Schon 1864 hatte der Mainzer Bischof Wilhelm Emmanuel Freiherr von Ketteler *Die Arbeiterfrage und das Christentum* veröffentlicht. 1870 war er an der Gründung der Zentrumsfraktion im Preußischen Abgeordnetenhaus beteiligt. Seine Auffassung war: »Nur Jesus Christus, der Sohn des lebendigen Gottes, kann auch in Zukunft dem Arbeiterstande helfen. Wenn der Glaube an ihn und seinen Geist die Welt durchdringt, dann ist die Arbeiterfrage gelöst.«

Bebel, Liebknecht und die anderen, die sich im August 1869 im Eisenacher Hotel zum Mohren versammelten, um die SDAP zu gründen, beschlossen hingegen, ihre Sache selbst in die Hand zu nehmen: »Die politische Freiheit ist die unentbehrliche Vorbedingung zur ökonomischen Befreiung der arbeitenden Klassen. Die soziale Frage ist mithin untrennbar von der politischen, ihre Lösung durch diese bedingt und nur möglich im demokratischen Staat.«

Die soziale Frage

»Deßhalb haben wir immer die Demokratie als die erste Bedingung zur Lösung der socialen Frage, zur dauernden Sicherstellung von Staat, Gesellschaft und Familie betrachtet; vor Allem das gleiche politische Recht, die Vernichtung der Vorrechte, die Emancipation der Person.« Dies stammt nicht aus dem Eisenacher Parteiprogramm, sondern aus einer Schrift Rudolf Virchows*, der ein aufrechter Demokrat gewesen ist, aber gewiss kein Sozialist. Der *Arbeiterfreund* dagegen meinte – ähnlich seiner Reaktion auf die elenden, eintönigen Produktionsbedingungen –, das Proletariat müsse bloß zur Einsicht geführt werden: »Der Arbeiterstand würde die sociale Frage gewiß weit nüchterner und richtiger beurtheilen, wenn ihm nicht nur die individuelle und lokale, sondern auch die nationale und weltbürgerliche Seite des modernen Wirthschaftslebens und die Entstehung der Reichthümer klarer gemacht werden könnte.«

Von Einsichten in die »weltbürgerliche Seite des modernen Wirthschaftslebens« wird man nicht satt. Das war Salongerede, fernab von den Lebens- und Leibesbedürfnissen breiter Schichten der Bevölkerung. »Die Salons lügen«, hatte Heinrich Heine im April 1832 in einem seiner Korrespondentenberichte aus Paris geschrieben, um sich mit seiner Art der Berichterstattung von den interessegeleiteten Tagesdiskussionen abzusetzen. Er war auch einer von denen, die den ursprünglich in England kursierenden, dann über den Kanal nach Frankreich migrierten Begriff ›Pauperismus‹ nach Deutschland brachten beziehungsweise mit der dichterischen Anklage des tatsächlichen sozialen Sachverhalts dazu beitrugen, dass der Begriff bis über 1848 hinaus Diskurskarriere machte.

Der Arzt Virchow lieferte 1852 eine empirische Nahsicht auf *Die Noth im Spessart* und betonte noch Jahre später, »daß die Nahrungsfrage immer noch die erste und wichtigste Frage ist, daß die durch sie hervorgerufene Arbeit die Grundlage für die Existenz von Staat und Gesellschaft darstellt, daß in ihr die gefürchtete soziale Frage wurzelt.« Was Virchow die ›Nahrungsfrage‹ nannte, hieß bei der

---

* Zu Virchow der Abschnitt im Kapitel »Große Männer«.

Philanthropin und Volksküchenorganisatorin Lina Morgenstern*
die ›Magenfrage‹. Die sollte nicht durch Spenden und Almosen gelöst werden, sondern durch die kostendeckende Herstellung und
Ausgabe von billigem, aber gesundem Essen. Dies sei die »soziale
Bedeutung« der Volksküchen, erläuterte sie 1870 im *Arbeiterfreund:*
»Sie bauen dem sich noch selbst Erhaltenden die Brücke auf, sich
anständig und aus eigener Kraft zu ernähren; denn sie bereiten dem
Hungernden eine gute, schmackhafte, nährende […] Speise zu einem so niedrigen Preise, daß ihn jeder Tagelöhner durch einen einzigen Botengang, durch die kleinste vorübergehende Hülfsleistung,
durch die geringste Anstrengung erwerben kann. Einen Napf voll
gut zubereiteter Speise mit Fleisch für einen Groschen! Täglich
speisen bereits in Berlin 8 – 9000 Menschen in den zwölf Volksküchen des Vereins«. Tatsächliche Almosenempfänger sollten zwar
nicht ausgeschlossen, aber doch ferngehalten werden. Deshalb wurden Marken verkauft und Wohltätige dazu aufgefordert, die Marken zu erwerben und an Bedürftige weiterzugeben.

Die bürgerliche Linderungstätigkeit war im *Kommunistischen
Manifest* zu Recht als Stabilisierungsmaßnahme charakterisiert
und – zu Unrecht – mit allerlei Weltverbesserertum in Verbindung
gebracht worden: »Ein Teil der Bourgeoisie wünscht den *sozialen
Mißständen* abzuhelfen, um den Bestand der bürgerlichen Gesellschaft zu sichern. Es gehören hierher Ökonomisten, Philanthropen,
Humanitäre, Verbesserer der Lage der arbeitenden Klassen, Wohl-
tätigkeits-Organisierer, Abschaffer der Tierquälerei, Mäßigkeits-
Vereinsstifter, Winkelreformer der buntscheckigsten Art.« Den sai-
sonalen Bauarbeitern, die Lina Morgenstern zufolge im Frühjahr
nach Berlin strömten und in Berlin zu den Volksküchen, dürften die
erschwinglichen Mahlzeiten trotz der Grundsatzkritik des *Mani-
fests* geschmeckt haben. Es ist der unaufhebbare Widerspruch jeder
bloß caritativen Hilfstätigkeit, dass sie tatsächlich hilft, zugleich jedoch dazu beiträgt, daß diese Hilfe nötig bleibt, weil die Ursachen
dafür, dass sie nötig ist, nicht berücksichtigt, geschweige denn beseitigt werden.

* Zu ihr und ihrem Verein die Schlusspassage des Virchow-Abschnitts im
   Kapitel »Große Männer«.

Die guten Damen aus der besseren Gesellschaft, die sich ehren-
amtlich im Volksküchenverein engagierten, suchten sich und anderen diesen Zusammenhang zu verhehlen. Aber wenigstens waren
sie – meistens – frei von der forcierten Verachtung, die eine Bemerkung des liberalen Politikers Schmidt-Weißenfels durchtönt:»Der
Reichtum unserer Zeit ist aber auch, in den großen Städten besonders, zu einer *Privatwohlthätigkeit* herangezogen, oder hat sich freiwillig wie aus Gewissenspflicht in ihren Dienst gestellt, die mit nie
ausreichenden Mitteln an Geld doch Millionen über Millionen zur
Bekämpfung und Verminderung des *Massenelends* verwendet. Es ist
ein von Vereinen förmlich organisierter Krieg gegen den Pauperismus, gegen die moralische und körperliche Verkommenheit und
Verwilderung der niedersten Volksklasse, um deren träge Macht zu
brechen, ihre Brut- und Fäulnisherde zu vernichten, das davon aus-
gehende ansteckende Gift möglichst unschädlich zu machen, wenn
dieser Pauperismus, dieses Sumpfleben der arbeitsscheuen und un-
fähigen Armut in den Großstädten, als eine Begleiterscheinung der
Civilisation, auch wohl niemals auszurotten sein wird.«

Schmidt-Weißenfels schildert halb anerkennend, halb ironisie-
rend die »Komiteesitzung« eines jener armenpflegerischen Vereine,
die Lina Morgenstern gerade nicht aufbauen wollte und in denen
sich Nächstenliebe und Nachbarschaftskontrolle zum »sozialen Ver-
söhnungskampf« verbanden:»Ein Geistlicher, zwei Pfarrgemeinde-
räte, drei Damen und der Vorsteher der offiziellen Armenbehörde
bilden den Vorstand«. Alle zwei Wochen statten sämtliche Armen-
pfleger und -pflegerinnen»einzeln ihre Berichte ab über die ihnen
speziell zum Besuche oder zur Unterstützung zugeteilten Familien. Neue Gaben werden in gemeinschaftlicher Beratung verwilligt,
oder die alten fortgenehmigt, oder nach den gemachten Erfahrungen zurückgezogen. Die Kassierin [!] teilt nun für die nächsten zwei
Wochen je nach Wunsch und Bedürfnis den einzelnen Mitgliedern
wieder die für ihre Schützlinge bewilligten Unterstützungen in Geld,
Suppen- oder Holz- und Mehlzettel und namentlich das Arbeits-
material für Handarbeiten zu. [...] Viel Christenliebe und Men-
schenfreundlichkeit wird hier aufgeboten, um manchen Haushalt
von dem allmählichen Verfall zu retten [...]. Man giebt der armen
Mutter, die bei der Abwartung ihrer kleineren Kinder keinen re-

gelmäßigen Verdienst aufsuchen kann, oder zu faul und zu unge-
schickt dazu war, Näh- und Strickarbeit; sie gewöhnt sich dadurch
an ein Zweckarbeiten überhaupt, lernt den Begriff und Wert eines
bestimmten Einkommens durch Arbeit schätzen, und findet ebenso
wohl auch aus eigenem Empfinden, daß ein erarbeiteter Pfennig
doppelt so weit reicht als ein erbettelter.«

Das ist – vielleicht – gut moralisiert, aber falsch gerechnet. 1880
kostete ein Kilogramm Brot durchschnittlich 27 Pfennige, ob es nun
verdiente oder erbettelte waren, ein Kilogramm Rindfleisch etwas
über eine Mark, ein Kilo Butter etwas darunter – bei einem durchschnittlichen Arbeitertagelohn von zwei Mark.

Woran lag es also, wenn man seine Kinder nicht sattkriegte? In
den Augen vieler Zeitgenossen lag es nicht daran, dass man zu wenig Lohn, sondern dass man zu viele Kinder bekam. Die gesamte
Pauperismus-Debatte war überlagert von der ›Übervölkerungstheo-
rie‹. Die zucht- und ruchlose Triebhaftigkeit in den Arbeiterquartie-
ren ließ die hilfswilligen Bürgerfräulein erschauern – und manchen
ihrer künftigen Bräutigame in die Dachstube einer Näherin mit Ne-
bengewerbe steigen. Jedenfalls ermöglichte es die Vorstellung vom
Sittenverfall als Armutsursache (nicht etwa umgekehrt von Armut
als Ursache des Sittenverfalls), diese soziale Ursache in eine moralische Schuld zu verwandeln und sie denen aufzubürden, die unter den
Verhältnissen am meisten litten. Aus dieser Verdrehungslogik folgte:
Wenn eine Augsburger Textilarbeiterin ihr Neugeborenes von einer
anderen Person mit Kuhmilch und Brei ernähren ließ, um wieder
arbeiten zu können, und wenn das bei diesen Kindern zu einer Anfang der 1870er Jahre erhobenen Säuglingssterblichkeit von 65 Prozent führte, während sie im statistischen Schnitt bei ohnehin schon
schlimmen 24 Prozent aller Lebendgeborenen im ersten Jahr bemes-
sen war, dann lag die Verantwortung dafür bei der Arbeiterfrau: Sie
hätte erst gar nicht Mutter werden sollen; und noch einmal bei der
Arbeiterfrau: Sie hätte sich selbst um das Kind kümmern müssen.

Anfang der 1880er dürfte die Lebenssituation der Arbeiterschaft
in Berlin ein wenig besser gewesen sein als die der Augsburger Textilarbeiterin zehn Jahre zuvor. Und doch war es ein Hundeleben, wie
Georg Brandes 1881 in einer Notiz über die Einkommensschich-
tung der hauptstädtischen Bevölkerung notierte: »Erst einmal die

Million. Sie lebt natürlich das reine Hundeleben im täglichen, steten Kampf ums Brot, sie ist die große Namenlose, die die Werte schafft und die Schlachten schlägt und sich gerade eben über einer gewissen Hungergrenze hält; die nächsten 100 000 leben ein wenig sorgloser, wenn auch im täglichen Kampf um das spärliche Auskommen, und nur die übrigbleibenden 36 378 (selbst das ist noch zu hoch gerechnet) mit 3000 Mark und mehr im Jahr haben überhaupt Muße, von einem Aufstieg in der bestehenden Gesellschaft zu träumen«.

Über die Zustände, die Ende der 1880er Jahre in einem Berliner Armeleuteviertel herrschten, in dem Franz Oppenheimer als junger Arzt eine Zeitlang praktizierte, schrieb der spätere Zionist und Soziologe in seinen Erinnerungen: »Es gab dort viel Kleinbürgertum, namentlich von alten Leuten, die von der Vermietung der Zimmer an die Studenten lebten, und kolossal viel Prostitution. Es gab außerdem sehr viele Arbeiter, wenn auch nicht gerade von der alleruntersten Schicht der Lumpenproletarier; mehr Gelernte als Ungelernte. Hier sah ich zum ersten Male mit immer wachsendem Verständnis und immer größerem Grauen in das Medusenantlitz der sozialen Frage.«

Wie man zu Hause isst und sitzt, ob man überhaupt essen und zu Hause sitzen kann, war und bleibt elementar für die menschliche Existenz. »Denn wie die Leute wohnen, das gibt schliesslich den Maasstab für ihr Leben ab«, hatte Virchow in seinem Bericht *Die Noth im Spessart* geschrieben. Lina Morgenstern mahnte 1873 in einem Aufsatz: »Ehe man höhere Ideale für Volksbildung und Volksbeglückung zu verwirklichen sucht, ist daher vor Allem die Magenfrage zu lösen, nach welcher als nächste die des Obdachs, der Wohnung folgt.« Nicht lange darauf, der Gründerboom kollabierte gerade im Gründerkrach, konstatierte Hermann Schwabe: »Die ›Volksküche‹ hat einen solchen Aufschwung genommen, dass sie jetzt zweieinhalb Millionen Portionen pro Jahr absetzt und längst nicht mehr auf Unverheirathete, Studirende, Laden- und Fabrikmädchen, Lehrerinnen etc. beschränkt ist, sondern vielfach auch von kleinen Familien benutzt wird; sie holen sich das Essen und wärmen es auf dem eisernen Ofen oder benutzen Petroleumkocher.«

Die Wohnungsfrage

Die von den Zeitgenossen ausgiebig diskutierte ›Wohnungsfrage‹ stellte sich nicht allein in den schnell wachsenden Städten, sondern auch auf dem Land. »Wohin man kommt, sieht man im Spessart relativ kleine Häuser«, hatte Virchow in den frühen 1850ern beobachtet, »die über einem meist ganz überirdischen Keller ein einziges Wohnzimmer mit engem Kämmerlein und eine kleine Küche enthalten. [...] Unter demselben Dache ist häufig auch der Viehstall und die Scheune. Ringsum und namentlich vor dem Hause sind Mistlachen, und an einer Seite stösst ein kleiner Garten heran.« Es fehlt »der Schornstein, und der Rauch strömt von der Küche gewöhnlich durch den Vorplatz und durch die in der Mitte quer getheilte Thür zum Hause heraus, indem er natürlich alle inneren Räume mit durchdringt. [...] Die meist sehr schmutzigen [...] Betten stehen in geringer Zahl sowohl im Zimmer selbst als in dem oft dunkeln und dumpfen Kämmerchen, so dass es gewöhnlich ist, wenn 2 – 3 Personen, selbst von verschiedenen Geschlechtern, in demselben Bette schlafen.«

Die allgemeine Bestandsaufnahme ergänzte Virchow durch die exemplarische Beschreibung eines ›besichtigten‹ Hauses: »Ueber eine ziemlich hohe Stiege kletterte man zu dem sonst einstöckigen Hause hinauf, das einen ganz kleinen Vorplatz mit Küche, ein einziges, enges und niedriges Zimmerchen und ein dunkles, feuchtes und kaltes Kämmerlein umschloss. Die Wände des letzteren waren fast ganz nass und auch die des Zimmers von Rauch und schwärzlichen Schimmellagen überdeckt. Enge, niedrige Fenster mit verschiebbaren [...] Flügeln, und ein grosser, thönerner Ofen mit Ofenbänken bildeten die weitere Ausstattung des Zimmers, das zum grossen Theil von einem nicht ganz sauberen, aber mit dicker Federdecke versehenen Bett, einem alten Tisch und einer Fensterbank ausgefüllt wurde. Ein zweites, aber sehr schmutziges und ekles Bett nahm einen nicht unbedeutenden Raum des Kämmerleins weg.«

Zwei Jahrzehnte später, im Jahr der Reichsgründung, meinte Moritz von Prittwitz in seiner Denkschrift über die *Arbeiterfrage* entnervt: »Wohl über keinen speciellen Zweig der socialen oder

der Arbeiterfrage ist schon so viel gedruckt, geschrieben, gesprochen, projectirt und ausgestellt worden, als in Bezug auf die Arbeiterwohnungen.« Auf die selbstgestellte Frage, warum sich die Probleme bislang als unlösbar erwiesen haben, stritt er zunächst ab, dass die Arbeiter schlechter wohnten als früher, und meinte dann: »Der Grund ist einfach der, weil alle diese Anlagen und Verbesserungen viel zu viel Geld kosten, als daß die Arbeiter von ihrem Lohn die erforderliche Miethe bezahlen können«. Anschließend referierte er, allerdings ohne Beistimmung, eine viel gehörte, gerade auch von bürgerlichen Familien erhobene Klage: »Wir sind dessen satt, die Miethen sich fortwährend steigern zu sehen und dafür bei jedem Umzug immer engere Höfe mit immer höheren Mauern ohne Licht und Luft und ohne Spielplatz für unsere Kinder zu treffen. Wir sind dessen satt, willenlos mit schlechten Nachbarn zusammengeworfen zu werden und außerdem in fortwährendem Kriege mit dem Hauswirthe zu leben«.

1871 zogen 38 Prozent der Berliner Mieter mindestens einmal um, im Jahr darauf waren es sogar 43 Prozent. Diese ›Fluktuation‹ war keineswegs auf schlecht gestellte und schlecht zahlende Mieter beschränkt, traf sie aber mit besonderer Härte. Über die Kündigungstage zum Quartalsende schrieb der Arzt und Journalist Max Ring in der *Gartenlaube:* »Ganze Karawanen sieht man an den sogenannten Ziehtagen mit ihrem dürftigen Gerümpel oft in strömendem Regen oder erstarrender Kälte von Haus zu Haus irren, um ein Quartier zu finden«.

1872/73 fragte Friedrich Engels in einer Artikelserie für den Leipziger *Volksstaat:* »Woher kommt nun die Wohnungsnot?«, und gab in marxistischer Grundsätzlichkeit zur Antwort, »daß sie ein notwendiges Erzeugnis der bürgerlichen Gesellschaftsform ist; daß eine Gesellschaft nicht ohne Wohnungsnot bestehen kann, in der die große arbeitende Masse auf Arbeitslohn, also auf die zu ihrer Existenz und Fortpflanzung notwendige Summe von Lebensmitteln, ausschließlich angewiesen ist; in der fortwährend neue Verbesserungen der Maschinerie usw. Massen von Arbeitern außer Arbeit setzen; in der die heftige, regelmäßig wiederkehrende industrielle Schwankungen einerseits das Vorhandensein einer zahlreichen Reservearmee von unbeschäftigten Arbeitern bedingen, andrerseits zeitweilig die große Masse der Arbeiter arbeitslos auf die Straße treiben; in der Arbeiter massenhaft in den großen Städten zusammengedrängt werden, und zwar rascher, als unter den bestehenden Verhältnissen Wohnungen für sie entstehn, in der also für die infamsten Schweineställe sich immer Mieter finden müssen; in der endlich der Hausbesitzer, in seiner Eigenschaft als Kapitalist, nicht nur das Recht, sondern, vermöge der Konkurrenz, auch gewissermaßen die Pflicht hat, aus seinem Hauseigentum rücksichtslos die höchsten Mietpreise herauszuschlagen. In einer solchen Gesellschaft ist die Wohnungsnot kein Zufall, sie ist eine notwendige Institution, sie kann mitsamt ihren Rückwirkungen auf die Gesundheit usw. nur beseitigt werden, wenn die ganze Gesellschaftsordnung, der sie entspringt, von Grund aus umgewälzt wird.«

Aber wenn die Probleme unter den bestehenden Verhältnissen nicht gelöst werden können, lassen sie sich wenigstens mildern? Nicht durch den Staat, warnte Prittwitz: »Im Allgemeinen dürfte es vorzuziehen sein, die Wohnungs-Sorge möglichst der Privatindustrie zu überlassen«. Auch die *National-Zeitung* sprach sich 1871 gegen staatlichen Wohnungsbau aus: »Eine Stadtgemeinde hat nicht Häuser auszubauen, sondern ihre Stadt. Sie hat die öffentlichen, die allgemeinen Zwecke wahrzunehmen, und das kostet schon sehr viel Aufmerksamkeit, Arbeit und Geld. [...] außerdem auch noch allen Einwanderungslustigen billige Wohnungen zur Verfügung zu stellen, dazu hat die Stadtgemeinde kein Geld und keinen Beruf.«

Es gab allerdings auch Fürsprecher behördlicher Eingriffe, darunter der Arzt Isidor Kastan: »Hie und da sind heftige Klagen von Seiten der Grundbesitzer über willkürliche Eingriffe in ihre Eigenthumsrechte erhoben worden, insofern dieselben durch einzelne Bestimmungen der Bauordnungen [...] nicht unwesentlich beschränkt wurden; allein in allen Fragen der öffentlichen Wohlfahrt hat die Behörde die Verpflichtung, den egoistischen Neigungen nicht freien Lauf zu lassen, vielmehr dieselben nach Gebühr einzudämmen. Kellerwohnungen, ungenügende Entwässerungsanlagen, allzu niedrige Räume, allzu enge Höfe, ungenügend hohe Fenster, zu viele, übereinander geschichtete Stockwerke erweisen sich als ebenso viele und ebenso verhängnisvolle Uebelstände für die menschliche Gesellschaft.«

Eine Möglichkeit, dem privaten Angebot teurer Wohnungen entgegenzusteuern, ohne Immobilienbesitzern zu nahe zu treten, bestand im öffentlichen Angebot billiger Fahrscheine. Dessen rühmte sich gegen Ende des Jahrhunderts allen Ernstes eine ministerielle Schrift zum Berliner Eisenbahnbau. Man habe mit den Bahnen die Erschließung der Vororte ermöglicht und »es an Bemühungen in keiner Richtung fehlen lassen, gerade den unteren Klassen durch Gewährung reichlicher und überaus billiger Fahrgelegenheiten das Wohnen angenehmer und billiger zu machen.« Die Schrift nennt auch Zahlen: »Eine Stube mit Küche bringt 150 bis 300 M Miethe [im Jahr]. Für 2 bis 3 Stuben mit Küche werden [...] 300–600 M, für 3 bis 4 Stuben und Zubehör 600–900 M, für 4 Zimmer mit Zubehör 900–1200 M, für 5 Zimmer mit Zubehör 1200–1500 M bezahlt.« Es gab freilich auch Wohnungen, die zwischen 1500 und 3000 Mark, und sogar solche, die über 3000 Mark an Jahresmiete kosteten*.

Die Mieten in den Großstädten zwangen viele Haushalte dazu, neben den Familienmitgliedern gegen Entgelt zusätzliche Leute unterzubringen, als Schlafgänger oder als Untermieter möblierter Zimmer. »Um einen Teil des Wohnungsgeldes einzubringen«, hieß es in einer Artikelserie Otto Leixners, »werden Schlafstellen an Arbeiter – oder auch Arbeiterinnen – vermietet. Der Preis derselben schwankt zwischen 0.75 Pfg. bis 1.25, selten darüber die Woche. In der Küche oder in der Kammer ist dann ein schmales Lager aufgeschlagen, zuweilen sogar zwei, oder es werden nur abends Strohsäcke mit Leinen und Decken hingelegt.« Das wirkte sich, wenig überraschend, auf die Hygiene aus: »Wenn in einem Zimmer, einer Kammer und einer kleinen Küche Mann, Weib, drei und mehr Kinder und vielleicht auch noch ein Schlafbursche wohnen, ist es schwer, alles stets in sauberm Stande zu erhalten; eine größere Wohnung kann aber der Arbeiter, der im Durchschnitt 72–108 Mark monatlich verdient, nicht mieten. Kostet doch schon die kleine ein Viertel, ja selbst ein Drittel des gesamten Verdienstes.«

Leixners Artikelserie erschien von 1888 bis 1891. Im Jahr 1890 wurde die Anzahl der Schlafgänger auf 95365 beziffert, übrigens in

---

* Konkrete Einzelbeispiele zu den Wohnkosten im Alltagsabschnitt des Kapitels »Das neue deutsche Leben«.

jener ministeriellen Schrift, die so stolz auf die billigen Fahrscheine war. Innerhalb der Riesenstadt Berlin musste mithin die Bevölkerung einer mittleren Großstadt bei fremden Leuten unterkriechen.

Bereits in den vier Jahren unmittelbar vor der Reichsgründung war die Zahl der Schlafleute von 43 496 auf 67 230 angewachsen. Das wirkte sich, wiederum wenig überraschend, neben der Hygiene auch auf den ohnehin strapaziösen Familienalltag aus. Darauf wies selbst der nüchterne Statistiker Hermann Schwabe hin, als er in seinem Zahlenwerk irritiert die Zwischenfrage stellte, »was tragen wohl die 67 000 Schlafleute in die Familien für Unsegen hinein, welche ihnen nothgedrungen des Nachts ihre Pforten erschliessen müssen?«

1871 machte die »flottirende Bevölkerung«, wie Schwabe es ausdrückte, also »Gewerbsgehilfen, welche beim Brodherrn wohnen«, Dienstboten, Schlafleute und »Chambregarnisten« (Untermieter möblierter Zimmer), schockierende 21,18 Prozent aus. Über ein Fünftel der Berliner Bevölkerung hatte kein eigenes Zuhause, auch wenn es den Chambregarnisten darunter manchmal finanziell besser ging als deren Vermietern. Jeder zweite Maurer und beinahe jeder zweite Tischler verfügte bloß über eine Schlafstelle.

Robert Springer hatte schon Ende der 1860er in *Berlin wird Weltstadt* festgehalten »Die Aermsten unter denjenigen, die sich unabhängig von einem herrschaftlichen Dienste halten«, also nicht im Haushalt der Herrschaft lebten, »finden ihr nächtliches Unterkommen in den engen Schlafstellen, wo sie des Abends spät in kalter Kammer ihr Haupt auf ein unsauberes Kissen niederlegen; die Wohlhabenderen und Glücklicheren aber bewohnen ›möblierte Zimmer‹«. Das Zimmervermieten, fuhr er fort, »bildet in Berlin einen eigenen Erwerbszweig [...]. Die verschiedensten Species des Mittelstandes widmen sich diesem Erwerb: verwittwete Geheimräthinnen, subalterne Beamte, sparsame Rentiers, Handwerker jeder Art und unter diesen vor allen die Schneider. Der Miether findet je nach seinen Ansprüchen und Mitteln die mannigfaltigsten Wohnungen zu seiner Auswahl, – elegante Stuben mit Trümeaus und Divans [...]; ärmliche Zimmer mit lahmen Stühlen und gichtkranken Tischen«.

Im Jahr 1871 lebten 162 000 Berliner in Wohnungen, die nur aus Küche, Stube und Außenklo bestanden und im Schnitt mit sieben

Leuten belegt waren. Außerdem gab es 32 816 Wohnungen »ohne besonderen Küchenraum«, wie Hermann Schwabe es ausdrückte. Seinen Angaben zufolge hatten sich in den vier Jahren zwischen der Volkszählung von 1867 und derjenigen von 1871 die »übervölkerten Wohnungen« von rund 15 500 auf rund 30 500 verdoppelt. Als »übervölkert« galten Wohnungen, in denen sechs und mehr Personen auf ein oder zehn und mehr Personen auf zwei Zimmer kamen. Im gleichen Zeitraum hatten sich auch die Kellerwohnungen in den Hinterhöfen von 2778 auf 5275 nahezu verdoppelt. 2,6 Prozent der Wohnungen (4597 Wohnungen mit 12 545 Bewohnern) hatten 1871 überhaupt kein heizbares Zimmer, über die Hälfte (93 481 Wohnungen mit 375 031 Bewohnern) nur eines. Lediglich 5 Prozent der Wohnungen (8959 Wohnungen mit 54 732 Bewohnern) hatten zwischen fünf und sieben beheizbare Zimmer.

Besonders dramatisch war die Situation im Arme-Leute-Bezirk Wedding. Dessen Bevölkerung verzehnfachte sich von 1855 bis 1885 auf 70 000 Einwohner und wuchs dann bis zum Ende des Jahrhunderts noch einmal auf das Doppelte an. Dort hatten 1871 sogar 67,5 Prozent der Wohnungen nur ein beheizbares Zimmer, in der gut situierten Dorotheenstadt waren es immerhin auch noch 21,9 Prozent. Allerdings hatten dort etwas über 20 Prozent der Wohnungen über zwischen fünf und sieben beheizbare Zimmer, im Wedding bloß ein halbes Prozent. Ebenfalls nur ein halbes Prozent der Häuser insgesamt und sogar bloß 0,1 Prozent der Vorderhauswohnungen hatten eine Wasserleitung und 0,2 Prozent der Vorderhauswohnungen ein Wasserklosett. In der Dorotheenstadt waren es gut 60 Prozent der Häuser und 47,2 Prozent der Vorderhauswohnungen bei der Leitung und 31,5 Prozent beim Wasserklosett. Nicht alle Wasserklosetts speisten sich aus der öffentlichen Wasserverorgung, etliche aus zu Brunnen gelegten Privatleitungen. Das ist der Grund, weshalb – auf sehr niedrigem Niveau – im Wedding mehr Vorderhauswohnungen mit Wasserklosetts ausgestattet waren als mit Leitungen.

In Berlin insgesamt war die Hälfte der Vorderhäuser an Wasserleitungen angeschlossen, bei den Hinterhäusern ein Drittel. Von den mit Wasserleitung ausgestatteten Vorderhäusern ist wiederum knapp die Hälfte zudem mit Wasserklosetts ausgestattet, von den mit Leitungen ausgestatteten Hinterhäusern ein knappes Viertel. Viele Haushalte wurden weiterhin aus 1000 öffentlichen und 14 000 privaten Brunnen versorgt.

Bei dieser städtischen ›Wasserlage‹ wundert es nicht, dass Isidor Kastan bemerkte: »Ein eigenes Badezimmer oder auch nur ein Badezimmer zur gemeinsamen Benutzung aller Hausbewohner gilt heutzutage immer noch als ein Luxus, den sich nur die allerwenigsten Menschen erlauben dürfen.« Und: »Ein bloßer nothdürftiger Verschlag neben dem Abort, in welchem ein etwas über das Mittelmaaß hinausgewachsener Mensch nur mit Mühe aufrecht stehen kann, und in welchem sehr häufig nicht einmal eine Heizvorrichtung vorhanden ist, verdient nicht die Bezeichnung eines Badezimmers und dient nicht sowohl den Interessen einer wahrhaften Gesundheitspflege im Hause, als vielmehr den Interessen des Hauswirths, der mit Hilfe dieses zu einer ›comfortabel‹ eingerichteten Wohnung nothwendig zugehörigen Badezimmers einen höheren Miethzins herauszuschlagen hofft.«

Der Mangel an Badezimmern war keine Berliner Besonderheit. Arthur Schnitzler berichtet in seinen Wiener Jugenderinnerungen über die erste Hälfte der 1880er Jahre: »Wie in den meisten, selbst neueren und eleganten Stadtwohnungen fehlte es [...] so lange an einem Badezimmer, bis wir uns selbst eines einrichten ließen. Vorher wurde, wie in den meisten Mittelstandsfamilien, jede Woche einmal in irgendeinen Nebenraum durch die Diener einer Badeanstalt eine ungefüge Holzwanne geschafft und aus Fässern mit heißem Wasser gefüllt, in dem sich's der Reihe nach Papa, Mama, die Kinder und endlich die Dienstboten, so gut es ging, behagen ließen.«

Ein berüchtigter Berliner Versuch, die Wohnungsfrage zu lösen, war der Bau von großen Mietshausblöcken, schon von den Zeitgenossen als ›Mietskasernen‹ gefürchtet und verhöhnt. Ihr wichtigster Fürsprecher war Baurat James Hobrecht, zugleich leitender Ingenieur der Berliner Kanalisation*. Seine Idee, oder vielleicht eher das unerreichbare Ideal, bestand darin, die Trennung der Vermögensschichten nach ›guten‹, ›anständigen‹ und ›schlechten‹ Stadtvierteln zu vermeiden: »Nicht ›Abschließung‹, sondern ›Durchdringung‹ scheint mir aus sittlichen und darum staatlichen Rücksichten

---

* Dazu der entsprechende Abschnitt im Kapitel »Errungenschaften«.

das Gebotene zu sein. Aus den Mietskasernen gehen die Kinder aus den Kellerwohnungen in die Freischule über denselben Hausflur wie diejenigen des Rats oder Kaufmanns auf dem Wege nach dem Gymnasium. Schusters Wilhelm aus der Mansarde und die alte bettlägrige Frau Schulz im Hinterhause, deren Tochter durch Nähen oder Putzarbeiten den notdürftigen Lebensunterhalt besorgt, werden im I. Stock bekannte Persönlichkeiten.« Durch die Alltagskontakte und durch Hilfsbereitschaft, »welche ihren veredelnden Einfluß auf den Geber ausübt«, komme es zu »gemütlichen Beziehungen zwischen den gleichgearteten, doch so verschieden situierten Bewohnern«.

Auch Prittwitz war in seiner *Arbeiterfrage* »der entschiedenen Meinung, daß die gemischten Wohnungen, wie in Berlin, wo die Aermeren in Kellerwohnungen und oberen Stockwerken wohnen, den unschätzbaren Vorzug vor den Arbeitervierteln und Arbeiterkasernen voraus haben, daß durch diese Vermischung und das Beispiel der Wohlhabenderen sich unter den Aermern und namentlich unter den Arbeitern, Sitte, Ordnung und Sinn für höhere Genüsse leichter verbreitet«.

Die erste große Mietskaserne und für lange Zeit das Symbol für diesen Bautyp überhaupt wurde 1874 im Wedding errichtet. Bauherr und Namensgeber von »Meyer's Hof« war der Textilfabrikant Jacques Meyer. Es handelte sich um sechs viergeschossige, zwölf Meter hohe und im Abstand von jeweils zehn Metern hintereinandergesetzte Häuser mit fünf Höfen und viergeschossigen Quergebäuden mit gewölbten Durchfahrten dazwischen. In den Höfen gab es insgesamt vier Toilettenhäuschen, die zwar an die Kanalisation angeschlossen waren, aber keine eigenen Spülungen hatten, sondern zweimal täglich mit Wasser aus einem Dachbodenspeicher durchgespült wurden. Die Wohnungen im Vorderhaus hatten separate Toiletten. Der Gesamtkomplex umfasste 257 Wohnungen, davon 229 nur mit Stube, Küche und Kammer, wobei die Küchen von den Stuben durch einen von allen Mietern genutzten, fensterlosen Flur getrennt waren. Im Treppenflur befanden sich die gemeinsam zu nutzenden Wasserhähne.

Paul Lindenberg schilderte 1889 eine andere Berliner Mietshausreihe: »Hohe, vier- und fünfstöckige Häuser sind es, welche die

Fahrdämme einsäumen, mit kleinen Höfen und gewaltigen Hinter-
gebäuden. Dazwischen stehen große und kleine Fabriken, aus deren
Schornsteinen in dicken Säulen der Qualm zum Himmel aufsteigt
und sich in breiten Wolken lagert. Fast beängstigend wirkt diese At-
mosphäre der unermüdlichen, angestrengten Arbeit, und beängstigend kränklich sehen auch oft die Menschen aus, welche hier, dicht
zusammengedrängt, wohnen. Wieviel Elend und Kummer, wieviele
Leiden und Sorgen mögen sich hinter diesen schmucklosen, weiß-
getünchten Wänden verbergen«.

Um das herauszufinden, steigen wir im Mai 1893 mit einem Reporter der *Vossischen Zeitung* die Treppe zu einer Kellerwohnung in
Kreuzberg hinab: »Wir öffnen die Tür, eine schmale, steile Treppe
führt uns in die Tiefe des Kellers, der aus der sogenannten Küche
und einer Stube besteht. [...] In der Stube brennt die Lampe auf
dem kleinen Tisch und verbreitet ein trübes Licht, das seltsam mit
dem hellen Sonnenschein draußen kontrastiert. Wir treffen die Familie« – sie besteht aus einer alleinerziehenden Frau und drei Kindern zwischen acht und vierzehn – »beim Mittagessen, das aus einer
Bohnensuppe besteht, welche die Mutter soeben aus der Armen-
küche geholt hat. [...] Die Küche ist ein enger Gang, der von der
Treppe ausgeht und in dessen Hintergrund sich ein abgenutzter
Herd befindet. [...] An den nackten, kalten Mauerflächen bemerkt
man in beiden Zimmern feuchte Flecke. In der Stube sind die beiden Fenster wie zum Hohn auf frische Luft und helles Sonnenlicht
angebracht, die in diese Tiefe niemals eindringen. Das eine Fenster
darf des nahen Hofklosetts wegen überhaupt nicht geöffnet werden.«

Am besten, man wohnt überhaupt nicht zur Miete, nicht im
Keller, nicht unter dem Dach, nicht in der Beletage und nicht einmal allein in einem ganzen Haus. So jedenfalls sah das, ganz Philosoph, Eduard von Hartmann: »Von besonderer socialethischer
und hygienischer Wichtigkeit ist ferner der Unterschied, ob jede
Familie ihr eignes Haus bewohnt, oder ob sie mit vielen anderen
Familien das Haus theilt. Nur das eigne Haus lässt ein wahres und
volles Heimathsgefühl, die echte Poesie des ›Vaterhauses‹ in dem
aufwachsenden, jungen Geschlecht entstehen; die Miethwohnung
mag vom Nützlichkeitsstandpunkte aus betrachtet praktischer

sein, insofern ihr Wechsel sich den zu- und abnehmenden Bedürfnissen der Familie leichter anpasst, aber der sittigende und festi-
gende Einfluss auf Gemüth und Charakter, den der eigne Besitz
gewährt, fehlt ihr. Dies gilt schon dann, wenn die Miethwohnung
selbst ein ganzes Haus umfasst; noch andere Schädlichkeiten treten hinzu, wenn sie nur eine unter den vielen Wohnungen einer
Miethskaserne oder eines Miethspalastes ist. Ausser den Differenzen zwischen Miethern und Wirth entwickeln sich dann eine
Menge Streitereien zwischen den verschiedenen Miethern theils
infolge der Nöthigung, sich um die gemeinsame Benutzung der
gemeinsamen Hauseinrichtungen zu vertragen, theils durch den
Klatsch der Dienstboten; beide verderben den Charakter durch
Gewöhnung an Streitsucht und Kleinlichkeit und vergiften das
nachbarliche Verhältniss.«

Die Schlafleute und Chambregarnisten, die Quartalsmieter und
Zwangsgeräumten hatten andere Probleme. Von ihnen lebten am
1. Dezember 1871, dem Tag der Volkszählung, »404 in den Baracken
auf dem Tempelhofer Felde«, wie Schwabe zu berichten wusste. In
den ›Barackia‹ genannten, von Obdachlosen errichteten Unterkünf-
ten sah Ernst Engel, damals Direktor des »Königlich Preußischen
Statistischen Bureaus«, halb mitleidsvoll, halb angewidert »eine
bunte Reihe der jammervollen Hütten aus den wertlosesten Aus-
schußbrettern und Abbruchgegenständen zusammengenagelt, überall mit großen und kleinen Öffnungen, durch welche der kalte Wind
den Regen peitschte und das Fundament dieser Hütten, den rohen
Erdboden, in Brei und Schlamm verwandelt«.

Die Darstellung kontrastiert auf eigenartige Weise mit einer Re-
portage von Max Ring. Er beschrieb die Barackia-Bewohner in der
Gartenlaube als siebzig ehrbare und nicht einmal ganz arme Hand-
werkerfamilien, die immerhin Pacht für das Gelände zahlten, auf
dem sie ihre Hütten errichtet hatten. Auch der Feuilletonist Julius
Rodenberg meinte, dass es keineswegs Lumpengesindel war, das
sich dort ansiedelte, sondern ehrbare Handwerker, mit strickenden
Frauen in den Türen und Gardinen an den Fenstern.

Aggressiv-verächtlich wiederum äußerte sich der Reiseschriftsteller Victor Tissot: »Seitdem jedem Untertan des Reiches das Recht
der freien Niederlassung zugestanden wurde, hat Berlin eine wahre

Invasion von Deklassierten, Abenteurern, Bettlern, Taugenichtsen und Vagabunden über sich ergehen lassen müssen. Dieses Gelichter kampierte im Jahre 1872 in Horden auf der Schlächterwiese und am Cottbusser Damm. Durch Auflösung dieser Baracken- und Hüttendörfer glaubte der Berliner Polizeipräsident das Elend beseitigen zu können. Jedoch ist durch diese Maßnahme die Zahl der Verbrechen nur gestiegen, denn die ehemaligen Bewohner von ›Barackia‹ und der Schlächterwiese irren heute am Rande des Tiergartens umher und verunsichern die Straßen.«

Schon im Juli 1872 war es, veranlasst durch eine Zwangsräumung, zu Protestaufläufen, Krawallen und eingeschmissenen Fensterscheiben von Hauswirten gekommen. Es musste berittene Polizei aufgeboten werden, um dem Rabatz von mehreren Tausend Leuten ein Ende zu machen.

Im August 1872 schließlich wurden die Obdachlosensiedlungen vor dem Cottbuser, Frankfurter und Landsberger Tor niedergerissen, im Oktober auch Barackia am Landwehrkanal, weil die Pachtverträge zwischen den Grundbesitzern und der Stadt ausgelaufen waren. In den Folgejahren ging die Zahl der Obdachlosen weiter nach oben: 1874 waren es 161 450 Menschen, 1877 stieg ihre Zahl auf 183 500 und 1880 sogar auf 246 470.

Mit Asylen wurde man dieser notgedrungen stromernden und streunenden Menschenmassen nicht mehr Herr. In einer früheren *Gartenlaube*-Reportage hatte Ring geschrieben: »Wie jede große Stadt besitzt auch Berlin ein zahlreiches Proletariat, darunter Hunderte und Tausende, welche am Morgen nicht wissen, wo sie Abends ihr müdes Haupt hinlegen und die lange Nacht zubringen werden. Die Menge der Obdachlosen steigt noch bedeutend am Anfang jedes Quartals, wo viele arme Familien von ihren Hauswirthen wegen Zahlungsunfähigkeit exmittirt und auf die Straße getrieben werden.«

Auch der 1869 gegründete »Berliner Asylverein für Obdachlose« war von seiner Aufgabe eigentlich schon zu Beginn überfordert. Daran konnte selbst das ehrenwerte Engagement von Unternehmern wie Borsig, Honoratioren wie Virchow und kapitalstarken Sozialdemokraten wie Singer nichts ändern. Bereits im Vorfeld der offiziellen Gründung wurde am 3. Januar 1869 ein provisorisches Unterkunftshaus für Frauen eröffnet. Max Ring: »Die erste und an diesem denkwürdigen Tage einzige Person, welche ein Obdach suchte, war ein verlassenes achtzehnjähriges Dienstmädchen. Seitdem sind im Lauf dieses Jahres mehr als *dreizehntausend* Frauen, Mädchen und Kinder aufgenommen worden.«

Die Dienstmädchenfrage

Der Name des jungen Dienstmädchens, das am 3. Januar 1869 im Heim des Berliner Asylvereins unterschlüpfte, ist nicht überliefert, ebenso wenig, woher sie kam und was aus ihr geworden ist. Vermutlich war sie ein Landei, das in der Stadt sein Glück zu machen suchte, wie viele vor ihr und noch mehr nach ihr. Im Jahr der Reichsgründung kamen 93 Prozent der Berliner Dienstmädchen nicht aus dem Stadtgebiet. Die jungen Frauen der städtischen Unterschichten zogen wegen des besseren Lohns und wegen der größeren persönlichen Unabhängigkeit die Arbeit in der Fabrik dem Dienen in einem Haushalt vor, obwohl ihre männlichen Kollegen lieber Dienstmädchen heirateten, die für ›sauberer‹ gehalten wurden als Fabrikarbeiterinnen, auch in sexueller Hinsicht, und überhaupt einen besseren Hausfrauenruf hatten. Lina Morgenstern meinte in ihrem Monumentalwerk *Die Frauen des 19. Jahrhunderts:* »Durch die immer umfassender sich gestaltende Großindustrie, welche die Hausindustrie verdrängt, werden die armen Mädchen und Frauen massenhaft zur Fabrikarbeit gedrängt, so daß sie den Sinn und die Fähigkeit für die Häuslichkeit verlieren – und dereinst in der Ehe nicht vermögen, eine Wirtschaft auskömmlich zu führen oder behaglich zu machen, so daß der Mann gar oft aus Unmut den ersten verderblichen Schritt ins Wirtshaus thut.«

Möglicherweise waren die jungen Arbeiterinnen im persönlichen Liebesleben freizügiger als die Dienstmädchen, aber was den gewerblichen Sex angeht, bestätigt die Statistik ihren zweifelhaften Ruf nicht: Nach Angaben des Berliner Polizeipräsidiums aus den 1870er Jahren waren von 2224 Prostituierten 35,7 Prozent Dienstmädchen

Rudolf Virchow, umlagert von Schädeln und Gerippen, in seinem Arbeitszimmer im Pathologischen Institut der Berliner Charité.

Oben: Der »Herr im Coupé« und die »Dame im Coupé«, zwei Pastellzeichnungen Adolph Menzels von 1859, wurden lange gemeinsam in einer Sammlung der Berliner Nationalgalerie gezeigt und im Zweiten Weltkrieg getrennt: 1941 wurden die Bilder

Unten: Montagehalle der Firma Borsig. Die Werkstatt des Firmengründers und ›Dampfross‹-Pioniers entwickelte sich unter seinem Sohn und Nachfolger in der

ausgelagert, und nach Kriegsende kehrte nur der Herr zurück. Die Dame blieb über Jahrzehnte verschollen. Erst seit 2019 sind die beiden wieder vereint im Kupferstichkabinett zu sehen.

zweiten Hälfte des 19. Jahrhunderts zum führenden Hersteller von Lokomotiven im Deutschen Reich.

Oben: Firmenschild eines Herstellers von Pflug-Lokomotiven gegen Ende des 19. Jahrhunderts, das mit Recht als das Jahrhundert des Dampfes charakterisiert worden ist.

Unten: Dampfkraft schlägt Handkraft, die Maschine ersetzt Menschen. Dieser Handwebstuhl in Neuruppin, einer der letzten seiner Art, wurde 1890 außer Betrieb genommen.

Schmutzabschöpfen in einer Pumpstation der ab 1873 ausgebauten Berliner Kanalisation. Zwei Jahrzehnte später umfasste das Kanalsystem immerhin rund 150 Kilometer.

Oben: Rollschuhlaufen war ein Vergnügen der besseren Kreise. Darauf lassen schon die vielen Zylinder schließen, die auf diesem Photo einer Rollschuhbahn vom Ende der 1880er Jahre zu sehen sind.

Unten: Das Volk vergnügte sich beim Sonntagspicknick auf dem Tempelhofer Feld. Hier herrschen die Hüte vor, wie diese Illustration von Carl Koch um 1890 zeigt.

Beim Anblick dieser ›Flugwurst‹ aus den späten 1880ern, noch vor den ersten Zeppelin-Aufstiegen im Jahr 1900, wäre niemandem in den Sinn gekommen, dass einst Menschen auf dem Mond und Roboter auf dem Mars landen würden.

Im Jahr von Bismarcks 80. Geburtstag machte sich die Satirezeitschrift über den zunehmenden Kult um den ›Eisernen Kanzler‹ lustig. Dabei stand zu dieser Zeit die Errichtung der meisten Bismarcktürme und Bismarckdenkmäler erst noch bevor.

und nur 16 Prozent Fabrikarbeiterinnen. Erfasst waren allerdings nur die angemeldeten Prostituierten. Was sich sonst in Hinterhofecken, Kellerverschlägen und Dachkammern abgespielt hat, entzog sich der behördlichen Zählung. Dienstmädchen jedenfalls hatten im Unterschied zu den meisten Arbeiterinnen die Chance, sich mit Sparsamkeit und langem Atem eine Art Aussteuer anzuschaffen, wie Leixner in seinen *Sozialen Briefen* erwähnt: »Nach zehn-, ja zwanzigjähriger Dienstzeit treten sie mit einer kleinen ersparten Summe in die Ehe; manche hat sich sogar inzwischen eine Art von Ausstattung an Wäsche, Geschirr und einigen Möbelstücken angeschafft, immer mit dem Gedanken an irgend einen Mann.«

Fontane notierte 1873 wenig erfreut im Tagebuch: »Unsre alte Luise verläßt uns, um den Maschinenarbeiter Schoening, Wittmann mit verschiedenen Kindern, zu heirathen«. Zum Glück – für Fontanes Familie – stand die »neue Luise«, wie er schreibt, schon zum Dienstantritt bereit. Mehr als zehn Jahre später klagte er: »Im Hause war Mädchennot, was die Situation sehr erschwerte: kochen bei 24 Grad im Schatten.« Hier nimmt er die Perspektive des betroffenen ›Familienvorstands‹ ein, an anderer Stelle die des dokumentierenden Schriftstellers: Im *Stechlin* lässt er ein Dienstmädchen erzählen: Die Hängeböden sind »in der Küche, mitunter dicht am Herd oder auch gerade gegenüber. Und nun steigt man auf eine Leiter, und wenn man müde is, kann man auch runterfallen. [...] Und nun macht man die Tür auf und schiebt sich in das Loch hinein, ganz so wie in einen Backofen. [...] Und am schlimmsten is es im Sommer. Draußen sind dreißig Grad, und auf dem Herd war den ganzen Tag Feuer; da is es denn, als ob man auf den Rost gelegt würde.«

Von den Berliner Dienstmädchen stammten viele aus dem nahegelegenen Spreewald, obgleich es gegen die Ammen von dort Vorbehalte gab: Es »gehe bekanntlich so viel davon auf das unschuldige Kind über«, heißt es in Fontanes *Jenny Treibel*, ohne nähere Erläuterung, worin dieses ›davon‹ bestand. Es war die Milch der Verworfenheit, vor der man sich fürchtete. Die Kinder der ›ehrbaren‹ Frauen, die nicht selbst stillen wollten oder konnten, waren angewiesen auf die Nährkraft von Ammen, die Säuglinge hatten, aber oft keine Väter dazu.

Bei den Dienstmädchen brauchte man sich keine Sorgen um moralisch verseuchte Milch zu machen. Aber immer bevorzugten die Städter junge Dinger vom Land: das Bürgertum in Berlin die aus Brandenburg oder aus dem Oderbruch, von dem auch die 18-jährige Pauline Staegemann* in die große Stadt kam; das Bürgertum in Wien welche aus Böhmen und Mähren; das in Frankfurt am Main solche aus dem hessischen Hinterland. Nachdem Bismarck an den Bundestag nach Frankfurt entsandt worden war, schrieb er seiner Frau Johanna: »Sieh doch ja zu, daß Du die Mädchen mit herbekommst oder, wenn sie durchaus nicht wollen, andre von dort, die man schon einigermaßen kennt; so einen Frankfurter Schnips mag ich nicht im Zimmer haben und bei den Kindern; oder wir müssen aus Hessen ein Mädchen mit kurzen Röcken und einer lächerlichen Kopfbedeckung nehmen, die sind noch halbwegs ländlich und rechtlich.«

In Preußen gab es Mitte bis Ende der 1860er rund 770 000 Dienstmädchen und Hausmägde. Für Berlin gibt der Statistiker Schwabe im Jahr 1871 insgesamt 52 166 Dienstboten an, männliche Hausdiener mitgerechnet. Das Personal war sehr ungleich über die Stadt verteilt. Knapp 82 Prozent der Haushalte hatten überhaupt keine Dienstboten, 12,7 Prozent hatten einen, 3,9 Prozent zwei, 1,5 Prozent drei und 0,8 Prozent vier und mehr Dienstboten. Bei den Haushalten mit nur einem Dienstboten handelte es sich zu 95 Prozent um ›Mädchen für alles‹. Schwabe weist darauf hin, »je ärmer der Stadtteil, je mehr existiren Haushaltungen, die ausschliesslich aus Familienangehörigen bestehen«. Im Wedding haben 94,4 Prozent der Haushalte keine Dienstboten, in der Dorotheenstadt ebenfalls noch 61,3 Prozent. Dafür verfügten dort 7,5 Prozent über vier oder mehr Dienstboten.

Eine davon könnte die am Eröffnungstag des Heims des »Berliner Asylvereins« dort untergekommene junge Frau gewesen sein. Vielleicht war sie mit leichtem Gepäck am Bahnhof angekommen und wusste nicht, an wen sie sich wenden sollte. Vielleicht war ihr der Antritt einer Haushaltsstelle verweigert worden, oder sie begegnete – zu ihrem Glück – keiner der ›Schlafmütter‹, die unerfahrene Mädchen vom Land, manche davon noch halbe Kinder, bereits am

---

* Zu Staegemann die »Erinnerung an eine ›Hyäne‹« im Kapitel »Große Männer«.

Bahnhof aufsammelten, fürs Erste versorgten und bei sich unterbrachten, um sie schließlich – wahlweise mit Versprechungen oder Drohungen – der entsprechenden Kundschaft zuzuführen.

In späteren Jahren etablierten sich zunehmend Vermittlungsagenturen, an die Stellensuchende sich wenden konnten. 1880 gab es in Berlin über 400 solcher »Gesinde-Vermietungsbureaus«. Oft beuteten sie die ahnungslosen Mädchen mit überzogenen Gebühren aus oder trieben sie mit fingierten Stellenangeboten und anderen falschen Versprechungen in Schuldenfallen.

Je besser die Stadtteile und je größer die Wohnungen, desto zahlreicher das Personal – und desto weiblicher die Bevölkerung. Aber nicht deshalb, weil die Frauen so reich waren, sondern weil die Reichen so viele Frauen beschäftigten: In den »Altersclassen vom 15. bis 55. Jahre«, dokumentiert Schwabe, »sind überall in den reichsten Stadttheilen die Frauen stärker vertreten, weil sie als Dienstpersonal, Nähterinnen*, Hausmädchen, Wirthschafterinnen, Hilfe in der Erziehung als Kindermädchen, Bonnen und Kinderfrauen eine ziemlich starke Verwendung finden; dagegen treten in den weniger reichen und ärmeren Stadttheilen [...] die Frauen überall gegen die Männer zurück.« Allerdings nicht bei denjenigen über 56. Hier gilt: »je ärmer die Bevölkerungsgruppe desto mehr existiren im Vergleich zu den Männern ältere Frauen.«

Schwabe ließe sich dahingehend ergänzen: je mehr Dienstboten, desto höher das kulturelle Niveau. Der Historiker Heinrich von Treitschke jedenfalls meinte: »Keine Kultur ohne Dienstboten«. Die Behauptung war dreist, aber berechtigt. Irgendjemand musste schließlich die Arbeit im Haus erledigen, damit die Herrschaft sich von der ihren erholen konnte (die Männer) beziehungsweise genug Zeit behielt, sich um Kultur, Klavier und Wohltätigkeit zu kümmern (die Frauen). Und kein Wunder, dass die ›arbeitenden Classen‹ und deren Führer von den Angehörigen der besitzenden für ›kulturlos‹ gehalten wurden, wenn sie bei Bebel über die Dienstboten zu lesen bekamen: »Diese ausserordentlich zahlreiche Klasse wird natürlich in der neuen Gesellschaft verschwinden und für produktive Zwecke im eignen Interesse thätig werden.«

* So die damals gängige Bezeichnung.

Das Ziel lag in weiter Ferne – und ist dort bis heute liegen geblieben, auch wenn höfliche Leute ihre Putzfrau nicht mehr so nennen, ähnlich wie damals die Gutwilligen nicht länger ›Dienstboten‹ zu ihren Dienstboten sagten. Tatsächlich begann sich deren soziale, rechtliche, geistige und seelische Lage zu verändern und die Beziehung zwischen Personal und Herrschaft sich von einem Macht- in ein Vertragsverhältnis zu wandeln. Das ist viel beklagt worden, auch von Schwabe: »Faktisch ist [...] die Vorstellung der Herrschaft im Bewusstsein des Dienstboten mit Wohlhabenheit, Bildung und Einfluss verschmolzen, sie bekommt also Hülfen und steigt, während die Vorstellung des eigenen Ichs sinkt. Daher weicht das, was die Herrschaft nicht haben will, mit geringem Widerstande zurück, während das, was dieselbe will, bedeutende Hülfe bekommt und so leichter zur herrschenden Vorstellung wird. Bei dem früheren patriarchalischen Verhältniss zwischen Herrschaft und Dienstboten, erhielt dieser denn auch eine ganz bestimmte Stelle in dem Organismus des Hauses [...]; es trat eine mehr oder weniger vollständige Assimilirung [...] ein; es bildete sich ein gemeinsamer Gedankenkreis, ein gemeinsames Interesse; der Dienstbote trat aus der Opposition in das ›Wir‹ [...].« Die neueren Umwandlungen in ein »Contractsverhältnis [...] rücken die Dienstboten immer mehr in den 4. Stand ein, denn bei ihnen macht nicht der geringe Lohn den Proletarier, sondern der Umstand, dass sie in der Familie der Herrschaft keinen Halt mehr haben. Mit der unstäten Wanderung von Herrschaft zu Herrschaft hört natürlich jede Verschmelzung auf, sie wird zum Signal für jene Klagen der Dienstleute über die Herrschaften und der Herrschaften über die Dienstleute. Schon zeigten sich in Berlin Symptome von Klassenhass zwischen beiden«.

Aber so wenig die Stellung des Arbeiters innerhalb der Fabrik eine von der unmittelbaren Erfahrung des Beherrschtwerdens freie, rein kontrakt- und marktmäßige gewesen ist, so wenig war die Stellung des Dienstmädchens innerhalb des Haushalts die einer vertraglich gebundenen, aber persönlich freien Servicekraft. Das ›Mädchen‹ war der Herrin des Hauses preisgegeben, machmal auch dem Hausherrn. Und manchmal rächte sie sich an der Hausherrin, indem sie sich selbst dem Hausherrn preisgab.

Die Front zwischen Herrin und Dienerin hat Fanny Lewald in *Osterbriefe für die Frauen* 1863 benannt, aus doppelter Perspektive: »Es muß für solche Mädchen«, die nicht erst mit fünfzehn, sechzehn Jahren ihre erste Stelle antreten, sondern schon im Dienstleute-Milieu aufgewachsen sind und von Kindheit an den Krieg zwischen Dienerschaft und Herrschaft erlebt haben, »ein entsetzlicher Augenblick sein, wenn sie sich bei dem Eintritt in einen neuen Dienst, mit ihrem ganzen Sein und Wollen einer Frau überantworten müssen, die sie als ihre natürliche Feindin ansehen. Aber es ist wahrhaftig auch kein Genuß, eine in solchen Vorurtheilen, ohne alle vernünftige Erziehung aufgewachsene Person in sein Haus aufzunehmen, und nun abzuwarten, wie man sich auf dem Boden des gegenseitigen Mißtrauens einrichten, wie man mit einem ›heimlichen Feinde‹ zurecht kommen kann.«

Das Ressentiment war auf beiden Seiten, die Macht nur auf der einen. Ihr gegenüber standen Häme, Hinterlist und Schadenfreude bei den Mindermächtigen. 1863 erzählte Friedrich Hebbel in Wien seinem Tagebuch: »Meine Tochter liegt im Morgen-Schlummer auf dem Sofa, und eine der Mägde kehrt das Zimmer. Sie geht hinaus und lehnt den Besen so unvorsichtig mit dem schweren Ende gegen die Wand, daß er umschlägt und der Schlafenden aufs Gesicht fällt. Das Kind ist augenblicklich mit Blut bedeckt, glücklicherweise nur aus der Nase, läutet und ruft nach Tüchern und Wasser. Die zweite Magd tritt ein und sagt, anstatt ihr beizuspringen: ›Geschieht Ihnen schon recht, warum sinds nicht früher aufgestanden?‹ Diese Person haben wir zwölf Jahre im Hause.« 1872 jammerte der einflussreiche Jurist Rudolf von Jhering in seinem Vortrag *Kampf ums Recht* über das ihm von seinem Dienstmädchen angetane Unrecht: »Sie wollte plötzlich weg, behauptete, sie hätte gekündigt; sie hatte aber nicht gekündigt. Ich konnte nichts thun [...]. Ich suchte Hilfe bei der Polizei; das Mädchen wurde inquirirt und gestand, nicht gekündigt zu haben, wollte aber doch den Dienst nicht fortsetzen [...]. Da habe ich aber, kann ich sagen, gefühlt diesen Stachel des erlittenen Unrechts, wenn man sein gutes Recht hat und die Einrichtungen des Staates derartige sind, daß man mit dem besten Willen sein Recht nicht geltend machen, nicht durchsetzen kann.«

Jhering hielt den Vortrag vor Wiener Kollegen und wurde dabei mehrmals durch Bravo-Rufe unterbrochen. Er sprach den Herren offenbar aus der Seele, obwohl deren Köpfe hätten wissen müssen, wer beim ›Kampf ums Recht‹ in Wahrheit der Stärkere war, wie noch zwei Jahrzehnte nach Jherings Vortrag in einer Wiener Schrift zur *Dienstbotenfrage* beschrieben: »Der Dienst im Haushalte umfaßt alle dahin einschlägigen Verrichtungen, als: Kochen, Waschen, Bügeln, Schuhe- und Kleiderreinigen, Zimmeraufräumen, verbunden mit dem einem Mädchen so schädlichen Fußbodenbürsten, Kohlen-, Holz- und Wassertragen, Einkauf der Lebensmittel […]. Hinzu kommen noch die verschiedenen Commissionsgänge, sowie beim Vorhandensein schulpflichtiger, kleinerer Kinder, das Führen derselben und Abholen derselben in und aus der Schule.« Dabei ist daran zu erinnern, dass Familien, die sich nur ein ›Mädchen für alles‹ leisten konnten, gewöhnlich nicht im Parterre oder im ersten Stock wohnten, sondern weiter oben, was viel Treppenlauferei mit sich brachte. »Daß manche Frau dem Mädchen auch noch Näharbeiten zumuthet, gehört nicht zu den Seltenheiten.« Hinzu kommen »noch die zeitweise, gründliche Reinigung der Wohnung, Ausklopfen der Teppiche und Möbel und Fensterputzen«. Zusammengefasst: »Um all diesen Anforderungen nur halbwegs zu genügen, muß ein solches Mädchen um 6 Uhr früh, auch zeitlicher, bei der Arbeit sein, ist den ganzen Tag auf den Füßen und kommt […] vor 11 Uhr Nachts nicht zu Bette. So geht es das ganze Jahr hindurch, ob Sonn-, Feier- oder Wochentage; ja, an ersteren Tagen ist die Dienerin noch mehr fatigirt, wenn Gäste zu Abend oder die Herrenleute außer Hause und die Kinder ihrer Obhut anvertraut sind. Nur jeden zweiten Sonntag hat das Mädchen den sogenannten ›Ausgang‹, den es, wenn es nach dem Mittagsmahl mit seinen Arbeiten fertig ist, antreten kann, jedoch um 8 Uhr, spätestens 10 Uhr zu Hause sein muß.«

Das Klagen übers Personal war Dauerbestandteil bei den Damenkränzchen, das Klatschen über die Herrschaft Routine bei den Treppengesprächen der Dienerschaft. Und je nach Angebot und Nachfrage waren die Kräfte verteilt. Gute Köchinnen beispielsweise waren selten und sehr gesucht, besonders von Haushalten, in die häufig zum Soupieren geladen wurde. Entsprechend tyrannisch konnte sich eine Köchin aufführen, auch den unter ihr stehenden Küchen-, Stuben- und Dienstmädchen gegenüber. »Schüchterne und sanfte Köchinnen sind so selten wie schüchterne Lieutenants«, meinte Helene Dohm. Wenn sie dann noch anfingen, vornehm und gebildet sein zu wollen, waren sie für die alten Unterordnungsverhältnisse vollends verdorben, wie die *Gartenlaube* 1874 konstatierte: »Seit die Köchinnen Hüte tragen und in den Arbeiterbildungsverein laufen, seitdem ist es fertig mit der guten alten Zeit.«

Als Gegenmittel wird das Ernstnehmen der 1872 im ganzen Reich verbindlich gemachten Gesindebücher empfohlen. Die Bücher sollten wegen der zunehmenden Personalfluktuation als Kontrollmittel dienen und enthielten standardmäßig eine Rubrik, in die der Grund des Dienstaustritts, und eine weitere, in die ein Dienstabgangszeugnis eingetragen werden sollte. Herrschaften und Hausfrauen, die im Zwist von einem Dienstmädchen oder einer Köchin schieden, scheuten allerdings häufig davor zurück, ihrer Feindin Wahrheiten nicht nur ins Gesicht zu sagen, sondern auch ins Gesindebuch zu schreiben, aus der begründeten Angst, das würde sich herumsprechen und die Suche nach brauchbarem Personal zusätzlich erschweren. Die *Gartenlaube* appelliert deshalb an die bürgerliche Frauensolidarität: »Wenn in jeder Stadt ein möglichst großer Kreis Frauen zusammenträte, mit dem festen gegenseitigen Versprechen, wahrheitsgetreue Zeugnisse auszustellen, was bekanntlich nie geschieht, und eine Person nicht aufzunehmen, deren Zeugnissbuch nicht das Wort ›Ehrlichkeit‹ aufweist, wenn man einen für die verschiedenen Leistungen normirten Durchschnittslohn festsetzte und sich nicht gegenseitig durch Ueberbieten die Mädchen wegkaperte, wenn die so zusammenstehenden Frauen zugleich die Tüchtigsten und Angesehensten wären, so daß ein gutes Zeugniß von ihnen die wirksamste Empfehlung für ein braves Dienstmädchen abgäbe – wäre da nicht schon Vielem abgeholfen?«

Ein paar Jahre später freilich heißt es in der gleichen Zeitschrift resigniert: »Die gewöhnlichen bunt bekritzelten Dienstbücher unserer Stuben- und Küchenmädchen, die für jedes Jahr mehrere gefüllte Seiten von Zeugnissen aufzuweisen haben, sind mir stets sehr verdächtig. Am liebsten nehme ich ein Mädchen aus braver, solider Familie, die noch gar nicht gedient hat, aber zu Haus überall tüchtig mit zugreifen mußte; denn in den bei uns üblichen Zeugnissen ist ja überhaupt nichts weiter zu berücksichtigen, als die Dauer des Dienstes; einen Tadel schreibt ja Niemand hinein.« Außerdem wird geraten, »in das Gesicht und auf das ganze Gebahren eines Mädchens muß man mehr sehen, als in ihre Zeugnisse.« So hält es auch der Herr Gemahl in *Effi Briest* anlässlich der Indienstnahme eines neuen Mädchens bei seinem Vorschlag, »wenn ihr Gesindebuch nicht zu schlimme Sachen sagt, so nehmen wir sie auf ihr gutes Gesicht hin.«

Je mehr Dienstboten ein Haushalt hatte, desto größer wurde der Anteil des männlichen Personals. Bei Haushalten mit vier und mehr Dienstboten waren fast ein Viertel Männer. Jedoch ging insgesamt die Zahl der männlichen Dienstboten seit 1867 deutlich zurück. Das lag an den steigenden Lohnforderungen des männlichen Personals, das sich leicht auch anderweitig verdingen konnte, und es lag »in dem leider sehr ungerechtfertigten Selbstbewusstsein«, wie Schwabe meint, »welches sich der untern Klassen bemächtigt hat; sie sind im Bezug auf ihre Leistungsfähigkeit auf ein tieferes Niveau und in ihren Ansprüchen auf ein höheres gestiegen«.

Da Fontanes Jenny Treibel weiß, »was in einem reichen und auf Repräsentation gestellten Hause brauchbare Dienstleute bedeuten, […] wurde denn alles, was sich nach dieser Seite hin nur irgendwie bewährte, durch hohen Lohn und gute Behandlung festgehalten.« Über Bismarck wiederum kolportierte Fontane, von dem es auch weniger wohlwollende Bemerkungen über dessen Menschenführung gibt, er habe die Leute an sich zu binden gewusst: »Bismarcks Güte gegen Niedrigstehende ist in allen Lebenslagen unverändert geblieben, und seine alten Diener sprechen von ihm mit jener eigentümlichen, ehrerbietigen Familiarität, welche zwischen einem guten Herrn und ergebenen Hausleuten besteht.« Im *Stechlin* gibt er diese Reziprozität zwischen Ungleichen durch Dienermund wieder, mit deutlich skeptischerem Zungenschlag: »Gute Herrschaft und immer denken, ›man gehört so halb wie mit dazu‹ – dafür bin ich. Und manche sollen ja auch halb mit dazu gehören … Aber ein bißchen anstrengend is es doch mitunter, und man is doch am Ende auch ein Mensch.«

Die Rückerinnerung von August Fiebig, dem Diener von Werner Siemens, an eine Stelle vor seinem Eintritt bei dem berühmten Herrn, geht in ähnliche Richtung: »Dieses Haus [eines Majors] war eigentlich meine richtige Dienerschule, alles musste mit militärischer Pünktlichkeit erledigt werden, dabei aber [war] doch ein warmes Interesse für mich [...]. Ich hatte sehr viel Arbeit und Frau Major war sehr streng, aber es war zu meinem Besten. Bei Bekannten und Verwandten ging ich mit zum Servieren, gingen die Töchter ins Theater, musste ich sie begleiten«. Mitunter bekam er sogar ein Billett, erzählt er in seinen handschriftlich hinterlassenen Aufzeichnungen stolz. Die Andeutung mit dem Servieren zielt darauf, dass Eingeladene mitunter eigenes Personal zur Unterstützung der Personals der Einladenden mitbrachten. Außerdem konnte man Zugehfrauen und Lohndiener anheuern, entweder als zusätzliche Kräfte oder, wenn man im Alltag ohne Dienstleute auskommen musste, bei besonderen Gelegenheiten.

In den guten Häusern mit Stammpersonal, wo man Georg Brandes zufolge »keine Tasse [...] trinkt, ohne dem Mädchen oder dem Diener Trinkgeld zu geben, der einen an die Tür begleitete«, waren in das Verhältnis zwischen Dienenden und Bedienten auch deren Gäste einbezogen, ob sie das wollten oder nicht. Das private Trinkgeldgeben (und Gebenmüssen) wurde viel beklagt. Der von seinem Dienstmädchen so rechtlos behandelte Jurist Jhering hat sich auch darüber geäußert. In seinem Aufsatz *Das Trinkgeld* von 1882 spricht er von einer »Unsitte« wie beim Duell und von der »Ausartung des Trinkgeldergebens, wodurch dasselbe zu einer wahren Plage des gesellschaftlichen Lebens geworden ist.« Den Juristen ärgert vor allem die Regel- und Prinzipienlosigkeit – »das Trinkgeld ist capriciös« – jenseits des formalen Rechts und jenseits vertraglicher Vereinbarungen wie etwa beim Lohn. Sogar im Eisenbahncoupé müsse man Trinkgelder geben, wolle man etwa einen besonderen Platz in Anspruch nehmen. Dieses Beispiel würden wir heute eher als Korruption ansehen, aber mitunter sind die Übergänge zwischen Gratifikation und Korruption wohl zu jeder Zeit fließend.

Jedenfalls führe das Trinkgeldgeben bei Dienstmädchen, Hausdienern, Kutschern, Bahnschaffnern und selbst beim Servierpersonal in den Gasthöfen zur »sittlichen Verwilderung dieser Menschenclasse«, zu »Unzuverlässigkeit, Unehrlichkeit, Unbotmässigkeit, Faulheit, über die man in grossen Städten so oft klagen hört«. Außerdem gilt, »wer einem Bedienten die Mittel giebt, den grossen Herrn zu spielen, hat es sich selber zuzuschreiben, wenn derselbe als Bedienter nicht mehr zu gebrauchen ist.« Der Hausherr »untersage dem Gesinde die Annahme der Trinkgelder, indem er demselben einen Zuschlag zum Lohn gewährt, dessen es im Fall der Uebertretung verlustig geht.«

Das war insofern ein neuer Gedanke, und einer ohne Realisierungschance, als die Arbeitgeber die niedrigen Löhne des Personals damit zu rechtfertigen pflegten, es kämen schließlich noch die Trinkgelder hinzu, auf die das Personal dann wiederum eine Art verbindlichen Anspruch zu haben glaubte. Anstelle der ›Institution‹ Trinkgeld, meinte Jhering, könne man Hilfsvereine für bedürftige Dienstboten einrichten, in deren Kassen statt der abgeschafften Trinkgelder gewissermaßen Ersatzzahlungen fließen sollten. Ein verbindliches Tarifsystem mit Löhnen, die es gar nicht erst zur Bedürftigkeit kommen lassen, auch nicht im Alter, lag nicht im Möglichkeitsbereichs eines juristischen Denkens, das, ähnlich wie die Frauenhilfsvereine, auf Not mit caritativen Appellen reagierte statt mit Rechtsansprüchen.

Die Frauenfrage

Die Frauenfrage war Geschlechts- und Gesellschaftsfrage zugleich. Als soziale Frage gestellt, hatte sie sich mit der Lage der Arbeiterinnen und Dienstmädchen zu beschäftigen, als politische Frage insbesondere mit dem Frauenwahlrecht, als wirtschaftliche Frage mit dem Frauenerwerbsrecht und als Bildungsfrage mit dem Frauenstudienrecht. Als sexuelle Frage gestellt ging es um das Recht am und auf den eigenen Körper, als familiäre Frage um die Gleichberechtigung in der Ehe, und als Geschlechts- oder Genderfrage, wie wir heute sagen würden, generell um die kulturelle Codierung des Verhältnisses zwischen Mann und Frau.

Was den letzten Punkt angeht, gibt es eine ›Argumentation‹ des Philosophen Eduard von Hartmann, die darauf hinausläuft: Weil der

Mann immer nur ›das eine‹ will, muss er sich der Frau unterwerfen, um ›es‹ zu bekommen. ›Danach‹ unterwirft er seinerseits die Frau, um das ›Gleichgewicht‹ wiederherzustellen: »Wäre der Mann nicht begehrend, so hätte das Weib nichts zu gewähren, was dem Manne werthvoll schiene, so hörte damit auch die Macht des weiblichen Geschlechts über das männliche auf. Denn diese Macht beruht lediglich darauf, dass das Weib etwas zu gewähren hat, was der Mann begehrt, und dass die geschlechtliche Passivität dem Weibe das Versagen leichter macht, als dem Manne das Entsagen. Diese Macht ist aber auch so gross, dass überall und in allen Völkern die thatsächliche Beherrschung des männlichen Geschlechts durch das weibliche trotz des äusseren Scheines vom Gegentheil die Regel bildet; das durch sie hergestellte Verhältniss überdauert gewohnheitsmässig die Periode der geschlechtlichen Bethätigung und drückt dem ganzen socialen Leben sein Siegel auf. So lange man diese auf dem Geschlechtsgegensatz beruhende geheime Uebermacht des weiblichen Geschlechts nicht brechen kann, muss als nothwendiges Gegengewicht gegen dieselbe eine rechtliche Vorherrschaft des männlichen Geschlechts aufrecht erhalten werden, um das Gleichgewicht nur einigermassen wieder herzustellen. Gelänge es dagegen den Vorkämpfern für Geschlechtergleichstellung, alle Vorrechte der Männer in Staat und Gesellschaft, in Recht und Sitte zu beseitigen, so würde damit eine Periode der reinen Weiberherrschaft inaugurirt werden«.

Für Hermann Schwabe war die Gesellschaft auf dem schlimmsten Weg dorthin, denn es gebe Leute, die »den Frauen behufs politischer Gleichstellung das Stimmrecht geben wollen«, ein Zeichen der Dekadenz, denn »als Rom als Republik in den letzten Zügen lag, als die unverkennbaren Symptome des Verfalls sich mehrten [...] da gehörte zu einem der hervorstechendsten Züge in dem schimmernden Verfall jener Zeit auch die Emancipation der Frauenwelt. [...] Augenscheinlich sind auch wir über die glückliche Zeit hinweg, wo das Verhältnis der Geschlechter sich gleichsam von selbst regulirte.« Es sei zu beobachten, »dass die Frauen mehr und mehr ihrem eigentlichen Beruf entzogen werden und mehr oder weniger der Emancipation zustreben.«

Mit dem ›eigentlichen‹ Beruf der Frau war ihre Funktion als Mutter und Hüterin von Haus und Herd gemeint, was wiederum aus ihren ›natürlichen‹ Eigenschaften resultiere. Dass diese Eigenschaften in Wahrheit männliche Zuschreibungen sind, hat Hedwig Dohm 1876 in *Der Frauen Natur und Recht* auseinandergesetzt. Je nach Stimmungs- und Interessenlage des Mannes werde ›das Weib‹ als von Natur aus treu oder treulos geschildert, als hingebungsvoll oder herrschsüchtig, offenherzig oder hinterlistig, mitleidsvoll oder grausam: »Nach allen diesen Auslassungen erscheint das Weib als ein Potpourri der allerentgegengesetztesten Eigenschaften, als ein Kaleidoscop, das, je nachdem man es schüttelt, jede beliebige Charakternuance in Form und Farbe zu Tage fördert.«

Noch gegen Ende des Jahrhunderts machte sich Lou Andreas-Salomé Gedanken über *Der Mensch als Weib* und über dessen eigenwertige Stellung zwischen den Extremen passiver Versorgungserwartung auf der einen Seite und hyperaktiver Flucht ins Ambitionierte auf der anderen: »Der gar zu laute, gar zu bewußte Schrei nach dem Mann, und nur nach dem Mann, an den man sich ganz verlieren will, den man in exaltierter Besessenheit zum Gott hinaufschrauben, für den man gern alle eigenen Fähigkeiten verstümmeln will, wenn er nur erlauben möchte, daß man auf ihm schmarotzert und sich in allen Lebenslagen Huckepack nehmen läßt: was ist das anders, als eine ebensolche Leere und Zerrissenheit, ebenso fieberhafte Überreizung und Gier, wie sie, nur in anderer Form, hunderte von unbefriedigten Frauen in irgendwelche Einzelbetätigungen beruflicher Art hineintreibt, um sich irgendwie zu betäuben, auszufüllen, zu überschreien?«

Das Hineinstürzen von Frauen in rastlose Tätigkeit als Folge ihres Unbefriedigtseins ist eine fixe Idee der Männer, wiederholt von der viel geliebten Andreas-Salomé im eigenen Übereifer. Die Berufstätigkeit der Frauen hatte in Wirklichkeit andere Gründe: Sie mussten sich ihren Unterhalt verdienen, zum Beispiel als Fabrikarbeiterinnen; sie mussten ihre Kinder irgendwie durchbringen, zum Beispiel als Heimnäherinnen; sie wollten auch außerhalb des Familienhaushaltes eine sinnvolle Tätigkeit ausüben, zum Beispiel als Schriftstellerinnen – wie Lou Andreas-Salomé. Mit ihrer Bemerkung meinte sie aber noch etwas anderes: das exaltierte Karitativ- oder Künstlerischtun, mit dem manche wohlsituierte Bürgerfrau ihrer Luxusödnis zu entrinnen suchte. Diese Form bürgerlicher

Emanzipation konnte auf Kosten des ohnehin benachteiligten Personals gehen. Die Wiener Schrift zur Dienstbotenfrage meinte (mit emanzipationsfeindlichen Hintergedanken, in der Sache gleichwohl zutreffend), »wenn Frauen und Mädchen darnach streben, sich vom häuslichen Herd, von der Abhängigkeit vom Manne zu emancipiren und ihm auch in politischer Beziehung gleichgestellt zu werden, so hat auch die Dienerin die gleiche Berechtigung, eine Verbesserung ihres traurigen Loses anzustreben.«

Auch Fanny Lewald hatte in ihren *Osterbriefen* die Doppelmoral bürgerlicher Damen angegriffen, denn »gar viele der Frauen, welche über Oncle Tom und das harte Loos der Sklaven ihre gerührtesten Thränen in die spitzenbesetzten Taschentücher weinen, können sehr ärgerlich darüber werden und es sehr phantastisch finden, wenn man sie darauf aufmerksam macht, daß unsere arbeitenden Frauen der Emanzipation, der Erhebung und der Befreiung durch Erhebung, nicht viel weniger bedürftig sind als Oncle Tom und seines Gleichen.«

Fanny Lewald war scharfzüngig, aber nicht radikal und schon gar keine Sozialistin. Das rief – völlig verständlich – das Unverständnis August Bebels hervor: »Frau Fanny Lewald und die ihr Gleichgesinnten wollen aber entweder eine solche [sozialistische] Umgestaltung nicht oder sie haben die Möglichkeit dazu noch nicht begriffen. Bis jetzt wenigstens ist die Bewegung unter den deutschen Frauen noch in sehr falschem Fahrwasser und dürfte von Seiten ihrer Protektoren und Protektorinnen kaum in ein anderes gebracht werden.« Über die von bürgerlich-liberaler Seite initiierten Arbeiter- und Frauenvereine schrieb er: »Die Arbeiter haben Mühe gehabt, sich der Vormundschaft vornehmer Freunde zu entziehen, diesen Frauen [aus unbemittelten bürgerlichen und kleinbürgerlichen Schichten] fällt es noch unendlich schwerer.« Deshalb hätten diese Vereine »für die wahre und volle Befreiung der Frau keine grössere Bedeutung.«

Die ehemalige Näherin Ottilie Baader bestätigte das in ihrer Beschreibung der Anfänge der bürgerlichen Frauenbewegung: »Hier und da fing man auch von dieser Seite an, sich um die Arbeiterinnen zu kümmern, es wurden Sonntags- und Haushaltungsschulen gegründet, Vereine zur Hebung der Sittlichkeit. Für die Arbeiterinnen

aber war die Hebung ihrer wirtschaftlichen Lage das Wesentliche.«
Auch Emma Ihrer betonte in der Schrift *Die Arbeiterinnen im Klassenkampf* den »Gegensatz zur bürgerlichen Frauenbewegung«: »Bürgerliche Frauen bemühten sich […] ihren armen Schwestern […] die verschiedensten Wissensgebiete vorzuführen, die natürlich weit ab lagen von dem Ideengange einer Arbeiterfrau mit ihren Alltagssorgen ums tägliche Brot«. Konsequenterweise wandte sich das ehemalige Wiener Dienstmädchen Adelheid Popp ausdrücklich an die *Die Arbeiterin im Kampf um's Dasein:* »Wenn ich nun sage, diese Broschüre ist für Frauen bestimmt […] so beabsichtige ich durchaus nicht […], ihre ›Gleichberechtigung in der Gesellschaft‹ vornehmlich zu vertreten, sondern mein Zweck ist der, sie als Lohnarbeiterinnen auf ihre Klassenlage, auf ihre entwürdigenden und sehr oft entsetzlichen, unmenschlichen Lebensverhältnisse aufmerksam zu machen.«

Die Schriften von Ihrer und Popp erschienen in der zweiten Hälfte der 1890er, da lagen die Gründerjahre der bürgerlichen Emanzipationsbewegung schon drei Jahrzehnte zurück. 1865 etablierten Louise Otto-Peters, Auguste Schmidt und Henriette Goldschmidt in Leipzig den »Frauenbildungsverein«, aus dem noch im gleichen Jahr der »Allgemeine Deutsche Frauenverein« hervorging. Dessen Ziele fasste, ebenfalls im Rückblick, Lina Morgenstern so zusammen: »a. Belebung des Interesses für die höhere Bildung des weiblichen Geschlechts, b. Befreiung der weiblichen Arbeit von allen ihrer Entfaltung entgegenstehenden Hindernissen, c. Eröffnung von Anstalten, welche zur gewerblichen, wissenschaftlichen und künstlerischen Berufsbildung des weiblichen Geschlechts dienen.« Die bürgerliche Vorkämpferin Louise Otto-Peters selbst hatte 1876 erklärt: »Wenn wir die Frauen auch erwerbsfähig und selbstständig machen, jede Bildungsstätte der Kunst und Wissenschaft ihnen öffnen wollen, so hindert uns das Alles nicht, das Haus als die Stätte zu erklären, die durch das Walten der Frauen so bereitet und geordnet sein soll, daß sie ihnen und durch sie auch den Männern die Stätte sei, in der sie nicht nur am liebsten ausruhen von allen Anstrengungen, Kämpfen und Stürmen des Lebens draußen, sondern in der sie sich dazu vorbereiten und in der Gemüthlichkeit der Häuslichkeit sich die Kraft, die Weihe dazu holen.«

Dass weibliche Bildung dem ›Walten der Frauen‹ im Dienst ›häuslicher Gemütlichkeit‹ zugutekam, wurde von vielen Männern bestritten, am ungemütlichsten von Friedrich Nietzsche: »Freilich, es gibt genug blödsinnige Frauen-Freunde und Weibs-Verderber unter den gelehrten Eseln männlichen Geschlechts, die dem Weibe anraten, sich [...] zu entweiblichen und alle die Dummheiten nachzumachen, an denen der ›Mann‹ in Europa, die europäische ›Mannhaftigkeit‹ krankt, – welche das Weib bis zur ›allgemeinen Bildung‹, wohl gar zum Zeitungslesen und Politisieren herunterbringen möchten.«

Als 1896 in Berlin die ersten sechs Mädchen an einem Gymnasium mit ihren hellen Köpfen die Abiturprüfung bestanden, hatte sich der Geist des Philosophen schon so verdunkelt, dass er zum Zeitunglesen und Politisieren kaum noch in der Lage war. Die sechs Gymnasiastinnen hätten trotz ihres Abiturs an deutschen Universitäten allenfalls den Status von Gasthörerinnen beanspruchen dürfen, während an der medizinischen Fakultät der Züricher Universität Frauen schon seit Jahren zwar nicht gerade begeistert aufgenommen, doch immerhin geduldet wurden.

1897 erschienen in einer Anthologie mit dem Titel *Die Akademische Frau* »Gutachten hervorragender Universitätsprofessoren, Frauenlehrer und Schriftsteller über die Befähigung der Frau zum wissenschaftlichen Studium und Berufe«. In dem Werk äußern sich auch Mediziner zum Medizinstudium der Frauen, darunter ausgerechnet Gynäkologen. Einer von ihnen hält es für erwiesen, dass die Monopolisierung der Geburtshilfe durch Hebammen den Frauen und Kindern geschadet und erst der Zugang männlicher Ärzte zu Gebärenden Fortschritte gezeitigt habe: »Die Geburtshilfe, das dürfen wir nach mehrtausendjähriger Erfahrung behaupten, wäre noch heute auf dem elenden Standpunkte von früher, wenn sie ausschließlich den Frauenhänden überlassen worden wäre.« Ein anderer Gynäkologe, er soll ebenfalls ungenannt bleiben, hält Frauen deshalb für ungeeignet zum ärztlichen Beruf, weil sie Frauen sind: nämlich menstruieren. Und wenn sie schon ihrem Heil- und Mitleidstrieb folgen möchten, sollten sie doch lieber Krankenschwestern werden: »Das Weib ist von Natur eine treffliche Pflegerin und Trösterin«, würde aber nie zu einer wirklich guten Ärztin. Sogar »die Mohammedanerinnen«

würden sich lieber von Männern behandeln lassen, und ebenso würde die »überwiegende Mehrzahl der Frauen […] bei ernsteren Frauenleiden sich lieber bei einem tüchtigen, erfahrenen und vertrauenswerten Manne Rat holen, als bei einer Ärztin«.

Dies nun wiederum musste die in Zürich studierte Medizinerin Franziska Tiburtius erleben, die bereits in den 1880ern wagte, in Berlin eine Praxis zu eröffnen, als erste Ärztin in der Hauptstadt überhaupt. Die behördliche Approbation war ihr verweigert worden, und auf dem Praxisschild musste der Doktortitel vor ihrem Namen als in Zürich erworben gekennzeichnet werden. »Es war absolut nicht so, wie einige begeisterte Frauenrechtlerinnen uns anfangs glauben machen wollten, als ob die Frauenwelt nur auf uns wartete. […] Es geschah wohl, daß aus den reichen und vornehmen Häusern erst die Hausangestellten gesandt wurden, die Hausmädchen, Köchinnen u. s. w., um Umschau zu halten, fiel der Bescheid günstig aus, so erschien dann wohl die genädige Frau selbst, – oder es wurden die Kinder geschickt mit der Erzieherin.«

Trotz der unterschiedlichen bildungs- und erwerbsmäßigen Interessengewichtung bei Frauen aus dem Bürgertum auf der einen und Frauen aus der Arbeiterschaft auf der anderen Seite gab es Überschneidungen bei den politischen Forderungen, etwa beim Frauenwahlrecht. Sein Wert und seine Wirkung wurden verschieden eingeschätzt – sehr hoch von Hedwig Dohm, sehr niedrig von Clara Zetkin. Dennoch galt es in allen Strömungen der Frauenbewegung als unverzichtbar. Die junge Zetkin warnte nur davor, und behielt damit Recht, dass das Wahlrecht allein die soziale und wirtschaftliche Benachteiligung der Frau, vor allem der Arbeiterfrau, nicht würde beseitigen können.

Auch innerhalb der Sozialdemokratie war das Wahlrecht für Frauen hauptsächlich bei Männern umstritten. 1875 scheiterte Bebel mit dem Antrag, die Forderung nach dem Frauenwahlrecht ins Gothaer Programm aufzunehmen, erst das Erfurter Programm sechzehn Jahre später schloss sich der Forderung an. In der Zwischenzeit wurde dennoch weiter dafür agitiert. Es kursierten sogar Gedichte, etwa anlässlich der Reichstagswahl von 1878, in denen die Frauen aufgefordert wurden, wenn sie selbst schon nicht wählen durften, wenigstens ihre Männer an die Urnen zu treiben, nötigenfalls mit

Sexstreiks: »Bis entschieden die Wahl, / Bis uns zu Teil ward der Sieg, / Auch nicht ein einzigen Kuß / Mann oder Bräutigam krieg'. [...] Ihr wollt keinen Waschlappen haben, / Ihr wollt einen ganzen Mann, / Nun sorgt, daß die Männer sind Männer, / Zum Wahltisch treibt sie heran!«

Vielleicht hatte der Verfasser *Lysistrata* gelesen, jene Komödie des Aristophanes, in der die Frauen Athens und Spartas durch Liebesentzug ihre Männer dazu zwingen, den Krieg zwischen den beiden Städten zu beenden. In Preußen hätte das nicht funktioniert, zumal die Damen der guten Gesellschaft, auch die emanzipierten, nicht nur stolz auf den Sieg in drei Kriegen waren, sondern auch auf ihren Anteil daran. Beispielsweise erhob Louise Otto-Peters gegen die Männermeinung, wer nicht kämpfe, solle auch nicht wählen, den Einwand, die Frauen hätten während der Kriege ihren Patriotismus beispielsweise als Krankenpflegerinnen in den Lazaretten unter Beweis gestellt. Dem philosophischen Mannesmut eines Nietzsche war damit nicht beizukommen: »Alles, was verzärtelt, verweichlicht und das ›Volk‹ oder die ›Frau‹ in den Vordergrund stellt, arbeitet für das allgemeine Wahlrecht – das heißt, für die Herrschaft der Mittelmäßigen.«

Theodor Fontane war ebenfalls nicht begeistert, drückte sich aber in einem Brief an seine Gemahlin zurückhaltender aus: »Die Frauen, die zur Zeit Ludwigs XIV. die Welt, den König und die Gesellschaft regierten, hatten kein Stimmrecht, haben sich aber leidlich wohl dabei befunden, jedenfalls besser als jene Unglücklichen, die sich ›in Erfüllung ihrer Bürgerpflicht‹ an die Wahlurne drängen.« Und Hermann Schwabe, der zahlen-, aber nicht immer gedankenstarke Statistiker, meinte zu den Wahlrechtskampagnen gar, es sei »an die Stelle der sogenannten Despotie des Mannes geradezu eine Demagogie des Weibes getreten.«

Zur Frage der Frauenerwerbstätigkeit äußerte Schwabe sich differenzierter, wenn auch nach wie vor innerhalb der gängigen Auffassung von der ›natürlichen Bestimmung‹ der Frau. Er betonte, »dass die Frage der Frauenarbeit einen ganz verschiedenen Werth und Charakter hat, je nachdem man sie mit Bezug auf die verheiratheten oder mit Bezug auf die unverheiratheten inclusive der verwittweten und geschiedenen Frauen ventilirt. Auf die Verheiratheten wirft sie einen

Schatten, auf die Unverheiratheten, Verwittweten und Geschiedenen strahlt sie ein stärkendes und belebendes Licht aus; die verheirathete Frau wird durch die erhöhte wirthschaftliche Inanspruchnahme *ausserhalb des Hauses* ihrem natürlichen Wirkungskreise *im Hause* entrückt, die unverheirathete, verwittwete oder geschiedene Frau gewinnt durch die massenhafte Kräfte beanspruchende Fabrikindustrie leichter die Bedingungen einer selbständigen, auf eigener Kraft beruhenden Existenz, was gegenüber der immer zunehmenden Schwierigkeit der Verheirathung oder Wiederverheirathung von besonderer socialer Bedeutung ist.« Sozialstatistisch aufschlussreich sind seine Bemerkungen über weibliche Erwerbsbiographien: »Die selbstthätigen Frauen sind am stärksten vertreten in der Klasse der 15–20 Jährigen, wo sie als Dienstboten, Kindermädchen, Bonnen, Erzieherinnen, Kindergärtnerinnen, Näherinnen, Tänzerinnen, Schauspielerinnen etc. auftreten; von da ab beginnen sie sich zu verheirathen, nehmen also ab, weil der Mann dann als Ernährer auftritt. Vom 40. Jahre an nehmen sie wieder zu und zwar immer stärker mit dem höhern Alter; das ist die Zeit, wo die Ehe durch Tod oder Scheidung vielfach getrennt und die Frau gezwungen wird, den Kampf um die Existenz mit eigener Kraft wieder zu beginnen.«

Wie sich die Meinungen über die Frauenarbeit in der bürgerlichen Männerwelt gestalteten, je nachdem, ob die eigene Interessensphäre davon berührt wurde oder nicht, beschreibt August Bebel in *Die Frau und der Sozialismus:* »Diese höheren Männerkreise haben zwar nicht das Geringste dagegen einzuwenden, wenn die Proletarierin alle sogenannten niederen Berufe überschwemmt; sie finden dies sogar in der Ordnung und begünstigen es. Aber die Frau darf nicht das Verlangen tragen in ihre, der Männer, höhere soziale und amtliche Stellung eindringen zu wollen, dann schlägt die Stimmung in das Gegentheil um.« Die Gynäkologenwiderstände gegen Ärztinnen bestätigen die Diagnose. »Der Staat, in Verbindung mit den höheren Klassen, hat alle Schranken gegen die Concurrenz für die niederen Klassen, den Gewerbe- und den Arbeiterstand niedergerissen, aber in Bezug auf die höheren Berufsarten ist er eher bestrebt die Schranken zu *erhöhen* als zu erniedrigen.«

Ob der 1866 von Adolf Lette in Berlin gegründete »Verein zur Förderung der Erwerbstätigkeit des weiblichen Geschlechts«, der

legendäre »Lette-Verein«, sich um den Zugang zu ›höheren Berufsarten‹ für unverheiratete bürgerliche Frauen kümmerte, war eine
Frage der Perspektive: Ein Dienstmädchen würde bejaht, eine ange-
hende Ärztin verneint haben. Keine Frage der Perspektive, sondern
rundheraus eindeutig war Lettes Absage an die ›Frauenbefreiung‹:
»Was wir nicht wollen und niemals, auch nicht in noch so fernen
Jahrhunderten wünschen und bezwecken, ist die politische Emanzipation und Gleichberechtigung der Frauen.«[*]
Für junge Mädchen aus dem unteren und mittleren Bürgertum
war der Lehrerinnenberuf einer der wenigen offenen und auch offen anerkannten Berufswege. Von 1852 bis 1871 verdoppelte sich die
Zahl der Lehrerinnen beinahe von knapp 2000 auf etwas über 3800.
Das ist nicht sensationell, in der Tendenz jedoch eindeutig. Dass die
Wachstumsrate nicht noch höher war, hing damit zusammen, dass
die Lehrerinnen bei Heirat ihre Stellung in der Regel zu räumen
hatten.

Der Lehrerinnenberuf konnte für junge, bürgerlich erzogene
Frauen zum Weg aus dem viel verabscheuten Haustochterdasein
werden. Helene Lange, auf deren Initiative 1890 der »Allgemeine
deutsche Lehrerinnenverein« als Dachverband der regionalen Leh-
rerinnenverbände entstand, hatte ihre Erfahrungen als Haustochter
Mitte der 1860er beim Großvater gemacht: Man ging nicht physisch zugrunde, langweilte sich aber zu Tode: »ein wenig Haus- und
Handarbeit, etwas Klavierspielen […] und ›Kaffeevisiten‹, bei denen
häufig der rote kalte Pudding mit weißer oder der weiße mit roter
Sauce das wesentliche Unterscheidungsmerkmal bildete. Der geistige Bedarf wurde durch eine gründliche Erörterung bevorstehen-
der oder schon erledigter Bälle oder sonstiger gesellschaftlicher Veranstaltungen, Verlobungen und Verlobungsmöglichkeiten gedeckt.
Manchmal wurde dabei eine überflüssige Stickerei mehr oder weniger gefördert.«

Es gab allerdings auch Frauen, die an der Nadel hingen, weil sie
von ihr leben mussten, und denen Langes ›überflüssige Stickerei‹ als

---

[*] Der Verein, der heute nur noch so heißt, rechtlich jedoch eine Stiftung ist,
hat die ›politische Emanzipation der Frauen‹ überlebt. In seinen Berufsfach-
schulen werden inzwischen auch junge Männer ausgebildet.

Symbol unerreichbaren Wohlstands vorgekommen wäre. Eine von ihnen, eine 53-jährige Witwe, schickte 1881 dem Kaiser eine – im Wortsinn ohne Punkt und Komma abgefasste – Bittschrift: »weil ich mit der Nähnadel mein Brot verdienen muß weil ich keine andere Beschäftigung bekommen kann und da ich mir mit der Hand nicht das Essen verdienen kann und ich 6 Wochen rumgelaufen bin und sie mir fragen ob ich eine Nähmaschine habe und ich keine habe denn da kann ich keine Arbeit bekommen und ich über all schon eingekommen bin wo ich gehört habe daß Witwen eine Maschine bekommen haben und sie mir zurückgeschrieben haben das soll ich auf Abzahlung nehmen und ich nicht die Mittel besitze denn ich kann mir nicht mal satt Essen so habe ich mir erlaubt die Bitte an Euer Majestät zu richten.«

Eine Näherin mit eigener Maschine war die junge Ottilie Baader. Nachdem sie eine Weile in Fabriken mit Dutzenden von Arbeiterinnen beschäftigt war, in denen jeweils eine Näherin und eine Vorrichterin ein Gespann bildeten, kaufte sie sich »dann eine eigene Maschine und arbeitete zu Hause. Dabei habe ich das Los der Heimarbeiterin zur Genüge kennengelernt. Von morgens um sechs bis nachts um zwölf, mit einer Stunde Mittagspause, wurde in einer Tour ›gestrampelt‹. Um vier Uhr aber wurde aufgestanden, die Wohnung in Ordnung gebracht und das Essen vorbereitet. Beim Arbeiten stand dann eine kleine Uhr vor mir und es wurde sorgfältig aufgepaßt, daß ein Dutzend Kragen nicht länger dauerte wie das andere, und nichts konnte einem mehr Freude machen, als wenn man ein paar Minuten sparen konnte. So ging das zunächst fünf Jahre lang. Und die Jahre vergingen, ohne daß man merkte, daß man jung war, und ohne daß das Leben einem etwas gegeben hätte.«

Obgleich in den 1870ern ein gutes und Anfang der 1880er immer noch ein knappes Drittel der erwerbstätig gemeldeten Frauen im Deutschen Reich als Dienst- und Hauspersonal arbeitete, wuchs die Zahl der städtischen Heimnäherinnen stark an. In Berlin waren es bald Zehntausende, darunter nicht nur Frauen von Arbeitern, sondern auch von kleinen Beamten oder Handelsangestellten.

In den Telegraphenämtern wurden dagegen ›Fräuleins‹ bevorzugt, jung, unverheiratet und schlecht bezahlt. Dabei passten die öffentlichen Verlautbarungen des Behördenchefs und die alltägliche Praxis in den Ämtern nur wenig zusammen. Georg Brandes schrieb über den Generalpostdirektor: »Stephan wäre kein echter preußischer Beamter, wenn er sich nicht öffentlich gegen die Beschäftigung von Frauen im Post- und Telegraphenwesen ausgesprochen hätte. Nichtsdestominder stellt er selber schon eine große Anzahl Frauen ein.« Hedwig Dohm kommentierte: »In der Vossischen Zeitung […] war zu lesen, daß die Verwendung weiblicher Arbeitskräfte in der Telegraphie sich gut bewährt habe, indem einmal der Telegraphen-Verwaltung auf diese Weise billige Arbeitskräfte zugeführet werden. Nun, wir wünschen der Telegraphen-Verwaltung Glück zu diesem edel gesparten Gelde. Wahrscheinlich greift das Telegraphieren die Männlein mehr an als die Frauen, und aus Mitleid stärkt und tröstet man diese Schwachen durch ein höheres Gehalt. Glaubt man im Ernst, daß man an der wahlberechtigten Frau jene gemeine und schmachvolle Ungerechtigkeit begehen würde, ihr dieselbe gleich gut geleistete Arbeit geringer zu bezahlen als dem Mann?« Und ob. Bis zum heutigen Tag.

»Die Juden sind unser Unglück« oder Die ›Judenfrage‹

»Du hast keine politischen Rechte, weil du ein Weib bist«, höhnte Hedwig Dohm, »Du hast keine politischen Rechte, weil du ein Jude bist! […] Du hast keine politischen Rechte, weil du schwarz bist und ein Neger, spricht der Sklavenhalter zu seinem Sklaven, und weil du schwarz bist, darum bist du mein Sklave und deine Kinder gehören mir und ich darf sie verkaufen. Warum? Weil du schwarz bist. Was ist ein Neger? Was ist ein Jude? Was ist ein Weib?«

Die rhetorische Provokation der Kämpferin für die Emanzipation der Frauen und für diejenige der Juden stammt von 1876. Dabei waren die Juden in Deutschland schon seit einem Vierteljahrhundert an der Macht – jedenfalls hatte das 1850 Karl Freigedank in seinem Aufsatz *Das Judentum in der Musik* behauptet und Richard Wagner 1869, nun unter seinem tatsächlichen Namen, wiederholt:

»Der Jude ist […] wirklich bereits mehr als emanzipiert, *er herrscht* und wird so lange herrschen als das Geld die Macht bleibt, vor der all unser Thun und Treiben seine Kraft verliert«.

Auch für den jungen Marx, getaufter Sohn zum Protestantismus konvertierter jüdischer Eltern, war ›der Jude‹ der Geldanbeter schlechthin und zugleich Personifikation und Inbegriff der bürgerlichen Warengesellschaft:»Das Geld ist der eifrige Gott Israels, vor welchem kein andrer Gott bestehen darf. Das Geld erniedrigt alle Götter des Menschen – und verwandelt sie in eine Ware. Das Geld ist der allgemeine, für sich selbst konstituierte Wert aller Dinge. Es hat daher die ganze Welt, die Menschenwelt wie die Natur, ihres eigentümlichen Wertes beraubt. Das Geld ist das dem Menschen entfremdete Wesen seiner Arbeit und seines Daseins, und dies fremde Wesen beherrscht ihn, und er betet es an.« Marx hätte der Jahrzehnte später geäußerten Auffassung Bismarcks ohne Weiteres zustimmen können:»Die Interessen des Geldjudentums sind eher mit der Erhaltung unserer Staatseinrichtungen verknüpft und können der letzteren nicht entbehren.«

Dies galt schon bei der Gründung ›unserer Staatseinrichtungen‹. Bei den Verhandlungen über die Kriegskontributionen Frankreichs ans neue Deutsche Reich setzte Bismarck seinen Bankier Bleichröder ein:»Der Bleiche muß gleich nach Paris hinein, sich mit seinen Glaubensgenossen beriechen und mit den Bankiers reden, wie das zu machen ist.« ›Der Bleiche‹ beroch sich mit den Rothschilds, und alle machten auf Kosten des Kriegsverlierers ein gutes Geschäft.

Bismarcks Satz über die ›Interessen des Geldjudentums‹ hatte allerdings eine Fortsetzung:»Das besitzlose Judentum in Presse und Parlament, welches wenig zu verlieren, viel zu gewinnen hat und sich jeder Opposition anschließt«, sei das Problem. Das hätte Marx als Zeitungsschreiber ohne Besitz auf sich beziehen können. Er selbst scheute übrigens vor Invektiven nicht zurück und beschimpfte Lassalle als »jüdischen Nigger«, hinter dessen Rücken, versteht sich, und ohne dass es ihn daran gehindert hätte, von Lassalle Geld zu leihen.

Marxens Aufsatz *Zur Judenfrage* war 1844 in Paris erschienen und von Bismarck sicher nicht gelesen worden. Als 1847 im Preußischen Landtag über die rechtliche Gleichstellung der Juden debattiert wurde, sprach sich Bismarck dagegen aus. Sie erfolgte erst 1869 im Norddeutschen Bund und 1871 im Reich, was aber auch danach wenig an der schweigenden Diskriminierung in der staatlichen Verwaltung, im Justiz- und Militärwesen änderte.

1847 stellte sich der junge Junker in zynischer Leutseligkeit auf die Seite der Gegner einer rechtlichen Gleichstellung: »Ich gestehe ein, daß ich voller Vorurteile stecke, ich habe sie mit der Muttermilch eingesogen, und es will mir nicht gelingen, sie wegzudisputieren [...]. Ich teile diese Empfindung mit der Masse der niederen Schichten des Volkes und schäme mich dieser Gesellschaft nicht. Warum es den Juden nicht gelungen ist, in vielen Jahrhunderten sich die Sympathie der Bevölkerung in höherem Grade zu verschaffen, das will ich nicht genau untersuchen.« Er hob jedoch hervor, dass er kein genereller Feind der Juden sei, nur einer der polnischen. Das Erste stellte er unter Beweis, als er sich 1866 bei der Einweihung der Neuen Synagoge in der Oranienburger Straße in Berlin sehen ließ; das Zweite, als Mitte der 1880er 32 000 Polen, darunter ein Drittel Juden, aus Ostpreußen ausgewiesen wurden.

Der Unterschied zwischen Bismarcks und Marxens Auffassung der Judenfrage liegt darin, dass der eine eigentlich gar keine hatte, sondern Gefühlen und politischen Opportunitäten folgte, und der andere in seiner Jugendschrift altklug dialektisch fintisierte, um aus der Judenfrage eine der bürgerlichen Geldgesellschaft zu machen.

Der Unterschied zwischen Marxens Auffassung und derjenigen Wagners wiederum besteht darin, dass Wagner das Geld für ein Mittel jüdischer Herrschaft hielt, während Marx zufolge die Juden vom Geld beherrscht werden, so wie alle anderen in der kapitalistischen Warengesellschaft – und zwar mit historischer Notwendigkeit.

Eine ganz andere Stimme war die von Hermann Wagener, zeitweise Bismarcks politischer Weggefährte, der 1862 auf besonders widerwärtige Weise von rassischen Eigenschaftsdifferenzen schwadronierte: »Der jüdische Stamm hat in der Tat ein anderes Blut als die christlichen Völker Europas, einen anderen Leib, eine andere Konstitution, andere Affekte und Leidenschaften, und mit seiner physischen Leibesbeschaffenheit hängt die Fremdlingschaft zusammen, zu der er [...] vom Anfang seiner Existenz an verurteilt war.

[…] Nehmen wir noch die dicke und fettige Haut und das entzündliche, meist krankhaft affizierte Blut, so sehen wir im Juden einen weißen Neger vor uns, dem aber die physische Arbeitskraft und robuste Natur des Schwarzen fehlt und dem dieser Mangel durch ein Gehirn ersetzt wird, dessen Größe und Tätigkeitstrieb ihn den kaukasischen Völkerstämmen annähert«.

Was mag der jüdische Schriftsteller und Mitbegründer des Zionismus Max Nordau davon gehalten haben, der ›den Neger‹ ebenfalls auf einer anderen Menschheitsstufe stehen sah als ›den Weißen‹: »Ich glaube allerdings nicht an die Einheit des Menschengeschlechts; ich glaube, daß die verschiedenen Hauptrassen Unterarten unserer Gattung darstellen und daß ihre Verschiedenheiten der anatomischen Bildung und Hautfarbe nicht bloß Anpassungserscheinungen […] sind, sondern sich durch Verschiedenheit des Ursprungs erklären; es scheint mir, daß zwischen einem Weißen und einem Neger, einem Papua und einem Indianer die Verwandtschaft nicht größer ist als zwischen einem afrikanischen und indischen Elefanten, einem Hausrinde und Buckelochsen.«

Max Nordau, der sich statt der überintellektuellen und überempfindlichen großstädtischen ›Nervenjuden‹ mehr kampfbereite ›Muskeljuden‹ wünschte, wäre für Wagener nur ein ›weißer Neger‹ gewesen. Und mit dem Pamphlet *Entartung* von 1892 lancierte Nordau einen ›Begriff‹ in der Öffentlichkeit, der während seiner heillosen Wirkungsgeschichte nicht beim Begreifen half, sondern beim Denunzieren, Verfolgen und Angreifen, auch und gerade von jüdischen Menschen.

In den zwei Jahrzehnten zwischen der Reichsgründung und dem Beginn der 1890er erschienen rund fünfhundert Schriften zur ›Judenfrage‹. Sie boomte als publizistisches Produkt umso mehr, je weniger die Wirtschaft boomte. Für deren Überhitzung in den Gründerjahren und deren Kollaps im Gründerkrach wurde ›der jüdische Spekulant‹ in besonderem Maße verantwortlich gemacht.

Die armen und verdrucksten Juden, besonders die aus dem Osten, wurden verachtet, die reichen und prunkenden Juden in den Villenvierteln der Hauptstadt beneidet. Vom Dezember 1874 an erschien über das ganze Folgejahr in der *Gartenlaube* eine Artikelserie von Otto Glagau, die den Gründerschwindel als Verschwörung der jüdisch dominierten Presse mit der jüdisch dominierten Finanzwelt zwecks Ausplünderung des deutschen Volkes darstellte. Am Liberalismus, am Kapitalismus, an der sozialen Frage, an der Wohnungsnot und überhaupt am allgemeinen Werteverfall – an allem waren die Juden schuld: »Nicht länger dürfen falsche Toleranz und Sentimentalität, leidige Schwäche und Furcht uns Christen abhalten, gegen die Auswüchse, Ausschreitungen und Anmaßungen der Judenschaft vorzugehen. Nicht länger dürfen wir's dulden, daß die Juden sich überall in den Vordergrund, an die Spitze drängen, überall die Führung, das grosse Wort an sich reissen. Sie schieben uns Christen stets bei Seite, sie drücken uns an die Wand, sie benehmen uns die Luft und den Athem. [...] Die reichsten Leute in Berlin sind Juden, und Juden treiben hier den grössten Aufwand und Luxus, weit grösser als die Aristokratie und der Hof. Hauptsächlich Juden füllen die Theater, Concerte, Opernhausbälle, Vorlesungen etc.«

Das war übertrieben, aber nicht ganz zu bestreiten. Schon während des deutsch-französischen Krieges beobachtete ein englischer Zeitgenosse in Berlin: Die Juden »wohnen in den besten Häusern der besten Viertel der Stadt, fahren in den elegantesten Equipagen in den Parks spazieren, sie sitzen in der Oper und in den Theatern im ersten Rang und erregen auf diese und allerlei andere Weise Neid in den Gemütern ihrer weniger begüterten christlichen Mitbürger.« Ein Jahrzehnt später, am Neujahrstag 1881, notierte Fontane in seinem Tagebuch: »Zweidrittel aller Menschen im Theater waren Juden; ich habe nichts dagegen und gönn es ihnen; aber es giebt doch zu allerhand ängstlichen Betrachtungen Veranlassung, die man mit humanistischen Redensarten, sie mögen so schön und so aufrichtig gemeint sein wie sie wollen, nicht aus der Welt schaffen wird. Staat und Gesetzgebung müssen bei Zeiten helfen, sonst wird es schlimm.«

Es war schon schlimm – im November 1880 hatte eine Honoratiorengruppe die sogenannte ›Antisemitenpetition‹ veröffentlicht, im Dezember der Mob mit »Juden raus!«-Gebrüll einem Café in der Friedrichstadt die Scheiben eingeschlagen – und es wurde noch schlimmer: Im Februar 1881 brannte in Neustettin die Synagoge.

In der Millionenstadt Berlin lebten 1880 etwa 53 900 Juden. Das war nicht viel, kam aber vielen so vor. 1860 waren es noch 18 900 gewesen. Der Zuwachs resultierte, ähnlich wie bei der nichtjüdischen deutschen Migration, zum Teil aus Einwanderungen aus dem Osten. Das löste Ängste aus, auch bei assimilierten Juden der bürgerlichen Mittelschicht; und bei deutschen Professoren wie Heinrich von Treitschke oder Friedrich Nietzsche: »Ich bin noch keinem Deutschen begegnet, der den Juden gewogen gewesen wäre; und so unbedingt auch die Ablehnung der eigentlichen Antisemiterei von seiten aller Vorsichtigen und Politischen sein mag, so richtet sich doch auch diese Vorsicht und Politik nicht etwa gegen die Gattung des Gefühls selber, sondern nur gegen seine gefährliche Unmäßigkeit, insbesondere gegen den abgeschmackten und schandbaren Ausdruck dieses unmäßigen Gefühls«. Jedenfalls dürfe man keine Juden mehr ›hereinlassen‹, vor allem nicht aus dem Osten. Andererseits müsse man den assimilationsbereiten Juden entgegenkommen.

Auch Treitschke wandte sich in seinem 1879 erschienenen Aufsatz *Unsere Aussichten* gegen die jüdische Einwanderung und klagte, »über unsere Ostgrenze aber dringt Jahr für Jahr aus der unerschöpflichen polnischen Wiege eine Schaar strebsamer hosenverkaufenden Jünglinge herein, deren Kinder und Kindeskinder dereinst Deutschlands Börsen und Zeitungen beherrschen sollen«.

Tatsächlich waren im Journalismus, im Finanzwesen und im Handel jüdische Leute deutlich überrepräsentiert. Aber woran lag das? Und was folgte daraus? »Bis in die Kreise der höchsten Bildung hinauf«, keineswegs bloß beim Straßenpöbel, wollte Treitschke damit sagen, »ertönt es heute wie aus einem Munde: die Juden sind unser Unglück!« Die Schlussfolgerung: »Was wir von unseren israelischen Mitbürgern zu fordern haben, ist einfach: sie sollen Deutsche werden.« Ansonsten »gebe es nur ein Mittel: Auswanderung, Begründung eines jüdischen Staates irgendwo im Auslande«. Treitschkes Historikerkollege Theodor Mommsen fragte empört: »Was heißt das, wenn er von unsern israelitischen Mitbürgern fordert, sie sollen Deutsche werden? Sie sind es ja, so gut wie er und ich.«

Der jüdische Publizist und Psychologe Moritz Lazarus hatte diesbezüglich schon im Jahr der Gründung des Deutschen Reichs erklärt: »Die Brust manches jüdischen Soldaten ist […] mit dem eisernen Kreuze geschmückt – ein Zeichen und Zeugniß, daß den

Enkeln der Makkabäer das gleiche Herz fürs Vaterland schlägt wie den Enkeln der Hermanne.«

Obwohl Mommsen sich gegen Treitschke stellte, war auch er besorgt über »die Sondereigenschaften der unter uns lebenden Personen jüdischer Abstammung« und empfahl wie Treitschke die Konversion. Treitschke warnte jedoch zugleich vor einem »Zeitalter deutsch-jüdischer Mischkultur«. Lazarus dagegen verkündete ein paar Jahre später stolz: »Rasch haben wir Juden mit einer vielleicht beispiellosen Energie die fortan unzertrennliche Einheit mit der deutschen Volksseele errungen.«

Eben dies wollten die Anhänger eines rassischen Antisemitismus gerade verhindern. Sie lehnten den Übertritt zum Christentum und die jüdische Assimilation ab, weil sie darin eine jüdische Unterwanderung der germanischen Kultur und eine jüdische Verdünnung des arischen Blutes sahen.

Die Antworten auf die ›Judenfrage‹ fielen unterschiedlich aus, je nachdem, ob ›der Jude‹ aufhören sollte, einer zu sein, oder sichtbar bleiben sollte, wer er war, oder – auch diese Position wurde vertreten, so widersinnig sie erscheint – beides zugleich. Den Vertretern dieser besonders heimtückischen Haltung konnten es jüdische Menschen niemals recht machen, ganz gleich, wie sie sich verhielten.

Des Weiteren gab es Publizisten, die den konstruierten Typen des Börsen- und des Zeitungsjuden, denen man die Schuld an den Dekadenzen der Moderne aufbürdete, die altehrwürdigen Patriarchen des Alten Testamentes entgegenhielten und aus dieser Perspektive die Assimilation verächtlich machten. Julius Langbehn meinte in seinem viel gelesenen Pamphlet *Rembrandt als Erzieher*, fast alle »heutigen Juden [...] wollen Deutsche, Engländer, Franzosen u.s.w. sein; und werden dadurch nur charakterlos. Nichts ist schlimmer als Charakterlosigkeit [...]. Es ist ein weiter Weg von Abraham [...] bis zu den heutigen Talmudisten, Börsenjobbern, Reportern; soweit wie der vom Edlen bis zum Gemeinen; und man darf diesen Unterschied nie vergessen.«

Gustav Freytag wiederum, der 1855 in seinem Roman *Soll und Haben* das Schurkenbild eines geradezu physisch vom Geld ergriffenen ›Schacherjuden‹ gezeichnet hatte, wandte sich 1893 in *Über den Antisemitismus. Eine Pfingstbetrachtung* gegen die antisemitische

Bewegung, denn deren »Auffassung hält sowohl den Mangel an deutscher Gesinnung als die Neigung zu wucherischen Geldgeschäften für eine untilgbare Eigenthümlichkeit jüdischer Herkunft, welche auch unter ganz veränderten Verhältnissen in den späteren, zum Christenthum bekehrten Generationen fortwirkt.« Dieser rassistische Antisemitismus beirre die Hoffnung, »daß in wenigen Generationen sich ohne große Störung die völlige Einverleibung in unser Volksthum vollziehen würde, nicht nur in Amt und Beruf, auch in den Herzen und Familien.«

Freytag glaubte, kein Antisemit zu sein, weil er den Juden die Möglichkeit offenhalten wollte, keine zu bleiben. Andere wogen den Antisemitismus gegen den Philosemitismus auf. Der sozialdemokratische Publizist Franz Mehring beispielsweise verteidigte in dieser Frage Heinrich von Treitschke und warf manchen Verteidigern der Juden vor, damit in Wahrheit den Kapitalimus und die Geldwirtschaft rechtfertigen zu wollen. Diese Position ähnelte derjenigen, die Marx in seiner Jugendschrift vertreten hatte. Bebel und Liebknecht missbilligten Mehrings Haltung, wie überhaupt die organisierte Arbeiterbewegung jener Zeit allenfalls indifferent, nie offen antisemitisch war. Jedoch wurde mitunter die verdrehte Hoffnung geäußert, die beschränkte antisemitische ›Kritik‹ des Geldes könne sich erweitern zu einer allgemeinen Kritik des Kapitalimus. So meinte ein Artikel im *Vorwärts*, der Antisemitismus sei zwar eine ›Kulturwidrigkeit‹, könne sich aber bald als »Kulturdünger für die Saat der Sozialdemokratie« erweisen.

Im gleichen Jahr, in dem Treitschke seinen Aufsatz veröffentlichte, der in den berüchtigten Schlusssatz von den ›Juden als unser Unglück‹ mündete, lancierte Wilhelm Marr das Pamphlet *Der Sieg des Judenthums über das Germanenthum* mit seinen plärrenden Hervorhebungen: »Die historische Tatsache, dass Israel die *leitende socialpolitische Grossmacht* im 19. Jahrhundert geworden ist, liegt vor uns. *Uns zu entjuden*, dazu fehlt uns notorisch bereits die *physische* und *intellectuelle Kraft*.«

Die vorgebliche germanische Kraftlosigkeit hinderte Marr nicht daran, 1879 eine Antisemitenliga zu gründen und 1880 eine Ermunterungsschrift zu publizieren: *Der Weg zum Siege des Germanenthums über das Judenthum*. Die Verbreitung des Ausdrucks ›Antisemitismus‹ geht maßgeblich auf Marr zurück. Der Terminus begann seine exterminierende Meinungskarriere nicht als negativ besetztes Schandwort, als das es heute verwendet wird (selbst von denjenigen, die dem damit Gemeinten hinterrücks anhängen), sondern als positiv besetzte Kampfparole.

Eine ihr entsprechende Kampfhandlung war die sogenannte ›Antisemitismuspetition‹. Am 11. November 1880 schrieb der jüdische Schriftsteller Berthold Auerbach an einen Freund: »Ich habe die ganze Nacht kaum eine Stunde geschlafen. Das gestrige Abendblatt der ›National-Zeitung‹ enthält den Text der Petition an Bismarck gegen die Juden.« Die Petition verlangte: »Soll unser Volk nicht der wirtschaftlichen Knechtschaft unter dem Druck jüdischer Geldmächte, soll es nicht dem nationalen Verfall unter dem Einfluß einer vorzugsweise von dem Judentum vertretenen materialistischen Weltanschauung überantwortet werden, dann sind Maßregeln, welche dem Ueberwuchern des Judentums Halt gebieten, unabweisbar geboten.« Gefordert werden Einwanderungsbeschränkungen für Juden, ihr Ausschluss aus Staatsämtern sowie Zulassungsbeschränkungen zum Justiz- und Schuldienst, außerdem die statistische Erfassung der jüdischen Bevölkerung. Fanny Lewald versuchte, Auerbach zu beruhigen, und nannte den Antisemitismus eine »Ungezogenheit«. Wie hätte sie ahnen können, was aus dieser ›Ungezogenheit‹ einmal werden würde?

Bismarck ließ die Petition unbeantwortet, zu deren Unterzeichnern Treitschke übrigens nicht gehörte, obwohl einige Zeitgenossen ihm das vorwarfen. Unterzeichnet hatte jedoch der politisch rührige, antisemitische Hofprediger Adolf Stoecker. Uber die ›Zustände‹ bei seinem Amtsantritt 1874 behauptete er: »Berlin fand ich in den Händen des kirchenfeindlichen Fortschritts und der gottfeindlichen Sozialdemokratie; das Judentum herrschte in beiden Parteien. Die Reichshauptstadt war in Gefahr, entchristlicht und entdeutscht zu werden.« Er hielt sich für einen formidablen Polemiker und wurde auch von manchem Radaubruder dafür gehalten. In einer Rede im Preußischen Abgeordnetenhaus anlässlich der Antisemitismuspetition witzelte er: »Meine Herren, neulich ist hier in einem benachbarten Kreise die Leiche eines Gestorbenen gefunden [worden]. Sie wurde untersucht, und dabei war ein jüdischer Kreisphysikus, ein jüdischer Wundarzt, ein jüdischer Amtsrichter und ein jüdischer Referendar – nur die Leiche war deutsch«. Das Protokoll vermerkt: »Große Heiterkeit«.

Gegen die Petition und das Stoecker'sche Hassniveau wandte sich das von Mommsen initiierte »Manifest Berliner Notabeln gegen den Antisemitismus«. Unter den achtzig Unterschriften waren auch die von Rudolf Virchow und Werner Siemens. Letzterer hatte aus nachbarschaftlichem Entgegenkommen zu Mommsen unterschrieben, ohne den Text richtig zu lesen, und beklagte sich im Nachhinein bei Mommsen über die »weinerliche Form« des Aufrufs: »Die Judenfurcht hat ja eine gewisse Berechtigung. Die Statistik soll lehren, daß Kapital, Bildung und Macht sich mehr und mehr im Judentum konzentrieren soll. Ersteres weil das von einem Juden erworbene Geld im jüdischen Kreise bliebe und weil sie eine spekulativ angelegte Natur haben«, der »mechanisch praktische Sinn der Germanen« fehle ihnen jedenfalls.

Es waren Reaktionen wie diese, die Mommsen resignieren und an der Überzeugungskraft logischer oder sittlicher Argumente zweifeln ließen: »Darauf hört doch kein Antisemit. Die hören nur auf den eigenen Haß und den eigenen Neid, auf die schändlichsten Instinkte.« Man müsse »geduldig warten, bis sich das Gift von selber austobt und seine Kraft verliert.« Auch dies eine fürchterliche Fehleinschätzung, wie sich später herausstellte.

Der organisierte Antisemitismus war dem Zeitbeobachter Georg Brandes zufolge an zwei Fronten entstanden: »als Polemik der reaktionären Kreuzzeitungs-Partei gegen Bismarck, der sich nach ihren Worten durch gemeinsame Börsenspekulationen mit den Juden (Bleichröder und einigen anderen großen Bankiers) würdelos zu bereichern suche, und als christlich-sozialistische Agitation der Hofpredigerpartei [Stoeckers] gegen die Juden als Liberale und Fortschrittler.« Dass der unvornehme Antisemitismus auch beim vornehmen Adel Anhänger fand, hing damit zusammen, dass gerade in den östlichen Provinzen viele Güter überschuldet waren, und zwar bei jüdischen Geldgebern. Dies wiederum rührte daher, dass es dort kein finanzstarkes Bürgertum gab und der Kapitalmarkt von jüdischen Bankiers beherrscht wurde. Es handelte sich hier wie in so vielen Fällen um eine Art Ventilhass.

Neben dem protestantischen Antisemitismus machte sich auch ein katholischer geltend, etwa beim Mainzer Bischof Freiherr von Ketteler. Wie bei Stoecker verbanden sich bei Ketteler sozialreformerische antikapitalistische Impulse mit antisemitischen Invektiven. Der Jude war immer an allem schuld, sogar an Bismarcks Vorgehen gegen die römische Kirche: »Auch der Culturkampf ist zum Theil und in vielen seiner Erscheinungen ausschließlich eine Folge der Judenwirthschaft«, erklärte die katholische Zeitschrift *Germania*.

In all diesen Varianten verband sich die traditionelle Feindseligkeit gegen die Juden mit dem neumodischen Rassismus und Vulgärdarwinismus, der kulturelle Differenz und Konkurrenz in einen Überlebenskampf der Völker umdeutete. Den extremsten Ausdruck fand dieser Rassenantisemitismus 1899 in den »Hamburger Beschlüssen« der Deutschsozialen Reformpartei: Die Judenfrage müsse durch die »schließliche Vernichtung des Judenvolkes gelöst werden«.

Große Männer

≈

Menzel auf Stühlen – Marx war kein
Marxist – Werner (von) Siemens – Verneigung
vor Virchow – Wo sind die Frauen? –
Erinnerung an eine ›Hyäne‹

»Ein kleines Steinchen rollte munter / Von einem hohen Berg herunter. / Und als es durch den Schnee so rollte, / Ward es viel größer als es wollte. / Da sprach der Stein mit stolzer Miene: / ›Jetzt bin ich eine Schneelawine.‹ / Er riß im Rollen noch ein Haus / Und sieben große Bäume aus. / Dann rollte er ins Meer hinein, / Und dort versank der kleine Stein.«

Wie in diesem Gedicht von Joachim Ringelnatz ist so mancher kleine Stein im ›Meer der Geschichte‹ versunken, der im Rollen zu etwas Großem geworden war. In historischer Dimension sind auch ›große Männer‹ nur kleine Steinchen. Und keineswegs sind es die ›großen Männer‹, die ›Geschichte machen‹, wie der antiliberale Preußenhistoriker Heinrich von Treitschke* behauptete. Sie werden vielmehr von der Geschichte gemacht, wie die Lawine vom Schnee, nicht vom Steinchen. Bismarck meinte, er sei »nicht so anmaßend zu glauben, daß unser einer Geschichte machen könnte.« Wenn man sie schon nicht ›machen‹ kann, so ist es doch »ein wunderbares Gefühl, dabei zu sein, wenn die Geschichte um die Ecke biegt«. So drückte es der große liberale Historiker Theodor Mommsen aus.

Das war gewissermaßen aus der Berufsperspektive des Geschichtsschreibers formuliert. Dagegen hat sich Mommsen über die Folgen des Zeitgeschehens ohne die Euphorie der Zeugenschaft geäußert: »Die Gewinne an Macht waren Werte, die bei dem nächsten Sturme der Weltgeschichte wieder verlorengehen; aber die Knechtung der deutschen Persönlichkeit, des deutschen Geistes, war ein Verhängnis, das nicht mehr gutgemacht werden kann.« Mommsen gehörte wie Virchow der liberalen Fortschrittspartei an, die im

---

* Zu Treitschke auch der Abschnitt über die ›Judenfrage‹ im Kapitel »Große Fragen«.

Reichstag opponierte, um die Rechte des Besitzbürgertums gegen die Adelsprivilegien zur Geltung zu bringen, und die im Reichstag kooperierte, um mit dem Adel die Ansprüche der ›besitzlosen Klassen‹ niederzuhalten. Wie andere Größen der Zeit fürchtete Mommsen das Kleine in großer Zahl, wenn er das auch nicht so drastisch ausdrückte wie Nietzsche, der von ›der Herde‹ schrieb: »Ein Staatsmann, der ihnen [...] irgendein Ungeheuer von Reich und Macht auftürmt, heißt ihnen ›groß‹«.

Das ließ sich auf Bismarck münzen, der den Zeitgenossen zuerst vor Augen stand, wenn es um ›historische Größe‹ ging, und zwar unabhängig davon, ob sie für oder gegen den Reichskanzler eingenommen waren. Der historisch große Einzelmensch, erklärte Jacob Burckhardt in einem seiner Vorträge, »vollzieht diejenigen Unternehmungen, Kriege und Vergeltungsakte, welche die Nation oder die Zeit haben will. Alexander nimmt Persien, und Bismarck einigt Deutschland.« Dabei zeige sich stets »eine geheimnisvolle Koinzidenz des Egoismus des Individuums mit dem, was man den gemeinen Nutzen oder die Größe, den Ruhm der Gesamtheit nennt«.

Das Individuum tut allerdings gut daran, sein Einzelmenschliches im Hintergrund zu lassen, wenn das ›Historische‹ im Vordergrund bleiben soll. Aus ebendiesem Grund scheute Generalfeldmarschall Moltke – anders als Bismarck – vor Memoiren zurück. Durch die »Mittheilung persönlicher Erlebnisse«, so referiert der zeitgenössische Herausgeber von Moltkes *Geschichte des Deutsch-Französischen Krieges* die Vorbehalte des ›großen‹ Militärs, könne »das Bild eines Mannes, das rein und erhaben in der Geschichte bestehe, in häßlicher Weise verunstaltet und der ideale Nimbus, der es umgebe, zerstört« werden. Kürzer ausgedrückt: Nahsicht macht klein. Der kleine große Napoleon meinte, dass es »für einen Kammerdiener keinen Helden« gebe. Sein geschichtsphilosophischer Bewunderer Hegel ergänzte: »Nicht aber darum, weil dieser kein Held, sondern weil jener der Kammerdiener ist. Dieser zieht dem Helden die Stiefel aus, hilft ihm zu Bette, weiß, dass er lieber Champagner trinkt«. Auf diese Sentenzen rekurrierend, polterte der seinerzeit für groß gehaltene, heute vergessene Schriftsteller Paul Heyse 1881 in einem Brief an seinen dänischen Bewunderer Georg Brandes über den wiederum von ihm bewunderten Bismarck: »So oft ich denke, wie dieser ungeheure Mensch durch den Kammerdienerverstand der Berliner verkannt wird, überkommt mich ein ingrimmiger Ekel«.

In Erinnerung an das, was die ›Charismatiker‹ in der deutschen Geschichte seit Bismarck angerichtet haben, wäre mehr ›Kammerdienerverstand‹ zu wünschen gewesen, nicht weniger. Mit mehr von diesem Verstand hätte es – vielleicht – weniger Gefolgschaft ins Unheil gegeben. Aus der ›Kammerdienerperspektive‹ tritt immer das Alltägliche hervor. So lässt sich ›historische Größe‹ tatsächlich nicht erfassen. Doch ist diese Größe ohnehin nicht einfach etwas Vorgefundenes, das sich nachträglich begreifen ließe, sondern selbst etwas Gemachtes, Zeitbedingtes, mithin Historisches.

Die Wertschätzungen und Erwartungen, die auf die historische Persönlichkeit projiziert werden, kommen »von unserm Knirpstum«, wie Burckhardt in seinem Vortrag sagte, und haben sich im Erfolg zu bewähren. Auf den »kommt hier alles an. Derselbe Mensch, mit derselben Persönlichkeit ausgestattet gedacht, würde für Verbrechen, die nicht zu jenen [gewünschten] Resultaten führen würden, keine Nachsicht finden. Erst weil er Großes vollbracht, findet er dann diese Nachsicht«. Als die Schlacht von Königgrätz gewonnen war, soll ein Flügeladjutant zu Bismarck gesagt haben: »Exzellenz, jetzt sind Sie ein großer Mann«, wäre die Schlacht aber verloren gegangen, würde Bismarck als »der größte Bösewicht« gelten.

Die Richtigkeit der Beobachtung lässt sich exemplarisch bestätigen durch Äußerungen des Juristen Rudolf von Jhering. Unmittelbar vor dem Krieg gegen Österreich zeigte er sich abgestoßen von der »grauenhaften Frivolität«, mit der Bismarck den Krieg anzettele. Nach dem schnellen Triumph schwärmte er vom »Genius eines Bismarck, der ein Meisterstück der politischen Kombination und Tatkraft geliefert hat, wie die Geschichte wenige kennt […]. Der Mann ist einer der größten Männer des Jahrhunderts«.

Für Friedrich Engels bestand dieser ›Genius‹ in Bismarcks radikal preußischer Beschränktheit: »Diese Borniertheit war aber gerade sein Glück. Ohne sie hätte er es nie fertiggebracht, die ganze Weltgeschichte vom spezifisch preußischen Gesichtspunkt aus sich vorzustellen«. Die ›Borniertheit‹ ist die sarkastische Variante dessen, was Burckhardt als Konzentriertheit beschrieb: ›Große Männer‹, nicht nur die in der Politik, konzentrieren sich rücksichts- und bedenkenlos auf ihre Sendung, die sich wiederum in ihnen konzentriert und personifiziert. Das bedingt maßloses Wollen und setzt übermäßige Kraft voraus: »Den hat seine Willenskraft nie im Stich gelassen«, schrieb Engels über den ›Eisernen Kanzler‹, »viel eher schlug sie in offene Brutalität um. Und hierin vor allem liegt das Geheimnis seiner Erfolge. Sämtlichen in Deutschland herrschenden Klassen, Junkern wie Bourgeois, ist der letzte Rest von Energie so sehr abhanden gekommen, es ist im ›gebildeten‹ Deutschland so sehr Sitte geworden, keinen Willen zu haben, daß der einzige Mann unter ihnen, der wirklich noch einen Willen hat, eben dadurch zu ihrem größten Mann und zum Tyrannen über sie alle geworden ist«. Das ist kaum übertrieben und nur wenig vereinfacht. Aber wie immer man sich heute dazu stellen mag, Ende der 1870er stand fest: Fürst Bismarck war ein Riese und wog zweieinhalb Zentner.

Menzel auf Stühlen

Maler Menzel war ein Zwerg von 140 Zentimetern. Er hätte dem Koloss in der weißen Kürassieruniform fast zwischen den Beinen hindurchlaufen können, war er doch »nicht größer als der Stiefel eines Gardekürassiers«, wie Jules Laforgues behauptete. Trotzdem war Menzel auf seine Weise ein ›großer Mann‹, und ein Fleißriese, wie viele hervorragende Meister. Sein Lebenswerk umfasst 180 Gemälde, rund zwölfhundert Druckgrafiken und schätzungsweise zwölftausend Zeichnungen. Viele davon befinden sich auf den Blättern der Notizbücher, die er mitsamt den Bleistiften verschiedener Härte in den Innentaschen seines Mantels bei sich trug. Man könnte meinen, Menzel habe mit der Hand gesehen, vor allem mit der linken, denn sie war die Zeichenhand, während der Linkshänder seine Gemälde mit der rechten anfertigte.

Auch diesen Gemälden gingen zahlreiche Zeichenstudien voran. Er tastete die Objekte ab, bevor er sie in seine Bilder integrierte. Er tastete auch Gesichter ab, bevor er Leute in die Menge stellte.

Das Auftragsbild anlässlich der Krönung Wilhelms I. in Königsberg im Jahr 1861 versammelt 132 Personen. Menzel hat vier Jahre daran gearbeitet und während dieser Zeit die meisten der Dargestellten für Porträtsitzungen gewonnen. Wenn das nicht möglich war – einige Teilnehmer der Krönungsfeier starben, während Menzel an dem Gemälde arbeitete –, behalf er sich mit Photographien. Bereits vor der Feier hatte er die Örtlichkeiten in Königsberg studiert und skizziert. Die Krönung selbst verfolgte er von erhöhter Position aus, wie er später schilderte: »Ich hatte meinen Standort in der Kirche auf der Tribüne der Mitglieder des Herrenhauses gewählt [...]. Der meist hochgewachsenen Umstehenden wegen mußte ich während der Stunden des feierlichen Actes auf einem Stuhl stehen, dessen Wackeln meinem hastigen Zeichnen nicht zur Erleichterung diente.«

Nicht immer zeigt Größe so unmittelbar ihre komische Seite, aber zu Menzels Größe gehörte die Fähigkeit zur Selbstironie über seine Kleinheit, unter der er gleichzeitig litt. Wie hätte das auch anders sein können in der Großmacht- und Großtuer-Zeit, die er mit seinen Bildern begleitete, der er mit seinen Bildern entsprach und auf die er – manchmal – mit seinen Bildern herabsah?

Auch auf sich selbst vermochte er herabzusehen. Von Reinhold Begas, dem neobarocken Großbildhauer, gibt es Abformungen von Menzels Händen in Bronze, Menzel selbst hat seinen Fuß gemalt. Es wurde ein genaues, aber kein schönes Bild. Offenbar saß der Maler auf einem Stuhl oder auf der Bettkante, streckte das Bein vor und blickte auf den Fuß hinunter, der den kleinen Mann durchs Leben zu tragen hatte. Der Fuß ist nackt, auf dem Spann treten bläulich die Adern hervor, der große Zeh krümmt sich nach oben.

Ein vollständigeres Selbstbildnis zeigt den Maler mit Hut auf dem Kopf und Zwicker auf der Nase im Hintergrund eines Gemäldes, in dessen Vordergrund ein riesenhafter Arbeiter beidhändig mit einer Zange ein glühendes Eisenstück unter einen Dampfhammer hält, während Menzel den Vorgang in sein Skizzenheft bannt. Das große Sujet auf dem kleinen Bildchen, es misst sechzehn auf zwölfeinhalb Zentimeter, gehört in den Entstehungszusammenhang seines Gemäldes »Das Eisenwalzwerk«. Im Jahr der Reichsgründung waren verschiedene oberschlesische Hütten- und Walzwerke unter der Aufsicht Gerson Bleichröders zur Vereinigten Königs- und Laurahütte A.G. zusammengeschlossen worden. Menzel besichtigte 1872 im Auftrag eines Berliner Großindustriellen die Königshütte und fertigte wie immer zahlreiche Detailstudien an. Als er das Gemälde 1875 vollendete, entstammte seine Kundschaft nicht mehr den aristokratischen Kreisen, die seine Gemälde, Zeichnungen, Stiche und Buchillustrationen aus der preußischen und friderizianischen Geschichte bevorzugten, darunter die Holzstiche zu Franz Kuglers monumentaler *Geschichte Friedrichs des Großen,* die ihn bekannt gemacht hatten, oder berühmte Ölgemälde wie das »Flötenkonzert Friedrichs des Großen«.

Die neuen Kunden kamen aus dem Großbürgertum. Sie schätzten den höfischen Nimbus, der Menzel seit dem großen Krönungsbild umgab, wollten aber die eigene Macht, das eigene Können, das eigene Geld in Kunst verwandelt sehen. Menzels eine Generation jüngerer Freund Paul Meyerheim verherrlichte für Borsigs Villa die »Lebensgeschichte einer Lokomotive«. Menzel indessen malte das Arbeitschaos. Er idealisierte nicht, und er antikisierte auch nicht, trotz der mentalen Übermalung mit den ›modernen Zyklopen‹, die dem Bild und seinem Titel von der Kunstgeschichte später angetan wurde. Zu sehen ist nicht die Werkstatt des Vulkan mit seinen schmiedenden Riesengesellen, sondern ein zeitgenössischer Industriebetrieb mit Dreck und Rauch, mit glühend leuchtendem Eisen in der Walze und Düsternis in den Gesichtern der Arbeiter. Deren Arbeitsbedingungen, noch schlechter als die in den Werken des Ruhrgebietes, hatten zu Aufständen geführt, die vom Militär niedergeschlagen worden waren. Aber so wenig Menzels Gemälde eine Heroisierung der Arbeit für die Villenwände derjenigen war, die den »Mehrwert« dieser Arbeit, wie Marx gesagt hätte, abzuschöpfen wussten, so wenig kann es als ›Sozialkritik‹ gelten. Es war und ist und bleibt: ein Gemälde, nichts weiter, doch eben deshalb erschütternd. Was einem beim Betrachten durch die Augen ins Herz fährt, ist nicht irgendein ›Kunstkonzept‹ oder eine ›Botschaft‹, sondern das Detail im schreckerregenden Durcheinander: ein sich waschender Arbeiter, das Mädchen mit dem Korb, der Betriebsleiter mit Hut im Getümmel.

Auch dem Krieg ist Menzel nachgereist, traf aber im Juli 1866 erst in der Gegend um Königgrätz ein, als die Schlacht schon geschlagen und für Preußen gewonnen war. Menzel sah – und zeigt uns – »Drei gefallene Soldaten in einer Scheune«, in den Dreck geworfen wie Lumpenbündel, widerwärtig anzusehen, ohne Milde, ohne Sinn, ohne Heroentum, aber auch hier wieder ohne Klage oder gar Anklage, trotz des gekonnt abstoßend entblößten Geschlechts bei einer der Leichen. Diesmal musste der Maler auf keinen Stuhl klettern, um auf der Höhe des Geschehens zu sein wie bei der Krönung Wilhelms in Königsberg. Die Leiber lagen vor ihm auf der Erde. Der zweite Wilhelm, jener, der bei Menzels Beerdigung 1905 hinter dessen Sarg herging, weil er in ihm einen Malermeister preußischer Geschichtsbilder sah, hätte diese aquarellierte Bleistiftzeichnung als ›Rinnsteinkunst‹ bezeichnet.

Menzel war kein Revolutionär, trotz seiner vagen Sympathien für ›1848‹, wie sie sich in der nicht vollendeten »Aufbahrung der Märzgefallenen« auszudrücken scheinen*. Aber Menzel war auch kein Veredelungskünstler der preußischen Monarchie und deren Geschichte. Seine Werke aus diesem Stoffkreis haben wegen ihrer Anekdotenhaftigkeit nichts Repräsentatives, eher etwas ›Allgemeinmenschliches‹, das die Monarchen auf die Augenhöhe des Normalmenschen bringt – herunterbringt, ließe sich sagen, denn was diese Darstellungen an Heroisierung vermeiden, lösen sie doch zugleich als Bewunderungsbedürfnis im Auge des Betrachters aus. Man sieht sich gern mit etwas Größerem als man selbst konfrontiert, solange man sich davon nicht erdrückt fühlen muss. In dem Moment, auch in dem historischen, in dem man auf einen Stuhl steigt, um Großes zu erblicken, wird dieses Große von selbst ein wenig kleiner.

Diese Bewegung, die sich gewöhnlich als innere vollzieht, ist von einer gewissen Naivität. Durch Übung und Gewohnheit jedoch verwandelt sie sich in Ironie. »Das Ballsouper« von 1878 lässt sich auf diese Weise betrachten**. Wie Menzel dabei vorging, erzählte Paul Meyerheim in seinen nach Menzels Tod veröffentlichten Erinnerungen: »Die Hoffestlichkeiten waren sein besonderes Jagdrevier. Da wurden oft die Rückseiten des Programms oder die Menus mit

---

* Zu dieser Aufbahrung eine Passage in »Am Anfang die Revolution«.
** Zu diesem Gemälde der Abschnit »Auf dem Hofball« im Kapitel »Die alte Gesellschaft«.

unzähligen gezeichneten Notizen bedeckt. Als er sein berühmtes Ballsouper malte, war ich mit ihm in das Palais Wilhelms des Ersten geladen. Sobald die Schlacht um das Büfett begann, war ihm klar, daß seine natürliche Größe nicht genügte, um den Studienplatz zu überblicken. Er bat mich, als deckende Kulisse zu dienen, und stieg auf einen Stuhl neben einem Pfeilerspiegel. Schließlich stieg er auch, unbekümmert um die etwas staunende Hofgesellschaft, auf den Marmortisch vor dem Spiegel, um das Ganze einen Augenblick noch besser überschauen zu können.«

Marx war kein Marxist

Jedenfalls hat er das behauptet. Genau genommen hat Engels behauptet, dass Marx das behauptet hat. Im Jahr 1890 zitierte er in mehreren Briefen in verschiedenen Varianten einen französischen Ausspruch seines 1883 verstorbenen Freundes: »Tout ce que je sais, c'est que je ne suis pas Marxiste.« – »Alles, was ich weiß, ist, dass ich kein Marxist bin.« Die Selbstauskunft bezog sich auf aktivistische französische Kommunisten, die sich auf Marx beriefen, der sich dazu nicht berufen fühlte: Wenn diese Leute ›Marxisten‹ waren, dann wollte er selbst keiner sein. Die Distanzierung hing mit seiner Geschichtsphilosophie zusammen, der zufolge sich der gesellschaftliche Entwicklungsprozess mit innerer Logik vollzog, unabhängig vom Willen der einzelnen Menschen und doch gemeinsam von allen gemacht. Deshalb lehnte Marx und mit ihm Engels jeden ›Voluntarismus‹, vor allem denjenigen seines anarchistischen Lieblingsfeindes Bakunin, rigoros ab.

Wenn Marx es nicht mochte, dass sich bestimmte Leute auf ihn beriefen, so mochte er es noch weniger, wenn andere Leute sich nicht auf ihn beriefen und sich ihre eigenen Gedanken machten. Seine theoretischen Ansprüche waren recht herrischer Natur, wie immer bei Persönlichkeiten, die sich im Besitz überpersönlicher Wahrheiten zu befinden glauben. Seine Arroganz und seine Unduldsamkeit gegenüber denkerischen Abweichungen wurden von vielen Zeitgenossen beklagt. Seine Briefe sind durchzogen von Invektiven gegen vermeintliche und wirkliche Gegner und auch gegen wirkliche und vermeintliche Freunde. Die Schmähungen in diesen Briefen lassen ihren Verfasser weniger als Geistesriesen mit polemischen Neigungen erscheinen denn als polterndem Zwerg. Und mochte auch das Proletariat als Klasse zur Abschaffung aller Klassen geschichtlich berufen sein, der Prolet als Mensch wurde schnell zum verächtlichen ›Subjekt‹, wenn sein Herz in einem anderen Rhythmus schlug, als die philosophischen Köpfe verlangten. Selbst Engels, der mit einer Baumwollspinnerin und nach ihrem Tod mit deren Schwester zusammenlebte, hatte einmal im Zorn über mangelnde proletarische Gefolgschaft an Marx geschrieben, »lieben wird uns der demokratische, rote oder selbst kommunistische Mob doch nie«. Immer wenn der Sohn eines Trierer Rechtsanwaltes und der Sohn eines Textilfabrikanten aus Barmen mit Arbeitern unzufrieden waren, ersetzten sie den politisch anerkennend gemeinten Ausdruck ›Proletarier‹ durch den persönlich abwertend gemeinten Ausdruck ›Plebejer‹.

Marxens manchmal wirklich widerwärtigen Ausfälligkeiten waren nicht nur Zeichen ›menschlicher Schwäche‹ oder Resultate der zeitweise schmerzhaften Leibes- und niederdrückenden Lebensverhältnisse. Sie rührten von der nahezu prophetenhaften Selbstgewissheit her, die Gesetzmäßigkeiten der Geschichte wissenschaftlich erfassen zu können, so wie sein idealistischer Vordenker Hegel den Entwicklungsgang des Weltgeistes erfasst zu haben behauptet hatte. Wächter dieser Selbstgewissheit war eine immunisierende Unduldsamkeit gegenüber allen, die den so schwer errungenen Einsichten verständnislos, kritisch oder gar ablehnend gegenüberstanden. Umgekehrt erfasste ihn Genugtuung, wenn er sich einmal so ganz und gar verstanden fühlte. Im Nachwort zur zweiten Auflage des ersten Bandes des *Kapital* zitiert er ausführlich einen Rezensenten, der seine Absicht erfasst hatte: »Marx betrachtet die gesellschaftliche Bewegung als einen naturgeschichtlichen Prozeß, den Gesetze lenken, die nicht nur vom Willen, dem Bewußtsein und der Absicht der Menschen unabhängig sind, sondern vielmehr umgekehrt deren Wollen, Bewußtsein und Absichten bestimmen.«

Das ist entwicklungslogisch zu verstehen, nicht etwa in dem Sinne, dass sich Organisation und Kampf erübrigten, weil der Umsturz ohnehin bevorstehe. Allerdings ist der anarchistische Voluntarismus mit seinem Kult der Einzeltat von dieser geschichtsphilosophischen Position aus genauso zurückzuweisen wie der träumerische Utopismus mit seinen schwelgerischen Sozialidyllen.

Will man heute verstehen, was Marx zu seiner Zeit verstanden zu haben glaubte, muss man vieles von dem vergessen, was wir selbst inzwischen gelernt zu haben meinen. Anders lässt sich seine riesige Erschließungsleistung, die Leistung eines Bibliothekstitanen, nicht würdigen. Es gab zu seiner Zeit keine selbstständige Politikwissenschaft, keine Soziologie, keine Volkswirtschaftslehre. Alle diese akademischen Geschäftszweige waren noch nicht ausdifferenziert, die Philosophie war die Mutter (oft auch böse Stiefmutter) der Gesellschaftstheorie, die sich im 19. Jahrhundert überhaupt erst als solche zu entfalten begann. Auch Adam Smith, mit dem Marx sich nachdrücklich beschäftigte und der heute als ›Begründer der Nationalökonomie‹ etikettiert wird, war nach Haltung und Gestus ein Moralphilosoph, ein Philosoph der Aufklärung.

Marx hat sein System in einer Zeit geschaffen, als die systematische, datenbasierte, empirische Erforschung der Gesellschaft, der Wirtschaft und des Staates gerade erst begann. Als er an seinem Meister- und Monsterwerk *Das Kapital* arbeitete, gab es noch nicht einmal den Kapitalismus – jedenfalls nicht als Begriff. Er begann erst gegen Ende des 19. Jahrhunderts zu kursieren. Bei Marx ist von ›Kapitalisten‹ und von ›kapitalistischen Produktionsverhältnissen‹ die Rede, die Ökonomie insgesamt wird jedoch stets als die der ›bürgerlichen Gesellschaft‹ bezeichnet. Mit ihr, beziehungsweise mit der Vorhersage ihres Endes, endet denn auch das *Kommunistische Manifest:* »An die Stelle der alten bürgerlichen Gesellschaft mit ihren Klassen und Klassengegensätzen tritt eine Assoziation, worin die freie Entwicklung eines jeden die Bedingung für die freie Entwicklung aller ist.« Welch ein Ausblick. Welch große, übergroße Hoffnung.

Eine weitere Bedingung für Relevanz und Größe des Marx'schen Denkens war der für uns unglaubliche Glaube der Zeitgenossen an die praktische Wirkung von Theorie, an die Effekte von Schriften und Büchern. Die ›Wissenschaftsgläubigkeit‹ mochte ein Ersatz für sich auflösende religiöse Gewissheiten sein, ihre Wucht und ihre Wirkung resultierten aber daraus, dass sie von nahezu allen geteilt wurde: vom bildungshungrigen Arbeiter über den strebsamen Kleinbürger bis in die ›höheren‹ akademischen Kreise; von den technikbegeisterten Ingenieurs- und Erfinderunternehmern bis zu den Kaufleuten und Finanzspezialisten; von denen, die trotz der einzelnen Zwischenkrisen vom allgemeinen Fortschritt überzeugt waren, bis zu denjenigen, die wie die ›Marxisten‹ unter den Sozialdemokraten den endgültigen Zusammenbruch der bürgerlichen Gesellschaft für ›wissenschaftlich‹ erwiesen hielten, auch wenn Uneinigkeit darüber bestand, wie lange es bis zu diesem Zusammenbruch noch dauern und in welchem Land der finale Kollaps beginnen würde.

Aus all diesen Gründen betonten Marx und nach dessen Tod mit noch stärkerem Nachdruck auch Engels die ›Wissenschaftlichkeit‹ der von der idealistischen Philosophie emanzipierten materialistischen Gesellschaftstheorie. Die Betonung, man möchte sagen: die Überbetonung der Wissenschaftlichkeit des Marxismus ging einher mit der Popularisierung der neuen Lehre. In den ersten Monaten des Jahres 1880 verfasste Engels eine rund vierzig Seiten umfassende Broschüre mit dem Titel *Die Entwicklung des Sozialismus von der Utopie zur Wissenschaft.* Im Jahr zuvor war August Bebels *Die Frau und der Sozialismus* erschienen. Darin hieß es mit fettgedruckten Buchstaben, »der Sozialismus selbst ist nichts als die auf allen Gebieten menschlicher Thätigkeit verkörperte Wissenschaft.«

Die Broschüre von Engels und Bebels Buch, das von der ›Frauenfrage‹ zur kapitalistischen Gesellschaftskritik und von dort zur Zukunftsmalerei überging, wurden zu den eigentlichen Lehrschriften des Marxismus, weiter verbreitet und häufiger gelesen als selbst das *Kommunistische Manifest,* vom *Kapital* erst gar nicht zu reden. Gleichwohl hieß es eben ›Marxismus‹, nicht ›Engelsismus‹ oder ›Bebelismus‹. »Marx stand höher, sah weiter, überblickte mehr und rascher als wir andern alle«, schrieb Engels. »Marx war ein Genie, wir andern höchstens Talente. Ohne ihn wäre die Theorie heute bei weitem nicht das, was sie ist. Sie trägt daher auch mit Recht seinen Namen.« Daraus dürfe allerdings nicht gefolgert werden, dass der Sozialismus von ›großen Männern‹ abhänge, seien sie auch Genies wie Marx. Nach der materialistischen Geschichtsauffassung dürfe man den »Sozialismus nicht mehr als zufällige Entdeckung dieses oder jenes genialen Kopfes« ansehen, »sondern als das notwendige Erzeugniß des Kampfs zweier geschichtlich entstandenen Klassen, des Proletariats und der Bourgeoisie«.

Die marxistische Theorie vom Klassenkampf war zugleich selbst Bestandteil dieses Kampfes und insofern mehr als eine individuelle Leistung, so groß diese auch gewesen sein mochte. Die Bedingungen, unter denen diese Leistung erbracht wurde, färbten die mürrischen Briefe, die Marx an Freunde und Unterstützer schrieb. Sie fanden ihr Echo auch in den Klagen seiner tapferen Ehefrau Jenny, der sogar die Stärkung durch die Erregtheit des Kämpfens verschlossen blieb. In einem Brief an das Ehepaar Liebknecht konstatierte sie 1872 erschöpft: »Uns Frauen fällt in all diesen Kämpfen der schwerere, weil kleinlichere Teil zu. Der Mann, er kräftigt sich im Kampf mit der Außenwelt, erstarkt im Angesicht der Feinde, […] wir sitzen daheim und stopfen Strümpfe. Das bannt die Sorge nicht, und die tagtägliche kleine Not nagt langsam aber sicher den Lebensmut hinweg. Ich spreche aus mehr als 30jähriger Erfahrung«.

Zu dieser Erfahrung gehörten die zeitweise dürftigen, um nicht zu sagen erbärmlichen Alltagsverhältnisse, die – auch darauf ist hinzuweisen – von Jenny und Karl umso drückender empfunden wurden, als Jenny mit ihrer aristokratischen und Karl wegen seiner gutbürgerlichen Herkunft im Aushalten solcher proletarischen Verhältnisse nicht trainiert waren. Im August 1862 schrieb Marx an Lassalle, von dem er gerade ein Darlehen erhalten hatte: »Meine Frau sagt mir jeden Tag, sie wünschte, sie läge mit den Kindern im Grabe. Und ich kann es ihr wahrlich nicht verdenken; denn die Demütigungen, Qualen und Schrecken, die in dieser Situation durchzumachen sind, sind in der Tat unbeschreiblich«.

Als zusätzliche Belastung kam für Jenny hinzu, ihren Mann leibhaftig an seinem Werk leiden zu sehen. Im November 1863, als Marx wieder einmal Leberschmerzen hatte, nicht zu schlafen vermochte und wegen eines ›Karbunkels‹ am Hintern nicht am Schreibtisch sitzen konnte, klagte sie: »Es ist, als ob das unselige Buch nie zustande kommen sollte. Es lastet wie ein Alp auf uns allen.« 1867, nach über zehnjähriger Arbeit, war das »unselige Buch« endlich fertig – nicht ganz allerdings, nur der erste Band. Das vollständige Werk kompilierte Engels nach Marxens Tod aus dem Nachlass. Das

Manuskript des ersten Bandes brachte Marx persönlich in stürmischer Überfahrt nach Hamburg zu seinem Verleger Otto Meissner. Am 14. September 1867 erschien *Das Kapital. Kritik der politischen Oekonomie. Erster Band. Buch I: Der Produktionsprocess des Kapitals* in einer Auflage von tausend Exemplaren. Um eines davon kaufen zu können, hätte ein gewöhnlicher Arbeiter fast einen Wochenlohn geben müssen. Aber für Arbeiter war das Buch gar nicht geschrieben mit seinem Bildungszierrat an Shakespeare- und Goethe-Zitaten. Schon das Vorwort enthält französische Wendungen, englische Titel und schließt mit dem »Wahlspruch des großen Florentiners*: Segui il tuo corso, e lascia dir le genti!« – »Geh deinen Weg und lass die Leute reden!« So ist es dann auch gekommen: Die Leute redeten, das Buch ging seinen Weg und wurde dabei größer und größer.

Werner (von) Siemens

Ehrenbezeugungen können unangenehm sein, umso unangenehmer, von je weiter oben sie kommen. Der ›allerhöchste Gnadenerweis‹ einer Nobilitierung war manchen ungelegen, die dessen weder materiell noch statusmäßig bedurften. Friedrich Alfred Krupp wies 1888 die Erhebung in den Adelsstand zurück, wie es schon sein Vater Alfred Krupp 1865 getan hatte und wie es auch August Thyssen hielt.

Normalerweise wurde ›vorgefühlt‹, wie die Erhebung vom Erhobenen aufgenommen werden würde. In den wenigen Monaten, die dem schwerkranken Kaiser Friedrich nach dem Machtantritt 1888 blieben, ließ er fünf Dutzend Nobilitierungen vornehmen, um auf diese Weise Zeichen für Auffassungen und Absichten zu setzen, für deren Verwirklichung ihm Kraft und Zeit fehlten. In der Eile kam es dabei zu Versehen und Ungeschicklichkeiten. Während Krupp die ihm angetragene Nobilitierung im April 1888 ablehnen konnte, erfuhr Werner Siemens von der seinen aus der Zeitung.

---

* Gemeint ist Dante. Das – leicht abgewandelte – Zitat entstammt dem »Fegefeuer« in dessen *Göttlicher Komödie*.

Das brachte den Industriellen in die Verlegenheit, das ›von‹ entweder stillschweigend an- beziehungsweise hinzunehmen und damit bei anderen Magnaten, die den Adelstitel betont nicht nötig haben wollten, Verwunderung auszulösen oder das ›von‹ öffentlich zurückzuweisen und damit den Hof und die angelagerten Herrschaftskreise vor den Kopf zu stoßen.

Siemens entschied sich für die Annahme, obwohl der Familienmensch, Familienunternehmer und Familienpatriarch fürchtete, das Adelsprädikat würde zu einem Riss zwischen ihm beziehungsweise seinen Nachfahren – der Titel war erblich – und den übrigen Mitgliedern der weitverzweigten Familie führen. Politische oder kulturelle Vorbehalte gab es indessen nicht. Wo hätten sie auch herkommen sollen? Die 48er-Anflüge des jungen Mannes hatte der Wind der Geschichte fortgeblasen, später als Mandatsträger der liberalen Fortschrittspartei im Preußischen Abgeordnetenhaus von 1862 bis 1866 war seine Opposition verglichen mit der seiner Parteifreunde Virchow und Mommsen recht zurückhaltend gewesen, und als alter Mann war er ein preußisch gesinnter Monarchist mit ausgeprägtem Respekt vor der Einigungsleistung Bismarcks. Dazu schrieb er in seinen *Lebenserinnerungen:* »Es war eine große erhebende Zeit, die bei Allen, welche sie erlebten, unvergeßliche Eindrücke hinterlassen hat, und die auch in den kommenden Generationen das Gefühl dankbarer Verehrung nicht erlöschen lassen wird, welches die Nation den großen leitenden Männern schuldet, die ihre schmachvolle Zersplitterung und Uneinigkeit beendeten und sie einig und mächtig machten.«

Der Aufstieg der eigenen Firma war weniger mit dem der eigenen Nation verbunden als mit europäischen Kriegen, kontinentalen Eisenbahnen und überseeischen Kolonien. Es begann mit der handwerklichen Produktion von Telegraphenapparaten, weitete sich zur Verlegung von Kabeln zwischen den Kontinenten aus und mündete schließlich in die allgemeine Elektrifizierung zunächst der Städte. In jeder dieser Phasen waren Werner Siemens und seine Brüder mit ihren Unternehmen nicht die einzigen Akteure und meistens auch nicht die ersten. Telegraphenapparate gab es schon vor der Erfindung, die Werner Siemens von Handwerksmeister Halske fertigen ließ. Telegraphenkabel hatten andere vor ihnen zwischen Masten gespannt, unter der Erde verlegt, auf den Meeresboden gesenkt. Der Dynamo, Voraussetzung für Kraftwerksbau und flächendeckende Elektrifizierung, war kein Siemens-Unikat, und Edisons Glühbirne hatte Siemens als Massenbeleuchtungsmittel anfänglich nicht ernst genommen und stattdessen auf Bogenlampen gesetzt. Das Aufkommen des Telephons bezeichnete er in den späten 1870ern als Schwindel, analog zum ›Gründerschwindel‹ der frühen 1870er. Woher rührte also der Erfolg der Siemens'schen Unternehmungen? Und was macht die historische Größe seiner Persönlichkeit aus?

Der geschäftliche Erfolg hing von der Zähigkeit und Ausdauer ab, mit der Siemens die praktische Umsetzung seiner technischen Entwicklungen verfolgte, sowie von der Passgenauigkeit, mit der sie sich in die allgemeine Entwicklung fügten. Eigenschaften wie Willensstärke und Arbeitslust optimierten die Konstellation. »Ich will und kann noch nicht zur Ruhe gehen«, schrieb er mit Mitte vierzig, »ich hasse das faule Rentierleben, will schaffen und nutzen, solange ich kann, sehne mich nicht nach persönlichen Annehmlichkeiten und Genüssen des Reichtums. Ich würde körperlich und geistig zugrunde gehen, wenn ich keine nützliche Tätigkeit, an der ich Anregung und dadurch Beruhigung finde, mehr entfalten könnte!« Gegen Ende seines Lebens bekräftigte er: »Gewiss habe ich auch nach Gewinn und Reichthum gestrebt, doch wesentlich nicht um sie zu geniessen, als um die Mittel zur Ausführung anderer Pläne und Unternehmungen zu gewinnen«.

Seine persönliche Zukunftsbesessenheit entsprach der allgemeinen Fortschrittsgläubigkeit und stimmte bestens überein mit der stürmisch wachsenden Bedeutung von Wissenschaft und Technik innerhalb der Entwicklung einzelner Unternehmen wie der gesamten Wirtschaft. Er habe immer mehr in der Zukunft als in der Gegenwart gelebt, bekannte er in einem Brief, und in einer Rede vor der Berliner Akademie der Wissenschaften sagte er: »Nicht allein im eigenen Interesse der Wissenschaft liegt es, in engere Verbindung mit der Anwendung ihrer Forschungsresultate im praktischen Leben zu treten, weil dasselbe ihr nachträglich zurückbringt, was es empfängt: es ist für sie ein Gebot der Pflicht. Denn dadurch erhält die Wissenschaft erst ihre höhere Weihe, [...] daß sie nicht ihrer selbst wegen besteht, zur Befriedigung des Wissensdranges der beschränkten Zahl ihrer Bekenner, sondern daß ihre Aufgabe die ist, den Schatz des Wissens und Könnens des ganzen Menschengeschlechtes zu erhöhen und dasselbe einer höheren Kulturstufe zuzuführen«.

Diese Haltung äußerte sich nicht nur in feierlichen Reden vor Honoratiorenversammlungen, sondern färbte auch das Geschäftsgebaren. Siemens war weder Stubengelehrter noch Werkstattbastler, sondern eine Art Generalunternehmer in Sachen Zukunft. Zugleich stand er einer weitverzweigten Familie vor und setzte persönliche Bindungen und innerfamiliäre Verpflichtungen im Geschäftlichen auf eine Weise ein, wie sie in anderen großen beziehungsweise groß werdenden Unternehmen der Epoche nicht mehr möglich war. Dabei mischte sich die wirtschaftsgeschichtlich altüberlieferte Abneigung gegen Händler, Spekulanten und Finanziers mit der Bereitschaft, die technikgeschichtlich neuen Herausforderungen bei der Organisation von Großprojekten anzunehmen.

Siemens selbst veranschaulichte das in seinen *Lebenserinnerungen* an den Unterschieden zwischen seiner Unternehmensauffassung und derjenigen seines langjährigen Partners Johann Georg Halske: Im »Jahre 1868 zog sich mein alter Freund und Socius Halske aus der Firma zurück. Die günstige Entwickelung des Geschäfts – es wird dies Manchem auf den ersten Blick nicht recht glaublich erscheinen – war der entscheidende Grund, der ihn dazu veranlaßte. Die Erklärung liegt in der eigenartig angelegten Natur Halskes. Er hatte Freude an den tadellosen Gestaltungen seiner geschickten Hand, sowie an allem, was er ganz übersah und beherrschte. Unsere gemeinsame Thätigkeit war für beide Theile durchaus befriedigend. Halske adoptirte stets freudig meine constructiven Pläne und Entwürfe, die er mit merkwürdigem mechanischen Taktgefühl sofort in überraschender Klarheit erfaßte, und denen er durch sein Gestaltungstalent oft erst den rechten Werth verlieh. Dabei war Halske ein klardenkender, vorsichtiger Geschäftsmann, und ihm allein habe ich die guten geschäftlichen Resultate der ersten Jahre zu danken. Das wurde aber anders, als das Geschäft sich vergrößerte und nicht mehr von uns Beiden allein geleitet werden konnte. Halske betrachtete es als eine Entweihung des geliebten Geschäftes, daß Fremde in ihm anordnen und schalten sollten. Schon die

Anstellung eines Buchhalters machte ihm Schmerz. Er konnte es niemals verwinden, daß das wohlorganisirte Geschäft auch ohne ihn lebte und arbeitete. Als schließlich die Anlagen und Unternehmungen der Firma so groß wurden, daß er sie nicht mehr übersehen konnte, fühlte er sich nicht mehr befriedigt und entschloß sich auszuscheiden«.

Aber auch Siemens stand noch zwischen den Zeiten. Gegen die Umwandlung des Familienunternehmens in eine moderne Aktiengesellschaft hat er sich gesträubt. In der Folge wuchs neue Konkurrenz in Gestalt der 1888 gegründeten AEG heran, die sonst wohl zu verhindern oder doch kleinzuhalten gewesen wäre.

Die sozialfürsorgerischen Maßnahmen in den Fabriken wiederum kamen wie diejenigen Bismarcks im Staat von oben herab und kalkulierten unternehmerisch mit dem Interessenkalkül der Beschäftigten. Dass seine Arbeiter davon unabhängige Recht haben könnten, lag außerhalb seines Horizontes und seines Herzens: »Es ist nicht allein Humanität, sondern wesentlich gesunder Egoismus, welcher uns zur Bildung der [unternehmensinternen Pensions-] Kasse bewogen hat. [...] Die Leute fühlen sich durch die Kasse dauernd mit der Fabrik verbunden, der schädliche Wechsel der Arbeiter hat daher wesentlich abgenommen und Entlassung wegen schlechter Arbeit ist wieder [...] eine empfindliche Strafe geworden.« Und »steht bei ihnen [den Arbeitern] erst die Überzeugung unwandelbar fest, daß denen, die bei uns bleiben, die Sorge für ihr Alter und ihre Familie genommen ist, so werden sie dadurch fest an das Geschäft geknüpft, sie werden den Umsturztheorien der Sozialisten abhold, werden sich Streiks widersetzen und haben eigenes Interesse am Gedeihen des Geschäftes. Namentlich die Frauen werden in diesem Sinn auf sie einwirken.«

Die konkrete Furcht vor Streiks und die diffuse Angst vor der Sozialdemokratie waren die Gründe für innerbetriebliche Sozialreformen. Aus den gleichen Gründen, und auch hier stimmte der Unternehmer Siemens mit dem Politiker Bismarck überein, wurden Ansätze zu einer Arbeitsschutzgesetzgebung bekämpft. Staatliche Gesetze, für alle Unternehmen gleichermaßen verpflichtend, hätten die Arbeiterschaft insgesamt sicherer gestellt und jeden einzelnen Arbeiter unabhängiger vom jeweiligen Betrieb gemacht. Ebendies wollte Siemens durch seine exklusiven Leistungen für Betriebsangehörige verhindern.

Die überragende persönliche Lebensleistung von Werner Siemens erhält, im Nachhinein betrachtet, dadurch die Aura ›historischer Größe‹, dass die Leistungen dieses Lebens Resonanz und Resultat der Epoche sind, in der sie erbracht wurden. Siemens drückte es so aus: »Wenn ich zum Schluß mein Leben überblicke und die bedingenden Ursachen und treibenden Kräfte aufsuche, die mich über alle Hindernisse und Gefahren hinweg zu einer Lebensstellung führten, welche mir Anerkennung und innere Befriedigung brachte und mich überreichlich mit den materiellen Gütern des Lebens versah, so muß ich zunächst anerkennen, daß das glückliche Zusammentreffen vieler Umstände dazu mitgewirkt hat und ich überhaupt dem glücklichen Zufall viel dabei zu danken habe. Ein solches glückliches Zusammentreffen war es schon, daß mein Leben gerade in die Zeit der schnellen Entwicklung der Naturwissenschaften fiel und daß ich mich besonders der elektrischen Technik schon zuwandte, als sie noch ganz unentwickelt war und daher einen sehr fruchtbaren Boden für Erfindungen und Verbesserungen bildete.«

Siemens schrieb seine Erinnerungen während der letzten Lebensjahre nieder. Um ihn herum war sein Hausdiener August Fiebig, der sicher nicht geahnt hat, dass er einmal selbst Erinnerungen schreiben würde. Darin erwähnt Fiebig, dass er den Leichnam des Verstorbenen gewaschen und ihm »das letzte Hemd angezogen« habe. Das scheint zu dem zu passen, was Hegel mit der ›Kammerdienerperspektive‹ meinte. Doch fügte Fiebig hinzu: »Er starb als großer Mann so wie auch sein Leben war«. Dem entspricht die Bemerkung eines anderen Mannes, der selbst als bedeutender gelten kann: »Unser großer, tiefvermißter Siemens […] war weder auf einer Universität, noch auf einer technischen Hochschule ausgebildet, und doch war er einer der größten Forscher und Techniker, welche dieses Jahrhundert hervorgebracht hat«. Die Bemerkung stammt von Rudolf Virchow.

Verneigung vor Virchow

Ehrgeizig sein, mit viel Selbstvertrauen sehr viel arbeiten und sehr wenig schlafen – das wäre als Existenzmaxime Virchows vorstellbar. Als junger Mann wählte er für seinen Abituraufsatz das Thema: »Ein Leben voll Arbeit und Mühe ist keine Last, sondern eine Wohltat.« Als alter Mann blickte er stolz auf eben ein solches Leben zurück und erzählte, die Glückwunschtelegramme zu seinem achtzigsten Geburtstag seien so »verschiedenartig, dass sie mir ein Spiegelbild meines ganzen, recht unruhigen Lebens vorgeführt haben und dass sie für jeden anderen verwirrend erscheinen mögen. Das kommt daher, dass ich im Laufe der Zeit recht verschiedene Richtungen der Forschung und der Thätigkeit eingeschlagen habe, und dass nicht bloss der Ort meines Amtssitzes gewechselt hat, sondern dass ich auch auf grösseren Reisen ganz Europa und wichtige Theile von Africa und Asien besucht habe. [...] So hat der Gang meiner Forschungen nicht nur die Länder und deren Bewohner in den Kreis meiner Darstellung gebracht, sondern ich habe je nach Umständen sowohl die Medicin und die Naturwissenschaften, als auch die Anthropologie und die Archäologie, gelegentlich auch die Literatur, die Philosophie, die Politik und die socialen Zustände zum Gegenstand meiner Studien gemacht.«

Zwischen der Lebensankündigung als 18- und dem Lebensresümee als 80-Jähriger spannte sich eine großartige Leistungsreihe:

- 1848 engagierte er sich für die Revolution, auch wenn die von ihm an den Vater berichtete Pistolenfuchtelei auf einer Berliner Barrikade nicht ganz glaubwürdig ist. Jedenfalls war er weit genug ›vom Schuss‹, wie überhaupt die Totenlisten der ›Märzgefallenen‹ fast nur Handlanger und Handwerker, aber keine Bürger und schon gar keine Honoratioren verzeichnen. Allerdings hatte er sich in der von ihm mitbegründeten Zeitschrift *Die Medicinische Reform* eindeutig positioniert. Im Juli 1848 schrieb er in der ersten Nummer: »Die Ärzte sind die natürlichen Anwälte der Armen und die sociale Frage fällt zu einem erheblichen Teil in ihre Jurisdiktion.« Im Januar 1849 erklärte er: »Die medizinische Statistik wird unser Richtscheit sein: Leben um Leben wollen wir abwägen und zusehen, wo die Leichen dichter liegen, bei den Arbeitern oder den Privilegierten.« Außerdem verteilte er regierungskritische Flugblätter an Kollegen und Patienten der Charité. Diese Aktion führte zur Rücknahme seiner Einstellung, die allerdings selbst wieder zurückgenommen wurde. Fortbestand hatten jedoch der Entzug seiner Dienstwohnung und die ministerielle Auffassung, dass er in Berlin seiner politischen Haltung wegen karrieremäßig nichts zu erwarten habe.

– Deshalb nahm er noch im gleichen Jahr einen Ruf nach Würzburg an und sagte zu, sich künftig aller ›radikalen Tendenzen‹ zu enthalten. In Würzburg schuf er die Grundlagen seines wissenschaftlichen Renommees, darunter auch diejenigen für sein medizinisches Hauptwerk: *Die Cellularpathologie in ihrer Begründung auf physiologische und pathologische Gewebelehre.* Das Werk erschien erstmals 1858, zwei Jahre nachdem er als Direktor eines eigens für ihn errichteten Pathologischen Instituts nach Berlin zurückgekehrt war. Die Zellen, nicht mehr Körpersäfte oder Vitalkräfte, wurden nun als die Ebene betrachtet, theoretisch und durchs Mikroskop, auf der sich das Leben aufbaute und die Krankheit einnistete. 23 066 Präparate (die Zahl nannte er selbst an seinem achtzigsten Geburtstag), Tausende davon aus eigener Hand, und 4000 katalogisierte Schädel (etliche von ihnen auf der Stirn mit RV signiert) dienten der Veranschaulichung dieser Lehre. Über ein halbes Jahrhundert, bis zu seinem Tod 1902, dokumentierte er die Sammlung als Herausgeber des *Archivs für pathologische Anatomie und Physiologie und für klinische Medizin* sowie der *Jahresberichte über die Leistungen und Fortschritte der Gesamten Medicin.* Außerdem war er Mitbegründer und über Jahrzehnte Vorsitzender von etlichen medizinischen, anthropologischen, ethnologischen und archäologischen Vereinigungen.

– Im Februar 1852 bereiste er im Auftrag der bayerischen Behörden, begleitet von zwei Regierungsräten, den Spessart, um die krankmachenden Nahrungs- und Wohnungsverhältnisse der notleidenden Bevölkerung zu dokumentieren. 1848, unmittelbar vor Ausbruch der Märzrevolution in Berlin, hatte er im Auftrag preußischer Behörden die ›Hungerpest‹ in Schlesien untersucht. An der auch als ›Hungertyphus‹ bezeichneten Seuche starben 16 000 Menschen. Es handelte sich um das durch Kleiderläuse übertragene Fleckfieber, das noch nicht klar vom Typhus abzugrenzen war. Beide Erreger waren noch nicht entdeckt.

– 1867 erstellte Virchow im Auftrag der preußischen Regierung ein Gutachten über die hygienischen Verhältnisse in Berlin. Sie waren katastrophal, wie alle wussten, die eine Nase zum Riechen hatten. In der Folge setzte er sich für den Bau der Kanalisation ein.

– Neben seinem Kampf – so muss man es der Widerstände wegen nennen – für die Kanalisation forderte er die Einrichtung von Markthallen und behördlich kontrollierten Schlachthöfen. Um von Trichinen verseuchtes Fleisch identifizieren zu können, wurde auf sein Drängen hin 1875 in Preußen die amtliche Fleischbeschau eingeführt (die Reichsgesetzgebung folgte erst ein Vierteljahrhundert später).

– Der Bau städtischer Krankenhäuser in Berlin ist untrennbar mit seinem Namen verbunden: das Krankenhaus im Friedrichshain, eingeweiht 1874, das Krankenhaus am Urban (1890) und schließlich das Krankenhaus im Wedding, dessen Fertigstellung 1906 Virchow nicht mehr erlebte und das bis heute seinen Namen trägt. Des Weiteren war er beteiligt an dem 1872 in Moabit eröffneten Barackenlazarett, in dem Pockenkranke untergebracht wurden, nachdem sie die Baracken auf dem Tempelhofer Feld hatten räumen müssen. Das Areal war vom Militär als Exerzierplatz zurückgefordert worden. Das Barackenlazarett dort hatte man 1870 ursprünglich für kranke und verwundete Soldaten errichtet. Sie kamen mit der Eisenbahn von der Front in Frankreich. Virchow nahm an einem der Transporte persönlich teil: »Wir fuhren mit der Geschwindigkeit eines Schnellzuges. Mitten in der Nacht wurde ich mit der Meldung geweckt, die Verwundeten […] könnten es nicht länger aushalten. […] Ich mußte mich entschließen, langsamer fahren zu lassen, wodurch unsere Ankunft in Berlin um wenigstens 4 Stunden verzögert wurde.« Beim ersten Transport, noch vor der Schlacht bei Sedan, waren französische Verwundete eingeliefert worden. Die Schriftstellerin

Ludovica Hesekiel, die mit anderen Damen der bürgerlichen Gesellschaft ihre vaterländische Pflicht am Krankenbett preußischer Helden, wie sie sich ausdrückte, erfüllen wollte, schilderte in ihren *Skizzen aus dem Berliner Militair-Lazareth* den Unmut der Frauen angesichts der Franzosen: »Endlich, endlich kam langsam, langsam der Zug heran [...]. Die Blessirten wurden auf die Bahre gelegt, langsam sahen wir sie nach der Baracke tragen. Wir sahen uns um, alle Gesichter waren bleich, stumm und traurig; eine große Enttäuschung war über uns gekommen.« Aber auf dem Dach wehte die weiße Fahne mit dem roten Kreuz*, und so geriet, wie Hesekiel berichtet, eine der Frauen, die ihren Bruder in Frankreich verloren hatte, in die Situation, sich um verwundete Feinde kümmern zu müssen: Möglich, »daß Einer von denen, die sie nun pflegen und warten sollte, die Kugel verschossen, die ihn getroffen«.

– Virchow hatte Einfluss wegen seines Ruhms als Mediziner und Macht, wenn auch begrenzte, wegen seiner Funktionen in den Parlamenten: Rund vierzig Jahre, seit 1859, war er Berliner Stadtverordneter, fast ebenso lange, seit 1862, Abgeordneter im Preußischen Landtag, dessen Rechnungskommission er dreißig Jahre lang vorsaß (von 1872 bis zu seinem Todesjahr 1902). Zusätzlich war er von 1880 bis 1893 Abgeordneter im Reichstag. 1861 hatte er die Fortschrittspartei mitbegründet, als deren Wortführer er in großen (und langen) Reden dem Reichskanzler entgegentrat. Mit einer dieser Reden machte er das Wort ›Kulturkampf‹ populär. Es bezeichnete Bismarcks Vorgehen gegen die ›Ultramontanen‹ jenseits der Berge im päpstlichen Rom, gegen die Bischöfe im Reich und gegen die katholischen Abgeordneten vom Zentrum im Reichstag zu Berlin. Bismarck nannte Virchow in seinen Memoiren einen »Vorkämpfer« der antikatholischen Kirchenpolitik. Übrigens handelt es sich dabei um dessen einzige Erwähnung in Bismarcks Erinnerungsbuch. Die Bemerkung trifft insofern zu, als Virchow sich stets für die Unterscheidung zwi-

---

* Preußen hatte die Genfer Konvention (»Konvention zur Verbesserung des Loses der verwundeten Soldaten der Armeen im Felde«) von 1864 unterzeichnet.

schen Wissenschaft und Glaube sowie die Trennung von Kirche und Staat eingesetzt hat. Das betraf besonders die Schulen und überhaupt die Erziehung des ›gemeinen Mannes‹. Manche seiner anti-kirchlichen Äußerungen erinnern an die Marx'sche Wendung von der Religion als ›Opium des Volkes‹. Das klingt heute, da der kirchliche Einfluss im Staat und der priesterliche auf die Seele im Schwinden begriffen sind, polemisch übertrieben, war damals jedoch eine Tatsachenbeschreibung, und zwar eine, die für das Luthertum ebenso zutraf wie für den römischen Katholizismus. Wie viel Macht die Priester über Menschen haben konnten, berichtet auch Bismarck, obwohl es nicht diese Macht war, die der eigentliche Antrieb seines Kampfs gegen die Kirche gewesen ist: »Ich habe im Kissinger Lande deutsche und schulgebildete Bauern gefunden, die fest daran glaubten, daß der am Sterbebett […] stehende Priester den Sterbenden durch Verweigerung oder Gewährung der Absolution direkt in die Hölle oder den Himmel schicken könne, man ihn also auch politisch zum Freunde haben müsse.« In Kissingen hielt sich Bismarck gelegentlich zur Kur auf. Im Juli 1874 verübte dort ein fanatisierter Katholik wegen des Kulturkampfs ein Pistolenattentat auf den Kanzler.

– Hinsichtlich der ›Sozis‹ verhielt sich der liberale Fortschrittspolitiker Virchow ablehnend bis feindlich. Die Versuche, Bismarcks ›Sozialistengesetze‹ im Reichstag abzumildern, beruhten nicht auf Sympathie für die trotz der Unterdrückung stetig wachsende Massenpartei der städtischen Arbeiter und Handwerker, sondern auf der Sorge, die Gesetze gegen die Sozialdemokratie könnten eines Tages auf die liberalen Parteien ausgedehnt werden. Eine entsprechende Sorge hatte schon dazu geführt, Bismarcks Politik gegen das katholische Zentrum nicht so weit überschießen zu lassen, dass sie in der Folge den liberalen Spielraum in Mitleidenschaft gezogen hätte.

– Während Virchow den Begriff ›Kulturkampf‹ nicht erfunden, aber im Parlament und in den Zeitungen gängig gemacht hat, sind die medizinischen Termini ›Embolie‹, ›Thrombose‹, ›Leukämie‹ seine Schöpfungen. Das Sezieren hat er gleichfalls nicht erfunden. Aber es war ihm darum zu tun, Verfahrensregeln dafür aufzustellen, im Wortsinn aus Pathologensicht. In seiner Schrift

Die Sections-Technik im Leichenhause des Charité-Krankenhauses von 1876 greift er exemplarisch zum Skalpell: »Ich nehme jetzt für die gewöhnlichen Zwecke bei einer pathologischen Section den Messergriff in die volle Hand, so dass, wenn ich den Arm ausstrecke, die Klinge wie eine gerade Verlängerung des Arms hervortritt. Ich fixiere dann, wenn auch nicht absolut, so doch relativ Finger und Handgelenke und führe die Schneidebewegung mit dem ganzen Arm aus [...]. Das gibt lange und ausgiebige Schnitte, und da ich die ganze Kraft des Arms, namentlich die ganze Kraft der Schultermuskulatur in Wirksamkeit bringe, auch glatte Schnitte. Und nur an solchen Schnittflächen kann man wirklich gut sehen.«

– Virchow stand am Seziertisch, vor dem Mikroskop, am Krankenbett, am Rednerpult im Parlament, am Vortragspult in Bildungsvereinen, am Dozentenpult im Hörsaal. In den kam er allerdings häufig zu spät, was die Studenten vor Ungeduld mit den Füßen trampeln ließ.

Wann hat Virchow das alles gemacht? Und wie hat er es fertiggebracht, daneben südpazifische Schädelmasken und archäologisch geborgene Urnen zu beschreiben, für ethnologische Forschungen Bauernhäuser zu photographieren, die slawische Besiedlung der Lausitz zu erforschen, mit Heinrich Schliemann nach Troja und Ägypten zu reisen und sich außerdem wissenschaftlich zähe und menschlich nicht immer feine Fehden mit Robert Koch zu leisten, der 1876 den Milzbrand-Erreger, 1882 den Tuberkelbazillus und 1883 den Cholera-Erreger entdeckte? Die Haare auf den Köpfen von annähernd sieben Millionen Schulkindern hat er auch noch gezählt, sozusagen: Bei einer statistisch-anthropologischen Untersuchung in der zweiten Hälfte der 1870er fand er heraus, dass die Bayern viel weniger blond und die Preußen viel weniger dunkel waren als vermutet und dass unter den jüdischen Kindern zwölf Prozent als blond gelten mussten. Ein Familienleben hatte er bei alldem ebenfalls – und sechs Kinder. Kein Wunder, dass sein Parteifreund Eugen Richter anlässlich seines achtzigsten Geburtstags meinte: »In künftigen Zeitläuften und Jahrhunderten wird man nicht begreifen können, daß ein einziger Mann so Hervorragendes auf den verschiedensten Gebieten geleistet hat. Da wird sich die Sage verbreiten, Virchow sei um die Wende des 20. Jahrhunderts kein einzelner Mensch gewesen, sondern Virchow sei ein Sammelname gewesen für eine Reihe hervorragender Zeitgenossen«.

Dann war da noch die Suppenlina. Sie hieß eigentlich Lina Morgenstern, entstammte einer jüdischen Kaufmannsfamilie in Breslau und lebte seit Mitte der 1850er mit ihrem Mann in Berlin. 1866, im Jahr des deutschen Krieges, gründete sie mit wohlwollender Anteilnahme Virchows den »Verein der Berliner Volksküchen«, der ihr bei den Berlinern den Spitznamen einbrachte. Es handelte sich um eine jener bürgerlichen Hilfseinrichtungen, ähnlich den heutigen ›Tafeln‹, die Not lindern, an deren Ursachen sie nichts ändern können. Insofern blieb der Volksküchenverein trotz Virchows Unterstützung hinter dessen sozialpolitischen Ideen zurück. Bei der Frage des Frauenstudiums war es dagegen Virchow, der zurückblieb. Lina Morgenstern setzte sich für die Zulassung der Frauen zum Medizinstudium ein. Virchow hatte prinzipiell nichts dagegen, fürchtete aber, die ohnehin unterfinanzierten Universitäten würden durch weiblichen Zustrom überfordert.

Wo sind die Frauen?

Sie haben hier nichts zu suchen. Sie sind zur Größe nicht fähig – erklärt uns Charles Darwin: »Der Mann ist muthiger, kampflustiger und energischer als die Frau und hat einen erfinderischen Geist. Sein Gehirn ist absolut größer«. Deshalb könne man sagen, die Frau stehe »in der Bildung ihres Schädels mitten inne zwischen dem Kinde und dem Manne«. Der »hauptsächliche Unterschied in den intellectuellen Kräften der beiden Geschlechter zeigt sich darin, daß der Mann zu einer größeren Höhe in Allem, was er nur immer anfängt, gelangt«.

Frauen machen keine Geschichte, sie bringen sie aber zur Welt: in Gestalt kleiner Buben, die einmal große Männer werden. So sieht das der große Virchow: »Das Weib ist eben Weib nur durch seine

Generationsdrüse; alle Eigenthümlichkeiten seines Körpers und Geistes oder seiner Ernährung und Nerventhätigkeit: die süße Zartheit und Rundung der Glieder bei der eigenthümlichen Ausbildung des Beckens, die Entwickelung der Brüste bei dem Stehenbleiben der Stimmorgane, jener schöne Schmuck des Kopfhaares bei dem kaum merklichen, weichen Flaum der übrigen Haut, und dann wiederum diese Tiefe des Gefühls, diese Wahrheit der unmittelbaren Anschauung, diese Sanftmuth, Hingebung und Treue – kurz, alles was wir an dem wahren Weibe Weibliches bewundern und verehren, ist nur eine Dependenz des Eierstocks. Man nehme den Eierstock hinweg, und das Mannweib in seiner häßlichsten Halbheit steht vor uns.«

Nietzsche hat sich in *Ecce Homo* ähnlich deutlich und reduktionistisch ausgedrückt:»Emanzipation des Weibes‹ – das ist der Instinkthaß des *mißratenen*, das heißt gebäruntüchtigen Weibes gegen das wohlgeratene«. Und so sprach auch Zarathustra:»Alles am Weibe ist ein Rätsel, und alles am Weibe hat *eine* Lösung: sie heißt Schwangerschaft.«

Der Rassehygieniker Alfred Ploetz wiederum wusste, dass Wissen beim ›Weib‹ zur Reduzierung führt – beim Kinderkiegen:»Gut erzogene Mädchen von heutzutage wissen recht wohl, dass sie als blosse Gebärmaschinen und Kleinkinder-Wärterinnen nicht zu ihrem vollen Lebensgenuss kommen würden. [...] Das bewusste Weib lehnt sich heute schon gegen eine zu starke Inanspruchnahme im Dienste der Gattung auf. [...] Ein, zwei, allerhöchstens drei Kinder, weiter versteigt sich das Ideal des modernen Weibes nicht. Die Hoffnung, das bessere, gescheidtere Weib werde freiwillig mehr Kinder zeugen als die andern, scheint mir auf Sand gebaut.«

Eines dieser ›besseren, gescheiteren Weiber‹ war Lina Morgenstern. Sie hatte zwei Söhne und drei Töchter. Ihr frauenpolitisches Engagement begann mit dem Einsatz für die Kindergärten des Reformpädagogen Friedrich Fröbel und führte über den mit Wilhelm Adolf Lette gegründeten »Verein zur Förderung höherer Bildung und Erwerbsfähigkeit des weiblichen Geschlechts« und die Einrichtung von Volksküchen bis zur Organisation des ersten Internationalen Frauenkongresses 1896 in Berlin zusammen mit der kämpferischen Minna Cauer.

Ein Blatt der *Gartenlaube* von 1883 mit gezeichneten Porträts der »Führerinnen der Frauenbewegung in Deutschland« zeigt Lina Morgenstern umringt von sechs Mitstreiterinnen: die Pädagogin und Autorin Marie Calm, die sächsische Kämpferin Louise Otto-Peters, die Schriftstellerin und Übersetzerin Jenny Hirsch, die Pädagogin Henriette Goldschmidt, die Lehrerin Auguste Schmidt und schließlich Anne Schepeler-Lette, die nach dem Tod ihres Vaters den nun nach ihm benannten Verein leitete.

Morgenstern veröffentlichte von 1888 bis 1891 in drei Bänden *Die Frauen des 19. Jahrhunderts. Biographische u. culturhistorische Zeit- und Charactergemälde.* Im Nachwort zum ersten Band heißt es: »Die Männerwelt wird anerkennen müssen, daß von einer Inferioriät des weiblichen Gehirns keine Rede sein kann, da Frauen der verschiedensten Völker und Lebenssphären bewiesen haben, daß sie ohne Verlust ihrer weiblichen Würde und Anmut Hervorragendes auf all den Gebieten zu leisten im Stande sind, denen sie sich nach ihrer Begabung mit voller Kraft widmen, trotz aller Schwierigkeiten, welche Erziehung und staatliche Verhältnisse ihnen bereiten.«

Auf den rund anderthalbtausend Seiten des Werkes sind Dutzende und Aberdutzende von Frauen gewürdigt, an die 250 insgesamt: regierende Königinnen wie Victoria in London, repräsentierende Kaiserinnen wie Augusta in Berlin, publizierende Gräfinnen wie Ida Hahn-Hahn, Schriftstellerinnen wie Fanny Lewald, schärfste literarische Konkurrentin der Gräfin, Sängerinnen wie Jenny Lind, die viel gerühmte ›schwedische Nachtigall‹, Ärztinnen wie Franziska Tiburtius und Vorkämpferinnen der bürgerlichen Frauenbewegung wie Louise Otto-Peters. Die Proletarierin Pauline Staegemann indessen wird nur in einer feindseligen antisozialdemokratischen Passage erwähnt. Ein eigenes ›Charactergemälde‹ bekommt sie nicht. Auch auf dem Blatt der *Gartenlaube* von 1883 fehlte ihr Porträt, und auf einer weiteren *Gartenlaube*-Illustration elf Jahre später mit zehn Frauenbildern wird es immer noch fehlen.

Erinnerung an eine ›Hyäne‹

Pauline Staegemann, 1838 geborene Tochter eines Maurers, ging als 18-Jährige aus dem Oderbruch nach Berlin, um dort als Dienstmädchen ihren Lebensunterhalt zu verdienen. Ihr Geburtsname war Schuck, der Name der Mutter ist nicht überliefert, unbekannt sind auch die Lebensdaten und Lebenswege der Eltern, ihres Mannes – wie ihr Vater ein Maurer – und die ihrer vier Kinder. Sie wurde früh Witwe, jedoch ist nicht dokumentiert, wann genau Staegemann, den sie 1865 heiratete, gestorben ist. Nach seinem Tod betrieb Pauline im Keller eines Berliner Mietshauses einen Gemüseladen, der zugleich als Versammlungsort politisch interessierter Frauen diente. Genaueres ist auch darüber nicht bekannt. Staegemann hat keine Selbstzeugnisse hinterlassen, anders als Ottilie Baader, eine Näherin und sozialdemokratische Frauenaktivistin. In ihren Erinnerungen *Ein steiniger Weg* nennt sie Pauline »eine Frau mit klarem Blick und großem Herzen« und hält fest, sie sei »eine der bekanntesten unter den ersten führenden Genossinnen gewesen.« Pauline ist trotz ihrer damaligen Bekanntheit heute nahezu vergessen. Immerhin trägt seit 2011 eine Straße in Berlin-Friedrichshain ihren Namen*.

1872 oder 1873** gründete Staegemann mit den heute ebenfalls vergessenen Arbeiterinnen Ida Cantius, Berta Hahn und Johanna Schackow den »Berliner Arbeiterfrauen- und Mädchenverein«. Die Organisatorinnen sahen diesen Verein in direkter Konkurrenz zu dem seit 1871 von Lina Morgenstern geleiteten bürgerlichen »Verein zur Fortbildung und geistigen Anregung von Arbeiterfrauen«, dem

---

* Sie selbst könnte in der nach ihr benannten Straße allerdings nicht wohnen. In einem der dortigen Neubauten beläuft sich beispielsweise die Monatskaltmiete für eine Dreizimmerwohnung mit 80 Quadratmetern auf knapp 2000 Euro.

** Das Jahr ist ungesichert. Ottilie Baader und Lina Morgenstern nennen 1872, Clara Zetkin 1873. Die heutige Publizistik datiert auf Februar 1873. Die Abweichung bei den Zeitgenossinnen kommt möglicherweise dadurch zustande, dass der Bezug einmal die offizielle Gründungsversammlung und das andere Mal eine vielleicht schon vorher stattgefundene erste Versammlung war.

es auf Hilfe bei der ›geistigen Hebung‹, nicht auf Hilfe zu politischer Selbsthilfe ankam. Ottilie Baader, selbst eine Zeitlang Mitglied in Morgensterns Organisation, schrieb über den neuen Verein anerkennend: »Zum erstenmal stellten sich hier Frauen auf den Boden der klassenbewußten Sozialdemokratie.«

Lina Morgenstern lehnte erwartungsgemäß den Konkurrenzverein ab: »Derselbe nannte sich: ›Socialdemokratischer Mädchen- und Frauen-Arbeiterverein‹. An seiner Spitze standen Frau Hahn und Frau Staegemann. Es lag in der Natur der Sache, daß der erste Verein, der sich von allen politischen Strömungen fern hielt und nur die materielle und geistige Hebung der Arbeiterin im Sinne hatte, von dem andern Verein bekämpft wurde.« Morgensterns Bildungsverein löste sich 1877 mangels Interesse bei den zu Bildenden auf, der »socialdemokratische Frauen- und Mädchen-Arbeiterinnenverein wurde polizeilich aufgelöst«, wie Morgenstern mit einer gewissen Schadenfreude anmerkt. Die Auflösung erfolgte aufgrund des Preußischen Polizeigesetzes, das Frauen – auch bürgerlichen – die politische Vereinstätigkeit untersagte. Pauline Staegemann und Ida Cantius mussten für einige Monate ins Gefängnis.

Im Mai 1878 kritisierten die beiden auf einer Versammlung die Kirche und einen Berliner Pfarrer, was im Februar 1879 zu einer Verurteilung zu jeweils sechs Wochen Gefängnis führte. In diesem Zusammenhang kolportiert Ottilie Baader die Aussage eines Honoratioren: »Diese Weiber, diese Sozialdemokraten, Frau Staegemann, Frau Cantius und wie sie alle heißen mögen, die sollen ja wahre Hyänen sein.«

Am 5. März 1885, mitten in der Zeit des Sozialistengesetzes, wurde der »Verein zur Wahrung der Interessen der Arbeiterinnen« gegründet – und im Folgejahr schon wieder behördlich aufgelöst. Ein Gericht verurteilte Pauline, die als vorbestraft galt, zu einer besonders hohen Geldstrafe. Zur Gründung des Interessenvereins fand eine Versammlung in der Urania statt, wie Morgenstern berichtet, »zu der nur Frauen Zutritt hatten. Es erschienen auch 800 Frauen, meist aus dem Arbeiterstande, unter ihnen die frühere Präsidentin des sozialdemokratischen Mädchen- und Frauen-Arbeiterinnenvereins [...] Frau Staegemann. [...] Schon in dieser Versammlung wurden Äußerungen gethan, welche den wahren Freundinnen der Arbeiterinnen arge Bedenken gaben. So z.B. sagte Frau Staegemann: Wir wollen für die Arbeiterin nicht Bedürfnisse abschaffen, sondern neue anschaffen. Ein fleißiges Arbeitermädchen, das sich im Schweiße seines Angesichts die ganze Woche ihr Brot verdient, hat doch dasselbe Recht, wie ein reiches Mädchen, sich zu putzen. Ist es doch der einzige Ersatz, den ihr das Leben für harte Arbeit bietet. Wir Armen ermöglichen ja erst, daß die Reichen sich mit Pelz behängen. Sind denn die Brüsseler Spitzen, die doch von Arbeiterinnen angefertigt werden, blos für die Reichen da? u.s.w. Wie leicht solche Redensarten Anklang fanden, zeigte der stürmische Beifall; aber kein vernünftiger Mensch und wohlmeinender Freund der Arbeiterinnen wird solche Grundsätze im Interesse derselben finden.«

Die situierte Bürgerin, die sich schmücken und das Leben genießen kann, findet es unverständlich und unvernünftig, wenn arme Mädchen sich ›putzen‹ wollen. Zwischen dem ›stürmischen Beifall‹ der Arbeiterinnen und dem Tadel der ›wohlmeinenden‹ Bürgerin öffnete sich jene Klassenkluft, die auch den Unterschied zwischen einem bürgerlichen Hilfs- und einem proletarischen Interessenverein bestimmte. Vielleicht hätte die hilfsbereite Suppenlina den Beifall der Arbeiterfrauen besser verstanden, wenn sie der Näherin Ottilie Baader zugehört hätte, deren Erinnerungen nicht grundlos den Titel *Ein steiniger Weg* tragen: »Ich habe manchmal das Leben so satt gehabt, so Jahr um Jahr immer an der Nähmaschine [...], das Leben hatte gar keinen Wert, man war nur eine Arbeitsmaschine und hatte keine Zukunftsaussichten. Und von dem Schönen in der Welt sah und hörte man nichts, davon war man einfach ausgeschlossen.«

Am Ende der Abstieg

Schwergewichtig stapft Bismarck die Stiege am Rumpf des Schiffes hinunter, oben grinst ein Kaiserchen über die Reling: So karikierte die englische Satirezeitschrift *Punch* den Rücktritt des Reichskanzlers. Es dürfte sich um die meistgezeigte Karikatur der Epoche handeln. Was aus dem Staatsschiff und dem selbstherrlichen Kaiser werden sollte, konnten die Zeitgenossen im März 1890 noch nicht wissen. Aber viele scheinen erleichtert gewesen zu sein. Ein Leitartikel der *Freisinnigen Zeitung* brachte das unverblümt zum Ausdruck: »Gott sei Dank, daß er fort ist!« Fontane äußerte in einem Brief die gleiche Meinung: »Es ist ein Glück, dass wir ihn los sind, und viele, viele Fragen werden jetzt besser, ehrlicher, klarer behandelt werden als vorher.« Außerdem berichtete er von der »relativen Gleichgültigkeit, mit der ihn selbst seine Bewunderer haben scheiden sehn.«

Sogar aus der Dienstwohnung in der Wilhelmstraße war Bismarck unhöflich rasch vertrieben worden, wie er in seinen Erinnerungen vermerkt: »am 29. März verließ ich Berlin unter diesem Zwange übereilter Räumung meiner Wohnung und unter den vom Kaiser im Bahnhof angeordneten militärischen Ehrenbezeigungen, die ich ein Leichenbegängnis erster Klasse mit Recht nennen konnte.« Dennoch scheint er die erste Nacht, die er nach dem Rücktritt zusammen mit seiner Frau auf dem Alterssitz Friedrichsruh bei Hamburg verbrachte, gut überstanden zu haben. Sein resoluter Leibarzt Ernst Schweninger, einer der wenigen Menschen, von denen er sich etwas sagen ließ, telegraphierte jedenfalls an Bleichröder: »fürst und fürstin gut geschlafen wohl und frisch«.

Seinem Nachfolger Leo von Caprivi nahm er neben der hastigen Verdrängung aus dem Dienstsitz besonders übel, »dass der die uralten Bäume von der Gartenseite seiner, früher meiner, Wohnung hat abhauen lassen«, und meinte:»Aus dieser Baumvertilgung spricht nicht ein deutscher, sondern ein slawischer Charakterzug.« Womit Graf Caprivi für Bismarck ein für alle Mal erledigt war.

Wenn ein Großer stürzt, freuen sich die Kleinen, die sich bis dahin nicht zu widersetzen wagten. Darüber grämte sich Bismarcks treue Bewunderin Baronin Spitzemberg in ihrem Tagebuch:»Mein Gott, diese Gemeinheit, die sich nun zeigen wird nach dem byzantinischen Kriechen früherer Tage!« Bismarck selbst hatte bereits 1873, zwei Jahre nach Beginn seiner Reichskanzlerkarriere, anlässlich des Rücktritts seines Kampfgefährten Albrecht von Roon als Kriegsminister bemerkt:»Im Amte aber wird es einsam um mich sein, je länger, je mehr; die alten Freunde sterben, und neue erwirbt man nicht mehr!«

Freud- und freundlos ging der Lotse von Bord, doch während der letzten Jahre auf seinem Alterssitz in Friedrichsruh wuchs sein Ruhm, und seine Aura übertrug sich auf Türme, Schnäpse und Heringe. Schon 1891 taufte die Hapag einen Schnelldampfer der Transatlantik-Linie »Fürst Bismarck«. Selbst der Kaiser konnte auf eine demonstrative, wenn auch wenig überzeugende Aussöhnung vier Jahre nach Bismarcks Entlassung nicht verzichten.

Vielleicht hat sich der Altkanzler bei dieser eher verkrampften Gelegenheit noch immer grollend an das Rücktrittsgesuch erinnert, das ihm Wilhelm abgezwungen hatte. In *Gedanken und Erinnerungen* zitiert er den Entwurf einer vor den Ministern abgegebenen Erklärung:»Ich freue mich, wenn ein König von Preußen selbst regieren will, erkenne die Nachteile meines Rücktritts für die öffentlichen Interessen, sehne mich auch, da meine Gesundheit jetzt gut ist, nicht nach einem arbeitslosen Leben; aber ich fühle, daß ich dem Kaiser im Wege bin, und bin amtlich durch das Kabinett benachrichtigt, daß derselbe meinen Rücktritt wünscht. Ich habe daher auf Allerhöchsten Befehl meine Dienstentlassung erbeten.«

Die gute Gesundheit, die er ein wenig drohend hervorhebt, hilft ihm, sich für seinen Abgang mit ostentativen Meinungsäußerungen aus Friedrichsruh Richtung Berlin schadlos zu halten. Am 1. April 1891, seinem 76. Geburtstag, findet er in seinem Herrnhuter Losungsheftchen die Stelle vor »Wer lebet im Herrn / Der stirbet auch gern« und schreibt daneben:»lieber noch nicht«. Etwa zu dieser Zeit erschreckte er seine Gegner sogar damit, sich von den Nationalliberalen bei einer Nachwahl für den Reichstag nominieren zu lassen. Es reichte nicht für die absolute Mehrheit, und in der Stichwahl setzte er sich nur mit Mühe gegen den sozialdemokratischen Konkurrenten durch. Er übte sein Mandat dann nicht aus, aber seine Gegner – und gewiss auch etliche Anhänger – fürchteten bis zur nächsten Reichstagswahl 1893, dass der Alte nicht nur vom fernen Friedrichsruh aus Unruhe stiften, sondern eines schönen schlimmen Tages leibhaftig im Parlament auftreten würde. Aber Bismarck blieb bei seinen über die Presse lancierten politischen Interventionsversuchen und genoss ansonsten den zum Personenkult anschwellenden Ruhm, den viele umso lieber mitmachten, je weiter weg die Person war, um die der Kult getrieben wurde.

Anfang 1894 allerdings kam es in Berlin zu einem persönlichen Auftritt, den der 30-jährige Max Weber so erlebte, »als sei in der Luft des Januartages der kalte Hauch geschichtlicher Vergänglichkeit zu spüren. Uns überkam ein eigenartig beklemmendes Gefühl – als ob ein Geist herniederstiege aus einer großen Vergangenheit und wandelte unter einer neuen Generation durch eine ihm fremd gewordene Welt.« Gegen Ende des Jahres, Bismarcks Frau Johanna war am 27. November gestorben, bekannte er in einem Brief: »Das Leben ist ein dauernder Verbrennungsprozeß, und mein Material zur Unterhaltung der Flamme ist bald aufgebraucht«. Die ›Flamme‹ erlosch am 30. Juli 1898.

Anhang

Nachweise

Die **Zitate** werden in meinem Text so wiedergegeben, wie sie in der jeweils angegebenen Quelle aufgefunden wurden, das gilt auch für die Orthographie. Steht der Schlusspunkt des Satzes vor dem Anführungszeichen, wurde der Satz vollständig zitiert, bei Abbruch des Satzes steht der Punkt nach dem Anführungszeichen. Kürzungen innerhalb eines Zitates sind mit [eckigen Klammern] markiert.

Hervorhebungen im Zitat entsprechen den Hervorhebungen in den Quellen. Darauf wird im Folgenden an den entsprechenden Stellen jeweils noch einmal hingewiesen.

Die ›**einfachen Anführungszeichen**‹ innerhalb eines Zitates kennzeichnen wörtliche Reden in der wiedergegebenen Passage. Außerhalb von Zitaten signalisieren sie Paraphrasen sowie Wendungen, die im zeitgenössischen Sprachgebrauch gängig waren.

Motto
Bismarck, *Gedanken und Erinnerungen,* S. 42.

Einleitung
Bismarck nach Reiners, *Bismarck,* S. 923. Das *Wochenschau*-Dokument mit dem Walkürenritt zu Bildern von der Luftlandung auf Kreta bei net-film.ru/en/film-62783

Am Anfang die Revolution
Das Extrablatt der *Vossischen* in Faksimile auf zeitreisen.de/1848. Bismarck nach Gall, *Bismarck,* S. 381, 341 f. F.G. von Waldersee nach Bröckling, *Disziplin,* S. 156. Petition der badischen Aufständischen ebenda, S. 158. Paulskirchenverfassung nach documentarchiv.de/nzjh/verfdr1848. A.H. von Waldersee nach Bröckling, *Disziplin,* S. 178. Wilhelm II. nach Bröckling, *Disziplin,* S. 178 – Fußnote 37. Freiligraths Gedicht nach digital.ub.uni-duesseldorf.de. Bismarck an Johanna von Puttkamer nach Reiners, *Bismarck,* S. 166. Der Zeitschriftenartikel nach der Broschüre *Die Menschen brauchen* ›*Helden*‹*. Individuelles Gedenken auf dem Friedhof der Märzgefallenen*, herausgegeben von der ag friedhofsmuseum Berlin e.V. (ohne Jahr). Das *Vorwärts*-Zitat nach einer

Schautafel vor dem Friedhof der Märzgefallenen im Berliner Volkspark Friedrichshain. Online-Dokumentation der Toten: friedhof-der-maerzgefallenen. de/datenbank1848/?aktion=edit&id=2350. Marx in der *Neuen Rheinischen Zeitung* nach Karl Marx/Friedrich Engels, *Die Revolution von 1848*, Berlin (DDR) 1973, S. 291f. Engels, *Die Rolle der Gewalt*, S. 408. *Manifest*, S. 60. Bebel, *Leben*, S. 344, 348. Bismarck nach Mommsen, *Ringen um den nationalen Staat*, S. 417.

Besuch in der neuen Hauptstadt
Springer, *Berlin*, S. 150. Sterbezahlen der Epidemien nach Virchow, *Reinigung und Entwässerung*, S. 53. Wachenhusen, *Berliner Photographien*, S. 24. *Kiessling's Baedeker*, S. 9, die Fettungen im Original. Droschkenzahl nach Bisky, *Berlin*, S. 277. *Volks-Zeitung* vom 25. Juli 1873 nach Glatzer, *Berlin*, S. 288. Schnitzler, *Jugend*, S. 282. Reklame für den Badeapparat: digishelf.de/rest/pdf/mets/73187IIII. xml/LOG_0031/InseratenAnhang_zur_5_Auflage_des_officiellen_Katalogs_ der_Berliner_GewerbeAusstellung.pdf. Zahlenangabe der Volkszählung aus *Zeitschrift für amtliche Statistik Berlin Brandenburg*, 1+2/2012, S. 39. *Börsen-Courier* nach Glatzer, *Berlin*, S. 109. *Kiessling's Baedeker*, S. 71. In der Anmerkung: Rimbaud, *Zeit in der Hölle*, S. 82/83. Holz, *Buch der Zeit*, S. 308. Fontane, *Ehe in Briefen*, S. 189. Hervorhebungen im Original. Photopostkarte von 1865 in Thiel, *Lokal-Termin*, S. 223. Liebermann nach Glatzer, *Berlin*, S. 185. Die *Vossische* nach Haikal, *Master Pongo*, S. 7. Brehm, *Thierleben*, S. 1. Dostojewski, *Gesammelte Briefe*, S. 424, 426. Wolkenschieber-Werbung nach digishelf.de/rest/pdf/ mets/73187IIII.xml/LOG_0031/InseratenAnhang_zur_5_Auflage_des_officiellen_Katalogs_der_Berliner_GewerbeAusstellung.pdf. Die Daten und Zahlen des Gangs durch die Wilhelmstraße folgen Demps, *Berlin-Wilhelmstraße*. Die Stelle im *Berliner Adreß-Buch*, S. 194. Bismarck über die »Schleinitzsche Kamarilla«: *Gedanken und Erinnerungen*, S. 426. Spitzemberg, *Tagebuch*, S. 156. Tissot, *Reportagen*, S. 183. *Berliner Adreß-Buch*, S. 194. Fontane, *Effi Briest*, S. 160f. Tissot, *Reportagen*, S. 248f. Langbehn nach Kurz, *Schwarzbuch*, S. 332. Moltke nach Fontane, *Tagebücher 1866–1882*, S. 325.

Kapellmeister Piefke und die Einigungskriege
Zahlen nach Nonn, *Bismarck*, S. 194. Die Angaben in der historiographischen Literatur weichen stark voneinander ab. Auch die Zeitgenossen waren sich über die Zahlen nicht einig. Fontane zitiert in seinem *Krieg gegen Frankreich* einen Berichterstatter, der die Zahl der Toten nach der Schlacht bei Sedan mit 20 000 angibt: Fontane, *Sämtliche Werke*, Bd. 19, S. 771. In den *Gedanken und Erinnerungen* erwähnt Bismarck – in einer Fußnote – die Zahl der preußischen Soldaten, die im deutsch-österreichischen Krieg allein durch die Cholera umkamen: »Während des Feldzuges sind 6427 Mann der Seuche erlegen.«, S. 309. Das Zitat über den ›Krüppel‹ in der Wilhelmstraße nach Reiners, *Bismarck*, S. 778. Engels nach kussaw.de/2014/02/zitat-des-tages-_-friedrich-engels. Die Zahlenangaben zum Ersten Weltkrieg nach centre-robert-schuman.org/userfiles/

files/REPERES%20-%20Modul%201–1%20-%20Notiz%20-%20Bilanz%20 in%20Ziffern%20des%20Ersten%20Weltkrieges%20-%20DE.pdf. Bismarck, *Gedanken und Erinnerungen*, S. 70, 345. Engels, *Über den Krieg*, S. 23. Rehbein nach Emmerich, *Proletarische Lebensläufe*, S. 201. Kriegsdienstgesetz nach wikisource.org/wiki/Gesetz,_betreffend_die_Verpflichtung_zum_Kriegsdienste. Max Weber nach Marianne Weber, *Weber*, S. 78 f., die zweite Stelle nach Frevert, *Kasernierte Nation*, S. 218. **Der dänische Krieg:** *Der Schleswig-Holsteinsche Krieg* nach Fontane, *Sämtliche Werke*, Bd. 19, S. 335 f. Fontanes Düppelgedicht nach zeno.org. Fontane über die *»Wissenschaft* des Tötens« (Kursivierung im Original) in *Sämtliche Werke*, Bd. 19, S. 864-Anm. Der Wiener Vertrag nach Wikipedia, Artikel »Frieden von Wien (1864)«. **Der deutsche Krieg:** Fontane, *Tagebücher 2*, S. 8, 17. Fontane über Königgrätz, *Sämtliche Werke*, Bd. 19, S. 453. Die Kursivierung im Original. Kronprinz Friedrich Wilhelm nach Deutsches Historisches Museum, *Bismarck-Katalog*, S. 37. Das Bismarck-Zitat auf der gleichen Seite. Russell, *Sieben Kriege*, S. 270. Feuerbach nach Löwith, *Von Hegel zu Nietzsche*, S. 95 f. Flächen- und Einwohnerzahlen Preußens nach Schmidt-Liebich, *Deutsche Geschichte in Daten*, S. 204. Spielberg in *Die Gegenwart*, Ausgabe 12. Januar 1878, S. 17–21, books.google.de. Bismarck, *Gedanken*, S. 304. **Der Krieg gegen Frankreich:** Zola, *Nana*, die Szene S. 553–558. Engels, *Über den Krieg*, S. 94. Belagerungszahlen nach Deutsches Historisches Museum, *Bismarck-Katalog*, S. 338. Die Verwundetenzahlen schließen wohl die Erkrankten mit ein. Bismarck schreibt in seinen *Gedanken und Erinnerungen*, S. 350: »Wir verloren monatlich etwa zweitausend Mann vor Paris«. Die Gefangenenzahlen nach Wikipedia, Artikel »Deutsch-Französischer Krieg« unter Verweis auf zeitgenössische Sanitätsberichte. Bismarck über den »heilsamen Schrecken« nach Engelberg, *Bismarck*, S. 444. Bismarck, *Gedanken*, S. 358. Russell, *Der deutsch-französische Krieg*, S. 352. Bismarck über die Emser Depesche, *Gedanken*, S. 341 f., 344. Die Hervorhebung im Original.

Gründerzeit – Gründerkrach

Delbrück nach *Bismarck-Katalog*, S. 345 f. Brandes, *Berlin*, S. 484. Bevölkerungszahlen nach Wehler, *Gesellschaftsgeschichte*, S. 9, 19 ff., 37, 494, 512, nach Palmade, *Das bürgerliche Zeitalter*, S. 296, nach Craig, *Geschichte Europas*, S. 195, 285, nach Mommsen, *Das Ringen*, S. 60, 304 ff., und nach Sombart, *Kapitalismus*, Bd. III-1, S. 404 f. Einwohnerzahlen für Berlin nach Schwabe, *Haupt- und Residenzstadt*, S. 5, 91. Lindau, *Zug nach dem Westen*, S. 74. Felix Philippi nach Glatzer, *Berlin*, S. 94. Berliner Kaufmannschaft nach Mommsen, *Das Ringen*, S. 284. Engels, *Die Rolle der Gewalt*, S. 451. Marx nach MEW 23, S. 28. Weber, *Nationalstaat*, S. 32. **Ein Jugendstreich auf alte Tage:** Wilhelm, der Kronprinz, Bismarck und Friedrich von Baden nach Wein, *Schicksalstage*, S. 357 f., 352 f. Bismarck, *Gedanken*, S. 364 f. Russell, *Kriege*, S. 364. **Lagebericht 1871:** Der Anarchist über den Reichstag nach Karasek, *Belagerungszustand*, S. 78. Zahlen zum Wahlrecht in Essen nach Wehler, *Gesellschaftsgeschichte*, S. 538, die Zeitungszahlen ebenda, S. 1238. Schmidt-Weißenfels, *Geschichte des modernen Reichtums*, S. 181. Zahlen zu Gründungen in der Montanindustrie nach Helbig, *Imperialismus*, S. 19, und Wehler, *Bismarck und der Imperialismus*, S. 57. Maklerzahlen nach Radu, *Auguren*, S. 102. Adelina Patti nach stadtmuseum.de/objekte-und-geschichten. Anteil der gewerblich Beschäftigten nach Mommsen, *Das Ringen*, S. 296, und Wehler, *Gesellschaftsgeschichte*, S. 681. Dort S. 772 f. die Angaben zu den Relationen Lohn- und Landarbeit. **Goldelse und Germania:** *Goldelse* nach wikisource, unpag., die Stelle in Folge 23. Die Zahlen zur *Gartenlaube* nach Sorensen, *Geschichte der deutschen Literatur*, S. 71. Baronin von Spitzemberg, *Tagebuch*, S. 127. Brandes, *Berlin*, S. 572. Bismarck, *Gedanken und Erinnerungen*, S. 490 f. Wagner nach dem Wiki-Artikel »Kaisermarsch«. Freiligrath nach dem Wiki-Artikel »Hurra-Patriotismus«. **Großmacht und Krise:** Rodenberg, *In deutschen Landen*, S. IX. Glagau nach wikisource.org/wiki/Der_B%C3%B6rsen-_und_Gr%C3%BCndungsschwindel_in_Berlin/2._Der_Tanz_um_das_goldene_Kalb, Abschnitt 65. Kurs- und Preisbeispiele nach Wehler, *Bismarck und der Imperialismus*, S. 60, und Wehler, *Gesellschaftsgeschichte*, S. 555. Arbeitslöhne Wehler, *Imperialismus*, S. 78 f,, sowie *Gesellschaftsgeschichte*, S. 559 f., dort auch das Krupp-Zitat. Depressionsphasen nach Wehler, *Bismarck und der Imperialismus*, S. 43 f. Schmidt-Weißenfels, *Geschichte des modernen Reichtums*, S. 182 f. Stroußberg, *Wirken*, die zitierten Stellen S. 41, 32, 60. *Aktionär* nach Radu, *Auguren*, S. 117. *Volksstaat* nach Radu, *Auguren*, S. 133. Dividendenzahlungen der Banken nach Wehler, *Imperialismus*, S. 57. Spitzeder, *Geschichte*, S. 107, 226. Kardorff nach Engelberg, *Bismarck. Das Reich*, S. 489. Liebknecht nach Helbig, *Imperialismus*, S. 70. **Auswanderung nach Amerika:** Engel nach Emmerich, *Proletarische Lebensläufe*, S. 232 f., beide Stellen. Einwanderergruppen nach Wehler, *Gesellschaftsgeschichte*, S. 544. Liebknecht nach Weber, *Land ohne Nachtigall*, S. 378, 380. Brandes, *Berlin*, S. 447 f. Auswandererzahlen nach Helbig, *Imperialismus*, S. 9. Raabe, *Chronik*, S. 75, die zweite nachfolgende Stelle S. 162. *Goldelse* nach wikisource, Abschnitt 289. Schmidt-Weißenfels, *Geschichte*, S. 115. Reuleaux nach Glatzer, *Berlin*, S. 102. Treitschke nach Helbig, *Imperialismus*, S. 43. Peters nach Helbig, *Imperialismus*, S. 77, beide Stellen. Soyaux, *Die deutschen Besitzungen*, S. 45. Plötz, *Tüchtigkeit*, S. 94. Weber nach Wehler, *Imperialismus*, S. 112, die Wirtschaftszeitung ebenda, S. 132. Liebknecht nach Helbig, *Imperialismus*, S. 70. **Ausgriff nach Afrika:** Peters nach Engelberg, *Bismarck. Das Reich*, S. 550. Bismarck über die ›öffentliche Meinung‹ nach Nonn, *Bismarck*, S. 310. Bismarck über ›Treibhauskolonien‹ nach Engelberg, *Bismarck. Das Reich*, S. 371. Bismarck im Reichstag nach Mommsen, *Das Ringen*, S. 522. Bismarck über Geheimräte und versorgungsberechtigte Unteroffiziere nach Wehler, *Imperialismus*, S. 440. Bismarck über die ›paar Flinten‹ nach Grill, *Herrenmenschen*, S. 35. Laforgue, *Berlin*, S. 81. *Volks-Zeitung* nach Glatzer, *Berlin*, S. 333. Dahn nach Helbig, *Imperialismus*, S. 78, Flächen- und Bevölkerungszahlen ebenda, S. 51. Kandt nach Grill, *Herrenmenschen*, S. 267. **Das Museum als Beutekammer:** Wilhelm an Schliemann nach Vasold, *Virchow*, S. 338. Brandes, *Berlin*, S. 454, 478, 483. Fontane, *Stechlin*, S. 339.

Die alte Gesellschaft

Bewohnerzahlen nach Mommsen, *Ringen*, S. 62. Brandes, *Berlin*, S. 44. Bismarck nach Engelberg, *Bismarck. Das Reich*, S. 312. Weber, *Nationalstaat*, S. 27. **Die Junker:** Bismarck übers Junkerleben nach Nonn, *Bismarck*, S. 32. Weber, *Nationalstaat*, S. 26. Engels, *Die Rolle der Gewalt*, S. 449 f. Weber, *Nationalstaat*, S. 27. Brandes, *Berlin*, S. 285. Fontane, *Stine*, S. 80, Hervorhebung im Original. Angaben zum Güterbesitz nach Wehler, *Kaiserreich*, S. 23; *Gesellschaftsgeschichte*, S. 721, 811 f. Der General nach Wehler, *Kaiserreich*, S. 160. Engels, *Die Rolle der Gewalt*, S. 459. Fontane, *Stechlin*, S. 208, 213. Zeitgenosse über das Wählen in Mecklenburg nach Emmerich, *Proletarische Lebensläufe*, S. 244. Beschäftigtenzahl nach Mommsen, *Das Ringen*, S. 63, und Wehler, *Gesellschaftsgeschichte*, S. 828, 839. Das Zitat aus der *Kreuzzeitung* nach Mommsen. S. 477. Freytag, *Soll und Haben*, Bd. 1, S. 462. Rehbein nach Emmerich, *Proletarische Lebensläufe*, S. 241 ff. **Auf dem Hofball:** Bismarck, *Gedanken*, S. 587. Fontane, *Effi Briest*, S. 173 f. Brandes, *Berlin*, S. 405. Laforgue, *Berlin*, S. 44 ff. Spitzemberg, *Tagebuch*, S. 74. *Ceremonial-Buch*, Abschnitt VII., S. 57 ff. **Im Adelssalon:** Spitzemberg, *Tagebuch*, S. 140, 138. Brandes, *Berlin*, S. 88. **Duell und Mensur:** Lassalles Sekundant nach Kutschbach, *Lassalle's Tod*, S. 198. Helene von Dönniges, *Meine Beziehungen*, S. 179. Lassalle nach Frevert, *Ehrenmänner*, S. 219. Herwegh nach georg-herwegh.de. Die Verordnung zu den Ehrengerichten nach D'Aprile, *Fontane*, S. 372 f. Fontane, *Effi Briest*, S. 185. Bolgár, *Regeln*, S. 7, 12, 22, 27. Bismarck nach Reiners, *Bismarck*, S. 208 f. Bismarck an Virchow nach Winau, *Medizin*, S. 179. Roon nach Andree, *Virchow*, S. 106. Der Waidhofener Beschluss bei Schnitzler, *Jugend*, S. 152. Gustav Freytag, *Soll und Haben*, Bd. 1, S. 100. Engels nach Frevert, *Ehrenmänner*, S. 174. Jhering, *Kampf ums Recht*, S. 13. Brandes, *Berlin*, S. 114, 440. Zeitzeuge nach Frevert, *Ehrenmänner*, S. 151. **Was ist eine Pickelhaube?:** Russell, *Meine sieben Kriege*, S. 306. Sozialdemokratischer Redner nach Trommler, *Sozialistische Literatur*, S. 208.

Das neue deutsche Leben

Paul Lindau, *Gotter, Helden und Wagner*, in *Die Gartenlaube*, 41–1876, S. 686. Fontane, *Jenny Treibel*, S. 43. Marx, *Zur Kritik*, S. 9. **Die Villa:** Fontane, *Jenny Treibel*, S. 21 ff., 42. Zahlen der Bediensteten in der Villa Hügel nach villahuegel.de. Marianne Weber, *Max Weber*, S. 35. Panckows Annonce nach der Pressemappe zur Ausstellung »Fontanes Berlin« im Märkischen Museum, Berlin, 2019/2020, S. 10. Marx an Engels nach MEW, Bd. 30, S. 166. Lewald nach dem Aufsatz von Horst Mauter in *Der Potsdamer Platz. Eine Geschichte in Wort und Bild*, Berlin 1991, S. 28. Fontane, *Stechlin*, S. 119, 133. Der Reporter nach Glatzer, *Berlin*, S. 311, der Zeitgenosse ebenda, S. 312. Zeitungsannonce nach Budde, *Auf dem Weg*, S. 40. **Kurze Blicke in bürgerliche Salons:** Brandes, *Berlin*, S. 125, 127. Breslauer Zeitgenosse nach Budde, *Auf dem Weg*, S. 318. *Daheim* Nr. 33, 1878, Beiblatt. Spitzeder, *Geschichte*, S. 151. Leixner, *Soziale Briefe*, S. 165. **»Ein gutes Tier ist das Klavier«:** Kinkel nach Hildebrandt, *Pianoforte*, S. 259, 258 f. Schwabe, *Haupt- und Residenzstadt*, S. 171, 80. Die Angabe zu den Übungskosten einer

Beethovensonate nach Budde, *Auf dem Weg*, S. 139. Der Musikhistoriker nach Hildebrandt, *Pianoforte*, S. 254 f. Die Schrift zur *Dienstbotenfrage* von Schmitz, S. 9. Brandes, *Berlin*, S. 247. Fontane, *Mathilde Möhring*, S. 12. Wihelm Buschs Klaviergedicht *Gemartert* nach wilhelm-busch-seiten.de/gedichte. Brandes, *Berlin*, S. 421. Lindau, *Götter, Helden und Wagner*, in *Die Gartenlaube*, 41–1876, S. 685. Leixner, *Soziale Briefe*, S. 235. Brandes, *Berlin*, S. 248. Bülow nach Hildebrandt, *Pianoforte*, S. 341, und Kiaulehn, *Berlin*, S. 272. **Vom Alltag zu Hause:** Heyl, *A B C*, S. VII, 2. *Das häusliche Glück*, S. III, 1. Der *Arbeiterkatechismus* nach der Zeitschrift *Der Arbeiterfreund*, Bd. 8, Jg. 1870, S. 292. Leixner, *Soziale Briefe*, S. 120, 166–168, 176 f., 184–187. Preisangaben in *Das häusliche Glück*, S. 198, 204. Hamburger Bürgerkost nach Budde, *Auf dem Weg*, S. 65. Nietzsche, *Antichrist*, S. 108; *Jenseits von Gut und Böse*, S. 125, Hervorhebungen im Original. Eduard von Hartmann, nach Abschnitt IV., »Die Lebensfrage der Familie«. Die Heiratsanzeige bei Laforgue, *Berlin*, S. 105. **Ehe und Familie:** Wachenhusen, *Helene*, S. 1 f. Popp, *Die Arbeiterin*, S. 27. Fontane, *Effi Briest*, S. 13, 15. Fußnotenzitat: Tolstoi, *Anna Karenina*, S. 7. Bebel, *Die Frau*, S. 58. Bismarck nach Engelberg, *Bismarck. Sturm über Europa*, S. 50 f. Fontane, *Stine*, S. 97. Fontane, *Jenny Treibel*, S. 36. Fontane, *Tagebücher 2*, S. 407. Emilie an Theodor Fontane, *Eine Ehe in Briefen*, S. 25. Fontane, *Tagebücher 2*, S. 407. Kindersterblichkeit nach Wehler, *Gesellschaftsgeschichte*, S. 28. Ploetz, *Die Tüchtigkeit unserer Rasse*, S. 144. Fontane, *Eine Ehe in Briefen*, S. 25. Marianne Weber, *Max Weber*, S. 36 f. Bismarcks Brief an Johanna nach Engelberg, *Bismarck. Sturm über Europa*, S. 204, sein Telegramm nach Gall, *Bismarck*, S. 54 f., die Bemerkung nach Engelberg, a. a. O., S. 205. Bismarck, *Gedanken*, S. 21 f. Paulskirchenverfassung nach Wein, *Schicksalstage*, S. 334. Trauungs- und Taufzahlen nach Wehler, *Kaiserreich*, S. 119, sowie Wehler, *Gesellschaftsgeschichte*, S. 1178. Bismarck gegen die Zivilehe nach Engelberg, *Das Reich*, S. 145. *Syllabus errorum* nach kathpedia.com. Mauthners »Ästhetik der Civilehe« nach *Kleiner Krieg*, S. 18 f. Virchow nach Schipperges, *Virchow*, S. 71 f. Ploetz, *Tüchtigkeit*, S. 161. Marx/Engels, *Manifest*, S. 43. Busch, *Busch*, S. 62. Wedekind nach Glatzer, *Berlin*, S. 235. **Frühlings Erwachen, Max und Moritz, Struwwelpeter:** Wedekind, *Frühlings Erwachen*, S. 10, 36 ff., 14, Hervorhebungen im Original. Busch, *Busch*, die Stellen in der Zitierfolge: S. 14, 76, 28, 18, 11. Hoffmann, *Struwwelpeter*, unpaginiert. Dort im Anhang auch das Zitat aus der *Gartenlaube*. **Weihnachten:** Storm, *Unter dem Tannenbaum*, S. 229. Seidel, aus der Episode »Das Weihnachtsfest« in der Sammlung *Leberecht Hühnchen*, S. 92. Storm, *Unter dem Tannenbaum*, S. 217. *Beobachter an der Spree*, 1. Jan. 1867, S. 9 f. Freytag, *Soll und Haben*, Bd. 1, S. 314. Seidel, *Leberecht Hühnchen*, S. 83. Hesekiel, *Barackenlager*, S. 111, 116. Rodenberg, *In deutschen Landen*, S. 3. Popp, *Jugendgeschichte*, S. 182 ff. Unternehmersohn nach Budde, *Auf dem Weg*, S. 87. **Zoo und Zirkus:** Brehm nach Genschorek, *Brehm*, S. 126. Dostojewski, *Briefe*, S. 445. Die verschiedenen Zahlenangaben nach Haikal, *Master Pongo*. Tissot, *Reportagen*, S. 152. Brehm nach Genschorek, *Brehm*, S. 128. Brehm, *Thierleben*, S. 4. Hermes nach Haikal, *Master Pongo*, S. 81. Tissot, *Reportagen*, S. 84. *Gartenlaube*, Nr. 9/10–1888, nach wikisource.org. **Landpartie und Landflucht:** Rodenberg, *In deutschen Landen*, S. 154. Springer, *Berlin*, S. 12. Lindau nach Frecot, *Berlin*, S. 22. Springer, *Berlin*, S. 14, 18 f. Leixner, *Soziale Briefe*, S. 50 f. Nietzsche nach Löwith, *Von Hegel zu Nietzsche*, S. 309. Landarbeiterzahlen nach Wehler, *Gesellschaftsgeschichte*, S. 184. Bismarck, *Gedanken*, S. 534. Abwanderungszahl nach Palmade, *Das bürgerliche Zeitalter*, S. 79.

Errungenschaften

Virchow, *Freiheit der Wissenschaft*, S. 8 f. *Berlin und seine Eisenbahnen*, S. 4. *Manifest der Kommunistischen Partei*, S. 28 f. Freytag, *Soll und Haben*, Bd. 1, S. 381. Hauptmann, *Bahnwärter*, S. 18 f. Nordau, *Entartung*, S. 75. *Gartenlaube* nach epilog.de. Berliner Polizeiverordnung nach Glatzer, *Berlin*, S. 220. **Etwas vom Pferd erzählt:** Pferdebahnkilometer nach Bisky, *Berlin*, S. 282. Virchow nach Vasold, *Virchow*, S. 267. Zeitzeuge und *Volks-Zeitung* nach Glatzer, *Berlin*, S. 291, 290. *Illustrirte Zeitung* nach epilog.de. **»Lebensgeschichte einer Lokomotive«:** Lokzahlen nach Wehler, *Gesellschaftsgeschichte*, S. 73. Streckenkilometer nach Wehler, *Imperialismus*, S. 55, 58, 65. Bekanntmachung nach zeitreise.de. Regionalbahnzahlen nach Engelberg, *Reich in der Mitte*, S. 260. *Berlin und seine Eisenbahnen*, S. 252. Produktionszahlen nach Wehler, *Kaiserreich*, S. 26, *Imperialismus*, S. 56, *Gesellschaftsgeschichte*, S. 75; die Zahlen fürs Ruhrgebiet nach *ZEITGeschichte*, Heft 3–2018, S. 48. Hauptmann, *Bahnwärter*, S. 24. Dostojewski, *Briefe*, S. 445 f., Hervorhebungen im Original. Hauptmann, *Bahnwärter*, S. 3. Fontane nach Fontane, *Geliebte Ungeduld*, S. 151, Hervorhebungen im Original. **Telegraph und Telephon:** Bismarck, *Gedanken und Erinnerungen*, S. 202. Zur Legendenbildung Bismarcks bezüglich der Umstände seiner Berufung siehe Gall, *Bismarck*, S. 240 ff. Zahl der Geburtstagstelegramme nach *Bismarck*, Ausstellungskatalog, S. 456. Hauptmann, *Bahnwärter*, S. 18. Fontane, *Stechlin*, S. 421; *Effi*, S. 115. Siemens, *Lebenserinnerungen*, Abschnitt 44. Angaben zur Berlin–Frankfurt-Linie nach Bähr, *Siemens*, S. 128 f. Zahl der Telegraphenstangen nach Fromm/Mende, *800 Jahre*, S. 296. Schmidt-Weißenfels, *Geschichte*, S. 346 f. Fontane, *Tagebücher 1*, S. 210. Zahlen nach Bähr, *Siemens*, S. 290. Die Kabelzahlen für heute in der Fußnote nach *ver.di publik* 4.2020, S. 3D. Fontane, *Jenny*, S. 251. *National-Zeitung*, Glatzer, *Berlin*, S. 326. Siemens nach Bähr, *Siemens*, S. 333, und nach Glatzer, *Berlin*, S. 326 f. Teilnehmerzahlen nach Glatzer, *Berlin*, S. 330, und Bähr, *Siemens*, S. 335. Zeitgenössischer Bericht nach Glatzer, *Berlin*, S. 330. Hensel, *Lebensbild*, S. 409, 353. **Die Zeitung:** *Wippchens sämmtliche Berichte*, Zitate nach Bd. 1 der unpaginierten digitalen Quelle, zu finden in den Einträgen datiert mit dem 3. und 17. Mai 1877. Das Zitat über die Aufgabe der Continental-Telegraphen-Compagnie nach Stern, *Gold und Eisen*, S. 375. »Korrespondenzenschmadderei« nach D'Aprile, *Fontane*, S. 185. Tissot, *Reportagen*, S. 237 f. Fontane über seine Kritikertätigkeit nach *Tagebücher 2*, S. XVIII. Bismarck, *Gedanken*, S. 285. Bölsche nach Köhn, *Straßenrausch*, S. 116. Freytag, *Journalisten*, 1. Akt, 1. Szene des Digitalisats. *Berliner Wespen* vom 6. Januar 1871, Zitat nach dem Digitalisat bei digital.zlb.de. Freiligraths Abschiedswort, *Neue Rheinische Zeitung* v. 19. Mai 1849, deutschestextarchiv.de. Angaben zur sozialdemokratischen Presse nach Feser, *Vermögensmacht*, S. 78 f. Mommsen, *Das*

Ringen, S. 362. *Historisch-politische Blätter* nach Radu, *Auguren*, S. 128. *Volksstaat* nach Radu, *Auguren*, S. 114. *Börsenzeitung* nach Radu, *Auguren*, S. 143. Auflagenzahlen zur *Gartenlaube*, nach Wehler, *Gesellschaftsgeschichte*, S. 435, und D'April, *Fontane*, S. 342. Zitate aus der *Gartenlaube* Heft 1 und Heft 5, nach wikisource.org. Nietzsche, *Jenseits*, S. 100. Hartmann, *Moderne Probleme*, Abschnitt XIII: »Der Bücher Noth«, zitiert nach dem unpaginierten Digitalisat. **Die Photographie:** *Gartenlaube*, Heft 25–1879, nach wikisource.org. Daguerre nach Scheid, *Collection*, S. 21. Zahl der von Daguerre angefertigten Daguerreotypien nach Amelunxen, *Die aufgehobene Zeit*, S. 53. Die Zahlenangaben zu den Photoateliers in Berlin stammen vom Märkischen Museum. Nadar, *Als ich Photograph war*, S. 103, 100 f. **Kanalisation:** Steuereinnahmen nach Bisky, *Berlin*, S. 298. Virchows »General-Bericht«, S. 6. Virchow im Rückblick nach Winau, *Medizin in Berlin*, S. 184. Die 25 000 Pferde im »General-Bericht«, S. 7. *Zentralblatt der Bauverwaltung* nach epilog.de. **Elektrifizierung:** Carus Sterne in *Gartenlaube*, Heft 38, 1879. Siemens nach Glatzer, *Berlin*, S. 292. *Das neue Universum*, 1896, nach epilog.de. Siemens nach Bähr, *Siemens*, S. 237. Siemens über die »Judengesellschaft« nach Bähr, *Siemens*, S. 360, zu Umsatz und Beschäftigung ebenda, S. 385. Siemens nach Bähr, *Siemens*, S. 338. *Zentralblatt der Bauverwaltung* v. 14. 1. 1882. Nach epilog.de. Brandes, *Berlin*, S. 474. **Industrienahrung:** Schwabe, *Haupt- und Residenzstadt*, S. 171 f. *Warenlexikon*, S. 140. *Illustrirte Liebigbilder-Zeitung*, Nr. 2–1896, S. 15, einsehbar unter digital.staatsbibliothek-berlin.de. Heyl, *A B C der Küche*, S. 347. Die Gesetzestexte nach wikisource.org. Zuckerrübenflächen in Böhmen (Fußnote) nach Hobsbawm, *Blütezeit*, S. 257.

Großbürger, Bildungsbürger, Kleinbürger

Prozentzahlen zur Schichtung nach Palmade, *Das bürgerliche Zeitalter*, S. 151, und Wehler, *Gesellschaftsgeschichte*, S. 712 f. Einkommenszahlen nach Stern, *Gold und Eisen*, S. 426. Fontane, *Jenny Treibel*, S. 253. Die Kursivierung im Original. Laforgue, *Berlin*, S. 61. **Bleichröder und das Geld:** Polizeiberichte nach Stern, *Gold und Eisen*, S. 174, 657. Gründungszahlen nach Wehler, *Gesellschaftsgeschichte*, S. 82. Die »Neue Schöpfungsgeschichte« nach Trommler, *Sozialistische Literatur*, S. 204. Spitzemberg, *Tagebuch*, S. 88. Der ungenannte Gast bei Bleichröder nach Stern, *Gold und Eisen*, S. 359 – Fußnote. **Krupp und die Kanonen:** Alle auf die Firma Krupp bezogenen Zahlen im Folgenden, so nicht anders vermerkt, nach Gall, *Krupp*. *Gartenlaube*, Heft 52–1866, nach wikisource.org. Marktpreise für Stahlschienen nach Gall, *Krupp*, S. 169. Krupp-Zitate nach Gall, *Krupp*, S. 9, 206 f., 188 f. Schmidt-Weißenfels, *Geschichte des modernen Reichtums*, S. 70 f. Krupps »Generalregulativ« nach Gall, *Krupp*, S. 127 f., der Redeentwurf S. 115. Krupp nach Mommsen, *Das Ringen*, S. 454. **Büchmann und die Bildung:** Zahlenangaben nach Wehler, *Kaiserreich*, S. 125 ff., und ders., *Gesellschaftsgeschichte*, S. 378, 421, 713, 731. Langbehn, *Rembrandt*, S. 1. Nietzsche, *Ecce Homo*, S. 120. Fontane nach Mommsen, *Das Ringen*, S. 734. Die zweite Stelle in Fontane, *Die Zuneigung*, S. 221. Die dritte nach D'Aprile, *Fontane*, S. 71. Bebel, *Die Frau*, S. 126 f. Brandes, *Berlin*, S. 131. Raabe, *Hungerpastor*, S. 240. Büchmann, *Geflügelte*

Worte, S. 4. Schiller nach Büchmann, S. 15. Burckhardt, *Weltgeschichtliche Betrachtungen*, S. 203. Strauss nach Holborn, *Deutsche Geschichte*, S. 331. Hansemann nach aphorismen.de/zitat/118413. Brandes, *Berlin*, S. 323 f. **Ist Wissen Macht?:** Bebel, *Aus meinem Leben*, S. 52. Gedicht des Münchener Arbeitervereins nach Emmerich, *Proletarische Lebensläufe*, S. 93. Liebknecht, *Wissen ist Macht*, S. 173. Prittwitz, *Arbeiterfrage*, S. 4. Liebknecht nach Trommler, *Sozialistische Literatur*, S. 205, 209. Most nach Emmerich, *Proletarische Lebensläufe*, S. 144. Herweghs Bundeslied nach Grebing, *Geschichte der deutschen Arbeiterbewegung*, S. 62. Bebel, *Aus meinem Leben*, S. 72 f. Lassalle nach Bebel, *Aus meinem Leben*, S. 61. Bismarck nach Holborn, *Deutsche Geschichte*, S. 435. Fontane, *Die Zuneigung*, S. 218 f., Hervorhebungen im Original. Treitschke nach Mommsen, *Das Ringen*, S. 460. Schmoller nach Mommsen, *Das Ringen*, S. 460 f. Zirkularbrief in MEW 19, S. 165. Virchow, *Noth im Spessart*, S. 20. *Die Freiheit der Wissenschaft*, S. 13. Leixner, *Soziale Briefe*, S. 322, 324, 107 f., 106. Tissot, *Reportagen*, S. 228 f. Liebknecht, *Wissen ist Macht*, S. 171. Stiehl nach Wehler, *Gesellschaftsgeschichte*, S. 401 f., Volksschulzahlen S. 1191. Wilhelm II. nach Mommsen, *Das Ringen*, S. 760. **Leberecht Hühnchen und das kleine Glück:** Seidel, *Leberecht Hühnchen als Großvater*, S. 9, 66 f. Fontane nach dem Nachwort in *Jenny Treibel*, S. 287. Fontane, *Jenny Treibel*, S. 15, Hervorhebung im Original. Kleinbürgeranteil an der Bevölkerung nach Palmade, *Das bürgerliche Zeitalter*, S. 170. Marx/Engels, *Manifest*, S. 53 f. **Zylinder und Mützen:** Die Karikatur auf zeitreisen.de/1848. Vischer, *Mode und Cynismus*, nach dem unpaginierten Digitalisat. Ein Mitarbeiter über Bismarck nach *Bismarck-Katalog*, S. 82. Laforgue, *Berlin*, S. 9. Lipps, *Über die Symbolik unserer Kleidung*, in *Nord und Süd*, Heft XXXIII, 1885, S. 350. Büchner nach Vasold, *Virchow*, S. 161. Le Bon nach Röder/Ulbrich, *Haeckel*, S. 60, und nach König, *Zivilisation*, S. 166. **Masse und Klasse:** Der »Constitutionelle Club« nach zeitreisen.de/1848. Marx nach Jones, *Marx*, S. 190. Engels, *Die Rolle der Gewalt*, S. 424. *Kommunistisches Manifest*, S. 32 f. Engels, *Die Rolle der Gewalt*, S. 454. Gothaer Programm nach Bebel und sein Gegenvorschlag nach *Aus meinem Leben*, S. 430; die Stelle mit den »beiden Alten« S. 435. *Magdeburger Zeitung* nach Karasek, *Belagerungszustand*, S. 29. Erfurter Programm nach Ruppert, *Fotogeschichte*, S. 63. Bebel nach Hosfeld, *Die Deutschen*, S. 338 f. Baader nach Frecot, *Berlin*, S. 38. Wahlergebnisse nach Grebing, *Geschichte*, S. 91, sowie dem Wikipedia-Artikel über die »Reichstagswahl 1893«.

Große Fragen

Stahl nach Wehler, *Kaiserreich*, S. 81. Fontane, *Jenny Treibel*, S. 22 f. Bebel, *Die Frau*, S. 4, die Hervorhebungen im Original als Sperrdruck. **Die Arbeiterfrage:** Bebel, *Aus meinem Leben*, S. 140 f. *Arbeiterfreund*, Bd. 8, S. 277. Arbeitszeiten nach Wehler, *Gesellschaftsgeschichte*, S. 780. Bismarck, *Gedanken*, S. 541. Verdienstzahlen bezogen auf Lebensmittel nach *Zeit-Geschichte*, 4–2014, S. 50. Die »Arbeiter-Ordnung« nach Osteroth, *Soda*, S. 210. Bebel, *Die Frau*, S. 55. Bismarck, *Gedanken*, S. 544. Zur Kinderarbeit Mommsen, *Das Ringen*, S. 626, und Wehler, *Gesellschaftsgeschichte*, S. 787. Bismarcks Aktenvermerk nach DHM,

Bismarck-Katalog, S. 428. Gewerbestatistik zur Kinderarbeit in Wehler, *Gesell-schaftsgeschichte*, S. 148. Bismarck nach Mommsen, *Das Ringen*, S. 580. Marx, *Das Kapital*, S. 441. Der »Oberschlesische Berg- und Hüttenmännische Verein« nach Wehler, *Gesellschaftsgeschichte*, S. 155. *Arbeiterfreund*, Bd. 11, S. 239. Prittwitz, *Arbeiterfrage*, S. 37; im Orginal ist die gesamte Passage bis zum ersten Punkt ge-sperrt gesetzt, ebenso wie die im Zitat kursiv wiedergegebenen Worte. Zahlen des Reichsamtes nach Wehler, *Gesellschaftsgeschichte*, S. 142. Fabrikarbeiterzahl 1880 nach Palmade, *Das bürgerlicheZeitalter*, S. 163. Streikzahlen nach Wehler, *Gesellschaftsgeschichte*, S. 163, 792. Streikbeispiele im *Arbeiterfreund*, Bd. 11, S. 271 f. Verdienstangaben nach Wehler, *Gesellschaftsgeschichte*, S. 778. Berliner Statistisches Amt nach Glatzer, *Berlin*, S. 335. Zahlen zu den Bergarbeiterstreiks nach Engelberg, *Bismarck. Das Reich*, S. 439 f. Bismarck nach Gall, *Bismarck*, S. 388 f. Bismarck nach Glatzer, *Berlin*, S. 269. Angaben zur Krankenversiche-rung nach Wehler, *Bismarck und der Imperialismus*, S. 463; Mommsen, *Das Rin-gen*, S. 650 f.; DHM, *Bismarck-Katalog*, S. 419 f. Angaben zur Rentenversiche-rung nach Hosfeld, *Die Deutschen*, S. 360; Mommsen, *Ringen*, S. 66; Wehler, *Gesellschaftsgeschichte*, S. 499. Glatzer, *Berlin*, S. 381. Bismarck nach Mommsen, *Ringen*, S. 644. *Manifest der Kommunistischen Partei*, S. 23. Bismarck nach Mommsen, *Ringen*, S. 582. Liebknecht ebendort, S. 456. Bismarck, *Gedanken*, S. 532. Ausweisungszahlen nach Engelberg, *Bismarck. Das Reich*, S. 332. Bebel, *Aus meinem Leben*, S. 635. Ketteler nach Grebing, *Geschichte*, S. 58. Eisenacher Programm nach Bebel, *Aus meinem Leben*, S. 253. **Die soziale Frage:** Virchow nach Andree, *Virchow*, S. 226. *Der Arbeiterfreund*, Bd. 11, 1873, S. 6. Heine, *Fran-zösische Zustände*, S. 90. Virchow nach Schipperges, *Virchow*, S. 77. Morgen-stern, *Arbeiterfreund*, Bd. 8, 1870, S. 193. *Kommunistisches Manifest*, S. 54, Hervor-hebung im Original. Schmidt-Weißenfels, *Geschichte*, S. 334 f., Hervorhebungen im Orignal, S. 337 f. Preisangaben nach Osteroth, *Soda*, S. 227. Angabe zur Säug-lingssterblichkeit nach Wehler, *Gesellschaftsgeschichte*, S. 496, 498. Brandes, *Ber-lin*, S. 445. Oppenheimer nach Glatzer, *Berlin*, S. 317. Virchow, *Die Noth im Spes-sart*, S. 10. Morgenstern im *Arbeiterfreund*, Bd. 11, 1873, S. 192. Schwabe, *Haupt- und Residenzstadt*, S. 171. **Die Wohnungsfrage:** Virchow, *Noth im Spes-sart*, S. 12, 41. Prittwitz, *Arbeiterfragen*, S. 29, 32, 33. Umzugsquoten nach Large, *Berlin*, S. 31. Ring nach wikisource.org/wiki/Ein_Abend_im_Asyl_für_Ob-dachlose. Engels, *Wohnungsfrage*, Digitalisat-Abschnitt 236. Prittwitz, *Arbeiter-frage*, S. 32. *National-Zeitung* nach Glatzer, *Berlin*, S. 82. Kastan, *Gesundheits-pflege*, S. 139. *Berlin und seine Eisenbahnen*, S. 105, 117. Leixner, *Soziale Briefe*, S. 124, 121. Zahl der Schlafleute nach *Berlin und seine Eisenbahnen*, S. 118, und Schwabe, *Haupt- und Residenzstadt*, S. 27, dort auch die Zitate, und S. 106. Springer, *Berlin wird Weltstadt*, S. 37. Wohnungsbelegungen nach Wehler, *Ge-sellschaftsgeschichte*, S. 517. Schwabe, *Haupt- und Residenzstadt*, S. 172, 161, 148, 156. Zahlen zum Wedding nach Engel, *Geschichtslandschaft*, S. XVIII. Angaben zur Wasserversorgung nach Schwabe, S. 160, 121 f., 165. Brunnenzahlen nach Winau, *Medizin in Berlin*, S. 182. Kastan, *Gesundheitspflege*, S. 165, 169. Schnitzler, *Jugend in Wien*, S. 138. Hobrecht nach Kiaulehn, *Berlin*, S. 88 f. Prittwitz, *Arbeiterfrage*, S. 32. Meyer's Hof nach berlinstreet.de/5563. Lindenberg nach Engel, *Geschichts-*

landschaft, S. XVIIIf. *Vossische Zeitung* nach Glatzer, *Berlin*, S. 313f. Hartmann, *Moderne Probleme*, Abschnitt VI.:»Die Wohungsfrage«. Schwabe, *Haupt- und Residenzstadt*, S. 5. Engel nach Engelberg, *Bismarck. Das Reich*, S. 212. Ring nach wikisource.org/wiki/Ein_Besuch_in_Barackia. Rodenberg, *In deutschen Landen*, nach der digitalen Paginierung S. 167ff. Tissot, *Reportagen*, S. 242. Obdachlosenzahlen nach Glatzer, *Berlin*, S. 113. Ring nach wikisource.org/wiki/Ein_Abend_im_Asyl_für_Obdachlose. **Die Dienstmädchenfrage:** Morgenstern, *Frauen*, 2. Folge, S. 172. Prostitutionszahlen des Berliner Polizeipräsidiums nach Ploetz, *Tüchtigkeit*, S. 161. Leixner, *Soziale Briefe*, S. 111. Fontane, *Tagebücher 2*, S. 44, 218. Fontane, *Stechlin*, S. 160f. Fontane, *Jenny Treibel*, S. 125. Engelberg, *Bismarck. Sturm*, S. 207. Schwabe, *Haupt- und Residenzstadt*, das Zitat S. 136, die Zahlen S. 139. Zahl der Vermittlungsbüros nach DHM, *Bismarck-Katalog*, S. 395. Schwabe, *Haupt- und Residenzstadt*, S. 10. Treitschke nach Gall, *Bürgertum*, S. 346. Bebel, *Die Frau*, S. 155. Schwabe, *Haupt- und Residenzstadt*, S. 123. Lewald, *Osterbriefe*, S. 38. Hebbel, *Tagebücher*, S. 360. Jhering, *Kampf ums Recht*, S. 12. Die Wiener Schrift: Schmitz, *Dienstbotenfrage*, S. 7f. Dohm, *Der Frauen Natur und Recht*, S. 14. *Gartenlaube*, Heft 15–1874 und Heft 4–1882, beide nach wikisource.org. Fontane, *Effi Briest*, S. 89. Angaben zu den männlichen Dienstboten nach Schwabe, *Haupt- und Residenzstadt*, S. 139, das Zitat S. 140. Fontane, *Jenny Treibel*, S. 35. Fontane nach *Sämtliche Werke*, Bd. XIX, S. 724. Fontane, *Stechlin*, S. 125. Fiebig, *Lebenserinnerungen*, S. 15f. der Transkription. Brandes, *Berlin*, S. 443. Jhering, *Das Trinkgeld*, S. 10, 23, 49, 62. **Die Frauenfrage:** Hartmann, *Moderne Probleme*, Abschnitt III. Schwabe, *Haupt- und Residenzstadt*, S. 3f. Dohm, *Frauen*, S. 10. Andreas-Salomé, *Mensch als Weib*, S. 40. Wiener Schrift zur Dienstbotenfrage: Schmitz, *Dienstbotenfrage*, S. 27. Lewald, *Osterbriefe*, S. 49. Bebel, *Die Frau*, S. 160 über Lewald, die andere Stelle S. 61. Baader, *Ein steiniger Weg*, aus dem 3. Kapitel nach zeno.org. Ihrer, *Arbeiterinnen*, S. 7. Popp, *Die Arbeiterin*, aus dem unpaginierten Vorwort. Morgenstern, *Frauen*, 2. Folge, S. 151. Otto, *Frauenleben*, S. 202f. Nietzsche, *Jenseits*, S. 128. *Die Akademische Frau*, herausgegeben von Kirchoff, S. 108, 115, 114. Tiburtius nach Budde, *Auf dem Weg ins Bürgerleben*, S. 252. Wahlgedicht nach Trommler, *Sozialistische Literatur*, S. 182f. Nietzsche nach Russell, *Philosophie*, S. 769. Fontane im Mai 1870 an Emilie nach Fontane, *Ehe in Briefen*, S. 144. Schwabe, *Haupt- und Residenzstadt*, S. 4, 83, Hervorhebung im Original, 51. Bebel, *Die Frau*, S. 3, Hervorhebung im Original. Lette nach Mommsen, *Das Ringen*, S. 328. Lehrerinnenzahlen nach Wehler, *Gesellschaftsgeschichte*, S. 405. Lange nach Budde, *Auf dem Weg*, S. 242. Bittschrift nach Mommsen, *Das Ringen*, S. 324. Baader nach Emmerich, *Proletarische Lebensläufe*, S. 136. Näherinnenzahlen nach Budde, *Auf dem Weg*, S. 277. Brandes, *Berlin*, S. 44. Dohm, *Frauen*, S. 166. **Die ›Judenfrage‹:** Dohm, *Frauen*, S. 124. Wagner nach Kurz, *Schwarzbuch*, S. 308, Hervorhebung im Original. Marx, *Zur Judenfrage*, S. 374f. Bismarck nach Nonn, *Bismarck*, S. 339, nach Reiners, *Bismarck*, S. 943, und nach Nonn, S. 339. Marx über Lassalle nach Stern, *Gold und Eisen*, S. 648f. – Fußnote. Bismarck nach Reiners, *Bismarck*, S. 97. Ausweisungszahlen nach Wehler, *Kaiserreich*, S. 113. Wagener nach Stern, *Gold und Eisen*, S. 685 – Fußnote. Nordau nach dem Wikipedia-

Eintrag über ihn. Zahl der Schriften zur ›Judenfrage‹ nach Wehler, *Gesellschaftsgeschichte*, S. 925. Glagau nach Stern, *Gold und Eisen*, S. 691. Der englische Zeitgenosse ebenfalls nach Stern, S. 645 – Fußnote. Fontane, *Tagebücher* 2, S. 78. Zahlen der jüdischen Bevölkerung in Berlin nach Large, *Berlin*, S. 29. Nietzsche, *Jenseits*, S. 140 f. Treitschke nach Kurz, *Schwarzbuch*, S. 305 f. Treitschke nach Wolfgang Mommsen, *Das Ringen*, S. 562 f. Dort auch Theodor Mommsen, S. 563. Lazarus nach M. Berek, »Schnittpunkt sozialer Kreise statt völkischer Verwurzelung«, in *Medaon. Magazin für jüdisches Leben in Forschung und Bildung* Nr. 5–2009, online, unpag. Mommsen nach Kurz, *Schwarzbuch*, S. 307, dort, S. 305, auch Treitschke. Lazarus nach M. Berek. Langbehn, *Rembrandt*, S. 42. Freytag nach gustav-freytag.info. *Vorwärts* nach Kurz, *Schwarzbuch*, S. 321. Marr, *Sieg des Judenthums*, S. 32, Hervorhebungen im Original. Auerbach nach Glatzer, *Berlin*, S. 128. Antisemitenpetition nach germanhistorydocs.ghi-dc.org. Lewald nach Schneider, *Lewald*, S. 123. Stoecker nach Glatzer, *Berlin*, S. 122, und Stern, *Gold und Eisen*, S. 714 – Fußnote. Siemens nach Bähr, *Siemens*, S. 418. Mommsen nach Wehler, *Gesellschaftsgeschichte*, S. 932. Brandes, *Berlin*, S. 448. *Germania* nach Stern, *Gold und Eisen*, S. 692. Programm der DSRP nach Wehler, *Kaiserreich*, S. 472.

Große Männer

Ringelnatz, *Der Stein*, nach gedichtsuche.de. Bismarck nach Nonn, *Bismarck*, S. 176. Mommsen nach Gall, *Bismarck*, S. 376, 707. Nietzsche, *Jenseits*, S. 131. Burckhardt, *Weltgeschichtliche Betrachtungen*, S. 242. Moltke, *Geschichte*, S.V. Napoleon und Hegel nach Slavoj Žižek, *Lettre International*, 92–2011, S. 62. Heyse nach Brandes, *Berlin*, S. 607 (Nachwort). Burckhardt, *Weltgeschichtliche Betrachtungen*, S. 209, 243. Der Flügeladjutant nach Wehler, *Gesellschaftsgeschichte*, S. 294 f. Jhering nach Wehler, *Gesellschaftsgeschichte*, S. 293, 296. Engels, *Rolle der Gewalt*, S. 427 f. **Menzel:** Laforgue, *Berlin*, S. 47. Menzel nach Riemann-Reyher, *Menzel*, S. 120. Meyerheim nach Glatzer, *Berlin*, S. 186. **Marx:** Stellen in Engelsbriefen mit der Marx-Sentenz in MEW 37, S. 436, 450. Siehe auch Jones, *Marx*, S. 662. Engels nach Blumenberg, *Marx*, S. 98. Marx, *Kapital*, S. 26. *Kommunistisches Manifest*, S. 47. Bebel, *Die Frau*, S. 178. Engels nach Kliem, *Engels Dokumente*, S. 28. Engels nach Jones, *Marx*, S. 677. Jenny nach Jones, *Marx*, S. 654. Marx an Lassalle nach Blumenberg, *Marx*, S. 109. Jenny nach Jones, *Marx*, S. 523. Ein Wochenlohn fürs *Kapital* nach Emmerich, *Proletarische Lebensläufe*, S. 163. Das Dante-Zitat im Vorwort zur Erstauflage des *Kapital* nach der MEW-Ausgabe, S. 17. **Siemens:** Siemens, *Lebenserinnerungen*, Abschnitt 258 des Digitalisats. Siemens nach Bähr, *Siemens*, S. 251, 423. Siemens in der Akademie-Rede nach Sombart, *Kapitalismus*, Bd. III-1, S. 78. Siemens über Halske, *Lebenserinnerungen*, Abschnitt 255. Siemens nach Bähr, *Siemens*, S. 311, 312. Siemens, *Lebenserinnerungen*, Abschnitt 295. Fiebig, *Lebenserinnerungen*, S. 103 f. Virchow nach Andree, *Virchow*, S. 265. **Virchow:** Virchows Abiturthema nach Schipperges, *Virchow*, S. 11. Virchow über Virchow nach Winau, *Medizin in Berlin*, S. 184. Virchow in der *Medicinischen Reform* nach Winau,

Medizin in Berlin, S. 168. Virchow über die Leichendichte nach Schipperges, *Virchow*, S. 18. Virchows Angabe zur Zahl der Präparate nach Thomas Schnalke, *Von Präparat zu Präparat*. *Rudolf Virchow und seine Idee eines dynamischen Körpermuseums*, in *Wissenschaft im Museum – Ausstellung im Labor*, herausgegeben von Anke te Heesen und Margarete Vöhringer, Berlin 2014. Zahl der Seuchentoten in Schlesien nach Vasold, *Virchow*, S. 66, Virchow über den Krankentransport ebendort, S. 238. Hesekiel, *Barackenleben*, S. 15 f. Bismarck über Virchow, *Gedanken und Erinnerungen*, S. 373, über katholische Bauern S. 375. Virchow über das Sezieren nach Schnalke, *Von Präparat zu Präparat*, S. 30. Richter nach Manfred Vasold, »Der andere Virchow«, in *Die Zeit* v. 1. 6. 1990. **Wo sind die Frauen?**: Darwin nach Kurz, *Schwarzbuch*, S. 287. Virchow in seinem Vortrag 1848 über *Das Weib und die Zelle*, nach Haeckel, *Natürliche Schöpfungsgeschichte*, S. 196. Nietzsche, *Ecce Homo*, S. 132, *Zarathustra*, S. 55, Hervorhebungen im Original. Ploetz, *Die Tüchtigkeit unserer Rasse*, S. 217. Morgenstern, *Frauen*, Bd. 1, S. 391. **Erinnerung an eine ›Hyäne‹**: Baader, *Ein steiniger Weg*, diese und alle folgenden Stellen aus dem 2. Kap. nach zeno.org. Morgenstern, *Frauen*, 2. Bd., S. 173, S. 177.

Am Ende der Abstieg
Die *Freisinnige* nach Glatzer, *Berlin*, S. 387. Die erste Fontane-Stelle nach Bisky, *Berlin*, S. 331, die zweite nach Stern, *Gold und Eisen*, S. 604. Schweninger ebenfalls nach Stern, S. 630. Bismarck, *Gedanken*, S. 578, 585 – Fußnote. Spitzemberg nach Stern, S. 628. Bismarck nach Stern, S. 329. Bismarck, *Gedanken*, S. 567. Bismarck-Notiz im Losungsheft nach Engelberg, *Das Reich*, S. 599 f. Weber, *Nationalstaat*, S. 27 f. Bismarck nach Gall, *Bismarck*, S. 722.

Anhang
Bismarck über Bismarck: Die Faust-Stelle nach Ullrich, *Bismarck*, S. 10 f., die beiden anderen Stellen nach Reiners, *Bismarck*, S. 238 f., S. 351. **Bismarck über andere Leute, andere Leute über Bismarck:** Über seine Frau Johanna nach Ullrich, *Bismarck*, S. 32; Engelberg, *Sturm*, S. 205; Ullrich, S. 128. Johanna nach Engelberg, *Reich*, S. 36. Bismarck über Wilhelm I. in *Gedanken und Erinnerungen*, S. 486. Wilhelm I. nach Wehler, *Kaiserreich*, S. 64. Augusta nach Nonn, *Bismarck*, S. 118. Bismarck über Friedrich III. nach Engelberg, *Das Reich*, S. 519, über Wilhelm II. in *Gedanken und Erinnerungen*, S. 528. Bismarck über Napoleon III. nach Reiners, *Bismarck*, S. 867, und Engelberg, *Sturm*, S. 242. Napoleon über Bismarck nach Nonn, S. 139. Bismarck über Thiers nach Engelberg, *Reich*, S. 24. Bismarck über Lassalle nach Reiners, S. 430. Lassalle über Bismarck nach diegeschichteberlins.de/geschichteberlins/persoenlichkeiten/persoenlichkeitenhn/485-lassalle.html. Bebel über Bismarck, *Aus meinem Leben*, S. 287 f., 427. Bismarck über Windthorst nach Nonn, S. 223. Bismarck über Pourtalés und Pourtalés über Bismarck nach Reiners, S. 225 f. Bennigsen über Bismarck nach Engelberg, *Sturm*, S. 407. Bismarck über Stoecker nach Engel-

berg, *Reich,* S. 329. Bismarck über Moltke nach Engelberg, *Sturm,* S. 357. Über Bleichröder beide Stellen nach Stern, *Gold und Eisen,* S. 632. Über Schweninger nach Ullrich, *Bismarck,* S. 112. Freytag nach Reiners, S. 728. Mommsen ebendort, S. 730. Fontane über Bismarck nach Gall, *Bismarck,* S. 710, Fontane in *Sämtliche Werke,* Bd. 19, S. 727, und nach Stern, S. 395. Bucher nach Ullrich, S. 7. **Bismarck-Kult und Bismarck-Kitsch:** Thea Ormonde nach *Spiegel online* v. 7. 3. 2019.

Abbildungsnachweis

1. Block

1a Kartoffelrevolution; 1b 1848; 4b Pferdeomnibus;
7 Pferd im Bergwerk: © akg-images
2 A.v.Werner Versailles Gemälde: © bpk / Hermann Buresch
3 Spiegelsaal als Lazarett: © Rischgitz/Getty Images
4a Straßenbahnwägelchen: © Siemens Historical Institute
5a Handsprengwagen: © Sammlung Erhard, Fachbibliothek Umwelt,
Umweltbundesamt
6a Glühlampenfabrik: © bpk / Georg Buxenstein Co
8a Ku'Damm: © Stiftung Stadtmuseum Berlin; 8b Nollendorfplatz:
© Stiftung Stadtmuseum Berlin, Repr.: Christel Lehmann, Berlin

2. Block

1 Virchow mit Gerippe: © bpk; 2/3 Menzels Herr im Coupé, Menzels Dame
im Coupé: © bpk / Kupferstichkabinett, SMB / Dietmar Katz
2/3 Lokomotivbau: Digitalisiert durch die Zentral- und Landesbibliothek
Berlin, 2021
4b Handwebstuhl: © Museum Neuruppin
6 Rollschuhbahn: © 3D Vision Rolf Niggemeyer, Haan
8 Denkmalentwürfe: Digitalisiert durch Universitätsbibliothek Heidelberg

Trotz intensiver Bemühungen war es leider nicht für alle Abbildungen möglich,
die Rechteinhaber ausfindig zu machen. Wir bitten diejenigen, die glauben, berechtigte Ansprüche zu haben, sich mit uns in Verbindung zu setzen.

Quellen- und Literaturverzeichnis

Zu einzelnen Aufsätzen siehe die Nachweise.

Digitale Quellen sind mit DQ gekennzeichnet.

Zeitgenössisches

Alberti, Conrad: *Wer ist der Stärkere? Ein socialer Roman aus dem modernen Berlin;* Leipzig 1888. Der erste Band des von 1888 bis 1895 veröffentlichten sechsteiligen Zyklus *Der Kampf ums Dasein.* DQ=archive.org

Andreas-Solomé, Lou: *Der Mensch als Weib. Ein Bild im Umriß;* in: dies.: *Die Erotik. Vier Aufsätze.* Neu herausgegeben mit einem Nachwort von Ernst Pfeiffer; Frankfurt a. M., Berlin, Wien 1985. Der Aufsatz erschien zuerst 1899 in *Neue Deutsche Rundschau.*

Arras, Paul (Hg.): *Bismarck-Gedichte;* Leipzig 1898. DQ=books.google.de

Baader, Ottilie: *Ein steiniger Weg. Lebenserinnerungen einer Sozialistin;* Berlin, Bonn 1979. DQ=zeno.org. Das Buch enthält auch Berichte über Arbeiterinnenkämpfe im letzten Drittel des 19. Jahrhundets. Die Erstausgabe erschien 1921.

Bastian, Adolf: *Die deutsche Expedition an der Loangoküste, nebst älteren Nachrichten über die zu erforschenden Länder. Nach persönlichen Erlebnissen;* Jena 1874. DQ=reader.digitale-sammlungen.de

Bebel, August:

– *Aus meinem Leben;* Berlin 1978. Die ersten beiden Teile erschienen 1910 und 1911, der dritte Teil wurde von Bebel nicht mehr abgeschlossen.

– *Die Frau und der Sozialismus;* Zürich-Hottingen 1879. Diese erste Ausgabe erschien wenige Monate nach dem Verbot sozialdemokratischer Schriften durch das Sozialistengesetz. Die Angabe des Verlagsorts Zürich-Hottingen war fingiert, das Buch wurde in Leipzig hergestellt und von dort aus unter der Hand vertrieben, teilweise mit Tarnumschlägen eines Werks über Statistik versehen. Die zweite Auflage erschien 1883, nun tatsächlich in Zürich. Bis zum Auslaufen des Sozialistengesetzes 1890 folgten weitere sechs Nachauflagen. 1891 kam eine stark umgearbeitete und ausgebaute Fassung heraus. Die fünfzigste, von Bebel mit einer Vorrede versehene Auflage des sozialdemokratischen Bestsellers schlechthin erschien 1909. DQ=archive.org

Berliner Adreß-Buch für das Jahr 1876. Unter Benutzung amtlicher Quellen redigirt von A. Ludwig. Herausgegeben von der Societät der Berliner Bürger-Zeitung; Berlin 1876. DQ=digital.zlb.de

Berlin und seine Eisenbahnen. *1846–1896.* Herausgegeben im Auftrag des Königlich Preussischen Ministers der Öffentlichen Arbeiten. Erster Band; Berlin 1896. DQ=archive.org

Bismarck, Otto Fürst von:
- *Gedanken und Erinnerungen. Mit einem Essay von Lothar Gall;* Berlin 1990. Die ersten beiden Bände erschienen 1898, wenige Monate nach Bismarcks Tod und redigiert von seinem Sohn Herbert. Die Schilderung seiner Entlassung befindet sich im dritten Band, der erst 1921 – also nach dem Ende der Hohenzollernherrschaft – veröffentlicht wurde.
- *Bismarck-Briefe. Ausgewählt und eingeleitet von Hans Rothfels;* Göttingen 1955. DQ=books.google.de
- Werke: Die wissenschaftliche ›Referenzausgabe‹ ist die *Neue Friedrichsruher Ausgabe,* herausgegeben von Holger Afflerbach, Konrad Canis, Lothar Gall, Eberhard Kolb. Paderborn 2004 ff.

Bolgár, Franz von: *Die Regeln des Duells;* Berlin 2017 (= *Gegenschuss. Erkenntnis aus Widerspruch. Band 1. Duell vs Diplomatie*). Die Orginalausgabe erschien 1880 in Wien, der Text folgt der vierten und vermehrten Auflage von 1891.

Brandes, Georg: *Berlin als deutsche Hauptstadt. Erinnerungen aus den Jahren 1877–1883. Herausgegeben von Erik M. Christensen und Hans-Dieter Loock;* Berlin 1989. Die dänische Erstausgabe erschien 1885 und beruhte auf aktuellen Berichten, die Brandes in Berlin für skandinavische Zeitungen schrieb.

Brehm, A[lfred] E[dmund]: *Illustrirtes Thierleben. Eine allgemeine Kunde des Thierreichs;* 1. Band, Hildburghausen 1864. Die Erstausgabe des sechsbändigen Gesamtwerkes erschien von 1864 bis 1869. DQ=deutschestextarchiv.de

Büchmann, Georg: *Geflügelte Worte. Der Citatenschatz des Deutschen Volks;* Berlin 1864. DQ=reader.digitale-sammlungen.de

Burckhardt, Jacob: *Weltgeschichtliche Betrachtungen. Erläuterte Ausgabe. Herausgegeben von Rudolf Marx;* Stuttgart 1978. Die ›Betrachtungen‹ wurden als Vorlesungen in den Wintersemestern 1868/69 und 1870/71 sowie als öffentliche Vorträge im November 1870 gehalten. Die Publikation in Buchform unter dem heute geläufigen, von Burckhardt selbst nicht verwendeten Titel erfolgte erst posthum 1905.

Busch, Wilhelm: *Wilhelm Busch;* Köln 1974.

[Commission des Verbandes »Arbeiterwohl« (Hg.)]: *Das häusliche Glück. Vollständiger Haushaltungsunterricht nebst Anleitung zum Kochen für Arbeiterfrauen. Zugleich ein nützliches Hülfsbuch für alle Frauen und Mädchen, die ›billig und gut‹ haushalten lernen wollen. Mit Interviews aus Arbeiterfamilien neu herausgegeben von Richard Blank;* München 1975. Das Original erschien erstmals 1882 in Münchengladbach (erst seit 1950 mit ö geschrieben) und wurde von einem Kaplan verfasst. Den Verband hatte der katholische Fabrikherr Franz Brandts initiiert.

Darwin, Charles:
- *Charles Darwin Lesebuch. Herausgegeben von Julia Voss;* Frankfurt a. M. 2008.
- *Die Entstehung der Arten;* Auszüge in *Charles Darwin Lesebuch.* Das Original erschien 1859, die erste deutsche Übersetzung 1860.
- *Die Abstammung des Menschen und die geschlechtliche Zuchtwahl;* Stuttgart 1875. Das Original erschien 1871, die erste deutsche Übersetzung im gleichen Jahr. Die von Darwin stark überarbeitete Fassung von 1874 erschien 1875 im Rahmen einer deutschen Werkausgabe. Diese Ausgabe als DQ=darwin-online.org.uk

Dohm, Hedwig: *Der Frauen Natur und Recht. Zur Frauenfrage. Zwei Abhandlungen über Eigenschaften und Stimmrecht der Frauen;* Berlin 1876. DQ=deutschestextarchiv.de

Dostojewski, Fjodor M.: *Gesammelte Briefe. 1833–1881. Übersetzt, herausgegeben und kommentiert von Friedrich Hitzer;* München, Zürich 1986.

Engels, Friedrich:
- *Die heilige Familie* (dazu der Eintrag unter Marx).
  Die Lage der arbeitenden Klasse in England. Nach eigner Anschauung und authentischen Quellen; Leipzig 1845. DQ=marktendenews.de
- *Grundsätze des Kommunismus;* in: Karl Marx und Friedrich Engels: *Manifest der Kommunistischen Partei. Grundsätze des Kommunismus. Mit einem Nachwort von Iring Fetscher;* Stuttgart 1972. Bei der Abfassung der *Grundsätze* 1847 bediente Engels sich der Form des Katechismus mit Fragen und Antworten.
- *Über den Krieg;* in: Marx-Engels-Werke (MEW) Bd. 17, Berlin (DDR) 1976. Die Serie aus 59 Artikeln wurde zeitnah zu den Ereignissen für die konservative Londoner Tageszeitung *The Pall Mall Gazette* verfasst.
- *Zur Wohnungsfrage;* Zürich-Hottingen 1887. Ursprünglich erschienen als Artikelserie im Leipziger *Volksstaat* 1872/73. DQ=ml.werke.de
- *Die Entwicklung des Sozialismus von der Utopie zur Wissenschaft;* Zürich-Hottingen 1882. Die Broschüre erschien zuerst 1880 auf Französisch und 1882 auf Deutsch. DQ=mlwerke.de. Die Textwiedergabe folgt der Ausgabe von 1891.
- *Die Rolle der Gewalt in der Geschichte;* in: Marx-Engels-Werke (MEW) Bd. 21, Berlin (DDR) 1975. Es handelt sich um einen 1887/88 entstandenen, im Ganzen unveröffentlicht gebliebenen Text, von dem Teile unmittelbar nach Engels'Tod 1895 mit nicht gekennzeichneten Eingriffen Eduard Bernsteins in *Die Neue Zeit* publiziert wurden.

Flaubert, Gustave: *Madame Bovary;* München 1993. Flauberts Erstlingswerk erschien 1856 zensiert als Fortsetzungsroman, die Buchfassung folgte 1857, eine erste deutsche Übersetzung 1858.

Fiebig, August: *Lebenserinnerungen.* Das in der zweiten Hälfte der 1910er Jahre entstandene, nie gedruckte Manuskript befindet sich im Siemens-Akten-Archiv (Signatur 2.Le 168) und liegt als Transkription im PDF-Format vor.

Fontane, Emilie; **Fontane,** Theodor:
- *Geliebte Ungeduld. Der Ehebriefwechsel 1857–1871.* Herausgegeben von Gotthard Erler; Berlin 1998 (= Große Brandenburger Ausgabe. *Der Ehebriefwechsel* Bd. 2.).
- *Die Zuneigung ist etwas Rätselvolles. Eine Ehe in Briefen.* Herausgegeben von Gotthard Erler; Berlin 2018.

Fontane, Theodor:
- *Sämtliche Werke.* Herausgegeben von Edgar Gross u. a.; 24 Bde., München 1959–1975.
- *Tagebücher 1852. 1855–1858.* Herausgegeben von Charlotte Jolles; Berlin 1994.
- *Tagebücher 1866–1882. 1884–1898.* Herausgegeben von Gotthard Erler; Berlin 1994.
- *Wanderungen durch die Mark Brandenburg;* 4 Bde., Berlin 1862–1882. DQ=deutschestextarchiv.de
- *Der Schleswig-Holsteinsche Krieg im Jahre 1864;* in: *Sämtliche Werke,* Bd. 19. Erstmals 1866.
- *Der deutsche Krieg von 1866;* in: *Sämtliche Werke,* Bd. 19. Erstmals in zwei Bänden 1870/71.
- *Der Krieg gegen Frankreich 1870–1871;* in: *Sämtliche Werke,* Bd. 19. Erstmals in vier Halbbänden 1873 und 1875/76.
- *Stine. Roman;* Stuttgart 2013. Erstmals erschienen 1890 im neu gegründeten Verlag von Fontanes Sohn Friedrich.
- *Frau Jenny Treibel oder »Wo sich Herz zum Herzen find't«;* Zürich 1989. Der Roman entstand 1891 und wurde im Folgejahr gedruckt.
- *Effi Briest;* Frankfurt a. M., Berlin, Wien 1973. Erstveröffentlichung 1895.
- *Der Stechlin;* Berlin 2018. Der Roman erschien kurz nach Fontanes Tod am 20. September 1898.
- *Mathilde Möhring;* Berlin 2018. Die Novelle wurde vermutlich im Spätsommer 1891 niedergeschrieben, aber erst posthum als Fortsetzungstext in der *Gartenlaube* vom November und Dezember 1906 veröffentlicht.

Freytag, Gustav:
- *Soll und Haben. Roman in sechs Büchern;* 2 Bde., Leipzig 1894. Es handelt sich um die 42. Auflage (!). Der Roman gilt als einer der meistgelesenen und bestverkauften im 19. Jahrhundert. Die Erstausgabe erschien 1855.
- *Die Journalisten;* Leipzig 1854. Die Uraufführung des Theaterstücks fand im Dezember 1852 in Breslau statt. DQ=zeno.org

Haeckel, Ernst: *Natürliche Schöpfungsgeschichte. Gemeinverständliche wissenschaftliche Vorträge über die Entwicklungslehre im Allgemeinen und diejenige von Darwin, Goethe und Lamarck im Besonderen, über die Anwendung derselben auf den Ursprung des Menschen und andere damit zusammenhängende Grundfragen der Wissenschaft;* Berlin 1868. Das Werk beruht auf Vorträgen, die Haeckel in Jena gehalten hat und mitstenographieren ließ. DQ=archive.org

Hartmann, Eduard von: *Moderne Probleme;* Leipzig 1888. Die etwas anders zusammengestellte Erstausgabe der Aufsatzsammlung erschien 1885. DQ=gutenberg.org

Hauptmann, Gerhart: *Bahnwärter Thiel. Novellistische Studie;* Stuttgart 1979. Entstanden 1887, Erstveröffentlichung im Jahr darauf.

Hebbel, Friedrich: *Tagebücher 1848–1863. Band 3;* München 1984.

Heine, Heinrich: *Französische Zustände;* in: *Heines Werke in fünf Bänden;* Bd. 4, Berlin und Weimar 1978. Die von Dezember 1831 bis September 1832 in der Augsburger *Allgemeinen Zeitung* erschienenen Korrespondenzen aus Paris kamen unter dem Titel *Französische Zustände* erstmals im Dezember 1832 in Buchform heraus.

Hensel, Sebastian: *Ein Lebensbild aus Deutschlands Lehrjahren. Mit einem Vorwort von Prof. Paul Hensel;* Berlin 1904. Die Memoiren entstanden nach Auskunft des Verfassers Anfang der 1890er. Bei dem bevorwortenden Professor handelt es sich um Hensels Sohn. DQ=archive.org

Hesekiel, Ludovica: *Barackenleben. Skizzen aus dem Berliner Militair-Lazareth. 1870–1871;* Berlin 1872. DQ=digital.blb-karlsruhe.de

Heyl, Hedwig: *Das A B C der Küche;* Berlin 1897. Die Erstauflage erschien 1889, ein Ergänzungsband unter dem Titel *Kochvorschriften aus dem A B C der Küche* 1902. DQ=archive.org

Hobrecht, James: *Die Canalisation von Berlin. Im Auftrage des Magistrats der Königlichen Haupt- und Residenzstadt Berlin entworfen und ausgeführt;* Berlin 1884. DQ=e-rara.ch

Hoffmann, Heinrich: *Der Struwwelpeter oder Lustige Geschichten und drollige Bilder von Dr. Heinrich Hoffmann.* Die Erstausgabe erschien 1845 unter dem Titel *Lustige Geschichten und drollige Bilder für Kinder von 3–6 Jahren* unter dem Pseudonym Reimerich Kinderlieb in Frankfurt a. M. Ab 1847 hieß das Buch *Struwwelpeter,* der ursprüngliche Titel wurde zum Untertitel. PDF der 100. Auflage 1876 mit einem »Jubiläumsblatt« bei gasl.org

Holz, Arno: *Das Buch der Zeit. Lieder eines Modernen;* Zürich 1886. DQ=deutschestextarchiv.de

Ihrer, Emma: *Die Arbeiterinnen im Klassenkampf. Anfänge der Arbeiterinnen-Bewegung, ihr Gegensatz zur bürgerlichen Frauenbewegung und ihre nächsten Aufgaben;* Hamburg 1898. DQ=library.fes.de

Jhering, Rudolf von:
- *Kampf ums Recht;* Der Vortrag wurde 1872 in Wien gehalten. DQ=wjg.at
- *Das Trinkgeld;* Braunschweig 1882. Zuerst in *Westermanns Monatsheften,* dann als separate Broschüre erschienen. DQ=wikisource.org

Kastan, I[sidor]: *Gesundheitspflege in Haus und Schule. Ein Lesebuch für Eltern und Erzieher;* Berlin 1887. DQ=digital.zbmed.de

[Kiessling, Alexius]: *Kiessling's Berliner Baedeker. Praktischer Führer durch die Kaiserstadt Berlin nebst Potsdam und Umgebung. In übersichtlichster Weise mit*

ganz besonderer Berücksichtigung der Besuchszeiten aller Sehenswürdigkeiten neu bearbeitet; Berlin 1878. Es handelt sich um die zweite Auflage des erstmals 1876 erschienenen Reiseführers, der sich, nicht ganz redlich, des Namens des Baedeker-Verlages in Leipzig bediente, der zu diesem Zeitpunkt noch keinen Berlin-Führer im Programm hatte. DQ=digital.zlb.de

Kirchhoff, Arthur (Hg.): *Die Akademische Frau. Gutachten hervorragender Universitätsprofessoren, Frauenlehrer und Schriftsteller über die Befähigung der Frau zum wissenschaftlichen Studium und Berufe;* Berlin 1897. DQ=e-rara.ch

Kluge, Friedrich: *Etymologisches Wörterbuch der deutschen Sprache;* Berlin, New York 1975. Die ersten beiden Auflagen erschienen 1883.

Kutschbach, A[lbin]: *Lassalle's Tod. Im Anschluß an die Memoiren der Helene von Racowitza: Meine Beziehungen zu Ferdinand Lassalle zur Ergänzung derselben;* Chemnitz 1880. Der Band enthält neben einem Bericht der Ereignisse auch Briefe der Beteiligten sowie Zeugenaussagen. DQ=archive.org. Das Digitalisat folgt im Anschluss an das Digitalisat der Racowitza-Memoiren, Digitalseite 199 ff.

Laforgue, Jules: *Berlin. Der Hof und die Stadt, 1887;* Frankfurt a. M. 1990. Die Texte erschienen 1887 in französischen Zeitungen, eine Buchausgabe folgte erst 1922.

Langbehn, Julius: *Rembrandt als Erzieher;* Leipzig 1890. Diese Erstausgabe erschien anonym »Von einem Deutschen«. DQ=digital.ub.uni-paderborn.de

Lassalle, Ferdinand: *Die Wissenschaft und die Arbeiter. Eine Vertheidigungsrede vor dem Berliner Criminalgericht gegen die Anklage, die besitzlosen Klassen zum Haß und zur Verachtung gegen die Besitzenden öffentlich angereizt zu haben;* Zürich 1863. DQ=reader.digitale-sammlungen.de

Leixner, Otto von: *Soziale Briefe aus Berlin. Mit besonderer Berücksichtigung der sozialdemokratischen Strömungen;* Berlin 1891. Die Erstpublikation der *Briefe* erfolgte 1888–1891 in einer Zeitung. DQ=archive.org

Lewald, Fanny: *Osterbriefe für die Frauen;* Berlin 1863. DQ=reader.digitale-sammlungen.de

Liebknecht, Wilhelm: *Wissen ist Macht – Macht ist Wissen;* in: ders.: *Kleine politische Schriften;* Leipzig 1976. Dem Text liegen Mitschriften von Vorträgen zugrunde, die Liebknecht im Februar 1872 vor dem Dresdener und dem Leipziger Arbeiterbildungsverein gehalten hatte. Er bearbeitete die Vorträge während der Festungshaft, zu der er im März 1872 im Leipziger Hochverratsprozess verurteilt worden war, und ließ sie 1873 als Broschüre veröffentlichen.

Lindau, Paul: *Der Zug nach dem Westen;* Berlin und Stuttgart o. J. [1886]. Es handelt sich um den ersten Teil einer in drei Teilen zu jeweils zwei Bänden von 1886 bis 1888 erschienenen Romanserie mit dem Obertitel *Berlin.* DQ=refubium.fu-berlin.de

Marlitt, Eugenie: *Goldelse;* Leipzig 1866. Der Fortsetzungsroman erschien in 18 Folgen in *Die Gartenlaube.* DQ=wikisource.org

Marr, W[ilhelm]: *Der Sieg des Judenthums über das Germanenthum. Vom nicht confessionellen Standpunkt aus betrachtet;* Bern 1879. DQ=gehove.de

Marx, Karl:
- *Zur Judenfrage;* in: Marx-Engels-Werke (MEW) Bd. 1, Berlin (DDR) 1976. Erstdruck 1844 in den in Paris erscheinenden *Deutsch-Französischen Jahrbüchern.*
- *Die heilige Familie oder Kritik der kritischen Kritik. Gegen Bruno Bauer und Consorten;* Berlin (DDR) 1973. Das zuerst 1845 in Frankfurt a. M. erschienene Pamphlet besteht aus von Marx und Engels getrennt geschriebenen Abschnitten. Die jeweilige Autorschaft war im Inhaltsverzeichnis genannt. Der größere Anteil stammt von Marx.
- *Manifest der Kommunistischen Partei;* in: Karl Marx und Friedrich Engels: *Manifest der Kommunistischen Partei. Grundsätze des Kommunismus. Mit einem Nachwort von Iring Fetscher;* Stuttgart 1972. Die von Engels verfassten *Grundsätze* sind unter seinem Namen gelistet. Marxens *Manifest* erschien zuerst im Februar 1848 in deutscher Sprache in London und war für die kontinentalen Revolutionen dieses Jahres nahezu bedeutungslos.
- *Zur Kritik der Politischen Ökonomie;* in: Marx-Engels-Werke (MEW) Bd. 13, Berlin (DDR) 1978.
- *Das Kapital. Kritik der politischen Ökonomie. Erster Band;* in: Marx-Engels-Werke (MEW) Bd. 23, Berlin (DDR) 1977. Es handelt sich um den Text der vierten, nach Marxens Tod von Engels redigierten Ausgabe von 1890 unter Beigabe der von Marx verfassten Vor- und Nachworte zu vorhergegangenen Ausgaben. Die Erstausgabe erschien 1867.

Mauthner, Fritz:
- *Kleiner Krieg. Kritische Aufsätze;* Leipzig 1879. DQ=reader.digitale-sammlungen.de
- *Die Fanfare;* Minden 1888. Es handelt sich um den zweiten Teil der Roman-Trilogie *Berlin W.,* erschienen 1886–1890.
- *Schmock oder Die litterarische Karriere der Gegenwart;* Berlin 1888. Eine Pressesatire.

May, Karl:
- *Die Sklavenkarawane;* Stuttgart, Berlin, Leipzig 1893. DQ=karl-may-gesellschaft.de
- *Weihnacht! Reiseerzählung;* Freiburg 1897.

Merck's Warenlexikon. *Beschreibung der im Handel vorkommenden Natur- und Kunsterzeugnisse unter besonderer Berücksichtigung der chemisch-technischen und anderer Fabrikate, der Droguen- und Farbewaren, der Kolonialwaren, der Landesprodukte, der Material- und Mineralwaren;* Leipzig 1884. Zuerst erschienen als *Neuestes Waaren-Lexikon für Handel und Industrie;* Leipzig 1871. DQ=retrobibliothek.de

Moleschott, Jac[ob]: *Lehre der Nahrungsmittel. Für das Volk;* Erlangen 1858. Die Erstausgabe erschien 1850. DQ=reader.digitale-sammlungen.de

Moltke, Helmuth von: *Geschichte des Deutsch-Französischen Krieges von 1870–71;*

Bremen 2012. Reprint der *Volksausgabe zur Wiederkehr der Gedenktage unserer vor 25 Jahren erfochtenen Siege in den großen Kämpfen von 1870–71*, Berlin 1895.

Morgenstern, Lina: *Die Frauen des 19. Jahrhunderts. Biographische u. culturhistorische Zeit- und Charactergemälde;* Berlin 1888–1891. Das Werk erschien in drei Folgen. DQ=archive.org (die ersten beiden Folgen) und books.google. de (die dritte Folge).

Nadar: *Als ich Photograph war;* Zürich 1978. Die französische Originalausgabe erschien 1900. Die Passagen über die Katakomben und die Kanalisation von Paris waren teilweise bereits 1867 in einem Paris-Führer und 1891 als Artikelserie in einer Photographie-Zeitschrift erschienen.

Nietzsche, Friedrich:
- *Vom Nutzen und Nachteil der Historie für das Leben;* in: Friedrich Nietsche, *Studienausgabe in 4 Bänden, Band 1;* Frankfurt a. M. 1973. Der Text erschien zuerst 1874 als zweite der vier *Unzeitgemäßen Betrachtungen.*
- *Also sprach Zarathustra. Ein Buch für alle und keinen;* München o. J. Das Werk erschien zuerst als Privatdruck in vier Teilen von 1883 bis 1885.
- *Jenseits von Gut und Böse. Vorspiel einer Philosophie der Zukunft;* München o. J. Das Werk entstand 1886 im Anschluss an den *Zarathustra.*
- *Der Antichrist. Ecce Homo. Dionysos-Dithyramben;* München 1979. Die Texte sind sämtlich in den Monaten vor seinem geistigen Zusammenbruch im Januar 1889 entstanden.

Nordau, Max:
- *Die conventionellen Lügen der Kulturmenschheit;* Leipzig 1883. DQ=reader.digitale-sammlungen.de (6. Auflage, 1884)
- *Entartung. Erster Band;* Berlin 1892. Der zweite Band des Werks erschien im Folgejahr. DQ=archive.org (3. Auflage, 1896)

Otto, Louise: *Frauenleben im Deutschen Reich. Erinnerungen aus der Vergangenheit mit Hinweis auf Gegenwart und Zukunft;* Leipzig 1876. DQ=books.google.de

Ploetz, Alfred: *Die Tüchtigkeit unserer Rasse und der Schutz der Schwachen. Ein Versuch über Rassenhygiene und ihr Verhältnis zu den humanen Idealen, besonders zum Socialismus;* Berlin 1895. DQ=archive.org

Popp, Adelheid:
- *Die Arbeiterin im Kampf um's Dasein;* Wien o. J. Die Broschüre mit 32 Seiten erschien 1895.
- *Jugendgeschichte einer Arbeiterin;* in: Wolfgang Emmerich (Hg.): *Proletarische Lebensläufe. Autobiographische Dokumente zur Entstehung der Zweiten Kultur in Deutschland Band 1: Anfänge bis 1914;* Reinbek 1974. Der Text erschien erstmals 1909 in München mit einem Vorwort von August Bebel.

Prittwitz, M[oritz] von: *Die Arbeiterfrage und deren Lösung;* Berlin 1873. Es handelt sich um eine 1871 verfasste Denkschrift, in Buchform veröffentlicht vom »Central-Verein für das Wohl der arbeitenden Klassen«. DQ=books.

google.de (angehängt an das Digitalisat von *Der Arbeiterfreund,* der Vierteljahresschrift des »Central-Vereins«, Bd. 11, 1873)

Raabe, Wilhelm:
- *Die Chronik der Sperlingsgasse;* Berlin, Weimar 1980. Raabes Debüt als Erzähler erschien erstmals 1857.
- *Der Hungerpastor;* in: *Gesammelte Werke. Romane und Erzählungen. Erster Band.* Herausgegeben von Peter Bramböck und Hans A. Neunzig; München 1980. Der Roman erschien 1863/64 zuerst in der *Deutschen Roman-Zeitung,* dann 1864 als Buch.

Racowitza, Helene von, geb. v. Dönniges: *Meine Beziehungen zu Ferdinand Lassalle;* Breslau 1879. Es handelt sich um die vierte, unveränderte Auflage. DQ=archive.org

Rimbaud, Arthur: *Une Saison en Enfer. Eine Zeit in der Hölle. Französisch und Deutsch.* Übertragen und Herausgegeben von Werner Dürsson; Stuttgart 1970. Die französische Erstausgabe erschien 1873.

Rodenberg, Julius: *In deutschen Landen. Skizzen und Ferienreisen;* Leipzig 1874. DQ=reader.digitale-sammlungen.de

Russell, William Howard:
- *Der Krimkrieg;* in: ders.: *Meine sieben Kriege. Die ersten Reportagen von den Schlachtfeldern des neunzehnten Jahrhunderts;* Frankfurt a. M. 2000. Die Krimreportagen erschienen während des Krieges 1854–1856 in der Londoner *Times.*
- *Die Schlacht bei Königgrätz;* in: ders.: *Meine sieben Kriege.* Der Originalbericht erschien am 11. Juli 1866 in der *Times.*
- *Der deutsch-französische Krieg;* in: ders.: *Meine sieben Kriege.* Die Berichte über den Krieg 1870/71 erschienen zeitnah in der *Times.*

Schliemann, Heinrich: *Ilios. Stadt und Land der Trojaner. Forschungen und Entdeckungen in der Troas und besonders auf der Baustelle von Troja;* Leipzig 1881. DQ=digi.ub.uni-heidelberg.de

Schmidt-Weißenfels, E[duard]: *Geschichte des modernen Reichtums in biographischen und sachlichen Beispielen;* Berlin 1893.

Schmitz, Alex[ander]: *Zur Lösung der Dienstbotenfrage. Eine Studie für Frauen, Gemeinderäthe, Landtags- und Reichsraths-Abgeordnete;* Wien, 1894. DQ=literature.at (ALO)

Schnitzler, Arthur: *Jugend in Wien. Eine Autobiographie. Herausgegeben von Therese Nickl und Heinrich Schnitzler;* Frankfurt a. M. 1981. Die Autobiographie reicht von Schnitzlers Geburtsjahr 1862 bis Juni 1889, entstand in der zweiten Hälfte der 1910er Jahre, lag im Nachlass in korrigierter Reinschrift vor und wurden erstmals 1968 veröffentlicht.

Schwabe, H[ermann]: *Die Königliche Haupt- und Residenzstadt Berlin in ihren Bevölkerungs-, Berufs- und Wohnungsverhältnissen. Resultate der Volkszählung und Volksbeschreibung vom 1. December 1871;* Berlin 1874. DQ=reader.digitale-sammlungen.de

Seidel, Heinrich:
- *Leberecht Hühnchen als Großvater;* Leipzig 1895 (Gesammelte Schriften Bd. VIII.)
- *Leberecht Hühnchen;* Stuttgart, Berlin 1903. Die hier zusammengestellten Episoden erschienen zuerst in den 1880er und frühen 1890er Jahren. DQ=archive.org

Siemens, Werner von: *Lebenserinnerungen;* Berlin 1892. DQ=zeno.org

Soyaux, Herman: *Die deutschen Besitzungen an der westafrikanischen Küste. Bd. 1: Das Togoland und die Sklavenküste. Leben und Sitten der Eingebornen, Natur, Klima und kulturelle Bedeutung des Landes, dessen Handel u. die deutschen Faktoreien auf Grund eigner Anschauung und Studien geschildert;* Berlin, Stuttgart 1885. DQ=brema.suub.uni-bremen.de

Spitzeder, Adele: *Geschichte meines Lebens;* Stuttgart 1878. DQ=sammlungen.ulb.uni-muenster.de

Spitzemberg, Hildegard von: *Das Tagebuch der Baronin Spitzemberg. Aufzeichnungen aus der Hofgesellschaft des Hohenzollernreiches. Ausgewählt und herausgegeben von Rudolf Vierhaus;* Göttingen 1989. DQ=books.google.de

Springer, Robert: *Berlin wird Weltstadt. Ernste und heitere Culturbilder;* Berlin o. J. [1868].

Stettenheim, Julius: *Wippchen's sämmtliche Berichte;* Berlin 1878–1903 (16 Bde.). Die hier in Jahresbänden zusammengestellten Berichte erschienen ab 1877 zuerst in Stettenheims »Illustrirtem humoristischen Sonntagsblatt« *Berliner Wespen.* DQ=digital.zlb.de (einzelne Jahrgänge). Die Jahresbände: DQ=projekt-gutenberg.org (die ersten 6 Bde.).

[**Stillfried-Alcántara,** Rudolf von]:
- *Ceremonial-Buch für den Königlich-Preußischen Hof. Abschnitt I.-XII.;* Berlin 1877. Das Werk erschien ohne Autorenname auf dem Titelblatt. Einzelabschnitte sind mit »Stillfried« unterzeichnet und separat paginiert. DQ=books.google.de
- *Ceremonial-Buch für den Königlich-Preußischen Hof. X. Hof-Rang-Reglement;* Berlin 1878. Das Werk erschien ohne Autorenname auf dem Titelblatt. DQ=haab-digital.klassik-stiftung.de

Storm, Theodor:
- *Unter dem Tannenbaum;* in: ders.: *Sämtliche Werke in vierzehn Teilen. Herausgegeben von Alfred Biese. Dritter Teil;* Leipzig o. J. Die Novelle entstand 1862 und wurde im gleichen Jahr in der *Leipziger Illustrirten Zeitung* veröffentlicht.
- *Der Schimmelreiter;* in: ders.: *Sämtliche Werke in vierzehn Teilen. Herausgegeben von Alfred Biese. Dreizehnter Teil;* Leipzig o. J. Die Novelle erschien zuerst 1888 in *Die deutsche Rundschau.*

[**Strousberg,** Bethel Henry:] *Dr. Strousberg und sein Wirken von ihm selbst geschildert. Mit einer Photographie und einer Eisenbahn-Karte;* Berlin 1876. DQ=archive.org

Tissot, Victor: *Reportagen aus Bismarcks Reich. Berichte eines reisenden Franzosen 1874–1876. Herausgegeben und übersetzt von Erich Pohl;* Berlin 1989. Die

Reportagen wurden für Pariser Tageszeitungen geschrieben und erschienen 1875 und 1876 in drei Büchern, deren erstes im Original den Titel trug *Voyage au Pays des Milliards (Reise ins Land der Milliarden)*, in Anspielung auf die fünf Milliarden Francs, die nach dem Krieg von Frankreich an das Deutsche Reich zu zahlen waren.

Tolstoi, Lew: *Anna Karenina. Roman in acht Teilen;* München 2009. Der Roman erschien zuerst 1875 bis 1877 in Fortsetzungen in einer Zeitschrift, die Buchausgabe folgte 1878 in Moskau, die erste (gekürzte) deutsche Ausgabe 1885.

Virchow, Rudolf:
- *Die Noth im Spessart. Eine medicinisch-geographisch-historische Skizze. Vorgetragen in der Physicalisch-Medicinischen Gesellschaft in Würzburg am 6. und 13. März 1852;* Würzburg 1852. DQ=reader.digitale-sammlungen.de
- *Ueber die Erziehung des Weibes für seinen Beruf. Eine Vorlesung, gehalten im Hörsaale des grauen Klosters zu Berlin am 20. Februar 1865;* Berlin 1865. DQ=books.google.de
- *Menschen- und Affenschädel. Vortrag, gehalten am 18. Febr. 1869 im Saale des Berliner Handwerker-Vereins;* Berlin 1870. DQ=biolib.de
- *Reinigung und Entwässerung Berlins. General-Bericht über die Arbeiten der städtischen gemischten Deputation für die Untersuchung der auf die Kanalisation und Abfuhr bezüglichen Fragen;* Berlin 1873. DQ=reader.digitale-sammlungen.de
- *Die Freiheit der Wissenschaft im modernen Staat. Rede, gehalten in der dritten Sitzung der fünfzigsten Versammlung deutscher Naturforscher und Aertze zu München am 22. September 1877;* Berlin 1877. DQ=biolib.de

Vischer, Friedrich Theodor: *Mode und Cynismus. Beiträge zur Kenntniß unserer Culturformen und Sittenbegriffe;* Stuttgart 1879. Das Bändchen enthält zwei Aufsätze, deren erster, »Wieder einmal über die Mode«, 1878 in der Zeitschrift *Nord und Süd* erschienen ist. DQ=projekt-gutenberg.org

Wachenhusen, Hans:
- *Berliner Photographien. Erster Theil;* Berlin o. J. [um 1865]. Photos enthält der Band nicht, der Titel leitet sich ab von den – vorgeblich – photographisch genauen Beschreibungen.
- *Helene. Roman;* Stuttgart 1876.
- *Im Bann der Nacht. Roman;* Stuttgart 1876. Für alle Titel: DQ=reader.digitale-sammlungen.de

Weber, Max: *Der Nationalstaat und die Volkswirtschaftspolitik. Akademische Antrittsrede;* Freiburg und Leipzig 1895. DQ=deutschestextarchiv.de

Wedekind, Frank: *Frühlings Erwachen. Eine Kindertragödie;* Braunschweig 2015 (PDF bei damnick.de). Erstdruck 1891, Uraufführung 1906 an den Berliner Kammerspielen.

Zola, Émile: *Nana;* München 1978. Der Roman erschien vom Oktober 1879 bis Februar 1880 in Fortsetzungen und danach in Buchform in Paris.

Sekundärliteratur

Biographien und sonstige personenbezogene Werke

Deutsches Historisches Museum (Hg.): *Bismarck – Preussen, Deutschland und Europa. Katalog; Bismarck – Preussen, Deutschland und Europa. Ausstellungs-Dokumentation; Bismarck in der Karikatur des Auslands. Auswahl, Einleitung und Kommentar von Heinrich Dormeier;* alle Berlin 1990.

Ernst Engelberg: *Bismarck. Das Reich in der Mitte Europas;* Berlin 1990.
Ders: *Bismarck. Sturm über Europa. Herausgegeben und bearbeitet von Achim Engelberg;* München 2014.
Lothar Gall: *Bismarck. Der weiße Revolutionär;* Frankfurt a. M., Berlin, Wien 1983.
Ders. mit Karl-Heinz Jürgens: *Bismarck. Lebensbilder;* Bergisch Gladbach 1990.
Christoph Nonn: *Bismarck. Ein Preuße und sein Jahrhundert;* München 2015.
Ludwig Reiners: *Bismarck. 1815–1871;* München 1970.
Volker Ullrich: *Otto von Bismarck;* Reinbek 1998.
Hans-Ulrich Wehler: *Bismarck und der Imperialismus;* München 1976.

Fritz Stern: *Gold und Eisen. Bismarck und sein Bankier Bleichröder;* Reinbek 1988.

Wolfgang Genschorek: *Alfred Brehm (1829–1884). Tiervater – Zoodirektor – Ornithologe;* Leipzig 2016.

Franz M. Wuketits: *Darwin und der Darwinismus;* München 2005.

Manfred Kliem (Hg.): *Friedrich Engels. Dokumente seines Lebens. 1820–1895;* Leipzig 1977.

Iwan-Michelangelo D'Aprile: *Fontane. Ein Jahrhundert in Bewegung;* Reinbek 2018.

Hendrik Röder, Maren Ulbrich (Hg.): *Welträtsel und Lebenswunder. Der Biologe Ernst Haeckel (1834–1919);* Potsdam 2001.

Jean-Claude Wolf: *Eduard von Hartmann. Ein Philosoph der Gründerzeit;* Würzburg 2006.

Schneider, Gabriele: *Fanny Lewald;* Reinbek 1996.

Werner Blumenberg: *Karl Marx in Selbstzeugnissen und Bilddokumenten;* Reinbek 1979.

Gareth Stedman Jones: *Karl Marx. Die Biographie;* Frankfurt a. M. 2017.

Jürgen Neffe: *Marx. Der Unvollendete;* München 2017.

Hosfeld, Rolf: *Karl Marx. Philosoph und Revolutionär. Eine Biographie;* München 2018.

Werner Buch: *Adolph Menzel. Leben und Werk;* München 2004.

Riemann-Reyher, Marie (Hg.): *Adolph von Menzel. Reiseskizzen aus Preußen;* München 1997.

Joachim Köhler: *Zarathustras Geheimnis. Friedrich Nietzsche und seine verschlüsselte Botschaft;* Nördlingen 1989.

Justus Cobet: *Heinrich Schliemann. Archäologe und Abenteurer;* München 2007.

Johannes Bähr: *Werner von Siemens. 1816–1892. Eine Biografie;* München 2016.

Wolfgang König: *Sir William Siemens. 1823–1883. Eine Biografie;* München 2020.

Jutta Limbach: *»Wahre Hyänen«. Pauline Staegemann und ihr Kampf um die politische Macht der Frauen;* Bonn 2016.

Hubertus von Amelunxen: *Die aufgehobene Zeit. Die Erfindung der Photographie durch William Henry Fox Talbot;* Berlin 1989.

Christian Andree: *Rudolf Virchow. Leben und Ethos eines großen Arztes;* München 2002.

Heinrich Schipperges: *Rudolf Virchow;* Reinbek 1994.

Manfred Vasold: *Rudolf Virchow. Der große Arzt und Politiker;* Frankfurt a. M. 2015.

Marianne Weber: *Max Weber. Ein Lebensbild. Mit einer Einleitung von Günther Roth;* München, Zürich 1989.

Weitere Literatur

Arand, Tobias: *1870/71. Die Geschichte des Deutsch-Französischen Krieges erzählt in Einzelschicksalen;* Hamburg 2018.

Benjamin, Walter: *Das Passagen-Werk. Herausgegeben von Rolf Tiedemann;* 2 Bde., Frankfurt a. M. 1983.

Bisky, Jens: *Berlin. Biographie einer großen Stadt;* Berlin 2019.

Bremm, Klaus-Jürgen: *1866. Bismarcks Krieg gegen die Habsburger;* Darmstadt 2016.

Ders.: *70/71. Preußens Triumph über Frankreich und die Folgen;* Darmstadt 2019.

Bröckling, Ulrich: *Disziplin. Soziologie und Geschichte militärischer Gehorsamsproduktion;* München 1997.

Budde, Gunilla-Friederike: *Auf dem Weg ins Bürgerleben. Kindheit und Erziehung in deutschen und englischen Bürgerfamilien. 1840–1914;* Göttingen 1994.

Craig, Gordon A.: *Geschichte Europas. 1815–1980. Vom Wiener Kongreß bis zur Gegenwart;* München 1995.

Curter, Maria: *Berliner Gold. Die Geschichte der Müllbeseitigung in Berlin;* Berlin 1996.

Demps, Laurenz: *Berlin-Wilhelmstraße. Eine Topographie preußisch-deutscher Macht;* Berlin 2010.

Emmerich, Wolfgang (Hg.): *Proletarische Lebensläufe. Autobiographische Dokumente zur Entstehung der Zweiten Kultur in Deutschland. Band 1: Anfänge bis 1914;* Reinbek 1974.

Engel, Helmut u. a. (Hg.): *Geschichtslandschaft Berlin. Orte und Ereignisse. Band 4. Zehlendorf;* Berlin 1992.

Feser, Andreas: *Vermögensmacht und Medieneinfluss. Parteieigene Unternehmen und die Chancengleichheit der Parteien;* Berlin 2003.

Frecot, Janos: *Berlin 1870–1910;* München, Luzern 1981.

Freund, Gisèle: *Photographie und Gesellschaft;* München 1976.

Frevert, Ute: *Ehrenmänner. Das Duell in der bürgerlichen Gesellschaft;* München 1991.

Dies.: *Die kasernierte Nation. Militärdienst und Zivilgesellschaft in Deutschland;* München 2001.

Fromm, Eberhard; **Mende,** Hans-Jürgen: *800 Jahre Berlin-Geschichte Tag für Tag. Erste Folge;* Berlin 1996.

Gall, Lothar: *Bürgertum in Deutschland;* Berlin 1989.

Ders.: *Krupp. Der Aufstieg eines Industrieimperiums;* Berlin 2000.

Gay, Peter: *Die zarte Leidenschaft. Liebe im bürgerlichen Zeitalter;* München 1987.

Glaser, Hermann: *Das Automobil. Eine Kulturgeschichte in Bildern;* München 1986.

Glatzer, Ruth: *Berlin wird Kaiserstadt. Panorama einer Metropole 1871–1890;* Berlin 1993.

Grebing, Helga: *Geschichte der deutschen Arbeiterbewegung. Ein Überblick;* München 1981.

Grill, Bartholomäus: *Wir Herrenmenschen. Unser rassistisches Erbe: Eine Reise in die deutsche Kolonialgeschichte;* München 2019.

Grimm, Dieter: *Deutsche Verfassungsgeschichte 1776–1866. Vom Beginn des modernen Verfassungsstaats bis zur Auflösung des Deutschen Bundes;* Frankfurt a. M. 1988.

Haikal, Mustafa: *Master Pongo. Ein Gorilla erobert Europa;* Berlin 2013.

Hausmann, Friederike: *Die deutschen Anarchisten von Chicago oder Warum Amerika den 1. Mai nicht kennt;* Berlin 1998.

Helbig, Ludwig: *Imperialismus. Das deutsche Beispiel;* Frankfurt a. M., Berlin, München 1973.

Hildebrandt, Dieter: *Pianoforte oder Der Roman des Klaviers im 19. Jahrhundert;* München, Wien 1986.

Hobsbawm, Eric J.: *Die Blütezeit des Kapitals. Eine Kulturgeschichte der Jahre 1848–1875;* München 1977.

Holborn, Hajo: *Deutsche Geschichte der Neuzeit. Band II. Reform und Restauration, Liberalismus und Nationalismus (1790 bis 1871);* Frankfurt a. M. 1981.

Hosfeld, Rolf; **Pöling,** Hermann: *Die Deutschen. 1815–1918. Fürstenherrlichkeit und Bürgerwelten;* München 2007.

Jacoby, Edmund: *Lexikon linker Leitfiguren;* Frankfurt a. M., Olten, Wien 1988.

Jäger, Georg (Hg.): *Geschichte des deutschen Buchhandels im 19. und 20. Jahrhundert. Das Kaiserreich 1871–1918. Teil 2;* Frankfurt a. M. 2003.

Karasek, Horst: *Belagerungszustand! Reformisten und Radikale unter dem Sozialistengesetz 1878–1890;* Berlin 1978.

Kennedy, Paul: *Aufstieg und Fall der großen Mächte. Ökonomischer Wandel und militärischer Konflikt von 1500 bis 2000;* Frankfurt a. M. 1989.

Kiaulehn, Walther: *Berlin. Schicksal einer Weltstadt;* München 1997.

Klant, Michael (Hg.): *Der rote Ballon. Die deutsche Sozialdemokratie in der Karikatur;* Hannover 1988.

Köhn, Eckhardt: *Straßenrausch. Flanerie und kleine Form. Versuch zur Literaturgeschichte des Flaneurs bis 1933;* Berlin 1989.

König, Helmut: *Zivilisation und Leidenschaften. Die Masse im bürgerlichen Zeitalter;* Reinbek 1992.

Kuckenburg, Martin: *Der Neandertaler. Auf den Spuren des ersten Europäers;* Stuttgart 2005.

Kurz, Robert: *Schwarzbuch Kapitalismus. Ein Abgesang auf die Marktwirtschaft;* Frankfurt a. M. 1999.

Large, David Clay: *Berlin. Biographie einer Stadt;* München 2002.

Löwith, Karl: *Von Hegel zu Nietzsche. Der revolutionäre Bruch im Denken des neunzehnten Jahrhunderts;* Hamburg 1981.

Mayer, Arno J.: *Adelsmacht und Bürgertum. Die Krise der europäischen Gesellschaft 1848–1914;* München 1984.

Mommsen, Wolfgang J.: *Das Ringen um den nationalen Staat. Die Gründung und der innere Ausbau des Deutschen Reiches unter Otto von Bismarck 1850 bis 1890. Propyläen Geschichte Deutschlands Siebenter Band, Erster Teil;* Berlin 1993.

Montgomery, Bernard Law: *Kriegsgeschichte. Weltgeschichte der Schlachten und Kriegszüge;* Frechen o. J.

Müller, Frank Lorenz: *Die Thronfolger. Macht und Zukunft der Monarchie im 19. Jahrhundert;* München 2019.

Nipperdey, Thomas: *Deutsche Geschichte. 1866–1918. Erster Band. Arbeitswelt und Bürgergeist;* München 1991.

Osterhammel, Jürgen: *Die Verwandlung der Welt. Eine Geschichte des 19. Jahrhunderts;* München 2013.
Osteroth, Dieter: *Soda, Teer und Schwefelsäure. Der Weg zur Großchemie;* Reinbek 1985.

Palmade, Guy (Hg.): *Das bürgerliche Zeitalter. Fischer Weltgeschichte Band 27;* Frankfurt a. M. 1980.

Radu, Robert: *Auguren des Geldes. Eine Kulturgeschichte des Finanzjournalismus in Deutschland 1850–1914;* Göttingen 2017.
Ribbe, Wolfgang; **Schäche,** Wolfgang (Hg.): *Baumeister – Architekten – Stadtplaner. Biographien zur baulichen Entwicklung Berlins;* Berlin 1987.
Roth, Klaus: *Chemische Leckerbissen;* Weinheim 2014.
Rovan, Joseph: *Geschichte der Deutschen. Von ihren Ursprüngen bis heute;* München 1995.
Ruppert, Wolfgang: *Fotogeschichte der deutschen Sozialdemokratie;* Berlin 1988.
Russell, Bertrand: *Philosophie des Abendlandes. Ihr Zusammenhang mit der politischen und der sozialen Entwicklung;* München, Wien 1999.

Scheid, Uwe: *1000 Nudes. Uwe Scheid Collection;* Köln 1994.
Schipporeit, Reiner (Hg.): *Historische Fahrzeuge in Berlin. Busse – Straßenbahnen – U-Bahn – S-Bahn;* Berlin 1991.
Schivelbusch, Wolfgang: *Geschichte der Eisenbahnreise. Zur Industrialisierung von Raum und Zeit;* Frankfurt a. M. 2004.
Schmidt-Liebich, Jochen: *Deutsche Geschichte in Daten. Band 2: von 1770–1918;* München 1981.
Sombart, Werner: *Der moderne Kapitalismus. Historisch-systematische Darstellung des gesamteuropäischen Wirtschaftslebens von seinen Anfängen bis zur Gegenwart;* 3 Bde. in 6 Halbbden. Reprint München 1987.
Sorensen, Bengt Algot: *Geschichte der deutschen Literatur. Bd. II. Vom 19. Jahrhundert bis zur Gegenwart;* München 1997.

Thiel, Paul: *Lokal-Termin in Alt-Berlin. Ein Streifzug durch Kneipen, Kaffeehäuser und Gartenrestaurants;* Berlin 1988.
Trommler, Frank: *Sozialistische Literatur in Deutschland. Ein historischer Überblick;* Stuttgart 1976.

Weber, Rolf: *Land ohne Nachtigall. Deutsche Emigranten in Amerika. 1777–1886;* Berlin 1981.

Weber-Kellermann, Ingeborg: *Frauenleben im 19. Jahrhundert. Empire und Romantik, Biedermeier, Gründerzeit;* München 1998.

Wehler, Hans-Ulrich: *Das deutsche Kaiserreich 1871–1918;* Göttingen 1980.

Ders.: *Deutsche Gesellschaftsgeschichte. Dritter Band. Von der ›Deutschen Doppelrevolution‹ bis zum Beginn des Ersten Weltkrieges. 1849–1914;* München 1995.

Wein, Martin: *Schicksalstage. Stationen der deutschen Geschichte;* Stuttgart 1993.

Wilhelmy, Petra: *Der Berliner Salon im 19. Jahrhundert (1780–1914);* Berlin 1989.

Winau, Rolf: *Medizin in Berlin;* Berlin, New York 1987.

Bismarck über Bismarck

»Faust klagt über die zwei Seelen in seiner Brust; ich beherberge aber eine ganze Menge, die sich zanken. Es geht da zu wie in einer Republik«.

»Ich habe viel von der Natur der Ente, der das Wasser von den Federn abläuft, und es ist bei mir ein ziemlich weiter Weg von der äußeren Haut bis zum Herzen.«

»Nach Prinzipien zu handeln käme mir vor, als wenn ich mit einer Stange quer im Munde durch den Wald laufen sollte«.

Bismarck über andere Leute, andere Leute über Bismarck

Bismarck über **Johanna von Puttkamer**: Kurz vor seiner Hochzeit:»Im übrigen glaube ich ein großes und nicht mehr gehofftes Glück gemacht zu haben, indem ich, ganz kaltblütig gesprochen, eine Frau von seltnem Geist und seltnem Adel der Gesinnung heirate; dabei liebenswürdig und sehr facile à vivre, wie ich nie ein Frauenzimmer gekannt habe.« Als alter Mann:»Man glaubt gar nicht, wie schwer es mir wurde, aus einem Fräulein von Puttkamer eine Frau von Bismarck zu machen«. Als sterbender Mann:»Gib, daß ich meine Johanna wiedersehe.« **Johanna** über **Otto** während eines Kuraufenthaltes in Bad Kissingen im Mai 1877:»Ich begreife nicht, wie Papachen es langweilig finden kann, wo solch Frühling ihm in die Fenster schaut – aber leider, ihm ist ja alles schlimm, was nicht Sachsenwald und Varzin heißt«.

Bismarck über **Wilhelm I.**:»Er hatte das königliche Gefühl, daß er es nicht nur vertrug, sondern sich gehoben fühlte durch den Gedanken, einen angesehenen und mächtigen Diener zu haben.« **Wilhelm I.** über **Bismarck**:»Es ist nicht leicht, unter einem solchen Kanzler Kaiser zu sein.«
Königin Augusta (Wilhelms Frau) über **Bismarck**:»Es ist eine ganz falsche Rechnung zu glauben, daß ein Mann wie Bismarck unserem Land dienen kann, der gewiß alles wagt und der Schrecken aller ist, weil er keine Grundsätze hat.« **Bismarck** über **Friedrich III.**:»Daß Kaiser Friedrichs Liberalismus seiner unglaublichen politischen Schwachköpfigkeit entsprang, muß den Leuten erst noch klar werden. Er war ja ein ganz guter Mensch, wenn er nicht von Eitelkeit betört, von Leidenschaft verblendet, von anderen beeinflußt war.« Und über **Wilhelm II.**: Er »hat nicht das Bedürfnis, Mitarbeiter mit eigenen Ansichten zu haben«.

Bismarck über **Napoleon III.**:»Dumm und sentimental.« Und »sieht gescheut aus in der Art wie ein Rattengesicht en face gesehn«. **Napoleon III.** über **Bismarck**:»Ce n'est pas un homme sérieux« – »Das ist kein ernst zu nehmender Mann.« **Bismarck** über **Adolphe Thiers**, seinen französischen Verhandlungspartner in Versailles:»Der Gedankenschaum quillt aus ihm unaufhaltsam wie aus einer geöffneten Flasche«.

Bismarck über **Ferdinand Lassalle**:»er war einer der geistreichsten und liebenswürdigsten Menschen, mit denen ich je verkehrt habe […] er hatte eine sehr ausgeprägte nationale und monarchische Gesinnung [...]. Ob das Deutsche Kaisertum gerade mit der Dynastie Hohenzollern oder mit der Dynastie Lassalle abschließen sollte, das war ihm vielleicht zweifelhaft, aber monarchisch war seine Gesinnung durch und durch.« **Lassalle** über **Bismarck**: Er »weiß, wie die wirkliche Verfassung eines Landes nicht in dem Blatt Papier, sondern in den tatsächlichen Machtverhältnissen besteht«. **August Bebel** über **Bismarck**: »Ich war sehr begierig, ihn [im Reichstag] sprechen zu hören, aber nicht wenig enttäuscht, als der Hüne sich erhob und, statt mit einer Löwen- oder Stentorstimme, mit einer Diskantstimme zum Hause sprach. Er prägte lange, sehr verwickelte Sätze, stockte auch zeitweilig ein wenig, sprach aber stets interessant.« Eine »Haupteigenschaft seiner Berserkernatur war, ein guter Hasser zu sein. Mit seinem Hasse hat er mir immer imponiert, dagegen mißfiel mir im höchsten Grade die kleinliche und gehässige Art, wie er seinem Hasse Befriedigung verschaffte.« **Bismarck** über **Ludwig Windthorst**, den Führer der katholischen Zentrumspartei: »Mein Leben erhalten und verschönen zwei Dinge: meine Frau und – Windthorst. Die eine ist für die Liebe da, der andere für den Haß.« Bismarck über Graf **Pourtalès**, Wortführer der Liberal-Konservativen, der sogenannten ›Wochenblattpartei‹: »blasiert mit einer leichten Abfärbung von Kirche, Salon, Wissenschaft und Bordell am Leibe«. **Pourtalès** über **Bismarck**: »freches Deichhauptmannsgesicht«. **Rudolf von Bennigsen**, einer der Gründer der Nationalliberalen Partei, über **Bismarck**: »Klug ist er, aber schwerlich ohne Falsch wie die Tauben.« Bismarck über **Adolf Stoecker**, Hofprediger und Gründer der Christlich-Sozialen Arbeiterpartei: »er ist ein tätiger, furchtloser, standhafter Mann und hat ein Maul, das nicht totzumachen ist«.

Bismarck über **Helmuth von Moltke**: »Mann der systematischen Pflichterfüllung, eine eigenartige Natur, immer fertig und unbedingt zuverlässig, dabei kühl bis ans Herz hinan.« Über seinen Bankier **Gerson Bleichröder**: »Ich weiß alles, was Bleichröder als Mensch war und trieb, allerlei Dinge und Passionen, wie sie eben derartige Leute mit minderer Bildung, ohne starkes sittliches Fundament und im üppigen Genuß eines unermeßlichen Reichtums zu tun pflegen.« Aber: »Wie immer der Mann auch in seinem Privatleben sich gehalten haben mag, so hat er sich doch mir persönlich immer als ein wirklich vornehm denkender, uneigennütziger, äußerst kluger, umsichtiger und tüchtiger Geschäftsmann bewiesen. [...] Kurz, ich bin ihm persönlich dankbar verpflichtet.« Über seinen Arzt **Ernst Schweninger**: »Er ist überhaupt der einzige Mensch in meinem Leben gewesen, der Macht über mich gewonnen hat und dem ich nahezu unbedingten Gehorsam leiste«.

Gustav Freytag über **Bismarck**: »Ein unsicherer, grilliger, aus schlechter Gesellschaft heraufgekommener Mann«. **Theodor Mommsen**: »Es ist doch eigentlich jammerschade, einem solchen Mann nicht nähertreten zu können.« **Theodor Fontane**: »Er ist die denkbar interessanteste Figur. Ich kenne keine interessantere; aber dieser beständige Hang, die Menschen zu betrügen, dies vollendete Schlaubergertum ist mir eigentlich widerwärtig.« – »Man mag Bismarck lieben oder ihn hassen, so muß doch immer zugestanden werden, daß intellektuell dasselbe von ihm gilt, was in physischer Hinsicht von ihm gesagt worden ist: ein gewaltiger Mann!« – »Wo ich Bismarck als Werkzeug der göttlichen Vorsehung empfinde, beuge ich mich vor ihm; wo er einfach er selbst ist, Junker und Deichhauptmann und Vorteilsjäger, ist er mir gänzlich unsympathisch.«

Lothar Bucher, langjähriger Mitarbeiter: »Bei nichts, was misslungen ist, will er beteiligt gewesen sein, und niemand läßt er neben sich gelten.«

Bismarck-Kult und Bismarck-Kitsch

Fünf Jahre nach Bismarcks Rückzug auf den Alterssitz Friedrichsruh bei Hamburg stritten anlässlich seines achtzigsten Geburtstags die Abgeordneten des Reichstags über eine Glückwunschadresse. Sie wurde von einer Stimmenkoalition aus Linksliberalen, Zentrumskatholiken und Sozialdemokraten verhindert, von einer Koalition der alten Feinde also, die er über Jahrzehnte befehdet hatte. Doch waren seine Anhänger ›im Volk‹, was darunter im Einzelnen auch immer verstanden werden mag, so zahlreich wie nie während seiner Amtszeit. Es lässt sich leichter verehren, wenn man den Verehrten nicht mehr fürchten muss. Die zu Bismarcks Geburtstag eigens erweiterte Poststelle in Friedrichsruh wurde mit einer halben Million Glückwunschkarten, Briefen und Telegrammen überflutet, und Hunderte von Gemeinden ernannten ihn zum Ehrenbürger, an seinem Lebensende waren es rund 450.

Er selbst verschickte Baumsetzlinge aus dem Sachsenwald an Verehrer und Vereine, die dann ›**Bismarck-Eichen**‹ pflanzten. Außerdem wurden in den Jahren und Jahrzehnten nach seinem Tod nicht nur in Preußen **Säulen** aufgerichtet, zum Beispiel auf der Räcknitzhöhe bei Dresden, **Denkmäler** eingeweiht, zum Beispiel in Hamburg, und **Türme** gebaut, zum Beispiel am Starnberger See.*

Schon zu Lebzeiten wurden **Plätze** und **Straßen** nach ihm benannt und ein **Eisenbahndörfchen** in den USA, aus dem sich die heutige Hauptstadt von North Dakota entwickelte, außerdem ein **Archipel** im Westpazifik. Das Städtchen **Bismark** in der Altmark wiederum war lange vor Otto da, so lange, dass manche vermuten, sein Familienname gehe auf diese Ortschaft im heutigen Sachsen-Anhalt zurück.

Weniger geschichts- als geschäftsinteressiert schmückte man **Apotheken** und **Wirtshäuser** mit seinem Namen. **Schnaps**brenner druckten ihn auf Flaschenetiketten, verschiedene **Hering**verkäufer setzten einander widersprechende Legenden in Umlauf, **Apfel**züchter, **Gurken**gärtner und **Sonnenblumen**pflanzer desgleichen. Ein Fürst-Bismarck-**Mineralwasser** gibt es ebenfalls, benannt nach einer Quelle, die der Altkanzler angeblich 1891 bei einem Morgenspaziergang

---

* Eine Welt(!)karte mit Bismarck-Orten auf bismarckierung.de. Eine beschreibende Turmliste mit Photos auf wikipedia.org/wiki/Liste_von_ Bismarcktürmen. Es fällt auf, wundert aber nicht, dass in Bayern die Denkmaldichte recht gering ist, und zwar umso geringer, je weiter hinab nach Süden es geht.

427

im Sachsenwald entdeckte. Und ein **Fahrradwerk** durfte sich nach Bismarck nennen – mit ausdrücklicher Genehmigung des Namensspenders. Die Fahrradwerke Bismarck GmbH nahm Anfang 1897 die Produktion auf.

Auch **Schiffe** wurden »Bismarck« getauft, etwa das Schlachtschiff, das im Februar 1939 in Anwesenheit des damaligen Reichskanzlers vom Stapel lief.

Es lebte sogar ein **Krokodil** mit diesem Namen – im australischen Cardell. Es war viereinhalb Meter lang und um die achtzig Jahre alt, als es Anfang März 2019 von Wilderern getötet wurde. Eine Bekannte des Krokodils, Thea Ormonde, versicherte im Fernsehen: »Er war eine Seele, so gut, wie Krokodile eben sein können.« Die zweite Satzhälfte ist etwas doppeldeutig und hätte auch gut zu dem Menschen gepasst, von dem das Tier seinen Namen hatte.

Schon zu Lebzeiten des ›Eisernen Kanzlers‹ waren **Bismarckköpfe** auf **Pfeifenköpfen** zu sehen, auf **Stickkissen**, auf **Tellern**, **Tassen** und **Bierkrügen** – und auf rund achtzig **Gemälden** des Franz von Lenbach, des fleißigsten aller Bismarck-Verkunster. Der Porträtierte sah sich nach eigenem Bekunden gern so, wie Lenbach ihn sah – und der Nachwelt zeigte. Das **Haar** auf Bismarcks Kopf wurde von seinem Friseur gesammelt, sicher nicht ohne Zustimmung des Frisierten, und strähnenweise einem Notar zur Aufbewahrung übergeben oder gleich in Schmuckstücke eingearbeitet.

Dank ...

... an **Wolfgang Hörner** und das **Team von Galiani** für die fröhliche und engagierte Begleitung;

... an meine Frau **Sonja Kautz**, der auch diese Zeitreise gewidmet ist, für ihre befeuernde Reisebegleitung;

... an **Dr. Frank Wittendorfer** vom Siemens-Archiv in Berlin für die Übermittlung der Lebenserinnerungen von August Fiebig, dem Hausdiener von Werner Siemens;

... an **Rainer Falk** vom Theodor-Fontane-Archiv der Universität Potsdam für die hilfreiche Auskunft über einen Fontane-Brief;

... an **Prof. Dr. Thomas Schnalke**, Direktor des Medizinhistorischen Museums der Charité in Berlin, für das instruktive Gespräch über Rudolf Virchow;

... an **Dr. Gisela Notz** (Berlin) für den Austausch über Pauline Staegemann;

... an **Wolfgang Wetzel** (Rodenbach) für anregende Informationen zum Eisenbahnwesen;

... an **Dr. Helmut Hiß** (Rheinbach) für seine Vorablektüre.

Personenregister

In der zweiten Hälfte des 19. Jahrhunderts kam es zu zahlreichen Nobilitierungen. Dennoch werden hier der Einfachheit halber die Namen in der Regel nach ihrer bürgerlichen Form wiedergegeben und auch die Jahreszahlen der Nobilitierungen weggelassen.
Nur im Anhang erwähnte Personen sind hier nicht eigens aufgeführt.

Der ›Eiserne‹ zuerst:
Bismarck-Schönhausen, Otto Eduard Leopold von (1815–1898), ab 1865 Graf, ab 1871 Fürst, preußischer Ministerpräsident von 1862 bis 1890 sowie von 1867 bis 1871 Kanzler des Norddeutschen Bundes und von 1871 bis 1890 Kanzler des Deutschen Reichs. Seitenhinweise erübrigen sich.

Bądarzewska-Bąranowska, Tekla (1834–1861), polnische Pianistin und Komponistin: 153

Bakunin, Michail Alexandrowitsch (1814–1876), russischer Anarchist: 362

Balzac, Honoré de (1799–1850), ununterbrochen Kaffee trinkender Gigant des französischen Romans: 221

Bastian, Adolf (1826–1905), Arzt mit Studium bei Virchow und Ethnologe: 110

Baudelaire, Charles (1821–1867), französischer Lyriker: 236

Bayer, Friedrich (ursprünglich Beyer, 1825–1885, nicht zu verwechseln mit seinem gleichnamigen Sohn), Farbenhändler, Gründer einer Farbenfabrik, aus der später die Bayer AG hervorging: 80

Bebel, August (1840–1913), Gründungs- und Übervater der deutschen Sozialdemokratie: 24, 48, 79, 82, 96, 151, 166, 266, 270 f., 273 ff., 284 ff., 292, 294, 298, 300, 302 f., 323, 333, 336, 338, 348, 365

Bechstein, Carl (1826–1900), Berliner Klavierbauer: 155

Beethoven, Ludwig van (1770–1827), Komponist: 154, 157

Begas, Reinhold (1831–1911), Berliner Bildhauer des Neo-Barock: 359

Bell, Alexander Graham (1847–1922), schottisch-amerikanischer Erfinder und erster großer Geschäftsmann der Telephonie: 214 f.

Benz, Carl Friedrich (1844–1929), Ingenieur, entwickelte den Patent-Motorwagen Nummer 1, der als erstes praxistaugliches Automobil gilt: 81, 198

Berliner, Emil (1851–1929), deutsch-amerikanischer Erfinder u.a. der Schallplatte und des Grammophons: 214 f.

Biermann, Karl Eduard (1803–1892), Berliner Maler: 201

Bilse, Benjamin (1816–1902), Berliner Kapellmeister: 157

Bismarck, Herbert von (1849–1904), Otto von Bismarcks ältester Sohn und seit 1873 vertrautester Mitarbeiter: 131

Bismarck, Johanna von: siehe **Puttkamer,** Johanna von

Bleichröder, Gerson (1822–1893), deutsch-jüdischer Bankier, Privatbankier Bismarcks: 37, 65, 72, 91, 105, 218 f., 227, 255 ff., 262, 270, 342, 350, 360, 385

Blüthner, Julius (1824–1910), Leipziger Klavierfabrikant: 155

Bodinus, Heinrich (1814–1884), Allgemeinmediziner, Zoodirektor in Köln und Berlin: 187

Bölsche, Wilhelm (1861–1939), Schriftsteller, Sachbuchautor, Mitglied des »Friedrichshagener Dichterkreises«: 221 f.

Bötzow, Julius (1839–1914), Berliner Bierbrauer: 33

Bolgár, Franz von (1851–1923), österreich-ungarischer Offizier, Verfasser einer Schrift über das Duell und selbst (siegreicher) Duellant: 135

Bolle, Carl (1832–1910), Gründer und Inhaber einer Berliner Meierei: 29

Bonaparte, Jerome (1784–1860), von seinem Bruder Napoleon 1807 als König von Westphalen (bis 1813) eingesetzt: 12

Borsig, August Julius Albert (1829–1878), Sohn von Johann Friedrich August Borsig, dessen Unternehmen er fort- und zum wirtschaftlichen Höhepunkt führte: 41, 201, 205, 273, 319, 360

Borsig, Johann Friedrich August (1804–1854), Gründer der Borsigwerke, Dampflokomotivenbauer: 41, 201

431

Dante Alighieri (1265–1321), Verfasser der *Göttlichen Komödie:* 367 – Fußnote
Daguerre, Louis (1787–1851), französischer Maler, Erfinder der Daguerreotypie: 234 f.
Dahn, Felix (1834–1912), Geschichtsschreiber, Verfasser historischer Romane: 108, 234 f.
Darwin, Charles Robert (1809–1887), Natur-, Abstammungs- und Artenforscher: 379
Delbrück, Rudolph von (1817–1903), wirtschaftsliberaler Politiker, Gegner der Sozialgesetzgebung, von 1867 bis 1876 als Präsident des Kanzleramtes des Norddeutschen Bundes und des Deutschen Reichs Bismarcks ›rechte Hand‹: 69
Dönniges, Helene von (1843–1911), Lassalles ›große Liebe‹ und Grund des für ihn tödlich endenden Duells: 132 f.
Dönniges, Wilhelm von (1814–1872), Vater von Helene von Dönniges, bayerischer Gesandter in der Schweiz: 132 f.
Dohm, Hedwig (geborene Schlesinger, 1831–1919), Frauenrechtlerin, Schriftstellerin: 327, 332, 336, 341
Dostojewski, Fjodor Michailowitsch (1821–1881), russischer Schriftsteller: 35, 184 f. 187, 207
Dvořák, Antonín (1841–1904), böhmischer Komponist: 99 f.

Eastman, George (1854–1932), amerikanischer Film- und Fotoerfinder, u. a. der Marke Kodak: 235
Edison, Thomas Alva (1847–1931), amerikanischer Erfinder: 15, 232 f., 244 f., 369
Eiffel, Alexandre Gustave (1832–1923), Ingenieur, Konstrukteur von Eisenbahnbrücken und Bauleiter (nicht etwa Konstrukteur oder Architekt) des 1889 eröffneten Turms: 58
Elisabeth von Österreich, genannt Sissi (1837–1898), seit 1854 als Gemahlin von Kaiser Franz Joseph I. Kaiserin von Österreich: 236
Emin Pascha: siehe **Schnitzer,** Eduard Karl
Engel, Ernst (1821–1896), Direktor des »Königlich Preußischen Statistischen Bureaus« von 1860 bis 1882: 318
Engel, Georg (1836–1887), Auswanderer nach Amerika, Sozialist, Opfer des Justizmordes nach dem Bombenanschlag auf dem Chicagoer Haymarket 1886: 94 ff.
Engels, Friedrich (1820–1895), politischer Weggefährte und persönlicher Freund von Karl Marx, Historiker, Sozialforscher: 18, 23, 46 f., 60, 73, 119 f., 122, 138 f., 148, 275, 280, 282 f., 292, 310, 357 f., 362 f., 365 f.

Fabri, Friedrich (1824–1891), evangelischer Theologe, Missionarsausbilder und Agitator der Kolonialbewegung: 101
Fahlberg, Constantin (1850–1910), Chemiker sowie Mitentdecker, Namensgeber und zusammen mit Adolph Moritz List Fabrikant des Saccharins: 251 f.
Falkenstein, Julius (1842–1917), Militärarzt und Afrikaforscher: 110
Feuerbach, Ludwig (1804–1872), materialistischer Philosoph und Anthropologe, auf den sich Karl Marx in den »Feuerbach-Thesen« bezog: 55

Gerstäcker, Friedrich (1816–1872), viel gereister Abenteurer und Abenteuer-schriftsteller: 229

Giebert, Georg Christian (mitunter fälschlich auch Gilbert, Geburtsjahr nicht ermittelt, gestorben 1874), Hamburger Ingenieur und Unternehmer, Stra-ßenbauer in Brasilien, Fleischfabrikant in Uruguay, Produzent und Ver-markter von »Liebig's Fleisch-Extract«: 246 f.

Glagau, Otto (1834–1892), antisemitischer Publizist: 88, 344 f.

Goethe, Johann Wolfgang von (1749–1832), Held meiner Zeitreise *Als Deutsch-land noch nicht Deutschland war:* 16, 70, 266, 269, 272, 367

Goldschmidt, Henriette (1825–1920), jüdisch-deutsche Pädagogin und Frauen-rechtlerin: 334, 381

Gray, Elisha (1835–1901), amerikanischer Erfinder, in Sachen Telephonie Gra-ham Bells unglücklich unterlegener Konkurrent: 214

Gropius, Martin (1824–1880), Architekt des auf Anregung seines Großneffen Walter Gropius nach ihm benannten Berliner Bauwerkes: 15, 111

Grüneberg, Johann Heinrich (1819–1872), Erfinder der von Knorr berühmt ge-machten Erbswurst: 249

Guthmann, Robert (Geburtsjahr nicht ermittelt, gestorben 1924), Berliner Zementfabrikant und Baustoffhändler: 148 f.

Hagen, Hugo vom (1856–1913), preußischer Offizier und Luftphotograph: 237

Hagenbeck, Carl (1844–1913), Tierhändler, Zoodirektor, Veranstalter von ›Völ-kerschauen‹: 185, 187 f.

Hahn, Berta (Lebensdaten nicht ermittelt), Berliner Arbeiterin, Mitkämpferin von Pauline Staegemann: 382 f.

Hahn-Hahn, Ida (geborene Gräfin von Hahn, 1805–1880), der ungewöhnliche Doppelname rührt von ihrer Ehe mit einem gleichnamigen Cousin, zu ihrer Zeit viel gelesene Schriftstellerin, Konkurrentin von Fanny Lewald, Klos-tergründerin: 381

Halske, Johann Georg (1814–1890), Instrumentenbauer, Mitbegründer der Firma Siemens & Halske, langjähriger Compagnon und lebenslanger Freund von Werner Siemens: 210 f., 214 f., 242, 244, 368, 370 f.

Halwas, Adolf Johann Gustav (1831–vermutlich 1919), Berliner Photograph: 238

Hanfstaengl, Franz (1804–1877), Lithograph und Photograph, entwickelte die Negativ-Retusche: 235 f.

Hansemann, Adolph (1826–1903), Sohn von David Hansemann, Berliner Ban-kier, Leiter der mit Gerson Bleichröder konkurrierenden und kooperieren-den Disconto-Gesellschaft: 258

Hansemann, David (1790–1864), Vater von Adolph Hansemann, rheinländisch-preußischer Bankier, Gründer der mit Gerson Bleichröder konkurrierenden und kooperierenden Disconto-Gesellschaft: 259, 270

Hanslick, Eduard (1825–1904), österreichischer Musikkritiker: 154

Hartmann, Eduard von (1842–1906), Philosoph, Privatgelehrter: 162, 230, 317, 330 f.

435

Hartmann, Gustav (1859–1938), als ›Eiserner Gustav‹ legendärer Berliner Droschkenkutscher: 199

Hatzfeldt, Elisabeth Gräfin von (1839–1914), Stiefschwester von Marie Gräfin von Schleinitz, Nichte von Sophie von Hatzfeldt, seit 1866 verheiratete Fürstin zu Carolath-Beuthen, geschieden seit 1881, zu dieser Zeit Herbert von Bismarcks Geliebte: 131

Hatzfeldt, Sophie Gräfin von (1805–1881), Ende der 1840er, Anfang der 1850er Ferdinand Lassalles Gefährtin: 131 ff., 171

Hauptmann, Gerhart (1862–1946), naturalistischer Schriftsteller und Dramatiker: 196, 206 f., 209

Hebbel, Friedrich (1813–1863), Dichter, Dramatiker: 325

Hegel, Georg Wilhelm Friedrich (1770–1831), Berliner Philosoph aus Schwaben: 356, 363, 372

Heine, Heinrich (1797–1856), deutsch-jüdischer Dichter und Publizist: 304

Heinrich der Löwe (um 1130–1195), Welfe, Herzog von Sachsen und von Bayern, Kirchen- und Burgbauer in Braunschweig: 70

Helmholtz, Anna (1834–1899), seit 1861 verheiratet mit Hermann Helmholtz, führte seit 1872 in Berlin einen Salon: 129 f.

Helmholtz, Hermann (1821–1894), Physiker: 129 f.

Hensel, Sebastian (1830–1898), als Direktor der Deutschen Baugesellschaft zuständig für das von der Berliner Hotelgesellschaft errichtete Grand Hotel Kaiserhof: 216

Hepner, Adolf (1846–1923), Journalist, Mitarbeiter Wilhelm Liebknechts und August Bebels, wanderte 1882 nach Amerika aus und kehrte 1908 nach Deutschland zurück: 96

Hermann der Cherusker: siehe **Arminius**

Hermes, Otto (1838–1910), Chemiker, liberaler Politiker, Nachfolger Alfred Brehms als Direktor des Berliner Aquariums: 185 f.

Herwegh, Georg (1817–1875), revolutionärer Dichter: 133, 273

Herzen, Alexander (1812–1870), deutsch-russischer Philosoph: 133

Hesekiel, Ludovica (1847–1889), viel schreibende, betont preußisch fühlende Autorin vor allem von Zeitschriftenromanen: 181 f., 376

Heyl, Hedwig (1850–1934), Kaufmannstochter, Fabrikantengattin, engagierte sich publizistisch und organisatorisch für Frauenbildung und -ausbildung: 158 f., 249

Heyse, Paul (1830–1914), Schriftsteller, Literaturnobelpreisträger von 1910: 229, 356

Hindenburg, Paul Ludwig von Beneckendorff und von (1847–1934), Generalfeldmarschall unter Wilhelm II., von 1925 bis zu seinem Tod Reichspräsident der Weimarer Republik: 74 ff.

Hirsch, Jenny (1829–1902), jüdisch-deutsche Schriftstellerin, Journalistin, neben Wilhelm Adolf Lette Mitbegründerin des »Vereins zur Förderung der Erwerbsfähigkeit des weiblichen Geschlechts«: 381

Hitzig, Georg Friedrich Heinrich (1811–1881), Berliner Architekt: 37, 149

Hobrecht, James (1825–1902, nicht zu verwechseln mit seinem Bruder Arthur

Hobrecht, in den 1870ern Berliner Oberbürgermeister), Berliner Baurat und Chefingenieur beim Bau des Kanalnetzes: 240, 242, 315

Hoffmann, Heinrich (1809–1894), Psychiater, Jugendbuchautor: 145, 178

Hohenlohe-Öhringen, Hugo Fürst zu (1816–1897), Unternehmer (Zinkproduzent) und konservativer Politiker: 38

Holz, Arno (1863–1929), naturalistischer Dichter und Dramatiker: 32 – Fußnote

Humann, Carl (1839–1896), Ingenieur, Archäologe, Entdecker des Pergamonaltars, den er zusammen mit Alexander Conze ausgegraben hat: 113

Humboldt, Alexander (1769–1859) und Wilhelm (1767–1835). Die Brüder, der eine Naturforscher und Weltreisender, der andere Bildungsreformer und Universitätsgründer, sind die Namensgeber des Berliner Humboldt Forums: 15

Ihrer, Emma (1857–1911), sozialdemokratische Feministin und Gewerkschafterin, Mitkämpferin von Pauline Staegemann: 334

Jablochkoff/Yablochkov, Paul/Pavel (1847–1894), russischer Erfinder einer nach ihm benannten elektrischen Leuchtkerze: 244 f.

Jhering (auch Ihering), Rudolf von (1818–1892), Rechtsprofessor: 139, 325 f., 329 f., 357

Kandt, Richard (ursprünglich Kantorowicz, 1867–1918), Arzt, Afrikaforscher, in den Jahren vor Beginn des Ersten Weltkriegs kaiserlicher Statthalter im heutigen Ruanda: 109

Kardorff, Wilhelm von (1828–1907), konservativer preußischer Politiker, Agrarier und Industrieller, politisch eng mit Bismarck verbunden: 93

Karl X. (1757–1836), Nachfolger von Ludwig XVIII. bis zum Sturz durch die Pariser Julirevolution 1830: 12

Kastan, Isidor (1840–1931), jüdischer Arzt und Schriftsteller, Gegner der Naturalisten, insbesondere Gerhart Hauptmanns: 30, 311, 315

Keil, Ernst (1816–1878), Verleger, Gründer und Herausgeber der *Gartenlaube:* 228

Ketteler, Wilhelm Emmanuel Freiherr von (1811–1877), Bischof von Mainz, Mitbegründer der katholischen Soziallehre und mit Ludwig Windthorst Gründer der katholischen Zentrumspartei: 303, 351

Kiessling, Alexius (genaue Lebensdaten nicht ermittelt), im Berlin der Bismarckzeit Verleger von Reiseführern, Kursbüchern, Stadt- und Verkehrsplänen: 27 f., 31 f.

Kinkel, Johanna (1810–1858), Pianistin und Musikpädagogin: 152

Klinke, Carl (1840–1864), preußischer Pionier, der beim Sturm auf die Düppeler Schanzen ums Leben kam und später, von Theodor Fontane bedichtet und zur Heldenfigur verklärt, mit Denkmälern bedacht wurde: 51 f.

Kluge, Friedrich (1856–1926), Sprachforscher: 140

Knorr: Unternehmerfamilie, Firmengründer Carl Heinrich Theodor Knorr (1800–1875) und die Söhne Carl Heinrich Eduard (1843–1921) und Alfred Knorr (1846–1895): 249

Lewald, Fanny (1811–1889), deutsch-jüdische Schriftstellerin, Vorkämpferin der Frauenemanzipation: 130, 148, 229, 271, 325, 333, 349, 381

Liebermann, Max (1847–1935), Maler und Graphiker: 35

Liebig, Justus (1803–1873), Chemiker: 246 ff.

Liebknecht, Wilhelm (1826–1900), neben (oder nach) August Bebel der bedeutendste ›Gründervater‹ der deutschen Sozialdemokratie: 90, 93, 95 f., 102, 224 f., 271 f., 274 f., 277, 284, 300, 302 f., 348, 366

Lind, Jenny (1820–1887), schwedische Sopranistin mit traumhafter internationaler Karriere: 381

Lindau, Paul (1839–1919), Journalist, mit seiner Monatszeitschrift *Nord und Süd* Konkurrent von Julius Rodenberg, Dramatiker, Romanschriftsteller: 72, 145 f., 156, 190, 228

Lindenberg, Paul (1859–1943), Journalist und Reiseschriftsteller: 316

Lipps, Theodor (1851–1914), Philosoph, Psychologe: 282

List, Adolph Moritz (1861–1938, nicht zu verwechseln mit seinem Vater, dem Zuckerfabrikanten Adolph List), mit Constantin Fahlberg Gründer und Betreiber der ersten Saccharinfabrik in Deutschland: 251 f.

Liszt, Franz (1811–1886), österreichisch-ungarischer Musiker, von seiner Wunderkindzeit bis ins Alter der Klaviervirtuose schlechthin: 155

Livingstone, David (1813–1873), aus Schottland stammender Missionar, Afrikareisender, Namensgeber der Victoriafälle des Sambesi: 103

Louis-Philippe (1773–1850), als ›Bürgerkönig‹ Nachfolger von Karl X. bis zum Sturz durch die Pariser Februarrevolution 1848: 12, 17, 261

Lucius, Eugen Nikolaus (1834–1903), Chemiker, mit Carl Friedrich Wilhelm Meister Gründer einer Farbenfabrik in Hoechst bei Frankfurt am Main: 80

Ludwig II. von Bayern (1845–1886), seit 1764 König, Baulöwe, Wagnerverehrer: 13 f., 56, 76, 155, 258

Ludwig XIV. (1638–1715), der ›Sonnenkönig‹: 337

Ludwig XVIII. (1755–1824), nach der ersten Verbannung Napoleons 1814/15 kurzzeitig und nach dessen endgültigem Sturz bis 1824 König von Frankreich: 12

Lüderitz, Adolf (1834–1886, verschollen), Bremer Handelsherr und Kolonisator: 106

Lumière: Brüder Auguste Marie (1862–1954) und Louis Jean (1864–1948), Photo-Unternehmer, Pioniere des Films: 231 ff.

Luschan, Felix von (1854–1924), österreichischer Anthropologe, Ethnologe und Sammler afrikanischer Kunst für das damalige Königliche Völkerkundemuseum in Berlin: 109

Luther, Martin (1483 oder 1484–1546), Held meiner Zeitreise *Als unser Deutsch erfunden wurde:* 16

Maffei, Johann Anton von (1790–1870), Dampfmaschinen- und Lokomotivenbauer: 201

Maggi, Julius (1846–1912), italienischstämmiger Schweizer Erfinder und Lebensmittelunternehmer: 248 f.

Mommsen, Theodor (1817–1903), Altertumsforscher, liberaler Historiker, Gegner Heinrich von Treitschkes, erhielt für seine *Römische Geschichte* 1902 den Literaturnobelpreis: 130, 346 f., 350, 355 f., 368

Morgenstern, Lina (1830–1909), umtriebige Organisatorin der bürgerlichen Frauenbewegung, Gründerin zahlreicher Hilfsvereine, Publizistin: 305 f., 308, 320, 334, 379 ff.

Morse, Samuel (1791–1872), amerikanischer Erfinder des Schreibtelegraphen: 210

Mosse, Rudolf (1843–1920), deutsch-jüdischer Inseratenhändler, Verleger, Zeitungsgründer, Konkurrent von Leopold Ullstein und August Scherl: 81, 222

Most, Johann (1846–1906), Sozialdemokrat, zeitweise Reichstagsabgeordneter, später Anarchist, mehrfach im Gefängnis, mehrfach im Exil: 272

Muybridge, Eadweard (1830–1904), britisch-amerikanischer Photograph: 230 f.

Nadar (eigentlich Gaspard-Félix Tournachon, 1820–1910), Pariser Bohemien, Karikaturist, Ballonfahrer und legendärer Photograph: 236 f., 239

Napoleon Bonaparte, geboren als Napoleone Buonaparte auf Korsika (1769–1821), erster Kaiser der Franzosen: 11 f., 85, 179, 356

Napoleon II., Franz Joseph Karl Bonaparte (1811–1832), einziger legitimer Sohn Napoleons, im Juni und Juli 1815 für drei Wochen dem Titel nach französischer Kaiser: 12

Napoleon III., Charles-Louis Bonaparte (1808–1873), Neffe Napoleons, Präsident der Zweiten Republik (1848–1852), mit einem Staatsstreich installierte er sich als Oberhaupt des Zweiten Kaiserreichs (1852 bis 1870): 12, 54, 57, 59 f., 63 f., 118, 249, 290

Niépce, Joseph Nicéphore (1765–1833), französischer Erfinder der Heliographie als frühes photographisches Verfahren: 233

Nietzsche, Friedrich (1844–1900), Philologe, philosophischer Schriftsteller: 162, 192, 230, 266, 269 f., 335, 337, 346, 356, 380

Nobel, Alfred (1833–1896), schwedischer Chemiker, Erfinder des Dynamits, Stifter des nach ihm benannten Preises: 51 – Fußnote

Nordau, Max (eigentlich Maximilian Simon Südfeld, 1849–1923), Arzt, Schriftsteller, Rassist und Sozialdarwinist, Mitbegründer des Zionismus: 196, 344

Oppenheimer, Franz (1864–1943), deutsch-jüdischer Arzt, Soziologe, Anhänger des Zionismus: 308

Otto-Peters, Louise (1819–1895), Schriftstellerin, Vorkämpferin der bürgerlichen Frauenbewegung: 334, 337, 381

Panckow, Marie (geborene Lange, verwitwete Panckow, verwitwete Lichtwerck, verwitwete Vobach, 1836–1903), Berliner Architekturphotographin: 148

Parsons, Albert R. (1884–1887), amerikanischer Sozialist, Opfer des Justizmordes nach dem Bombenanschlag auf dem Chicagoer Haymarket 1886: 95

Patti, Adelina (1843–1919), spanische Sopranistin: 82

Reclam, Anton Philipp (1807–1896), Leipziger Verleger: 269

Rehbein, Franz (1867–1909), Hilfsarbeiter, Tagelöhner, nach dem Verlust eines Arms an einer Dreschmaschine 1895 Hausierer, danach sozialdemokratischer Redakteur und Gewerkschaftsmitarbeiter, Verfasser einer 1911 posthum erschienenen Autobiographie: 49, 124

Reis, Johann Philipp (1834–1874), deutscher Erfinder, Pionier und Namensgeber des Telephons: 214

Rembrandt van Rijn (1606–1669), niederländischer Maler: 266

Renz, Ernst Jakob (1815–1892), Dressurreiter, Zirkusunternehmer: 188 f.

Reuleaux, Franz (1829–1905), deutscher Ingenieur und Maschinenbauer: 100 f.

Reuter, Julius (eigentlich Israel Beer Josaphat, 1816–1899), deutsch-jüdischer Unternehmer, Gründer der nach ihm benannten Londoner Nachrichtenagentur: 211 ff.

Richter, Eugen (1838–1906), wirtschaftsliberaler Politiker, Parteigenosse Rudolf Virchows, Gegner Bismarcks, Feind der Sozialdemokraten: 378

Rimbaud, Arthur (1854–1891), Wunderkind und Enfant terrible der französischen Lyrik: 32 – Fußnote

Ring, Max (1817–1901), Arzt und Schriftsteller: 310, 318 ff.

Ringelnatz, Joachim (1883–1934), Seefahrer, Kabarettist, Dichter, Maler: 355

Rodenberg, Julius (eigentlich Julius Levy, 1831–1914), Journalist, mit seiner Monatszeitschrift *Deutsche Rundschau* Konkurrent von Paul Lindau, Schriftsteller: 87, 182, 189 f., 228, 318

Roon, Albrecht von (1803–1879), preußischer Militär, zeitweise Kriegsminister: 45, 47 f., 63 f., 83 f., 101, 137, 208, 263, 386

Roosevelt, Theodore (1858–1919), von 1901 bis 1908 Präsident der USA, die erste Amtszeit bis 1904 trat er als Vizepräsident in Nachfolge des ermordeten Präsidenten McKinley an: 95

Rossini, Gioachino (1792–1868), italienischer Komponist, lebte seit 1855 nach früheren Aufenthalten wieder in Paris: 59

Rothschild, Alphonse James de (1827–1905), Pariser Bankier: 65, 258 f., 342

Russell, William Howard (1821–1907), legendärer irischer Kriegsreporter: 55, 62, 74, 77, 141

Sand, George (eigentlich Amantine Aurore Lucile Dupin de Francueil, 1804–1876), französische Schriftstellerin: 236

Schackow, Johanna (Geburtsjahr nicht ermittelt, gestorben 1903), Berliner Arbeiterin, Mitkämpferin von Pauline Staegemann: 382

Schepeler-Lette, Anna (1827–1897), Frauenrechtlerin, Tochter von Wilhelm Adolf Lette und nach dessen Tod Leiterin des von ihm mitgegründeten Vereins: 381

Schering, Ernst (1824–1889), Berliner Apotheker, Pharma- und Chemie-Unternehmer: 222

Scherl, August (1849–1921), Berliner Zeitungsverleger, Konkurrent von Rudolf Mosse und Leopold Ullstein: 80

Schiller, Friedrich (1759–1805), deutscher Dichter und Denker: 268 f., 272 f.

Schleinitz, Alexander Graf von (1807–1885), langjähriger »Minister des königlichen Hauses« und ebenso langjährig Bismarcks Feind: 38 f., 129 f.

Schleinitz, Marie Gräfin von Schleinitz-Wolkenstein (1842–1912), Gattin von Alexander von Schleinitz und nach dessen Tod in zweiter Ehe mit Anton Graf von Wolkenstein-Trostburg verheiratet, als Salondame Konkurrentin der Bismarck-Anhängerin Baronin Spitzemberg, Wagner-Förderin: 39, 129 ff., 155 f.

Schliemann, Heinrich (1822–1890), aus Mecklenburg stammender Kaufmann, Vielsprachler, Goldhändler in Amerika, Handelsprofiteur während des Krimkrieges, Goldgräber in Kleinasien, Troja-Entdecker: 110 ff., 173, 378

Schmidt, Auguste (1833–1902), Lehrerin (u.a. von Clara Zetkin) und Frauenrechtlerin: 334, 381

Schmidt, Max (1834–1888), Tierarzt, Zoodirektor in Frankfurt am Main und Berlin: 187

Schmidt-Weißenfels, Eduard (1833–1893), Schriftsteller und liberaler Politiker: 80, 89 f., 99, 212, 263, 306

Schmoller, Gustav (1838–1918), Nationalökonom, ›Kathedersozialist‹: 275, 291

Schnitzer, Eduard Karl (nicht Schnitzler, wie öfter kolportiert, 1840–1892), als Emin Pascha berühmt gewordener Afrikareisender, Arzt, Botaniker, Gouverneur im türkisch-ägyptischen Sudan: 103 f.

Schnitzler, Arthur (1862–1931), österreichisch-jüdischer Dramatiker und Erzähler: 30, 138, 315

Schöne, Richard (1840–1922), Archäologe, von 1880 bis 1905 Generaldirektor der Königlichen Museen in Berlin: 110

Schopenhauer, Arthur (1788–1860), Philosoph: 266

Schulze-Delitzsch, Hermann (1808–1883), einflussreicher Beförderer des Genossenschaftswesens: 273, 291

Schwabe, Hermann (1830–1874), Berliner ›Stadtistiker‹ (wenn der Kalauer erlaubt ist): 153, 246, 308, 313 f., 318, 322 ff., 328, 331, 337 f.

Schweninger, Ernst (1850–1924), prominenter Arzt für Prominente und Bismarcks Leibarzt: 385

Seidel, Heinrich (1842–1906), Ingenieur, Schriftsteller: 179, 181, 278 f.

Shakespeare, William (1564–1616), englischer Dramatiker: 176, 367

Siemens, Werner von (1816–1892), Bruder von William Siemens, Erfinder, Politiker, Unternehmer: 34, 81, 130, 134, 148, 210 f., 214 f., 242, 244, 257, 328, 350, 367 ff.

Siemens, William (Wilhelm, 1823–1883), in London agierender Bruder von Werner Siemens, Erfinder und Unternehmer: 211

Simson, Eduard von (1810–1899), Jurist, Abgeordneter der Frankfurter Nationalversammlung, preußischer Parlamentarier, Präsident des ersten deutschen Reichstages: 13

Singer, Paul (1844–1911), deutsch-jüdischer Textilfabrikant, führender sozialdemokratischer Reichstagsabgeordneter: 302, 319

Skladanowsky, Max (1863–1939), Pionier des Films: 232

Smith, Adam (1723–1790), schottischer Philosoph: 364

Soldatenkönig: siehe **Friedrich Wilhelm I.**

Sonnemann, Leopold (1831–1909), Bankier, Politiker, Zeitungsverleger: 227

Soyaux, Herman (1852–1928), Botaniker, Kaffeepflanzer, Afrikareisender, Siedlungsgründer in Brasilien: 101

Spargnapani, Johann Anton (Lebensdaten nicht ermittelt), rätoromanischer Konditor, eröffnete im letzten Drittel der 1830er in Berlin eine Konditorei mit Lesekabinett, das schnell zu einer Institution wurde und diesen Status über Jahrzehnte behauptete: 41

Speer, Albert (1905–1981), der ›Architekt Hitlers‹: 13

Spielberg, Hanns von: siehe **Zobeltitz,** Hanns Caspar von

Spielhagen, Friedrich (1829–1911), zu seiner Zeit überaus erfolgreicher, heute nahezu vergessener Schriftsteller: 229

Spies, August (1855–1877), Auswanderer nach Amerika, Sozialist, Opfer des Justizmordes nach dem Bombenanschlag auf dem Chicagoer Haymarket 1886: 95

Spitzeder, Adele (1832–1895), Schauspielerin, Geldsammlerin und -verleiherin: 91 f. 151

Spitzemberg, Carl Freiherr von (genaue Lebensdaten nicht ermittelt), württembergischer Gesandter in Berlin, seit 1864 mit Hildegard von Spitzemberg verheiratet: 130

Spitzemberg, Hildegard Freifrau von (1843–1914), Diplomatengattin, Salondame in Konkurrenz zur Gräfin Schleinitz, Tagebuchschreiberin, Bismarck-Verehrerin: 39, 84, 127, 129 ff., 260, 386

Springer, Robert (1816–1885), Feuilletonist, Verfasser viel gelesener Reisebücher und kulturgeschichtlicher Anekdotenwerke: 26, 190 f., 313

Staegemann, Pauline (1838–1909), Dienstmädchen, Arbeiterin, sozialdemokratische Organisatorin: 322, 381 ff.

Stahl, Friedrich Julius (geboren als Julius Jolson-Uhlfelder, 1802–1862), getaufter jüdischer preußisch-deutscher Rechtsphilosoph: 290

Stanford, Leland (1824–1893), amerikanischer Eisenbahnmagnat, Politiker und Universitätsgründer: 230 f.

Stanley, Henry Morton (1841–1904), Journalist, Afrika-Abenteurer: 103, 107

Steinway: siehe **Steinweg,** Heinrich Engelhard

Steinweg, Heinrich Engelhard (1797–1871), gründete nach seiner 1850 erfolgten Auswanderung in die USA im Jahr 1853 als Henry E. Steinway mit drei Söhnen eine Klavierfabrik: 155

Stephan, Heinrich (1831–1897), Generalpostdirektor: 212, 215, 243, 341

Sterne, Carus: siehe **Krause,** Ernst

Stettenheim, Julius (1831–1916), humoristischer Schriftsteller in Hamburg und Berlin, *Wespen-* und Wippchenerfinder: 216 f., 223

Stiehl, Friedrich (genaue Lebensdaten nicht ermittelt), von 1844 bis 1873 hoher Beamter unter sieben verschiedenen preußischen Kulturministern: 277

Stoecker, Adolf (1835–1909), antikapitalistischer, antisozialistischer, antisemitischer Politiker und protestantischer Berliner Hofprediger: 349 ff.

Stollwerck, Ludwig (1857–1922), Kölner Schokoladenfabrikant, Filmförderer: 233

Storm, Theodor (1817–1888), Rechtsanwalt, Richter, Schriftsteller: 179, 228

Strauß, David Friedrich (1808–1874), Theologe, Philosoph: 270

Strauss, Johann (1804–1849), Wiener Kapellmeister und Walzerkomponist, nicht zu verwechseln mit dem gleichnamigen ›Walzerkönig‹, seinem Sohn: 36, 202

Strousberg, Bethel Henry (eigentlich Bartel Heinrich Strausberg, die zu seinen Lebzeiten und bis heute genannten Vornamen Baruch Hirsch wies er als antijüdische Schmähversuche ausdrücklich zurück, 1823–1884), Eisenbahnmagnat, Finanzjongleur: 38, 89 ff., 258

Talbot, Henry Fox (1800–1877), britischer Erfinder der Kalotypie als frühes photographisches Verfahren: 233 ff.

Thyssen, August (nicht mit dem gleichnamigen Sohn zu verwechseln, 1842–1926), Gründer eines Eisenwalzwerks, Montanunternehmer: 80, 367

Tiburtius, Franziska (1843–1927), auf Rügen geborene, in Zürich promovierte und in Leipzig, Dresden und Berlin praktizierende Ärztin (nicht zu verwechseln mit der Zahnärztin Henriette Hirschfeld-Tiburtius, ihrer Schwägerin), Vorkämpferin für das Zugangsrecht der Frauen zu Hochschulen und Universitäten: 336, 381

Tissot, Victor (1844–1917), französisch-schweizerischer Journalist und Reiseschriftsteller: 40 f., 185, 187, 219, 277, 318 f.

Tolstoi, Lew Nikolajewitsch Graf (1828–1910), russischer Schriftsteller: 166 – Fußnote

Treitschke, Heinrich Gotthard von (1834–1896), antiliberaler, antisemitischer Historiker, Publizist und Propagandist eines autoritären preußischen Großstaates: 101, 130, 139, 266, 275, 323, 346 ff.

Ullstein, Leopold (1826–1899), Zeitungsunternehmer, Konkurrent von Rudolf Mosse und August Scherl, Gründer des Ullstein-Verlags: 38, 222

Victoria, halbdeutsch geborene Prinzessin von Kent (1819–1901), seit 1837 Königin von Großbritannien, seit 1876 Kaiserin von Indien: 381

Vincke, Georg Freiherr von (1811–1875), westfälischer Rittergutsbesitzer, liberalkonservativer Politiker: 136

Virchow, Rudolf Ludwig Carl (1821–1902), Pathologe, Anthropologe, Ethnologe, Sozialreformer, liberaler Politiker: 79, 110 f., 130, 136 f., 173, 186, 195, 199, 223, 225, 240 f., 275 f., 304, 308 f., 319, 350, 355, 368, 372 ff., 379

Vischer, Friedrich Theodor (1807–1887), Ästhetiker, Schriftsteller: 281

Wachenhusen, Hans (1823–1898), Kriegsberichterstatter, Reiseschriftsteller: 27, 164

Wagener, Hermann (1815–1889), konservativer Staatsdenker, zeitweilig Bismarcks sozialpolitischer Berater: 343 f.

Wagner, Cosima (1837–1930), Tochter von Franz Liszt, erste Ehefrau Hans von Bülows sowie zweite Ehefrau Richard Wagners, nach dessen Tod bis 1908 Leiterin der Bayreuther Festspiele: 155

Weitere Titel von Bruno Preisendörfer bei Kiepenheuer&Witsch

Bruno
Preisendörfer

Als Deutschland erstmals einig wurde

Reise in die
Bismarckzeit

Bruno
Preisendörfer

Als die Musik in Deutschland spielte

Reise in die
Bachzeit

Bruno
Preisendörfer

Als unser Deutsch erfunden wurde

Reise in
die Lutherzeit

Bruno
Preisendörfer

Als Deutschland noch nicht Deutschland war

Reise in die
Goethezeit

Leseproben und mehr unter www.kiwi-verlag.de